2018 年 11 月 9 日，国家综合性消防救援队伍授旗仪式在人民大会堂举行。中共中央总书记、国家主席、中央军委主席习近平向国家综合性消防救援队伍授旗并致训词。这是习近平致训词。

2018 年 11 月 9 日，国家综合性消防救援队伍授旗仪式在人民大会堂举行。中共中央总书记、国家主席、中央军委主席习近平向国家综合性消防救援队伍授旗并致训词。这是习近平向国家综合性消防救援队伍授旗。

中国应急管理年鉴

（2018）

中华人民共和国应急管理部　编

应急管理出版社

·北　京·

编 写 说 明

2018年3月，第十三届全国人民代表大会第一次会议审议批准的国务院机构改革方案决定设立中华人民共和国应急管理部，标志着我国的应急管理事业迈入新的历史发展阶段。组建应急管理部，是以习近平同志为核心的党中央着眼我国灾害事故多发频发基本国情作出的重大决策。应急管理部承担着提高国家应急管理水平、提高防灾减灾救灾能力，维护人民群众生命财产安全和社会稳定的重大任务。

为深入学习贯彻习近平新时代中国特色社会主义思想和党的十九大精神，全面、客观反映2018年全国应急管理系统各级领导班子和广大干部职工贯彻落实党中央、国务院决策部署，加强我国安全生产、防灾减灾救灾和应急救援等应急管理工作，维护人民群众生命财产安全所付出的努力和取得的成绩，全景式记录应急管理事业发展情况，应急管理部组织编撰了《中国应急管理年鉴（2018）》。该年鉴以各单位报送材料为基础，并参阅主流媒体、部委门户网站和《中国应急管理报》等媒体的公开报道，进行整理、编辑和加工，最终形成此稿，共计约55万字。具体说明如下：

一、年鉴编写工作坚持以习近平新时代中国特色社会主义思想为指导，紧紧围绕应急管理部组建之年和新时代应急管理事业发展起步之年，应急管理部党组的中心工作任务，力求做到宗旨明确、重点突出、系统完整、层次清晰、客观记载、行文规范，以使之真正起到记载过往、鉴启未来的作用。

二、年鉴框架、内容坚持权威、全面、系统、准确的原则，主要包括重要文件、探索实践、深化改革、安全生产、防灾减灾救灾、抢险救援、基础能力、党的建设、英雄模范、地方应急管理、典型事故案例和大事记。

三、考虑到本年鉴为公开出版发行图书，事故案例均引用已结案批复的事故调查报告内容或可公开的事故案例；涉密文件和典型案例已按保密规定办理脱密手续。

四、本书重点收录了应急管理系统 2018 年的主要工作信息。所涉信息除特殊注明外，时间均为 2018 年。为体现应急管理事业发展纵深、数据信息的完整性，本书也收录了近年来有关数据以方便读者对比使用。

五、为方便读者阅读和使用，并克服纸质版容量有限等问题，文中加载了部分重要文件和媒体报道内容的二维码，可供读者扫码阅读。

六、为做好本年鉴编写工作，应急管理部办公厅牵头，会同应急管理部档案馆和中国安全生产科学研究院、应急管理部信息研究院及应急管理出版社组织专业力量开展相关工作，并得到了应急管理部机关各司局、应急管理部属有关单位和各省级应急管理部门的大力支持。

年鉴编写组

2019 年 3 月

目　　录

第一篇　重　要　文　件

第二篇　探　索　实　践

第三篇　深　化　改　革

第四篇　安　全　生　产

第五篇　防灾减灾救灾

第六篇　抢　险　救　援

第七篇　基　础　能　力

第八篇　党　的　建　设

第九篇　英　雄　模　范

第十篇　地方应急管理

第十一篇　典型事故案例

附录　大　事　记

第一篇

重 要 文 件

第一章 党中央、国务院等有关重要文件*

一、中共中央关于深化党和国家机构改革的决定

2018 年 2 月 28 日，党的十九届三中全会审议通过《中共中央关于深化党和国家机构改革的决定》，明确优化政府机构设置和职能配置。加强、优化、统筹国家应急能力建设，构建统一领导、权责一致、权威高效的国家应急能力体系，提高保障生产安全、维护公共安全、防灾减灾救灾等方面能力，确保人民生命财产安全和社会稳定。强化事中事后监管，加强对涉及人民生命财产安全领域的监管，主动服务新技术新产业新业态新模式发展，提高监管执法效能。（具体内容详见二维码，下同）

二、深化党和国家机构改革方案

党的十九届三中全会审议通过《深化党和国家机构改革方案》，明确指出为防范化解重特大安全风险，健全公共安全体系，整合优化应急力量和资源，推动形成统一指挥、专常兼备、反应灵敏、上下联动、平战结合的中国特色应急管理体制，将国家安全生产监督管理总局的职责，国务院办公厅的应急管理职责，公安部的消防管理职责，民政部的救灾职责，国土资源部的地质灾害防治、水利部的水旱灾害防治、农业部的草原防火、国家林业局的森林防火相关职责，中国地震局的震灾应急救援职责以及国家防汛抗旱总指挥部、国家减灾委员会、国务院抗震救灾指挥部、国家森林防火指挥部的职责整合，组建应急管理部，作为国务院组成部门。主要职责是，组织编制国家应急总体预案和规划，指导各地区各部门应对突发事件工作，推动应急预案体系建设和预案演练。建立灾情报告系统并统一发布灾情，统筹应急力量建设和物资储备并在救灾时统一调度，组织灾害救助体系建设，指导安全生产类、自然灾害类应急救援，承担国家应对特别重大灾害指挥部工作。指导火灾、水旱灾害、地质灾害等防治。负责安全生产综合监督管理和工矿商贸行业安全生产监督管理等。公安消防部队、武警森林部队转制后，与安全生产等应急救援队伍一并作为综合性常备应急骨干力量，由应急管理部管理，实行专门管理和政策保障，采取符合其自身特点的职务职级序列和管理办法，提高职业荣誉感，保持有生力量和战斗力。应急管理部要处理好防灾和救灾的关系，明确与相关部门和地方各自职责分工，建立协调配合机制。中国地震局、国家煤矿安全监察局由应急管理部管理。不再保留国家安全生产监督管理总局。同时明确：公安消防部队改制。公安消防部队不再列武警部队序列，全部退出

---
* 本章所列均为公开内容。

现役。公安消防部队转到地方后，现役编制全部转为行政编制，成建制划归应急管理部，承担灭火救援和其他应急救援工作，充分发挥应急救援主力军和国家队的作用。武警部队不再领导管理武警黄金、森林、水电部队。武警森林部队转为非现役专业队伍后，现役编制转为行政编制，并入应急管理部，承担森林灭火等应急救援任务，发挥国家应急救援专业队作用。

三、国务院关于机构设置的通知

根据党的十九届三中全会审议通过的《深化党和国家机构改革方案》、第十三届全国人民代表大会第一次会议审议批准的国务院机构改革方案和国务院第一次常务会议审议通过的国务院直属特设机构、直属机构、办事机构、直属事业单位设置方案，2018 年 3 月，国务院印发《国务院关于机构设置的通知》（国发〔2018〕6 号），明确了国务院机构设置。应急管理部为国务院组成部门之一。

四、国务院关于部委管理的国家局设置的通知

根据党的十九届三中全会审议通过的《深化党和国家机构改革方案》、国务院第一次常务会议审议通过的国务院部委管理的国家局设置方案，2018 年 3 月，国务院印发《国务院关于部委管理的国家局设置的通知》（国发〔2018〕7 号），明确国家煤矿安全监察局由应急管理部管理。

五、国务院关于中国地震局等机构设置的通知

根据党的十九届三中全会审议通过的《深化党和国家机构改革方案》、第十三届全国人民代表大会第一次会议审议批准的国务院机构改革方案有关精神，2018 年 6 月，国务院印发《国务院关于中国地震局等机构设置的通知》（国函〔2018〕85 号），明确中国地震局由原国务院直属事业单位，改为由应急管理部管理的事业单位（副部级）。

六、中共中央办公厅 国务院办公厅印发关于推进城市安全发展的意见

中共中央办公厅、国务院办公厅印发《关于推进城市安全发展的意见》。《意见》指出，随着我国城市化进程明显加快，城市人口、功能和规模不断扩大，发展方式、产业结构和区域布局发生了深刻变化，新材料、新能源、新工艺广泛应用，新产业、新业态、新领域大量涌现，城市运行系统日益复杂，安全风险不断增大。一些城市安全基础薄弱，安全管理水平与现代化城市发展要求不适应、不协调的问题比较突出。近年来，一些城市甚至大型城市相继发生重特大生产安全事故，给人民群众生命财产安全造成重大损失，暴露出城市安全管理存在不少漏洞和短板。为强化城市运行安全保障，有效防范事故发生，就推进城市安全发展制定意见。《意见》主要包括总体要求、加强城市安全源头治理、健全城市安全防控机制、提升城市安全监管效能、强化城市安全保障能力、加强统筹推动等 6 个部分内容。

七、中共中央办公厅 国务院办公厅印发地方党政领导干部安全生产责任制规定

中共中央办公厅、国务院办公厅印发《地方党政领导干部安全生产责任制规定》。为了加强地方各级党委和政府对安全生产工作的领导，健全落实安全生产责任制，树立安全发展理念，根据《中华人民共和国安全生产法》《中华人民共和国公务员法》等法律规定和《中国共产党地方委员会工作条例》《中国共产党问责条例》《中共中央 国务院关于推进安全生产领域改革发展的意见》等中央有关规定，制定本规定。《规定》共6章、29条，明确实行地方党政领导干部安全生产责任制，应当坚持党政同责、一岗双责、齐抓共管、失职追责，坚持管行业必须管安全、管业务必须管安全、管生产经营必须管安全。地方各级党委和政府主要负责人是本地区安全生产第一责任人，班子其他成员对分管范围内的安全生产工作负领导责任。明确界定了地方党政领导干部安全生产的职责、考核考察、表彰奖励、责任追究。

八、中共中央办公厅 国务院办公厅印发组建国家综合性消防救援队伍框架方案

中共中央办公厅、国务院办公厅印发《组建国家综合性消防救援队伍框架方案》。就推进公安消防部队和武警森林部队转制，组建国家综合性消防救援队伍，建设中国特色应急救援主力军和国家队作出部署。框架方案包括一个总体方案和职务职级序列设置、人员招录使用和退出管理、职业保障3个子方案。明确组建国家综合性消防救援队伍共有6个方面的主要任务：建立统一高效的领导指挥体系；建立专门的衔级职级序列；建立规范顺畅的人员招录、使用和退出管理机制；建立严格的队伍管理办法；建立尊崇消防救援职业的荣誉体系；建立符合消防救援职业特点的保障机制。框架方案还就按期高效推进队伍组建、建立健全相关法规制度、妥善做好人员转制安排、严格遵守改革工作纪律等提出明确要求。

九、国务院办公厅关于调整国家防汛抗旱总指挥部组成人员的通知

2018年6月，国务院办公厅印发《关于调整国家防汛抗旱总指挥部组成人员的通知》（国办发〔2018〕49号）。对国家防汛抗旱总指挥部的组成单位和人员进行调整。调整后，国务院副总理胡春华任总指挥；国务委员王勇，水利部部长鄂竟平、应急管理部党组书记黄明、中央军委联合参谋部副参谋长马宜明、国务院机关党组成员高雨任副总指挥；水利部副部长兼应急管理部副部长叶建春任秘书长；气象局副局长余勇任副秘书长。

十、国务院办公厅关于调整国务院安全生产委员会组成人员的通知

2018年7月，国务院办公厅印发《关于调整国务院安全生产委员会组成人员的通知》（国办发〔2018〕62号）。对国务院安全生产委员会组成单位和人员进行调整。调整后，国务院副总理刘鹤任主任；国务委员王勇，国务委员、公安部部长赵克志，应急管理部党组书记黄明、应急

管理部部长王玉普、国务院副秘书长孟扬任副主任。安委会办公室设在应急管理部，承担安委会的日常工作。办公室主任由应急管理部部长王玉普兼任，办公室副主任由应急管理部副部长付建华、孙华山，应急管理部副部长、煤矿安全监察局局长黄玉治，应急管理部党组成员、总工程师王浩水担任。

十一、国务院办公厅关于同意调整完善危险化学品安全生产监管部际联席会议制度的函

2018年9月，国务院办公厅印发《关于同意调整完善危险化学品安全生产监管部际联席会议制度的函》（国办函〔2018〕58号）。明确国务院同意调整完善危险化学品安全生产监管部际联席会议制度。联席会议不刻制印章，不正式行文，按照国务院有关文件精神认真组织开展工作。危险化学品安全生产监管部际联席会议制度主要内容包括主要职能、成员单位、工作规则、工作要求。联席会议由25个部门和单位组成。应急管理部为召集人单位，应急管理部部长担任联席会议召集人，工业和信息化部、公安部、交通运输部为副召集人单位，其有关负责同志担任联席会议副召集人，其他成员单位有关负责同志为联席会议成员。联席会议办公室设在应急管理部，承担联席会议的日常工作，推动落实联席会议议定事项。联席会议设联络员，由各成员单位有关司局的负责同志担任。联席会议下设危险化学品生产企业搬迁改造专项工作组，由工业和信息化部牵头会同有关部门开展工作。

十二、国务院办公厅关于调整成立国家森林草原防灭火指挥部的通知

2018年9月，国务院办公厅印发《关于调整成立国家森林草原防灭火指挥部的通知》（国办发〔2018〕92号）。明确国家森林防火指挥部调整为国家森林草原防灭火指挥部，对指挥部组成单位和人员进行相应调整。调整后，国务委员王勇任总指挥；应急管理部党组书记黄明、应急管理部部长王玉普、国务院副秘书长孟扬、林草局局长张建龙、中央军委联合参谋部作战局副局长蔡军任副总指挥。指挥部办公室设在应急管理部，承担指挥部日常工作，办公室主任由应急管理部部长王玉普兼任。

十三、国务院办公厅关于调整国务院抗震救灾指挥部组成人员的通知

2018年10月，国务院办公厅印发《关于调整国务院抗震救灾指挥部组成人员的通知》（国办发〔2018〕106号）。对国务院抗震救灾指挥部组成人员进行调整。调整后，国务委员王勇任指挥长；应急管理部党组书记黄明、应急管理部部长王玉普、国务院副秘书长孟扬、中央军委联合参谋部副参谋长马宜明任副指挥长。指挥部办公室设在应急管理部，承担指挥部日常工作。办公室主任由应急管理部副部长兼地震局局长郑国光担任，副主任由地震局副局长阴朝民、应急管理部消防救援局负责人琼色担任。

十四、中华人民共和国消防救援衔条例

2018年10月26日，第十三届全国

人民代表大会常务委员会第六次会议通过《中华人民共和国消防救援衔条例》。明确国家综合性消防救援队伍实行消防救援衔制度。消防救援衔是表明消防救援人员身份、区分消防救援人员等级的称号和标志，是国家给予消防救援人员的荣誉和相应待遇的依据。国务院应急管理部门主管消防救援衔工作。《条例》共7章28条，分别为总则，消防救援衔等级的设置，消防救援衔等级的编制，消防救援衔的首次授予，消防救援衔的晋级，消防救援衔的保留、降级和取消，附则。《条例》于2018年10月27日起施行。

十五、中华人民共和国消防救援衔标志式样和佩带办法

2018年11月6日，国务院总理李克强签署第705号国务院令，公布《中华人民共和国消防救援衔标志式样和佩带办法》，自公布之日起施行。《办法》是《中华人民共和国消防救援衔条例》的配套行政法规，是消防救援衔制度的重要组成部分，对消防救援衔标志式样、佩带办法、缀钉、更换收回、制作管理等作了规定（图1-1-1至图1-1-3）。

图1-1-1 消防救援衔等级肩章

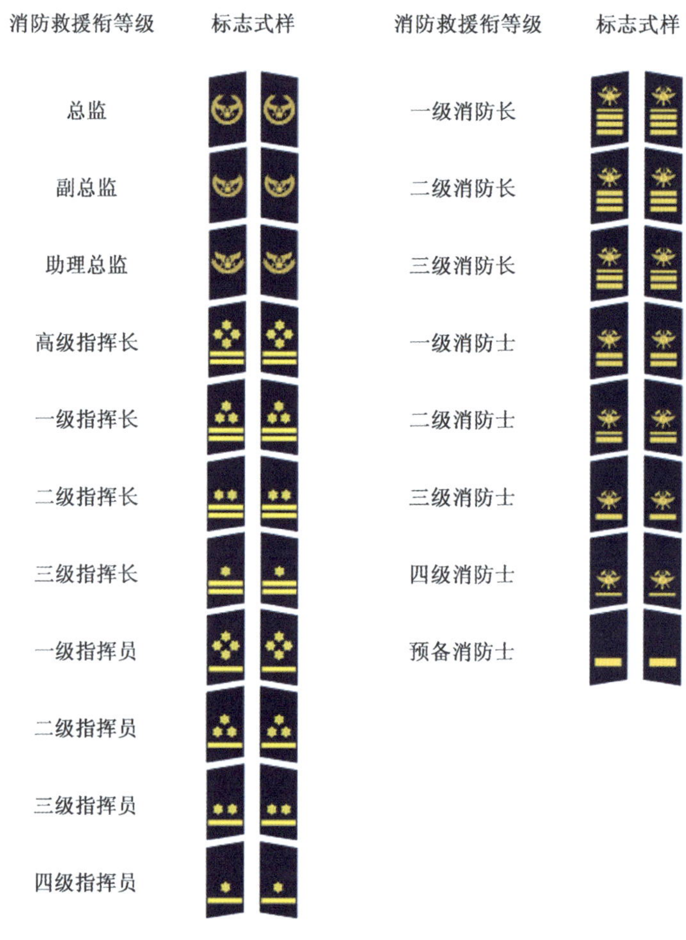

图1-1-2　消防救援衔等级领章

十六、国务院办公厅关于国家综合性消防救援车辆悬挂应急救援专用号牌有关事项的通知

2018 年 12 月，国务院办公厅印发《关于国家综合性消防救援车辆悬挂应急救援专用号牌有关事项的通知》（国办发〔2018〕114 号）。为保障国家综合性消防救援队伍依法履行职责使命，经国务院同意，国家综合性消防救援车辆悬挂应急救援专用号牌。《通知》明确专用号牌的核发范围和管理、专用号牌的要素和车辆外观、悬挂专用号牌车辆的道路优先通行权、悬挂专用号牌车辆的政策保障（图 1-1-4 至图 1-1-7）。

图1-1-3 消防救援衔等级套式肩章

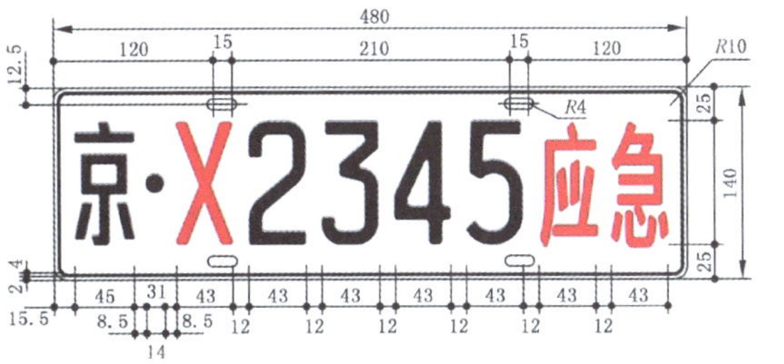

京·X2345应急

省、自治区、直辖市汉字简称

间隔符

所属救援队伍代号

序号

汉字“应急”

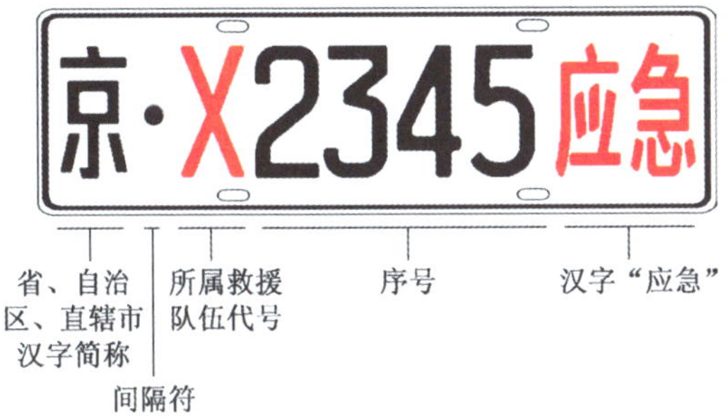

图1-1-4 汽车号码牌编码规则

480

120 15 210 15 120

R10 R4 12.5 25 140 25

京·X2345应急

2.4 15.5 45 31 43 43 43 43 43 43 43

8.5 8.5 14 12 12 12 12 12 12

图1-1-5 汽车号牌尺寸（单位：毫米）

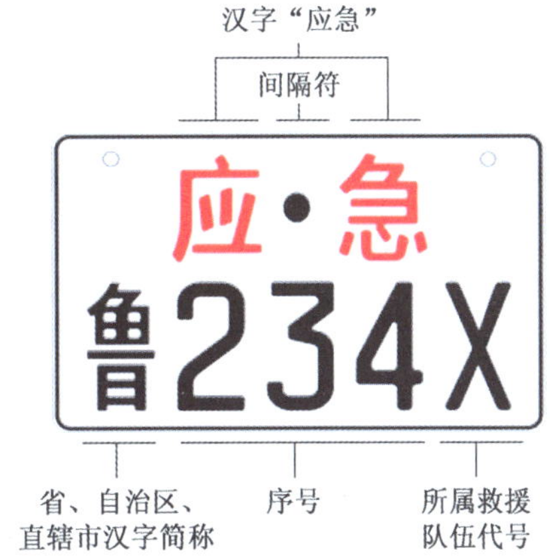

图1-1-6 摩托车号码牌编码规则

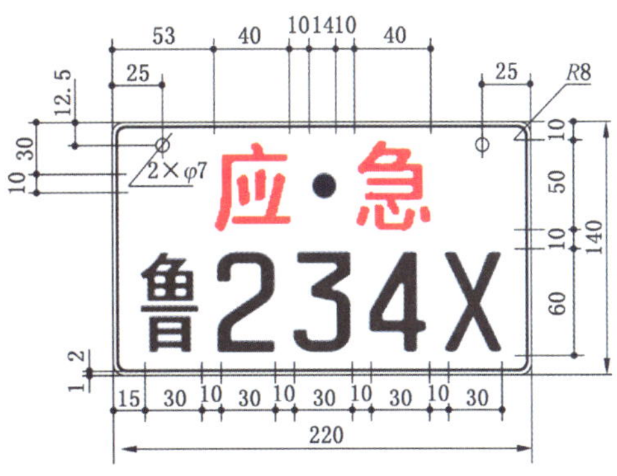

图1-1-7 摩托车号牌尺寸（单位：毫米）

第二章　国务院议事协调机构及应急管理部重要文件*

一、国务院安全生产委员会关于印发2018年工作要点的通知

2018年2月24日，国务院安全生产委员会印发《关于印发2018年工作要点的通知》（安委〔2018〕1号）。《国务院安委会2018年工作要点》从严格落实安全生产责任制、加强安全生产法治建设、深化安全监管体制机制改革、推进城市安全发展、加强农业农村安全监管、深化危险化学品安全综合治理、强化安全生产专项治理、深入开展安全生产宣传培训教育、加强安全基础能力建设、提高安全监管监察队伍专业化水平等10个方面部署2018年安全生产要点工作。

二、国务院安全生产委员会关于印发安全生产约谈实施办法（试行）的通知

2018年2月26日，国务院安全生产委员会印发《关于印发安全生产约谈实施办法（试行）的通知》（安委〔2018〕2号）。《安全生产约谈实施办法（试行）》共17条，就安全生产约谈定义、情形、程序、整改落实与督促等方面作出明确规定。

三、国务院安全生产委员会关于加强公交车行驶安全和桥梁防护工作的意见

2018年12月10日，国务院安全生产委员会印发《关于加强公交车行驶安全和桥梁防护工作的意见》（安委〔2018〕6号）。就进一步加强公交车安全运行保障、提高桥梁安全防护水平、强化应急救援体系建设、加强社会宣传和警示教育等方面提出意见。

四、国家减灾委员会关于做好2018年全国防灾减灾日有关工作的通知

2018年4月23日，国家减灾委员会印发《关于做好2018年全国防灾减灾日有关工作的通知》（国减电〔2018〕1号）。要求以“行动起来，减轻身边的灾害风险”为主题，深入开展“5·12”第10个全国防灾减灾日，5月7—13日防灾减灾宣传周等工作。从扎实开展防灾减灾宣传教育活动，有效推进灾害隐患排查治理，修订完善应急预案、扎实开展防灾减灾救灾演练，普及防灾减灾知识技能等4个方面作出了工作部署。

* 本章所列均为公开内容。

五、国家减灾委员会 应急管理部关于做好2018年国际减灾日有关工作的通知

2018年9月28日，国家减灾委员会、应急管理部印发《关于做好2018年国际减灾日有关工作的通知》（国减发〔2018〕1号）。要求在10月13日第29个国际减灾日之际，以“减少灾害损失，创造美好生活”为主题加强防灾减灾宣传教育等相关工作，努力提高全社会抵御灾害的能力和水平。

六、国务院安委会办公室关于开展2018年全国“安全生产月”和“安全生产万里行”活动的通知

2018年4月16日，国务院安委会办公室印发《关于开展2018年全国“安全生产月”和“安全生产万里行”活动的通知》（安委办〔2018〕8号）。要求以“生命至上、安全发展”为主题，以增强全民应急意识、提升公众安全素质、提高防灾减灾救灾能力、遏制重特大安全事故为目标，以强化安全红线意识、落实安全责任、推进依法治理、深化专项整治、深化改革创新等为重点内容，开展系列宣传教育活动，切实推动安全文化进企业、进学校、进机关、进社区、进农村、进家庭、进公共场所。定于6月1日国务院安委会办公室在江苏省江阴市举行“安全生产月”启动仪式。从5月开始至12月底结束开展全国“安全生产万里行”活动，突出“一带一路”、安全责任、科技强安、依法治安4个主题宣传。

七、人力资源社会保障部 应急管理部关于印发《国家综合性消防救援队伍消防员招录办法（试行）》的通知

2018年12月23日，人力资源社会保障部、应急管理部印发《关于印发〈国家综合性消防救援队伍消防员招录办法（试行）〉的通知》（人社部规〔2018〕5号）。《国家综合性消防救援队伍消防员招录办法（试行）》共5章19条，分为总则、招录条件与范围、招录程序、纪律与监督、附则。招录工作由应急管理部统一部署，省级应急管理部门组织实施。人力资源社会保障部门进行政策指导和提供服务。省级应急管理部门成立由消防救援总队、森林消防总队等组成的消防员招录工作办公室，负责招录具体工作。

八、应急管理部关于国家综合性消防救援队伍换发消防救援制式服装和标志服饰的通知等文件

2018年11月，应急管理部印发《关于国家综合性消防救援队伍换发消防救援制式服装和标志服饰的通知》等文件。要求做好消防救援制式服装和标志服饰换发工作，明确了换装原则、换装批次、换装对象，规范了制式服装穿着（图1-2-1至图1-2-20）。

九、应急管理部2018年第10号公告

2018年10月8日，应急管理部发布2018年第10号公告。宣布自2018年10月10日零时起，至国家综合性消防救援队伍制式服装配发前，原公安消防部队、武警森林部队和警种学院人

员停止使用武警部队制式服装和标识服饰，统一穿着无武警标识的作训服，并在作训服左兜盖上方佩带消防救援队伍身份标识牌（图 1-2-21、图 1-2-22）。

十、应急管理部 2018 年第 12 号公告

2018 年 12 月 4 日，应急管理部发布 2018 年第 12 号公告。将应急管理部取消的 45 项由部门规章设定的证明事项、12 项由规范性文件设定的证明事项予以公布，自公布之日起停止执行。

图1-2-1　干部春秋常服（配绶带）

图1-2-3　消防员春秋常服

图1-2-2　干部春秋常服

图1-2-4　干部短袖夏常服

图1-2-5 干部长袖夏常服

图1-2-7 消防员长袖夏常服

图1-2-6 消防员短袖夏常服

图1-2-8 常服裙

图1-2-9　干部冬常服

图1-2-11　干部夏作训服

图1-2-10　消防员冬常服

图1-2-12　消防员夏作训服

图1-2-13 干部冬作训服

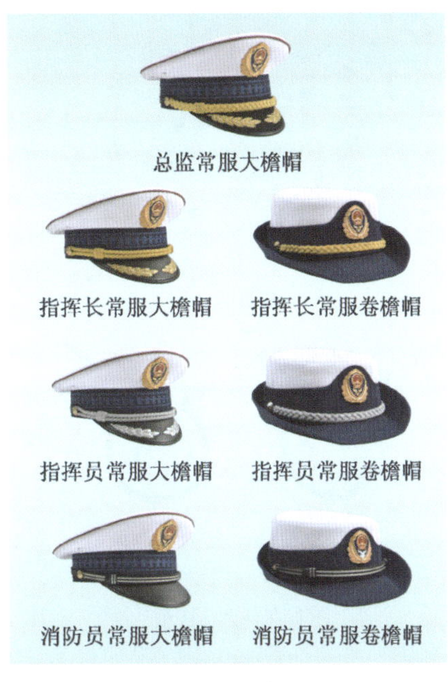

图1-2-15 常服帽

图1-2-14 消防员冬作训服

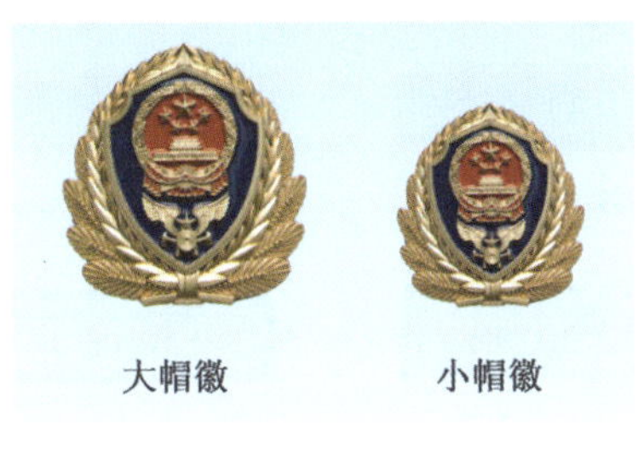

图1-2-16 帽徽

图1-2-17　胸徽

图1-2-18　领花

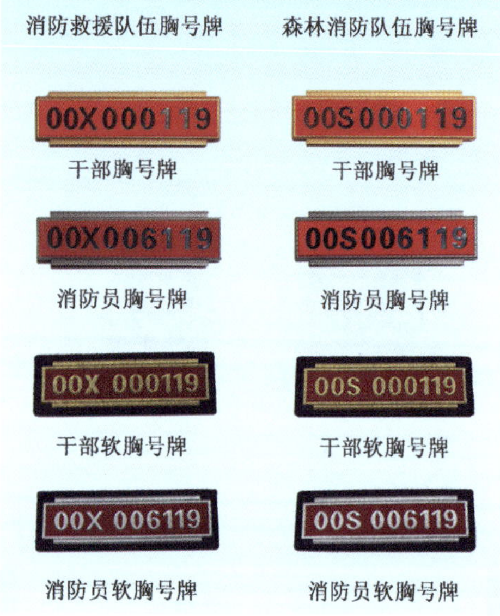

图1-2-19　胸号牌

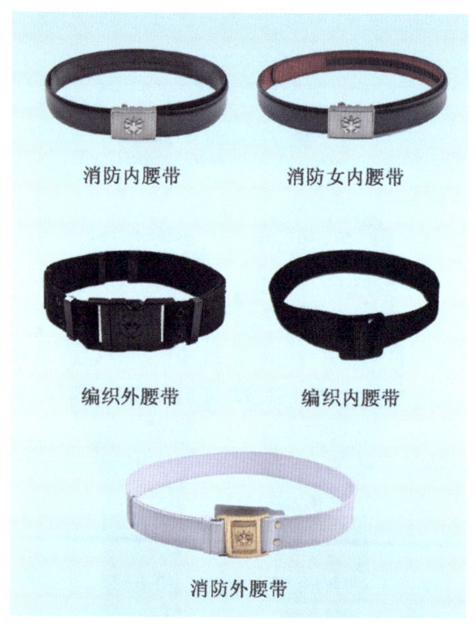

图1-2-20　腰带

图1-2-21　干部标识牌

图1-2-22　队员标识牌

第二篇

探 索 实 践

一、抓牢抓实安全生产各项重点工作为推进机构改革营造良好安全环境*

2018年3月29日，国务院安全生产委员会办公室召开加强安全生产防范重特大事故视频会议。应急管理部党组书记黄明在会上强调，要坚持以习近平新时代中国特色社会主义思想为指导，以有效防范和坚决遏制重特大事故为重点，抓牢抓实安全生产各项重点工作，为推进机构改革工作顺利进行营造良好的安全生产环境。

黄明指出，党的十八大以来，党中央、国务院对安全生产工作高度重视，习近平总书记发表了一系列重要讲话，形成习近平总书记关于安全生产的重要论述，是我们做好安全生产工作的根本遵循和行动指南。最近中央领导同志就深化党和国家机构改革期间安全生产工作作出重要指示，充分体现了对安全生产工作的极大关心和高度重视。要深刻认识提高抓安全、保稳定水平是推进实施机构改革的重要目标，是对机构改革的最大支持，是中央赋予我们的职责使命。要强化“四个意识”，以实际行动维护以习近平同志为核心的党中央权威和集中统一领导，不折不扣把中央关于安全生产工作的决策部署贯彻落实到位。

黄明强调，提高人民群众获得感、幸福感、安全感，维护人民群众生命财产安全，是中国共产党人“为人民谋幸福”初心使命的重要体现，是各级安全监管和行业主管部门的职责所在，要立足我国基本国情，以防范遏制重特大事故为重点，切实加强安全生产工作。要针对当前企业复工复产进入高峰期的情况，强化执法检查，督促各地和高危企业严格落实安全技术保障措施，对不具备安全条件、擅自复产的依法依规严肃查处。要狠抓安全生产责任落实，抓紧组织开展新一轮安全生产巡查，严格落实新出台的安全生产约谈实施办法，跟踪落实事故暴露问题的整改情况，将安全监管监察责任层层落实到各级领导干部。要创新安全生产监管执法机制，强化从严执法，严格事故查处，依法加强事前查处和问责，查处各类严重问题和隐患。要强化煤矿、危化品、非煤矿山、烟花爆竹等重点行业领域安全专项治理，积极推进安全发展型城市建设。要切实加强消防安全工作，聚焦防大火、紧盯控小火，突出高层场所、地下空间等敏感场所，加强重点领域和突出问题治理。要加快安全生产信息化建设，推广应用安全生产先进技术装备，深入推进安全生产标准化建设，大力提高安全基础保障能力。

黄明要求，各级安全监管监察人员要始终保持奋发有为、永不懈怠的精神状态，以钉钉子精神抓好各项工作落实。要在强化党的领导上狠抓落实，旗帜鲜明讲政治，坚决维护习近平总书记党中央的核心、全党的核心地位，坚决在思想上政治上行动上同以习近平同志为核心的党中央

---

* 摘自黄明同志在2018年3月29日加强安全生产防范重特大事故视频会议上讲话的新闻通稿。

保持高度一致。要在加强作风建设上狠抓落实，真正做到责任上身、工作上心，对急难险重任务顶得上去、拿得下来，不排除风险隐患不撒手，不解决问题不罢休。要在消除重大风险隐患上狠抓落实，直接到基层一线，深入风险高、隐患多、事故多的企业，加强执法检查，对只喊口号不抓落实、只见表态不见行动的坚决问责追责。要在确保队伍稳定上狠抓落实，领导干部要亲自做思想政治工作，引导党员干部忠于职守、认真履职，确保思想不乱、工作不断、队伍不散、干劲不减。

黄明强调，当前正值机构改革关键时期，要强化应急意识，加强应急值班备勤，从部机关做起，从部党组做起，每天要有单位负责人昼夜在岗值班，健全应急机制，完善应急系统，提高应急能力，确保出现突发情况，第一时间响应、最快速度出发，有序有力有效应对处置。

二、自觉用习近平总书记关于应急管理重要论述武装头脑 全面推进新时代应急管理事业改革发展*

2018年5月2日下午，应急管理部党组召开第二次理论学习中心组（扩大）学习会，认真学习贯彻习近平总书记关于应急管理的重要论述。应急管理部党组书记、副部长黄明主持学习会并讲话，强调要深刻领会、忠诚履行习近平总书记关于应急管理的重要论述，珍惜机遇，乘势而上，艰苦奋斗，勇往直前，推动应急管理事业改革发展，展现新时代应急管理干部队伍的新气象新作为。

黄明在学习会上指出，党的十八大以来，以习近平同志为核心的党中央对应急管理工作高度重视，习近平总书记站在实现“两个一百年”奋斗目标、保障中华民族长远发展的战略高度，对应急管理工作作出一系列重要指示，提出一系列新理念，从增强忧患意识、防范风险挑战，树立红线意识、统筹安全与发展，坚持底线思维、强化应急准备，完善体制机制、加强能力建设，抓好安全生产、推进防灾减灾救灾“三个转变”等方面进行了全方位、立体式的深刻阐述，立意高远、内涵丰富、体系完整、逻辑严密，形成了习近平总书记关于应急管理的重要论述，是习近平新时代中国特色社会主义思想的重要组成部分，是指导新时代应急管理事业发展的根本遵循和行动指南。我们要认真学习其精神实质和核心要义，深刻领会习近平总书记深厚的人民情怀、实现国家长治久安的历史使命感、对人类社会发展规律和共产党执政规律的科学认识、强烈的风险意识和底线思维，真正学深悟透、知行合一，切实转化为推动应急管理事业大提升、大发展的生动实践。

黄明强调，必须运用辩证思维，统筹做好应急管理工作。要坚持应急和管理相结合，应急为管理提供导向，总结反思和解决反映的问题，促进应急管理水平提升；管理为应急提供保障，统筹做好应急准备、应急能力、制度建设各项工作，有力有序有效应急处置。要坚持当前和长远相结合，立足当前随时做好应对突如其来重大灾害事故准备，坚定有序推进应急管理部机构改革，毫不放松地抓好安全生产；着眼长远加强应急管理顶层设计，加快推进应急能力建设，抓好应急预案和法规标准体系建设，继续做好防灾减灾救灾工作，着力构建中国特色大国应急体系。要坚持抓大事和办急事相结合，一方面要善于拓展事业，加强综合，主动协调；另一方面要善于具体指导，具体操作，具体办好急事难事，完成好重大任务，履行好重大使命，不断推进应急管理事业发展。

黄明要求，建设一支高素质专业化应

* 摘自黄明同志在2018年5月2日应急管理部党组第二次理论学习中心组（扩大）学习会上讲话的新闻通稿。

急管理干部队伍，许党许国，报党报国，当好党和人民的“守夜人”。要坚定理想信念，自觉以习近平新时代中国特色社会主义思想武装头脑，不忘初心，牢记使命，在急难险重任务面前勇挑重担、经受考验，用实际行动诠释对党和人民的无限忠诚。要自觉增强本领，认真学习应急管理等各方面知识，打牢全面、系统、专业的知识根底，并与实践锻炼紧密结合，在处急事、破难题中经受磨炼、增长才干。要强化责任担当，自觉向党中央看齐、向总书记看齐，在重大政治考验面前旗帜鲜明，在困难挑战面前勇于迎难而上，打好化险为夷、转危为机的战略主动战。要牢记“新时代是奋斗者的时代”，大力营造团结奋斗的干事创业氛围，旗帜鲜明地为敢于担当的干部担当、为敢于负责的干部负责，心往一处想，劲往一处使，形成推进应急管理事业发展的强大合力，以新气象新作为不辜负这个伟大的新时代，让总书记和党中央放心、让人民群众满意。

三、深入贯彻落实习近平总书记重要讲话精神 坚决履行好党和人民赋予的光荣职责 为保护人民平安国家长治久安而不懈努力*

2018年11月5日，应急管理部召开全系统视频会议，深入学习贯彻习近平总书记在中央财经委员会第三次会议上的重要讲话精神，总结前一阶段部机构改革工作，对深入推进应急管理事业改革发展进行动员部署。应急管理部党组书记黄明出席会议并讲话，强调要深入学习贯彻习近平总书记重要讲话精神，深刻认识做好新时代应急管理工作的重大意义，坚决履行好党和人民赋予的光荣职责，勇于担当、甘于奉献，奋发有为做好新时代应急管理工作，为保护人民平安、国家长治久安而不懈努力。

黄明强调，习近平总书记关于安全生产、防灾减灾救灾、应急救援等一系列应急管理重要论述，特别是习近平总书记在中央财经委员会第三次会议上的重要讲话，为做好新时代应急管理工作提供了根本遵循和行动指南。要深刻领会加强自然灾害防治是关系国计民生的大计，安全生产是关系人民群众生命财产安全的大事，从实现“两个一百年”奋斗目标和中华民族伟大复兴中国梦的战略高度，从事关经济安全、生态安全和国家安全的战略全局，深刻认识做好新时代应急管理工作的重大意义，以强烈的责任感和历史使命感全身心投入应急管理事业，不辜负党和人民的厚望。

黄明强调，组建应急管理部，是以习近平同志为核心的党中央着眼我国灾害事故多发频发基本国情作出的重大决策。在党中央坚强领导下，在习近平新时代中国特色社会主义思想科学引领下，在各有关方面大力支持和全体同志共同努力下，经过半年多的不懈努力，应急管理部组建到位。我们坚持以党的政治建设为统领，坚持边组建边应急，加快机构和职能融合，创新消防救援队伍管理和政策保障，严肃规矩、令行禁止，营造风清气正、干事创业的良好政治生态，顺利完成了“三定”规定和细化方案编制，完成了所有机构和人员转隶，完成了各司局领导班子配备，完成了公安消防部队和武警森林部队转制，完成了灾害事故防范救援工作机制的初步构建，全体干部始终保持应急状态，及时妥善应对了一系列重大灾害事故，有效保障了人民群众生命财产安全和社会稳定。总的看，应急管理部机构改革蹄疾步稳、紧凑有序，干部职工思想不乱、工作不断、队伍不散、干劲不减，实现了机构改革和日常工作的相互促进。

黄明表示，应急管理部组建只有半年多时间，与中央要求、人民期待相比还有很大差距。特别是我国自然灾害形势严

* 摘自黄明同志在2018年11月5日应急管理部机构改革阶段性总结暨推进应急管理事业改革发展动员部署会上讲话的新闻通稿。

峻复杂，安全生产仍然处于脆弱期、爬坡期、过坎期，要创设一套全新的应急管理制度、构建适应国家治理体系和治理能力现代化的应急管理体系，提高全社会自然灾害防治能力，促进安全生产形势持续稳定好转，还有大量工作要做。必须本着对党负责、对国家负责、对人民负责、对历史负责的态度，深刻认识应急管理工作肩负的职责使命，始终保持迎难而上、奋发有为的精神状态，以更大的决心、更有力的举措、更昂扬的斗志，加快推进应急管理事业改革发展。要坚决扛起自然灾害防治的主要责任，围绕构建统筹应对各灾种、有效覆盖各环节、综合协调各方面的全方位、全过程、多层次自然灾害防治体系，明确时间表和路线图，大力推进有关标志性重点工程建设，确保3年明显见效，同时牢牢把握安全生产基本盘，坚决防范遏制重特大事故，保持安全生产形势持续稳定好转。要认真落实“三定”规定，列出清单、分解任务，确保每一项职责都有人认领、每一项任务都得到贯彻落实。要坚决打赢防范处置灾害事故的每一仗，始终绷紧神经，把风险防控摆在更加突出的位置，加快提升应急能力，确保一旦发生灾害事故，有力有序有效开展救援。

黄明要求，各级应急管理部门和广大干部职工要对照习近平总书记的教导，对照党中央给应急管理部的职责定位，对照国内国外对大国应急管理部的期待，清醒认识自身能力素质存在的不足，着眼于更好地担当历史重任，全面提高适应新时代、实现新目标、落实新部署的能力和水平，以卓有成效的工作，切实把中央部署和要求落到实处。要始终做习近平新时代中国特色社会主义思想的忠实实践者，在学懂弄通做实上持续下功夫，把学习成果体现在对理想信念的坚定追求上，体现在对党的绝对忠诚上，体现在推动应急管理事业改革发展的实际行动上。始终做新时代应急管理事业改革发展的坚定奋斗者，培育甘于牺牲奉献的精神，保持一往无前的奋斗姿态，砥砺永不磨灭的奋斗激情，树立新时代应急管理人的良好形象。始终做新时代应急管理事业的改革先行者，组织全系统来个大学习、大调研、大比武，强能力、补短板，真正做到懂应急、会应急、能应急，推动形成统一指挥、专常兼备、反应灵敏、上下联动、平战结合的中国特色应急管理体制，完善应急管理工作机制，加快推进应急管理体系和应急管理能力现代化。始终做人民群众生命财产安全和社会稳定的忠诚守护者，精心谋划、扎实推进安全生产、防灾减灾救灾和救援队伍建设各项工作，在应急处置中体察群众感受，在应急体系建设中体现群众需求，甘愿当好党和人民的“守夜人”，当好人民群众身边的“安全卫士”，增强人民群众的获得感、幸福感、安全感。始终做新时代党的组织路线的自觉遵循者，坚持新时期好干部标准，树立强烈的人才意识，着眼应急管理事业需要，选好用好干部，在丰富的应急管理实践中培养锻炼干部，坚持严管与厚爱相结合，着力建设忠诚干净担当的高素质专业化干部队伍。始终做党风廉政建设各项纪律规矩的坚决执行者，部党组以自身建设立信立威，在忠诚干净担当上作表率，发挥“头雁效应”，打造钢铁队伍。全体同志要牢记党和人民的重托，恪尽职守、廉洁奉公，奋力开创新时代应急管理事业改革发展新局面。

四、坚决扛起光荣旗帜 忠实践行训词精神 全面锻造新时代应急救援主力军和国家队 为维护人民群众生命财产安全英勇奋斗*

2018年11月9日，国家综合性消防救援队伍授旗仪式结束后，应急管理部即召开学习宣传贯彻习近平总书记授旗训词动员大会，传达学习习近平总书记重要训词精神，部署深入学习宣传贯彻工作。应急管理部党组书记黄明出席会议并讲话，强调要深刻领悟习近平总书记亲自授旗并致训词的重大意义，坚决扛起光荣旗帜，忠实践行训词精神，始终对党忠诚，做到纪律严明，敢于赴汤蹈火，永远竭诚为民，全面锻造新时代应急救援主力军和国家队，为维护人民群众生命财产安全英勇奋斗。

黄明强调，党中央、国务院在人民大会堂隆重举行向国家综合性消防救援队伍授旗仪式，习近平总书记亲自授旗，并发表了十分重要的训词。这是共和国综合性消防救援队伍组建之日、缔造之始，标志着一支全新的人民队伍举旗定向、踏上征程，是值得全国应急管理系统特别是全体消防指战员永远铭记、永志不忘的光辉日子和历史性时刻。旗帜指引方向，旗帜凝聚力量，旗帜树立形象。这面光荣的旗帜，饱含着习近平总书记和党中央、国务院对这支队伍的政治关怀，寄予殷切期望和千钧重托，体现了习近平总书记深厚的为民情怀和强烈的历史担当，激励我们必须更好地服务人民、保民平安、为民奉献，给人民以信心和力量。要把习近平总书记的重视关怀转化为整装再出发、改革谱新篇的不竭动力，以高度的政治自觉和使命担当坚决扛起这面光荣旗帜，以党的方向为方向，以守护人民安宁为使命，树立纪律严明、能打胜仗的标准，凝聚砥砺前行的力量，以新的形象投入新的战斗，奋力为队旗增添光彩，为队伍书写荣光。

黄明强调，要全面理解准确把握习近平总书记重要训词的丰富内涵和核心要义。习近平总书记重要训词着眼历史和时代的发展大势，站在政治和全局的战略高度，科学回答了“为什么建设国家综合性消防救援队伍、建设什么样的国家综合性消防救援队伍、怎样建设国家综合性消防救援队伍”等一系列带根本性、全局性、方向性的重大理论和实践问题，是新时代消防救援队伍建设发展的根本指针，是我们的科学指南和行动纲领。学习好宣传好贯彻好习近平总书记重要训词，是确保队伍发展和应急管理事业前进的根本保证，是当前首要的政治任务和头等大事。要迅速掀起学习热潮，把学习贯彻训词作为学习习近平新时代中国特色社会主义思想的重要内容，与学习习近平总书记关于应急管理的重要论述结合起来，与开展集

* 摘自黄明同志在2018年11月9日学习宣传贯彻习近平总书记授旗训词动员大会上讲话的新闻通稿。

中教育整训结合起来，深刻理解把握党中央组建国家综合性消防救援队伍的重大意义，深刻理解把握对消防队伍历史贡献的高度评价，深刻理解把握消防救援队伍的地位作用，深刻理解把握消防救援队伍新的职责使命，深刻理解把握消防救援队伍建设的方针，牢固树立训词在应急救援工作和队伍建设中的根本指导地位，真正将训词融入血脉、植入灵魂，在新的历史起点上开创应急管理事业新局面。

黄明要求，忠实践行习近平总书记重要训词，核心在真学、关键在真做。要把训词作为统领队伍建设发展的“魂”和“纲”，以学在深处、谋在新处、干在实处的昂扬状态，全面锻造新时代应急救援主力军和国家队，切实担负起党和人民赋予的职责使命。要全力建设对党忠诚、听党指挥的过硬队伍，增强“四个意识”，坚定“四个自信”，坚决做到“两个维护”，保持坚定的政治立场，坚持正确的政治方向，严守政治纪律和政治规矩，不断提升政治能力，确保在思想上政治上行动上始终同以习近平同志为核心的党中央保持高度一致。全力建设信念坚定、境界崇高的过硬队伍，牢固树立宗旨意识，自觉把人民放在心中最高位置，把人民褒奖作为最高荣誉，在人民群众最需要的时候冲锋在前，甘愿当好党和人民的“守夜人”，永远做党和人民的忠诚卫士。全力建设纪律严明、铁令如山的过硬队伍，严格教育，严格训练，严格管理，严格要求，以铁的纪律打造铁的队伍；要以铁面包公的态度狠抓廉政纪律，以刀刃向内的勇气和自我革命的精神坚决清除积弊。全力建设本领高强、战之必胜的过硬队伍，始终保持本领不足的危机感，加快推动队伍转型升级，在思想观念、能力素质、装备保障、救援机制等方面来一次大提升，脱胎换骨、浴火重生，全面提高应对复杂灾情的实战能力。全力建设作风优良、英勇顽强的过硬队伍，大力培养战斗精神、崇尚职业荣誉、培树消防英雄、激发担当作为，刀山敢上、火海敢闯，善打硬仗、敢打恶仗，在血与火、生与死的严峻考验面前，不畏艰险，逆向前行。全力建设制度完备、保障有力的过硬队伍，加快推动队伍人员职级套改、换装授衔、落编定岗、班子调整配备等改革任务落地，不断深化消防体制机制改革，完善相关法律法规和政策标准，探索走出一条具有中国特色、符合消防救援实际、兼具职业制和现役制两种体制优势的新路子。各级领导班子、领导干部要坚持以上率下，深入学习训词、大力宣传训词、躬身践行训词，带头讲政治、促改革，严纪律、抓管理，重实干、破难题，转作风、树形象，推动训词精神落地生根和改革转型务必成功。全体消防指战员要铭记领袖嘱托，为人民安危枕戈待旦、赴汤蹈火，用实际行动践行“为维护人民生命财产安全、维护社会稳定贡献自己的一切”铮铮誓言。

五、高举习近平新时代中国特色社会主义思想伟大旗帜 进一步开创安全生产事业改革发展新局面*

2018 年 1 月 29 日，全国安全生产工作会议在京召开，国家安全监管总局党组书记、局长王玉普在会上作工作报告，强调要坚持以习近平新时代中国特色社会主义思想为指导，全面贯彻落实党的十九大精神，认真贯彻落实党中央、国务院关于安全生产工作的各项决策部署，以贯彻落实《中共中央 国务院关于推进安全生产领域改革发展的意见》为抓手，以有效防范和坚决遏制重特大事故为重点，全面提升安全生产水平，推动事故死亡人数、较大事故和重特大事故起数进一步下降，为决胜全面建成小康社会提供有力的安全生产保障。

会议传达学习了习近平总书记近期对安全生产工作作出的重要指示和李克强总理，马凯副总理、王勇国务委员的重要批示。王玉普强调，这充分体现了党中央、国务院对安全生产工作的高度重视和对全国安全监管监察系统干部职工的亲切关怀，我们一定要认真学习领会、抓好贯彻落实，大力推动安全生产工作上水平。

王玉普指出，在习近平新时代中国特色社会主义思想指引下，在以习近平同志为核心的党中央坚强领导下，在各级党委、政府和各有关部门、各单位的大力支持下，过去的一年，全系统广大干部职工认真履行安全监管监察职责，推动安全生产实现“三下降两好转”的明显成效：事故总量下降，各类事故起数、死亡人数同比分别下降 16.2% 和 12.1%；较大事故下降，事故起数、死亡人数同比分别下降 18.2% 和 18.3%；重特大事故下降，事故起数、死亡人数分别减少 7 起、228 人，同比分别下降 21.9% 和 40%，其中特别重大事故 1 起，同比减少 3 起，为 2001 年安全监管监察体制改革以来历史最少；大部分行业领域安全状况好转，10 个行业领域实现事故起数和死亡人数“双下降”，3 个行业领域未发生较大以上事故；大部分地区安全状况好转，28 个省级单位事故起数和死亡人数“双下降”，15 个省级单位未发生重特大事故。强调要始终保持清醒头脑，深刻认识到进入新时代对安全生产工作的要求更高更严，安全生产形势依然严峻，安全生产基础依然薄弱，安全监管执法能力还有差距和不足，要抓重点、补短板、强弱项，不断提高安全监管监察能力。

王玉普强调，新时代要有新气象，更要有新作为。我们要高举习近平新时代中国特色社会主义思想伟大旗帜，深入贯彻落实党的十九大精神，不忘初心、牢记使

* 摘自王玉普同志在 2018 年 1 月 29 日全国安全生产工作会议上讲话的新闻通稿。

命，全面贯彻落实习近平总书记关于安全生产的重要论述，坚持以人民为中心，以真抓的实劲、敢抓的狠劲、善抓的巧劲、常抓的韧劲，奋发有为、扎实工作，切实担负起党和人民赋予我们维护人民群众生命财产安全的神圣职责。

王玉普强调，要按照党的十九大的战略部署，努力推动安全生产整体水平与2020年全面建成小康社会、2035年基本实现社会主义现代化、本世纪中叶全面建成富强民主文明和谐美丽的社会主义现代化强国相适应，实现安全生产治理体系和治理能力现代化，使人民群众的安全感更加充实、更有保障、更可持续。要不驰于空想、不骛于虚声，步步为营、久久为功，定一件干一件、干一件成一件，扎扎实实不断把安全生产事业推向前进。2018年要重点抓好六项工作。

一要狠抓责任落实。强化地方各级党委和政府领导责任，按照《地方党政领导干部安全生产责任制规定》要求，将安全生产工作绩效与履职评定、职务晋升、奖励惩处相挂钩。在煤矿、危化品等高危行业领域全面推行分片包干责任制，将监管监察责任落实到各级领导干部。推动相关部门安全监管责任纳入“三定”规定。完善巡查考核和约谈制度，实施严格的监管监察执法，提高企业违法违规成本，推动企业主体责任落实。

二要狠抓依法治安。重点推动《安全生产法》等法律法规制定修订，特别是针对事故暴露出的问题，及时在法律法规标准上堵塞漏洞。严格落实“四个一律”执法措施，公开曝光典型违法行为和违法人员，积极推动完善行刑衔接制度，强化惩戒震慑。完善监管执法保障机制，推动严格公正文明规范执法。严格事故调查处理，健全挂牌督办、工作督导等机制，提高事故调查时效性。

三要狠抓改革创新。深化安全监管监察体制改革。推动地方落实保障政策，加强基层安全监管力量，加快完善各类功能区安全监管执法机构。充分发挥各级安委会的优势和作用，完善安全督导、督查、大检查工作机制。积极发挥市场机制的推动作用，强化安全生产社会治理，推动群防群治。

四要狠抓事故预防。严格安全市场准入，推动不符合安全生产条件的生产经营单位关闭退出。以高风险企业、高风险工艺、高风险设备设施为重点，督促企业建立隐患排查治理制度。深入推进煤矿瓦斯、水害等重大灾害治理，重点整治超层越界、“五假三超”等严重违法行为。扎实推进危化品安全综合治理，推动危化品重点县配备专业监管人员，加强油气管道高后果区安全风险管控。深化非煤矿山、烟花爆竹、工贸等行业领域专项治理，会同有关部门强化交通运输、消防、建筑施工等重点行业领域专项整治。认真贯彻落实中央关于推进城市安全发展的部署，推动安全发展型城市建设。强化农业农村生产经营建设活动安全监管，实施农民安全素质提升工程。中央企业要发扬大庆精神，弘扬“三老四严”传统，在安全生产工作上带好头、作表率。

五要狠抓基础建设。加强安全生产政策研究，建立完善安全投入长效机制。加强安全生产信息化全国“一张网”建设，强化安全科技支撑，运用现代技术提升安全保障能力。加强矿山、危化品、油气管道等应急救援基地建设和管理，提升应急处置能力。大力推进企业安全生产标准化建设，不断提高本质安全水平。建立系统性、常态化的安全宣传机制，持续开展反“三违”教育活动，不断提高从业人员和全民安全素质。

六要狠抓队伍建设。严格落实全面从严治党主体责任，全面推进全系统党的政治建设、思想建设、组织建设、作风建设、纪律建设，把制度建设贯穿其中，深入推进反腐败斗争，持之以恒反“四风”、转作风，努力建设一支政治强、业务精、执法严、作风硬的安全监管监察干部队伍。

第三篇

深 化 改 革

综 述

2018年是全面贯彻落实党的十九大精神的开局之年，以习近平同志为核心的党中央立足我国灾害多发频发基本国情，作出组建应急管理部的重大决策，推动应急管理体制深刻变革。根据《中共中央关于深化党和国家机构改革的决定》和中共中央《深化党和国家机构改革方案》，应急管理部整合了11个部门的13项职能，包括5个国家议事协调机构职能，涉及两支部队近20万官兵转制转隶，是这次机构改革中整合部门最多、情况最为复杂的部门。应急管理部党组把落实机构改革作为一项重大政治任务，全力推进实施。3月22日，应急管理部党组召开第一次会议，全面启动机构改革工作。3月27日，国务委员王勇出席应急管理部机构改革领导小组第一次全体会议。4月16日，中央政治局常委、国务院副总理韩正，国务委员王勇出席应急管理部挂牌仪式。国务院副总理韩正在应急管理部指挥中心调研时指出，组建应急管理部是以习近平同志为核心的党中央坚持以人民为中心的发展思想，着眼于构建统一领导、权责一致、权威高效的国家应急能力体系作出的重大决策部署，对推进国家治理体系和治理能力现代化具有重要意义。要积极稳妥、有力有序推进应急管理部组建各项工作，确保改革无缝衔接。要建设好应急管理部指挥中心，确保在灾害事故发生时，第一时间响应、集中统一指挥、第一时间处置，更加高效地把各种应急力量和资源投放到应急管理工作之中。要牢固树立“四个意识”，坚定“四个自信”，坚决维护习近平总书记的核心地位，确保党中央政令畅通、令行禁止，建设一支作风过硬、意志坚强、能打硬仗的应急管理干部队伍。

一年来，应急管理部扎实推进完成机构改革各项工作。应急管理部党组书记黄明同志先后主持召开干部大会、老干部会议、机关干部会议、消防部队改革宣传教育动员部署会、机构改革阶段性总结暨推进应急管理事业改革发展动员部署会，及时传达学习贯彻习近平总书记关于深化党和国家机构改革的重要指示，切实把思想和行动统一到党中央的决策部署要求上来。认真制定机构改革组织实施工作方案，建立工作制度，扎实组织开展调查研究，蹄疾步稳、紧凑有序完成了挂牌、机构和人员转隶、部“三定”规定研究制定和细化落实、公安消防部队和武警森林部队转制等各项改革任务（表3–0–1至表3–0–3）。12月7日，通过了深化党和国家机构改革协调小组办公室调研验收。同时，坚持边组建、边防范、边应急，扎实推进安全生产、防灾减灾救灾、抢险救援等应急管理各项工作，改革完善事故灾害防范救援工作机制，有效保障人民群众生命财产安全和社会稳定，新部门新机制新队伍的优势初步显现。

表3-0-1　应急管理部划入相关部门职责及议事协调机构

相关部门及职责	国家安全生产监督管理总局职责
	国务院办公厅应急管理职责
	公安部消防管理职责
	民政部救灾职责
	国土资源部地质灾害防治相关职责
	水利部水旱灾害防治相关职责
	农业部草原防火相关职责
	国家林业局森林防火相关职责
	中国地震局震灾应急救援职责
	公安消防部队
	武警森林部队
议事协调机构	国务院安全生产委员会
	国家防汛抗旱总指挥部
	国家减灾委员会
	国务院抗震救灾指挥部
	国家森林防火指挥部

表3-0-2　应急管理部党组成员

序号	姓　名	职　　务
1	黄　明	党组书记、副部长
2	王玉普	部长、党组副书记
3	付建华	党组副书记、副部长
4	孙华山	党组成员、副部长 国家安全生产应急救援中心党委书记、主任
5	郑国光	党组成员、副部长 中国地震局党组书记、局长
6	黄玉治	党组成员、副部长 国家煤矿安全监察局党组书记、局长
7	许尔锋	党组成员、政治部主任 机关党委书记
8	叶建春	党组成员、水利部副部长 兼应急管理部党组成员、副部长
9	尚　勇	党组成员、副部长（正部长级）
10	艾俊涛	党组成员、中央纪委国家监委驻应急管理部纪检监察组组长
11	王浩水	党组成员、总工程师

表3-0-3 消防救援局、森林消防局和应急管理部机关司局负责人

序号	内设机构	负责人	职务
1	消防救援局	琼　色	副局长*
		詹寿旺	副政委*
2	森林消防局	徐　平	司令员*
		戴建国	政委*
3	办公厅	欧　广	主任
4	应急指挥中心	李晓东	主任
5	政治部	贾　科	副主任
6	人事司	杨玉洲	司长
7	教育训练司	李尚余	副司长
8	风险监测和综合减灾司	殷本杰	司长
9	救援协调和预案管理局	郭治武	局长
10	火灾防治管理司	崔洪浩	副司长
11	防汛抗旱司	李坤刚	司长
12	地震和地质灾害救援司	赵　明	司长
13	危险化学品安全监督管理司	孙广宇	司长
14	安全生产基础司	裴文田	司长
15	安全生产执法局	马　锐	局长
16	安全生产综合协调司	苏　洁	司长
17	救灾和物资保障司	庞陈敏	司长
18	政策法规司	王宛生	司长
19	国际合作和救援司	刘为民	司长
20	规划财务司	唐琮沅	司长
21	调查评估和统计司	罗音宇	司长
22	新闻宣传司	申展利	司长
23	科技和信息化司	魏平岩	司长
24	机关党委	林　冰	常务副书记
25	离退休干部局	付　伟	党委书记
		王广湖	局长

注：* 所列职务仍为转制前职务名称。

第一章 机 构 改 革

一、加强机构改革组织领导

2018年3月22日，成立应急管理部机构改革领导小组，黄明同志任组长，王玉普、付建华同志任副组长，党组成员和有关司局主要负责同志为成员。领导小组下设办公室，由办公厅、人事司等有关司局和单位专门抽调工作人员组成，承担领导小组日常工作。领导小组办公室设置综合组、转隶组建组、“三定”规定起草工作组、转制工作组等若干工作组，分别由相关部领导牵头负责，抽调人员组成专门工作班子，具体推进机构改革各项工作。同时，会同国务院办公厅等8个部门组成应急管理部机构改革工作小组，并建立相关部门联络员机制。

二、制定实施机构改革工作方案

明确应急管理部机构改革各阶段工作任务，按环节分步骤抓好工作落实。建立工作制度，制定机构改革工作小组工作规则，机构改革工作办公室会议、督办、信息报送、新闻发布与舆情监测、保密、日常管理6项工作制度，明确各工作组的任务和责任分工。制定机构改革工作任务进度安排计划，明确机构改革时间表、路线图和工作节点，对起草“三定”规定草案、相关职责及人员划转，相关法律法规清理修订、集中办公、挂牌仪式、新闻宣传、事业单位改革等各项工作，分时段作出安排。

三、稳妥推进机构和人员转隶

应急管理部领导带队分别赴国务院办公厅、公安部、民政部、原国土资源部、水利部、原农业部、原国家林业局、中国地震局等涉及转隶工作的部门，沟通协调相关人员转隶、工作交接、办公用房、资产经费预算、档案移交等事项，按照“编随事走、人随编走”的原则，有序推进、分步实施，稳妥有序地开展转隶组建工作。原国家安全监管总局、国务院应急办、公安部现役办、民政部救灾司、原国土资源部地质环境司（地质灾害应急管理办公室）、水利部国家防汛抗旱总指挥部办公室、原农业部草原监理中心、原国家林业局草原和森林防火办公室、中国地震局震灾应急救援司等相关机构及328名在编人员顺利划转至应急管理部，并实现集中办公。同时，将原国家安全监管总局职业安全健康监督管理司及15名在编人员划转至国家卫生健康委员会。

四、精心编制应急管理部“三定”规定并细化落实

把制定应急管理部“三定”规定作为机构改革工作的“牛鼻子”，坚持优化协同高效的原则，细而又细、实而又实地做好各项工作。对外与19个部门加强沟通，重点理顺与自然资源部、水利部、林业和草原局、粮食和物资储备局等部门的职能划分，处理好“统”与“分”的关系，界定好“防”与“救”的职责；对内不搞简

单的“物理相加”，而是致力于起“化学反应”，加强职能融合和重塑，构建防灾减灾救灾、指挥、救援、监督、执法、保障等分工清晰、互为衔接的内设机构职能体系。充分考虑履职需要，体现加强党的全面领导，统筹业务司局和综合司局设置，合理确定处室设置和规模，不搞简单的“搬家”，提高机构设置的科学性和有效性。7 月 30 日，中共中央办公厅、国务院办公厅印发《应急管理部职能配置、内设机构和人员编制规定》，明确了应急管理部 18 项主要职责和职能转变总体要求、有关职责分工，明确设置 20 个内设机构和政治部、机关党委、离退休干部局，核定行政编制 546 名、司局级领导职数 96 名。9 月 19 日，印发实施《应急管理部内设机构主要职责、处室设置和人员编制规定》，核定机关司局共设置处室 122 个，正副处长职数 156 名。

第二章　安全生产领域改革

《中共中央 国务院关于推进安全生产领域改革发展的意见》（简称《意见》），是中华人民共和国成立以来第一个以党中央、国务院名义出台的安全生产工作的纲领性文件，提出了一系列改革举措和任务要求，为当前和今后一个时期我国安全生产领域的改革发展指明了方向和路径。2018年是应急管理部门的组建之年，也是实现《意见》中2020年各项目标任务承前启后的关键一年。应急管理部党组高度重视，把抓好《意见》贯彻落实作为强化“四个意识”、坚定“四个自信”、做到“两个维护”的重要抓手，创新思路、攻坚克难，通过考核巡查、督查检查等工作手段，积极推进各项改革政策措施落地见效。

一、各地区贯彻落实情况

一是安全生产责任逐级压实。全国各省份都制定了《意见》实施细则或实施意见，所有省级安委会主任均由省级政府主要负责同志担任，28个省（自治区、直辖市）和新疆生产建设兵团明确由政府常务副职或常委分管安全生产工作，特别是西藏自治区明确由政府主要负责人分管安全生产工作。黑龙江省调整省政府安委会为省安委会，增加省委相关工作部门、省法院和检察院负责人为成员。辽宁、福建各市、县实行“双主任”模式，安委会主任由地方党政主要负责人共同担任。广东省在全国率先对4类58个党政部门单位的安全生产职责进行逐个明确。重庆市开展新业态安全生产调查摸底，明确了共享单车（汽车）、无人机等14个新业态安全监管职责。四川省连续6年对21个市（州）实施全覆盖的安全生产考核。江苏省出台《江苏省推进党政领导干部能上能下办法》，对安全生产履责不力，本地区发生重特大事故的干部予以调整。

二是安全监管监察体制改革持续深化。进一步健全安全监管和应急救援管理体系，重点行业领域安全监管监察体制改革取得积极成效。例如，江苏省全面增强基层安全监管力量，所有乡镇和131个省级以上开发区全部设立了安监机构，平均工作人员分别为9.5人和8.2人。河南省将危险化学品、消防等11个专项指挥部纳入省应急救援总指挥部，统一协调重大事故应急救援。辽宁省各产煤市成立了地方煤矿安全监察部门，不断加强监察执法力量。吉林省吉林市在应急管理局的基础上增设危险化学品监督管理局，进一步加强危险化学品监管。

三是安全生产依法治理深入推进。各地制修订了地方性安全生产法规，在危险化学品、消防救援等重点行业领域进行立法，完善安全生产各项标准体系，加大执法力度，增强执法效能。例如，福建省修订了《福建省安全生产条例》，在消防、轨道交通、建筑施工等领域制定了法规和标准。浙江省全面推进设区市安全生产立法工作，各设区市开展重点行业领域地方性法规制定工作。北京市制定安全生产“百部地标”，2018年正式发布53项，送审 25 项。四川省在重点乡镇或片区乡镇建立执法中队，打通监管执法“最后一公里”。新疆维吾尔自治区出台了《新疆维吾尔自治区安全生产严格执法十项措施》，在责任追究、行政处罚等方面依法采取上限顶格措施。江苏省对安全生产违法违规行为严处重罚，2018 年立案 2.3 万件，处罚 8 亿元。河北省集中约谈 26 个“零处罚”的县级部门主要负责人，大力解决“只检查、不处罚”的问题。

四是安全预防控制体系不断优化。各地坚持风险管控，关口前移，不断优化安全预防控制体系，积极构建风险分级管控和隐患排查治理双重预防工作机制。例如，天津市在全国率先开展城市安全风险评估工作，16 个区全部完成区域城市安全风险评估。河北省 22 个省级部门制定了本行业领域安全生产风险管控与隐患排查治理工作指南。江西省创建千家安全生产标准化示范企业和千家风险管控示范企业，以示范企业引领双重预防机制建设。浙江省初步建成覆盖 15 个省级部门、链接 3 万多家企业的省危险化学品安全风险大数据平台，实现全省危险化学品安全风险“一张图一张表”。湖北省宜昌市充分发挥事故警示作用，组织重点行业领域企业主要负责人和部门监管人员现场旁听生产安全事故案件庭审。

五是安全生产保障能力进一步增强。各地健全完善安全生产投入长效机制，突出科技支撑，发挥市场机制推动作用，切实增强安全生产保障能力。例如，四川省出台了《四川省安全生产专项资金管理办法》，保障每年安全生产专项资金，2018 年投入 1.6 亿元。河北省连续 7 年每年投入 1 亿元，专门用于非煤矿山安全生产专项整治。河南省推动“机械化换人、机器人作业、自动化减人”，煤矿采煤机械化程度达 91.3%，掘进装载机械化程度达 92.6%。青海省将企业安全生产费用提取和投入作为危险化学品企业许可发证的必要条件，督促危险化学品企业安全投入到位。山西省将事故预防控制等 10 项安全生产内容纳入政府购买服务目录，出台政策鼓励中小微企业购买安全技术服务。

二、各相关部门贯彻落实情况

应急管理部认真做好各项牵头任务事项落实，不断健全安全生产责任体系，创新监管机制，推进提升安全生产治理现代化水平。一是在健全安全生产责任制方面，印发了《中共中央组织部 应急管理部关于学习宣传贯彻落实〈地方党政领导干部安全生产责任制规定〉的通知》《关于进一步加强安全生产诚信体系建设的通知》《国务院安委会办公室关于安全生产领域联合惩戒“黑名单”管理情况的通报》等。二是在完善安全监管体制机制方面，印发了《国务院安全生产委员会工作规则》《中共中央办公厅 国务院办公厅关于调整国家煤矿安全监察局职责机构编制的通知》，完善了安全生产考核巡查制度。三是在推进安全生产依法治理方面，印发了《安全生产年度监督检查计划编制办法》《关于进一步加强监管监察执法促进企业安全生产主体责任落实的意见》《安全生产监管执法监督办法》《安全生产行政执法与刑事司法衔接工作办法》等，建立了执法行为审议制度和重大行政执法决策机制。四是在完善安全预防控制体系方面，印发了化工和危险化学品、烟花爆竹、煤矿重大生产安全事故隐患判定标准，以及《危险化学品生产储存企业安全风险评估诊断分级指南（试行）》《高风险煤矿安全“体检”指导意见》《关于进一步加强隐患排查治理体系建设示范试点工作的通知》等。五是在提高安全基础保障能力方面，印发了《安全评价检测检验机构管理办法》《安全生产检测检验机构能力的通用要求》《安全生产宣传教育“七进”活动基本规范》等。将安全生产重大科技需求纳入《“十三五”公共安全科技创新专项规划》。

中央组织部、原国家安全监管总局起草了《地方党政领导干部安全生产责任制规定》，并以中共中央办公厅、国务院办公厅名义印发。中央纪委、国家监察委制定了《公职人员政务处分暂行规定》《国家监察委员会管辖规定（试行）》，为生产安全事故调查处置工作中纪法衔接、法法衔接提供了制度保证。中央政法委商有关部门研究制定《2018 年综治工作（平安建设）考核评价实施细则》，保留“安全生产监管工作”考评项目，并由应急管理部进行评分。公安部印发了《道路交通安全“十三五”规划》，会同应急管理部、交通运输部修订了《道路旅客运输企业安全管理规范》。财政部 2018 年安排了 27 亿元安全生产预防及应急专项资金支持安全生产应急救援基地建设等 7 项重点工作。国家发展改革委在 2018 年中央预算内投资安排方案中设置了 12 亿元的安全生产监管监察能力建设专项资金，支持国家安全工程技术实验与研发基地等重点项目建设。国家卫生健康委员会等部门联合印发了《关于进一步加强农村贫困人口大病专项救治工作的通知》，将尘肺病等疾病新增为农村贫困人口大病专项救治病种。印发了《危险化学品安全标准体系建设规划（2018—2020 年）》《公路水路行业安全生产风险辨识评估管控基本规范（试行）》等，进一步加强交通安全管理体系建设。商务部修订了《境外中资企业机构和人员安全管理指南》，引导企业建立完善境外安全管理体系和管理制度。人力资源和社会保障部将职业病失能人员纳入社会保障范围，2018 年为 10 万职业病职工支付医疗费用共计 23.24 亿元。司法部会同应急管理部开展安全生产领域立法工作，制定了《生产安全事故应急条例（草案）》提请国务院审议。发布了《中华人民共和国消防救援衔条例》等。教育部印发了《关于做好 2018 年中小学生安全教育工作的通知》等文件，部署相关工作，将安全知识普及纳入国民教育。住房和城乡建设部印发了《关于印发贯彻落实城市安全发展意见实施方案的通知》，指导各地做好城市安全发展各项工作。科技部将应急安全科学重大项目纳入“公共安全与应急技术装备”国家重点研发计划，2018 年落实 7 个项目，经费 1.8 亿元。工业和信息化部会同应急管理部、科技部、财政部印发了《关于加快安全产业发展的指导意见》，推动安全产业创新发展、集聚发展。

第三章　防灾减灾救灾体制机制改革

《中共中央 国务院关于推进防灾减灾救灾体制机制改革的意见》印发后，各有关部门、各地区坚决贯彻落实党中央、国务院决策部署，以高度的政治责任感和历史使命感，把贯彻落实《改革意见》作为一项重点工作任务来抓，及时安排部署，细化工作措施，强化责任落实，各项改革举措有序推进，取得明显成效。

一、统筹灾害管理

积极推进完善与各类自然灾害管理全过程综合协调相适应的体制机制。一是应急管理部、水利部、自然资源部等涉灾部门“三定”规定，明确各部门在自然灾害防治方面的分工与衔接，进一步强化了防治工作的统筹协调。二是推动京津冀三省市签订应急救援协作框架协议和救灾物资协同保障协议，编制印发《京津冀协同发展防震减灾“十三五”专项规划》，进一步提高协同处置自然灾害能力。三是指导长江经济带、珠江三角洲等区域和自然灾害高风险地区开展跨区域灾情信息通报联动，及时通报各省最新灾情信息，为跨区域应急联动提供支撑。四是组织修订《自然灾害救助条例》，为修改《中华人民共和国防震减灾法》《破坏性地震应急条例》作前期准备；研究起草《地震预警管理办法》。组织修订自然灾害类专项应急预案，规范预案启动标准，积极做好森林草原防火、防汛抗旱、自然灾害救助预案衔接协调。

二、统筹综合减灾

以实施《国家综合防灾减灾规划（2016—2020年）》为引领，统筹推进各项减灾工作。一是各相关部门编制实施国家突发事件应急体系建设、全国地质灾害防治、全国森林防火、水利改革发展、城乡建设抗震防灾等“十三五”防灾减灾专项或部门规划，各省（自治区、直辖市）人民政府编制实施省级综合防灾减灾“十三五”规划，共同推进综合防灾减灾任务落实。二是完善防灾减灾救灾工程建设标准体系，修订《建筑抗震设计规范》（GB 50011—2010），制定《防灾避难场所设计规范》（GB 51143—2015）国家标准，《城市社区应急避难场所建设标准》（建标 180—2017）、《城市绿地防灾避险设计导则》两项行业标准，继续推动《建设工程抗震管理条例》立法工作。三是弥补城乡防灾减灾基础设施建设短板，大力推进30个海绵城市建设试点，完成棚户区改造1200多万套，支持500多万贫困农户改造危房，建成旱涝保收高标准农田4亿亩。严格落实《建筑工程抗震设防分类标准》（GB 50223—2008），加强学校等应急避难建筑抗震措施。四是加强防灾减灾科普宣传教育。在义务教育课程标准和普通高中相关教学中设置防灾减灾课堂教学内容，培养学生灾害风险意识和自救互救能力。依托应急管理部政府网站、中国应急信息网、微信、微博等平台开展常态化科普宣传，并联合相关部门共同推动应急管理科普知识进教材、进学校、进机关、进企事业单位、进社区、进农村、进家庭、进公共场所，不断扩大宣传覆盖面。五是加强基层减灾能力建设。修订《全国综合减灾示范社区创建管理暂行办法》，启动多部门合作开展综合减灾示范社区创建工作；指导部分省份开展综合减灾示范县创建试点。六是研究制定综合应急避难场所建设和运维配套标准，并将应急避难场所建设纳入应急保障体系，加快各级应急避难场所建设。

三、健全灾后恢复重建工作制度

按照“中央统筹指导、地方作为主体、灾区群众广泛参与”新机制，中央与地方各负其责，协同推进灾后恢复重建工作。一是起草完成《关于做好特别重大自然灾害灾后恢复重建工作的指导意见》，明确灾后恢复重建的总体要求、工作机制、任务分工等。二是协助四川省开展九寨沟地震灾损评估工作，指导编制《九寨沟地震灾区灾后恢复重建总体规划》。三是支持受灾地区实施灾后恢复重建，完成云南鲁甸 6.5 级地震和 2016 年、2017 年因灾倒损民房的恢复重建任务，协调推进新疆塔县、精河地震灾后恢复重建工作。

四、完善军地协调联动制度

加强国家应急力量建设，推动军地联合开展抢险救灾工作。一是军委联合参谋部编制实施有关“十三五”规划，加强军地协调对接，切实做好抢险救灾工作。二是推进国家应急力量建设，应急管理部稳步推进消防部队、武警森林部队转制，整合专业消防、安全生产救援等专业力量，组建国家综合性应急救援队伍。各有关部门和单位继续加强各类应急专业力量建设，成立 4 类 48 支国家卫生应急队伍，24 支国家级红十字救援队。三是壮大基层应急力量，基层应急信息员队伍规模稳定在 70 多万人，地质灾害群测群防员 30 多万人，地质灾害防御基层技术人员 20 多万人。

五、健全社会力量参与机制

完善各项工作措施，积极引领社会组织和志愿者有序参加救灾行动。一是开发建设全国社会应急力量管理服务平台，引导社会组织针对灾区需求进行响应。二是将提升相关社会组织防灾减灾和应急处置能力纳入日常工作安排，定期举办培训班、桌面或实兵演练，提高社会组织的救灾能力。

六、充分发挥市场机制作用

加快灾害保险制度体系建设，丰富保险产品类型，努力扩大保险覆盖面。一是健全地震巨灾保险制度。推动《地震巨灾保险条例》立法工作；财政部印发《城乡居民住宅地震巨灾保险专项准备金管理办法》，加强应对地震巨灾赔付的长期资金积累。二是推动巨灾保险试点并轨，将四川、河北张家口试点纳入全国性巨灾保险制度框架，指导保险公司开发多年期地震巨灾保险产品，以及覆盖地震、台风、洪水等多灾种的巨灾保险产品。三是银保监会指导地震保险共同体研发推出城乡居民住宅地震巨灾保险新产品新服务，不断扩大保险覆盖面。

七、强化灾害风险防范

着力提高监测预警预报能力，提高灾害综合防范水平。一是加强监测预警体系建设，气象、水利、农业农村、自然资源、生态环境、交通运输、地震、铁路等部门和单位加快灾害监测地面站网和防灾减灾救灾空间基础设施建设，洪水预报系统、中小河流预报预警系统、全国水情预警汇集发布平台建成使用。二是建立国家突发事件预警信息发布体系，形成了多手段并用的预警信息发布渠道，通过12379短信平台向应急责任人发布预警信息3亿多人次。三是将“开展以县为单元的全国自然灾害综合风险与减灾能力调查”工作纳入灾害风险调查和重点隐患排查工程，启动全国灾害综合风险普查试点工作。四是中国地震局继续推进地震预警体系和能力建设，在福建全省和新疆昌吉开展地震预警信息服务进村入户试点，加快实施国家地震烈度速报与预警工程项目。

八、完善信息共享机制

研究制定相关技术标准，加强信息化工程建设，强化防灾减灾救灾信息互联互通。一是积极推进“十三五”信息化标准工作。研究空天一体信息技术基础设施标准，促进网络基础设施互联互通；构建政务数据资源、社会数据资源、地理信息空间数据资源、互联网数据资源一体化的数据资源标准体系，为部门间网络连通、信息共享、业务协同提供标准支撑。完成《特别重大自然灾害损失综合评估导则》国家标准的起草工作。二是健全重特大灾害信息发布和舆情应对机制，加强与主要新闻媒体的应急联络，及时发布信息，加强舆论引导，回应公众关切。

九、提升救灾物资和装备统筹保障能力

进一步加强救灾物资、救援装备、应急物品等实物储备或生产能力储备，扎实做好应急救援救灾工作。一是提升受灾群众基本生活保障能力。大幅提高中央自然灾害生活补助标准；2017年和2018年安排中央预算内投资8亿元支持中西部322个多灾易灾市、县建设救灾物资储备库；应急管理部与国家粮食和物资储备局建立了物资调运机制，完成应急物资信息平台建设任务书编制。及时下拨中央自然灾害生活补助资金，调拨中央救灾物资，切实保障受灾群众基本生活。二是加强救援装备储备工作。消防救援部门在全国建设10个区域性应急救援物资储备库，储备53种、8.8万件（套）应急物资；工业和信息化部探索开展工业领域应急物资生产能力储备工作，加快制定《国家应急物资生产能力储备基地管理办法（试行）》；交通运输部实施《国家区域性公路交通应急装备物资储备中心布局方案》，建成黑龙江、河南、西藏、新疆生产建设兵团4个储备中心并投入使用。三是提升通信、能源等应急保障能力。更新升级全国通信设施，加快建设应急通信工程，基本形成国家公共应急通信专网体系；实施《电力行业应急能力建设行动计划（2018—2020年）》，提高灾害应急处置的电力保障能力。

十、提高科技支撑水平

加强灾害监测预警、风险和损失评估等关键技术研究，推动防灾减灾救灾新技术、新材料、新产品、新装备研发与应用。一是组织开展自然灾害科学研究和技术攻关。启动实施“重大自然灾害监测预警与防范”等国家重点研发计划重点专项；科技部会同有关部门开展地震、地质灾害、气象灾害、重大水旱灾害监测预警与评估技术研发；自然科学基金会将“重大灾害形成机理及其减灾对策”列入学部交叉优先领域予以重点支持。二是加强科技减灾应用。加快推进民用卫星防灾减灾救灾服务体系建设，实施国家地震烈度速

报与预警工程，初步建成突发地质灾害应急响应物联网平台。三是大力推动应急产业发展。实施《应急产业培育与发展行动计划（2017—2019年）》，确定12个国家应急产业示范基地，加强对应急产业重点企业的发展支持，发挥其引领示范作用。

第四章 消防队伍改革

按照中共中央深化党和国家机构改革方案和第十三届全国人民代表大会第一次会议审议批准的《国务院机构改革方案》，公安消防部队、武警森林部队全部退出现役，成建制划归应急管理部，组建国家综合性消防救援队伍。中共中央办公厅、国务院办公厅印发《组建国家综合性消防救援队伍框架方案》，明确建立健全专门管理和保障办法。2018 年 10 月 26 日，第十三届全国人民代表大会常务委员会第六次会议通过《中华人民共和国消防救援衔条例》，由中华人民共和国第 14 号主席令公布，自 2018 年 10 月 27 日起施行。国务院总理李克强签署第 705 号国务院令，公布《中华人民共和国消防救援衔标志式样和佩带办法》，这是我国继军衔、警衔、关衔、外交衔之后，正式实施的第五种衔级——消防救援衔。2018 年 11 月 9 日，国家综合性消防救援队伍授旗仪式在人民大会堂举行（图 3-4-1），中共中央总书记、国家主席、中央军委主席习近平向国家综合性消防救援队伍授旗并致训词。

图3-4-1 2018年11月9日，国家综合性消防救援队伍授旗仪式在人民大会堂举行

一、消防救援队伍

消防救援队伍起源于中华人民共和国成立之初组建的公安消防民警队伍，最初由各级公安机关治安管理部门统管。1955年，公安部增设消防局。1965年，公安消防队伍中小队长（班长）以下人员实行义务兵役制，中队长及以上人员仍是原来的公安编制。1966年，“文化大革命”开始后，公检法机关陷入瘫痪、半瘫痪状态。1966年下半年，公安消防机构也被整编撤销，消防队伍的兵员征集等工作暂由各军区、省军区协助办理。公安部消防局被撤销后，消防工作归入公安部下设的治安保卫组负责。1973年，国务院、中央军委下发通知，明确公安消防队伍由公安机关统一领导，省（自治区、直辖市）公安局设消防总队（又称消防处），市和地、县根据实际需要分别设置消防支队、大队、中队（又分别是公安机关的处、科、股）。1976年，国务院、中央军委决定消防中队干部实行现役制（消防中队以上干部仍为公安民警编制）。此后，各级公安机关积极恢复了消防工作的业务建设和组织建设。

1978年，经国务院批准，公安部恢复设立消防局（内称第七局）。1982年，经中共中央批准，组建中国人民武装警察部队。全国消防队伍中消防中队以上公安行政编制的干部，编制上划中央，按标准转为现役，全部纳入武警部队序列，武警总部下设消防局（军级单位），在业务领导关系上，又是公安部的业务局。各省（自治区、直辖市）消防处纳入当地武警总队序列，为副师级，又是公安厅（局）的业务单位。市、县消防机构纳入当地武警部队序列，称消防科、股，消防中队单独设置不变。1985年，公安部印发通知，明确消防部队是公安机关的警种之一，统一由各级公安机关领导，由武警内卫部队代供。各省（自治区、直辖市）消防部门仍称公安消防总队，又称公安厅（局）消防处；市（地、州、盟）可组建消防支队。1988年底，消防部队与武警其他警种一并实行警衔制。1995年5月，公安部出台《公安消防部队总队以下单位编制方案（试行）》，明确各省（自治区、直辖市）设公安消防总队，各市（地、州、盟）和直辖市城区设公安消防支队，各县（市、区、旗）设公安消防大队、中队。1998年4月颁布、1998年9月1日起施行的《中华人民共和国消防法》明确，国务院公安部门对全国的消防工作实施监督管理，县级以上地方各级人民政府公安机关对本行政区域内的消防工作实施监督管理，并由本级人民政府公安机关消防机构负责实施。公安消防队除保证完成本法规定的火灾扑救工作外，还应当参加其他灾害或者事故的抢险救援工作。2008年10月修订、2009年5月1日起施行的《中华人民共和国消防法》进一步明确，公安消防队、专职消防队依照国家规定承担重大灾害事故和其他以抢救人员生命为主的应急救援工作。

2018年10月9日，公安部、应急管理部联合举行公安消防部队移交应急管理部交接仪式，正式标志着17万公安消防部队现役官兵集体转隶到应急管理部。2018年10月15日，消防部队现役官兵集体退出现役，现役编制全部转为行政编制，承担灭火救援和其他应急救援工作，充分发挥应急救援主力军和国家队作用。2018年11月9日，应急管理部党组书记、消防救援总监黄明出席学习宣传贯彻习近平总书记授旗训词动员大会，并向消防救援局授旗（图3-4-2）。

图3-4-2 2018年11月9日，应急管理部党组书记、消防救援总监黄明出席学习宣传贯彻习近平总书记授旗训词动员大会，并向消防救援局授旗

队伍转制后，原公安部消防局更名为应急管理部消防救援局，作为消防救援队伍的领导指挥机关。因“三定”规定尚未下发，各级消防救援队伍仍按原编制和职责运行；在消防救援队伍专门的管理教育制度出台前，各级继续执行原有管理教育制度规定，严格规范执勤、训练、工作、生活秩序，保持队伍严明的纪律作风；在消防救援队伍专门的执勤规定出台前，各级继续执行现行的执勤战斗条令和业务训练与考核大纲，继续实行灭火与应急救援五级组织指挥体系，必要时提升战备等级、前置执勤力量，始终保持应急状态；在消防法律法规、规章修订前，仍执行现行的消防法律法规和规章，依法组织开展消防监督工作，提高消防行政审批服务效能，加强消防监督检查，依法查处各类消防违法行为和火灾隐患，坚决维护消防安全形势稳定。

二、森林消防队伍

森林消防队伍始建于1948年，由原东北野战部队抽组编成，历史上先后经历职业制（1948—1978年）、职业制与义务兵役制并存（1978—1988年）、现役制列入武警序列（1988—1999年）、隶属武警部队（1999—2018年10月）4个发展阶段。队伍名称经历武装护林队、护林警察、森林警察、武装森林警察部队、武警森林警察部队、武警森林部队6次大的变化，担负任务由最初的清山剿匪逐步向森林草原防火灭火、林政执勤、保护野生动植物资源和维稳处突、抢险救援转变。

森林防火灭火主要包括防火执勤和灭火作战。防火执勤是森林消防队伍履行职能使命最大量、最经常的基本工作，体现了“预防为主、积极消灭”的森林防火方针。基本任务是开展森林防火宣传教育，对火源进行管理和监控，依法清理非法入山人员，及时发现和消除火灾隐患，主要包括防火宣传、巡护瞭望、清山设卡、计划烧除等勤务。灭火作战属于抢险救援范畴，是森林消防队伍参与扑救森林草原火灾的具体行动。灭火行动中，除直接参与森林火灾扑救外，还要承担疏散转移群众、保护国家、集体和人民群众生命财产安全等任务。

1988 年 1 月 13 日，国务院、中央军委批准森林警察部队列入中国人民武装警察部队序列，成立黑龙江、吉林、内蒙古森林警察总队（正师级），全部实行现役制，实行林业部门和公安部门领导以林业部门为主，中央和地方以地方领导为主的管理体制。1992 年，组建云南森林警察支队（正团级）；1995 年，扩建为云南森林警察总队（正师级）。1999 年 2 月 5 日，国务院、中央军委确定武警森林部队从 1999 年 2 月 10 日起实行武警总部和国家林业主管部门双重领导管理体制，由武警总部对其军事、政治、后勤工作实施统一领导，国家林业主管部门负责业务工作。1999 年 8 月 4 日，武警森林指挥部（正军级）正式挂牌成立。伴随职能使命不断拓展，森林消防队伍编制员额也逐步扩大，2002 年增编组建武警四川、西藏、新疆森林总队（正师级），2008 年增编组建武警福建、甘肃森林总队（正师级）和武警森林指挥部机动支队（副师级，驻北京市），2009 年增编组建武警森林指挥部直升机支队（正团级，驻黑龙江省大庆市）。

2018 年 9 月 29 日，武警森林部队和警种学院移交应急管理部（图 3-4-3）。2018 年 10 月 1 日 0 时起，武警森林部队集体退出现役转为行政编制，划归应急管理部管理，作为国家综合性常备应急骨干力量，发挥应急救援主力军和国家队作用。2018 年 11 月 9 日，应急管理部党组书记、消防救援总监黄明出席学习宣传贯彻习近平总书记授旗训词动员大会，并向

图3-4-3　2018年9月29日，武警森林部队和警种学院移交应急管理部

森林消防局授旗（图 3-4-4）。

队伍转制后，原武警森林指挥部更名为应急管理部森林消防局，作为森林消防队伍的领导指挥机关；各武警森林总队、支队、大队、中队分别更名为森林消防总队、支队、大队、中队，部署在北京、内蒙古、吉林、黑龙江、福建、四川、云南、西藏、甘肃、新疆、安徽、江西、湖北、湖南 14 个省（自治区、直辖市），分布在 74% 的国土面积和 92.6% 的边境线上，其中，有 6 个国有重点林区、8 个原始林区、18 个世界自然文化遗产地、265 个国家级野生动植物自然保护区，主要担负以森林防火灭火为中心的综合性应急救援任务。

图3-4-4 2018年11月9日，应急管理部党组书记、消防救援总监黄明出席学习宣传贯彻习近平总书记授旗训词动员大会，并向森林消防局授旗

第五章 事业单位改革

坚持与行政机构改革同步，做好事业单位的划转、名称变更等工作。2018 年 11 月 15 日，中央编办印发《中央编办关于应急管理部所属事业单位机构编制的批复》，划入了原国家安全监管总局所属的国家安全生产应急救援指挥中心等 24 个事业单位，划入了公安部所属的消防产品合格评定中心和上海、天津、沈阳、四川消防研究所，民政部所属的国家减灾中心（民政部卫星减灾应用中心）、紧急救援促进中心，原国家林业局所属的森林防火预警监测信息中心、北方航空护林总站、南方航空护林总站，地震局所属的中国地震应急搜救中心。将中国煤矿文工团（中国安全生产艺术团）划给文化和旅游部，将原国家安全监管总局职业安全卫生研究中心（煤炭工业职业医学研究中心）划给国家卫生健康委员会，将煤矿安全监察系统 111 个事业单位划给国家煤矿安全监察局管理。原公安部消防部队所属院校、基地及其他相关单位另行规定。调整后，应急管理部所属事业单位有 35 个，事业编制 6018 名。

协调推进事业单位改革有关工作，开展应急管理部所属事业单位调研，研究改革工作方案。推进中国煤炭工业协会代管的煤炭工业职业技能鉴定指导中心、煤炭综合利用多种经营技术咨询中心改革工作。2018 年 10 月 9 日，中国人民武装警察部队警种学院划归应急管理部。2018 年 11 月 9 日，应急管理部党组书记、消防救援总监黄明出席学习宣传贯彻习近平总书记授旗训词动员大会，并向中国人民武装警察部队警种学院授旗（图 3-5-1）。

图3-5-1 2018年11月9日，应急管理部党组书记、消防救援总监黄明出席学习宣传贯彻习近平总书记授旗训词动员大会，并向中国人民武装警察部队警种学院授旗

12 月 21 日，经教育部批准，中国人民武装警察部队警种学院更名组建为中国消防救援学院。12 月 29 日上午，中国消防救援学院在北京举行揭牌仪式（图 3–5–2）。应急管理部部分所属单位情况简介见表 3–5–1。

图3–5–2　2018年12月29日，应急管理部党组书记、消防救援总监黄明为中国消防救援学院揭牌

表 3-5-1　应急管理部部分所属单位情况简介

名　　称	情　况　简　介
机关服务中心 （机关服务局）	**历史沿革：**机关服务中心成立于 1993 年，为煤炭工业部机关服务中心。1998 年，为国家煤炭工业局机关服务中心。2001 年，为国家安全生产监督管理局机关服务中心。2005 年，为国家安全生产监督管理总局机关服务中心。2018 年，为应急管理部机关服务中心。 **机构设置：**内设办公室、党群工作部、人事处（离退休人员管理处）、财务处、经营管理处、房产处、基建办公室、行政事务与节能管理处、应急保障处、招标采购处、文印室、服务一处、服务二处、交通处、幼儿园、启方物业公司、天安恒福国煤建公司、西郊宾馆、北京中安宾馆、东单宾馆、中安之家公司、上海办事处（上海中安宾馆）。 **所在地：**北京市西城区广安门南街 70 号、北京市东城区和平里北街 21 号。
档案馆 （煤炭工业档案馆）	**历史沿革：**档案馆前身为原煤炭工业部办公厅档案处。1993 年，成立煤炭工业部档案馆。1998 年，更名为煤炭工业档案馆。2001 年，加挂国家安全生产监督管理局（国家煤矿安全监察局）档案馆牌子。2005 年，更名为国家安全生产监督管理总局档案馆（煤炭工业档案馆）。2018 年 12 月，更名为应急管理部档案馆（煤炭工业档案馆），为应急管理部直属公益一类事业单位。 **机构设置：**内设 6 个部门，分别是办公室（党群工作部）、机关管理部、监督指导部、征集编研部、开发利用部、技术保管部。 **所在地：**北京市朝阳区北苑路 32 号院甲 1 号楼。
森林防火预警监测信息中心	**历史沿革：**森林防火预警监测信息中心于 2002 年由中央编办批准成立，为公益一类事业单位，副司局级。2004 年，经公安部批准，预警中心人员列入公安序列，授予人民警察警衔。2018 年 7 月，转隶至应急管理部。 **机构设置：**内设 7 个处室，分别是办公室、预警处、监测处、信息处、调度处、网络处、规划处。 **所在地：**北京市西城区广安门南街 70 号。

表 3-5-1（续）

名　称	情　况　简　介
北方航空护林总站	**历史沿革：**北方航空护林总站自 1952 年成立以来，历经林业部嫩江航空护林总站、东北内蒙古地区林业航空总站、东北航空护林局、东北航空护林中心和北方航空护林总站等时期，单位名称数次更改，管理体制屡次变革，工作职能多次调整。北方航空护林系统各航站隶属关系也多次更迭，经历了“四统四分”（1955 年统一管理、1956 年下放地方，1958 年统一、1959 年下放，1960 年统一、1968 年下放，1979 年统一、1990 年下放）。2018 年 7 月，转隶至应急管理部，为应急管理部直属公益一类事业单位，正司局级。 **机构设置：**按原国家林业局确定北方航空护林总站、北方森林防火协调中心、北方森林航空消防训练基地、东北森林防火物资储备中心、东北卫星林火监测分中心，五块牌子一套机构，主要负责指导、指挥、协调、服务黄河以北 13 个省（自治区、直辖市）的航空护林及森林防火相关工作。内设 12 个处室，分别是办公室、政治部（人事处）、计划财务处、党委办公室（机关党委）、科技处、机关服务处、物资储备处、总调度室、森防协调处、航空护林处、卫星林火监测处、纪检监察处（根据工作需要，机关服务处职能合并至办公室，另拟设宣传培训处）。 **所在地：**黑龙江省哈尔滨市松北区东北亚大街 3333 号。
南方航空护林总站	**历史沿革：**南方航空护林总站原名林业部西南航空护林总站，自 1961 年成立以来，走过了初航、动荡、发展的风雨历程，经过 57 年的建设逐步发展壮大，形成了基本完善的航空护林体系。1972 年，总站机构被撤销下放。1985 年，恢复总站建制并收归原林业部管理。分别于 1995 年、1997 年、2000 年在西南航空护林总站加挂西南森林防火协调中心、西南卫星林火监测分中心和西南森林防火物资储备中心牌子。2012 年，经中央编办批复更名为国家林业局南方航空护林总站，并加挂南方森林航空消防训练基地牌子。2018 年 7 月，转隶至应急管理部，为应急管理部直属公益一类事业单位，正司局级。 **机构设置：**管理黄河以南 18 个省（自治区、直辖市）的航空护林工作，承担着航空护林、森林防火协调、卫星林火监测、防火物资储备、森林航空消防训练 5 项职能，是一支服务于南方林区的专业抢险救灾队伍。内设 10 个处室，分别是政治部、办公室、航空护林处、总调度室、森林防火协调处、林火监测处、科技与信息处、计划财务处、纪检监察处、机关服务处，直属管理普洱、保山、丽江、成都、西昌、百色 6 个航空护林站。 **所在地：**云南省昆明市青年路 253 号。

表 3-5-1（续）

名　称	情　况　简　介
中国地震应急搜救中心	**历史沿革：**中国地震应急搜救中心前身为 1978 年成立的国家地震局综合流动观测队。1995 年，更名为国家地震局综合观测中心，2004 年 10 月，经中央编办批准组建为中国地震应急搜救中心，主要承担国内外地震应急救援行动、信息服务、队伍培训、装备保障、技术研发等任务，是地震应急救援领域的业务牵头和技术指导单位，是国家地震灾害紧急救援队（中国国际救援队）的主要组成与支撑保障单位。2018 年 5 月，转隶至应急管理部，为应急管理部直属公益一类事业单位。 **机构设置：**内设 14 个机构，其中，管理机构 6 个，分别是办公室（党委办公室）、人力资源处（离退休办公室）、发展财务处、应急救援处、科学技术处（政策法规处、外事办公室）、纪检审计监察室；业务机构 8 个，分别是现场部、技术部、联络咨询部（信息中心）、保障部、培训部、工程勘测部、服务中心、基地总务部。 **所在地：**北京市石景山区玉泉西街 1 号。
国家减灾中心（卫星减灾应用中心）	**历史沿革：**国家减灾中心于 2002 年 4 月经中央编办批复成立。2003 年 5 月，正式运转。2009 年 2 月，加挂民政部卫星减灾中心牌子。2018 年 4 月，整体转隶至应急管理部，为应急管理部直属公益一类事业单位。 **机构设置：**内设 15 个部门，分别是办公室（党办）、运行管理中心、数据中心、评估与应急管理部、卫星遥感部、航空遥感部、科技标准部、技术装备部、政策研究部、减灾和应急工程重点实验室、灾害评估与风险防范重点实验室、国际合作部、财务部、宣传教育中心、后勤保障部。 **所在地：**北京市朝阳区广百东路 6 号院。
国际交流合作中心	**历史沿革：**1998 年，煤炭工业部成立外事中心。1999 年 6 月 17 日，更名为国家煤炭工业局外事中心，事业编制 45 名。2002 年 7 月 4 日，更名为国家安全生产监督管理局（国家煤矿安全监察局）国际交流合作中心，财政补贴编制 45 名。2005 年 8 月 11 日，更名为国家安全生产监督管理总局国际交流合作中心，财政补贴编制 45 名。2017 年 2 月 23 日，中央编办明确中心机构事业编制 34 名。2018 年 12 月 4 日，更名为应急管理部国际交流合作中心，为应急管理部直属公益二类事业单位。 **机构设置：**内设 7 个处，分别是综合处（党群工作部）、财务处、技术交流处（会议展览处）、培训处、科技信息处、国际合作处、出国服务处。 **所在地：**北京市朝阳区北苑路 32 号院甲 1 号楼。

表3-5-1（续）

名称	情况简介
宣传教育中心（煤炭工业展览中心、应急管理部党校）	**历史沿革：**宣传教育中心前身为原煤炭工业部展览工作室，后更名为煤炭工业展览中心。2002 年 7 月，经中央编办批准，在煤炭工业展览中心基础上，加挂安全生产宣传教育中心牌子，于 2002 年 12 月 30 日正式挂牌成立，为国家安全生产监督管理局所属差额拨款事业单位。2005 年，更名为国家安全生产监督管理总局宣传教育中心（煤炭工业展览中心）。2006 年，加挂国家安全生产监督管理总局党校牌子。2012 年，将国家安全生产监督管理总局安全生产科学素质宣传教育办公室挂靠在宣传教育中心，由中心配合规划科技司承担国家安全生产监督管理总局安全生产科学素质行动具体工作。2017 年，按照中央编办批复，明确宣传教育中心为公益二类事业单位。2018 年，正式更名为应急管理部宣传教育中心（煤炭工业展览中心、应急管理部党校）。 **机构设置：**内设 8 个部门，分别是办公室（人事部）、财务部、宣传教育部、党群工作部（新闻办公室）、展览部、宣传策划部、开发部、安全文化研究所。 **所在地：**北京市东城区和平里兴化东里 9 号楼。
培训中心（煤炭工业人才交流培训中心）	**历史沿革：**1993 年，经中央编办批准，煤炭工业部人才交流培训中心成立。1999 年，更名为煤炭工业人才交流培训中心。2002 年，加挂国家安全生产监督管理局（国家煤矿安全监察局）职业安全技术培训中心牌子。2005 年，更名为国家安全生产监督管理总局培训中心（煤炭工业人才交流培训中心）。2018 年，更名为应急管理部培训中心（煤炭工业人才交流培训中心）。 **机构设置：**内设 6 个机构，分别是综合处（党群工作部、人事处）、培训一处（IC 卡管理办公室）、培训二处、人才信息交流处、财务处、经营开发处。 **所在地：**北京市朝阳区北苑路 32 号院甲 1 号楼。
研究中心（中国煤炭工业发展研究中心）	**历史沿革：**研究中心成立于 1975 年，前身为煤炭工业部科学技术委员会。1988 年，煤炭工业部科学技术委员会更名为煤炭工业技术咨询委员会，中国煤炭工业技术经济咨询中心是中国统配煤矿总公司的事业单位。1998 年，煤炭工业管理体制改革以后，经国家煤炭工业局决定，由中央编办批准，中国煤炭工业技术经济咨询中心更名为中国煤炭工业发展研究咨询中心。2004 年 7 月，更名为国家安全生产监督管理局（国家煤矿安全监察局）研究中心，加挂中国煤炭工业发展研究中心牌子，不再加挂煤炭工业技术委员会牌子。2005 年 8 月，更名为国家安全生产监督管理总局研究中心（中国煤炭工业发展研究中心）。2018 年 9 月，研究中心成为应急管理部直属公益二类事业单位。2018 年 12 月，更名为应急管理部研究中心（中国煤炭工业发展研究中心）。 **机构设置：**内设 8 个职能处（室、所），分别是办公室（人事处、党群工作部）、财务处、能源研究处、安全研究咨询处、战略规划处、工程咨询处、安全技术处、安全生产理论研究所；下属二级单位 1 个，为中安国研（北京）安全技术有限公司。 **所在地：**北京市东城区和平里北街 21 号。

表 3-5-1（续）

名　称	情　况　简　介
通信信息中心（煤炭工业通信信息中心）	**历史沿革：**1984 年 3 月 16 日，国务院批复成立煤炭工业部计算中心，煤炭工业部明确计算中心为局级事业单位。1988 年 8 月 16 日，更名为中国统配煤矿总公司计算中心。1993 年 10 月 11 日，更名为煤炭工业部调度通讯信息中心。1994 年 4 月 20 日，中央编办批复撤销煤炭工业部调度通讯信息中心，组建煤炭工业部通讯信息中心。1999 年 7 月 28 日，更名为煤炭工业通讯信息中心。2002 年 7 月 4 日，调整更名为煤炭工业通信信息中心。2002 年 7 月 25 日，煤炭工业通信信息中心加挂国家安全生产监督管理局（国家煤矿安全监察局）通信信息中心牌子。2005 年 8 月 11 日，中央编办批复更名为国家安全生产监督管理总局通信信息中心（煤炭工业通信信息中心）。2018 年 12 月 4 日，中央编办批复更名为应急管理部通信信息中心（煤炭工业通信信息中心），为应急管理部直属公益二类事业单位。 **机构设置：**内设 16 个职能处（室），分别是办公室、人事处、党群工作部（纪检监察室）、财务处、项目管理处、科技发展处、系统研发处、网络运行处、政府网站处、网络舆情处、应急信息处、信息工程一处、信息工程二处、信息工程三处、安全咨询处、后勤服务处。 **所在地：**北京市东城区和平里九区甲 4 号。
紧急救援促进中心	**历史沿革：**紧急救援促进中心于 2005 年 2 月经中央编办批复成立，归口民政部领导，为自收自支事业单位。2018 年 4 月，转隶至应急管理部，更名为应急管理部紧急救援促进中心，为应急管理部直属公益二类事业单位。 **机构设置：**内设 4 个部门，分别是办公室、财务部、合作发展部、培训部。 **所在地：**北京市西城区白广路 7 号。
中国安全生产科学研究院	**历史沿革：**中国安全生产科学研究院是应急管理部直属综合性和社会公益性科研事业单位，机构类别为公益二类。其前身为 1980 年成立的隶属于国家劳动总局的劳动保护科学研究所。随着历次机构改革，先后由劳动部、国家经贸委、国家安全生产监督管理局、国家安全生产监督管理总局、应急管理部领导。2004 年 9 月，由中央编办批准更名为中国安全生产科学研究院。 **机构设置：**内设 6 个职能部室、8 个科研所、6 个技术服务单位。职能部室分别是办公室、党群工作部（纪检监察室）、科技发展部、人力资源部、资产财务部、技术开发部。科研所分别是安全生产理论与法规标准研究所、公共安全研究所、交通安全研究所、职业危害研究所、危险化学品安全技术研究所、矿山安全技术研究所、工业安全研究所、重大危险源监控与事故调查分析鉴定技术中心。技术服务单位分别是安全管理技术研究所、安全生产检测技术中心、职业安全健康信息与培训中心、安全评价中心、审核认证中心（安全生产标准化评定中心）、《中国安全生产科学技术》编辑部。 **所在地：**北京市朝阳区北苑路 32 号院甲 1 号楼。

表3-5-1（续）

名 称	情 况 简 介
化学品登记中心	**历史沿革：**化学品登记中心于1997年由化学工业部和劳动部批准成立。2004年4月，经中央编办批准，由国家安全生产监督管理局管理，并更名为国家安全生产监督管理局化学品登记中心。2018年12月，更名为应急管理部化学品登记中心，为应急管理部直属公益二类事业单位。 **机构设置：**化学品登记中心与中国石化青岛安全工程研究院实行“两块牌子，一套班子”，下设5个职能部门和1家科技公司，分别是综合处、登记管理处、应急响应部、鉴别分类部、科技研究部（科技标准部），青岛诺诚化学品安全科技有限公司。 **所在地：**山东省青岛市市南区延安三路218号。
信息研究院 （煤炭信息研究院）	**历史沿革：**信息研究院成立于1959年，是应急管理部直属科研事业单位，机构类别为公益二类，前身为煤炭工业部科学技术情报所。主要从事应急管理、安全生产和煤炭工业等信息情报研究，图书、期刊、音像、出版，法规政策规划研究，矿山安全技术研究，信息化技术开发应用等工作，为煤炭工业改革发展、安全生产稳定好转和应急管理事业发展作出了积极贡献。 **机构设置：**设有7个管理部门，分别是办公室、党群工作部、人事处、财务处、科技管理处、经营管理处、基建房产处；9个业务部门，分别是安全发展研究中心、能源安全研究所、法律研究所、新闻中心、信息资源部、矿山安全研究所、信息技术研究所、战略规划研究所、物业开发部；2个改制企业，分别是应急管理出版社、煤炭工业出版社印刷厂；有中安智讯（北京）信息科技有限公司、北京安信苑物业管理有限公司等9家公司。 **所在地：**北京市朝阳区芍药居35号。
中国消防救援学院	**历史沿革：**中国消防救援学院前身为中国人民武装警察部队警种学院，始于1978年，2003年迁京办学，2004年开办本科教育，2008年获学士学位授予权，2011年8月划归武警总部直属管理，正师级编制。2018年9月30日，转隶至应急管理部领导；12月29日，正式更名组建中国消防救援学院，主要承担国家综合性消防救援队伍人才培养、专业培训和科研等任务。按照教育部批复，首批设置消防指挥、消防工程、飞行器控制与信息工程、思想政治教育4个本科专业，全日制在校生发展规模7000人。 **机构设置：**由于“三定”规定未下达，中国消防救援学院编制尚未落实。原中国人民武装警察部队警种学院核定人员编制562名。学院为总队级单位，下设副总队级单位4个，支队级单位5个。 **所在地：**北京市昌平区南口镇南雁路4号。

表 3-5-1（续）

名　称	情　况　简　介
上海消防研究所	**历史沿革：**上海消防研究所于 1965 年由公安部批准成立，原名公安部上海消防科学研究所。2003 年，更名为公安部上海消防研究所。2018 年 12 月，更名为应急管理部上海消防研究所，为应急管理部直属公益二类事业单位，副司局级。 **机构设置：**内设办公室、政治处、科技处、行政处、财务处、审计室、企业管理办公室，火场防护研究室、灭火技术与装备研究室、灭火理论研究室、信息研究室、国家消防装备质量监督检验中心、国家消防工程技术研究中心（上海）、应急管理部消防救援局上海火灾物证鉴定中心、消防与应急救援国家工程实验室（上海）、消防应急救援装备应急管理部重点实验室，所属企业 3 家。 **所在地：**上海市中山南二路 601 号。
天津消防研究所	**历史沿革：**天津消防研究所于 1965 年由公安部批准成立，原名公安部天津消防科学研究所。2003 年，更名为公安部天津消防研究所。2018 年 12 月，更名为应急管理部天津消防研究所，为应急管理部直属公益二类事业单位，副司局级。 **机构设置：**内设办公室、政治处、科技处、行政处、财务处、审计室、企业管理办公室、灭火剂研究室、火灾理论研究室、消防规范研究室、信息研究室、耐火构件研究室、工程消防研究室、应急管理部消防救援局天津火灾物证鉴定中心、国家固定灭火系统和耐火构件质量监督检验中心、国家消防工程技术研究中心（天津）、建筑消防工程技术应急管理部重点实验室，所属企业 3 家。 **所在地：**天津市南开区卫津南路 110 号（主办公区）、天津市西青区津涞公路富兴路 2 号（第一消防试验基地）。
沈阳消防研究所	**历史沿革：**沈阳消防研究所于 1965 年由公安部批准成立，原名公安部沈阳消防科学研究所。2000 年，更名为公安部沈阳消防研究所。2018 年 12 月，更名为应急管理部沈阳消防研究所，为应急管理部直属公益二类事业单位，副司局级。 **机构设置：**内设办公室、政治处、科技处、行政处、财务处、审计室、企业管理办公室、电气火灾研究室、消防通信研究室、火灾探测报警研究室、科技信息研究室、国家消防电子产品质量监督检验中心、消防与应急救援国家工程实验室、火灾现场勘验与物证鉴定应急管理部重点实验室、应急管理部消防救援局信息化技术保障中心、应急管理部消防救援局沈阳火灾物证鉴定中心、国家消防工程技术研究中心（沈阳）、辽宁省消防大数据重点实验室，所属企业 3 家。 **所在地：**辽宁省沈阳市皇姑区文大路 218-20 号甲。

表3-5-1（续）

名　称	情　况　简　介
四川消防研究所	**历史沿革：**四川消防研究所前身是1958年原公安部七局成立的消防科学技术研究室。1963年，经国家科委批准建立公安部消防科学研究所，选址北京清河中越友好人民公社。1965年，迁至四川省永川县（现重庆市永川区）。1966年，迁至四川省灌县（现都江堰市）。1972年，更名为公安部四川消防科学研究所，列为公安部直属事业单位。2002年，更名为公安部四川消防研究所。2018年12月，更名为应急管理部四川消防研究所，为应急管理部直属公益二类事业单位，副司局级。 **机构设置：**内设办公室、政治处、科技处、行政处、财务处、审计室、企业管理办公室、消防技术规范研究室、建筑防火研究室、材料阻火研究室、信息研究室、国家防火建筑材料质量监督检验中心、火灾烧损鉴定中心、应急管理部消防救援局四川火灾物证鉴定中心、国家消防工程技术研究中心（四川），所属企业3家。 **所在地：**四川省成都市金牛区金科南路69号。
消防产品合格评定中心	**历史沿革：**消防产品合格评定中心前身为公安部消防行业管理办公室（公安部消防局内设机构）。2001年，中央编办批复成立公安部消防产品合格评定中心。2018年12月，更名为应急管理部消防产品合格评定中心，为应急管理部直属公益二类事业单位，副司局级。 **机构设置：**内设办公室、认证业务处、技术评定处、工厂检查处、督查审计处、财务室、信息室、档案管理室。 **所在地：**北京市东城区永外西革新里甲108号。
应急总医院	**历史沿革：**应急总医院前身为煤炭总医院，是应急管理部直属公益二类事业单位，中国协和医科大学教学医院、华北理工大学非隶属附属医院。1993年，正式落成开诊。1998年，由北京市卫生局批复为三级综合医院。先后由煤炭工业部、国家煤炭工业局、国家安全生产监督管理局、国家安全生产监督管理总局、应急管理部领导。2002年底，中央编办批准在煤炭总医院设立国家安全生产监督管理局（国家煤矿安全监察局）矿山医疗救护中心。2005年，更名为国家安全生产监督管理总局矿山医疗救护中心，设立了1个国家矿山医疗救护中心，与华北理工大学共建1个国家矿山医疗培训中心，在全国23个产煤省建立了42个省级矿山医疗救护分中心，成立全国矿山医疗救护专家组，建成了较为完整的矿山医疗救护体系。2018年12月，中央编办批复煤炭总医院更名为应急总医院，直属应急管理部。 **机构设置：**内设23个职能处（室），分别是院长办公室、党委办公室、纪委办公室（监察处）、人事处、财务处、经营管理处、审计处、工会、退休职工管理处、宣传处、医务处、门诊部、护理部、疾病预防控制处、矿山医疗综合处、矿山医疗创伤救护处、医疗科技处、保健处、医疗保险办公室、医学工程处、信息处、总务处、保卫处。 **所在地：**北京市朝阳区西坝河南里29号。

表 3-5-1（续）

名　称	情　况　简　介
华北科技学院	**历史沿革**：华北科技学院前身为国家煤炭工业部 1984 年投资兴建的北京煤炭管理干部学院分院，开展成人在职培训。1993 年，学院转制更名为华北矿业高等专科学校，开展全日制专科教育。1998 年，有色金属管理干部学院整体并入。2002 年，升格为普通本科院校，更名为华北科技学院，开展全日制本科教育。华北科技学院为应急管理部直属公益二类事业单位。 **机构设置**：核定人员编制 610 名，设有处级机构 42 个，其中，党政管理机构 20 个，教学科研组织机构 19 个，直属单位 3 个。 **所在地**：河北省廊坊市三河市学院大街 467 号。
中国应急管理报社	**历史沿革**：中国应急管理报社为原国家安全生产监督管理总局直属新闻单位。报社现办有两报、一刊、两网、两微一端等传播产品。《中国应急管理报》于 2018 年 4 月 17 日出版，由原《中国安全生产报》（2001 年 10 月 11 日创刊，吴邦国同志题写报名，全国百强报刊）变更而来；2019 年起为周六刊，每周 44 个版，期发行量 56 万份。《中国煤炭报》创刊于 1983 年 1 月，现为周三刊，期发行量 6.6 万份。《中国应急管理》杂志主管单位由国务院办公厅调整为应急管理部后，自 2018 年 6 月起交中国应急管理报社主办，现为月刊，期发行量 7.6 万份。中国安全生产网、中国煤炭网均为国家一级新闻网站，日点击量（PV）近百万次，进入全国行业网络媒体综合传播力十强。中国安全生产网微信公众号位居全国产经媒体微信公众号前三名。中国应急管理微信公众号于 2018 年 4 月 16 日推出。 **机构编制**：内设 15 个机构，分别是办公室、党群工作部（纪检监察室）、人事处（离退休干部处）、财务处、总编室（摄影部）、时政部（内参部）、法治和理论部、消防和减灾部、新闻部、专刊部、新媒体中心、信息技术开发部、出版发行部、广告部、社会部。报社在 23 个省（自治区、直辖市）设有记者站，驻站记者 58 人。 **所在地**：北京市朝阳区和平街 13 区 35 号楼。
北戴河康复院（中国煤矿工人北戴河疗养院）	**历史沿革**：北戴河康复院始建于 1950 年，由中央人民政府燃料工业部煤炭管理总局购英国人所建北戴河同福饭店后开设，是中华人民共和国成立后建立的首家煤矿工人疗养院。1969 年，响应国家号召支援三线建设，成建制搬迁到湖南涟邵，帮助涟邵矿务局建立矿务局医院。1972 年，恢复建院。先后隶属于燃料工业部煤炭管理总局、煤炭工业部、燃料化学工业部、煤炭工业部（第二次成立）、中国统配煤矿总公司、煤炭工业部（第三次成立）、国家煤炭工业局。2001 年，隶属于国家安全生产监督管理局（国家煤矿安全监察局）。2005 年，为国家安全生产监督管理总局直属事业单位。2018 年 11 月 15 日，根据中央编办批复，为应急管理部所属事业单位。 **机构设置**：内设 12 个职能机构，其中，职能部（室）6 个，分别是办公室、党群工作部、人力资源部、财务部、医务部、后勤部；业务部门 6 个，分别是肺灌洗治疗中心、职业病综合治疗中心、专科病治疗研究中心（中国煤矿工人北戴河专科医院）、职业病康复疗养中心、职业卫生技术中心、职业安全培训中心；负责管理所属中国疗养医学杂志社、北戴河金海国际旅行社、北戴河益通工贸总公司。 **所在地**：河北省秦皇岛市北戴河区保二路 13 号。

表3-5-1（续）

名　　称	情　况　简　介
大连康复中心（中国煤矿工人大连疗养院）	**历史沿革：**大连康复中心始建于1953年，“文化大革命”期间停办，1978年恢复建院。大连康复中心是一所集医疗、康复、疗养休养、住宿餐饮、旅游、会议等服务为一体的综合性疗养院。先后隶属于煤炭工业部、东北内蒙古煤炭工业联合公司、辽宁煤炭工业管理局、国家煤炭工业局。2001年，为国家安全生产监督管理局（国家煤矿安全监察局）直属事业单位。2004年，经中央编办批准加挂国家安全生产监督管理局（国家煤矿安全监察局）职业安全技术培训中心大连中心牌子。2005年，更名为中国煤矿工人大连疗养院（国家安全生产监督管理总局培训中心大连中心）。2012年，更名为中国煤矿工人大连疗养院（国家安全生产监督管理总局大连职业病防治康复中心）。2018年11月15日，根据中央编办批复划归应急管理部，更名为应急管理部大连康复中心（中国煤矿工人大连疗养院）。 **机构设置：**内设5个职能部（室），分别是办公室（党群工作部、纪检监察室）、人力资源部（考核审计室）、财务部、医务部、后勤部；5个业务部门，分别是职业病综合治疗中心、大连煤矿医院、职业病康复疗养中心、职业卫生技术中心、职业安全卫生培训中心；所属企业2家，为大连付家庄旅行社和大连煤矿工人疗养院多种经营公司。 **所在地：**辽宁省大连市西岗区滨海西路20号。
昆明康复中心（中国煤矿工人昆明疗养院）	**历史沿革：**昆明康复中心于1983年8月由煤炭工业部批准，1985年正式动工建设，1988年底开疗营业。先后隶属于煤炭工业部、中国统配煤矿总公司、国家煤炭工业局管理。国家安全生产监督管理局（国家煤矿安全监察局）成立后，划为局直属事业单位。2004年，经中央编办批准，加挂国家安全生产监督管理局（国家煤矿安全监察局）职业安全技术培训中心昆明中心牌子。2005年，更名为中国煤矿工人昆明疗养院（国家安全生产监督管理总局培训中心昆明中心）。2012年，经中央编办批准，更名为中国煤矿工人昆明疗养院（国家安全生产监督管理总局昆明职业病防治康复中心）。2018年，根据中央编办批复，划入应急管理部，更名为应急管理部昆明康复中心（中国煤矿工人昆明疗养院）。 **机构设置：**内设5个职能部（室），分别是办公室（党群工作部、纪检监察室）、人力资源部、财务部、综合管理部、后勤部；5个业务部门，分别是职业病综合治疗中心、职业病康复疗养中心、职工康复疗养中心、职业卫生技术中心、职业安全卫生培训中心；所属企业2家，为云南兴华旅行社、昆明兴华国际度假酒店有限公司。 **所在地：**云南省昆明市滇池国家旅游度假区怡景路3号。

第六章　各地区机构改革

在党中央集中统一领导下，各省（自治区、直辖市）党委组织推进地方机构改革各项工作，全国31个省（自治区、直辖市）应急管理厅（局）全部挂牌成立。其中，2018年9月29日海南省应急管理厅率先挂牌成立，11月30日天津市应急管理局、新疆维吾尔自治区应急管理厅最后挂牌成立。26个省级应急管理厅（局）完成机构和人员转隶工作。北京、天津、河北、山西、吉林、黑龙江、安徽、广东、广西、四川、贵州、陕西、青海、新疆14个省（自治区、直辖市）印发了省级应急管理厅（局）"三定"规定。31个省级应急管理厅（局）已核定或拟核定行政编制3451名，事业、工勤和行政执法专项编制236名。省级应急管理厅（局）平均人员编制119名（含事业、工勤和行政执法专项编制），其中，平均行政编制111.3名，与2017年底原省级安全监管部门相比，行政编制增加43%。31个省级应急管理厅（局）平均设置内设机构18个。省级安全生产执法机构编制共435名，市（地）级安全生产执法机构编制共5174名，县（区）级安全生产执法机构编制共32456名。

2018年全国各省级应急管理厅（局）机构编制情况见表3-6-1，地方安全生产执法机构编制基本情况见表3-6-2。

表3-6-1　2018年全国各省级应急管理厅（局）机构编制情况表

序号	省份	机构编制数量（名）		内设机构数量（个）
		总数	其中：行政编制	
1	北京	183	183	23
2	天津	133	125	19
3	河北	223	179	28
4	山西	138	127	26
5	内蒙古	72	72	19
6	辽宁	108	99	19
7	吉林	135	128	26
8	黑龙江	128	122	19
9	上海	98	98	10

表3-6-1（续）

序号	省份	机构编制数量（名）		内设机构数量（个）
		总数	其中：行政编制	
10	江苏	105	101	15
11	浙江	102	100	15
12	安徽	117	117	18
13	福建	114	104	17
14	江西	115	115	21
15	山东	135	127	19
16	河南	221	221	11
17	湖北	90	90	15
18	湖南	137	127	22
19	广东	146	126	18
20	广西	95	95	20
21	海南	80	80	14
22	重庆	126	118	17
23	四川	135	130	23
24	贵州	55	55	16
25	云南	97	92	12
26	西藏	38	38	6
27	陕西	139	139	22
28	甘肃	153	128	21
29	青海	111	82	20
30	宁夏	43	43	8
31	新疆	115	90	20

注：截至2018年底。

表3-6-2　2018年地方安全生产执法机构编制基本情况表

省份	省级		市（地）级						县（区）级						三级机构个数（个）	三级机构编制总数（个）	三级机构人员总数（名）
	人员编制（名）	实有人数（名）	行政区划（个）	个数（个）	比例（%）	人员编制（名）	实有人数（名）	平均编制（名）	行政区划（个）	个数（个）	比例（%）	人员编制（名）	实有人数（名）	平均编制（名）			
北京	39	35							16	16	100	518	453	32.4	17	557	488
天津	50	44							16	16	100	456	391	28.5	17	506	435
河北	17	17	11	11	100	321	355	29.2	168	162	96.4	2293	2529	14.2	174	2631	2901
山西	30	29	11	11	100	235	237	21.4	118	113	95.8	1785	2130	15.8	125	2050	2396
内蒙古	14	15	12	12	100	249	215	20.8	103	99	96.1	1269	1243	12.8	112	1532	1473
辽宁	5	5	14	9	64	151	131	16.8	100	62	62.0	1091	1215	17.6	72	1247	1351
吉林	26	15	9	9	100	166	138	18.4	60	59	98.3	906	938	15.4	69	1098	1091
黑龙江	0	0	13	13	100	190	159	14.6	128	127	99.2	1480	1226	11.7	141	1670	1385
上海	24	23							16	13	81.3	286	248	22.0	14	310	271
江苏	0	6	13	13	100	223	220	17.2	96	92	95.8	1804	1740	19.6	106	2027	1966
浙江			11	11	100	159	156	14.5	89	89	100	1282	1179	14.4	100	1441	1335
安徽			16	16	100	183	159	11.4	105	92	87.6	729	687	7.9	108	912	846
福建	19	17	9	9	100	167	171	18.6	85	84	98.8	925	900	11.0	94	1111	1088
江西	35	32	11	11	100	130	136	11.8	100	100	100	769	740	7.7	112	934	908
山东	0	8	17	17	100	448	446	26.4	137	137	100	2884	2570	21.1	155	3332	3024
河南			17	17	100	359	336	21.1	158	158	100	2759	3012	17.5	175	3118	3348
湖北	6	6	13	13	100	166	134	12.8	103	102	99.0	1053	966	10.3	116	1225	1106
湖南	14	13	14	14	100	220	223	15.7	122	118	96.7	1457	1424	12.3	133	1691	1660
广东	8	8	21	21	100	328	280	15.6	122	121	99.2	988	838	8.2	143	1324	1126
广西	6	5	14	14	100	212	190	15.1	111	103	92.8	692	619	6.7	118	910	814
海南	8	6	4	3	75.0	32	33	10.7	23	22	95.7	128	105	5.8	26	168	144
重庆	30	22							38	38	100	705	586	18.6	39	735	608
四川	30	24	21	21	100	296	281	14.1	183	182	99.5	1488	1265	8.2	204	1814	1570
贵州			9	9	100	219	169	24.3	88	79	89.8	1263	1075	16.0	88	1482	1244
云南			16	16	100	138	123	8.6	129	122	94.6	796	745	6.5	138	934	868
西藏	14	12	7	7	100	26	20	3.7	74	32	43.2	44	54	1.4	40	84	86
陕西			10	10	100	131	136	13.1	107	101	94.4	945	1168	9.4	111	1076	1304
甘肃	17	13	14	14	100	174	151	12.4	86	86	100	816	853	9.5	101	1007	1017
青海	5	0	8	3	37.5	27	24	9.0	43	12	27.9	94	95	7.8	16	126	119
宁夏	17	17	5	4	80.0	28	28	7.0	22	14	63.6	78	68	5.6	19	123	10
新疆	16	14	14	14	100	137	114	9.8	105	96	91.4	673	562	7.2	111	826	690
合计	430	386	334	322	96.4	5115	4765	15.9	2851	2647	92.8	32456	31624	12.3	2994	38001	36772

注：截至2018年底。

第四篇

安 全 生 产

综　　述

2018 年是全面贯彻党的十九大精神的开局之年，也是安全生产事业深化改革成效明显的一年。在以习近平同志为核心的党中央坚强领导下，各地区、各部门、各单位深入学习贯彻习近平总书记关于安全生产工作的重要指示精神，认真落实党中央、国务院的决策部署，坚持一手抓机构改革、一手抓安全稳定，突出遏制重特大事故，扎实落实安全生产责任措施，安全生产工作取得明显成效，推动全国安全生产形势持续稳定向好，实现事故总量、较大事故、重特大事故同比“三个继续下降”，大部分行业领域、大部分地区安全状况好转，12 个重点统计的行业领域中 8 个实现事故起数和死亡人数同比“双下降”，32 个省级统计单位中 26 个实现事故起数和死亡人数同比“双下降”，50% 省级统计单位未发生重特大事故。中华人民共和国成立以来首次实现未发生一次死亡 30 人以上的特别重大事故。亿元国内生产总值生产安全事故死亡率、煤矿百万吨死亡率、万台特种设备死亡人数较 2015 年大幅下降，降幅分别达 61.2%、42.6%、38.9%。

一是安全生产责任体系逐步完善。中共中央办公厅、国务院办公厅印发了《地方党政领导干部安全生产责任制规定》。5 月 31 日，国务委员王勇在全国电视电话会议上强调，要牢固树立安全生产红线意识，严格落实地方党政领导干部安全生产责任制，加快健全安全生产责任体系，以高度的政治责任感抓好安全生产工作；并指出地方党政主要领导是本地区安全生产第一责任人，必须带头履职尽责、担当作为，分管领导原则上要由本级党委常委中的政府领导担任，党政班子其他成员负责分管领域安全生产工作，实行党政同责、一岗双责、齐抓共管、失职追责。截至 2018 年底，全国 28 个省（自治区、直辖市）调整由常务或常委副省长分管安全生产工作。开展 2017 年度安全生产和消防工作考核，完善安全生产约谈制度，对 19 个地方政府和国有企业负责人约谈和诫勉，督促混合所有制、跨地区多层级和境外中资企业健全全员安全生产责任制。国家、省、地、县各级安全生产机构改革扎实有序推进。

二是推动企业主体责任落实力度加大。国务委员王勇在北京调研检查中央企业安全生产工作时强调，企业要严格履行安全生产主体责任，从严从细抓好各项规章制度落实，做到责任、管理、投入、培训和应急救援“五到位”，依靠标准化管理、规范化操作和智能化装备，提升事故隐患防范能力，提高企业本质安全水平，时刻守住把牢安全生产底线。一方面强化源头治理，关闭小煤矿 832 处、非煤矿山 1500 座、粉尘涉爆企业 2670 家，20 个省（自治区、直辖市）退出烟花爆竹生产。另一方面改进监管方式，提高执法效能，推行安全生产承诺制，实行分类分级监管，健全完善“双随机”和重点检查双线检查机制，开展“四不两直”明查暗访，加大事故隐患曝光力度。全国安监系统全年实施行政处罚16.6万次，责令停产整顿6512家，关闭取缔1251家。对147家“黑名单”企业实施联合惩戒。

三是重点行业专项整治扎实有效。开展了“平安交通百日行动”、桥梁安全防护设施专项排查整治，建设公路生命安全防护工程12.7万公里。制定煤矿冲击地压等重大灾害防治措施，开展高风险煤矿安全巡查“体检”，完成66座“头顶库”、病库、尾矿库的治理。整改博物馆、大型商业综合体消防隐患10万余处。深化危险化学品安全综合治理，配合工业和信息化部确定搬迁改造危险化学品企业1176家。

四是安全生产基础支撑得到增强。加快《安全生产法》等法律法规修订，稳步推进安全生产行政执法与刑事司法衔接。健全完善安全生产标准体系。组织实施安全生产重大科技项目攻关，中央投入32.5亿元进行煤矿安全改造和重大灾害治理。持续推进“机械化换人、自动化减人”。举办第九届中国国际安全生产论坛，创建一批安全生产发展示范园区，广泛开展了“安全生产月”“安全生产万里行”“消防宣传月”等宣传活动（具体内容详见二维码）。19个省（自治区、直辖市）推出安全生产责任保险，有效促进了风险管控和事故预防。

第一章 全国安全生产总体情况

2018年，全国发生各类生产安全事故51373起、死亡34046人，同比减少1623起、3814人，分别下降3.1%和10.1%。

从行业领域情况看：农业机械发生事故563起、死亡74人，同比减少266起、56人，分别下降32.1%和43.1%；渔业船舶发生事故151起、死亡143人，同比减少21起、38人，分别下降12.2%和21.0%；煤矿发生事故224起、死亡333人，同比减少2起、50人，分别下降0.9%和13.1%；金属非金属矿山发生事故380起、死亡406人，同比减少27起、78人，分别下降6.6%和16.1%；化工发生事故174起、死亡227人，同比减少44起、44人，分别下降20.2%和16.2%；烟花爆竹发生事故24起、死亡31人，同比减少9起、24人，分别下降27.3%和43.6%；冶金机械八行业发生事故2135起、死亡1899人，同比增加400起、147人，分别上升23.1%和8.4%；建筑业发生事故3650起、死亡3694人，同比事故起数增加56起，死亡人数减少149人，分别上升1.6%和下降3.9%；铁路运输发生事故1138起、死亡859人，同比减少19起、40人，分别下降1.6%和4.4%；道路运输发生事故39867起、死亡23356人，同比减少1687起、3298人，分别下降4.1%和12.4%；水上运输发生事故137起、死亡248人，同比增加6起、76人，分别上升4.6%和44.2%；航空运输发生事故13起、死亡15人，同比增加7起、11人，分别上升116.7%和275.0%。

2018年全国生产安全事故情况（按行业分）见表4-1-1，各行业领域生产安全事故起数、死亡人数占比如图4-1-1、图4-1-2所示。

表4-1-1 2018年全国生产安全事故情况表（按行业分）

行业		起数（起）	同比增减		死亡（人）	同比增减	
			起	%		人	%
合计		51373	-1623	-3.1	34046	-3814	-10.1
A 农林牧渔业	小计	835	-310	-27.1	349	-104	-23.0
	其中：1.农业机械	563	-266	-32.1	74	-56	-43.1
	2.渔业船舶	151	-21	-12.2	143	-38	-21.0
	其他	121	-23	-16.0	132	-10	-7.0
B 采矿业	小计	619	-29	-4.5	759	-121	-13.8
	其中：1.煤矿	224	-2	-0.9	333	-50	-13.1
	2.金属非金属矿山	380	-27	-6.6	406	-78	-16.1
	其他	15			20	7	53.8

表 4-1-1（续）

行业		起数（起）	同比增减		死亡（人）	同比增减	
			起	%		人	%
C、F、H 商贸制造业	小计	3557	392	12.4	3277	17	0.5
	其中：1.化工	174	-44	-20.2	227	-44	-16.2
	2.烟花爆竹	24	-9	-27.3	31	-24	-43.6
	3.冶金机械八行业	2135	400	23.1	1899	147	8.4
	其他	1224	45	3.8	1120	-62	-5.2
E 建筑业	小计	3650	56	1.6	3694	-149	-3.9
	其中：1.房屋建筑及市政工程	1768	87	5.2	1729	-1	-0.1
	2.交通建设工程	420	-15	-3.4	466	-33	-6.6
	其他	1462	-16	-1.1	1499	-115	-7.1
G 交通运输业	小计	41395	-1683	-3.9	24708	-3265	-11.7
	其中：1.铁路运输	1138	-19	-1.6	859	-40	-4.4
	2.道路运输	39867	-1687	-4.1	23356	-3298	-12.4
	3.水上运输	137	6	4.6	248	76	44.2
	4.航空运输	13	7	116.7	15	11	275.0
	其他	240	10	4.3	230	-14	-5.7
D、I－T 其他行业		1317	-49	-3.6	1259	-192	-13.2

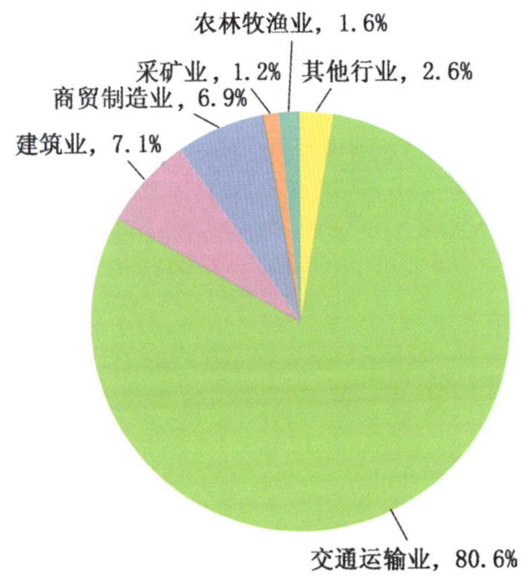

图 4-1-1　2018 年各行业领域生产安全事故起数占比

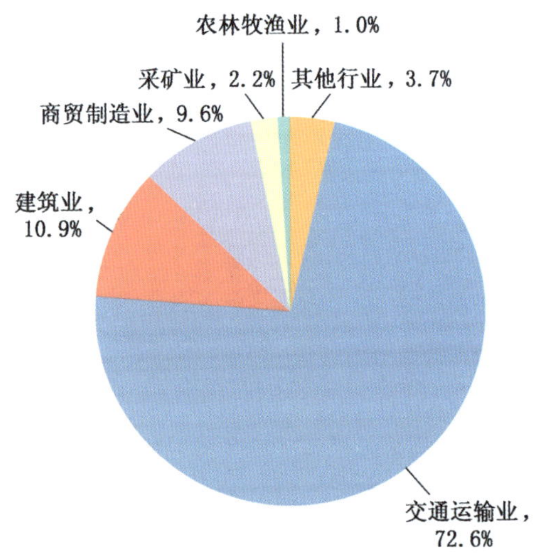

图 4-1-2　2018 年各行业领域生产安全事故死亡人数占比

一、全国较大事故情况

2018年，全国发生较大事故539起、死亡2134人，同比减少74起、198人，分别下降12.1%和8.5%。

从行业领域情况看：农业机械和铁路运输未发生较大事故；渔业船舶、煤矿、金属非金属矿山、化工、烟花爆竹和道路运输较大事故起数和死亡人数同比“双下降”；冶金机械八行业、水上运输和航空运输较大事故起数和死亡人数同比“双上升”。其中：渔业船舶发生较大事故4起、死亡31人，同比减少5起、15人；煤矿发生较大事故17起、死亡69人，同比减少9起、35人；金属非金属矿山发生较大事故10起、死亡32人，同比减少5起、31人；化工发生较大事故11起、死亡46人，同比减少4起、11人；烟花爆竹发生较大事故3起、死亡12人，同比减少2起、13人；冶金机械八行业发生较大事故29起、死亡126人，同比增加4起、36人；建筑业发生较大事故64起、死亡249人，同比事故起数持平，死亡人数减少5人；道路运输发生较大事故319起、死亡1223人，同比减少63起、188人；水上运输发生较大事故24起、死亡110人，同比增加15起、70人；航空运输发生较大事故2起、死亡6人，同比增加2起、6人。

2018年全国较大生产安全事故情况（按行业分）见表4-1-2。

表4-1-2 2018年全国较大生产安全事故情况表（按行业分）

行业		起数(起)	同比增减		死亡(人)	同比增减	
			起	%		人	%
合计		539	-74	-12.1	2134	-198	-8.5
A农林牧渔业	小计	11			59	6	11.3
	其中：1. 农业机械						
	2. 渔业船舶	4	-5	-55.6	31	-15	-32.6
	其他	7	5	250.0	28	21	300
B采矿业	小计	30	-11	-26.8	112	-55	-32.9
	其中：1. 煤矿	17	-9	-34.6	69	-35	-33.7
	2. 金属非金属矿山	10	-5	-33.3	32	-31	-49.2
	其他	3	3		11	11	
C、F、H商贸制造业	小计	70			304	39	14.7
	其中：1. 化工	11	-4	-26.7	46	-11	-19.3
	2. 烟花爆竹	3	-2	-40.0	12	-13	-52.0
	3. 冶金机械八行业	29	4	16.0	126	36	40.0
	其他	27	2	8.0	120	27	29.0
E建筑业	小计	64			249	-5	-2.0
	其中：1. 房屋建筑及市政工程	27			95	-5	-5.0
	2. 交通建设工程	9	-2	-18.2	33	-9	-21.4
	其他	28	2	7.7	121	9	8.0

表 4-1-2（续）

行业		起数(起)	同比增减		死亡(人)	同比增减	
			起	%		人	%
G 交通运输业	小计	348	-45	-11.5	1349	-111	-7.6
	其中：1. 铁路运输						
	2. 道路运输	319	-63	-16.5	1223	-188	-13.3
	3. 水上运输	24	15	166.7	110	70	175.0
	4. 航空运输	2	2		6	6	
	其他	3	1	50.0	10	1	11.1
D、I－T 其他行业		16	-18	-52.9	61	-72	-54.1

在各行业领域较大事故中，交通运输业事故起数和死亡人数最多，分别占 64.6% 和 63.2%；其次是商贸制造业，事故起数和死亡人数分别占 13.0% 和 14.2%；建筑业事故起数和死亡人数分别占 11.9% 和 11.7%；采矿业事故起数和死亡人数分别占 5.6% 和 5.2%；农林牧渔业事故起数和死亡人数分别占 2.0% 和 2.8%；其他行业事故起数和死亡人数分别占 3.0% 和 2.9%。

2018 年各行业领域较大生产安全事故起数、死亡人数占比如图 4-1-3、图 4-1-4 所示。

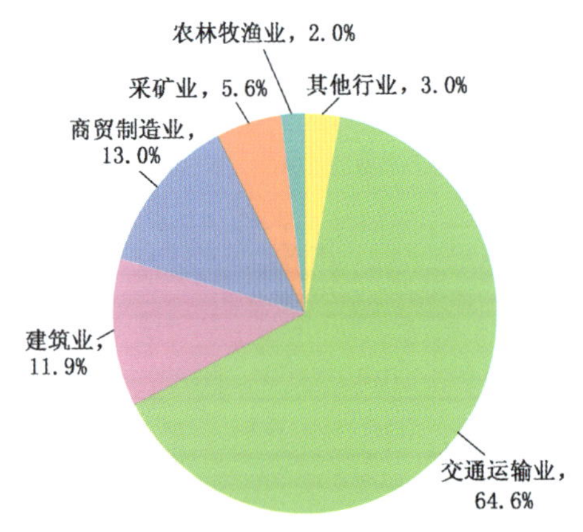

图 4-1-3　2018 年各行业领域较大生产安全事故起数占比

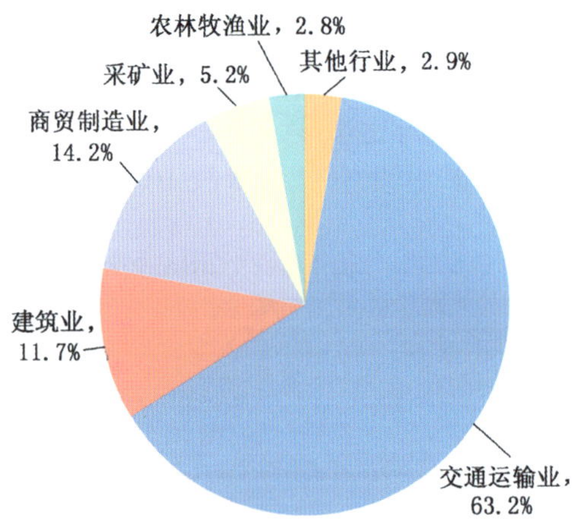

图 4-1-4　2018 年各行业领域较大生产安全事故死亡人数占比

从地区情况看，全国 32 个省级统计单位中，新疆生产建设兵团未发生较大事故，20 个单位同比“双下降”。发生较大事故的单位中，事故起数居前三位的分别是广东 36 起、江苏 34 起、云南 30 起，事故起数居后三位的分别是北京 6 起、青海 4 起、宁夏 3 起；死亡人数居前三位的分别是广东 158 人、江苏 145 人、云南 117 人，死亡人数居后三位的分别是北京 21 人、青海 16 人、宁夏 12 人。

2018 年全国较大生产安全事故情况（按地区分）见表 4-1-3。

表 4-1-3　2018 年全国较大生产安全事故情况表（按地区分）

地区	起数（起）	同比增减		死亡（人）	同比增减		地区	起数（起）	同比增减		死亡（人）	同比增减	
		起	%		人	%			起	%		人	%
北京	6	-1	-14.3	21	-1	-4.5	湖北	20	-5	-20.0	71	-23	-24.5
天津	8			26	-2	-7.1	湖南	26	7	36.8	101	26	34.7
河北	17	-4	-19.0	71	-22	-23.7	广东	36	-8	-18.2	158	-18	-10.2
山西	22	1	4.8	77	-6	-7.2	广西	26	-2	-7.1	102	-1	-1.0
内蒙古	12	-4	-25.0	50	-6	-10.7	海南	11	7	175.0	34	18	112.5
辽宁	27	2	8.0	109	24	28.2	重庆	18	5	38.5	67	24	55.8
吉林	13	-4	-23.5	53	-10	-15.9	四川	29	-3	-9.4	114	-16	-12.3
黑龙江	15	-6	-28.6	61	-13	-17.6	贵州	18	-1	-5.3	69	-14	-16.9
上海	8	3	60.0	30	12	66.7	云南	30	-14	-31.8	117	-51	-30.4
江苏	34	12	54.5	145	62	74.7	西藏	10	-2	-16.7	42	-2	-4.5
浙江	13	-2	-13.3	52	1	2.0	陕西	22	6	37.5	82	22	36.7
安徽	22	-6	-21.4	82	-18	-18.0	甘肃	11	-6	-35.3	39	-27	-40.9
福建	12	-9	-42.9	46	-35	-43.2	青海	4	-2	-33.3	16	-6	-27.3
江西	17	-10	-37.0	58	-38	-39.6	宁夏	3	-3	-50.0	12	-11	-47.8
山东	22	-10	-31.3	107	-34	-24.1	新疆	9	-7	-43.8	35	-23	-39.7
河南	24	-2	-7.7	103	6	6.2	新疆兵团						

二、全国重特大事故情况

（一）重大事故情况

2018 年，全国发生重大事故 18 起、死亡 229 人，同比减少 6 起、77 人，分别下降 25.0% 和 25.2%。

从行业领域情况看：渔业船舶发生重大事故 1 起、死亡 10 人，同比增加 1 起、10 人；煤矿发生重大事故 2 起、死亡 34 人，同比减少 4 起、35 人；金属非金属矿山发生重大事故 1 起、死亡 14 人，同比增加 1 起、14 人；化工发生重大事故 2 起、死亡 43 人，同比事故起数持平，死亡人数增加 23 人；冶金机械八行业发生重大事故 4 起、死亡 32 人，同比增加 4 起、32 人；建筑业发生重大事故 1 起、死亡 12 人，事故起数和死亡人数同比持平；道路运输发生重大事故 5 起、死亡 64 人，同比减少 3 起、44 人；水上运输发生重大事故 2 起、死亡 20 人，同比增加 1 起、10 人。

2018 年全国重大生产安全事故情况（按行业分）见表 4-1-4。

在各行业领域重大事故中，交通运输

表 4-1-4　2018 年全国重大生产安全事故情况表（按行业分）

行业		起数（起）	同比增减		死亡（人）	同比增减	
			起	%		人	%
合计		18	-6	-25.0	229	-77	-25.2
A 农林牧渔业	小计	1	1		10	10	
	其中：1. 农业机械						
	2. 渔业船舶	1	1		10	10	
	其他						
B 采矿业	小计	3	-3	-50.0	48	-21	-30.4
	其中：1. 煤矿	2	-4	-66.7	34	-35	-50.7
	2. 金属非金属矿山	1	1		14	14	
	其他						
C、F、H 商贸制造业	小计	6	4	200	75	55	275.0
	其中：1. 化工	2			43	23	115.0
	2. 烟花爆竹						
	3. 冶金机械八行业	4	4		32	32	
	其他						
E 建筑业	小计	1			12		
	其中：1. 房屋建筑及市政工程						
	2. 交通建设工程	1			12		
	其他						
G 交通运输业	小计	7	-3	-30.0	84	-53	-38.7
	其中：1. 铁路运输						
	2. 道路运输	5	-3	-37.5	64	-44	-40.7
	3. 水上运输	2	1	100	20	10	100
	4. 航空运输						
	其他		-1	-100		-19	-100
D、I－T 其他行业			-5	-100		-68	-100

业和商贸制造业所占比重较大，事故起数占 72.2%，死亡人数占 69.5%。其中：交通运输业重大事故起数和死亡人数分别占 38.9% 和 36.7%；商贸制造业重大事故起数和死亡人数分别占 33.3% 和 32.8%；采矿业重大事故起数和死亡人数分别占 16.7% 和 21.0%；建筑业重大事故起数和死亡人数分别占 5.6% 和 5.2%；农林牧渔业重大事故起数和死亡人数分别占 5.6% 和 4.4%。

2018 年各行业领域重大生产安全事故起数、死亡人数占比如图 4-1-5、图 4-1-6 所示。

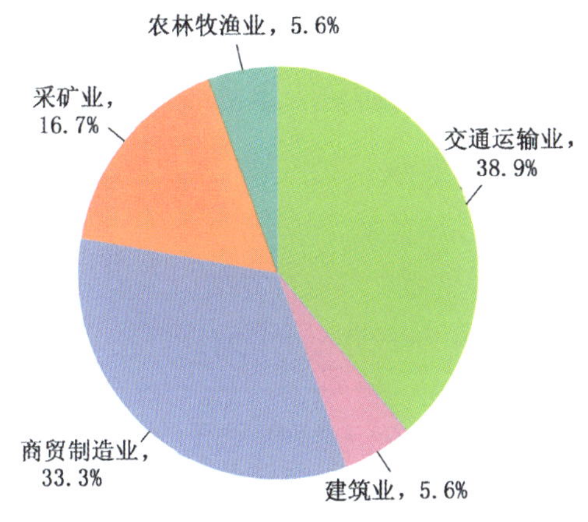

图 4-1-5　2018 年各行业领域重大生产安全事故起数占比

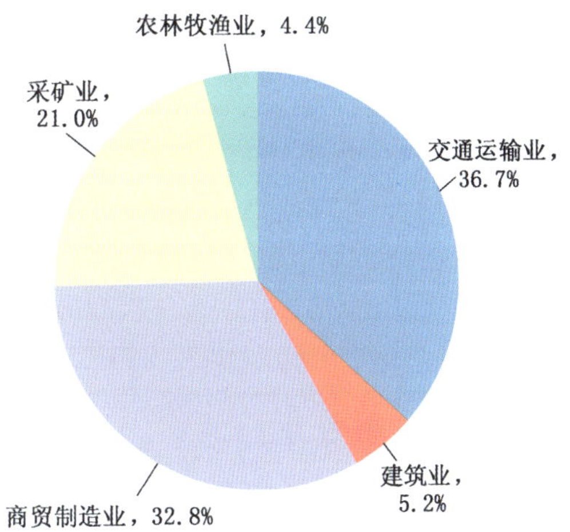

图 4-1-6　2018 年各行业领域重大生产安全事故死亡人数占比

从地区情况看，全国 32 个省级统计单位中，北京、山西、内蒙古、吉林、江苏、浙江、安徽、福建、广西、海南、重庆、云南、西藏、青海、宁夏、新疆和新疆生产建设兵团 17 个单位未发生重大事故，占 53.1%。发生重大事故的 15 个单位中，辽宁、上海和四川各发生 2 起重大事故。河北和辽宁的死亡人数最多，均为 24 人，其次是山东，为 21 人。

2018 年全国重大生产安全事故情况（按地区分）见表 4-1-5。

表 4-1-5　2018 年全国重大生产安全事故情况表（按地区分）

地区	起数（起）	同比增减		死亡（人）	同比增减		地区	起数（起）	同比增减		死亡（人）	同比增减	
		起	%		人	%			起	%		人	%
北京		-1	-100		-19	-100	上海	2	2		20	20	
天津	1				-10	-100	江苏		-1	-100		-10	-100
河北	1	-1	-50.0	24	-2	-7.7	浙江		-1	-100		-18	-100
山西		-1	-100		-10	-100	安徽						
内蒙古		-1	-100		-12	-100	福建						
辽宁	2	1	100	24	14	140.0	江西	1	-1	-50.0	11	-11	-50.0
吉林							山东	1	-1	-50.0	21	1	5.0
黑龙江	1	-1	-50.0	20	-7	-25.9	河南	1	-1	-50.0	11	-13	-54.2

表 4-1-5（续）

地区	起数（起）	同比增减		死亡（人）	同比增减		地区	起数（起）	同比增减		死亡（人）	同比增减	
		起	%		人	%			起	%		人	%
湖北	1	1		10	10		云南		-1	-100		-10	-100
湖南	1	-2	-66.7	18	-22	-55.0	西藏						
广东	1			12	-7	-36.8	陕西	1	1		10	10	
广西							甘肃	1	1		15	15	
海南							青海						
重庆							宁夏						
四川	2	2		20	20		新疆						
贵州	1	-1	-50.0	13	-16	-55.2	新疆兵团						

（二）特别重大事故情况

2018 年，全国发生特别重大事故 1 起，没有人员死亡，同比起数持平，死亡人数减少 36 人。

2001 年以来全国重特大事故趋势如图 4-1-7 所示。

2018 年全国重大事故简要情况见表 4-1-6。

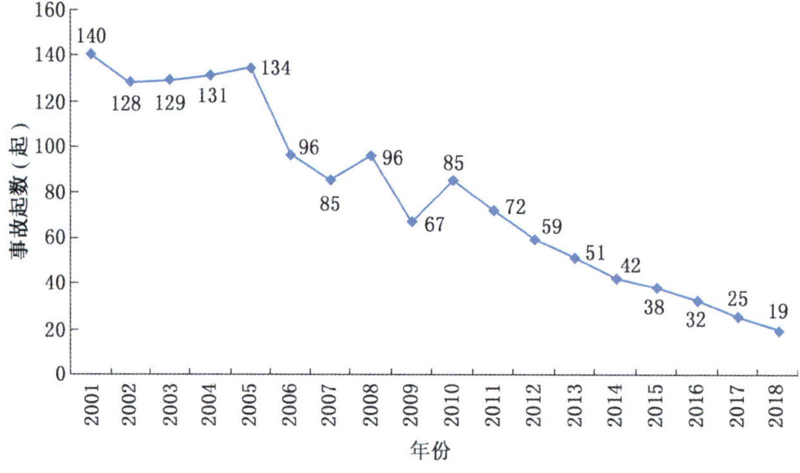

图 4-1-7　2001 年以来全国重特大事故趋势

表 4-1-6　2018 年全国重大事故简要情况表

序号	发生时间	事故发生地点或单位	事故简要情况	死亡（人）
1	1 月 2 日	山东烟台市乐通轮驳有限公司所属“长平”轮和江苏泰州市长鑫运输有限公司所属“鑫旺 138”轮	在上海吴淞口 8 号锚地内发生碰撞	10
2	2 月 7 日	广东省佛山市，轨道交通 2 号线施工工地	发生透水并引发坍塌	12

表 4-1-6（续）

序号	发生时间	事故发生地点或单位	事故简要情况	死亡（人）
3	2月10日	湖北省黄石市阳新县境内	一辆小型面包车与一辆重型半挂大货车相撞	10
4	2月20日	江西省赣州市宁都县境内	一辆中型客车发生侧翻	11
5	4月14日	辽宁省营口市“辽营渔25242”船	在山东威海海域沉没	10
6	6月1日	四川省达州市通川区，塔沱市场	发生火灾，直接经济损失9210万元	1
7	6月5日	辽宁省本溪市南芬区，本溪龙新矿业有限公司思山岭铁矿	措施井发生炸药爆炸事故	14
8	6月29日	湖南省衡阳市衡东县境内	一辆大客车与对向一辆重型罐车相撞	18
9	7月12日	四川省宜宾市江安县，恒达科技有限公司	发生爆燃事故	19
10	7月15日	江苏全强海运有限公司所属“顺强2”轮与广西钦州港威龙船务有限公司所属“永安”轮	在上海吴淞口64号灯附近水域发生碰撞	10
11	8月6日	贵州六盘水市盘州市，梓木戛煤矿	发生煤与瓦斯突出事故	13
12	8月25日	黑龙江省哈尔滨市松北区，太阳岛北龙温泉酒店	发生火灾	20
13	10月20日	山东省菏泽市郓城县，山东能源龙矿集团龙郓煤业有限公司	发生冲击地压事故	21
14	10月28日	天津市滨海新区，中外运久凌储运公司润滑油仓库	发生火灾，直接经济损失8944.95万元	0
15	11月3日	甘肃省兰州市境内	一辆半挂货车失控与兰海高速兰临段兰州南收费站出口排队等候缴费车辆发生碰撞	15
16	11月13日	陕西省西安市灞桥区境内	一辆小客车与一辆混凝土搅拌运输车相撞	10
17	11月28日	河北省张家口市，中国化工集团河北盛华化工有限公司	氯乙烯气柜发生泄漏并爆燃	24
18	12月17日	河南省商丘市，河南省华航现代牧产业集团有限公司	发生火灾	11

（三）典型涉险事故情况

2018年5月14日，川航3U8633航班（载128人，其中机组人员9名）在执行重庆飞往拉萨任务时，驾驶舱右座前风挡玻璃脱落，造成飞机释压。所幸机组人员采取措施得当，飞机安全备降成都双流机场。事故造成2名机组人员受伤。

2018年5月14日，河南省焦作市河南能源集团焦煤公司中马村煤矿发生煤与瓦斯突出事故。事发时井下共有441人作业，造成4人死亡。

第二章　煤　矿　安　全

一、基本情况

新中国成立70年来，随着我国经济社会发展进步，煤矿安全生产工作取得了历史性成就，为保障国家能源安全供应和国民经济快速发展作出了历史性贡献。特别是2000年以来，煤矿安全生产管理体制日趋完善，实现由行业管理为主向“国家监察、地方监管、企业负责”工作格局的重大转变，确立了“安全第一、预防为主、综合治理”的安全生产方针，煤矿安全生产责任体系不断健全。煤炭产业结构持续优化，实现由多、小、散、乱向大基地、大集团、大煤矿的历史性跨越，全国煤矿数量由最多时的8万余处减少到2018年底的5797处，已建成大型煤炭基地14个，煤炭产量约占全国的95%，年产120万吨级以上大型现代化煤矿达1200处。煤炭总产能大幅增加，2018年全国煤炭产量达到36.8亿吨，约为1949年的114倍。煤矿事故连年保持下降态势，2018年全国煤矿共发生事故224起、死亡333人，同比减少2起、50人，分别下降0.9%和13.1%，死亡人数比2000年的5798人减少了5465人，下降94.3%。其中，较大事故17起、死亡69人，同比减少9起、35人，分别下降34.6%和33.7%；重大事故2起、死亡34人，同比减少4起、35人，分别下降66.7%和50.7%；煤矿百万吨死亡率0.093，同比下降12.3%，首次降至0.1以下，比2000年的5.77减少5.677，下降98.4%。煤矿安全生产主要指标创历史最好水平。

2018年全国煤矿事故起数和死亡人数按月份分布如图4-2-1所示，按下井班次分布如图4-2-2所示。2018年全国不同所有制煤矿事故死亡人数占比如图4-2-3所示。

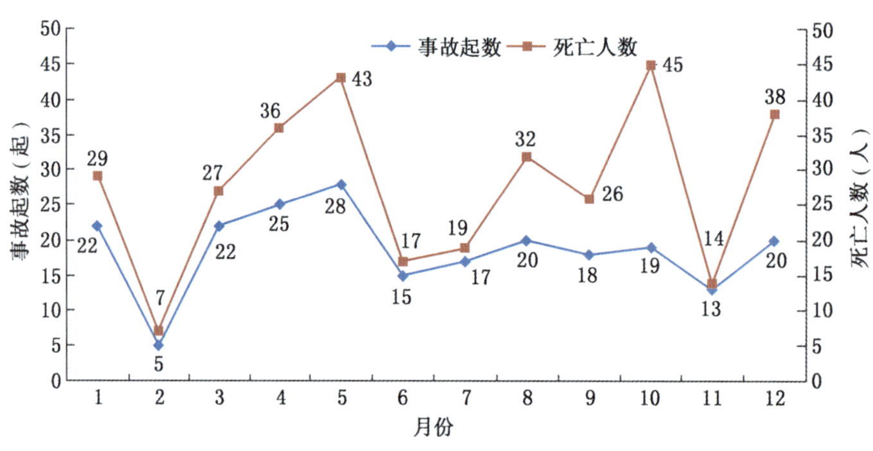

图4-2-1　2018年全国煤矿事故起数和死亡人数按月份分布

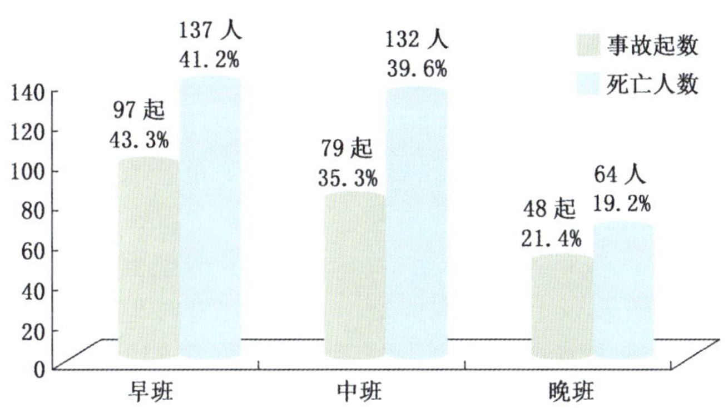

图 4-2-2 2018 年全国煤矿事故起数和死亡人数按下井班次分布

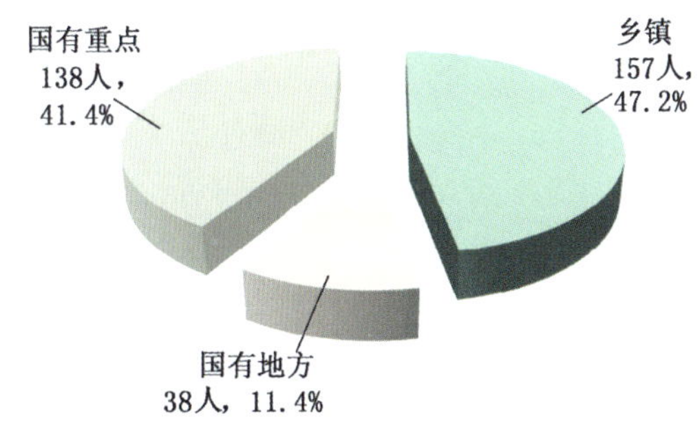

图 4-2-3 2018 年全国不同所有制煤矿事故死亡人数占比

从事故总量看，在 2018 年发生的各类事故中，顶板事故死亡人数最多，为 126 人。其次是运输事故和瓦斯事故。各类事故总量情况如下：顶板事故 88 起、死亡 126 人，分别占全国煤矿事故起数和死亡人数的 39.3% 和 37.8%；瓦斯事故 18 起、死亡 62 人，分别占全国煤矿事故起数和死亡人数的 8.0% 和 18.6%；机电事故 23 起、死亡 24 人，分别占全国煤矿事故起数和死亡人数的 10.3% 和 7.2%；运输事故 59 起、死亡 74 人，分别占全国煤矿事故起数和死亡人数的 26.3% 和 22.2%；爆破事故 4 起、死亡 4 人，分别占全国煤矿事故起数和死亡人数的 1.8% 和 1.2%；水害事故 6 起、死亡 15 人，分别占全国煤矿事故起数和死亡人数的 2.7% 和 4.5%；火灾事故 1 起、死亡 1 人，分别占全国煤矿事故起数和死亡人数的 0.4% 和 0.3%；其他事故 25 起、死亡 27 人，分别占全国煤矿事故起数和死亡人数的 11.2% 和 8.1%。

2018 年全国煤矿不同事故类型死亡人数占比如图 4-2-4 所示。

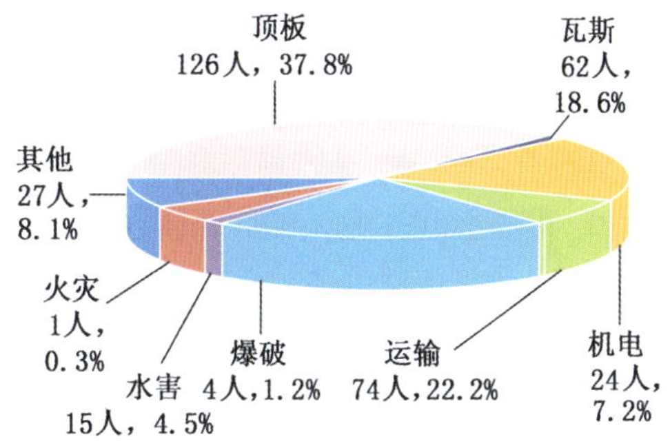

图 4-2-4 2018 年全国煤矿不同事故类型死亡人数占比

从 2018 年较大事故总量看，在各类事故中，瓦斯事故起数、死亡人数最多，其次是运输事故、水害事故和顶板事故。较大以上瓦斯事故 9 起、死亡 49 人，分别占全国煤矿较大以上事故起数和死亡人数的 47.4% 和 47.6%。按矿井类型分布，2018 年全国煤矿较大及以上事故主要集中在生产矿井和停产整顿矿井，分别占较大及以上事故起数的 68.4%、15.8%，如图 4-2-5 所示。

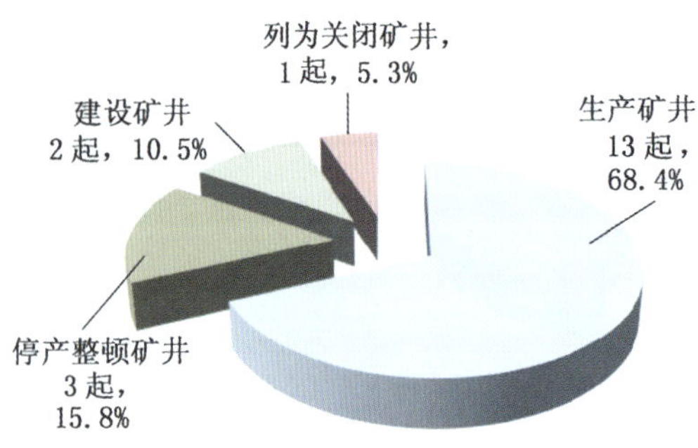

图 4-2-5　2018 年全国煤矿按矿井类型分布较大及以上事故起数占比

尽管全国煤矿安全生产形势总体平稳，但稳中有忧，主要体现在：煤矿安全基础薄弱、从业人员素质较低的状况尚未根本改变，一些煤矿企业法律意识淡薄、违法违规行为突出等影响安全生产的问题和薄弱环节尚未得到根本解决；随着煤矿采深增加，各类灾害的威胁日益严重，存在复合型灾害的煤矿增多，一些煤矿系统复杂，入井人员多，容易出现“连锁型”事故，极易引起作业人员群死群伤，煤矿安全生产形势依然严峻。

二、重点工作

（一）严把煤矿安全准入关口

强化安全准入程序，修订《煤矿建设项目安全审核基本要求》《煤矿建设项目安全设施设计审查和竣工验收规范》《煤层气地面开采建设项目安全设施设计审查和竣工验收规范》等行业安全标准、规范。安全核准煤矿建设项目 115 个，安全设施设计（变更）审查 353 个，竣工验收监督核查 155 个。开展煤矿建设项目专项监察，各级煤矿安全监察机构共监察 813 矿次，查处隐患 6366 条，责令停止使用设备 605 台（套），责令局部停止施工 270 处，责令停止建设 59 矿次。

（二）规范煤矿安全监察执法

编制印发《煤矿安全监管执法计划编制办法（试行）》《煤矿安全生产违法违规行为规范描述汇编》《关于煤矿分类监管监察工作的指导意见》《煤矿安全监察行政处罚自由裁量基准》《省级煤矿安全监察机构权力和责任清单》等制度文件，修订《煤矿安全监察执法手册》和执法文书样式、制作规范和模板。召开 2018 年煤矿安全监管监察执法工作座谈会，组织开展异地监察和跨省区交流执法，共检查煤矿 181 处。全年各级煤矿监管监察部门累计检查矿井 159028 矿次，各级监管监察部门责令矿井停产整顿 1711 处，责令采掘工作面停止作业 8627 个，责令停止使用设施设备 8344 台（套），暂扣、吊销安全生产许可证 915 个，提请关闭 169 处。积极推进煤矿安全监察信息化，入库执法文书 69514 份，安全生产许可证在线申报审批和管理系统建成并在云南开展试运行。

（三）深入开展专项整治和煤矿安全“体检”

组织各地开展依法打击和重点整治煤矿安全生产违法违规行为专项行动，对 6 类高风险煤矿进行安全“体检”，对煤与瓦斯突出矿井组织安全“会诊”，检查煤矿6459处、61258矿次，检查煤矿上级公司790家、1555次；查处一般隐患41.5万项，重大隐患670项；查处“十类”突出问题1822起。同时，加强对地方政府煤矿安全监管工作监督检查，以国务院安委办等名义下发整改督办函22份，约谈煤矿企业1354次、党政纪处理1266人，调整解聘“五职矿长”1055人；纳入联合惩戒煤矿企业102家、“黑名单”66家，曝光985起。

（四）深化冲击地压和瓦斯防治工作

认真贯彻落实习近平总书记关于煤矿安全的重要批示和其他中央领导同志指示要求，研究解决采深超千米、单班下井人数众多等问题，向党中央、国务院呈报防治煤矿冲击地压、煤与瓦斯突出、水害等矿井重大灾害工作建议。组织召开山东能源龙矿集团龙郓煤业有限公司“10·20”重大冲击地压事故警示教育视频会议，编制宣贯《防治煤矿冲击地压细则》，对典型矿区开展煤矿冲击地压防治专家“会诊”，推动全国灾害防治工作。持续开展“一通三防”专项监察，严格落实“七个一律”措施，组织召开第18届国际煤层气暨页岩气研讨会，研究起草党的十八大以来全国煤矿瓦斯事故分析报告，发挥事故警示推动作用。

（五）推动落后煤矿淘汰退出

对符合条件的央企煤矿核增优质产能850万吨/年，核减灾害严重矿井产能490万吨/年。30万吨/年以下小煤矿数量占比由2017年的45.6%下降到39.7%。开展清查整改违规核增煤矿生产能力工作，对违规核增的一律恢复至原能力。组织开展全国煤矿超能力生产专项监察，依法查处23处超能力生产严重煤矿，责令停产整改，处罚2700余万元。配合国家发展改革委制定并印发《关于做好2018年重点领域化解过剩产能工作的通知》《2018年煤炭化解过剩产能工作要点》，修订《工业企业结构调整专项奖补资金管理办法》，加大对黑龙江、云南、湖南、四川、福建、贵州等小煤矿较多省份的指导，督促严格落实去产能政策，处置“僵尸企业”、淘汰落后产能、严查违法违规产能、严控新增产能。2018年，全国淘汰退出煤矿832处，完成1.5亿吨去产能目标。

（六）完善煤矿安全法规标准体系

组织起草《煤矿安全条例》，与国家能源局联合修订发布《煤矿瓦斯等级鉴定办法》。开展《防治煤与瓦斯突出规定》《煤矿防治水细则》等制修订，发布12项煤炭行业标准，申报《煤矿用钻凿锚机械安全技术要求》等16项强制性国家标准计划项目。组织开展2018年煤矿安全标准和煤炭行业标准制修订项目申报工作，下达4项AQ标准和23项MT标准制修订计划项目。在上海首次召开国际标准化组织采矿技术委员会（ISO/TC82）全会及工作组会议，45个国家、近百位代表参加会议。

（七）加强煤矿安全生产标准化建设

完成全国3020处正常生产煤矿现场检查和考核定级，全国共建成一级标准化煤矿444处，二级标准化煤矿1533处，三级标准化煤矿1043处（表4–2–1）。对安全责任落实不到位引发事故、存在重大事故隐患和管理滑坡问题的127处煤矿予以降级，152处煤矿撤销原等级。分专业编制执行《煤矿安全生产标准化专业检查规范（试行）》，持续提升检查考核工作质量。推进煤矿岗位标准化作业流程推广试点工作，推动提升达标水平。

表 4-2-1　2018 年煤矿安全生产标准化情况表

地区	达标矿井总数(处)	一级		二级		三级	
		数量(处)	占比(%)	数量(处)	占比(%)	数量(处)	占比(%)
合计	3019	444	14.8	1532	50.7	1043	34.5
北京	1	0	0	1	100	0	0
河北	38	15	39.5	20	52.6	3	7.9
山西	558	168	30.1	390	69.9	0	0
内蒙古	265	56	21.1	133	50.2	76	28.7
辽宁	33	8	24.2	8	24.2	17	51.5
吉林	37	3	8.1	34	91.9	0	0
黑龙江	292	4	1.4	39	13.4	249	85.3
江苏	7	4	57.1	3	42.9	0	0
安徽	42	16	38.1	19	45.2	7	16.7
福建	40	0	0	18	45.0	22	55.0
江西	127	0	0	2	1.6	125	98.4
山东	111	57	51.4	47	42.3	7	6.3
河南	155	41	26.5	71	45.8	43	27.7
湖北	0	0	0	0	0	0	0
湖南	122	0	0	25	20.5	97	79.5
广西	19	0	0	9	47.4	10	52.6
重庆	34	1	2.9	30	88.2	3	8.8
四川	289	7	2.4	168	58.1	114	39.4
贵州	395	13	3.3	260	65.8	122	30.9
云南	158	1	0.6	94	59.5	63	39.9
陕西	186	33	17.7	95	51.1	58	31.2
甘肃	38	9	23.7	16	42.1	13	34.2
青海	10	1	10.0	9	90.0	0	0
宁夏	18	2	11.1	11	61.1	5	27.8
新疆	33	5	15.2	21	63.6	7	21.2
新疆兵团	11	0	0	9	81.8	2	18.2

（八）提升煤矿安全科技装备水平

加快推进煤矿安全监控系统升级改造，733 处煤矿完成系统升级改造。发布推广 49 项煤矿安全生产先进适用技术。开展科技进矿区活动，搭建产学研用科技创新推广平台，淘汰落后工艺装备，发布《禁止井工煤矿使用的设备及工艺目录（第四批）》，16 项设备和工艺被禁止使用。进一步明确煤矿机器人发展思路方向，形成专题报告报国务院领导同志批示同意。印发 5 类 38 种煤矿机器人重点研发目录。将煤矿智能装备推广应用纳入 30 亿元国债资金支持范围，向科技部申报 4 项煤矿机器人"卡脖子"项目，协调推进煤矿机器人产学研跨界合作和协同创新，开展《煤矿机器人分类标准和通用技术要求》标准调研。

（九）推进煤矿"四化"和"三优一减"工作

在煤矿"四化"（机械化、自动化、智能化、信息化）建设方面，全国煤矿采、掘机械化程度分别达到 78.5%、60.4%；部分矿井主要生产系统实现地面远程集中控制，井下无人值守机电岗位是 2016 年的 2.4 倍；一些地区已建成涵盖安全生产应用系统的监管信息平台，部分企业实现采掘机运通安全应急等监测监控系统的数据采集、远程控制、智能报警与联动，部分煤矿实现机电硐室无人值守；智能化开采技术已适用于大采高、中厚煤层、薄煤层及放顶煤工作面，全国建成 183 个智能化采煤工作面。在煤矿"一优三减"（优化系统，减水平、减头面、减人员）方面，全国 47 处单班下井超千人矿井，已全部降至千人以下。制定印发《煤矿井下单班作业人数限员规定》，明确全矿井和采掘工作面单班作业人数上限，对"四量"不平衡、剃头下山开采和瓦斯抽采不达标、违规布置采掘工作面的煤矿，一律依法责令停产整顿并严格处罚。

（十）提升从业人员素质

颁布实施《煤矿安全培训规定》，对全国省级煤矿安全培训主管部门、煤矿安全监察机构、煤矿培训机构、煤矿企业开展宣贯培训。印发煤矿企业主要负责人安全生产知识和管理能力考核要求和考试知识点，更新主要负责人考试题库。开展煤矿安全培训专项整治和专项监察，全国煤矿企业自查自改隐患问题 14.4 万余条，抽查煤矿 1617 个，上级公司 133 个；抽考五职矿长 4804 人，其他人员 11497 人。查处安全培训违法违规煤矿 301 处，查处安全培训违法违规行为 2594 条，责令停产整顿煤矿 14 处，责令调整煤矿矿长岗位 38 人次、副矿长 18 人、其他安全生产管理人员 101 人。

第三章 非煤矿山安全

一、基本情况

（一）非煤矿山简况

全国共有非煤矿山安全监管对象5万余个，其中，非煤矿山42033座，尾矿库7830座。全国各类金属非金属矿山共计33207座（表4-3-1）。按开采方式分，地下矿山8331座，占25.1%；露天矿山24876座，占74.9%。按开采规模分，大型矿山1591座，占4.8%；中型矿山2910座，占8.8%；小型矿山28706座，占86.4%。

表4-3-1 全国金属非金属矿山基本情况表

开采规模	地下矿山		露天矿山		合计	
	数量（座）	占比（%）	数量（座）	占比（%）	数量（座）	占比（%）
大型矿山	352	1.1	1239	3.7	1591	4.8
中型矿山	928	2.8	1982	6.0	2910	8.8
小型矿山	7051	21.2	21655	65.2	28706	86.4
合计	8331	25.1	24876	74.9	33207	100.0

（二）整顿关闭情况

2012年以来，持续推进非煤矿山整顿关闭，非煤矿山安全监管对象从2012年的94570个减少到2018年底的51971个，累计减少42599个，下降45%；非煤矿山数量从79895座减少到42033座，累计减少37862座，下降47%（图4-3-1）。

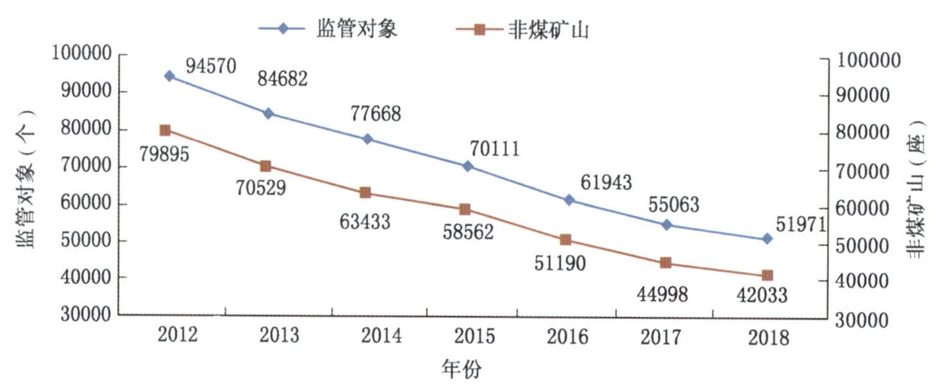

图4-3-1 非煤矿山安全监管对象数量变化情况

（三）尾矿库整顿关闭情况

截至2018年底，全国尾矿库总计7830座。2012年以来，通过持续整顿关闭和安全治理，尾矿库数量总体呈减少趋势，累计减少4443座，下降36%，尾矿库整顿关闭工作成效明显。2018年尾矿库数量比2017年增加37座，主要原因是河北省将原已闭库不纳入安全监管范围的尾矿库（356座）重新纳入监管范围。

（四）事故情况

2018年，全国非煤矿山发生事故380起、死亡406人，同比分别下降6.6%和16.1%。其中，较大事故10起、死亡32人，同比分别下降33.3%和49.2%；重大事故1起、死亡14人，未发生特别重大事故，安全生产形势保持总体平稳。

二、重点工作

（一）强化工作部署和督查指导

在统计分析2017年非煤矿山基本数据、高风险矿山分布和基本情况、事故规律特点及各地区的复产复工情况的基础上，部署召开全国非煤矿山安全生产工作会议，印发《2018年非煤矿山安全监管工作要点》，对32个省级统计单位工作要点进行审核，健全督导问效制度。加强对各地工作督查指导，组织26个组开展非煤矿山安全生产重点工作完成情况专项督查。在“微信助力矿山安全”系统开辟公告警示专栏，发布19个事故警示教育片，转发复工复产标准、汛期措施等好做法，推送预警信息170多条，督促指导非煤矿企业切实做好安全生产工作。

（二）强化监督执法和应急值守

一是针对4月大量企业复产复工和机构改革启动，印发了《国务院安委会办公室关于切实做好当前非煤矿山安全生产工作的通知》，部署做好复产复工、应急值守等工作。二是抓好重点时间节点，汛期组织开展覆盖全国的汛期安全生产督查，组织2个组开展海洋石油天然气开采防台风专项检查，国庆节期间组织2个组开展节日安全生产检查，共检查企业181家，查出隐患960条，停产整顿企业26家。三是对问题突出的7个地区开展明查暗访，抽查14个县、47家企业，发现230条隐患（其中重大隐患24条），查处违法违规严重的矿山7座，公开曝光4起典型案例。四是对17起信访举报件进行核查，及时向国务院和部领导报告了4起举报核查结果，全部向举报人或媒体回馈核查落实结果。五是分别制定非煤矿山和海洋石油天然气特别重大事故应急手册，明确响应程序、人员等。安排24小时在岗值守，周密配置应急处置备勤工作组，确保第一时间作出有序有力有效响应。

（三）强化尾矿库治理和整顿关闭

一是深入推进河南三门峡等重点地区专项整治，推动关闭不符合安全生产条件的矿山，有效整治了矿业开发秩序。二是落实国务院领导批示精神，完成了攀钢集团马家田尾矿库重大安全隐患调查核实以及整治工作；督促湖北省按期完成了大冶有色铜山口矿周家园尾矿库闭库工作。三是7月召开了全国尾矿库安全生产工作视频会议，部署尾矿库汛期安全生产和尾矿库“头顶库”综合治理“回头看”工作；对尾矿库“头顶库”实施“一库一档”和“一库一策”，督促各地基本完成尾矿库“头顶库”病库治理工作。四是推进长江经济带主要支流和嘉陵江上游尾矿库专项治理工作，梳理了相关尾矿库情况，配合国家发展改革委等部门起草了《关于加强长江经济带尾矿库污染防治的指导意见》。五是突出重点省份，引导云南、辽宁等地有针对性地开展金属非金属矿山整顿升级工作，完成了全年整顿关闭1500座矿山的计划。

（四）强化跟踪督导和安全约谈

一是对辽宁思山岭铁矿“6·5”重大炸药爆炸事故查处实行挂牌督办，审核了事故调查报告，并全文向社会公布。推动辽宁省吸取事故教训，制定出台了强化民爆物品管理、综合治理非煤矿山的具体措施。二是对8起较大事故查处工作及时进行了跟踪督办，推动事故查处和整改落实工作。详细调查分析了“9·16”海洋石油202船避台期间走锚事件，落实了整改措施。针对近10年14起涉及民爆物品的重特大事故，组织召开座谈会，进一步明确了各相关部门监管职责。三是对辽宁省和本溪市、河南洛阳市和三门峡市等人民政府，以及伊春鹿鸣矿业有限公司进行安全生产约谈，针对存在的问题，提出整改措施，跟踪督促落实。并对辽宁省落实情况开展了“回头看”，确保约谈措施落地生根。

（五）强化源头治理和风险管控

一是废止166件涉及非煤矿山的规范性文件，公告发布8项非煤矿山安全生产标准，制定《陆上石油天然气现场执法检查表》和《金属非金属矿山选矿厂安全检查表》。二是审核86家海洋石油天然气企业安全生产许可证，对1家单位违法行为进行了通报；审查19项高风险非煤矿山建设项目安全设施设计，其中未通过2项。三是修订《金属非金属矿山企业安全风险等级评定标准》，开展1期双重预防机制培训班和3期安全生产标准化评审人员培训班，推动规范安全生产标准化。四是推动非煤矿山双重预防机制试点单位提炼试点经验，督促矿山企业建立安全风险管控机制；配合开展尾矿库安全生产风险智能监测系统试点建设。五是进一步减轻企业负担，清理25项证明事项，提出取消海洋石油天然气建设项目安全设施设计审查、安全评价机构资质、专业设备检测检验机构资质和缩减非煤矿山企业安全生产许可范围等“放管服”改革建议。

第四章 危险化学品安全

一、基本情况

截至2018年底，全国取得危险化学品安全生产许可证的生产企业有1.46万家，取得危险化学品经营许可证的经营企业有19.7万家，化工企业有9.6万家。全国危险化学品生产企业由最高峰时期2008年的2.4万家，缩减至2018年的1.46万家，降幅达39%。

2018年危险化学品生产、经营企业基本情况见表4-4-1。

2018年，在危险化学品企业效益显

表4-4-1 2018年危险化学品生产、经营企业基本情况表　　家

地区	生产企业	经营企业	地区	生产企业	经营企业
合计	14642	196852	湖北	404	6146
北京	34	2143	湖南	322	7120
天津	243	2986	广东	1424	11004
河北	754	10071	广西	233	3922
山西	345	5479	海南	26	941
内蒙古	425	4410	重庆	145	2814
辽宁	614	7722	四川	599	8482
吉林	107	2633	贵州	125	3066
黑龙江	173	5975	云南	470	4553
上海	238	8989	西藏	2	370
江苏	1968	24546	陕西	441	4781
浙江	1059	14875	甘肃	177	2496
安徽	409	6727	青海	40	740
福建	298	4712	宁夏	199	963
江西	550	2277	新疆	302	2759
山东	1935	20984	新疆兵团	37	318
河南	544	11848			

著上升、市场需求旺盛、生产经营活动明显增加的情况下（全国石油和化工行业保持较快增长，全行业主营业务收入、利润总额同比增长 14%、32%，主营收入利润率为 6.8%，为 2012 年以来最高水平），化工事故起数、死亡人数实现“双下降”。全国共发生化工事故 174 起、死亡 227 人，同比减少 44 起、44 人，分别下降 20.2% 和 16.2%。其中，较大事故 11 起、死亡 46 人，同比减少 4 起、11 人，分别下降 26.7% 和 19.3%，重大事故 2 起、死亡 43 人，同比起数持平，人数增加 23 人，上升 115%。

2005—2018 年化工事故趋势如图 4-4-1 所示。

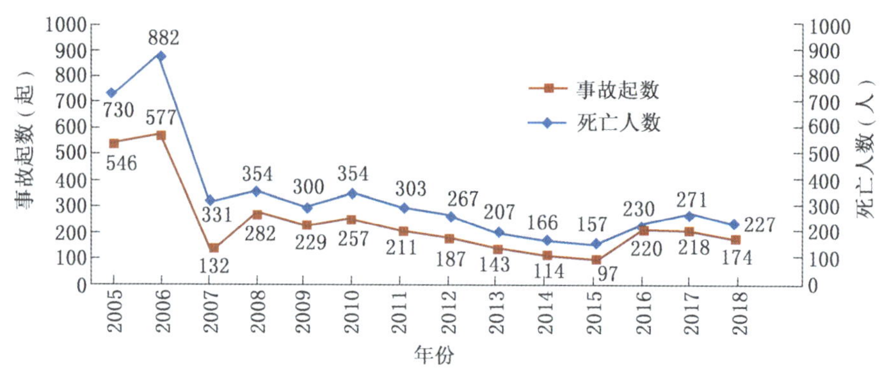

图 4-4-1　2005—2018 年化工事故趋势

从事故发生地区分布看：重点地区事故占比大，河北、四川、江苏、辽宁、山东、新疆、山西、安徽、江西、宁夏 10 个省（自治区）占全国总数的 62%；海南、青海、吉林、河北、宁夏、上海、四川、北京、黑龙江、新疆生产建设兵团、山西、贵州、甘肃、安徽、辽宁、天津 16 个省（自治区、直辖市）和地区每百家企业死亡人数高于全国平均水平，其中青海、宁夏是全国平均值的 3 倍。从事故发生环节看：爆炸事故死亡人数最多（占 37%），其次是中毒窒息（占 18%），两类事故死亡人数占比一半以上，新疆、河北、上海、辽宁发生 4 起动火和进入受限空间事故（占较大事故的 36%）。

二、重点工作

（一）着力防范遏制重特大事故

建立实施化工重点省份联系指导制度，坚持“四个必须”（逢查必考企业主要负责人，发现重大隐患必处罚，发现问题必下发督办函并通报全国，问题突出地区必约谈）；组织制定《危险化学品生产储存企业安全风险评估诊断分级指南（试行）》，全面启动并完成安全风险评估诊断分级工作；在总结大连、宁波等地经验基础上，全面推广实施危险化学品企业安全风险研判与承诺公告制度；组织制定 53 个危险化学品重点县专家指导服务工作方案，推动重点县加快提高监管能力与水平。组织对 6 个重点地区开展危险化学品储存场所安全专项检查，筹办危险化学品安全专题视频会、东北片区危险化学品安全监管集体调研活动，部署开展了氯乙烯安全风险排查治理，不断深化巩固了反“三违”、罐区、特殊作业、安全设计诊断和自动化改造提升等专项整治，深入推进了事故防范责任与措施落实。全国危险化学品生产储存企业分级管控情况见表 4–4–2。

表 4–4–2　全国危险化学品生产储存企业分级管控情况表　　家

级别	红	橙	黄	蓝	合计
数量	856	2228	7079	8259	18422

（二）推进危险化学品安全综合治理

及时调整完善危险化学品安全生产监管部际联席会议制度，增设工业和信息化部、公安部、交通运输部作为副召集人单位，增补中央政法委等 6 个单位作为成员单位，下设危险化学品生产企业搬迁改造专项工作组，调整后召开了部际联席（扩大）会议。将综合治理工作落实情况纳入省级政府安全生产巡查与考核重点内容，宁波、扬州、南京等重点化工园区基本完成危险化学品重大危险源在线监控及事故预警系统建设试点工作，健全危险化学品生产经营企业安全风险“一张图一张表”，32 个省级单位全部完成危险化学品风险摸排，20 个省份建成辖区危险化学品安全风险“一张图一张表”；完善《特别管控危险化学品目录（第一批）》，起草《危险化学品安全监管专项权责清单（修改稿）》；配合工业和信息化部对 22 个重点省份开展的搬迁改造进展督导，初步确定全国搬迁改造企业 1176 家，搬迁改造工作全面展开。危险化学品重大危险源情况见表 4–4–3。

表 4–4–3　危险化学品重大危险源情况表　　个

级别	一级	二级	三级	四级	合计
数量	2421	995	4530	3731	11677

（三）强化规范精准执法检查和事故警示教育

以危险化学品重大危险源、罐区、特殊作业、非法生产等风险点为重点，督促各地严格落实《化工（危险化学品）企业安全重点检查指导目录》《化工和危险化学品生产经营单位重大生产安全事故隐患判定标准》等规定，提升专业性、精准性、威慑性。分别在四川、河北召开宜宾“7·12”重大事故和张家口“11·28”重大事故现场会，深入剖析事故，全面部署防范遏制事故工作。约谈河北、宁夏等事故多发地区和中国化工等有关中央企业，对近 10 起典型危险化学品事故现场督导。强化警示提醒，在部网站按月份公开历史上发生的典型危险化学品事故，总结分析全国危险化学品事故规律与特点，制发事故分析报告和典型事故案例汇编。

（四）加强法规标准体系建设

完善《危险化学品安全法（征求意见稿）》，起草印发《危险化学品安全标准体系建设规划（2018—2020 年）》，制修订颁布国家标准《危险化学品重大危险源辨识》（GB 18218—2018）和《危险化学品生产装置和储存设施风险基准》（GB 36894—2018），以及团体标准《工业用硝化纤维素安全技术规范》（T/CCSAS 002—2018），按程序报批《危险化学品经营企业安全技术基本要求》《危险化学品生产装置和储存设施外部安全防护距离确定方法》等多个急需标准。

（五）推进化工安全人才培养和行政许可改革

积极推进危险化学品重点地区聘请化工骨干企业人员任驻市、县专家工作。抓住“关键人员”，举办第一轮全国2万余名危险化学品生产企业主要负责人安全培训，召开第二期化工安全复合型人才高级研修班，中石油、中石化等20家单位、140名学员参加，推动辽宁、江苏、浙江、广东等重点省份强化省属企业化工安全复合型人才培训。深化危险化学品安全行政许可改革，论证完善改革方案，明确危险化学品建设项目安全审查改革思路和措施，认真贯彻落实“证照分离”要求，加强事中事后监管。

（六）加强非药品类易制毒化学品监管

组织制定《非药品类易制毒化学品规范化与危险化学品安全生产标准化融合实施细则》，完成广东佛山西陇化工公司、福建仁宏医药化工公司规范化管理培育工作。开展“6·26”国际禁毒日活动，对重点地区“禁毒2018两打两控”专项行动情况进行督导，配合开展芬太尼等化学品列管研究工作，对口联系帮扶河北晋州。

（七）加强国家重大活动安保工作

认真履行重大安保活动安全监督组牵头部门职责，圆满完成博鳌亚洲论坛、上海合作组织成员国元首理事会会议、中非合作论坛北京峰会、天津夏季达沃斯论坛、首届中国国际进口博览会等7项重大活动安保有关工作。

第五章　烟花爆竹安全

一、基本情况

截至2018年底，全国取得烟花爆竹安全生产许可证的生产企业有1658家（分布在11个省份），取得烟花爆竹经营许可证的批发企业有4605家，零售单位有29.7万家（长期零售单位23.0万家，临时零售单位6.7万家）。累计取缔数以万计家庭作坊和生产工区。全国烟花爆竹生产企业由最高峰时期2006年的6076家，缩减至2018年的1658家，降幅达73%。已有20个省退出生产，全国礼花弹生产企业由295家减少至不足50家，烟花爆竹产业实现了快速转型升级。

2018年烟花爆竹生产企业基本情况见表4-5-1，经营单位基本情况见表4-5-2。

表4-5-1　2018年烟花爆竹生产企业基本情况表　　家

地　区	企业数量	地　区	企业数量
合计	1658	广西	42
河北	11	海南	1
浙江	1	四川	68
江西	706	贵州	73
湖北	22	云南	7
湖南	670	陕西	57

2018年，全国共发生烟花爆竹生产经营事故25起、死亡34人，同比减少8起、21人，分别下降24.2%和38.2%，连续第8年事故起数和死亡人数实现“双下降”。其中，一般事故21起、死亡19人，同比减少7起、11人，分别下降25%和36.7%；较大以上事故4起、死亡15人，同比减少1起、10人，分别下降20%和40%；未发生重特大事故。

2005—2018年全国烟花爆竹事故趋势如图4-5-1所示。

从事故发生地区分布看：山东接连发生2起非法较大事故；江西拟退出生产企业拆除工房发生一起较大事故；云南“下店上宅”式零售点发生一起较大事故，经营环节整治还存在盲区；山东、四川、云

表 4-5-2　2018 年烟花爆竹经营单位基本情况表

地区	批发企业													零售单位（家）		
	批发许可证（家）				从业人员（人）		占地面积（平方米）			安全生产标准化工作取证企业数量（家）			销售总额（万元）	总数	其中	
	总数	其中		吊销撤销注销许可证	总数	其中	库区	其中		总数	其中				长期零售	临时零售
		有效期内	过期			专职安全管理人员及仓库守护、保管人员		1.1级库房	1.3级库房		二级	三级				
合计	4717	4605	76	43	52248	25201	41631869	575360	8554715	3546	356	3190	8601572	297222	230024	67198
北京	3	2	1	0	33	22	210001	300	10000	2	2	0	850	88	4	84
天津	0	0	0	7	0	0	0	0	0	0	0	0	1664	172	0	172
河北	185	180	0	3	2312	1363	2862261.8	21217.5	496590.17	177	6	171	59375.7	11032	2867	8165
山西	156	156	0	1	1240	609	585435.05	3047.25	113080.34	118	1	117	25156.668	5758	3117	2641
内蒙古	253	251	2	0	1518	1011	2950868	13701	529005	224	8	216	37692	5148	1712	3436
辽宁	121	121	0	0	1187	585	2355674.2	25233.4	214445.45	94	12	82	29591	7439	2932	4507
吉林	102	102	0	0	894	467	1468097	12905.24	182129.2	100	1	99	20480.82	4331	170	4161
黑龙江	125	125	0	0	998	510	1242097	6325.55	186039.4	118	20	98	19567.76	5726	540	5186
上海	1	1	0	0	36	10	63333.3	0	6444.6	0	0	0	0	7	7	0
江苏	151	147	4	0	1819	859	1466134.5	25772.25	321245.45	147	109	38	70276.78	18449	18106	343
浙江	130	130	0	1	1427	607	610480.3	26039.44	114030.7	107	21	86	5119549	5641	4052	1589
安徽	127	125	0	2	1995	773	1879689.36	4216.32	297040.89	101	0	101	126463.13	32844	28742	4102
福建	146	146	0	0	1270	759	757452	11373	182142	124	8	116	666621	6978	5794	1184
江西	320	264	56	0	2921	1240	1817734	9349	384758.5	102	0	102	357794	14163	13378	785
山东	230	230	0	11	2752	1458	3121206	46497	539712.58	230	93	137	366921	25447	12108	13339
河南	260	258	0	6	2681	1628	3441494.5	1934	928437	47	0	47	86698	11088	9047	2041
湖北	155	155	0	1	1682	687	1128889.9	22983	338348	143	26	117	115414.57	22763	22510	253

表 4-5-2（续）

地区	批发企业													零售单位（家）		
	批发许可证（家）				从业人员（人）		占地面积（平方米）			安全生产标准化工作取证企业数量（家）			销售总额（万元）	总数	其中	
	总数	其中		吊销撤销注销许可证	总数	其中	库区	其中		总数	其中				长期零售	临时零售
		有效期内	过期			专职安全管理人员及仓库守护、保管人员		1.1级库房	1.3级库房		二级	三级				
湖南	871	860	11	0	13651	6215	6979542.2	239918	2141897.28	558	13	545	1058786	19949	19749	200
广东	109	107	0	4	1374	627	904270.09	1371	180455.45	90	2	88	49610.7694	7520	6039	1481
广西	281	269	0	2	3535	2018	1927483.16	7477	439005.91	218	0	218	85936.65	10651	6870	3781
海南	35	35	0	0	446	214	743665	3118.13	71564.67	27	0	27	31824	2748	1548	1200
重庆	82	82	0	0	1154	343	495275.2	3070	106966	46	3	43	28369.88	10172	8281	1891
四川	249	246	1		2407	974	1483023.66	31687.2	241130.52	228	2	226	84350.02	24396	22996	1400
贵州	176	175	1	0	1455	583	1035766.17	39081	122506	161	0	161	77664	16166	15625	541
云南	181	168	0	2	1120	540	115956.34	0	115956.34	148	4过期	144	35421	12132	8951	3181
西藏	16	17	0	0	76	30	26786.96	8545	1647.28	8	1	7	1347.8	140	41	99
陕西	154	155	0	2	1202	541	1020284.88	5742	146280.1	131	3	128	26068.956	10950	10359	591
甘肃	52	52	0	0	441	224	395534	0	59276	41	0	41	6346.0	3684	3396	288
青海	1	1	0	0	81	9	5500	500	5000	0	0	0	880	441	439	2
宁夏	1	1	0	0	34	8	81858.6	439.9	9540	1	1	0	200	447	393	54
新疆	31	31	0	1	369	227	361265.92	2830	59484.81	42	18	24	8144	449	121	328
新疆兵团	13	13	0	0	138	60	94809	687.25	10555.6	13	2	11	2508	303	130	173

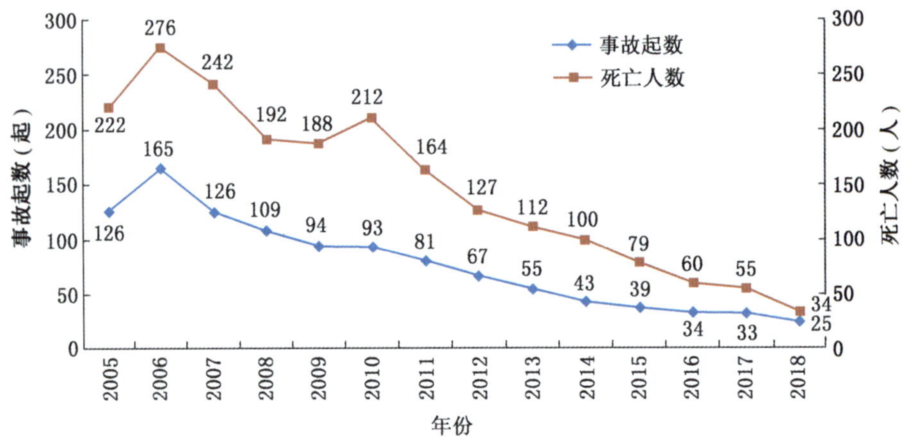

图 4-5-1　2005—2018 年全国烟花爆竹事故趋势

南 3 省（2017 年均未发生事故）事故起数和死亡人数同比“双上升”。从事故发生环节看：生产企业事故 22 起、死亡 23 人，占比 88%、68%，5 起事故因违规检维修引发，占比 23%；经营特别是零售环节事故抬头。

二、重点工作

（一）推进提升生产机械化自动化水平

以国务院安委会办公室名义印发《关于加强烟花爆竹生产机械化自动化工作提升本质安全水平的通知》（安委办〔2018〕22 号），对烟花爆竹机械化研发、推广与应用等方面工作提出要求。筹备召开全国烟花爆竹生产机械化推广现场会，推广一批先进机械化自动化生产设备，推动烟花爆竹产区加快生产机械化自动化改造进程。

（二）持续深化专项整治和执法检查

坚持问题短板导向，督促指导各地区不断深化分包转包、“三超一改”、经营安全等专项治理，及时排查治理消除一大批隐患。以烟花爆竹涉药作业、非法生产经营等风险点为重点，督促各地严格落实《烟花爆竹生产经营安全规定》《烟花爆竹生产经营单位重大生产安全事故隐患判定标准》等规定，严格查处违法违规行为。2018 年全国处罚烟花爆竹企业 1 万次，同比上升 24%，罚款 0.45 亿元，同比上升 23%。

（三）深入推进烟花爆竹行业转型升级

注重多措并举，持续发力推动烟花爆竹行业转型升级。湖南生产企业数量由 2015 年底的 2162 家减至 982 家，进一步向醴陵等 8 个产区集中。广西生产企业数由 120 家减至 56 家、产地县（区）数从 20 个减至 9 个，减幅近 60%。江西两个市制定退出方案，退出 137 家生产企业，占本省总数的 13%。退出关闭一大批安全生产条件差、生产落后企业，重点地区行业转型升级速度不断加快。

（四）扎实做好重点时段安全监管

发挥烟花爆竹安全监管部际联席会议作用，专题研究部署重点时段烟花爆竹安全监管工作，四部委联合印发《关于做好烟花爆竹旺季安全监管工作的通知》，对

2018年烟花爆竹旺季安全监管工作进行了全面部署，派出10余个督查组对北京、江西、湖南、广西等重点省份进行不间断督导检查。协调中央电视台在春节期间开展烟花爆竹安全知识宣传，组织发布烟花爆竹安全宣传和警示片。

（五）加强法规标准体系建设

完善《烟花爆竹安全管理条例（修订草稿）》；全面宣贯《烟花爆竹生产经营安全规定》，3000余人次参加宣贯；颁布实施《烟花爆竹工程设计安全审查规范》（AQ 4126—2018）、《烟花爆竹工程竣工验收规范》（AQ/T 4127—2018）2项行业标准；按程序报批《烟花爆竹零售店（点）安全技术规范》《烟花爆竹化工原材料使用安全规范》《烟花爆竹生产过程名词术语》等多个标准。

（六）深刻吸取事故教训

约谈山东、云南、江西等事故多发地区，派员赴事故现场进行督导，对湖南、江西等16个地区开展检查。总结分析全国烟花爆竹事故规律与特点并印发有关事故分析报告，为各省级应急管理部门和企业提供参考。

第六章　油气管道安全

一、基本情况

从建设里程看，我国陆上油气输送管道总里程达 16.9 万公里，分布在全国 31 个省级地区。从输送介质看，原油管道占 22.9%，成品油管道占 17.5%，天然气管道占 59.6%。从运行时间看，运行 10 年以内的管道占总里程的 69.8 %，运行 10 年以上的管道占总里程的 30.2 %。从所属企业情况看，中央企业所属油气输送管道占总里程的 73.6% ；地方及私营企业所属油气输送管道占总里程的 26.4%。2018 年，油气输送管道没有发生较大以上生产安全事故。

二、重点工作

（一）油气管道高后果区安全风险管控

狠抓责任落实，将八部门联合印发的《加强油气管道输送途经人员密集场所高后果区安全管理工作的通知》落实情况纳入国务院安委会安全巡查与考核内容，督促各地区及有关企业落实人员密集场所高后果区安全责任，加强完整性管理，推动建立有效的地企联动工作机制。加强分类分级管控，进一步研究细化高后果区分级分类，为实施精准化管控提供支撑。督促有关中央企业加强关键区域和汛期安全生产工作落实，召开油气管道安全生产工作座谈会，交流油气管道高后果区安全风险管控措施，分析油气管道安全生产形势，部署油气管道事故防范和汛期安全生产工作。组织赴湖南等多个省份开展油气管道高后果区安全管理专题调研，研究起草制定落实油气管道人员密集型高后果区责任制有关办法措施。全国油气管道高后果区情况见表 4–6–1。

表 4–6–1　全国油气管道高后果区情况表　　个

高后果区数量	按输送介质分类			按高后果区等级分类		
	原油管道	成品油管道	天然气管道	Ⅰ级	Ⅱ级	Ⅲ级
7071	1068	2431	3572	579	5311	1181

（二）行业标准建设

认真总结油气管道建设项目安全审查规范性文件实施情况和效果，推动有关试行规范性文件转化为行业标准。加快补充完善油气管道建设项目安全设施竣工验收等相关规定要求，按程序报批《油气输送管道地理信息系统建设指南》1 个国家标准和《陆上油气管道建设项目安全评价导则》《陆上油气管道建设项目安全设施设计导则》《陆上油气管道建设项目安全设施竣工验收导则》《陆上油气输送管道建设项目安全审查要点》4 个行业标准，为进一步健全规范有关要求提供了标准依据。

（三）事故教训警示反思

针对贵州省黔西南州“6·10”中石油中缅天然气管道燃爆事故，派员赴现场督导2次，指导事故应急处置、协调临时恢复输气工作；召开专题会议5次，警示有关企业深刻吸取事故教训，特别是针对事故暴露出的施工质量问题，要求有关中央企业加快油气管道环焊缝质量缺陷排查整治，建立每月报送X80钢级天然气管道环焊缝质量缺陷排查整治进展情况制度，及时掌握其他在役油气管道施工质量和本体安全评估情况。同时，指导贵州省政府做好事故调查处理工作，督促中石油加快推进中缅天然气管道安全风险隐患排查治理，落实防范措施。

（四）油气管道建设项目安全审查

严格油气管道建设项目安全审查，组织开展鄂尔多斯—安平—沧州输气管道项目（一期）等9个油气管道建设项目安全条件和安全设施设计审查，2个不符合安全审查条件的建设项目未予通过。开展油气管道建设项目核查工作，赴江苏对中石化油气管道建设项目安全设施竣工验收工作进行了核查。积极配合协调推动了天然气管道互联互通项目。

第七章　海洋石油安全

一、基本情况

截至2018年底，海油安监办各分部所辖海域作业者完成油气当量6283.6万吨，其中原油4786.58万吨，天然气151.29亿立方米；固定设施437座（其中陆地终端23座）；浮式生产储油装置（FPSO/FSU）14艘；海底管道484条，7251.98公里。2018年，海油安监办各分部所辖区域发生2起一般生产安全事故，安全生产形势总体稳定。

二、重点工作

（一）严格许可审核和“三同时”管理

全年完成了8个项目的基本设计审查备案、18个项目的试生产备案检查，共完成87份安全生产许可证换发证办理工作。

（二）深化现场监督检查

按标准划分设施风险等级，动态调整设施风险分级清单，按照三年D级设施全覆盖的工作思路，制定年度监督检查计划，采用交叉互检、专家“会诊”方式，不断提升监管效能。加强钻完井作业风险管控，在生产设施风险分级监督检查基础上，开展钻完井作业风险管控专项监督检查，全年完成生产设施检查338次，对移动平台作业、守护船守护和起重船舶作业等关键环节作业备案安全检查214次。

（三）构建教考分离培训体系

为了解决考试题库不统一、考试流程不规范、考试信息未纳入全国安全培训统一平台管理等问题，积极开发网络学习及学时认证平台、网络模拟考试客户端，考试过程得到有效管控，起到了“以考促培、以考促学”的效果。2018年，完成企业主要负责人和安全生产管理人员安全生产知识和管理能力培训19期，参培总人数2142人，考核通过率90%以上。

（四）推动发证检验管理和法规标准制修订

研究修订《海洋石油安全生产规定》《海洋石油安全管理细则》《海上石油天然气生产设施检验规定》，研究立项海洋石油安全系列标准顶层设计，开展海洋石油发证检验制度、海洋石油特种设备设施延寿评估管理和海洋石油安全监管执法手册编制工作，统一规范监督职责、企业主体责任、发证检验资质和监管及应急管理等内容。

（五）切实做好海上极端自然天气应对

2018年，南太平洋共生成29个台风，其中14个影响我国海洋石油作业海域，12个致使海上人员撤离，影响产量超过70万方油当量。海油安监办各分部建立全员安全生产责任制，督促企业严格落实自然灾害防范主体责任，指导企业针对海上人员撤台、可移动设施的避台、区域防台风应急协作、直升机船舶在防台风中运用、大型拖带的防台风应急措施，以及固定设施防范超强台风的措施等问题进行研究。同时针对老旧设施应对台风加强抗风能力，组织开展“结构性防台风”专题研究，对台风撤离前各设施生产状况提出具体要求。2018 年，因台风动复员人数 16238 人次，动复员直升机 761 架次、船舶 168 航次。

第八章 工贸行业安全

一、基本情况

工贸行业主要包括冶金、有色、建材、机械、轻工、纺织、烟草、商贸8个行业。根据国家统计局《第三次全国经济普查主要数据公报》，全国约有工贸行业企业509万家、从业人员1.5亿人，分别占全国企业的62%、从业人员的51%。2018年，工贸行业共发生事故2135起、死亡1899人，同比增加400起、147人，分别上升23.1%和8.4%。

二、重点工作

（一）扎实推进企业安全生产标准化建设

通过强化指导、规范制度、示范引领，持续推动各地区、各单位开展企业安全生产标准化建设，覆盖范围不断扩大，全国安全生产标准化工贸企业近40万家。持续深化无锡滨湖区等7个县级和南通市等3个市级工贸行业标准化样板地区创建，借鉴SCORE（企业可持续发展）项目成功经验，辅导地方安全监管部门、中介机构、企业掌握自上而下与自下而上相结合的自主管理方法，提升示范地区企业安全生产管理水平。持续强化工贸行业标准化一级企业创建水平，经过企业自主创建、自评、自愿申请，鞍钢股份有限公司炼铁总厂等136家企业建立了具有自身特色的自主安全管理体系，公告为冶金等工贸行业标准化一级企业。

（二）持续推进隐患排查治理体系建设示范试点工作

一是按照“示范引领，提质扩面，以用促建，创新监管”原则，在北京市房山区等23个地区开展体系建设示范试点工作。指导推动各地区强化体系成果运用，督促企业自主辨识管控风险、治理隐患，提高管理水平，落实安全生产主体责任。进一步健全企业体系运行情况绩效评估，开展分级分类的差异化监管执法，推动“好”的企业自主管理，对“差”的企业重点监管。二是组织开展了体系建设示范试点地区培训研讨班，培训安全生产相关政策、理论和方法，解读应急管理信息化发展规划，总结交流体系建设示范试点单位好的经验做法和工作成效，强化体系建设，促进安全监管执法工作。三是推动SCORE项目开展。积极推动房山区SCORE项目试点，以及湖州SCORE项目推广和标准化融合工作的业务指导，总结借鉴SCORE项目先进理念和工具，将其融入隐患排查治理体系和安全生产标准化建设，完善全员参与的持续改进机制。据统计，截至2018年底，各示范试点地区共注册入网企业152.73万家，出台制度办法150余项，制定查报标准1375余个，自查自改隐患超过1055余万条，其中排查治理重大事故隐患3851余条。

（三）持续夯实安全基础提升管控能力

为提高工贸行业企业风险防范能力，增强监管的针对性和有效性，有效预防和遏制各类事故的发生，将较大危险因素辨识管控作为加强风险管控的切入点，持续开展较大危险因素辨识管控，提升防范事故能力行动计划。推动地方督促企业聚焦重点场所、部位和作业，对照冶金等工作指导手册列出的六大行业53个细分行业领域955个较大危险因素，逐个环节进行排查分析，逐个岗位落实防范措施。

（四）深化重点行业专项治理

1. 钢铁企业方面

一是部署开展为期一年的钢铁企业重大生产安全事故隐患排查治理专项行动，确定9项重点工作，巩固钢铁行业化解过剩产能安全执法专项行动工作成果，督促钢铁企业在全面开展较大危险因素辨识管控工作的基础上，提升钢铁企业危险因素管控能力。二是组织有关专家开展重点地区钢铁企业安全诊断工作并编制《〈冶金行业重大事故隐患判定标准（2017版）〉条款释义》。对河南等6个省21家企业开展检查诊断工作，发现315条隐患，配合钢铁专项行动在重点地区落地。三是配合做好化解过剩产能和防范“地条钢”死灰复燃等有关工作。按照钢铁煤炭行业化解过剩产能和脱困发展工作部际联席会议安排，分别对浙江、广东进行了专项抽查工作，两省共抽查企业33家，其中核查举报线索企业7家。四是组织召开了全国冶金有色行业安全监管工作会议，现场观摩中国宝武宝山钢铁公司重大隐患排查治理专项行动开展情况，深入剖析事故原因，对冶金煤气、高温熔融金属、检维修作业等重点工作提出要求等。

2. 粉尘防爆方面

一是持续部署深化粉尘防爆专项整治工作，聚焦金属粉尘和木制品粉尘，突出作业人数超过30人的企业，强化执法检查，推广应用湿法除尘、自动化机械手等多种本质安全型工艺设备。二是强化标准规范制修订，组织编制《粉尘防爆专项整治重大事故隐患判定标准图文释义》，组织召开2次粉尘防爆标委会全体委员会议，审查提交了5项制修订标准的报批稿。总结梳理整治过程中行之有效的措施，修订了基础性标准《粉尘防爆安全规程》（GB 15577—2018）。三是组织有关专家开展抽查“会诊”，推动北京、上海、江苏、浙江、广东等粉尘企业大省开展作业场所30人以上企业的检查验收等工作。截至2018年底，全国共有约4.28万家粉尘涉爆企业，各地通过集中整治，限期整改15818家，停产整顿2155家，取缔关闭2670家不符合基本安全生产条件的企业。

2018年工贸行业粉尘防爆专项整治情况见表4-8-1。

表4-8-1　2018年工贸行业粉尘防爆专项整治情况表　　家

地区	2017年粉尘企业	新排查出粉尘企业	剔除非涉爆粉尘企业	取缔关闭企业	停产整顿企业	限期整改企业	2018年粉尘企业
北京	300	48	14	101	1	4	238
天津	593	217	48	64	108	264	695
河北	1552	143	54	17	56	771	1442
山西	473	49	78	33	12	211	411
内蒙古	375	130	33	6	26	191	461
辽宁	1202	931	530	4	7	223	1599

表 4-8-1（续）　　家

地区	2017 年粉尘企业	新排查出粉尘企业	剔除非涉爆粉尘企业	取缔关闭企业	停产整顿企业	限期整改企业	2018 年粉尘企业
吉林	341	3	7	0	1	23	337
黑龙江	1114	162	110	2	24	506	1154
上海	555	112	56	45	32	207	566
江苏	3303	1295	559	412	199	1215	3628
浙江	4688	1627	384	585	205	1932	5332
安徽	1243	145	168	64	36	272	1156
福建	1265	215	118	16	18	408	1346
江西	1129	170	108	15	30	304	1176
山东	4857	367	957	246	102	1478	4021
河南	1407	108	181	62	22	450	1272
湖北	1634	298	402	19	42	372	1199
湖南	556	241	61	26	33	328	710
广东	7633	1971	1141	648	618	4343	7815
广西	484	41	25	1	7	97	499
海南	64	0	0	0	0	9	65
重庆	1162	392	157	115	344	548	1282
四川	3495	534	627	162	72	410	3240
贵州	357	52	67	1	10	211	477
云南	783	113	164	8	47	472	724
西藏	111	41				23	152
陕西	485	49	55	3	42	140	479
甘肃	562	2	115	2	36	68	452
青海	127	25	9	2	3	43	138
宁夏	145	16	44	10	2	45	119
新疆	466	22	77	1	20	250	411
新疆兵团	303	0	67	0	0	0	236
合计	42764	9519	6416	2670	2155	15818	42832

3. 有限空间作业方面

持续部署工贸企业有限空间作业条件确认工作，督促各地按照要求，加强监督执法，落实责任措施，取得良好成效。在 2017 年事故总量和死亡人数分别下降 25% 的基础上，2018 年事故起数和死亡人数分别下降 30.7% 和 36.7%。一是截至 2018 年底，全国排查出 83598 家涉及有限空间的工贸企业（其中，造纸企业 1835 家、酱腌菜生产企业 1890 家，有附属污水处理系统企业 21469 家），执法检查涉及有限空间工贸企业 7 万家次，责令限期整改 3 万余家，停产停业整顿 870 家，罚款 6323.37 万元，有力督促企业落实有限空间辨识、作业审批及警示标志设置等措施要求。二是组织专家开展工贸行业有限空间作业关键技术研究，起草《工贸企业有限空间警示标志》标准，并修订了《工贸行业有限空间目录》，进一步指导工贸企业开展有限空间辨识和风险管控工作。三是针对各有关行业领域有限空间事故多发局面，以国务院安委办名义印发通报，警示全国，要求各地深刻吸取教训，加强监督执法和宣教培训，有效防控较大以上事故。

2018 年工贸行业有限空间作业条件确认工作情况见表 4–8–2。

表 4–8–2　2018 年工贸行业有限空间作业条件确认工作情况汇总

地区	涉及有限空间作业企业总数（家）	造纸企业（家）	酱腌菜生产企业（家）	有附属污水处理系统企业（家）	有限空间事故起数（起）	有限空间事故死亡人数（人）	各级安全监管部门行政执法企业总数（家次）	发现重大事故隐患数量（处）	责令限期整改企业（家）	停产停业整顿企业（家）
北京	1103	3	7	222	0	0	1962	6	461	2
天津	1379	8	28	225	0	0	1379	157	468	4
河北	2364	108	46	528	8	13	2241	404	1156	29
山西	6847	20	4	141	0	0	5694	203	1136	171
内蒙古	1418	10	36	224	5	7	1296	38	701	8
辽宁	1620	33	60	323	4	7	1344	276	603	4
吉林	1043	20	24	84	0	0	555	0	224	1
黑龙江	1122	22	51	101	3	5	1016	30	733	2
上海	1516	2	2	452	0	0	1388	1171	206	2
江苏	12704	93	230	4339	4	8	7194	973	2398	79
浙江	4751	254	126	2218	8	16	4529	2130	1695	97
安徽	1833	46	75	619	10	20	2672	254	752	23
福建	2597	114	75	931	2	3	1811	434	1080	10
江西	1029	52	29	421	1	1	1036	392	384	18
山东	7543	149	128	1378	1	1	5536	157	3567	78
河南	2188	114	17	563	0	0	2057	375	772	9
湖北	2727	37	86	464	2	2	2711	120	946	20
湖南	5335	196	186	861	2	7	3413	244	2013	81

表 4-8-2（续）

地区	涉及有限空间作业企业总数（家）	造纸企业（家）	酱腌菜生产企业（家）	有附属污水处理系统企业（家）	有限空间事故起数（起）	有限空间事故死亡人数（人）	各级安全监管部门行政执法企业总数（家次）	发现重大事故隐患数量（处）	责令限期整改企业（家）	停产停业整顿企业（家）
广东	7003	188	108	2266	6	11	7624	1602	3978	131
广西	2603	115	64	568	0	0	1611	397	506	4
海南	208	2	3	21	0	0	58	48	33	0
重庆	2990	38	148	1830	0	0	3563	450	2679	33
四川	2976	87	192	926	1	1	1840	258	451	14
贵州	1065	16	25	252	1	4	1077	88	606	8
云南	1794	46	67	648	0	0	1981	252	686	17
西藏	115	1	1	15	0	0	65	0	46	0
陕西	1387	33	55	440	2	5	1462	317	425	15
甘肃	1767	7	5	144	1	1	1269	143	669	4
青海	991		1	112	0	0	609	637	228	0
宁夏	385	6	6	14	0	0	496	15	205	4
新疆	939	11	5	108	0	0	845	259	239	0
新疆兵团	256	4	0	31	0	0	55	0	55	2
合计	83598	1835	1890	21469	61	112	70389	11830	30101	870

4. 涉氨制冷方面

以国务院安委办名义印发《关于涉氨制冷企业液氨使用专项治理重大隐患整改情况的通报》，督促河北等 19 个省份和新疆生产建设兵团紧盯自行验收和交叉核验过程中发现存在两类重大隐患的 119 家企业的整改工作，逐一复核整改情况。已全部完成整改，专项治理工作完成了预期目标，转入常态化监管。全国涉氨制冷企业情况见表 4-8-3。

（五）开展约谈和明查暗访

一是按照统一部署组织约谈山西省运城市和河南省南阳市，并通过明查暗访等方式，督促两市政府认真贯彻落实约谈会议精神，做好问题隐患整改工作。二是针对钢铁企业、粉尘防爆、有限空间作业、涉氨制冷企业等专项治理工作开展情况，组织 8 个明查暗访组对 8 个省份 66 家企业开展了明查暗访，集中曝光了一批重大隐患，指出基层监管中存在的问题，以点带面，举一反三，推动各地解决同类问题，落实隐患整改和监管责任。

（六）充分发挥“工贸安全”微信号宣传教育和警示作用

表 4-8-3　全国涉氨制冷企业情况表　　家

地区	企业数量	地区	企业数量	地区	企业数量
合计	16420	浙江	983	重庆	41
北京	75	安徽	239	四川	162
天津	122	福建	668	贵州	29
河北	2424	江西	82	云南	356
山西	426	山东	5220	西藏	5
内蒙古	370	河南	575	陕西	344
辽宁	982	湖北	209	甘肃	290
吉林	257	湖南	109	青海	40
黑龙江	539	广东	529	宁夏	38
上海	93	广西	141	新疆	133
江苏	799	海南	122	新疆兵团	18

利用“工贸安全”微信公众号及时发布事故警示和安全提醒、较大危险因素解读、安全法规和标准解析等信息，组织开展了“工贸安全”知识竞赛等活动。截至2018年底，“工贸安全”微信公众号关注人数达19.9万人，已覆盖了全国300多个设区市，共发送信息1007条，阅读量达462.7万人次（图4-8-1）。

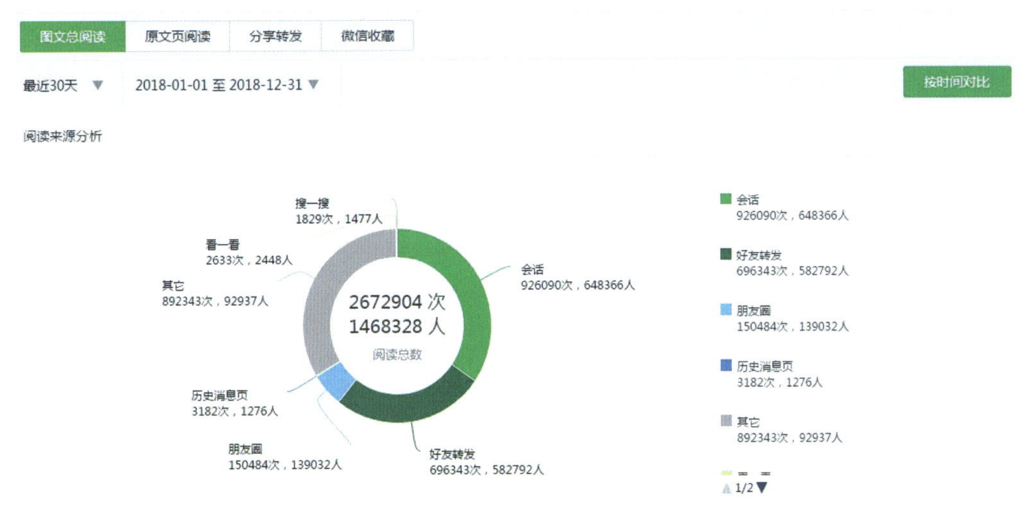

图 4-8-1　2018 年度“工贸安全”微信公众号推送信息总阅读图

第九章 消防安全

一、基本情况

2018年，全国消防部门共接报火灾24.3万起（不含森林、草原、军队、矿井地下部分及铁路、港航系统火灾，下同），亡1462人，伤843人，直接财产损失36.79亿元，与2017年相比，起数下降13.7%，亡人上升5.2%，伤人下降4.3%，损失上升2.2%。

（一）冬春季节火灾明显多于夏秋

1—5月和12月，天气寒冷，风干物燥，火灾风险较高，共发生火灾14.6万起，亡962人，伤494人，直接财产损失19.8亿元，分别占全年的60.1%、65.8%、58.6%和53.8%，均高于夏秋所占的比重；48起较大火灾和2起重大火灾发生在冬春季节，分别占总数的67.6%和40.0%。

（二）东部地区的火灾较为突出

东部地区经济总量大、人口密集，火灾荷载大、风险高，东部10个省份（京、津、冀、沪、苏、浙、鲁、闽、粤、琼）共发生火灾8.1万起，亡560人，伤374人，直接财产损失16.3亿元，分别占总数的33.3%、38.3%、44.4%和44.3%，超过中部、西部和东北地区所占比重。

（三）农村火灾仍占较大比重

农村地区（含集镇）火灾防控基础薄弱，留守老人、儿童比例高，火灾发生概率大、致灾率高，共发生火灾11.4万起，亡743人，伤347人，直接财产损失16.8亿元，分别占总数的46.9%、50.8%、41.2%和45.7%。其中，起数、亡人和损失比重均高于城市，71起较大火灾有43起发生在农村。

（四）近八成亡人集中于住宅

城乡居民住宅共发生火灾11万起，亡1159人，虽然起数只占总数的45.3%，但亡人占总数的79.3%。其他场所中，各类人员密集场所火灾亡118人，厂房火灾亡45人，仓储场所火灾亡25人，“三合一”场所火灾亡17人，交通工具火灾亡15人，农副业场所火灾亡9人，工地火灾亡6人，垃圾草坪等其他场所火灾亡68人。

（五）重点场所火灾稳中有降

商场市场、宾馆饭店、娱乐场所等人员密集场所发生火灾17878起，同比下降12.8%；生产厂房发生火灾9173起，同比下降13.7%；仓储场所发生火灾4800起，同比下降10.7%；易燃易爆场所发生火灾368起，同比下降14.6%；文博馆、古建筑发生火灾73起，同比下降18.0%。

（六）电气仍系引发火灾主因

因违反电气安装使用规定引发的火灾占总数的35.3%，生活用火不慎引发的火灾占22.1%，吸烟引发的火灾占7.7%，自燃引发的火灾占5.0%，生产作业不慎引发的火灾占4.2%，玩火引发的火灾占3.0%。放火引发的火灾占1.3%，雷击、静电引发的火灾占0.2%，其他原因引发的火灾占16.9%，不明确原因的火灾占4.3%。71起较大火灾中，42起为电气引起；5起重大火灾中，3起为电气引起。

（七）夜间火灾数量少伤亡大

夜间22时至次日6时共发生火灾51489起，亡757人，分别占总数的21.2%、51.8%，平均每68起火灾亡1人，而其他时段平均每272起火灾亡1人。

（八）老幼病残占亡人比重大

1462名火灾亡人中，未成年人228人，老年人574人，合计占总数的54.9%。特别是在住宅亡人中的老幼比例更高，合计占总数的60.5%。另外，1462名火灾亡人中，有残疾、瘫痪、精神病人等535人，占总数的36.6%。

2018年全国火灾情况见表4–9–1。

二、重点工作

2018年，各省（自治区、直辖市）政府认真贯彻落实习近平总书记关于消防工作的重要指示精神，深入贯彻国务院办公厅《消防安全责任制实施办法》（国办发〔2017〕87号），聚焦防范化解重大消防安全风险，加强组织领导，加大消防经费投入，不断完善消防安全责任体系，扎实开展消防安全专项治理，着力夯实公共消防基础，全年火灾起数、亡人数、伤人数、直接财产损失数4项指标均下降。

（一）地方党政高度重视，为消防救援事业创造发展机遇

2018年11月9日，习近平总书记亲自为国家综合性消防救援队伍授旗并致训词。江西、山东、云南、新疆等9个省（自治区、直辖市）党委常委会、政府常务会议学习习近平总书记重要训词，研究贯彻措施，北京、吉林、江苏、浙江、湖南等26个省（自治区、直辖市）党政主要领导听取汇报、作出批示指示。河北、上海、贵州、西藏等19名省（自治区、直辖市）党政主要领导、56名副省级领导和约300名地市（州）党政主要领导出席消防救援队伍授旗授衔换装仪式，极大振奋了士气，为队伍组建赢得了重大发展机遇。深入贯彻《消防安全责任制实施办法》，12个省（自治区、直辖市）政府、近10万名党政领导和部门负责人邀请消防救援局专家作宣贯辅导，安徽、山东、湖北、海南、重庆、陕西、甘肃、宁夏等13个省级政府出台消防安全责任实施细则。

（二）行业部门履职尽责，齐抓共管联动机制进一步完善

消防救援局会同教育部、民政部、住房和城乡建设部等重点行业监管部门4次会商消防工作，协调国家发展改革委等20余个部委启动签署消防安全领域失信行为联合惩戒备忘录。地方各行业主管部门按照“管行业必须管安全”的要求，认真履行消防安全监管责任，组织开展经常性消防检查、培训和疏散演练，规范行业系统内部消防安全管理。吉林省教育厅集中开展全省校园及周边消防安全专项整治，对305所缺少许可手续、隐患突出的学校全部上账督办。内蒙古自治区民政厅投入7836.15万元为全区养老院、敬老院实施消防设施改造。山东省委党校开展消防安全“三学一提升”大培训，着力提升领导干部防范化解重大消防风险能力。海南省卫生健康委员会将消防安全作为基层医疗卫生机构标准化建设重要内容，每季度开展消防专项督查。青海省住建厅将电气线路改造纳入3.05万套棚户区改造和2万户老旧小区综合改造项目。

（三）基层基础有力推进，城乡抗御火灾能力进一步提升

各省（自治区、直辖市）投入地方财政消防经费近500亿元，天津、辽宁、黑龙江、江西、湖北、西藏消防经费增长超过15%。持续推进多种形式消防队伍建

表 4-9-1 2018 年全国火灾情况表

地区	火灾概况						较大火灾				重大火灾				特别重大火灾			
	起数（起）	死亡（人）	受伤（人）	损失			起数（起）	死亡（人）	受伤（人）	直接损失（万元）	起数（起）	死亡（人）	受伤（人）	直接损失（万元）	起数（起）	死亡（人）	受伤（人）	直接损失（万元）
				直接损失（万元）	烧毁建筑（平方米）	受灾户数（户）												
合计	242943	1462	843	367908.8	10074191	53490	71	276	77	9162.1	5	50	28	18736.5				
北京	3293	32	14	3646.5	31948	69	2	8		51.8								
天津	1864	28	18	12804.7	101155	331					1			8945.0				
河北	3981	41	23	17988.6	1252134	1390	1	3		3.7								
山西	4123	46	14	6388.8	239182	458	3	9	5	4.4								
内蒙古	7118	55	15	11241.8	721483	478	3	12	1	481.9								
辽宁	17891	56	16	9175.1	495858	4124	3	9		14.2								
吉林	6796	20	3	4885.3	461485	357												
黑龙江	5428	68	65	11245.9	1209028	1175	1	4		171.2	1	20	22	261.2				
上海	3855	44	42	5951.4	40612	167	1	5		37.5								
江苏	14619	84	86	30011.9	235339	1801	8	36	25	1600.4								
浙江	14027	74	59	27708.2	353822	2785	1	4		10.0								
安徽	9018	39	25	14766.5	276282	473	3	10	1	145.0								
福建	7536	92	35	13276.1	249297	1520	6	18	7	1743.3								
江西	8622	44	17	21456.6	302134	2249	1	3		43.6								
山东	18026	29	15	21104.0	510604	767												
河南	10997	42	27	10251.5	407166	3493	6	23	6	53.3	1	11	1	300.0				

表 4-9-1（续）

地区	火灾概况						较大火灾				重大火灾				特别重大火灾			
	起数（起）	死亡（人）	受伤（人）	损失			起数（起）	死亡（人）	受伤（人）	直接损失（万元）	起数（起）	死亡（人）	受伤（人）	直接损失（万元）	起数（起）	死亡（人）	受伤（人）	直接损失（万元）
				直接损失（万元）	烧毁建筑（平方米）	受灾户数（户）												
湖北	13601	23	7	6806.1	165677	2190	2	9		10.0								
湖南	7092	85	47	18145.6	187768	3124	7	27	1	973.4								
广东	13122	128	81	27259.7	468096	1695	7	32	10	58.7	1	18	5	20.0				
广西	6220	57	27	10211.1	239385	2579	3	12		111.4								
海南	1170	8	1	3655.0	50854	127												
重庆	5016	39	24	8732.4	99305	1208	1	3		31.2								
四川	16198	95	64	21792.9	226869	3190	3	14	1	103.8	1	1		9210.3				
贵州	4650	37	27	8836.8	126083	1617	4	13	2	66.1								
云南	6735	85	26	11424.2	355987	5633	2	15	3	22.5								
西藏	110			373.3	7401	66												
陕西	10215	61	42	11835.0	293179	3867	2	7	15	566.0								
甘肃	8594	6	6	3475.4	240804	1381												
青海	1629	7	5	1340.0	154965	175												
宁夏	2910	3	2	5418.9	180529	1055	1			2858.7								
新疆	8487	34	10	6699.6	389760	3946												

设，新招政府专职消防员、消防文员2万余名，纳入消防救援队伍管训指挥的地方政府专职消防队伍约9万人、消防文员约5万人。各地新开工建设消防站900余个，投入执勤700余个，新建市政消火栓约13万个。做实乡镇街道社区网格化管理，山西省研发拓展社会综合治理服务信息系统功能，实现基层网格员消防安全隐患“菜单式”排查。北京市依托“街乡吹哨，部门报到”工作机制，有效压实320余个乡镇街道末端责任。各地大力推进“智慧消防”建设，在火灾高风险场所推广安装远程监控、电气火灾监测等技防设施，进一步提升火灾防控智能化水平，特别是针对“小火亡人”问题，推广安装独立式火灾报警器300余万个。

（四）靶向治理防范风险，社会消防安全环境进一步改善

各地紧盯季节转换和突出问题，坚决整治隐患，在全国开展电动自行车、大型商业综合体消防治理和春夏、冬春火灾防控工作，持续深化高层建筑、电气、人员密集等重点领域专项治理，全面加强群租房、城中村等不托底区域场所网格化排查管理。特别是在火灾多发时节和专项治理期间，各地按照“一部门一建议”“一行业一对策”方式，督促重点行业部门、中央企业和大型连锁集团企业，发挥做好本系统消防工作的条线作用。全年各级消防救援机构共检查社会单位1057万余家，整改隐患1683万余处，查封17.8万余处，责令“三停”11.4万余家，行政拘留6.7万余人。各地因地制宜开展了针对性治理，广东、安徽、河南、湖北、山西、陕西、福建等地连续对重点地区、重大隐患挂牌督办，湖南、广西、贵州、四川、云南等地通过地方立法、物防技防推动改善民族村寨消防安全。

（五）立足实战攻坚打赢，综合应急救援能力进一步提升

围绕建强应急救援主力军和国家队，优化整合力量资源，北京、河北、辽宁、上海、山东、安徽、重庆、四川、云南等17个省（自治区、直辖市）消防救援总队组建27支地震（地质）、山岳、水域等专业队和2个国家搜救犬培训基地，加快构建“全灾种、全领域、全覆盖”的应急救援力量体系。围绕适应综合救援新常态，各地狠抓备战意识养成，强化遂行综合保障，时刻保持应急状态，做到闻警即动、冲锋在前、敢打必胜，特别是宁夏、广西、天津及时处置了宁夏宁东“2·28”神华公司乙烯管道泄漏、广西桂林“4·21”龙舟翻船、天津滨海“10·28”油品仓库火灾等重大灾害事故。

三、火灾专项整治

2018年，全国消防部门坚决贯彻习近平总书记关于改革期间“负责安全生产、应急救援的部门，一定要始终绷紧神经，不能有丝毫松懈、半点马虎”的重要指示，把维护火灾形势稳定作为基本盘，聚焦风险隐患，打主动仗、下先手棋，及时防范化解重大安全风险，开展重点领域专项整治，抓好重大活动消防安保，实施消防宣传教育专项行动，全力遏制重特大火灾事故。

（一）开展春夏火灾防控工作

从3月29日开始至9月20日结束，在全国部署开展了春夏火灾防控工作。31个省（自治区、直辖市）全部以政府或安委办名义召开动员会议、印发工作方案，抓好部署落实。各级消防部门推动和指导各有关部门分行业、分系统组织开展火灾隐患排查，加强联合督查检查。一是严管严控“一高一低一大一化工”高危单位和

“老幼古标”敏感场所，对电动自行车、大型商业综合体、人员密集场所、博物馆和文物建筑等进行检查整治，共检查群租房和居民住宅区电动自行车停放点 120 万处、大型商业综合体 6610 家、人员密集场所 81 万家、博物馆和文物单位 40 万家，督促整改火灾隐患 785 万处，组织开展 5 轮督导检查和明查暗访。二是指导各地因地制宜，研判防控重点，整治突出问题。江苏、重庆、新疆等地分别开展了儿童活动场所、低端商贸市场和棉花行业消防专项整治，辽宁、山东、广东等地开展了消防控制室、自动消防设施、疏散通道消防专项治理等。三是全力做好重大安保工作。圆满完成了博鳌亚洲论坛、上合组织青岛峰会、中非合作论坛、亚欧博览会、达沃斯夏季论坛、东盟博览会等重大消防安保任务。春夏火灾防控期间，全国火灾起数、亡人、伤人、直接财产损失同比分别下降 23.9%、1.8%、13.3% 和 25.9%，火灾形势总体稳定。

（二）开展大型商业综合体消防安全专项整治

为深刻吸取四川达州“6・1”塔沱商贸城火灾事故教训，以 5 万平方米以上大型商业综合体为重点，针对建筑使用功能、消防设施、防火分隔、消防安全管理、灭火救援条件等突出问题，迅速在全国部署开展大型商业综合体消防安全专项整治。一是采取单位自查、地区互查、行业排查等方式，分层次、分地区、分类型，摸清全国商业综合体基本情况和消防安全现状，建立清单台账。全国现有投入使用的商业综合体共 5047 个，其中，5 万平方米以上的 3131 个，属于集团连锁性质的 2836 个，建筑内部均已安装自动消防设施。二是聚焦“关键少数”，约谈中粮、华润、万达等 10 家中央企业和连锁集团管理层负责人，宣讲政策法规，进行警示教育。各地同步开展集中约谈活动，累计约谈大型商业综合体消防安全责任人 6017 人次，督促全面落实消防安全公开承诺、领导责任捆绑、企业社会双重监督要求。三是逐一列出问题隐患和整改责任“两个清单”，全部照单整改、照单销账，累计查改火灾隐患 4.3 万处，实施临时查封 488 家，责令“三停”（停止施工、停止使用或停产停业）420 家，被政府挂牌督办重大火灾隐患 94 家，公布纳入消防安全不良行为 272 家。四是采取“四不两直”方式明查暗访江苏、福建、湖南等地大型商业综合体，在中央电视台连续 3 天播发专题，曝光突出隐患，指导各地跟踪采访、跟进曝光重大隐患问题 217 次，推动开展大型商业综合体内部消防培训演练 1.2 万余次。

（三）加强博物馆消防安全工作

从 9 月中旬开始，联合文化和旅游部、国家文物局部署开展为期 3 个月的博物馆和文物建筑消防安全大检查，全面排查治理问题隐患，防范火灾事故。一是组织过筛式排查。抽调业务骨干组成 5013 个检查组，逐一过筛，共排查博物馆、文物建筑单位 30854 家（其中，三级以上博物馆和全国重点文物保护单位 4095 家），发现隐患问题 69688 处，督促相关部门和单位投入 4.4 亿元、整改隐患 61168 处。约谈培训 2 万余名重点博物馆、文物建筑单位责任人和管理人。二是实行清单式治理。对排查发现的隐患分类列项建立清单，明确整改时间时限、责任单位和人员，照单对账治理。经治理，共拆除违章建筑 836 处，临时查封、关停危险场所部位 89 处，安装自动报警、自动灭火装置 10 万余套，电气火灾监控系统 3100 余套，1400 余家单位接入消防远程监控系统。三是开展重点督查。组织 12 个组对全国 31 个省（自治区、直辖市）进行专项督查，共抽查重点博物馆、文物建筑单位 145 家，发现问题隐患 511 处，已整改 385 处，对尚未整改的 126 处问题隐患按照“一抓到底、到位验收”的要求由当地政府和有关部门督促落实整改。四是提高应急能力。推动 4095 家三级以上博物馆和全国重点文物保护单位逐一落实应急力量，其中 21 家进驻专业消防救援队、152 家成立专职消防队，3922 家成立微型消防站，修订完善博物馆、文物单位应急预案 8000 余份，开展实地演练 1.5 万家（次）。

（四）做好中非合作论坛北京峰会消防安保工作

9 月 3—4 日，2018 年中非合作论坛峰会在北京举行。全国消防队伍坚决贯彻落实习近平总书记关于做好中非合作论坛北京峰会安全保卫工作的重要指示精神，按照应急管理部党组的部署，狠抓各项消防安保措施落实，实现任务期间核心区及周边可视范围内“不冒烟不起火”、北京社会面不发生有影响火灾、全国不发生重特大火灾。一是强化部署调度、尽职担当。应急管理部党组书记黄明，党组成员、总工程师王浩水等部领导高度重视峰会消防安保工作，多次作出批示指示，实地检查慰问，提出工作要求。部消防局制定消防安保方案，成立峰会消防安保指挥部，从 20 个消防总队抽调 100 名警力增援北京，多次召开全国视频调度会，部署峰会消防安保工作。局主要领导每日视频调度，实地检查指导，并派出 6 个工作组到重点省份蹲点督导。抽调沈阳、天津消防研究所 20 名专家对 17 个新增涉会场所开展消防设施和电气检测服务。北京市消防总队自 8 月 1 日起进入二级战备，900 余名机关干部下沉一线。二是紧盯核心重点、周密管控。北京市消防总队在核心区投入 368 名精干力量、32 部消防车。所有住地强化技防人防物防措施，加装电气火灾监控系统，培训各岗位人员 1.5 万人次，约谈单位 3107 家、责任人 5528 人，开展重要场馆单位熟悉调研 5738 次、实战演练 2215 次；对会场住地及周边实施“严格管制七项措施”，督改隐患问题 1.2 万件。三是强化整体防控、以面保点。指导北京市消防总队对首都机场周边、“六小”单位、物流仓储、厂房库房、施工现场、村民宅基地、出租房屋、餐饮场所和单位厨房、电动自行车充电停放点等不放心、不托底的场所和部位，开展高频检查、重点抽查和集中清查，落实 10 项“一事一策”管控措施。204 名区政府领导、121 名公安分局领导、1279 名乡镇街道领导分片包干，323 名消防监督员进驻街乡镇，6469 名责任民警下沉片区；组织 41.5 万名网格力量、9432 个微型消防站巡查检查、定点看护；联合约谈检查 1.4 万家重点单位、113 家大型商业综合体、3753 家居民小区物业服务企业，培训消防安全“明白人”30 万人，滚动发布消防安全提示，每天受众超过 1200 万人次。部署各地提升全国社会面火灾防控等级，结合夏防工作总体部署，集中开展人员密集场所专项检查，深化电气火灾和大型商业综合体、电动车等综合治理。安保工作启动以来，全国共检查单位场所 43.1 万家，督改火灾隐患 68 万处，临时查封 7995 处，责令“三停”6390 家。四是坚持等级战备、前置勤务。8 月 30 日，部消防局下达提升跨区域增援力量等级战备命令，环京地区消防总队跨区域增援力量于 9 月 1 日 8 时起实行二级战备，北京市消防总队 8 月 20 日起进入二级战备，重点时段实行一级战备。安保任务期间，北京市消防总队划分5个战区、459个网格，设前沿指挥部45个，前置执勤车组535个、瞭望点338个、官兵2911人。联合市政、环卫等相关部门，设置社会联动点134个。

（五）抓好上海合作组织青岛峰会消防安保

6月9—10日，上海合作组织成员国元首理事会第十八次会议在山东省青岛市举行。全国消防队伍坚决贯彻应急管理部党组总体部署，精心谋划、精准施策、精细指导，点线面结合狠抓各项安保措施落实。峰会期间，核心区域实现了“不冒烟、不起火”，青岛连续19天“零火灾”，山东未发生较大以上火灾事故，全国未发生重特大火灾事故。一是强化顶层部署、靠前指挥。应急管理部党组书记黄明4次作出重要批示，要求“全力支持”峰会消防安保工作，强调既要加强青岛工作措施落实，又要加强全国社会面监管。部消防局提早制定消防安保工作方案，成立峰会消防安保指挥部，并从全国抽调886名官兵增援青岛一线。前方工作组从6月2日起进驻青岛全程值守，指导核心区、社会面防控和队伍管理。五一国际劳动节及峰会期间，派出10个工作组到31个省（自治区、直辖市）蹲点督导。山东省消防总队组织950名机关干部分批下沉基层“蹲班助勤”。二是实施跟班作业、捆绑作战。组织消防安保专业骨干赴青岛传经验、教方法、补短板。调派沈阳、天津消防研究所22名专家对37处涉会场馆开展消防设施和电气检测。派石化应急救援专家组对13家重点危险化学品单位进行“会诊”。抽调信通专家指导搭建上下贯通、层次分明的指挥平台。指导山东省消防总队搭建“三位一体”安保指挥部、22个前沿指挥所、33个“前置备勤+防控组”、100个网格巡防小组构成的四级指挥体系。6月7日晚，会议中心通向宴会厅陆域通道2组射灯短路起火，现场消防执勤官兵30秒处置完毕。三是聚焦以面保点、整体防控。山东省消防总队抽调200名技术骨干在青岛开展两轮火灾隐患“集中核查”，及时整改隐患41.3万处；发动4.1万名干部群众，对3.2万个重点场所的不放心区域和部位实施“实名制”看护。青岛消防支队成立27个宣讲团，培训各类群体92.8万余人；青岛市政府发布峰会期间《关于加强消防安全管理的通告》，实施6条消防安全临时强制性行政管控措施；组建37个消防安保团队（专班）对主场馆等3个主要活动场所从施工期开始实施全天候巡防，督促落实消防安全措施。指导山东省消防总队提请省政府部署群租房、电气火灾、建筑消防设施等专项治理，全省累计检查单位10.1万家，督改火灾隐患23.8万处，依法责令“三停”1476家，临时查封3000家。四是着眼实战打赢、锤炼精兵。6月3日，山东省消防部队和环鲁跨区域增援力量进入二级战备；6月5日，峰会一线执勤力量进入一级战备。在涉会场所派驻411人、35辆消防车、6辆消防摩托，在主会场可视范围内、其他涉会场馆500米范围内设置33个前置备勤点，开展实战演练270次，拉动微型消防站428次，并组织2次大型石油化工火灾跨区域拉动演练。部消防局设立环青、环鲁2道跨区域增援圈，在3个环青屯兵点部署466名官兵、106辆消防车，调集河北、辽宁、江苏、河南省消防总队381名官兵、92辆消防车、2艘消防艇在4个环鲁屯兵点集结待命，做好随时跨区域增援作战准备。

（六）做好首届中国国际进口博览会消防安保

11月5—10日，首届中国国际进口博览会在上海市举行。全国消防部门坚决贯彻应急管理部党组总体部署，突出属地主责、跟进指导、督导问效，狠抓各项安保措施落实，圆满完成消防安保任务。进博会期间，核心区域实现了“不冒烟、不起火”，疏导区连续11天“零火灾”，上海市未发生较大以上火灾事故，全国未发生重特大火灾事故。一是强化顶层部署、靠前指挥。应急管理部党组书记黄明到上海指导国家会展中心消防安全工作，4次作出批示指示提出明确要求。消防救援局制定印发消防安保工作方案，成立消防安保指挥部，组建前方工作组进驻上海。指导上海市消防总队建立完善、实体运作“一办六组”安保指挥架构，配套制定1个总方案和6个子方案。从高等专科学校抽调360名消防指战员增援上海一线。进博会期间，依托8个深化消防“放管服”改革暗访督导组，对31个省（自治区、直辖市）消防工作进行督导，并派两个组赴江苏、浙江两个环沪省份对安保工作开展专项督导。上海市消防总队推动上海市委、市政府将进博会消防安保纳入年度考核内容和政务督查范围，打捆督导、考评通报。二是聚焦点面结合、整体防控。组建消防安保团队，将国家会展中心划分为30个责任片区，组成看护团队昼夜巡查监护，开展消防隐患“清零”、布展单位集中约谈、易燃可燃材料清理、电气线路规范敷设、消防责任定岗定人“五大行动”。13个住地及周边500米范围逐点落实驻勤力量，联动单位内部安防力量24小时“实名制”看守。在国展中心建成智能消防感知系统，成功感知各类故障和不安全状态707次；为国展中心控制区内19个居民小区、高层公寓和“九小”场所安装无线烟感报警器15468个。将上海市187.7平方公里疏导区划分为22个大网格、90个中网格和225个小网格，落实2.1万名基层群防力量强化末端守护。发动镇村委、派出所、志愿者、微型消防站等成立5000余个联合看护小组，对不放心区域和部位实施“实名制”看护，累计检查单位25.8万家，督改隐患27.3万处，关停3012家，清退近3.5万人。联合拆违部门拆除违法建筑21.57万处、3575.2万平方米，整改销案183处重大、区域性火灾隐患。指导江苏、浙江消防总队科学统筹做好点面消防安保工作，加强环沪周边工厂企业、物流仓库、群租房等高风险区域场所的检查防控，提升消防安全防范等级。提请国务院安委会办公室召开视频会议，在全国部署开展冬春火灾防控专项行动。三是着眼实战打赢、高效处置。10月15日，核心区执勤力量进入二级战备；10月29日，疏导区执勤力量进入一级战备，上海市消防力量进入二级战备。11月2日起，上海市所有执勤力量进入一级战备。在涉会场所派驻320人、14辆消防车、10辆消防巡逻车；在疏导区设置1个安保屯兵点、29个一级流动消防站、98个二级流动消防站；社会面增设19个支队级分指挥点、110个一级流动消防站，实施前置驻防、昼夜不间断街面巡查防控；开展疏导区和要人住地500米范围内单位场所实地熟悉1万余家次、演练1551家次。在浙江、江苏分别设置消防跨区域增援力量前沿指挥部，调集290名消防指战员、60辆消防车、2套远程供水车组，各类灭火救援器材36000余件（套）、泡沫等各类灭火剂300余吨，在4个环沪驻勤点集结待命，做好随时跨区域增援作战准备。

（七）实施消防安全教育暑期专项行动

为贯彻落实习近平总书记关于公共安全教育进学校的重要指示精神，进一步培养提升师生的消防安全意识和自防自救能力，2018 年 6—9 月，教育部办公厅和应急管理部办公厅发文在全国部署开展了“消防安全教育暑期专项行动”。各地积极响应、加强领导，广大中小学校、幼儿园主动参与、精心组织，行动取得了良好社会效果。一是高度重视，严密部署。各地教育、消防救援部门按照教育部、应急管理部通知要求，将组织开展好行动作为建设平安校园、维护学校安全的重要内容，建立专门的组织领导机构，出台实施方案，明确责任分工，完善保障措施。上海、重庆、宁夏等地成立由教育和消防救援部门组成的领导小组，建立定期联席会议制度，发挥各自优势，协调相关活动。山西、四川、甘肃等地将行动要求纳入本地教育系统年度安全工作重点和平安校园创建内容，统筹安全、跟踪问效。内蒙古、河南、海南、新疆等地整合教育、消防、公安、文化、共青团、少工委等部门单位优势，发动各系统、各部门关心重视、支持行动，共同营造关心孩子安全成长的社会氛围。广东、四川、西藏、宁夏等地将行动与“夏季消防检查”“消防进军训”等工作同部署、同检查、同考核，以行动为契机，消除了一大批学校存在的用电不规范、应急通道不畅通、消防器材不完备等火灾隐患，提升了学校消防安全管理水平。河北、黑龙江、浙江、湖南等地将行动延伸到普通高校、职业学校和特殊教育学校，扩大学生受教育面。北京、天津、陕西等地因地制宜拓展行动科目，加大消防安全教育暑期社会实践的深度与广度，受到学校师生、家长欢迎和社会各界好评。二是内容丰富，形式多样。各地针对暑期时间长、社会各界及学生家长高度重视儿童暑期安全的实际，注重督促中小学校、幼儿园严格落实“上一节消防课、开展一次逃生演练、参观一次消防队站或消防科普教育基地、完成一次暑期家庭消防作业”的规定，努力提升师生的防火安全意识及火灾报警、应急避险能力，并采取多种手段推进消防安全教育和安全管理工作。据统计，各地共组织以消防为主题的夏令营、亲子消防活动、体验活动 6000 余场次；在初高中年级新生军训活动中组织消防安全讲座、培训、演练 2.8 万余场次，直接受教育学生达 5000 万余人；在“消防安全示范课”征集评选活动中，全国共征集课件 7000 余个，评选优秀课件 100 个。内蒙古推广简便易学的“中小学生消防救生操”，福建编印消防绘画作文集《小英雄消防梦》，湖南、辽宁等地分别创作消防舞台剧《红色铁皮人》和 H5 小游戏“寻找家庭火灾隐患”，山东、河南、贵州等地联合腾讯微视开展了“暑期学消防”微视频征集评比活动等，这些活动参与广泛、寓教于乐，受到广大师生和家长欢迎。三是推广经验，实践创新。各地结合连续 4 年开展行动的经验体会，不断摸索创新，逐步完善了中小学、幼儿园消防安全教育经验。宁夏突出政府主导主推，由教育厅牵头制定了学校消防安全宣传教育制度、消防宣传经费保障等 8 项制度，对学校消防宣传机构、宣传内容、经费保障、考核奖惩等进行了明确规定，使学校消防宣传教育工作有法可依、有章可循。福建强力推动《福建省学校消防安全管理制度》执行落地，将消防安全宣传教育所需的资金、场地、师资、教材要求通过文件进一步规范明确，并通过学校评先评优考核予以跟踪督办。广西在 124 个县（市、区）试点中小学校消防安全标准化管理，促进校园消防宣传教育工作提档升级。河北、安徽、广东、广西等地建立省、市、县三级示范课评比体系，并将示范课评选结果纳入教师评职、科研项目加分，有效激发各级教师参与消防安全示范课制作的热情。湖南将消防安全宣传教育工作纳入学生校外社会实践考核体系，通过学分赋予、表彰奖励等方式，提高了学生群体的积极性。上海、湖北等地依托市场化宣传培训机构，采用政府购买服务方式，每年定期为专兼职教师、学校消防安全管理人开展免费轮训。辽宁、江苏、浙江、江西、云南等地积极协调主流媒体，通过开设专题专栏，建立兼职记者队伍，策划宣传主题等方式，为行动开展营造了良好的社会舆论氛围。

（八）开展“119”消防宣传月活动

2018 年 11 月是第 2 个全国性“119”消防宣传月，也是应急管理部成立、国家综合性消防救援队伍组建后的首次大型宣传活动。各地紧紧围绕“全民参与、防治火灾”主题，在当地党委、政府重视支持和有关部门协同配合下，精心组织谋划，广泛发动群众，开展了一系列丰富多彩的宣传教育活动，取得了良好的社会效果。一是领导高度重视，活动声势强劲。消防宣传月活动期间，各级党委、政府领导高度重视，有力带动了消防宣传活动扎实开展。应急管理部党组书记黄明多次听取消防宣传月活动情况汇报，审定指导中央电视台《中国骄傲 2018》特别节目编创；应急管理部副部长付建华出席北京市“119”消防宣传月启动仪式；应急管理部政治部主任许尔锋牵头组织《中国骄傲 2018》节目编创并出席录制活动。天津、黑龙江、湖北、安徽、福建、甘肃、新疆等 12 个省（自治区、直辖市）的党委书记、省长（主席）通过召开会议、慰问队伍、听取汇报等形式，强调部署消防宣传工作。30 多位省级领导出席当地“地省部消防宣传月”启动仪式，带头宣传普及消防知识。二是部门协同配合，内容丰富务实。各地各级宣传、教育、民政、广电、文化、交通、卫计、住建、妇联、科协等部门行业，发挥各自优势，积极参与联动，形成工作合力。云南、河北、河南、安徽、海南等省消防总队联合党委宣传部门组织开展“社区消防宣传大使”“消防之星”“政务媒体看消防”“我是消防达人”等活动，通过媒体关注和人物评选，吸引群众学习消防安全知识。北京、湖北、广东、浙江、山东等省（直辖市）消防总队联合教育部门在各类学校广泛开展“消防安全网络有奖答题”“消防示范课评比”“消防主题广告创意大赛”“我的偶像我设计”等寓教于乐的消防宣传活动。贵州、新疆、天津等省（自治区、直辖市）消防总队联合邮政局、快递物流公司等单位举办“全民消防 · 邮寄平安”“快递公益使者”“橙色邮递平安”等公益宣传活动，将消防宣传资料送上门。上海、陕西、黑龙江、山西等省（直辖市）消防总队联合民政、卫计、文物部门，甘肃、青海、宁夏、西藏等省（自治区）消防总队联合统战、民宗等部门，对当地医院、养老福利机构、古建筑、寺庙等场所开展以“排查一遍火灾隐患，进行一次面对面消防知识传授，开展一次报警逃生演练，赠送一份平安礼物”为内容的“四个一”活动，受到热烈欢迎。三是特色亮点纷呈，社会效果明显。各地因地制宜、积极谋划，通过一系列群众喜闻乐见的宣传形式，扩大消防宣传的吸引力与广泛性。安徽省消防总队举办大型火灾实景实验，制作电动车、高层建筑、“三合一”场所等典型火灾实验视频，全网发布，播放量达900余万次。湖南省航空消防救援队参与消防救援演习，将当地消防宣传月活动推向高潮。广西壮族自治区消防总队推出“永做人民的消防员”，吉林省消防总队推出“中国梦想、橙色力量”消防图片展，彰显消防救援队伍良好形象。湖北省消防总队发动18万名网格员、3万名快递员、2万名外卖员走街串户集中开展为期一周的“平安到家”大型宣传行动。江苏、贵州、重庆、宁夏等省（自治区、直辖市）消防总队通过举办大学生消防逃生技能大比武、消防知识竞赛、消防运动会、快递员送“消防平安”海报，推广消防疏散操，制作“消防科普教育基地电子地图”等形式，激发各界群众参与热情。据统计，消防宣传月期间，各地共举办宣传活动10.6万场次，发放宣传资料3.2亿份，张贴宣传标语、挂图、海报12000余万份，发送消防安全手机短信7.1亿条次。四是媒体密集报道，舆论氛围浓厚。为做好消防宣传月活动新闻报道工作，消防救援局协调中宣部新闻局向中央主流媒体提出加强消防宣传报道的要求，协调中央电视台新闻频道制作播出专题节目19期、消防新闻292条，录制播出《中国骄傲2018》专题节目；组织人民日报、光明日报等中央报刊记者深入6地市采访，推出专版7期；开办“中国消防”抖音账号，阅读量达到9.2亿人次。四川、山东、江西、辽宁、广东等省消防总队组织当地主流媒体开展“记者走基层”“消防人物访谈会”活动，集中宣传报道火灾防控工作动态、消防指战员及119消防奖先进集体和个人的感人事迹。北京、吉林、重庆、内蒙古、云南等省（自治区、直辖市）消防总队协调本地电视、广播、网站等媒体，并充分利用机场、火车站、标志性建筑广告屏等载体，播放安全提示和消防公益广告，形成全方位、立体化、密集型的消防宣传声势。河南省消防总队借助“亮彩中原”宣传工程，在全省开展灯光秀活动260余场，利用251处地标建筑、7300余块大型楼宇视屏播发消防安全提示和公益广告。河北、福建、浙江、四川等省消防总队利用官方微博、微信开设消防微课堂、刊播消防实验、开展消防微互动、设置消防知识话题等方式，吸引广大粉丝积极参与和点赞。

第十章　安全生产综合监管

一、道路运输安全

（一）基本情况

1. 公路里程及运量

2018 年，我国公路通车总里程达到 484.7 万公里，比 2017 年新增近 7.3 万公里；公路密度 50.5 公里 / 百平方公里，增加 0.8 公里 / 百平方公里。公路养护里程 475.8 万公里，占公路总里程的 98.2%。其中，高速公路达到 14.3 万公里，新增 6100 公里；高速公路车道里程 63.3 万公里，增加 2.9 万公里。国道里程 36.3 万公里，省道里程 37.2 万公里，农村公路总里程达 404 万公里，新改建农村公路 31.8 万公里，通硬化路乡镇和建制村分别达到 99.6% 和 99.5%。近 5 年全国公路里程数呈逐年增长态势，2018 年公路通车总里程和高速公路里程比 2014 年增加 38.3 万公里和 3.1 万公里，分别增长 8.6% 和 27.3%。

2014—2018 年全国公路通车里程见表 4-10-1，发展趋势如图 4-10-1 所示。

表 4-10-1　2014—2018 年全国公路通车里程表　　万公里

年份	公路通车里程	高速公路里程
2014	446.4	11.2
2015	457.7	12.4
2016	469.6	13.1
2017.	477.4	13.6
2018	484.7	14.3

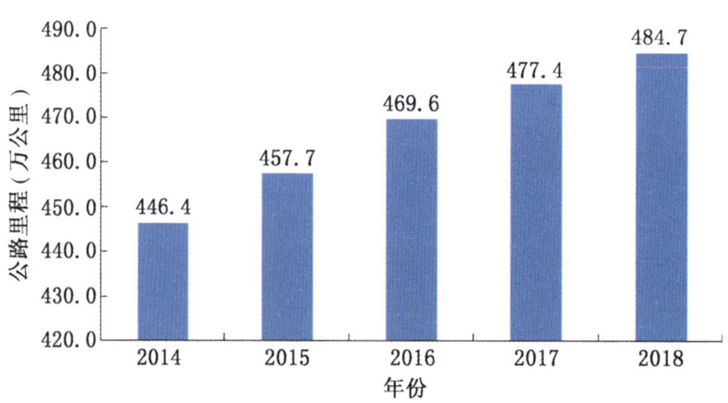

图 4-10-1　2014—2018 年全国公路通车里程发展趋势图

2018 年，全国公路货运量、货物周转量分别约为 395.7 亿吨、71249.2 亿吨公里，比 2014 年分别提高 18.7% 和 16.8%；客运量、旅客周转量分别为 136.7 亿人、9279.7 亿人公里，比 2014 年分别下降 28.3% 和 23.2%。近年来，随着人民群众生活水平的提高，以及高铁、民航和自驾等出行方式日益多样化，公路旅客运输得到了一定的分流，全国公路客运量、旅客周转量从 2014 年开始连续 5 年出现下降。

2014—2018 年全国公路货运量、客运量及周转量见表 4-10-2，全国公路货运量、货物周转量发展趋势如图 4-10-2 所示，全国公路客运量、旅客周转量发展趋势如图 4-10-3 所示。

表 4-10-2 2014—2018 年全国公路货运量、客运量及周转量表

年份	公路货运量（亿吨）	货物周转量（亿吨公里）	客运量（亿人）	旅客周转量（亿人公里）
2014	333.3	61016.6	190.8	12084.1
2015	315.0	57955.7	161.9	10742.7
2016	334.1	61080.1	154.3	10228.7
2017	368.0	66712.5	145.9	9765.1
2018	395.7	71249.2	136.7	9279.7

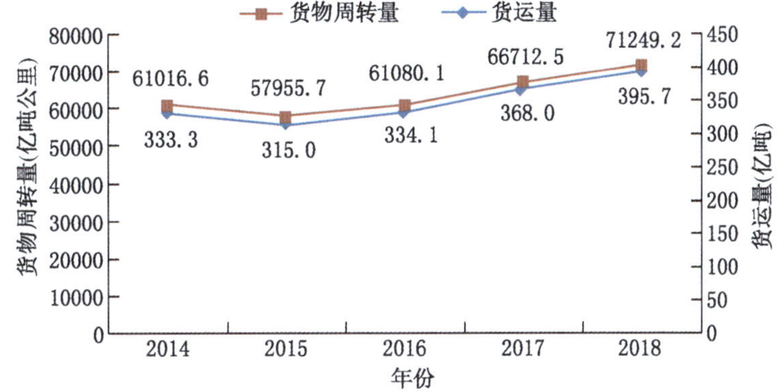

图 4-10-2 2014—2018 年全国公路货运量、货物周转量发展趋势图

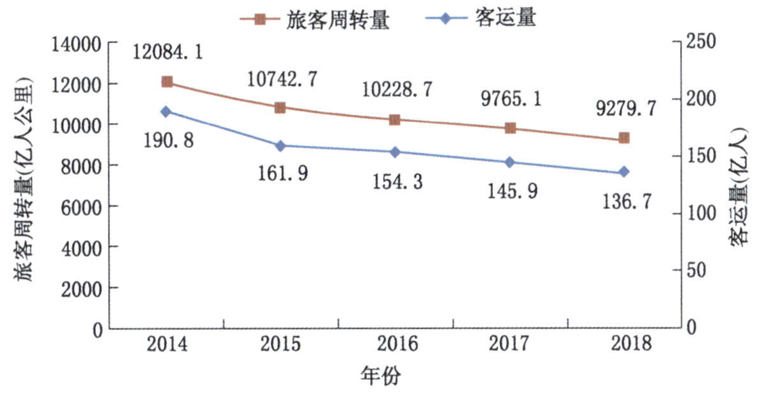

图 4-10-3 2014—2018 年全国公路客运量、旅客周转量发展趋势图

2. 机动车保有量

2018 年，全国机动车保有量 3.27 亿辆，比 2014 年增加 0.63 亿辆，增长 23.86%，呈逐年增加趋势。其中，汽车保有量 2.4 亿辆，占总量的 73.39%，较 2014 年增加 0.86 亿辆，增长 55.84%，已成为机动车构成主体。从车辆类型看，小型载客汽车保有量首次突破 2 亿辆，比 2017 年增加 2085 万辆，增长 11.56%，是汽车保有量增长的主要组成部分。2018 年，私家车（私人小微型载客汽车）保有量达 1.89 亿辆，近 5 年年均增长 1952 万辆。

2014—2018 年全国机动车保有量、机动车驾驶人数量见表 4-10-3，发展趋势如图 4-10-4 所示。

表 4-10-3　2014—2018 年全国机动车保有量、机动车驾驶人数量表

年份	机动车保有量（亿辆）		机动车驾驶人数量（亿人）
	总量	汽车	
2014	2.64	1.54	3.02
2015	2.79	1.72	3.27
2016	2.95	1.94	3.60
2017	3.10	2.17	3.85
2018	3.27	2.40	4.09

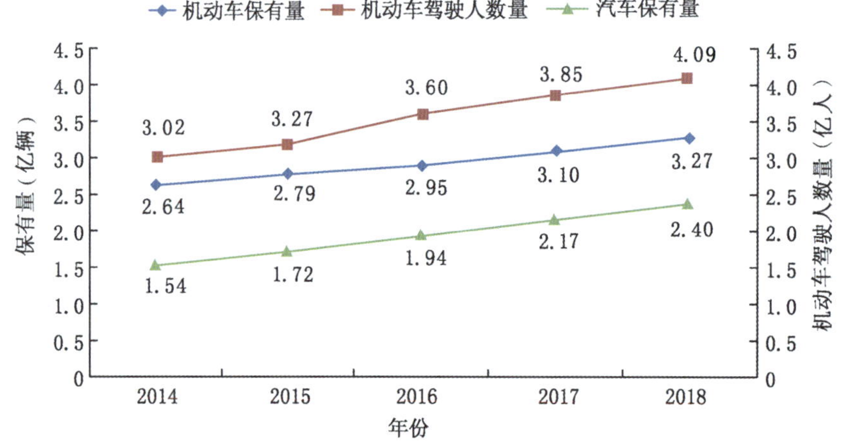

图 4-10-4　2014—2018 年全国机动车保有量、机动车驾驶人数量发展趋势图

2018 年，全国有 61 个城市的汽车保有量超过 100 万辆，27 个城市超过 200 万辆，其中，北京、成都、重庆、上海、苏州、郑州、深圳、西安 8 个城市超过 300 万辆，天津、武汉、东莞 3 个城市接近 300 万辆。全国新能源汽车保有量达 261 万辆，占汽车总量的 1.1%，与 2017 年相比增加 107 万辆，增长 70%；其中，纯电动汽车保有量 211 万辆，占新能源汽车总量的 81.1%。

3. 驾驶人数量

随着机动车保有量的持续快速增长，全国机动车驾驶人数量也呈现迅猛增长的趋势，近 5 年年均增量超过 3000 万人（图 4-10-4）。2018 年，全国机动车驾驶人数量近 4.09 亿人，汽车驾驶人 3.69 亿人，占驾驶人总数的 90.22%。从驾驶人年龄看，26~50 岁的驾驶人达 3 亿人，占

驾驶人总数的73.31%；18~25岁的驾驶人5136万人，占12.55%；51~60岁的驾驶人4663万人，占11.40%；超过60岁的驾驶人1123万人，占2.74%（图4-10-5）。从驾驶人性别看，男性驾驶人2.86亿人，占69.93%；女性驾驶人1.23亿人，占30.07%，比2017年提高了1.34个百分点。

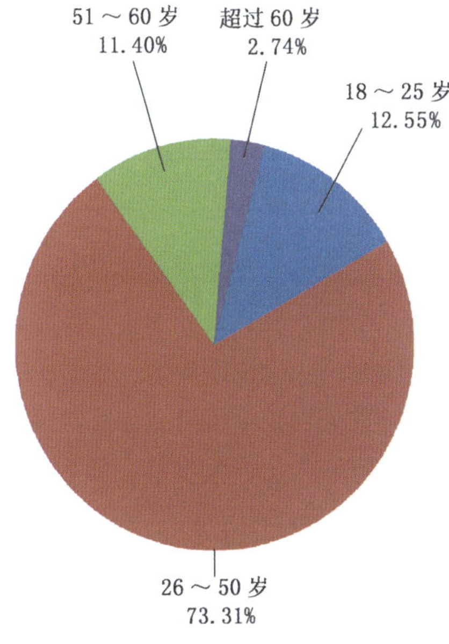

图4-10-5 2018年全国机动车驾驶人不同年龄段分布图

（二）安全形势

2018年，全国发生道路运输事故39867起、死亡23356人，同比分别下降4.1%和12.4%。重大道路运输事故继续保持在10起以下，未发生特别重大事故，道路运输安全形势总体平稳。

2018年全国道路运输事故情况见表4-10-4，2009—2018年重大道路运输事故情况见表4-10-5。

2018年，全国道路运输安全形势呈现“一个下降、一个保持、两个突出”的特点。

表4-10-4 2018年全国道路运输事故情况表

地区	起数（起）	死亡（人）	地区	起数（起）	死亡（人）
合计	39867	23356	河南	912	544
北京	360	388	湖北	1684	1170
天津	1487	499	湖南	303	294
河北	1280	948	广东	5147	2365
山西	1111	852	广西	3535	1824
内蒙古	365	330	海南	179	109
辽宁	1156	724	重庆	661	663
吉林	1302	508	四川	884	815
黑龙江	527	335	贵州	1155	886
上海	224	219	云南	809	756
江苏	5888	2658	西藏	236	124
浙江	1767	1446	陕西	779	428
安徽	1230	929	甘肃	677	516
福建	1458	614	青海	326	186
江西	1823	989	宁夏	153	95
山东	1705	809	新疆	744	333

表4-10-5 2009—2018年重大道路运输事故情况表

年份	起数（起）	死亡（人）
2009	24	328
2010	34	433
2011	23	338
2012	24	324
2013	16	208
2014	11	137
2015	11	154
2016	7	100
2017	8	108
2018	5	64
合计	163	2194

一个下降：事故总量继续下降。2018年，全国道路运输事故起数和死亡人数同比分别减少1687起、3298人，下降4.1%和12.4%。典型恶性道路运输事故得到一定遏制。连续2年未发生非法营运、变型拖拉机、校车、三轮车载人等重大及以上事故。

一个保持：事故防控工作整体水平继续保持平稳。2018年，重大道路运输事故起数继续保持在10起以下，未发生特别重大道路交通事故。5起重大事故分布在5个省份，继续保持同一个省份一年内未发生2起及以上重大事故的情况，各省份事故防控工作整体水平得到保持巩固。

两个突出：一是运输企业安全生产主体落实不到位问题突出。5起重大道路运输事故中，有4起事故存在运输企业安全生产主体责任不落实的问题，营运车辆超速、超员、不按规定路线行驶、驾驶人疲劳驾驶等违法违规行为未能得到有效劝导、纠正和报告。江西省赣州市“2·20”重大道路交通事故“吉祥客运班线”安全管理薄弱，片面追求经济利益，忽视安全管理，鼓励并要求司乘人员超员营运，且对于驾驶员超员罚款一律予以报销。二是道路安全隐患问题突出。5起重大事故中，有3起事故事发路段存在道路维养不到位、应急处理措施缺失，生命防护工程实施不及时等问题，部分路段甚至线型施工不符合设计文件和标准规范有关要求，一定程度上影响了道路运输安全，造成事故易发多发。

（三）重点工作

应急管理部协调推动公安部、交通运输部等部门不断加大道路交通治理力度，逐步提高道路交通相关法规标准，深化重点营运车辆动态监控系统建设应用，完善道路交通事故联合督导、跟踪机制，不断提升公路本质安全水平。

一是推动道路交通法律法规和制度规范建设工作。会同交通运输部、公安部联合制定发布《道路旅客运输企业安全管理规范》，推动交通运输部开展《道路运输条例》修订工作，制定发布《营运货车安全技术条件　第一部分：载货汽车》（JT/T 1178.1—2018）规范标准。

二是开展“道路运输安全生产工作计划”专项整治活动。会同交通运输部、公安部在已连续6年开展道路运输专项整治活动的基础上，安排部署2018—2020年为期3年的“道路运输安全生产工作计划”专项整治活动。强化道路运输安全基础，进一步提升驾驶员安全素质和营运车辆安全性能，深化长途客运、旅游包车客运、危险货物运输等道路运输监管重点领域专项整治工作，防范遏制重特大道路交通事故。

三是加强重大事故现场督导和挂牌督办。对湖北黄石“2·10”、江西赣州“2·20”、湖南衡阳“6·29”、甘肃兰州“11·3”、陕西西安“11·13”5起重大道路交通事故，以及重庆万州“10·28”公交车坠桥事件、江苏连云港“4·12”较大道路交通事故进行现场督导，以国务院安委会名义对2018年4起重大道路交通事故实施挂牌督办。完善重大道路交通事故调查报告联合审核机制，严格督促地方查清事故原因，吸取事故教训，落实防范措施。

四是强化道路交通事故整改情况督导检查。对河南安阳、河北邢台、广东东莞3个市级人民政府开展安全生产约谈工作，对东莞市、邢台市约谈整改情况进行“回头看”检查，督促有关地市及相关部门严格落实道路交通事故整改措施。重点时段适时会同公安部、交通运输部等部门对重点地区道路运输、危险化学品运输，以及隧道安全工作进行督导检查。

五是开展网约车和顺风车安全专项检查。针对郑州、温州发生的乘坐滴滴顺风车乘客遇害案件暴露出的安全问题，由交通运输部牵头联合开展网约车、顺风车平台公司安全专项检查。对滴滴公司、首汽约车、神州专车、曹操专车、易到、美团出行网约车平台和嘀嗒、高德顺风车平台公司进行进驻式专项检查，对存在的重大安全隐患、影响公共安全和乘客人身安全的问题进行系统排查，督促指导平台公司认真整改，保障公众出行安全。

二、铁路运输安全

（一）基本情况

2018 年底，全国铁路营业里程达到 13.1 万公里，同比增长 3.1%，其中，高铁 2.9 万公里，同比增长 16.0%。全国铁路完成旅客发送量 33.75 亿人，同比增长 9.4%，其中，高铁发送旅客 18.08 亿人，同比增长 17.7%，占旅客总发送量的 53.6%；完成货物发送量 40.26 亿吨，同比增长 9.1%。2018 年，中国铁路总公司铁路运输总收入 7720 亿元，同比增长 10.9%，铁路运输收入创历史新高。

（二）安全形势

2018 年，全国发生铁路运输事故 1138 起、死亡 859 人，同比减少 19 起、40 人，分别下降 1.6% 和 4.4%，自 2011 年以来已经连续 7 年保持重特大事故零发生记录，铁路运输安全生产形势持续稳定，呈现出“稳步下降、继续保持”。

2009—2018 年铁路运输事故起数及死亡人数如图 4-10-6 所示。

（三）重点工作

应急管理部协调推动国家铁路局、中国铁路总公司等有关部门单位强化铁路企业安全生产主体责任落实，完善安全风险预测分析制度，健全运输安全专业管理体系，开展铁路沿线外部环境整治，加强铁路专用设备产品质量安全监管，积极构建政府监管、企业主体、社会监督的安全责任体系，提升铁路运输安全监管水平。

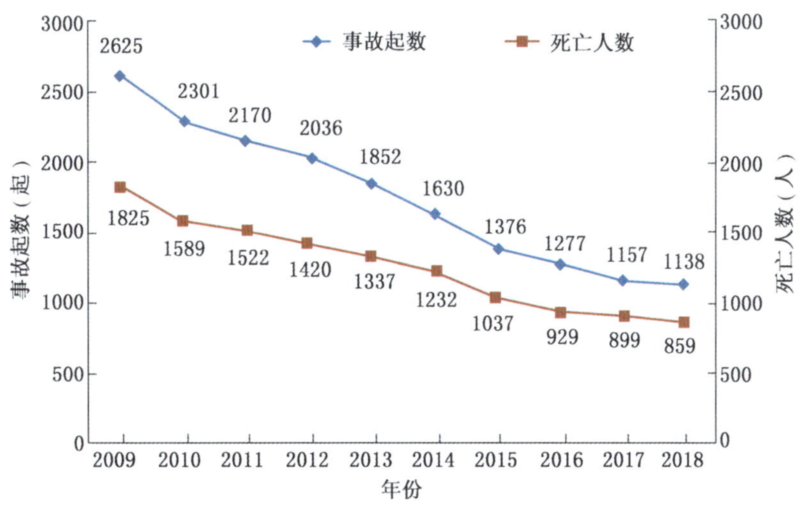

图 4-10-6　2009—2018 年铁路运输事故起数及死亡人数

一是加强安全监督检查。协调督促铁路部门以运输高峰期、恶劣气象条件和重要国事活动期间为重点，突出客车和高铁列车安全，深入重点地区、重点线路、重点车站，加大安全检查力度。全年共开展安全监督检查19项、1047组次，发现问题6235件，对严重问题下达整改通知书212份。会同中国铁路总公司对青藏铁路汛期安全生产工作进行督导检查，督促铁路监管部门加强监督检查，铁路企业切实落实安全生产主体责任，排查治理安全隐患，确保汛期铁路运输安全。深入开展“打非治违”专项行动，坚决查处危及铁路运输安全的违法行为，实施行政处罚130起，作出行政处罚决定242个，处罚金额1990万元。

二是加强路外环境整治。协调支持铁路部门深入推进实施高铁安全防护工程，制定高铁安全防护管理办法、防护标准与建设方案，提升高铁安全防护水平。建立高速铁路沿线环境综合整治长效机制，针对铁路沿线危及运输安全的典型问题，协调地方政府和铁路运输企业联合检查，有力推动地方政府落实铁路安全属地监管责任。加快推进安全保护区划定工作，全国2.5万公里在运营高铁线路已全面完成，普速铁路线路完成50%。

三是加强事故调查和安全分析。督促支持铁路监管部门加大调查处理力度，督促铁路企业深入查找问题原因，消除安全隐患。针对“1·25”G6281次动车组列车火灾、“4·12”京广下行线线路塌陷和“8·12”京沪高铁彩钢板侵限等涉及旅客列车、社会影响较大的铁路交通事故，指导事故调查，依法对责任部门单位进行处罚，并提出追责建议。

四是加强安全监管制度体系建设。支持国家铁路局推动落实地区铁路监管局委托铁路安监办承担安全监管业务，形成行业安全监管三级工作体制。印发《铁路安全生产约谈实施办法（试行）》，明确对铁路监管部门、铁路企业、地方政府、地方企业的约谈条件和程序要求，督促地方政府和企业共同维护铁路安全。

三、水上交通安全

（一）基本情况

1. 内河航道

2018年，全国内河航道通航里程12.71万公里，同比增加108公里。等级航道里程6.64万公里，占总里程的52.3%，同比提高0.2个百分点。三级及以上航道里程1.35万公里，占总里程的10.6%，同比提高0.8个百分点。

各等级内河航道通航里程分别为：一级航道1828公里，二级航道3947公里，三级航道7686公里，四级航道10732公里，五级航道7613公里，六级航道17522公里，七级航道17114公里，等外航道6.07万公里（图4-10-7）。

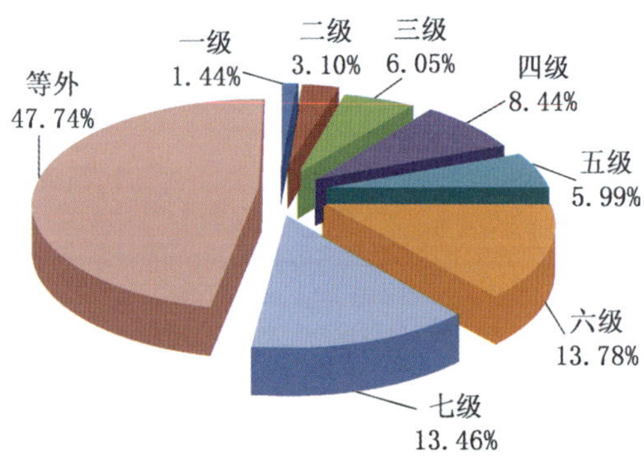

图4-10-7　2018年全国内河航道通航里程构成

各水系内河航道通航里程分别为：长江水系64848公里，珠江水系16477公里，黄河水系3533公里，黑龙江水系8211公里，京杭运河水系1438公里，闽江水系1973

公里，淮河水系17504公里（图4-10-8）。

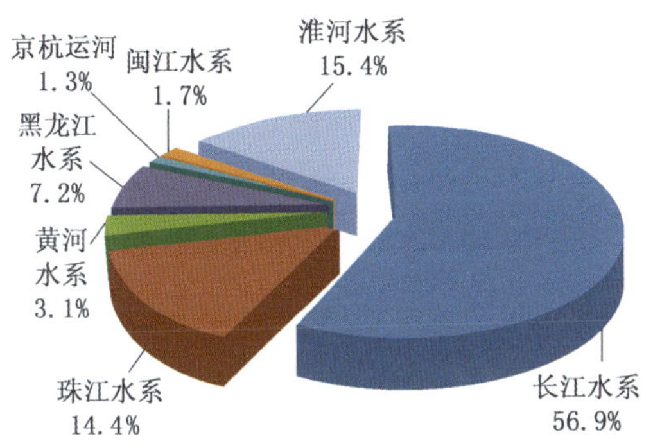

图4-10-8 2018年全国各水系内河航道通航里程构成

2. 港口

2018年，全国共有港口69个，拥有生产用码头泊位23919个，同比减少3659个。其中，沿海港口生产用码头泊位5734个，减少96个；内河港口生产用码头泊位18185个，减少3563个。2018年，全国港口万吨级及以上泊位2444个，同比增加78个（表4-10-6）。其中，沿海港口万吨级及以上泊位2007个，增加59个；内河港口万吨级及以上泊位437个，增加19个。

表4-10-6 2018年全国港口万吨级及以上泊位情况表 个

泊位吨级	全国港口	同比增减	沿海港口	同比增减	内河港口	同比增减
合计	2444	+78	2007	+59	437	+19
1万~3万吨级（不含3万吨）	845	+11	656	+5	189	+6
3万~5万吨级（不含5万吨）	416	+17	294	+9	122	+8
5万~10万吨级（不含10万吨）	786	+24	672	+19	114	+5
10万吨级及以上	397	+26	385	+26	12	

全国万吨级及以上泊位中，专业化泊位1297个，同比增加43个；通用散货泊位531个，同比增加18个；通用件杂货泊位396个，同比增加8个（表4-10-7）。

表4-10-7 2018年全国万吨级及以上泊位构成表（按主要用途划分） 个

泊位用途	2018年	2017年	同比增减
专业化泊位	1297	1254	43
集装箱泊位	338	328	10
煤炭泊位	252	246	6
金属矿石泊位	85	84	1
原油泊位	82	77	5
成品油泊位	140	140	

表 4-10-7（续）

个

泊位用途	2018 年	2017 年	同比增减
液体化工泊位	217	205	12
散装粮食泊位	41	41	
通用散货泊位	531	513	18
通用件杂货泊位	396	388	8

3. 运输船舶

2018 年，全国水上运输船舶 13.70 万艘，同比下降 5.5%；净载重量 25115.29 万吨，同比下降 2.1%；载客量 96.33 万客位，同比下降 0.4%；集装箱箱位 196.78 万标准箱，同比下降 9.0%（表 4-10-8）。2014—2018 年，全国水上运输船舶数量、净载重量总体上呈逐年下降趋势（图 4-10-9）。

表 4-10-8　2018 年全国水上交通船舶情况表

指标	运输船舶数量（万艘）	同比增减（%）	净载重量（万吨）	同比增减（%）	载客量（万客位）	同比增减（%）	集装箱箱位（万标准箱）	同比增减（%）
内河运输船舶	12.43	-6.0	12915.50	-1.8	71.59	-1.0	33.81	4.1
沿海运输船舶	1.0379	0.6	6885.06	-2.3	22.68	1.4	56.62	12.9
远洋运输船舶	0.2251	-2.4	5314.73	-2.6	2.06	-1.0	106.34	-20.4

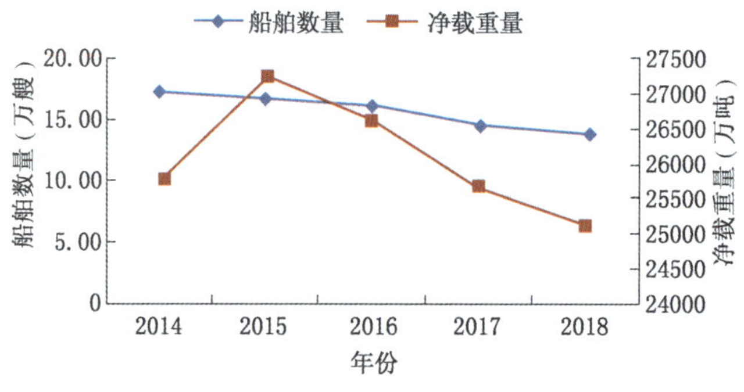

图 4-10-9　2014—2018 年全国水上运输船舶数量、净载重量

4. 船员

截至 2018 年底，全国注册船员 157.6 万人，同比增长 6.2%；其中，海船船员 73.8 万人，同比增长 4.0%；内河船员 83.8 万人，同比增长 8.2%。持有有效国际航行海船适任证书的船员 29.97 万人。其中，持有国际航行海船适任证书的船长 1.70 万人，持有国际航行海船适任证书的轮机长、大副、大管轮、二副、二管轮、三副、三管轮等高级船员 10.07 万人，值

班水手、值班机工、高级值班水手、高级值班机工 13.24 万人。

5. 水路运输情况

（1）水路客运量和旅客周转量。2018 年，完成水路客运量 2.8 亿人、旅客周转量 79.57 亿人公里，同比分别下降 1.1%、增长 2.5%。

（2）水路货运量和货物周转量。2018 年，完成水路货运量 70.27 亿吨、货物周转量 99052.82 亿吨公里，同比分别增长 5.2% 和 0.4%。其中，内河运输完成货运量 37.43 亿吨、货物周转量 15365.89 亿吨公里，沿海运输完成货运量 25.14 亿吨、货物周转量 31760.34 亿吨公里，远洋运输完成货运量 7.70 亿吨、货物周转量 51926.58 亿吨公里。

（3）港口旅客吞吐量。2018 年全国港口完成旅客吞吐量 1.77 亿人，同比下降 4.3%。其中，沿海港口完成 0.88 亿人，同比增长 1.9%；内河港口完成 0.89 亿人，同比下降 9.7%。全年我国邮轮旅客运输量 250 万人，同比增长 2.7%。

（4）港口货物吞吐量。2018 年全国港口完成货物吞吐量 143.51 亿吨，同比增长 2.5%。其中，沿海港口完成 94.63 亿吨，同比增长 4.5%；内河港口完成 48.88 亿吨，同比下降 1.3%。2014—2018 年，全国港口货物吞吐量逐年增加（图 4-10-10）。

全国港口完成外贸货物吞吐量 41.89 亿吨，同比增长 2.4%。其中，沿海港口完成 37.44 亿吨，同比增长 2.4%；内河港口完成 4.45 亿吨，同比增长 1.6%。2014—2018 年，全国港口外贸货物吞吐量逐年增加（图 4-10-11）。

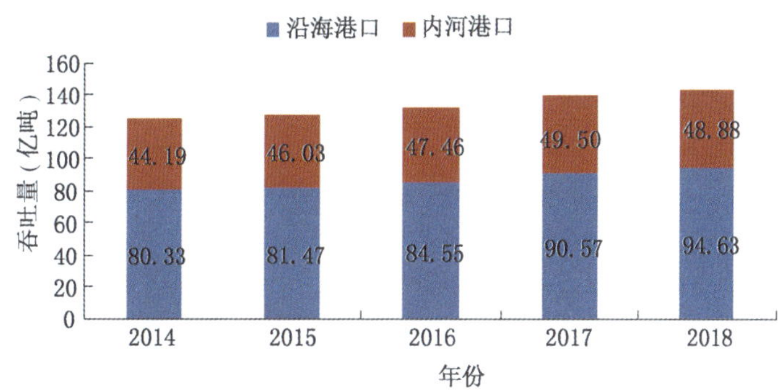

图 4-10-10 2014—2018 年全国港口货物吞吐量

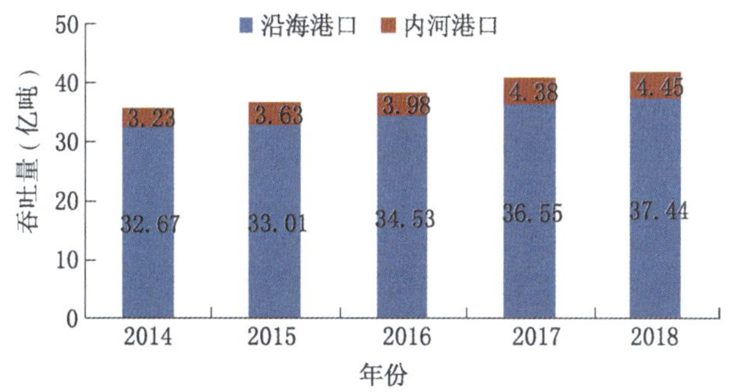

图 4-10-11 2014—2018 年全国港口外贸货物吞吐量

全国港口完成集装箱吞吐量 2.51 亿标准箱，同比增长 5.3%。其中，沿海港口完成 2.22 亿标准箱，同比增长 5.2%；内河港口完成 0.29 亿标准箱，同比增长 6.2%。全国规模以上港口完成集装箱铁水联运量 450 万标准箱，同比增长 29.4%，占规模以上港口集装箱吞吐量的 1.80%。2014—2018 年，全国港口集装箱吞吐量逐年增加（图 4-10-12）。

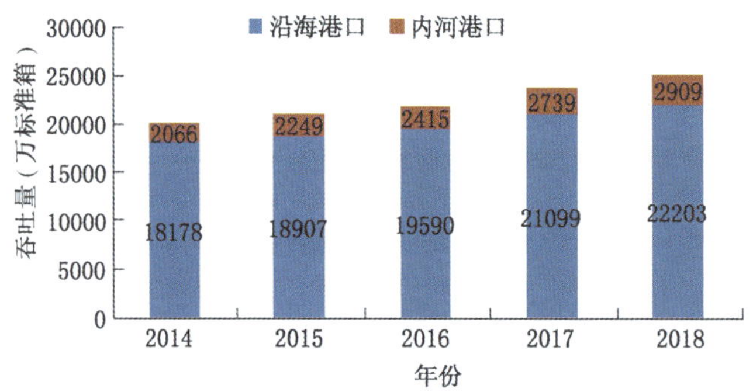

图 4-10-12　2014—2018 年全国港口集装箱吞吐量

6. 运价指数情况

（1）国际运价指数情况。2018 年，波罗的海干散货运价指数（BDI）全年均值为 1352.63 点，同比增长 18.1%，全年最小值 948 点，最大值 1774 点，中位数 1356.50 点（相比 2017 年中位数 1134 点，上涨 19.6%）。

（2）国内运价指数情况。2018 年，沿海（散货）运价平均指数为 1149.05，同比下降 18.9%。

7. 重点船舶和重点水域

（1）"四类重点船舶"：客船、危险品船、砂石船和易流态化固体散装货物运输船。

（2）"六区一线"重点水域："六区"为渤海水域（含成山角及以北水域）、长江口水域、舟山群岛水域、台湾海峡水域、珠江口水域、琼州海峡水域，"一线"为长江一线水域（含西南山区水域）。

（二）安全形势

2018 年，全国发生一般等级及以上水上交通事故 176 起、死亡失踪 237 人，同比减少 20 起、增加 47 人，分别下降 10.2%、上升 24.7%。

2018 年水上交通事故等级构成如图 4-10-13 所示。

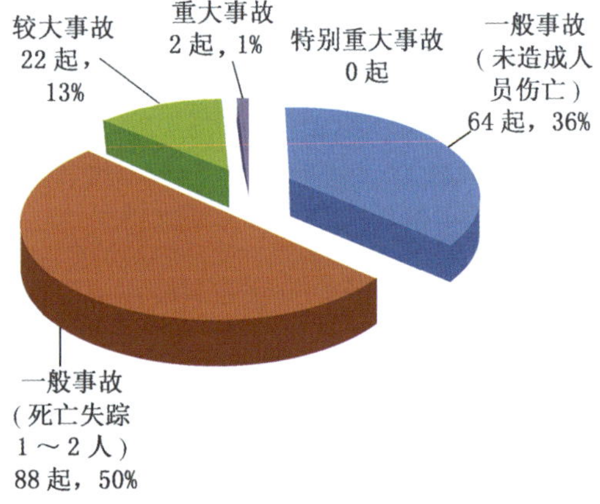

图 4-10-13　2018 年水上交通事故等级构成

2018 年，水上交通安全形势总体可控，主要有以下特点：

一是水上交通安全形势基本稳定。在国际运价指数继续上涨、航运市场（特别是货运）依然活跃的背景下，水上交通安全形势总体可控，水上交通事故起数同比下降10.2%，并连续第三年控制在 200 起以下。

二是特别重大事故得到有效遏制。未发生特别重大水上交通事故；水上交通行业连续 11 年未发生特别重大事故。

三是较大及重大事故出现大幅反弹。全年较大水上交通事故起数和死亡失踪人数同比增长 175% 和 134.8%，重大水上交通事故起数和死亡人数均同比增长 100%，安全形势不容乐观。

四是重点水域风险持续存在。“六区一线”重点监管水域事故依然较为集中，江苏、广东、上海、浙江、山东、福建等省份事故高发。

五是碰撞事故和自沉事故有所抬头。碰撞事故起数同比上升 44%，死亡失踪人数同比上升 58%；自沉事故起数虽然同比下降 2.8%，但死亡失踪人数同比上升 89.5%；触碰事故起数和死亡失踪人数与 2017 年持平；其他事故同比均有所下降。

六是砂石运输船事故极为突出。在当年人员死亡失踪总数中，砂石运输船事故死亡失踪人数占 70.5%，同比上升 121%。同时，砂石运输船事故起数占较大水上交通事故起数的 68.2%。砂石运输船事故需引起高度重视并重点防范。

（三）重点工作

应急管理部协调推动海事部门进一步深化专项整治和监管执法工作，强化对“四类重点船舶”和“六区一线”重点水域的安全监管，严格事故调查处理，发挥事故警示教育作用，不断增强救援能力建设，防范遏制水上交通事故。

一是强化监督和整改落实。针对2018 年水上交通严峻形势和暴露出的问题，以国务院安委办的名义发函协调推动交通运输部完善创新监管手段，落实整改措施；针对长江江苏段大型游轮存在的安全风险以及江苏省渡口、游船和危险品码头存在的问题，以国务院安委办的名义协调推动交通运输部和江苏省采取有效措施加强监管，督促广东、湖北、安徽、四川、湖南等事故多发省份采取措施改善水上交通安全状况。

二是强化事故跟踪和督导检查。对上海吴淞口锚地“1・2”重大船舶碰撞事故、广西桂林“4・12”龙舟倾覆事故、辽宁葫芦岛海域“10・21”船舶翻扣事故进行现场督导，严格重大事故报告审核，推动部门和地方深刻吸取事故教训。同时，联合交通运输部海事局赴江苏开展水上交通安全督查检查，实地检查渡口、游船、码头和大型游轮安全情况。

三是推动开展专项治理。推动交通运输部开展了中小型船舶安全管理、国内航行船舶进出港报告、内河船舶涉海运输和“平安交通百日行动”等专项整治工作，打击内河船舶涉海运输、船舶超载、配员不足、进出港未按规定报告等违法行为。

四是推进水上交通应急救援能力提升。参加 2018 年江苏省水上搜救综合演习和 2018 年全国内陆渔业水上突发事件应急演练，推广江苏、湖南水上突发事件应急救援先进经验；赴中国海上搜救中心调研海上搜救、应急管理工作和琼州海峡水上应急资源配备情况，梳理我国水上应急管理体制机制，提出加强水上应急管理工作意见建议。

四、民航安全

（一）基本情况

1. 运输航空

（1）运输周转量。2018 年，全行业完成运输总周转量 1206.53 亿吨公里，同比增长 11.4%。分航线看，国内航线完成

771.51 亿吨公里，同比增长 11.1%；国际航线完成 435.02 亿吨公里，同比增长 12.0%。2014—2018 年民航运输总周转量如图 4-10-14 所示。

全行业完成旅客周转量 10712.32 亿人公里，同比增长 12.6%。分航线看，国内航线完成 7889.71 亿人公里，同比增长 12.1%；国际航线完成 2822.61 亿人公里，同比增长 14.0%。2014—2018 年民航旅客周转量如图 4-10-15 所示。

全行业完成货邮周转量 262.5 亿吨公里，同比增长 7.8%。分航线看，国内航线完成 75.5 亿吨公里，同比增长 3.4%；国际航线完成 187.0 亿吨公里，同比增长 9.6%。2014—2018 年民航货邮周转量如图 4-10-16 所示。

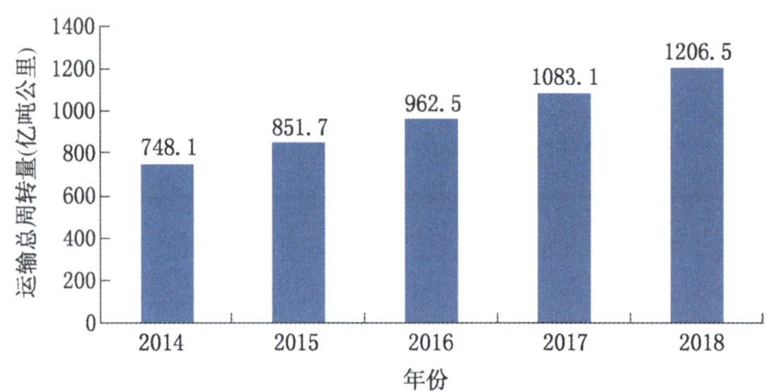

图 4-10-14　2014—2018 年民航运输总周转量

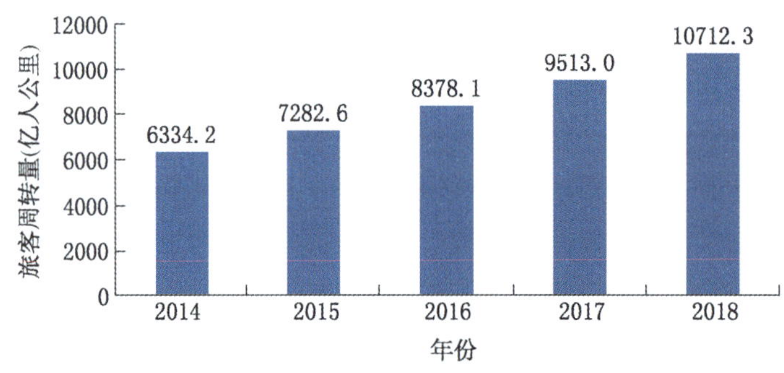

图 4-10-15　2014—2018 年民航旅客周转量

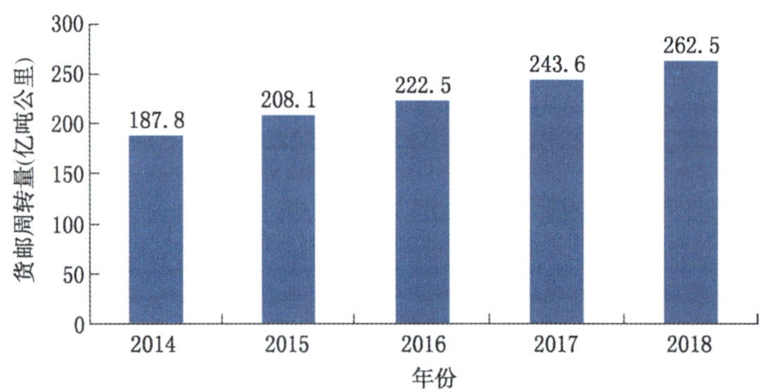

图 4-10-16　2014—2018 年民航货邮周转量

（2）旅客运输量。2018年，全行业完成旅客运输量6.1亿人次，同比增长10.9%。分航线看，国内航线完成5.5亿人次，同比增长10.5%；国际航线完成0.6亿人次，同比增长14.8%。2014—2018年民航旅客运输量如图4–10–17所示。

（3）货邮运输量。2018年，全行业完成货邮运输量738.5万吨，同比增长4.6%。分航线看，国内航线完成495.8万吨，同比增长2.5%；国际航线完成242.7万吨，同比增长9.3%。2014—2018年民航货邮运输量如图4–10–18所示。

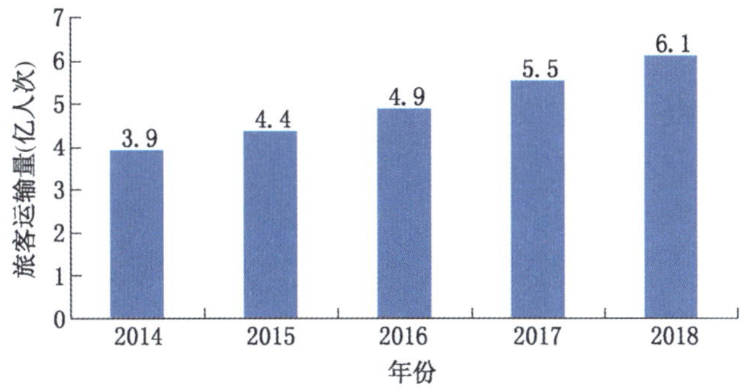

图4–10–17 2014—2018年民航旅客运输量

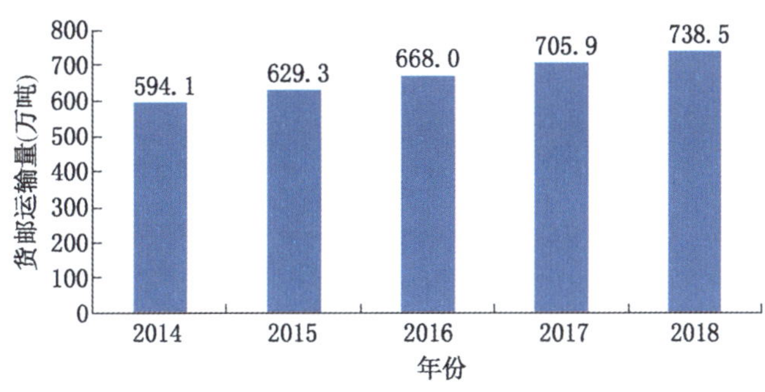

图4–10–18 2014—2018年民航货邮运输量

（4）机场业务量。2018年，全年旅客吞吐量超过12亿人次，完成12.7亿人次，同比增长10.4%。分航线看，国内航线完成11.4亿人次，同比增长9.9%；国际航线完成1.3亿人次，同比增长13.0%。2014—2018年民航运输机场旅客吞吐量如图4–10–19所示。

全年完成货邮吞吐量1674.0万吨，同比增长3.5%。分航线看，国内航线完成1030.8万吨，同比增长3.1%；国际航线完成643.2万吨，同比增长4.1%。2014—2018年民航运输机场货邮吞吐量如图4–10–20所示。

全国民航运输机场完成起降架次1108.8万架次，同比增长8.2%，其中，运输架次为937.3万架次，同比增长7.4%。分航线看，国内航线完成1015.6万架次，同比增长8.3%；国际航线完成93.3万架次，同比增长7.3%。分地区看，东部地区完成起降509.5万架次，中部地区完成161.3万架次，西部地区完成366.8万架次，东北地区完成71.2万架次。

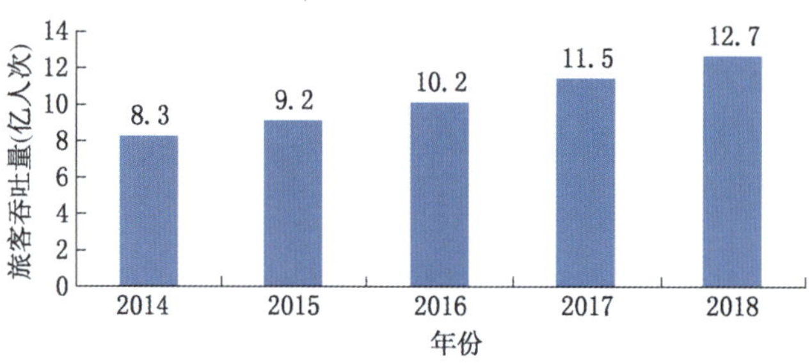

图 4-10-19　2014—2018 年民航运输机场旅客吞吐量

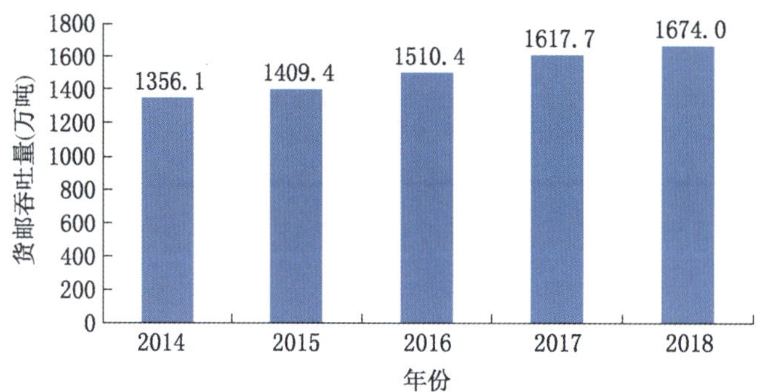

图 4-10-20　2014—2018 年民航运输机场货邮吞吐量

2014—2018 年民航运输机场起降架次如图 4-10-21 所示。

（5）运输航空企业数量。截至 2018 年底，我国共有运输航空公司 60 家，同比增加 2 家。按不同所有制类别划分，国有控股公司 45 家，民营和民营控股公司 15 家。在全部运输航空公司中，全货运航空公司 9 家，中外合资航空公司 10 家，上市公司 8 家。

（6）运输机队。截至 2018 年底，民航全行业运输飞机在册数量 3639 架，同比增加 343 架。2009—2018 年中国民航运输飞机数量趋势如图 4-10-22 所示。

（7）机场数量。截至 2018 年底，我国境内民用航空（颁证）机场共有 235 个，同比增加 6 个。其中，定期航班通航

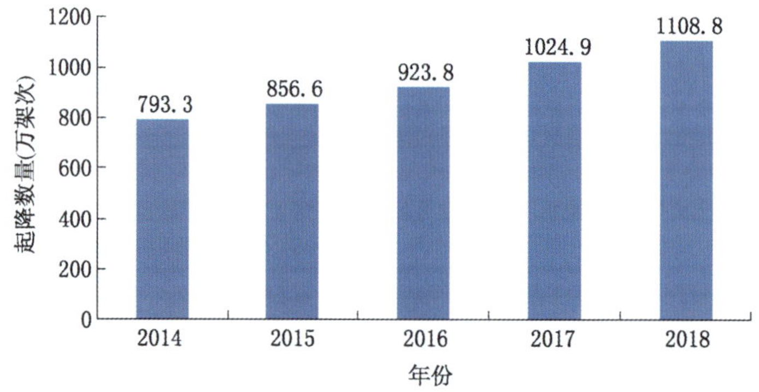

图 4-10-21　2014—2018 年民航运输机场起降架次

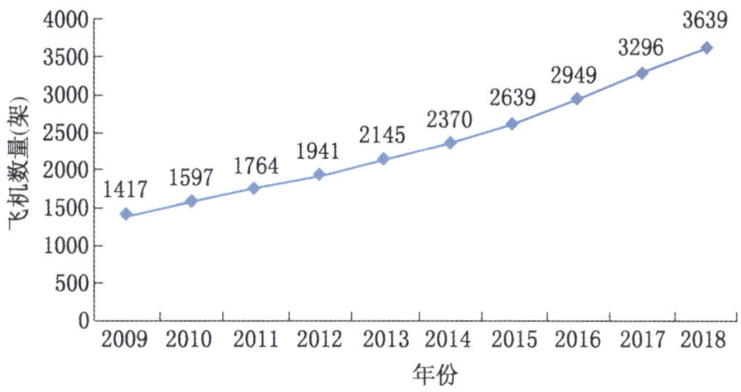

图 4-10-22　2009—2018 年中国民航运输飞机数量趋势图

机场 233 个，定期航班通航城市 230 个。全国千万级机场达 37 个。

（8）飞行员数量。2018 年，中国民航航空器驾驶员有效执照总数为 61492 本，同比增加 5727 本。其中，运动驾驶员执照（SPL）894 本，私用驾驶员执照（PPL）3735 本，商用驾驶员执照（CPL）32084 本，多人制机组驾驶员执照（MPL）185 本，航线运输驾驶员执照（ATPL）24594 本。无人驾驶航空器有效驾驶员执照 44573 本。

（9）主要航空公司机队。运输机队规模百架以上的航空公司共计 9 家。其中，中国南方航空股份有限公司机队拥有飞机 602 架，中国东方航空股份有限公司 525 架，中国国际航空股份有限公司 404 架，海南航空股份有限公司 237 架，深圳航空有限责任公司 187 架，厦门航空有限公司 168 架，四川航空股份有限公司 148 架，山东航空股份有限公司 122 架，上海航空股份有限公司 105 架。2018 年运输机队规模百架以上的航空公司如图 4-10-23 所示。

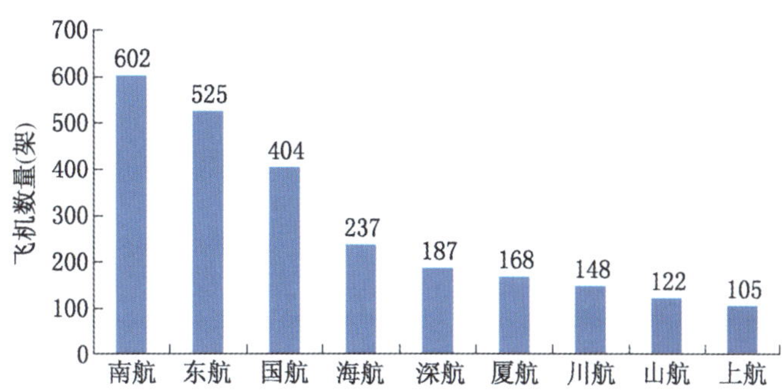

图 4-10-23　2018 年运输机队规模百架以上的航空公司

2. 通用航空

（1）通用航空企业。截至 2018 年底，我国通用航空企业 422 家。其中，华北地区 96 家，中南地区 37 家，华东地区 106 家，华北地区 89 家，西南地区 52 家，西北地区 27 家，新疆地区 15 家。

（2）机队规模。截至 2018 年底，通用航空在册航空器总数达到 2495 架，同比增加 203 架，其中教学训练用飞机 692 架。2009—2018 年通用航空航空器数量趋势如图 4-10-24 所示。

（3）机场数量。2018 年，全国已颁证通用机场的数量 202 个，同比增长 126 个，是历年颁证总和的 1.7 倍。

（4）飞行小时。2018 年，全行业完成通用航空生产飞行 93.7 万小时，同比增长 11.9%。其中：载客类作业完成 8.5 万小时，同比增长 7.9%；作业类作业完成 15.4 万小时，同比增长 6.4%；培训类作业完成 30.7 万小时，同比增长 18.6%；其他类作业完成 5.0 万小时，同比增长 200.5%；非经营性作业完成 34.2 万小时，同比增长 0.8%。

（5）飞行员数量。2018 年，通用航空从业飞行员 3476 名。

（6）无人机情况。截至 2018 年底，全行业无人机拥有者注册用户达 27.1 万个，其中个人用户 24 万个，企业、事业、机关法人单位用户 3.1 万个。全行业无人机有效驾驶员执照 44573 本。全行业注册无人机共 28.7 万架，无人机经营性飞行活动达 37 万小时。

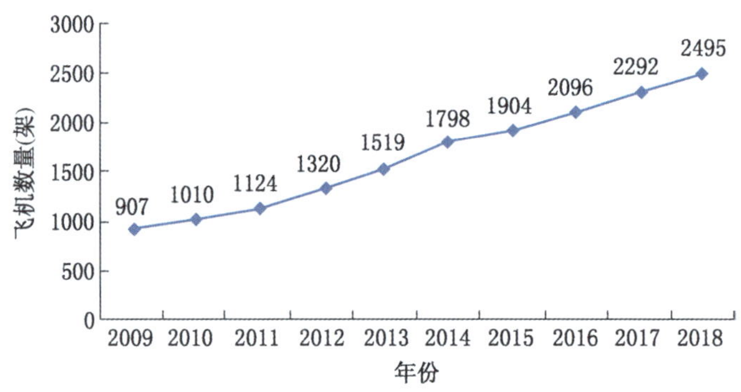

图 4-10-24　2009—2018 年通用航空航空器数量趋势图

（二）安全形势

应急管理部认真贯彻落实习近平总书记关于民航安全重要指示精神，以国务院安委办名义向民航局印发工作建议函，会同民航局航安办对东方航空、虹桥机场、深圳航空等 5 家单位安全工作进行了调研督导，督促其进一步加强安全生产工作，推动强化部门监管责任和企业主体责任落实，扎实开展为期 3 个月的安全大检查，持续夯实行业“基层、基础、基本功”建设，加强飞行、机务、空管、运控等专业技术人员的工作作风和资质能力建设，全面提升行业基层基础。

2018 年，航空运输共发生事故征候 608 起，其中，运输航空严重事故征候 16 起，同比下降 23.81%。严重事故征候和人为责任原因事故征候万时率分别为 0.0139 和 0.0329，各项指标均较好控制在年度安全目标范围内。全行业共有 38 家运输航空公司未发生责任事故征候。2018 年事故征候按类型统计见表 4-10-9，2018 年与 2017 年安全指标目标与实际值情况见表 4-10-10。

表 4-10-9 2018 年事故征候按类型统计表

类 型	2018 事故征候（起）	2017 事故征候（起）	同比增减	
			起	%
合计	608	605	3	0.5
鸟击	284	267	17	6.4
外来物击伤	167	188	–21	–11.2
雷击、电击	39	39	0	0
航空器撞障碍物	26	6	20	333.3
发动机停车	21	12	9	75.0
部件脱落、损坏、磨损	13	16	–3	–18.8
冰击	7	7	0	0
冲、偏出跑道	6	7	–1	–14.3
爆胎、轮胎脱层、扎破	5	3	2	66.7
失压、紧急下降	5	2	3	150.0
空中颠簸	5	9	–4	–44.4
其他	30	49	–19	–38.8

表 4-10-10 2018 年与 2017 年安全指标目标与实际值情况表

指标名称	目标	2018 年	2017 年	同比增减（%）	占比（%）
运输航空百万小时重大事故率十年滚动值	≤ 0.15	0.0131	0.0146	–10.0	8.8
运输航空亿客公里死亡人数十年滚动值	≤ 0.014	0.0006	0.0007	–12.1	4.5
运输航空重大以下事故率三年滚动值	≤ 0.38	0	0.0350	–100.0	0
空防事故	不发生	0	0		
通用航空事故万架次率	≤ 0.36	0.0665	0.0332	+100.5	18.5
通用航空死亡事故万架次率	≤ 0.18	0.0409	0.0111	+270.1	22.75
重大航空地面事故	防止事故	0	0		
特大航空器维修事故	防止事故	0	0		
重大以下航空抵免事故万架次率	≤ 0.03	0	0		
运输航空事故征候万时率	≤ 0.60	0.5051	0.5511	–8.4	84.2

表 4-10-10（续）

指标名称	目标	2018 年	2017 年	同比增减（%）	占比（%）
运输航空人为原因事故征候万时率	≤ 0.14	0.0321	0.0274	-17.1	22.9
严重事故征候万时率	≤ 0.10	0.0139	0.0189	-30.1	13.9
机械原因事故征候万时率	≤ 0.16	0.0173	0.0208	-16.5	10.8
地面事故征候万架次率	≤ 0.10	0.0210	0.0146	+44.3	21.1
空管原因事故征候万架次率	≤ 0.05	0.0030	0.0065	-53.6	6.0
机场原因事故征候万架次率	≤ 0.08	0.0406	0.0227	+78.9	50.7
油料原因事故征候万架次率	≤ 0.01	0.0060	0	+100.0	66.13

1. 安全飞行创造纪录

2018 年，中国民航实现运输飞行 1153 万小时、469 万架次，运送旅客 6.1 亿人次。从 2010 年 8 月 25 日至 2018 年 12 月 31 日，中国民航运输航空实现持续安全飞行 100 个月、3051 天、6836 万飞行小时、2930 万飞行架次，安全运送旅客 35.4 亿人次的安全新纪录，实现 16 年零 8 个月的空防安全零责任事故纪录，连续 16 年保证空防安全。

2. 安全指标低于世界平均水平

中国民航亿客公里死亡人数十年滚动值从 2008 年的 0.0208 降低到 2018 年的 0.0006，不到 10 年前的 1/32；百万小时重大事故率十年滚动值从 2008 年的 0.25 降低到 2018 年的 0.0131，不到 10 年前的 1/19。两项指标与世界平均水平相比，从 10 年前的基本持平，到 2018 年分别为世界平均指标值 1/12 和 1/11。

3. 事故征候时有发生

近 5 年来，全国未发生重特大航空运输事故。中国民航运输航空安全水平不断提高，但中国民航通用航空事故数量呈现增长态势。依据事故征候类型统计，鸟击引起的事故征候所占比重最大，且呈上升趋势。事故征候的主要原因为天气意外、地面保障、机械、机组等。

4. 一般事件大幅下降

2018 年，一般事件大幅下降，达到近 5 年来最低水平。总体来看，5 月不安全事件发生最多，其中，运输航空 5 月和 7 月不安全事件最多，通用航空 1 月、5 月、9 月不安全事件最多。

5. 安全风险水平显著下降

2018 年，我国民航总体风险水平显著下降，达到近 5 年中最低水平。

五、建筑施工安全

（一）基本情况

1. 建筑业规模

2018 年，建筑业继续保持稳定健康发展。全国固定资产投资总额为 64.6 万亿元，其中建筑业企业完成建筑业总产值约 23.5 万亿元，同比增长 9.9%，增速同比降低 0.7 个百分点。建筑业总产值占固定资产投资的比重为 36.4%，同比增长 3%。建筑业增加值 6.2 万亿元，同比增长 4.5%。从近 10 年的发展趋势来看，建筑业增加值的增速逐渐放缓，到 2017 年建筑业增加值增速降至最低 3.5%，2018 年增速增至4.5%，低于国内生产总值增速2.1个百分点；但从建筑业增加值在国内生产总值中的占比看，始终保持在6.5%以上，2018年，建筑业增加值占国内生产总值的比重约为6.9%，建筑业的支柱产业地位仍然稳固。

2009—2018年我国建筑业总产值情况见表4-10-11，发展趋势如图4-10-25所示。2009—2018年我国建筑业增加值与国内生产总值情况见表4-10-12，关系趋势如图4-10-26所示。

表4-10-11 2009—2018年我国建筑业总产值统计表

年份	总产值（亿元）	产值增速（%）	固定资产投资（亿元）	建筑业投资占比（%）
2009	76808	23.8	224598.8	34.2
2010	96031	25.0	251683.8	38.2
2011	116463	21.3	311485.1	37.4
2012	137217	17.8	376494.7	36.4
2013	160366	16.9	446294.1	35.9
2014	176713	10.2	512020.7	34.5
2015	180757	2.3	561999.8	32.2
2016	193567	7.1	606465.7	31.9
2017	213954	10.5	641238.4	33.4
2018	235086	9.9	645675.0	36.4

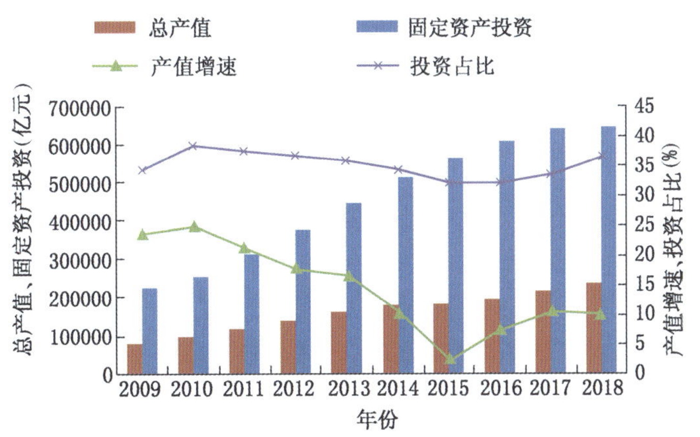

图4-10-25 2009—2018年我国建筑业总产值发展趋势图

表 4-10-12　2009—2018 年我国建筑业增加值与国内生产总值情况表

年份	国内生产总值（亿元）	国内生产总值增速（%）	建筑业增加值（亿元）	建筑业增加值增速（%）	建筑业增加值在国内生产总值中占比（%）
2009	348517.7	9.4	22682	18.9	6.5
2010	412119.3	10.6	27259	13.8	6.6
2011	487940.2	9.6	32927	9.7	6.8
2012	538580	7.9	36896	9.8	6.9
2013	592963.2	7.8	40897	9.7	6.9
2014	641280.6	7.3	44881	9.1	7.0
2015	685992.9	6.9	46627	6.8	6.8
2016	740060.8	6.7	49703	7.2	6.7
2017	820754.3	6.8	55314	3.5	6.7
2018	900309	6.6	61808	4.5	6.9

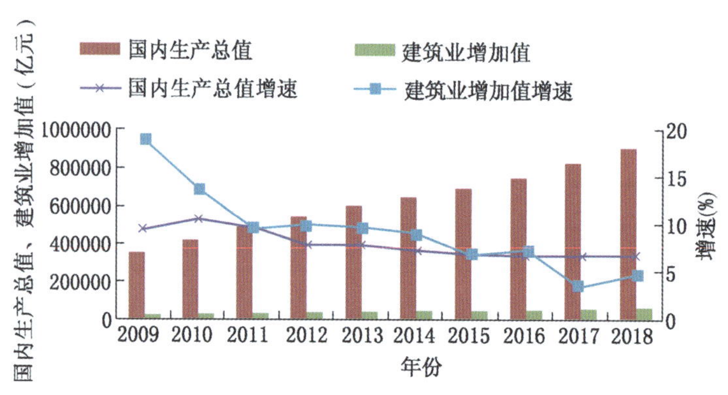

图 4-10-26　2009—2018 年我国建筑业增加值与国内生产总值关系趋势图

2. 在建规模

房屋建筑方面：2018 年，我国建筑施工面积 140.9 亿平方米，同比增长 7.0%。近 10 年来，我国建筑施工面积快速增长，从 2009 年的 58.9 亿平方米增加到 2018 年的 140.9 亿平方米，增幅达 139.2%。从近 10 年来的发展趋势来看，建筑施工面积增速波动较大，在 2011 年达到峰值，达 20.3%，之后逐渐下降，至 2015 年出现负增长，从 2016 年起又直线上升。总体来看，最近 3 年建筑施工面积增速保持持续增长的态势。2009—2018 年我国建筑施工面积情况见表 4-10-13，建筑施工面积及增速发展趋势如图 4-10-27 所示。

表 4-10-13 2009—2018 年我国建筑施工面积情况表

年份	建筑施工面积（亿平方米）	建筑施工面积增速（%）
2009	58.9	11.0
2010	70.8	20.3
2011	85.2	20.3
2012	98.6	15.8
2013	113	14.8
2014	125	10.4
2015	124.0	–0.6
2016	126.4	0.4
2017	131.8	4.2
2018	140.9	7.0

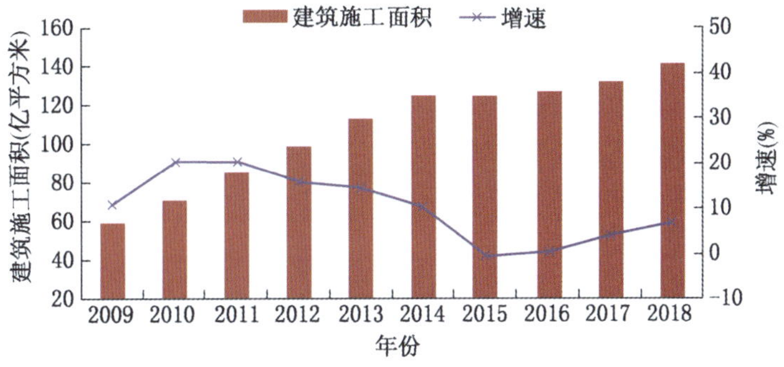

图 4-10-27 2009—2018 年我国建筑施工面积及增速发展趋势图

公路水路建设方面：2018 年，我国公路水路交通固定资产投资完成 2.3 万亿元，为 2017 年同期的 100.9%。其中，公路建设完成投资 2.1 万亿，为 2017 年同期的 100.4%。全年完成水运建设投资 1191 亿元，同比下降 3.8%。

铁路建设方面：2018 年，我国铁路固定资产投资完成 8028 亿元，同比上升 0.2%。投产新线 4683 公里，其中，高速铁路 4100 公里。

电力建设方面：2018 年，我国电源基本建设投资完成 2721 亿元，同比下降 6.2%；电网基本建设投资完成 5373 亿元，同比上升 0.6%。

水利建设方面：2018 年，我国水利建设投资 6872.7 亿元。新开工 11 项节水供水重大水利工程，国务院确定的 172 项节水供水重大水利工程已开工 133 项，在建工程投资规模超过 1 万亿元。

市政建设方面：截至 2018 年底，全

国累计35个城市建成投运城市轨道5766.6公里。共有63个城市的轨道交通线网规划获批，在建铁路总长6374公里。

3. 企业和从业人员数量

截至2018年底，我国共有建筑业企业95400家，同比增加7326家，增长8.3%。其中，国有及国有控股建筑业企业6880家，同比增加80家，占建筑业企业总数的7.2%。全国特级和一级资质企业6782家，占全部资质以上企业的7.1%。从近10年的发展趋势来看，建筑业企业的数量除2015年有所下降之外，基本呈现逐年增长的趋势。2018年建筑业数量比2009年增加了24583家，增长34.7%。

截至2018年底，我国建筑业从业人员5563.3万人，同比增长0.5%，建筑业从业人员数占全社会就业人员总数的7.2%，同比增长0.04%。进入21世纪的第一个10年以后，建筑业从业人员数量逐年增加，占全社会就业人员的占比也呈现逐步增长的趋势。从事建筑业的农民工占比呈现先上升后下降的趋势，近5年来从事建筑业的农民工数量占比逐渐下降，2014年约为22.3%，2018年降至18.6%。根据国家统计局《2018年农民工监测调查报告》，2018年农民工平均年龄为40.2岁，比2017年提高0.5%；其中，50岁以上的农民工占比22.4%，比2017年提高1.1个百分点，近5年呈逐年提高的趋势。2009—2018年我国建筑业从业人员情况见表4-10-14，发展趋势及占比趋势如图4-10-28所示。

表4-10-14　2009—2018年我国建筑业从业人员情况表

年份	企业数量（家）	从业人员（万人）	建筑业从业人员占比（%）	从事建筑业的农民工占比（%）
2009	70817	3672.6	4.8	15.2
2010	71863	4160.4	5.5	16.1
2011	72280	3852.5	5.0	17.7
2012	75280	4267.2	5.6	18.4
2013	78919	4499.3	5.9	22.2
2014	81141	4960.6	5.9	22.3
2015	80911	5093.7	6.6	21.1
2016	83017	5184.5	6.7	19.7
2017	88074	5536.9	7.1	18.9
2018	95400	5563.3	7.2	18.6

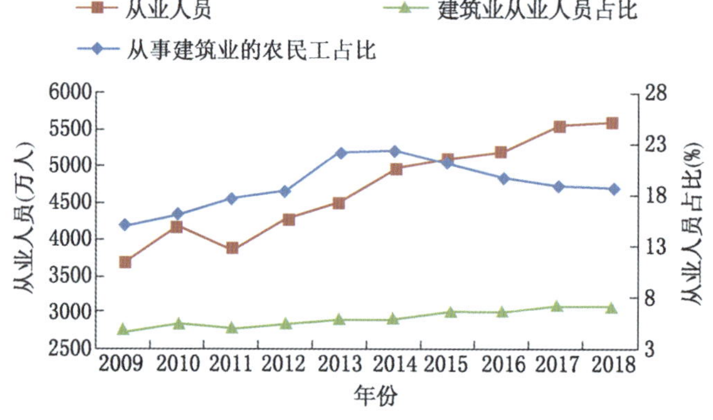

图4-10-28　2009—2018年我国建筑行业从业人员发展及占比趋势图

（二）安全形势

2018 年，全国共发生建筑施工事故 3743 起、死亡 3693 人，死亡人数同比减少 150 人，下降 3.9%，扭转了 2016 年以来连续两年“双上升”的态势。较大事故和死亡人数同比分别下降 8.8% 和 10.4%，为近 10 年来最低。发生重大事故 1 起、死亡 12 人，百亿元产值死亡率和千万平方米死亡率两项相对指标降幅也较大，分别下降 12.8% 和 10.3%。2018 年我国建筑施工事故情况见表 4-10-15，2009—2018 年我国较大建筑施工事故发展趋势如图 4-10-29 所示，2009—2018 年我国建筑施工事故相对指标发展趋势如图 4-10-30 所示。

表 4-10-15 2018 年我国建筑施工事故情况表

地区	起数（起）	同比增减（起）	死亡（人）	同比增减（人）	地区	起数（起）	同比增减（起）	死亡（人）	同比增减（人）
合计	3743	149	3693	–150	湖北	166	9	165	–12
北京	53	–26	51	–36	湖南	83	–16	90	–22
天津	36	–7	38	–4	广东	438	29	433	29
河北	38	1	46	2	广西	201	53	175	27
山西	63	20	73	19	海南	40	–14	44	–14
内蒙古	52	–19	56	–29	重庆	212	32	214	24
辽宁	80	–4	75	–9	四川	381	22	379	22
吉林	58	–32	61	–38	贵州	44	–9	63	–6
黑龙江	83	9	81	7	云南	156	–7	173	–16
上海	62	17	58	11	西藏	20	–2	14	–12
江苏	523	10	469	–51	陕西	79	1	101	3
浙江	84	–25	79	–31	甘肃	96	11	93	5
安徽	167	5	171	–1	青海	18	–2	17	–6
福建	89	7	97	7	宁夏	17	–6	19	–7
江西	105	–8	115	–3	新疆	65	6	62	–4
山东	164	92	93	–1	新疆兵团	7	–6	7	–6
河南	63	8	81	2					

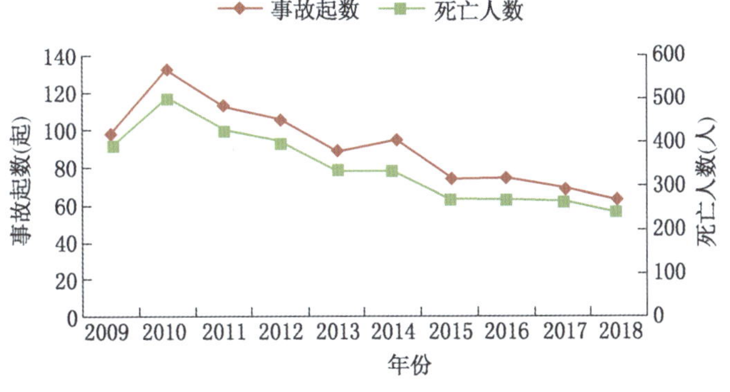

图 4-10-29 2009—2018 年我国较大建筑施工事故发展趋势图

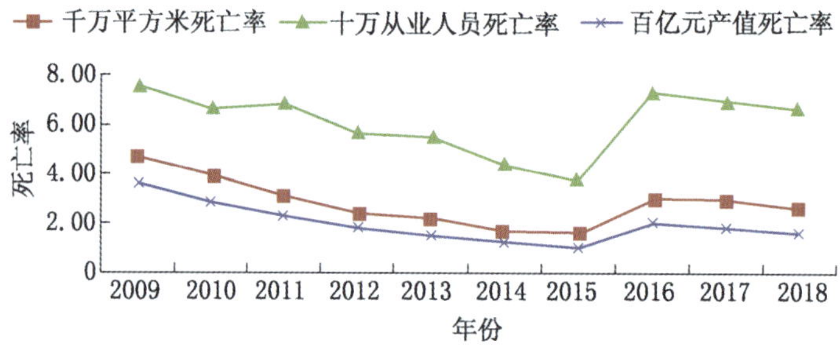

图 4-10-30　2009—2018 年我国建筑施工事故相对指标发展趋势图

2018 年，我国建筑施工安全生产形势保持持续稳定状态，主要有以下特点。

1. 建筑业事故总量持续上升

2018 年，全国建筑施工事故死亡人数与 2017 年相比，有所下降，但事故起数同比上升 4.1%，已经连续两年出现上升的趋势，且事故总量保持高位。

2. 重特大事故仍有发生

2018 年，发生 1 起死亡 12 人的重大事故，没有发生特别重大事故，事故起数和死亡人数与 2017 年持平。

3. 中毒窒息等非传统事故类型较大事故占比增加

2018 年，建筑业安全事故总量最多的仍为高处坠落，约占全部事故总量的 47.1%。较大事故中，坍塌类事故最多，约占全部较大事故总量的 64.5%。中毒窒息类型的事故总量和死亡人数分别占较大建筑施工事故起数总量和死亡人数总量的 19.4% 和 16.1%，同比分别上升 10.6% 和 7.6%。近两年来，中毒窒息类型较大事故明显增多，2017 年和 2018 年中毒窒息事故总量和死亡人数总量位居所有较大事故类型的第二位；其中，大部分事故为工人未采取提前通风、检测等措施，未佩戴个人防护用品违规进入地下有限空间作业造成有毒气体中毒，其他工人盲目施救造成事故扩大。

4. 部分地区事故突出

从事故发生的地区来看，全国较大事故量前 5 名的省份为陕西、山东、四川、河南、贵州，较大事故总量合计占比为 41.9%，前 8 名的省份较大事故总量合计占比为 58.1%。

（三）重点工作

应急管理部协调推动住建、交通运输、铁路、水利等部门深入推进建筑施工安全综合治理，加强制度和标准规范建设，严格安全监管执法，强化事故调查处理和责任追究，加大施工人员安全培训教育力度，坚决防范遏制建筑施工重特大事故。

一是组织开展专项治理，强化预防措施落实。以国务院安委办名义组织各地区和住房和城乡建设部等 7 个部门，开展了以隧道施工为重点的建筑施工安全专项治理，严厉打击施工企业不按照方案施工等违法违规行为。牵头组织住建、铁路等 5 个部门对西南地区 3 个省份隧道施工安全进行专项检查，联合交通运输部对湖南公路隧道施工安全进行检查，推动住房和城乡建设部对 12 个省份 62 个项目进行了随机督查，推动水利部对 4 个省份 7 个大型重点水利工程进行了督查。

二是推动完善规章制度，健全长效管理机制。推动住房和城乡建设部、交通运输部等部门针对安全生产新形势、新问题，完善规章制度，印发《危险性较大的分部分项工程安全管理规定》《工程质量安全手册（试行）》等规章制度。推动编制《城市地下综合管廊运行维护及安全技术标准》《农村危房改造基本安全技术导则》《水利水电工程建设与运行安全技术规范》等标准，健全安全生产长效机制。

三是强化事故调查处理，推动落实企业主体责任。赴2起重大、6起典型较大建筑施工事故现场，指导督促地方政府组织事故调查组，彻底查明技术原因，严格责任追究。对1起重大事故进行挂牌督办，对全年20余起较大事故进行跟踪督办，对10余起较大事故的整改措施落实情况进行督促检查。督促各地区严格建筑施工事故责任追究，近20家事发企业被纳入安全生产联合惩戒“黑名单”。对贵州成贵铁路“5·2”隧道爆炸重大事故、江西丰城电厂“11·24”特别重大事故、东莞市“4·28”较大事故整改落实情况进行检查。对事故多发的中国铁建、碧桂园集团进行约谈，会同国资委组织召开部分中央企业安全生产工作座谈会，督促各中央企业吸取佛山地铁“2·7”重大事故教训，抓好复杂地区施工安全重点工作。

六、民用爆炸物品安全

（一）基本情况

1. 炸药和雷管产量销量及存量

2018年，生产企业工业炸药年产、销量分别为427.7万吨和428.7万吨，同比增长8.6%和8.4%；现场混装炸药年产量44.6万吨，同比增长15.5%；工业雷管产销量分别为12.5亿发和12.6亿发，同比增长4.4%和5.2%。截至2018年底，生产企业工业炸药库存总量6.1万吨，同比减少6.3%；工业雷管库存量1.1亿发，同比减少7.4%。

2. 产值情况

2018年，全国生产企业累计完成生产总值310.3亿元，同比增长10.0%；累计完成销售总值307.7亿元，同比增长10.5%；排名行业前20家企业集团合计生产总值达199.1亿元，约占行业总产值的64.2%，所占比例连续5年稳定增长。

3. 重点省份情况

2018年，有6个省份工业炸药年产量超过20万吨，分别是内蒙古、山西、辽宁、四川、贵州和云南，其中，内蒙古炸药年产量达到51.6万吨，约占行业总产量的12.1%，继续保持行业第一；雷管生产前五名的省份分别为云南、四川、山西、湖南、辽宁，其中，云南雷管年产量为1.2亿发，约占行业总产量的9.8%。

（二）安全形势

2018年，共发生1起较大民爆生产安全事故，造成7人死亡、13人受伤，事故起数同比减少1起，下降50%，死亡人数增加4人。

（三）重点工作

应急管理部积极推动工信、公安等部门深刻吸取陕西祥盛民爆公司“4·10”较大爆炸事故教训，加强民用爆炸物品生产、销售的安全监督管理，提高民爆物品生产许可门槛，淘汰生产许可量低于8000吨的包装炸药生产线，加强对民用爆炸物品购买、运输、爆破作业的严格管控措施，严厉打击查处非法购买、运输、使用（含储存）民用爆炸物品的行为。在工业炸药生产危险岗位实现少人（无人）化操作，提升民爆行业本质安全水平。

七、渔业生产安全

（一）基本情况

1. 渔船

截至2018年底，全国渔船总数86.39

万艘、总吨位1080.15万吨，同比下降8.70%和0.19%。其中，机动渔船55.62万艘、总吨位1041.44万吨、总功率2073.58万千瓦，非机动渔船30.77万艘、总吨位38.71万吨。机动渔船中，生产渔船53.39万艘、总吨位931.18万吨、总功率1841.93万千瓦，辅助渔船2.23万艘、总吨位110.26万吨、总功率231.65万千瓦。2018年我国渔船数量构成如图4-10-31所示，吨位构成如图4-10-32所示。

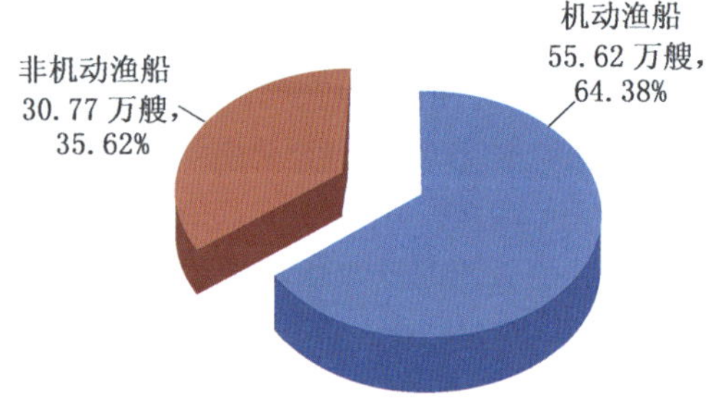

图4-10-31　2018年我国渔船数量构成

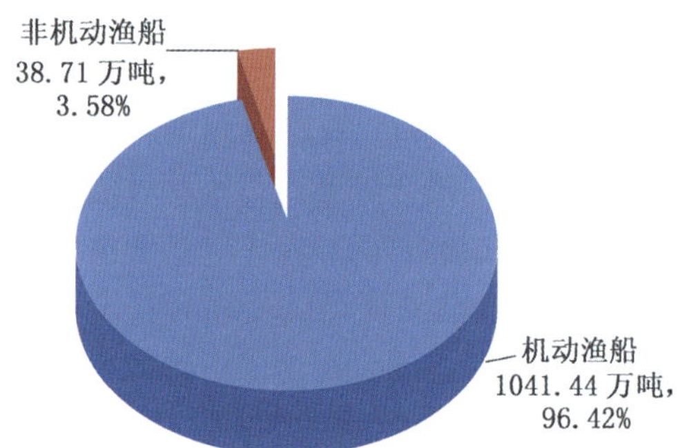

图4-10-32　2018年我国渔船吨位构成

2. 渔业人口和渔业从业人员

2018年，全国渔业人口1878.68万人，同比减少53.17万人，下降2.75%。渔业人口中传统渔民为618.29万人，同比减少33.85万人，下降5.19%。渔业从业人员1325.72万人，同比减少33.67万人，下降2.48%。2014—2018年，我国渔业人口和渔业从业人员呈连年下降趋势（表4-10-16）。

表4-10-16　2014—2018年我国渔业人口和渔业从业人员数量变化情况表

年份	渔业人口（万人）	同比增减		传统渔民（万人）	同比增减		渔业从业人员（万人）	同比增减	
		万人	%		万人	%		万人	%
2014	2035.0	-30.9	-1.5	686.4	-26.1	-3.7	1429.0	-14.0	-1.0
2015	2017.0	-18.1	-0.9	678.5	-7.9	-1.2	1414.9	-14.2	-1.0
2016	1973.4	-43.6	-2.2	661.1	-17.4	-2.6	1381.7	-33.1	-2.3
2017	1931.85	-41.55	-2.11	652.14	-8.97	-1.36	1359.39	-22.3	-1.61
2018	1878.68	-53.17	-2.75	618.29	-33.85	-5.19	1325.72	-33.67	-2.48

3. 渔业经济总产值

2018年，按当年价格计算，全社会渔业经济总产值25864.47亿元，其中，渔业产值12815.41亿元，渔业工业和建筑业产值5675.09亿元，渔业流通和服务业产值7373.97亿元，3个产业产值的比例为49.6∶21.9∶28.5。渔业流通和服务业产值中，休闲渔业产值902.25亿元，同比增长18.03%。

渔业产值中，海洋捕捞产值2228.76

亿元，海水养殖产值3572.00亿元，淡水捕捞产值465.77亿元，淡水养殖产值5884.27亿元，水产苗种产值664.62亿元。渔业产值中（不含苗种），海水产品与淡水产品的产值比例为47.8∶52.2，养殖产品与捕捞产品的产值比例为77.8∶22.2。

4. 渔业灾情（自然灾害）

2018年，全年由于渔业灾情造成水产品产量损失83.44万吨，受灾养殖面积606.79千公顷，沉船868艘，死亡失踪和重伤43人，直接经济损失157.61亿元。

（二）安全形势

2018年，全国共发生渔业船舶生产安全事故145起、死亡失踪104人，同比减少25起、36人，分别下降14.7%和25.7%。发生较大渔业船舶生产安全事故2起、死亡失踪8人，同比减少5起、27人，分别下降71.4%和77.1%。全国发生1起重大渔业船舶事故，死亡失踪10人。未发生特别重大渔业船舶事故。

（三）重点工作

应急管理部协调推动交通运输、农业农村等部门结合渔船进出港报告制度的实施，依托渔港这一监管平台与关口，加大渔业安全生产执法力度，实现依港管船、管人、管安全，推动开展“平安渔业示范县”创建活动，深化商渔船安全会商机制，确保渔业安全形势稳定。一是开展事故督导跟踪工作。对山东威海海域“4·14”重大渔船倾覆事故、福建漳州海域“10·11”重大渔船沉没事故调查处理工作进行现场督导，指导督促地方做好事故救援和事故调查工作，推动各地区深刻吸取教训，举一反三。二是联合农业农村部就山东威海海域“4·14”重大渔船倾覆事故约谈辽宁营口市政府主要负责人，督促吸取教训，加强整改。三是联合农业农村部渔业渔政管理局赴山东开展商渔船安全工作督导检查，赴江苏及上海开展渔业安全生产检查，督导事故调查处理工作，检查基层渔业安全值班及夜间作业点名制度落实情况，调研渔业船舶信息化建设工作。四是推动农业农村部开展渔业安全生产管理项目专项督查，加强渔业安全生产基础工作。推动农业农村部开展“中国渔政亮剑2018”专项行动，打击涉渔“三无”船舶，整治休渔期违规作业、渔船异地挂靠、脱检、船证不符等违法行为，确保渔业安全生产形势稳定。

八、电力安全

（一）基本情况

1. 社会发电量

2018年，全国全口径发电量达到69947亿千瓦时，同比增长8.4%，比2017年提高1.9个百分点。其中，火电49249亿千瓦时，同比增长7.3%，占比70.41%；水电12321亿千瓦时，同比增长3.1%，占比17.61%；风电3658亿千瓦时，同比增长20.2%，占比5.23%；核电2950亿千瓦时，同比增长18.6%，占比4.22%；太阳能发电1769亿千瓦时，同比增长50.2%，占比2.53%。2018年规模以上电厂按类型发电量情况如图4–10–33所示，按类型占比情况如图4–10–34所示。2018年社会用电量按产业占比情况如图4–10–35所示。

2. 发电装机容量

截至2018年底，全国全口径发电装机容量189993万千瓦，同比增长6.5%，增速比2017年回落1.2个百分点。其中，火电114408万千瓦（含煤电100835万千瓦，同比增长2.3%），同比增长3.1%；水电35259万千瓦（含抽水蓄能发电2999万千瓦，同比增长4.5%），同比增长2.6%；并网风电18427万千瓦，同比增长12.4%；并网太

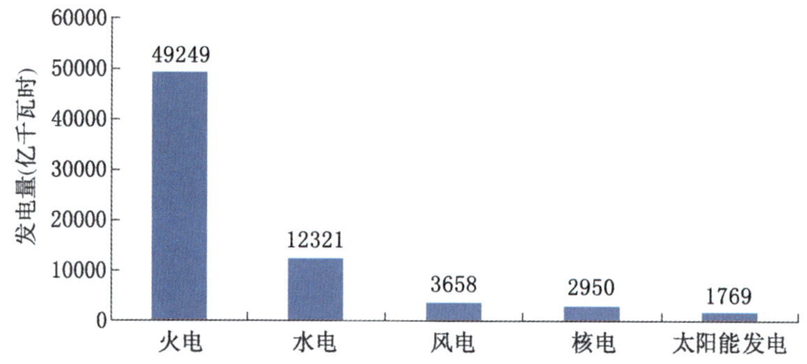

图 4-10-33　2018 年规模以上电厂按类型发电量

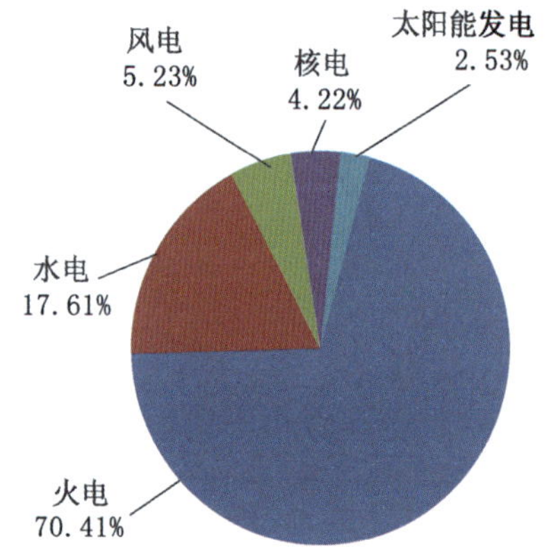

图 4-10-34　2018 年规模以上电厂按类型占比情况

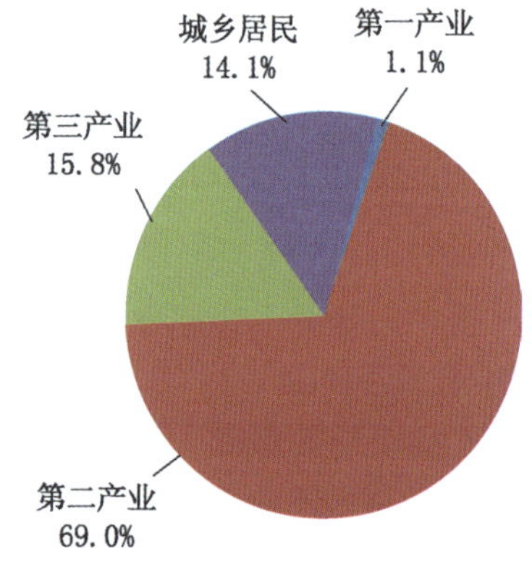

图 4-10-35　2018 年社会用电量按产业占比情况

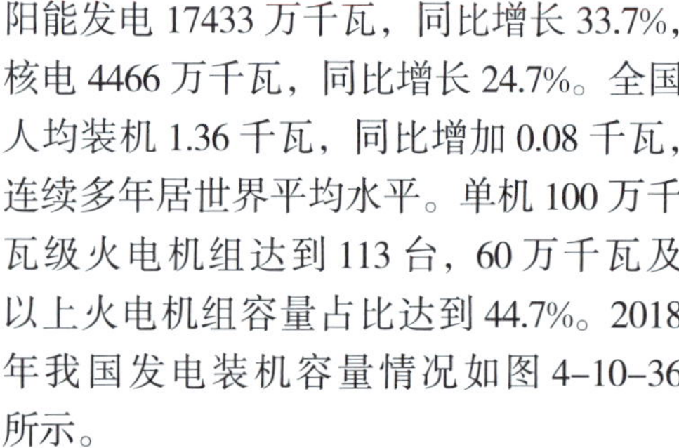

阳能发电 17433 万千瓦，同比增长 33.7%，核电 4466 万千瓦，同比增长 24.7%。全国人均装机 1.36 千瓦，同比增加 0.08 千瓦，连续多年居世界平均水平。单机 100 万千瓦级火电机组达到 113 台，60 万千瓦及以上火电机组容量占比达到 44.7%。2018 年我国发电装机容量情况如图 4-10-36 所示。

3. 非石化能源发电

2018 年，我国非石化能源发电装机容量 77551 万千瓦，占全国总装机容量的 40.8%，比 2017 年提高 2.1 个百分点；非化石能源发电量 21634 亿千瓦时，同比增长 11.1%，占全口径发电量的 30.9%，比 2017 年提高 0.8 个百分点，对全国发电量增长的贡献率为 40.0%。

4. 新能源发电

新能源发电装机合计 35860 万千瓦，占比 18.9%。新能源发电量增长 28.5%，对全国发电量增长的贡献率达到 22.2%。

5. 电网规模

2018 年，全年新增交流 110 千伏及以上输电线路长度和变电设备容量 56973 公里、31024 万千伏安，同比分别下降 1.9% 和 4.8%。由于国家大气污染防治行动计划重点输电通道已陆续投产，新增直流输电线路和换流容量分别为 3325 公里、3200 万千瓦，同比分别下降 61.3%

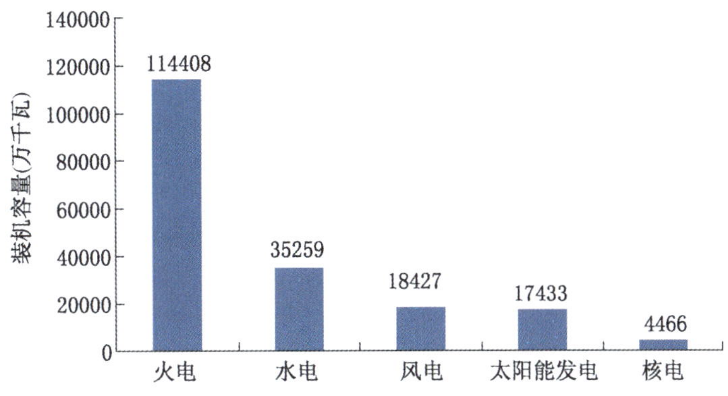

图 4-10-36 2018 年我国发电装机容量情况

和 59.5%。截至 2018 年底，全国电网 35 千伏及以上输电线路回路长度 189 万公里，同比增长 3.7%。其中，220 千伏及以上输电线路回路长度 73 万公里，同比增长 7.0%。全国电网 35 千伏及以上变电设备容量 70 亿千伏安，同比增长 5.4%。其中，220 千伏及以上变电设备容量 43 亿千伏安，同比增长 6.0%。全国共投产 2 条直流跨区特高压线路，新增跨区输电能力 1500 万千瓦。全国跨区输电能力达到 13615 万千瓦，其中，交直流联网跨区输电能力 12281 万千瓦，跨区点对网送电能力 1334 万千瓦。

（二）安全形势

2018 年，发生电力人身伤亡事故 39 起、死亡 40 人，事故起数同比减少 14 起，下降 26.4%，死亡人数同比减少 22 人，下降 35%。其中，发生直接经济损失 100 万元以上的电力设备事故 6 起，占全年事故总量的 15.4%，同比增加 6 起；发生电力安全事件 5 起，占全年事故总量的 12.8%，同比减少 9 起，下降 64.3%；发生自然灾害造成的电力人身伤亡事故 1 起，占全年事故总量的 2.6%，同比减少 2 起，下降 66.7%。未发生较大以上电力人身伤亡事故，电力行业安全生产形势总体稳定。

第五篇

防灾减灾救灾

综 述

一、深入学习贯彻习近平总书记关于提高自然灾害防治能力的重要讲话精神

2018年4月下旬，围绕习近平总书记在考察长江时提出的“要认真研究在实现‘两个一百年’奋斗目标的进程中，防灾减灾的短板是什么，要拿出战略举措”，在中央财办组织下，应急管理部开展自然灾害防治重大课题研究，从体制机制、物资装备保障、监测预警制度、应急抢险救援、科普宣传教育等方面提出对策建议。10月10日，习近平总书记主持召开中央财经委第三次会议，就提高自然灾害防治能力发表重要讲话，明确提出“六个坚持”基本原则，部署实施自然灾害防治“九项重点工程”。应急管理部高度重视，多次专题研究部署，筹备建立自然灾害防治部际联席会议制度，制定部内工作分工，采取有效措施大力推进工作落实。12月，应急管理部党组印发《关于深入学习贯彻习近平总书记重要讲话精神 切实加强自然灾害防治工作的意见》，就全系统贯彻落实中央财经委员会第三次会议精神作出安排。

二、充分发挥议事协调机构综合协调作用

筹备召开国家防汛抗旱总指挥部全体会议、全国森林草原防灭火和防汛抗旱电视电话会议、国务院防震减灾工作联席会议等，积极发挥各指挥机构的综合协调作用，推动各涉灾部门、各地切实担起责任。根据机构设置、人员变动情况和工作需要，报请国务院同意于6月调整了国家防汛抗旱总指挥部组成人员，于9月调整成立了国家森林草原防灭火指挥部，于10月调整了国务院抗震救灾指挥部组成人员，各议事协调机构组成单位和人员得到进一步充实。防汛方面，国家防汛抗旱总指挥部派出多个工作组，分赴大江大河和重点地区开展防汛抗旱检查，汛前安排各成员单位根据职责分工检查本部门、本行业防汛抗旱防台风准备工作。防火方面，国家森林草原防灭火指挥部办公室全年共派出31个工作组对河北、内蒙古等17个省份森林草原防灭火工作进行督查，督促有关地方针对薄弱环节和隐患问题及时整改，对内蒙古大兴安岭特大雷击森林火灾进行督办。

三、强化灾害综合风险防范

会同气象、水利、自然资源等部门建立自然灾害风险形势半年度、月度和汛期每日会商研判机制，切实增强灾害风险识别能力。组织修订应急管理部特别重大灾害应急响应手册和保障机制，形成应对特别重大灾害“1个响应总册+15个分灾种手册+6个保障机制”的应急工作体系。全年发布预警信息和避险知识2179万余条，启动预警广播31.2万次。森林草原火情监测预警方面，完善火险会商研判机制，及时发布高森林草原火险预警，加强卫星监测，加密航空巡护，快速发现火情，监测核查卫星热点3734个，发布火

险气象等级预报498次、高火险红色橙色警报7次。地震监测预警方面，加强震情监视跟踪工作，加快建成以地震预警、地震速报、灾情速报等为核心的紧急快报体系，推进全流程速报预警业务体系建设，实现我国大陆显著地震发生后30分钟内自动产出快速判定意见。

四、有力有序有效应对重大灾害

探索建立调度会商“一个平台”、信息发布“一个窗口”、防范救援救灾一体化工作机制，在防范应对重特大灾害中发挥重要作用。面对金沙江和雅鲁藏布江4次堰塞湖险情，在党中央、国务院坚强领导下，应急管理部统筹调度，各有关部门、单位、地方、军队积极配合，有效凝聚了应急合力，提高了抢险救援成效，实现了人员零伤亡。国家综合性消防救援队伍等全力应对处置各类灾害事故，成功处置了超强台风“山竹”、山东寿光洪涝、云南墨江5.9级地震等重大自然灾害，切实保护了人民群众生命财产安全。应急管理部累计启动47次应急响应，召开102次视频调度会商会（图5-0-1），派出60余个工作组赴地方指导开展防灾救援救灾工作。累计组织转移避险群众833万人次。会同中央财政下拨补助资金115.8亿元，累计组织调拨18批次共3.28万顶帐篷、40.9万床（件）衣被、5.7万张折叠床、3000套折叠桌凳等中央救灾物资。

五、大力提升应急管理基础能力

会同中组部、中央党校（国家行政学院）举办省部级干部提升防灾减灾救灾能力专题研讨班，提高领导干部履职能力。开展国家综合防灾减灾“十三五”规划实施情况评估。依托中国消防救援学院、华北科技学院等，加强自然灾害防治、应急

图5-0-1 2018年10月7日，应急管理部调度国庆节期间安全防范工作情况

救援等学科建设。联合北京师范大学、中国科学院等机构有关专家和中国气象局等部门开展自然灾害形成机理和演化规律研究。深入开展部省高校共建，积极筹建自然灾害防治研究院，整合科研力量和资源，部署实施重大理论研究、科研攻关和科技应用，积极促进大数据、人工智能技术与防灾减灾救灾、应急管理业务深度融合。会同气象等部门联合指导各地创建2018年度全国综合减灾示范社区1487个，指导安徽、山东、江西、湖北等地开展综合减灾示范县创建试点，加强城乡基层防灾减灾能力建设。

六、开展防灾减灾宣传教育和国际合作

加强网络和新媒体平台新闻发布，建设国家应急信息网，打造面向公众服务的防灾减灾救灾平台。以“行动起来 减轻身边的灾害风险”为主题开展2018年全国防灾减灾日活动，协调开展国际减灾日活动，在全国范围内开展了丰富多彩的防灾减灾活动，营造了全民参与防灾减灾的良好氛围。防灾减灾宣传周期间，全国共发放各类宣传材料6000余万份，举办培训及讲座2万场，举行不同规模的应急演练4万场、主题宣教活动5万余场，发送公益短信超过2亿条，参与现场活动的直接受益人群超过7000万人次。汶川地震十周年国际研讨会暨第四届大陆地震国际研讨会在四川成都举办，习近平主席向会议致信。组织中国代表团赴蒙古国参加第八届亚洲部长级减灾大会，会同有关高校举办第二届亚洲科技减灾大会，参加联合国减灾办亚洲合作伙伴关系论坛、东盟地区论坛第17届救灾会间会、亚太经合组织备灾工作组会议、亚洲备灾中心灾害管理区域咨询委员会第14次会议等，务实开展防灾减灾救灾国际交流与合作。向印尼灾区调拨救灾帐篷，配合开展人道主义援助。

第一章　全国自然灾害总体情况

2018年，我国自然灾害以洪涝、台风和地质灾害为主，干旱、风雹、地震、低温冷冻、雪灾、森林火灾等灾害也有不同程度发生。经应急管理部与相关涉灾部门会商核定，各种自然灾害共造成1.3亿人次受灾，589人死亡，46人失踪，524.5万人次紧急转移安置；9.7万间房屋倒塌，23.1万间严重损坏，120.8万间一般损坏；农作物受灾面积20814.3千公顷，其中绝收2585千公顷；直接经济损失2644.6亿元。与2013—2017年均值相比，2018年全国自然灾害灾情明显偏轻，其中，因灾死亡失踪人数、倒塌房屋数量和直接经济损失分别减少59%、78%和34%。

2018年全国自然灾害分灾种损失情况见表5-1-1，自然灾害情况对比见表5-1-2，自然灾害按地区损失情况见表5-1-3。

表5-1-1　2018年全国自然灾害分灾种损失情况表

灾害种类	人员受灾情况			农作物受灾情况		房屋倒损情况			直接经济损失（亿元）
	受灾（万人次）	死亡失踪（人）	紧急转移安置（万人次）	受灾面积（千公顷）	绝收面积（千公顷）	倒塌（万间）	严重损坏（万间）	一般损坏（万间）	
合计	13553.9	635	524.5	20814.3	2585	9.7	23.1	120.8	2644.6
干旱灾害	2742.7	0	0	7711.8	922.4	0	0	0	255.3
洪涝和地质灾害	3526.2	380	142	3950.3	652.2	6.4	13.9	65	1060.5
风雹灾害	1493	126	2.9	2406.8	196.6	0.3	1.6	28.2	168.5
台风灾害	3260.6	83	366.6	3332.8	357.7	2.4	4.3	16.2	697.3
地震灾害	36.1	0	8.5	0	0	0.5	3.1	10.8	29
低温冷冻和雪灾	2495.3	23	4.5	3412.6	456.1	0.1	0.2	0.6	434
森林火灾	0	23	0	0	0	0	0	0	0

注：台风灾害损失包括台风风暴潮。

表5-1-2 2018年全国自然灾害情况对比表

同期比较	人员受灾情况			农作物受灾情况		房屋倒损情况		直接经济损失（亿元）
	受灾（万人次）	死亡失踪（人）	紧急转移安置（万人次）	受灾面积（千公顷）	绝收面积（千公顷）	倒塌（万间）	损坏（万间）	
2018年	13553.9	635	524.5	20814.3	2585	9.7	143.9	2644.6
2017年	14448	979	525.3	18478.1	1826.7	15.28	157.9	3018.7
较2017年增减数量	-894.1	-344	-0.8	2336.2	758.3	-5.58	-14	-374.1
较2017年增减比例	-6%	-35%	0	13%	42%	-37%	-9%	-12%
2013—2017年均值	23030.5	1540	779.3	24541.8	2779.3	44.9	373.4	3987.4
较2013—2017年均值增减数量	-9476.6	-905	-254.8	-3727.5	-194.3	-35.2	-229.5	-1342.8
较2013—2017年均值增减比例	-41%	-59%	-33%	-15%	-7%	-78%	-61%	-34%

表5-1-3 2018年全国自然灾害按地区损失情况表

地区	人员受灾情况				农作物受灾情况		房屋倒损情况			直接经济损失（亿元）
	受灾（万人次）	死亡（人）	失踪（人）	紧急转移安置（万人次）	受灾面积（千公顷）	绝收面积（千公顷）	倒塌（万间）	严重损坏（万间）	一般损坏（万间）	
合计	13553.9	589	46	524.5	20814.3	2585	9.67	23.1	120.8	2644.6
北京	15.7	0	0	2.9	4.7	0.4	0	0	0.1	18.8
天津	10.9	0	0	0.1	14.4	0.8	0.01	0.01	0.1	1.0
河北	503.9	4	0	0.5	557	80.3	0.02	0.2	1.1	41.3
山西	619.1	13	0	0.3	830.8	185.6	0.2	0.4	0.9	109.2
内蒙古	484.2	25	1	10.7	2629.8	559.2	0.5	0.9	1.9	144.5
辽宁	680.3	0	0	0.9	1467.3	277.7	0.04	0.16	0.4	90.2
吉林	383.7	0	0	3.1	1319.7	131.8	0	0.72	1.81	88.5
黑龙江	362.3	4	0	5.7	4155	275.7	0.11	0.43	2.34	87.5
上海	40.8	0	0	38.7	7.3	0	0	0	0	0.9

表5-1-3（续）

地区	人员受灾情况				农作物受灾情况		房屋倒损情况			直接经济损失（亿元）
	受灾（万人次）	死亡（人）	失踪（人）	紧急转移安置（万人次）	受灾面积（千公顷）	绝收面积（千公顷）	倒塌（万间）	严重损坏（万间）	一般损坏（万间）	
江苏	348.3	17	0	3	380	34.7	0.2	0.54	1.5	41.3
浙江	139.9	2	0	67.6	168.6	1.7	0.01	0	1.1	36.8
安徽	728.3	35	0	12.5	863.2	111.5	0.21	0.7	4.7	138.2
福建	115.1	8	0	24.7	78.7	3.5	0.04	0.2	3.72	38.1
江西	621.1	37	0	21.3	530.7	60.4	0.47	0.32	6.72	58.8
山东	889.3	39	1	22.3	983.8	97.2	1.28	2.4	5.6	289.6
河南	1332.3	15	0	1.4	1167.7	86.1	0.03	0.12	1.5	63.5
湖北	1026.3	11	0	1.7	1076.1	89	0.2	0.5	1.5	81.1
湖南	698.5	26	0	4.4	625.6	60.9	0.21	0.52	6.33	64.5
广东	675.2	26	5	160.6	547.8	27.1	0.34	0.25	0.38	258.6
广西	224.6	36	0	15.9	150	10.2	0.3	0.22	1.05	14.5
海南	60.2	1	0	27.8	32.4	2.5	0	0	0	6
重庆	148.2	26	1	7.8	70.9	12.2	0.2	0.7	5.5	18.6
四川	836.8	34	5	53	484	65.4	1.3	3.2	18.6	340.5
贵州	508.2	9	2	4.3	291.7	56.3	0.1	0.5	4.81	39.1
云南	480.2	64	20	12.6	274.8	46.1	1	4.01	10.05	162.9
西藏	23.5	12	0	3.9	9.7	3.1	0.3	0.6	0.6	7.7
陕西	330.7	13	2	5.2	382.4	70	0.1	0.6	2.1	64.1
甘肃	922.8	73	8	4.9	764.2	159.4	1.8	3	8.6	249.8
青海	72.9	16	0	1.2	51.9	5.4	0.4	0.9	1.6	28.2
宁夏	42.6	1	0	2	148.1	17.5	0.1	0.1	0.8	7.3
新疆	202.5	38	1	3.4	463.3	44.9	0.2	0.9	25.4	40.9
新疆兵团	25.5	4	0	0.1	282.7	8.4	0	0	0	12.6

2018 年，全国自然灾害情况主要有以下特点：

一是灾害损失在时空分布上相对集中。从时间上看，洪涝、台风、风雹等自然灾害集中在 6—8 月发生，造成的死亡失踪人数、倒塌房屋数量和直接经济损失占全年总数的 69%、84% 和 67%。从区域上看，灾情严重的省份集中在内蒙古、山东、广东、四川、云南和甘肃 6 个省（自治区），上述省份因灾死亡失踪人数、倒塌房屋数量和直接经济损失合计占全国总数的 49%、63% 和 53%。从人员伤亡上看，西部地区占比较高，各种自然灾害共造成西部地区 325 人死亡（含失踪），占全国总数的 53%。

二是洪涝灾害呈现"北增南减"态势。2018 年，我国共出现 39 次强降水天气过程，西北、华北、内蒙古以及黑龙江部分地区降水较常年偏多 3~8 成，内蒙古、黑龙江、甘肃、陕西、青海、新疆等北方省（自治区）洪涝和地质灾害较 2013—2017 年均值明显偏重，受灾人口、死亡失踪人数和直接经济损失分别上升 39%、19% 和 40%。南方大部降水量较常年持平或偏少，浙江、福建、江西、湖北、湖南等省洪涝灾情明显偏轻。金沙江、雅鲁藏布江共发生 4 次严重山体滑坡堰塞湖灾害，虽未造成人员伤亡，但灾害影响较大，历史罕见。据统计，洪涝和地质灾害共造成全国 3526.2 万人次受灾，338 人死亡，42 人失踪，142 万人次紧急转移安置；6.4 万间房屋倒塌，13.9 万间房屋严重损坏，65 万间房屋一般损坏；直接经济损失 1060.5 亿元。

三是台风登陆个数明显偏多。2018 年，我国大陆地区共有 10 个台风登陆，较常年（7 个）多 3 个。台风"安比""摩羯""温比亚"在一个月内相继登陆华东并深入内陆影响华北、东北等地，历史罕见。"温比亚"是 2018 年致灾最重的台风，给山东、河南、安徽和江苏等省造成严重暴雨洪涝；"山竹"是 2018 年最强登陆台风，给广东、广西、海南等省（自治区）造成一定影响。据统计，台风灾害共造成全国 3260.6 万人次受灾，80 人死亡，3 人失踪，366.6 万人紧急转移安置；2.4 万间房屋倒塌，4.3 万间房屋严重损坏，16.2 万间房屋一般损坏；直接经济损失 697.3 亿元。总的来看，台风灾害与 2013—2017 年均值基本持平，紧急转移安置人数和农作物受灾面积增加 25% 和 79%，死亡失踪人数和倒塌房屋数量减少 36% 和 42%。

四是低温雨雪冰冻和旱灾发生时段相对集中。2018 年，低温雨雪冰冻灾害主要集中在 1 月、4 月初和 12 月下旬。1 月，中东部地区先后出现 3 次大范围低温雨雪冰冻天气过程，安徽、湖北两省灾情较重；4 月初，全国出现大范围寒潮，甘肃、宁夏、陕西、山西、河北等省（自治区）农作物受到较大影响；12 月下旬，多省部分地区出现小到中雪、局部大雪，湖南中北部、湖北南部、江西北部和贵州中南部等地受到较大影响。总的来看，低温雨雪冰冻灾害偏重发生，共造成全国 2495.3 万人次受灾，23 人死亡，农作物受灾面积 3412.6 千公顷，直接经济损失 434 亿元。旱灾主要集中在 4 月下旬至 6 月，该时段东北地区降水较常年同期偏少 3~8 成，气温偏高 1~2℃，内蒙古、黑龙江、吉林等省（自治区）农作物受到一定影响。总的来看，旱灾偏轻发生，共造成 7711.8 千公顷农作物受灾，直接经济损失 255.3 亿元。

五是地震活动下半年相对较强。2018 年，我国大陆地区共发生 16 次 5 级以上地震，上半年地震活动相对平静，下半年8—10月连续发生10次5级以上地震，为近年同期高值水平。其中，9月8日云南墨江5.9级地震是2018年我国大陆地区震级最高、灾情最重的地震，造成2000余间房屋倒塌，3.4万间房屋不同程度损坏。据统计，地震灾害共造成5000余间房屋倒塌，3.1万间房屋严重损坏，10.8万间房屋一般损坏，直接经济损失29亿元。总的来看，地震灾情较2013—2017年均值明显偏轻，未造成人员死亡失踪，各项灾情指标均为近5年以来最低值。

第二章　地震与地质灾害

一、地震灾害

（一）地震灾害情况

1. 地震灾害统计情况

2018 年，我国共发生 5.0 级以上地震 31 次，其中大陆地区 16 次，未发生 6.0 级以上地震，震级最大的为 9 月 8 日云南墨江 5.9 级地震，与近年相比地震数量偏少。大陆地区共发生地震灾害事件 11 次，主要涉及云南、四川、吉林、新疆、青海、湖北等地，造成 85 人受伤，没有造成人员死亡失踪；直接经济损失约 31.6 亿元，与近年相比灾害偏轻。台湾及近海地区发生 15 次 5 级以上地震，其中 6 级以上地震 5 次，震级最大的为 2 月 6 日台湾花莲海域 6.5 级地震，造成 17 人死亡、291 人受伤。

2018 年我国大陆地区 5 级以上地震情况见表 5-2-1，2018 年我国地震灾害情况见表 5-2-2，2011—2018 年我国大陆 5 级以上地震数量如图 5-2-1 所示。

表5-2-1　2018年我国大陆地区5级以上地震情况表

序号	发震时间	震级	发震地点
1	5 月 6 日	5.3 级	青海称多县
2	5 月 28 日	5.7 级	吉林松原市
3	8 月 3 日	5.1 级	青海玉树州治多县
4	8 月 4 日	5.2 级	西藏阿里地区日土县
5	8 月 13 日	5.0 级	云南玉溪通海县
6	8 月 14 日	5.0 级	云南玉溪通海县
7	9 月 4 日	5.5 级	新疆喀什地区伽师县
8	9 月 8 日	5.9 级	云南普洱市墨江县
9	9 月 12 日	5.3 级	陕西汉中宁强县
10	9 月 28 日	5.1 级	西藏阿里地区日土县
11	10 月 16 日	5.4 级	新疆博尔塔拉州精河县
12	10 月 31 日	5.1 级	四川凉山州西昌市
13	11 月 4 日	5.1 级	新疆克孜勒苏州阿图什市
14	12 月 16 日	5.7 级	四川宜宾市兴文县
15	12 月 20 日	5.2 级	新疆克孜勒苏州阿克陶县
16	12 月 24 日	5.8 级	西藏日喀则市谢通门县

注：数据来源于中国地震局。

表5-2-2　2018年我国地震灾害情况表

序号	地区	地震名称	死亡失踪（人）	受伤（人）	直接经济损失（亿元）
1	云南	8月13、14日云南通海两次5.0级地震	0	31	4.94
2		9月8日云南墨江5.9级地震	0	28	12.92
3		2月9日云南景洪4.9级地震	0	1	
4	四川	12月16日四川兴文5.7级地震	0	17	4.30
5		10月31日四川西昌5.1级地震	0	4	0.25
6		7月23日四川威远4.2级地震	0	2	
7	吉林	5月28日吉林松原5.7级地震	0	0	4.30
8		9月15日吉林松原4.5级地震	0	2	0.03
9	新疆	9月4日新疆伽师5.5级地震	0	0	3.83
10	青海	5月6日青海称多5.3级地震	0	0	1.17
11	湖北	10月11日湖北秭归4.5级地震	0	0	0.16

注：数据来源于中国地震局和各省地震局。

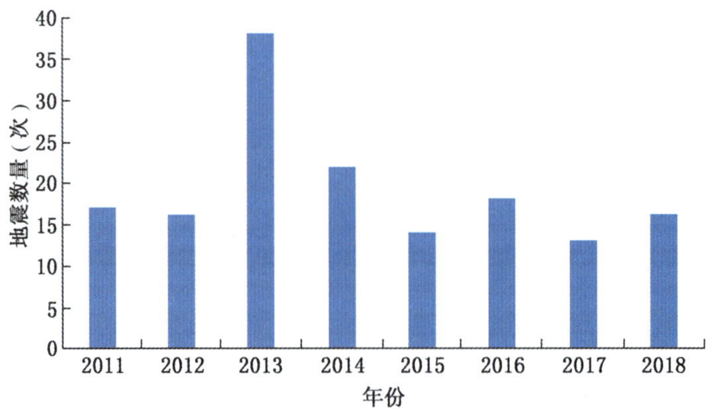

图5-2-1　2011—2018年我国大陆5级以上地震数量

2. 地震响应情况

应急管理部成立后，共启动Ⅳ级及以上地震应急响应 3 次（表 5-2-3）。累计派出赴现场工作组 3 次（共计 15 人次），于震后第一时间赶赴灾区，指导地方政府开展抗震救灾工作。

表5-2-3 地震灾害应急响应情况表

时间	事件	类别	响应级别	损失情况
8月13日、14日	云南通海两次 5.0 级地震	地震灾害	Ⅳ级	造成 31 人受伤，直接经济损失 49440 万元
9月8日	云南墨江 5.9 级地震	地震灾害	Ⅳ级	造成 28 人受伤，直接经济损失 129200 万元
12月16日	四川兴文 5.7 级地震	地震灾害	Ⅳ级	造成 17 人受伤，直接经济损失 43000 万元

3. 主要灾情

1）云南墨江 5.9 级地震

2018 年 9 月 8 日 10 时 31 分，云南省普洱市墨江县（北纬 23.28°，东经 101.53°）发生 5.9 级地震，震源深度 11 公里。据统计，灾害造成普洱、玉溪 2 市 7 个县 11.3 万人受灾，28 人受伤，1.6 万人紧急转移安置；2000 余间房屋倒塌，3.4 万间房屋不同程度损坏；直接经济损失 12.92 亿元。

2）云南通海两次 5.0 级地震

2018 年 8 月 13 日 1 时 44 分，云南省玉溪市通海县发生 5.0 级地震；8 月 14 日 3 时 50 分，再次发生 5.0 级地震。地震发生在小江断裂带中段，属于典型的双震型地震，震中位于通海县四街镇（北纬 24.19°，东经 102.71°），震源深度 7 公里，烈度 7 度。地震发生后 48 小时内共发生余震 11 次，最大余震 3.5 级，3 级以上的余震 9 次。地震造成玉溪江川区和通海县不同程度受灾，共造成 31 人受伤，房屋倒塌 2992 间、损坏 2.2 万余间，受灾人口 6.5 万余人。

（二）地震工作

1. 政策法规工作

1）配合全国人大常委会开展防震减灾法执法检查

全国人大常委会将防震减灾法执法检查纳入 2018 年监督工作计划。栗战书委员长作出专门批示，对检查工作提出明确要求。全国人大常委会防震减灾法执法检查组于 2018 年 7—9 月集中开展了全面检查，10 月下旬十三届全国人大第六次会议审议通过了检查报告。

2）防震减灾方针政策拟订和重大问题研究

一是不断完善防震减灾事业改革发展框架。出台《关于认真贯彻习近平新时代中国特色社会主义思想大力推进新时代防震减灾事业现代化建设的意见》。二是持续深化地震系统全面深化改革顶层设计。出台并实施了《地震监测预报业务体制改革顶层设计方案》与《地震行政管理体制改革顶层设计方案》。三是出台一系列改革试点方案。出台实施《中国地震局工程力学研究所科技体制改革方案》《中国地震台网中心深化改革方案》《发展研究中心深化改革方案》等，持续推动改革试点单位深化改革。四是紧紧围绕地震科技体制、监测预报业务体制、震灾预防体制、行政管理体制改革重点改革任务，出台一系列制度规范和实施方案。

3）防震减灾法治建设

一是开展地震安全性评价改革相关法律法规修订工作。落实取消地震安全性评价单位资质的要求，配合司法部提出《地震安全性评价管理条例》修订建议。二是推进地震预警立法。完成地震预警管理部门规章初稿起草，组织相关专家就重点问题进行咨询研讨。三是出台关于加强防震减灾法治建设的意见，提出5个方面任务。

4）地震标准化工作

修订并发布《地震标准化管理办法》和《地震标准制修订工作管理细则》。全年发布了1项国家标准、13项行业标准和2项地方标准，向国家标准化管理委员会报批1项国家标准。

2. 地震科技与国际合作

1）防震减灾国际合作

成功举办汶川地震十周年国际研讨会暨第四届大陆地震国际研讨会。12月12日，我国与厄瓜多尔签署《关于地震和火山灾害风险管理谅解备忘录》。完成援助尼泊尔地震监测台网6个站点建设，启动援助老挝地震监测台网项目。召开中美地震和火山科技合作协调人会晤，确定新时期合作方向和重点。与埃及、德国等21个国家相关机构开展双边高层会谈。

2）地震科技发展与科技创新

一是印发《〈地震科技体制改革顶层设计方案〉任务落实分工方案》，出台《关于促进地震科技成果转化指导意见》，编制《中国地震局研究所管理办法》，下放科技成果管理权限，激发科技人员创新创业热情。二是成功发射“张衡一号”卫星。2月2日，中意合作研制的“张衡一号”电磁监测试验卫星在酒泉卫星发射中心成功发射，国家主席习近平与意大利总统马塔雷拉互致贺电。三是启动中国地震科学实验场。筹划在我国川滇地区建设世界首个系统研究大陆型强震、涵盖“从地震破裂过程到工程结构响应”全链条的地震科学实验场，构筑中国特色国际地震科技创新高地。11月29日，印发《中国地震科学实验场设计方案》。四是完成“重大自然灾害监测预警与防范”国家重点研发计划和地震科学联合基金项目等项目立项，落实23项任务，总经费45亿元。五是促进协同创新和科技成果转化。成立深圳防灾减灾技术研究院，支持建设中国地震局深圳软件研发基地。深圳防灾减灾技术研究院与中国科学院半导体所共建联合实验室，防灾科技学院与中冶总局共建城市安全与地下空间研究院。组建中国地震局厦门海洋地震研究所，打造国家级海洋地震科学研究试验平台。

3. 地震监测预报

1）扎实开展震情监视跟踪和趋势研判

认真实施2018年度全国震情监视跟踪工作方案，落实异常核实、加密监测、联合会商等累计360余项措施，全年共组织开展异常现场核实258次，召开紧急和加密会商622次，危险区震情监视跟踪实效进一步提升。2018年10—12月，完成2019年度全国地震趋势会商和地震重点危险区判定，形成了2019年度地震趋势预报意见上报国务院。

2）持续加强地震监测预报基础能力建设

一是提升地震监测基础能力。提升西

部强震多发地区监测能力，填补四川西部和西藏中东部地区地震活动监测空白区，实现超快速报能力（图 5-2-2）。全年完成 17 个地震台站优化改造和 15 个省局 153 个地震台站综合观测技术保障系统改造。

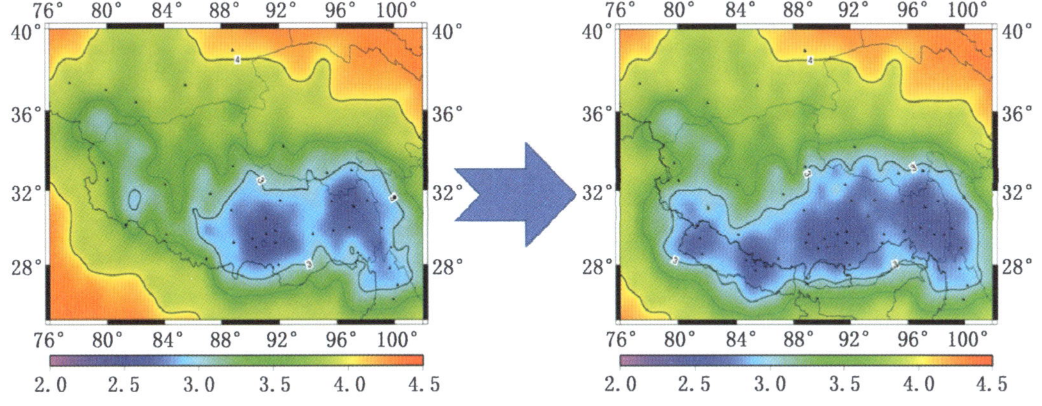

图5-2-2　西藏地区监测能力显著提升

二是推进地震预报新技术应用。建设地震分析会商技术系统，部署 32 个应用流程开展业务试用，实现每日自动处理观测资料，每周、每月自动产出并推送会商报告。新研发的震后趋势判定技术系统，实现中国大陆显著地震发生后 30 分钟内自动产出快速判定意见。

三是提升地震网络安全防护能力。在地震系统开展为期 3 个月的地震网络安全专项整改，全面提升网络安全防范能力；进行全面网络安全防护能力升级改造；联合编制印发《地震部门网络安全等级保护定级工作指南》，进一步规范地震部门网络安全等级保护工作。

3）稳步推进重大工程建设

一是国家地震烈度速报与预警工程有序推进。全面启动项目建设实施，建立健全项目管理组织体系和制度标准体系。二是积极谋划和推进监测预报基础设施升级换代工程。开展“一带一路”地震监测台网项目可行性研究，为推进地球物理台网现代化升级奠定基础。组织凝练“陆海一体化地震风险监测预警信息化工程”重大项目，结合业务体制改革，研究设计监测基础设施升级换代。

4）全面实施地震信息化战略

一是完成地震信息化顶层设计。完成地震信息化顶层设计，提出地震信息化发展总体目标，确定了未来 3 年 7 大类 19 项重点建设任务。二是全面启动地震信息化建设。实施中国地震台网中心信息化一期工程，聚焦业务技术升级、业务流程重构、业务模式创新，开展 9 项重点任务建设。完成地震云平台、地震数据资源平台和全流程一体化监控平台设计方案及原型开发（图 5-2-3）。全面启动模拟图纸资料抢救工作，摸清底数，制定了未来 3 年的实施方案，启动 4 个试点单位 45 万张图纸扫描。

5）高效服务社会地震安全需求

一是重大活动地震安保及时有效。圆满完成全国“两会”、博鳌亚洲论坛、上

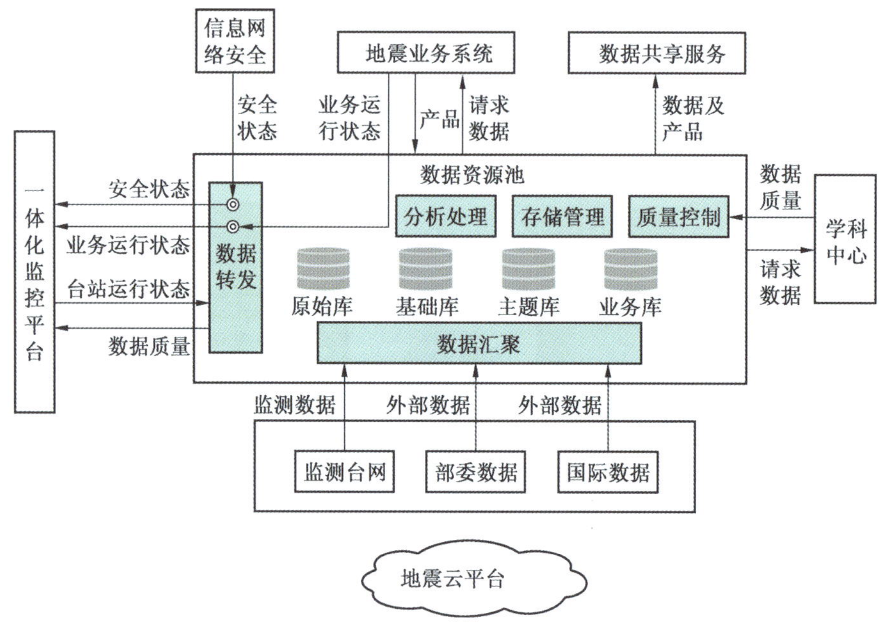

图5-2-3　新一代监测预报业务一体化平台架构

合组织青岛峰会、中非合作论坛北京峰会、上海进博会等重大活动，以及全国高考、汛期等特殊时段16次地震安全服务保障。

二是速报预警业务服务能力有力提升。在京津冀、川滇交界和福建地区建成地震预警示范网，不断推进地震预警技术从概念、试验走向工程应用，主动向政府和试点行业开展地震预警信息服务，福建预警系统在11月26日台湾海峡6.2级地震中成效显著，四川预警系统在四川兴文5.7级地震后成功向2380个手机用户、3750套专用接收终端发布了地震预警信息，7.4秒产出第一次地震超快速报结果，为有力有序开展抗震救灾工作提供了决策依据。

三是地震信息化服务体系进一步完备。坚持需求导向，探索“互联网＋地震”创新服务模式。建立了包括12322传统平台和移动多媒体平台的完整地震信息服务体系，实现了地震速报信息人口覆盖由百万量级到以亿为单位的能力提升。

6）积极推动监测预报业务体制改革

一是开展监测预报业务体制改革顶层设计和宣贯。编制出台《地震监测预报业务体制改革顶层设计方案》，明确了推进监测预报现代化建设“三步走”战略目标，研究部署了八大业务体系改革举措，明确了发展方向。

二是着力推进重点改革任务落地见效。构建地震监测设备全生命周期管理体系。印发《地震监测专业设备管理办法》，编制《地震计量管理办法》，发布《地震计量体系建设方案（2018—2020年）》，建成地电、地磁、汞等专业设备和通用电子检测实验室平台，开展两批次共78个型号的测震专业设备定型检测，初步构建地震专业仪器装备全链条业务管理框架和支撑体系。统筹推进地震台站改革，编制台站改革意见，制定台站运维定额标准，印发《台站标准化设计规范》，指导完成8个省局16个台站标准化试点改造。强化滚动会商和联动会商，会商频次比以往增加4~5倍。推进开放式会商，来自系统外17个单位30余位院士专家参与年度全国地震趋势会商会。推进风险预报，每月产出中国大陆未来1个月、3个月的发震概率图。探索数值预报，推进强震震源物理模型和危险性概率预报模型构建。

7）不断提高监测预报管理规范化水平

重新细化构建了8个分领域框架体系，基本完成地震监测预报规制体系框架构建（图5-2-4）。列出了管理制度和标准规范的制修订清单，为规制标准建设提供了指引。全年共制修订监测预报管理规制13项，出台监测预报领域技术标准6项，印发《地震信息化标准体系（2018版）》，确立了6个分体系和首批223项标准清单，启动23项防震减灾信息化急需标准规范研制。

4. 震害防御

1）深化震防体制机制改革

一是落实中央“放管服”改革，不断完善地震安全性评价改革方案，印发了《关于贯彻落实〈国务院办公厅关于开展工程建设项目审批制度改革试点的通知〉的指导意见》，编制了《区域性地震安全性评价工作大纲》，指导7个省出台区域性地震安全性评价管理办法及技术工作大纲。二是全国共开展一般建设工程区划图执行情况专项检查407次，开展13个地震小区划技术审查。三是推进地震安全性评价诚信体系建设，完成79家地震安全性评价单位信息汇总和公示公开工作。四是参加川藏铁路雅安至林芝段等5项重大工程抗震设计专题审查。

2）提升城乡建筑抗震设防能力

一是服务国家重大战略地震安全。组织完成河北雄安新区土壤液化风险评估研究，完成《河北雄安新区地震安全专项规划》和《雄安新区区域性地震安全性评价工作方案》。组织开展海南江东新区地震安全分析及抗震专题研究，为江东新区国土利用、城市规划提供基础性依据。二是推进活动断层探察工作。《活动断层探

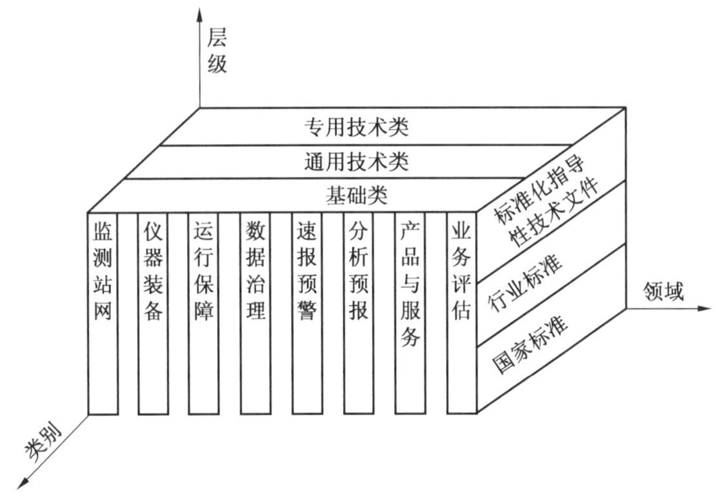

图5-2-4　地震监测预报规制体系框架

测》（GB/T 36072—2018）正式发布实施。开展12个城市活动断层探察，工作区面积约24000平方公里。三是推广减隔震等抗震新技术。在全国1300余项建设工程中推广应用减隔震技术，推动工程抗震从“硬抗震”到“韧性抗震”的转变。四是推进港珠澳大桥等10余项重大工程布设结构健康监测和诊断技术系统。五是推进农村民居地震安全工程，提高农村民居抗震能力。完成190多万户农居抗震改造，惠及人口5437万人。六是推进地震巨灾保险试点。2018年，全国地震巨灾保险保费金额2570多亿元。

3）推进防震减灾示范社区创建和科普工作

一是推进防震减灾示范城市建设纳入国家安全发展示范城市创建。2018年，各地共申报全国综合减灾示范社区1548个。新认定国家防震减灾科普示范学校83所，防震减灾科普教育基地58个、示范学校108所。合肥市防震减灾科普教育馆等7个全国防震减灾科普教育基地被认定为第二批全国中小学生研学实践教育基地。二是召开全国首届地震科普大会，出台《加强新时代防震减灾科普工作的意见》。举办首届全国防震减灾科普作品大赛和“防灾千场大讲座”主题活动等比赛和活动2089场次；举办科普培训班17期，培训学员2440人。指导第一批全国中小学生研学实践教育基地开展课程设计和研发。

二、地质灾害

（一）地质灾害情况

1. 地质灾害统计情况

2018年，全国共发生地质灾害2966起，其中，滑坡1631起、崩塌858起、泥石流339起、地面塌陷122起、地裂缝9起和地面沉降7起，分别占地质灾害总数的55.0%、28.9%、11.4%、4.1%、0.3%和0.2%，共造成105人死亡、7人失踪、73人受伤，直接经济损失14.7亿元。与2017年同期相比，地质灾害发生数量、造成的死亡失踪人数和直接经济损失分别减少61%、68%和59%。2018年，全国共成功预报地质灾害496起，避免人员伤亡23560人，避免直接经济损失9.6亿元。

与2013—2017年均值相比，2018年地质灾害数量减少71.4%。死亡失踪人数减少73.5%，直接经济损失减少70.4%。

2013—2018年地质灾害情况见表5-2-4，如图5-2-5至图5-2-7所示。

表5-2-4　2013—2018年地质灾害情况表

年　份	2013	2014	2015	2016	2017	2018	2013—2017年均值
数量（起）	15403	10907	8224	9710	7521	2966	10353
死亡失踪（人）	669	400	287	405	354	112	423
直接经济损失（亿元）	101.5	54.1	24.9	31.7	35.9	14.7	49.62

注：数据来源于自然资源部。

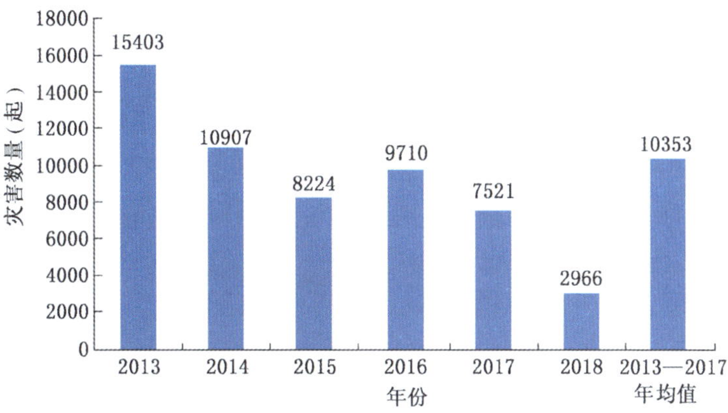

图5-2-5 2013—2018年地质灾害数量对比

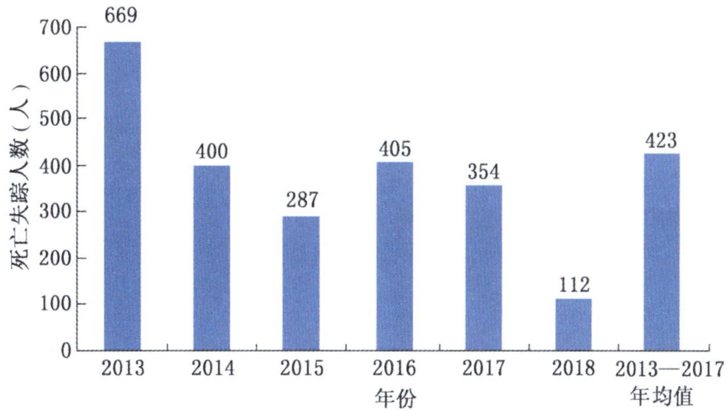

图5-2-6 2013—2018年地质灾害造成死亡失踪人数对比

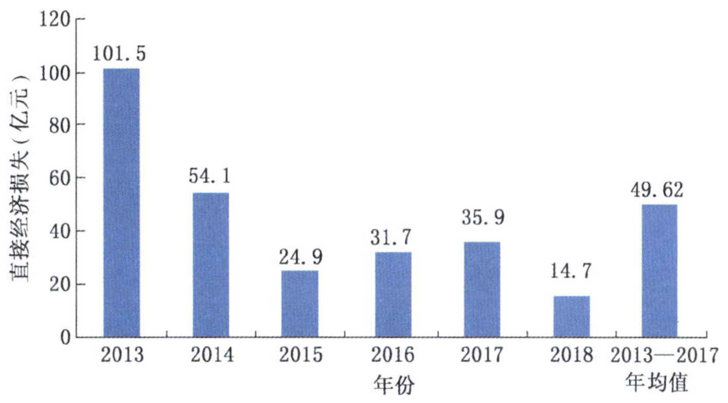

图5-2-7 2013—2018年地质灾害造成直接经济损失对比

2018 年造成人员死亡失踪的地质灾害情况见表 5-2-5。

2. 主要灾情

1）金沙江两次堰塞湖灾情

2018 年 10 月 11 日 7 时许，西藏自治区昌都市江达县与四川省甘孜藏族自治州白玉县交界处发生山体滑坡，导致金沙江断流并形成堰塞湖（图 5-2-8）。据统计，灾害造成西藏、四川、云南 3 省（自治区）16 个县（市、区）4.6 万人受灾，4.1 万人紧急转移安置。11 月 3 日 17 时 40 分左右，西藏自治区昌都市江达县波罗乡白格村原“10・11”山体滑坡点再次发生滑坡，造成金沙江断流，并形成堰塞湖。据统计，灾害造成西藏、四川、云南 3 省（自治区）10.2 万人受灾，8.6 万人紧急转移安置。

图5-2-8　金沙江“10・11”白格堰塞湖

2）雅鲁藏布江两次堰塞湖灾情

2018 年 10 月 17 日和 29 日，西藏自治区林芝市米林县先后发生冰川冰崩和冰川泥石流，接连两次造成雅鲁藏布江断流并两次形成堰塞湖（图 5-2-9）。给下游地区群众和水电站、道路桥梁等基础设施造成巨大风险威胁。

图5-2-9　雅鲁藏布江堰塞湖

（二）地质灾害防范应对

一是有力处置重大地质灾害。对甘肃舟曲江顶崖滑坡、云南文山麻栗坡泥石流、金沙江两次山体滑坡、雅鲁藏布江两次泥石流等 6 次重大地质灾害事件开展了应急救援。二是防范次生地质灾害。赴黑龙江、江苏、浙江、广东、广西、四川、陕西、甘肃等地，深入暴雨洪涝、台风重灾区，实地查看地质灾害险情灾情，督促指导地方切实做好防范工作，最大限度降低灾害损失。三是积极协调财政部拨付特大型地质灾害救灾资金。共向四川、西藏、云南、甘肃、陕西等省（自治区）下拨特大型地质灾害救灾资金 9.45 亿元，有力支持了地方的应急救灾工作。四是与自然资源部协调联动。加强沟通交流，推动形成两部相互协同工作机制，共同做好地质灾害防范工作。

表5-2-5　2018年造成人员死亡失踪的地质灾害情况表

序号	发生日期	地　　点	灾害类型	死亡失踪（人）
1	1月24日	湖北省恩施土家族苗族自治州建始县	滑坡	1
2	3月20日	福建省三明市大田县	崩塌	1
3	3月25日	广西壮族自治区河池市宜州区	崩塌	1
4	4月1日	陕西省延安市延川县	崩塌	1
5	4月22日	重庆市长寿区	崩塌	2
6	4月24日	重庆市万州区	崩塌	2
7	4月24日	重庆市垫江县	崩塌	1
8	4月26日	湖南省娄底市新化县	崩塌	1
9	4月30日	山西省吕梁市离石区	崩塌	9
10	5月4日	湖南省邵阳市邵东县	滑坡	3
11	5月7日	湖北省恩施土家族苗族自治州恩施市	滑坡	1
12	5月13日	陕西省安康市白河县	崩塌	4
13	5月20日	重庆市武隆区	滑坡	5
14	5月22日	四川省内江市东兴区	崩塌	1
15	6月8日	广东省云浮市新兴县	滑坡	2
16	6月8日	广东省云浮市新兴县	滑坡	2
17	6月8日	广东省云浮市新兴县	崩塌	1
18	6月21日	云南省昭通市巧家县	滑坡	1
19	6月22日	云南省曲靖市宣威市	滑坡	1
20	6月23日	广西壮族自治区南宁市武鸣区	崩塌	1
21	6月24日	广西壮族自治区百色市凌云县	滑坡	6
22	6月24日	广东省河源市紫金县	崩塌	2
23	6月30日	湖南省怀化市沅陵县	滑坡	4
24	7月2日	四川省甘孜藏族自治州德格县	崩塌	2
25	7月4日	重庆市巫溪县	崩塌	1
26	7月6日	重庆市彭水苗族土家族自治县	泥石流	2
27	7月6日	重庆市武隆区	崩塌	1

表5-2-5（续）

序号	发生日期	地　　点	灾害类型	死亡失踪（人）
28	7月10日	四川省广元市青川县	崩塌	3
29	7月10日	甘肃省定西市陇西县	崩塌	3
30	7月10日	甘肃省陇南市礼县	崩塌	1
31	7月11日	甘肃省陇南市康县	滑坡	3
32	7月11日	甘肃省陇南市礼县	崩塌	1
33	7月11日	甘肃省平凉市崇信县	崩塌	1
34	7月18日	青海省黄南藏族自治州尖扎县	泥石流	2
35	7月18日	青海省海东市循化撒拉族自治县	泥石流	1
36	7月24日	天津市蓟州区	崩塌	2
37	8月3日	广西壮族自治区河池市金城江区	崩塌	2
38	8月3日	云南省丽江市华坪县	滑坡	1
39	8月4日	西藏自治区林芝市察隅县	崩塌	2
40	8月10日	云南省怒江傈僳族自治州泸水市	泥石流	1
41	8月11日	广东省茂名市信宜市	滑坡	1
42	8月11日	广东省茂名市信宜市	崩塌	1
43	8月13日	吉林省延边朝鲜族自治州安图县	崩塌	1
44	8月21日	甘肃省临夏回族自治州临夏市	滑坡	2
45	8月29日	云南省普洱市墨江哈尼族自治县	泥石流	8
46	9月7日	福建省宁德市古田县	崩塌	5
47	9月17日	广东省云浮市云安区	崩塌	1
48	9月18日	青海省西宁市湟中县	崩塌	1
49	9月20日	西藏自治区林芝市墨脱县	泥石流	2
50	10月9日	湖北省荆门市掇刀区	地面塌陷	3
51	11月10日	甘肃省兰州市	滑坡	1
52	11月26日	湖南省湘西土家族苗族自治州龙山县	地面塌陷	2
53	12月9日	新疆维吾尔自治区乌鲁木齐市	崩塌	1
54	12月19日	山西省吕梁市离石区	崩塌	1
合计				112

第三章　防汛抗旱防台风

一、洪涝

（一）降雨

2018 年，全国共发生 34 次强降雨过程，平均降水量 635 毫米，较常年多 5%，西北中部东部、西南北部、东北中部及新疆西部等地多 3~7 成。四川、甘肃、青海、宁夏入汛以来累积面平均降雨量较常年同期多 2~4 成，列历史同期第 1~2 位。嘉陵江、岷沱江流域 6 月 1 日至 7 月 16 日累积面降雨量较常年同期多 8 成，列历史同期第 1 位。北方地区 4 月出现 1951 年以来同期罕见强降雨，河北、河南 43 个县（市）日雨量突破当地 4 月极值。河北、黑龙江、北京 7 月累积降雨量较常年同期多 3 成到 1.2 倍。山东、广东等地局部地区 8 月日降雨量突破历史极值，最大 24 小时降雨量广东惠州高潭镇达 1056.7 毫米。同时，4—9 月华南北部、江南、黄淮西部、东北南部及湖北等地累积降雨量较常年同期偏少 2~4 成。

（二）洪水

7 月，长江发生 2 次编号洪水，三峡水库先后出现 53000 立方米 / 秒和 60000 立方米 / 秒的入库洪峰，干流寸滩水文站洪峰水位 184.05 米，超过保证水位 0.55 米，嘉陵江上游、涪江上游、沱江上游发生特大洪水，大渡河上中游发生大洪水。7 月和 9 月，黄河先后发生 3 次编号洪水，上游来水较常年偏多近 7 成，干流兰州、吴堡等水文站流量超警戒，支流渭河发生超警洪水。8 月，松花江和淮河流域沭河各发生 1 次编号洪水。黑龙江上中游发生超警洪水，乌苏里江上游发生超保洪水。全国共有 24 个省（自治区、直辖市）454 条河流发生超警以上洪水，其中 72 条河流发生超保洪水，24 条河流发生超历史洪水。

（三）主要灾情

1. 江西暴雨洪涝灾害

7 月 5—8 日，江西省部分地区遭受强降雨袭击。其中，7 月 5 日 20 时至 7 日 8 时，江西全省共有 14 个县（市、区）的 74 个测站降雨量超过 250 毫米，63 个县（市、区）的 1494 个测站介于 100~250 毫米，最大点雨量为景德镇昌江区 381 毫米。强降雨导致景德镇昌江区、抚州市临川区城区发生严重内涝，多个路段因积水通行困难，大量房屋、商铺进水，普遍进水深度达 2 米。

据统计，灾害造成抚州、景德镇、吉安等 9 市 37 个县（市、区）109.8 万人受灾，1 人死亡，13 万人紧急转移安置，6.5 万人需紧急生活救助；1900 余间房屋倒塌，3300 余间房屋不同程度损坏；农作物受灾面积 97.6 千公顷，其中绝收 13.8 千公顷；直接经济损失 13.8 亿元。

2. 渝川陕甘暴雨洪涝灾害

7 月 6—12 日，四川盆地及西北部分地区连续遭受强降雨袭击，局地还伴有雷暴大风、冰雹等强对流天气，引发洪涝（图 5-3-1）、泥石流、风雹等灾害。四川盆地局地累计降水量超 600 毫米，甘肃东南部、陕西西南部和北部降雨量 100~200

毫米。其中，8—11日，四川盆地西部累计降水量100~350毫米，绵阳、德阳和成都局地降雨量400~500毫米，绵阳江油局地降雨量达619毫米。

据统计，灾害造成重庆、四川、陕西、甘肃4省（直辖市）35市（州）205个县（市、区）611.3万人受灾，25人死亡，2人失踪，50.8万人紧急转移安置，5.3万人需紧急生活救助；1.2万间房屋倒塌，19.5万间房屋不同程度损坏；农作物受灾面积385千公顷，其中绝收80.2千公顷；直接经济损失334.2亿元。其中，四川、甘肃灾情较重。

图5-3-1　重庆合川洪涝灾害

3. 西北地区洪涝风雹灾害

7月18—23日，西北部分地区出现分散性大雨或暴雨，其中，18日18—24时，甘肃省临夏回族自治州遭受强降雨袭击，东乡族自治县6小时最大点降雨量114毫米，达板镇、果园乡、风山乡6小时最大降雨量30~60毫米，引发山洪灾害。

据统计，灾害造成陕西、甘肃、青海、宁夏4省（自治区）18市（州）53个县（市、区）51万人受灾，25人死亡，4人失踪，2.9万人紧急转移安置，3700余人需紧急生活救助；4000余间房屋倒塌，2.9万间房屋不同程度损坏；农作物受灾面积34.4千公顷，其中绝收6.2千公顷；直接经济损失28.1亿元。其中，甘肃灾情较重。

4. 内蒙古暴雨洪涝灾害

7月18—22日，内蒙古自治区多地出现暴雨和大暴雨天气。其中，7月18日23时至7月19日11时，全区有103个县（旗）出现降雨，3个县（旗）中的8个站出现大暴雨，降雨量达104.3~165毫米，最大降雨量出现在包头市固阳县杨六乞卜，达165毫米。受局地强降雨影响，巴彦淖尔市、包头市、呼和浩特市多条河流发生较大洪水，其中，巴彦淖尔境内黄河支流乌苏图勒河及包头境内内陆河艾不盖河发生超历史洪水，导致部分农田被淹，农作物减产、绝收，农业、水利、交通等基础设施受损严重。

据统计，灾害造成巴彦淖尔、包头、鄂尔多斯等10市（盟）40个县（市、区、旗）77万人受灾，13人死亡，1人失踪，10.3万人紧急转移安置，5400余人需紧急生活救助；近4900间房屋倒塌，2.4万间房屋不同程度损坏；农作物受灾面积318.6千公顷，其中绝收90.7千公顷；直接经济损失59.8亿元。

5. 新疆哈密市暴雨洪涝灾害

7月31日6时至9时30分，新疆维吾尔自治区哈密市伊州区沁城乡突降暴雨，其中，沁城乡小堡区域发生局部短时特大暴雨洪水，1小时最大降水量达110毫米，最大洪峰流量达731立方米/秒，为有水文记录资料以来最高记录；伊吾县域内同时出现大范围降雨，伊吾河最大洪峰流量达170立方米/秒，伊吾河流域下马崖区域瞬时流量创有水文记录资料以来最高记录。由于涌入射月沟水库（小型水库，库容678万立方米）的洪峰流量合计达1848立方米/秒，远远超过该水库300年一遇校核洪水标准（537立方米/秒），造成水库迅速漫顶并局部溃坝，引发洪涝灾害。

据统计，灾害造成新疆维吾尔自治区哈密市伊州区和伊吾县、新疆生产建设兵团十三师8个团（场）共2.5万人受灾，32人死亡，6000余人紧急转移安置；1400余间房屋倒塌，7600余间房屋不同程度损坏；农作物受灾面积7.9千公顷，其中绝收1.8千公顷；直接经济损失11.1亿元。

二、台风

2018年，西北太平洋和南海共生成27个台风，较常年同期多3.3个；其中10个登陆我国，较常年同期多3个（表5-3-1）。8月共生成9个台风，列1967年以来第1位，登陆4个，列1998年以来第1位。第4号、16号台风“艾云尼”“贝碧嘉”均在广东和海南登陆3次，影响时间长。第8号台风“玛莉亚”为1949年以来7月登陆福建的最强台风，沙埕站出现历史最高潮位。第10号、12号和18号台风“安比”“云雀”和“温比亚”26天内接连登陆上海，为1949年以来首次。第10号、14号和18号台风“安比”“摩羯”和“温比亚”登陆后均北上，给华东、华北、东北等地带来强降雨；其中台风“温比亚”在陆上维持时间达73小时，较历史统计在钱塘江口以北登陆台风平均陆上维持时间多21小时。第22号台风“山竹”登陆广东时风力达14级，为2018年登陆我国的最强台风，珠江三角洲12个潮位站出现历史最高潮位。

表5-3-1　2018年登陆我国台风基本情况表

<table>
<tr><th rowspan="2">序号</th><th rowspan="2">编号</th><th rowspan="2">名称</th><th rowspan="2">登陆级别</th><th colspan="4">登陆情况</th><th rowspan="2">主要影响区域</th></tr>
<tr><th>时间</th><th>地点</th><th>风力（级）</th><th>风速（米/秒）</th></tr>
<tr><td rowspan="3">1</td><td rowspan="3">201804</td><td rowspan="3">“艾云尼”</td><td rowspan="3">热带风暴</td><td>6月6日6时25分</td><td>广东湛江市徐闻县</td><td>8</td><td>20</td><td rowspan="3">福建、江西、湖南、广东、广西、海南</td></tr>
<tr><td>6月6日14时50分</td><td>海南海口市</td><td>8</td><td>18</td></tr>
<tr><td>6月7日20时30分</td><td>广东阳江市</td><td>8</td><td>20</td></tr>
<tr><td>2</td><td>201808</td><td>“玛莉亚”</td><td>强台风</td><td>7月11日9时10分</td><td>福建连江县黄岐半岛</td><td>14</td><td>42</td><td>浙江、福建、江西</td></tr>
<tr><td>3</td><td>201809</td><td>“山神”</td><td>热带风暴</td><td>7月18日4时50分</td><td>海南万宁市万城镇</td><td>9</td><td>23</td><td>广西、海南、云南</td></tr>
<tr><td>4</td><td>201810</td><td>“安比”</td><td>强热带风暴</td><td>7月22日12时30分</td><td>上海崇明岛</td><td>10</td><td>28</td><td>北京、河北、辽宁、吉林、黑龙江、上海、江苏、浙江、山东</td></tr>
<tr><td>5</td><td>201812</td><td>“云雀”</td><td>热带风暴</td><td>8月3日10时30分</td><td>上海金山区</td><td>9</td><td>23</td><td>上海、浙江</td></tr>
</table>

表5-3-1（续）

序号	编号	名称	登陆级别	登陆情况				主要影响区域
				时间	地点	风力（级）	风速（米/秒）	
6	201814	“摩羯”	强热带风暴	8月12日23时35分	浙江温岭市	10	28	河北、辽宁、吉林、上海、江苏、安徽、山东
7	201816	“贝碧嘉”	热带风暴	8月15日21时40分	广东雷州市东里镇	9	23	湖南、广东、广西、海南
8	201818	“温比亚”	热带风暴	8月17日4时5分	上海浦东新区	9	20	辽宁、吉林、上海、江苏、浙江、安徽、山东、河南
9	201822	“山竹”	强台风	9月16日17时	广东台山市海宴镇	14	45	江苏、浙江、福建、广东、广西、海南、贵州、云南
10	201823	“百里嘉”	强热带风暴	9月13日8时30分	广东湛江市坡头区	10	25	广东、海南、广西

1. 1808号台风“玛莉亚”

7月11日9时10分前后，1808号台风“玛莉亚”在福建省连江县黄岐半岛沿海登陆，11日20时移入江西境内并减弱为热带低压。受其影响，福建东北部和浙江东南部出现大到暴雨、局地大暴雨，福建中部、浙江东南部、江西中部等地累计降雨量50~120毫米，福建福州、三明和浙江温州局地降雨量150~200毫米，其中，三明建宁县局地降雨量260~285毫米。据统计，灾害造成浙江、福建、江西、湖南4省20市107个县（市、区）142.3万人受灾，1人死亡，54.2万人紧急转移安置，近1000人需紧急生活救助；500余间房屋倒塌，3.6万间房屋不同程度损坏；农作物受灾面积82.3千公顷，其中绝收5.0千公顷；直接经济损失41.6亿元。其中，浙江、福建灾情较重。

2. 1818号台风“温比亚”

8月17日4时5分前后,1818号台风“温比亚”在上海市浦东新区南部沿海登陆，登陆时中心附近最大风力9级（23米/秒）。受其影响，8月16—20日，浙江、上海、江苏、安徽、河南、山东、辽宁、吉林等地出现暴雨或大暴雨，河南东部、苏皖北部、山东等地部分地区出现特大暴雨；其中，河南商丘和周口市、安徽宿州和淮北市、江苏徐州市、辽宁大连，山东济宁、泰安、临沂、淄博、潍坊、东营等地累计降雨量200~450毫米，河南商丘睢县最大降雨量达543毫米，江苏徐州沛县降雨量528毫米，山东泰安市降雨量510

毫米。据统计，灾害造成河北、辽宁、上海、江苏、浙江、安徽、山东、河南8省（直辖市）46市228个县（市、区）1800.4万人受灾，52人死亡，1人失踪，45.4万人紧急转移安置，6.1万人需紧急生活救助；1.5万间房屋倒塌，12.2万间房屋不同程度损坏；农作物受灾面积2014.9千公顷，其中绝收249.3千公顷；直接经济损失369.1亿元。其中，安徽、山东灾情较重。

3. 1822号台风“山竹”

9月16日17时前后，1822号台风“山竹”在广东省江门市台山沿海登陆，17日20时在广西境内停止编号。台风“山竹”是2018年第10个登陆我国的台风，也是当年最强登陆的台风。受其影响，16—18日早晨，广东中西部和南部、广西中部、海南岛北部、贵州东南部及江苏东南部、安徽东南部、浙江北部和东部、福建东北部等地累计降雨量100~280毫米，广东茂名、阳江、云浮、江门、深圳、惠州等地降雨量300~478毫米；广东中西部、广西东南部最大小时降雨量30~60毫米、局地70~95毫米。据统计，灾害造成湖南、广东、广西、海南、贵州、云南6省（自治区）48市（州）186个县（市、区）471.3万人受灾，6人死亡，152.9万人紧急转移安置，9.8万人需紧急生活救助；3400余间房屋倒塌，1.1万间房屋不同程度损坏；农作物受灾面积341.4千公顷，其中绝收16.2千公顷；直接经济损失142.3亿元。其中，广东、广西灾情较重。

三、低温雨雪冷冻灾害

（一）灾害情况

2018年，低温雨雪冰冻灾害主要集中在1月、4月初和12月下旬。

1月，我国天气较2017年12月发生了重大转变，由前期的干燥少雨雪天气转变为雨雪增多增强天气，尤其是中东部地区先后出现3次大范围低温雨雪冰冻天气过程，雨雪覆盖范围高达576万平方公里。3轮低温雨雪冰冻天气过程高度重叠，中到大雪区域重复落在安徽、湖北、湖南等省，导致局部地区重复受灾，灾情较重。据统计，1月低温冷冻和雪灾共造成全国957.2万人次受灾，23人死亡，农作物受灾面积972.9千公顷，其中绝收面积48.2千公顷，直接经济损失163.2亿元。

4月，全国共出现3次冷空气过程。其中，4月3—7日是一次全国性寒潮过程，强度强、影响范围广，降温幅度超过14℃的国土面积达253.5万平方公里。据统计，4月低温冷冻和雪灾共造成全国1228.5万人次受灾，农作物受灾面积1366.3千公顷，其中绝收面积359.8千公顷，直接经济损失237.1亿元。

12月下旬，多省部分地区出现小到中雪、局部大雪，湖南中北部、湖北南部、江西北部和贵州中南部等地受到一定影响。

总的看，2018年低温雨雪冰冻灾害偏重发生，共造成全国2495.3万人次受灾，23人死亡，农作物受灾面积3412.6千公顷，直接经济损失434亿元。

（二）主要灾情

1. 中东部地区低温雪灾

1月3—5日，中东部地区遭受大范围雨雪天气过程，其中，河南信阳市区24小时降雪量超过43毫米，突破1951年以来市区日降雪量历史极值，地面积雪深度超过21厘米；安徽多地普降大雪或暴雪，局部大暴雪，造成多人死亡。

据统计，低温冷冻和雪灾造成江苏、安徽、河南、湖北、湖南5省38市（州）179个县（市、区）309.2万人受灾，22人死亡，4000余人紧急转移安置，1.6万人需紧急生活救助；1000余间房屋倒塌，近5000间房屋不同程度损坏；农作物受灾面积293.7千公顷，其中绝收16千公顷；直接经济损失87.7亿元。其中，安徽灾情较重。

2. 华北西北黄淮等地低温冻害

4月3—7日，受两股冷空气接连影响，我国大部地区出现明显雨雪和持续低温天气。其间，大部地区平均气温降幅达8~14℃，其中，华北、黄淮等地达15~20℃，甘肃、陕西、山西、河北等地最低气温降至0℃以下。

据统计，低温冷冻灾害造成河北、山西、河南、陕西、甘肃5省41市（州）200个县（市、区）1255.7万人受灾，28.3万人需紧急生活救助；400余间房屋不同程度损坏；农作物受灾面积1349.4千公顷，其中绝收358.9千公顷；直接经济损失233.7亿元。

四、干旱

2018年春季至夏初，北方冬麦区和东北部分地区持续少雨，旱情发展迅速（图5-3-2），6月上旬全国耕地受旱面积一度达到7720万亩，此后旱区出现明显降水过程，旱情缓和。入夏后东北、江南、西南等地高温少雨，部分地区发生夏伏旱，辽宁、内蒙古、湖南、江西、湖北等省（自治区）耕地受旱面积一度达到5072万亩。

图5-3-2　内蒙古春旱灾情

五、防汛抗旱防台风工作

（一）汛前准备

2018年3月27日，国家防汛抗旱总指挥部公布全国防汛抗旱行政责任人名单，并针对地方政府换届和新上任责任人较多的情况，督促各地加强培训，多次派专家赴地方现场指导。汛前国家防汛抗旱总指挥部组成9个检查组，赴大江大河和重点地区检查防汛抗旱防台风准备工作，对检查发现的问题以“一省一单”形式提出整改时限和要求；有关成员单位对部门、行业的防汛抗旱相关工作进行检查；国家防汛抗旱总指挥部办公室对防汛抗旱薄弱环节开展重点督查。国家防汛抗旱总指挥部批复了2018年度长江上中游水库群联合调度方案、三峡水库试验性蓄水实施计划和雄安新区起步区安全度汛方案等各类方案预案，印发了关于加强防台风转移避险工作和蓄滞洪区运用工作的指导意见。督促各地及时修复完成2017年度11.77万处水毁工程。以黄河、海河、辽河等北方流域为重点，分别组织开展预测预报、洪水调度、应急抢险等检查和演练。

（二）启动响应

先后启动11次应急响应，其中，针对台风“山竹”启动防汛防台风Ⅱ级应急响应，针对白格堰塞湖启动防汛Ⅲ级应急响应，累计派出130多个工作组赴水旱灾区一线。商财政部下达特大防汛抗旱补助费35.1亿元，支持地方做好抗洪抢险和抗旱减灾工作。

（三）工程调度

在防御长江洪水过程中，长江上游主要水库群累计拦蓄洪水110多亿立方米。国家防汛抗旱总指挥部组织长江防汛抗旱总指挥部科学调度三峡水库，分别将53000立方米/秒和60000立方米/秒的入库洪峰削减至40000立方米/秒和43300立方米/秒；联合调度金沙江中下游梯级水库拦蓄洪水，最大限度减轻川渝江段防洪压力；指导协调四川、重庆等省（直辖市）防汛抗旱指挥部科学调度嘉陵江干支流水库适时拦洪削峰错峰，降低下游洪峰水位2~4米，大大减轻沿江城镇防洪和人员转移压力。在防御黄河3次编号洪水过程中，上游实施龙羊峡、刘家峡水库联合调度，合理拦洪削峰，减轻宁蒙河段防洪压力；中下游实施三门峡水库敞泄，小浪底水库拦洪削峰和排沙减淤，保障下游滩区群众安全。在防御松花江、淮河流域沭河等江河洪水过程中，调度吉林丰满、白山水库和沂沭泗河洪水东调南下工程，保障防洪安全。

（四）堰塞湖处置

针对10月以来接连发生的金沙江、雅鲁藏布江4次堰塞湖险情，国家防汛抗旱总指挥部、应急管理部牵头，会同自然资源部、水利部等部门，组织地质、水利、冰川等方面专家，调集综合性消防救援队伍、中央企业和抢险救灾物资，全力以赴做好堰塞湖抢险救灾应急处置和群众转移安置（图5-3-3）。11月3日金沙江白格第二次滑坡形成的堰塞湖严重威胁下游群众及水电站安全，国家防汛抗旱总指挥部副总指挥、应急管理部党组书记黄明多次与四川、西藏等省区党政主要负责人员沟通协调，连续主持异地会商。为减小堰塞湖溃坝风险，应急管理部与西藏、四川和有关部门积极谋划人工干预措施，11月12日10时50分堰塞体成功安全过流，

图5-3-3　2018年10月11日，西藏江达县金沙江山体滑坡联动会商

有效降低了堰塞湖自然溃决风险。长江防汛抗旱总指挥部提前调度下游梨园、阿海等6座水电站，腾出库容近13亿立方米迎接上游溃坝洪水。西藏自治区、四川省、云南省党委和政府紧急转移受灾群众8.6万余人，实现堰塞湖排险和大流量泄流期间无人伤亡。

（五）防范山洪

全国有25个省（自治区、直辖市）共发布4.7万次县级山洪灾害预警，发送预警短信2179万余条，启动预警广播31.2万次，转移受山洪灾害威胁群众191万人，山洪灾害死亡人数明显降低，与实施山洪灾害防治项目建设以来均值相比，下降40%以上。

（六）抗旱减灾

据不完全统计，抗旱高峰期全国共投入抗旱劳力722万人，开动机电井80多万眼、泵站1.5万处，出动机动抗旱设备69万台(套)，累计完成抗旱浇灌面积1.35亿亩。

（七）防御台风

在防御台风过程中，华南、东南、华东等地区沿海省（自治区、直辖市）及时采取登陆时段停工、停产、停课、休市等应急措施，共转移海上及陆地人员570万人，组织船只回港避风33.5万艘次。

（八）部门联动

在机构改革期间，应急管理部、水利部在相关职能调整到位之前，继续按原职责分工履责，圆满完成全年防汛抗旱防台风工作任务，保证了机构改革转隶期各项工作的平稳过渡和高效运转。中宣部、国家广播电视总局组织新闻媒体加强防汛抗旱宣传，营造良好舆论氛围。国家发展改革委、财政部加大对水利建设和防汛抗旱的支持力度。应急管理部建立多部门联合会商机制，加强统筹协调，有效调动国家救援队伍跨区域支援，协调抢险救援救灾力量和物资做好对灾区群众的救助。自然资源部、水利部、住房和城乡建设部、农业农村部等做好地质灾害防治、水文监测预报与水利工程调度、城市排涝、农业防汛抗旱等工作。工业和信息化部、交通运输部、商务部、国家卫生健康委员会、国家铁路局和铁路总公司积极提供应急通信、运输和海上救援、物资供应、卫生防疫等保障。中国气象局、国家海洋局加强暴雨、台风监测预警。文化和旅游部、国家能源局指导做好汛期旅游安全、水电站安全度汛等工作。解放军、武警部队和公安机关及时出动兵力、警力参与抗洪抢险、人员搜救等，发挥了主力军和突击队重要作用。

第四章　森林草原防灭火

一、火情

（一）森林火灾

2018年，全国共发生森林火灾2478起（其中，一般火灾1579起、较大火灾894起、重大火灾3起、特大火灾2起），受害森林面积约16309公顷，因灾造成人员伤亡39人（其中，死亡23人）。与2017年相比，森林火灾起数、受害森林面积和伤亡人数分别下降23.12%、33.44%和15.12%（其中，死亡人数下降23.33%）。与前3年（2015—2017年）均值相比，火灾起数下降9.26%，受害森林面积、伤亡人数分别上升12.05%和8.33%（其中，死亡人数下降5.48%）。与前5年（2013—2017年）均值相比，火灾起数下降21.71%，受害森林面积上升6.59%，伤亡人数下降29.09%（其中，死亡人数下降29.88%）。与前10年（2008—2017年）均值相比，火灾起数、受害森林面积、伤亡人数分别下降55.80%、37.73%和49.94%（其中，死亡人数下降45.63%）。与1988年以来（1988—2017年）均值相比，火灾起数、受害森林面积、伤亡人数分别下降64.47%、77.17%和75.05%（其中，死亡人数下降54.64%）。与中华人民共和国以来（1950—2017年）均值相比，火灾起数、受害森林面积、伤亡人数分别下降79.32%、97.09%和92.16%（其中，死亡人数下降72.02%）。

2018年全国森林火灾情况见表5-4-1，火灾起数与历年火灾起数比较如图5-4-1所示，受害森林面积与历年受害森林面积比较如图5-4-2所示，伤亡人数与历年伤亡人数比较如图5-4-3所示。

已查明起火原因的森林火灾2002起，占比80.79%；未查明起火原因的森林火灾476起，占比19.21%。在已查明的火因中，祭祀用火859起，农事用火490起，野外吸烟115起，雷击火90起，电线短路49起，炼山造林和野外生活用火各47起，痴呆弄火43起，未成年人玩火37起，境外火烧入1起，其他原因224起。2018年全国森林火灾起火原因占比如图5-4-4所示。

典型的森林火灾为2018年6月1日发生在内蒙古大兴安岭汗马国家级自然保护区核心区的森林火灾。起火原因为雷击火，受害森林面积达4500公顷。火场上层树种为偃松林，中层树种为兴安落叶松林，下层植被为丛桦灌丛。火场持续高温干旱，形成小气候，出现间歇性大风，从地表火变为急进地表火、树冠火、飞火，火势骤起，火线沿山脊迅速蔓延。6月3日，火烧入黑龙江大兴安岭呼中国家级自然保护区。在应急管理部、国家林业和草原局调度指挥下，两省区森林消防等奋力扑救，6月10日外线明火全部扑灭。

表5-4-1　2018年全国森林火灾情况表

月份	森林火灾起数（起）					火场总面积（公顷）	受害森林面积（公顷）			损失林木		人员伤亡（人）				其他损失折款（万元）	出动扑火人员（人）	出动车辆（辆）	出动飞机						扑火经费（万元）
																			有人机				无人机		
								其中											固定翼		直升机				
	合计	一般火灾	较大火灾	重大火灾	特大火灾		合计	公益林	商品林	成林蓄积（立方米）	幼林株数（万株）	合计	轻伤	重伤	死亡				数量（架）	飞行时间（小时）	数量（架）	飞行时间（小时）	数量（架）	飞行时间（小时）	
累计	2478	1579	894	3	2	28595.20	16309.07	11656.57	4652.50	295627.26	1160.70	39	14	2	23	20444.73	305557	32079	34	15911.5	136	12858.2	129	106.7	8254.01
1	71	44	27			531.81	206.84	101.34	105.50	2459.20	5.74	2			2	866.73	9546	1051			4	3.1	1	0.5	222.80
2	635	440	193	2		6434.48	2802.48	1749.88	1052.60	113360.39	311.95	10	3		7	16315.70	53403	9174			20	116.9	20	25.4	1509.55
3	468	274	194			3903.93	1499.55	486.99	1012.56	51017.29	680.70	8	2	1	5	1217.43	46925	6078	3	35.6	29	109.2	19	16.7	977.24
4	888	565	323			7182.76	2838.50	1074.90	1763.60	66578.36	109.16	14	9	1	4	1289.31	77317	9703			40	204.5	68	40.6	1813.07
5	124	74	50			928.50	453.97	197.56	256.41	11133.59	25.73	3			3	266.68	21953	1546	9	10.4	13	50.4	2	0.7	826.75
6	68	31	34	1	2	8229.21	7969.60	7859.70	109.90	2320.99	1.19	1			1	62.04	68586	1236	19	15864.0	15	12336.0	5	8.5	2035.07
7	28	20	8			83.42	44.78	5.99	38.79	550.84	1.68					29.37	2596	378			3	6.8	1	1.3	33.38
8	14	10	4			35.64	13.36	9.19	4.17	46.51	0.55					4.05	737	137							12.88
9	17	9	8			247.77	98.68	45.69	52.99	1335.47	6.07					36.39	2109	217							41.92
10	95	65	30			697.40	283.67	96.89	186.78	44955.02	14.72					280.70	18544	2053	3	1.5	9	28.5	8	10	669.42
11	55	37	18			237.43	80.09	22.36	57.73	1857.80	2.60	1			1	76.33	3381	407			2	1.5	5	3	66.85
12	15	10	5			82.85	17.55	6.08	11.47	11.80	0.61						460	99			1	1.3			45.08

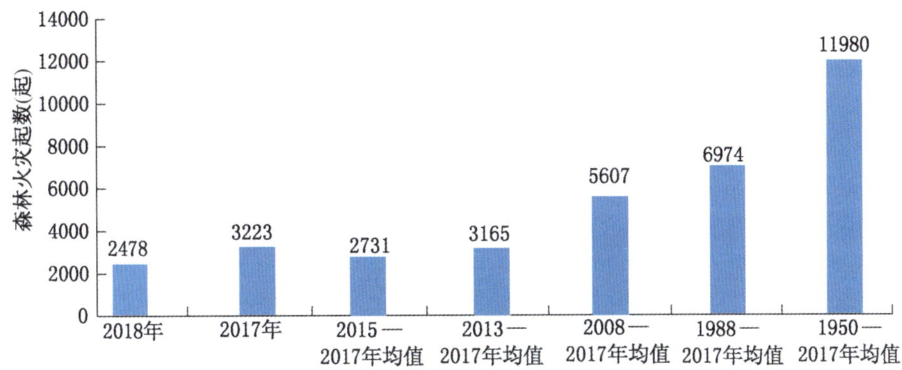

图5-4-1　2018年全国森林火灾起数与历年火灾起数比较

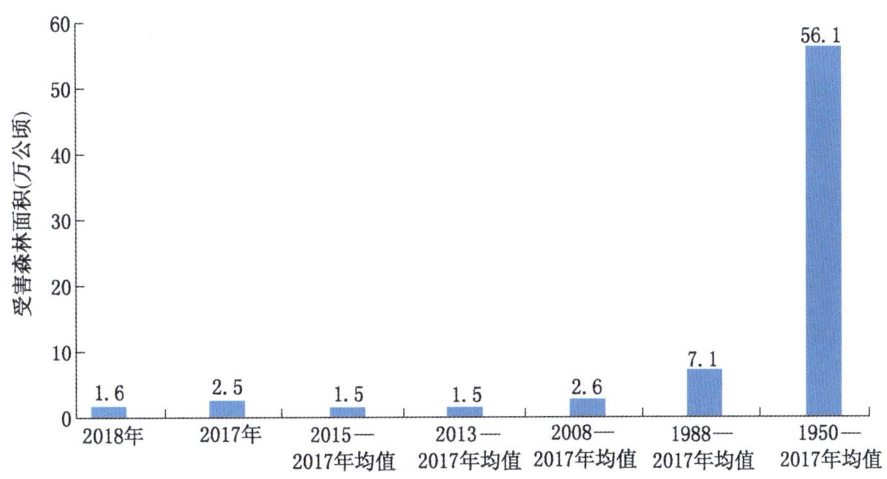

图5-4-2　2018年全国森林火灾受害森林面积与历年受害森林面积比较

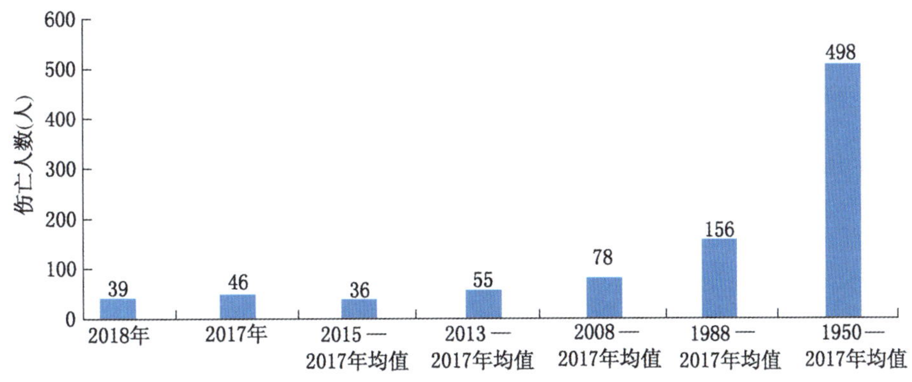

图5-4-3　2018年全国森林火灾伤亡人数与历年伤亡人数比较

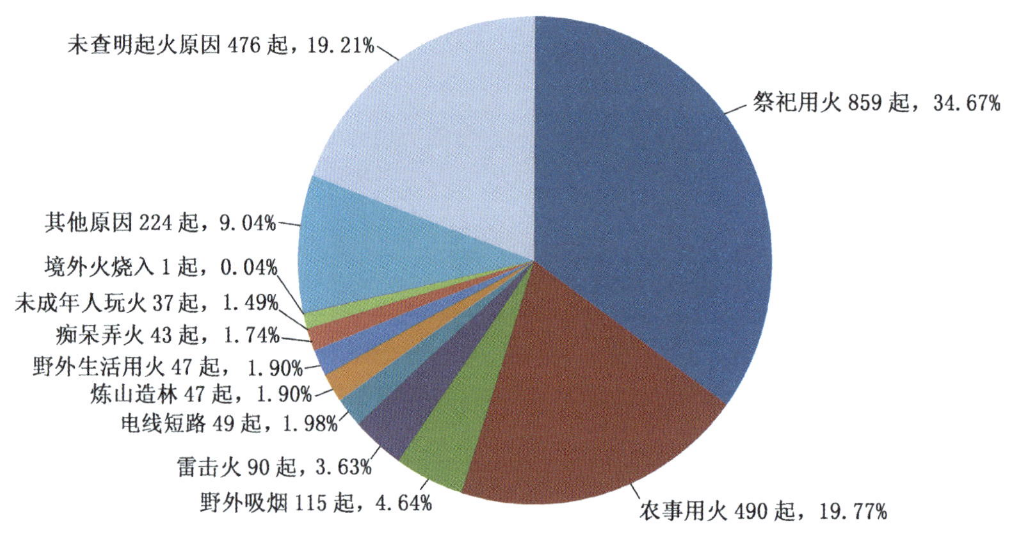

图5-4-4　2018年全国森林火灾起火原因占比

（二）草原火灾

2018 年，全国共发生草原火灾 39 起（未发生重特大草原火灾），受害草原面积约 2550 公顷，无人员伤亡。与 2017 年相比，草原火灾起数、受害草原面积分别下降 32.76% 和 16.45%，伤亡人数持平。与 2015—2017 年均值相比，火灾起数、受害草原面积、伤亡人数分别下降 41.79%、95.16% 和 100%。与 2013—2017 年均值相比，火灾起数、受害草原面积、伤亡人数分别下降 56.67%、94.52% 和 100%。与 2008—2017 年均值相比，草原火灾起数、受害草原面积、伤亡人数分别下降 67.50%、93.88% 和 100%。

2018 年全国草原火灾情况见表 5-4-2，火灾起数与历年火灾起数比较如图 5-4-5 所示，受害草原面积与历年受害草原面积比较如图 5-4-6 所示，伤亡人数与历年伤亡人数比较如图 5-4-7 所示。

表5-4-2　2018年全国草原火灾情况表

地区	火灾起数（起）	受害草原面积（公顷）	伤亡（人）	参加扑火人工日（工日）	经济损失估算（万元）
总计	39	2550.2	0	5458	102.8
河北	0	0	0	0	0
山西	0	0	0	0	0
内蒙古	16	1695.7	0	1634	29.1
辽宁	0	0	0	0	0
吉林	5	145.0	0	0	1.2
黑龙江	0	0	0	0	0
山东	0	0	0	0	0

表5-4-2（续）

地区	火灾起数（起）	受害草原面积（公顷）	伤亡（人）	参加扑火人工日（工日）	经济损失估算（万元）
四川	2	30.3	0	100	12.6
西藏	0	0	0	0	0
陕西	0	0	0	0	0
甘肃	3	118.3	0	83	9.1
青海	11	389.1	0	2126	26.1
宁夏	0	0	0	0	0
新疆	0	0	0	0	0
新疆兵团	1	151.8	0	1500	24.6
黑龙江省农垦	1	20.0	0	15	0.1

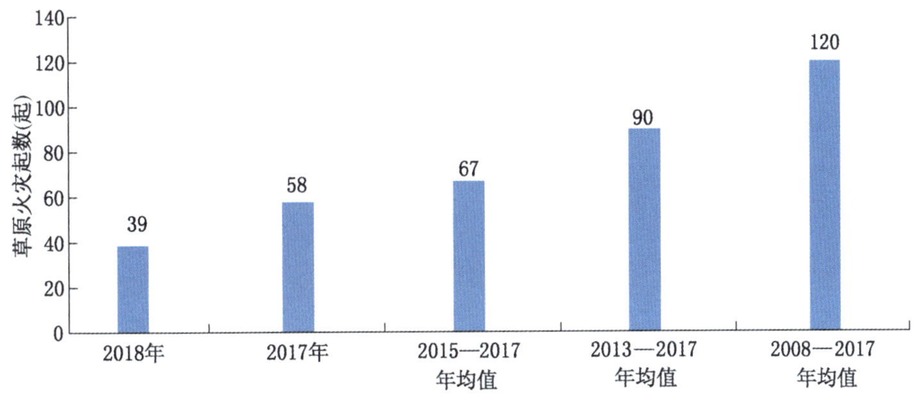

图5-4-5　2018年全国草原火灾起数与历年火灾次数比较

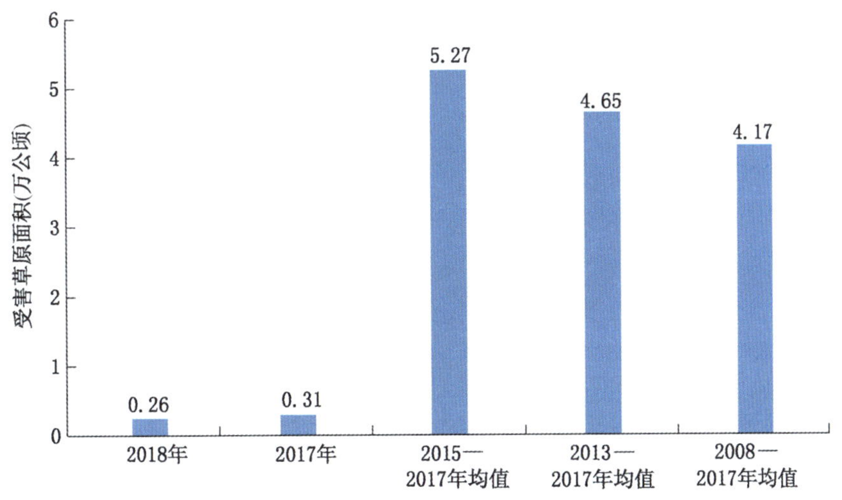

图5-4-6　2018年全国草原火灾受害草原面积与历年受害草原面积比较

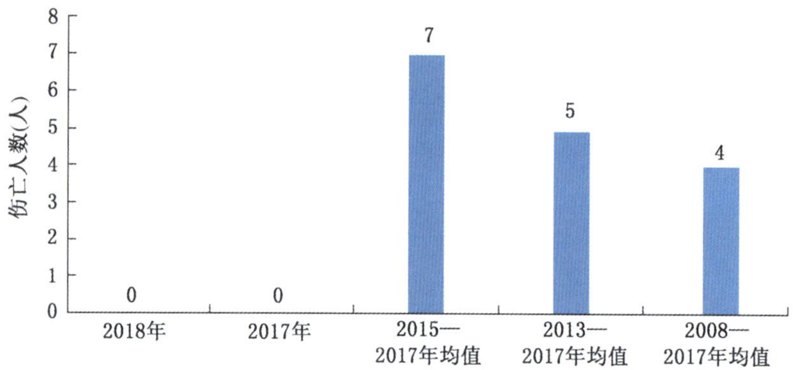

图5-4-7　2018年全国草原火灾伤亡人数与历年伤亡人数比较

2018 年，电线短路和烧荒引发草原火灾各 5 起，分别占比 12.82%；上坟烧纸和取暖做饭引发草原火灾各 3 起，分别占比 7.69%；烧秸秆引发草原火灾 2 起，占比 5.13%；吸烟和越境火引发草原火灾各 1 起，分别占比 2.56%；未查明和其他原因引发的草原火灾 19 起，占比 48.72%。

2018 年全国草原火灾起火原因占比如图 5-4-8 所示。

二、防灭火工作

（一）督导检查

国家森林草原防灭火指挥部全年共组织 31 个工作组，深入东北、西南地区等 17 个重点省（自治区）进行明查暗访，深入北京、河北冬奥赛区等重点工程进行专项督查，并在全国启动森林草原火灾风

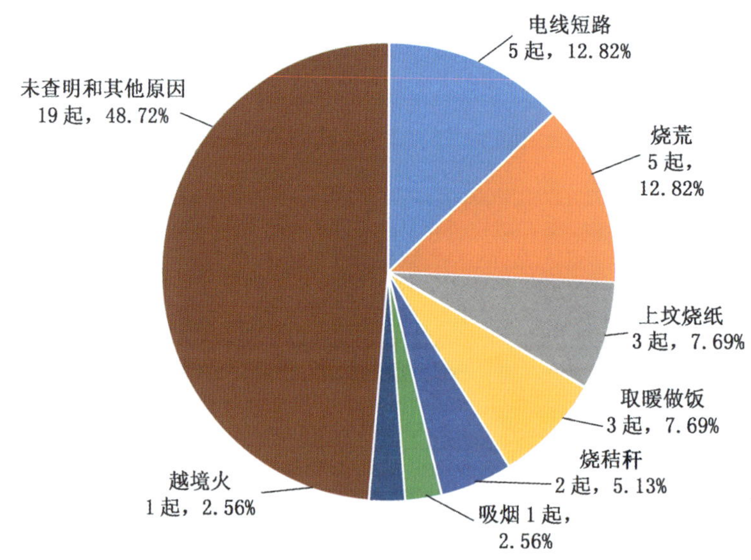

图5-4-8　2018年全国草原火灾起火原因占比

险隐患排查整治。各地加大责任追究力度，处理森林火灾案件1457起，先后有1505人次受到刑事、行政处罚和党纪政纪处分。

（二）监测预警

全年制作重点时段森林火险情况研判报告7期、森林火险气象等级预报365期、未来一周全国森林火险预测52期、未来一月全国森林火险预测12期、高森林火险天气警报135期、火场气象专报20余期、高森林火险红色（橙色）预警4期；共接收卫星轨道1.7万条，提交监测图像1.1万幅，报告热点3425个，反馈为各类林内用火2984起，热点核查反馈率99%。

（三）火灾处置

全年共租用航护飞机268架次，累计飞行1.3万小时，启动应急预案10余次，积极协调资源，快速集结力量，高效处置了四川雅江、内蒙古汗马、黑龙江呼中等重特大森林火灾。

第五章　救灾和物资保障

一、灾情管理

2018年，国家自然灾害灾情管理系统共接报和处理各省（自治区、直辖市）上报灾害事件1452条，灾情核报率95.3%，全国灾情报送保持较高水平。一是加强全国灾害信息员培训管理。在北京举办4期全国灾害信息员师资培训班，为各地培训灾害信息员师资人员440余人，覆盖所有省（自治区、直辖市）、地级市和部分多灾易灾县；联合中西部多灾易灾的11个省份培训基层灾害信息员1500余人；加强全国灾害信息员数据库建设，75.9万名灾害信息员人员信息动态更新管理。二是强化灾情日常报送。及时统计报告地震、洪涝、台风、地质灾害等灾情信息633期，为救灾决策和应急处置提供信息支撑。三是做好灾情会商核定。召开10次部际灾情会商会议，会同有关涉灾部门及时核定月度、季度、年度灾情，加强信息共享，及时通过应急管理部官网等平台发布灾情信息，确保公众知情权。

2018年救灾预警响应和应急响应启动情况见表5-5-1，2018年重大自然灾害事件情况见表5-5-2。

表5-5-1　2018年救灾预警响应和应急响应启动情况表

序号	响应编号	启动响应时间	工作组出发时间	受灾省份及地市	灾种	响应级别
1	Ⅳ级1号	7月8日8时40分	7月8日18时30分	江西抚州等	洪涝	Ⅳ级
2	预警1号	7月9日15时	7月9日17时	福建、浙江、上海、安徽、江西、河南、湖北、湖南、广东	台风“玛莉亚”	预警
3	Ⅳ级2号、3号	7月11日15时	7月9日提前到达	福建宁德、浙江温州等地	台风“玛莉亚”	Ⅳ级
4	Ⅳ级4号、5号	7月12日11时	7月12日16时	四川成都、德阳、绵阳等地，甘肃白银、天水、张掖等地	暴雨洪涝	Ⅳ级
5	Ⅳ级6号	7月27日16时	7月28日6时	内蒙古包头、巴彦淖尔	暴雨洪涝	Ⅳ级
6	Ⅳ级7号	8月1日2时	8月1日8时	新疆哈密	暴雨洪涝	Ⅳ级
7	Ⅳ级8号	8月20日17时	8月20日20时	山东潍坊、淄博、泰安等13市	台风“温比亚”	Ⅳ级

表5-5-1（续）

序号	响应编号	启动响应时间	工作组出发时间	受灾省份及地市	灾种	响应级别
8	Ⅳ级9号	8月22日8时	8月22日10时	安徽淮北、亳州、宿州等9市	台风“温比亚”	Ⅳ级
9	Ⅳ级10号	9月2日11时	9月2日14时	广东深圳、珠海、汕头等12市	暴雨洪涝	Ⅳ级
10	Ⅳ级11号	9月3日9时	9月3日14时	云南文山	暴雨洪涝	Ⅳ级
11	Ⅳ级12号	9月13日11时	9月13日16时	云南普洱墨江	5.9级地震	Ⅳ级
12	Ⅳ级13号	9月17日8时	9月11日17时	广东	台风“山竹”	Ⅳ级
13	Ⅳ级14号	9月18日8时	9月18日9时抵达	广西	台风“山竹”	Ⅳ级
14	Ⅳ级15号	10月12日15时	10月11日15时	西藏昌都、四川甘孜、云南迪庆	山体滑坡、堰塞湖	Ⅳ级
15	Ⅳ级16号	11月12日12时	11月12日21时	四川甘孜，云南丽江、迪庆，西藏昌都	山体滑坡、堰塞湖	Ⅳ级
16	Ⅳ级17号	12月16日18时	12月16日21时	四川宜宾兴文	地震	Ⅳ级

表5-5-2 2018年重大自然灾害事件情况表

重大自然灾害	人员受灾情况			农作物受灾情况		房屋倒损情况		直接经济损失（亿元）
	受灾（万人次）	死亡失踪（人）	紧急转移安置（万人次）	受灾面积（千公顷）	绝收面积（千公顷）	倒塌（万间）	损坏（万间）	
1月初中东部地区低温雪灾	309.2	22	0.4	293.7	16.0	0.1	0.5	87.7
4月初华北西北黄淮等地低温冻害	1255.6	0	0	1349.4	358.9	0	0	233.7
7月上旬江西暴雨洪涝灾害	109.8	1	13.0	97.6	13.8	0.2	0.3	13.8
7月上旬渝川陕甘暴雨洪涝灾害	611.3	27	50.8	385.0	80.2	1.2	19.5	334.2
1808号台风“玛莉亚”	142.3	1	54.2	82.3	5.0	0.05	3.6	41.6

表 5-5-2（续）

重大自然灾害	人员受灾情况			农作物受灾情况		房屋倒损情况		直接经济损失（亿元）
	受灾（万人次）	死亡失踪（人）	紧急转移安置（万人次）	受灾面积（千公顷）	绝收面积（千公顷）	倒塌（万间）	损坏（万间）	
7 月中下旬西北地区洪涝风雹灾害	51.0	29	2.8	34.4	6.1	0.4	2.8	28.1
7 月中旬内蒙古暴雨洪涝灾害	77.0	14	10.3	318.6	90.7	0.5	2.4	59.8
7 月末新疆哈密市暴雨洪涝灾害	2.5	32	0.6	7.9	1.8	0.1	0.7	11.1
1818 号台风“温比亚”	1800.4	53	45.4	2014.9	249.3	1.5	12.2	369.1
8 月下旬华南地区暴雨洪涝灾害	216.3	6	13.2	85.0	4.5	0.1	0.1	66.3
8 月末至 9 月初云南暴雨洪涝灾害	22.0	32	0.2	13.7	3.5	0.0	1.0	24.7
9 月 8 日云南墨江 5.9 级地震	11.3	0	1.6	0	0	0.2	3.4	12.9
1822 号台风“山竹”	471.3	6	152.9	341.4	16.2	0.3	1.06	142.3
10 月中旬及 11 月上旬川藏交界金沙江堰塞湖灾害	14.8	0	12.7	3.6	1.5	0.4	4.3	

二、物资保障

会同民政部向国家粮食和物资储备局移交中央救灾物资日常管理职责和有关资产。会同国家发展改革委下达 2018 年中央预算内投资 4 亿元，支持 157 个市级和县级救灾物资储备库建设。委托中央国家机关政府采购中心实施 2018 年度中央救灾储备物资采购，采购物资总价值 1.07 亿元。修订 2019 年中央生活类救灾物资生产企业名录。

2018 年，累计组织调拨 18 批次共 3.2 万顶帐篷、40.9 万床（件）衣被、6.2 万张折叠床、3500 套折叠桌凳等中央救灾物资（图 5-5-1）。

有关重大灾害物资调拨情况如下：

1. 渝川陕甘暴雨洪涝灾害

7 月 13 日，应急管理部从中央救灾物资成都储备库、兰州储备库，向四川、甘肃两省部分严重暴雨洪涝灾区紧急组织

图5-5-1　受灾群众临时安置帐篷

调拨 8000 顶帐篷、8000 张折叠床、5 万床（件）衣被等中央救灾物资，保障受灾群众基本生活。

2. 内蒙古暴雨洪涝灾害

7 月 23 日，应急管理部从中央救灾物资沈阳、郑州储备库，向内蒙古自治区紧急调拨 3000 顶帐篷、5000 张折叠床和 3 万床（件）衣被等中央救灾物资，保障受灾群众基本生活。

3. 新疆哈密市暴雨洪涝灾害

8 月 1 日，应急管理部从中央救灾物资乌鲁木齐和喀什储备库，向新疆维吾尔自治区部分严重暴雨洪涝灾区紧急组织调拨 1000 顶棉帐篷、3000 张折叠床、6000 床（件）衣被、2000 块苫布、2000 套折叠桌椅、10 台场地照明灯等中央救灾物资，保障受灾群众基本生活。

4. 1818 号台风“温比亚”

8 月 23 日，应急管理部先后分两批次从中央救灾物资武汉、郑州储备库向山东暴雨洪涝灾害重灾区紧急组织调拨 3000 顶帐篷、5000 张折叠床、5 万床棉被、20 台场地照明灯等中央救灾物资，保障受灾群众基本生活。

8 月 23 日，应急管理部从中央救灾物资合肥储备库，向安徽暴雨洪涝灾区紧急组织调拨 1.5 万件棉大衣、1.5 万床棉被等中央救灾物资，用于支持地方做好受灾群众紧急转移安置和过渡期生活救助等工作，保障受灾群众基本生活。

5. 云南墨江 5.9 级地震

9 月 9 日，应急管理部从中央救灾物资昆明储备库，向云南省地震灾区紧急组织调拨 2000 顶帐篷、8000 张折叠床、1.3 万床（件）衣被等中央救灾物资，保障受灾群众基本生活。

6. 川藏交界金沙江堰塞湖灾害

10 月 13 日，应急管理部从中央救灾物资成都储备库、拉萨储备库，向四川、西藏两省（自治区）交界处山体滑坡和金沙江堰塞湖灾区紧急组织调拨 7000 顶帐篷、3 万件棉大衣、5 万床棉被、5000 张折叠床等中央救灾物资，用于支持两省（自治区）做好受灾群众安置和过渡期生活保障，保障受灾群众基本生活。

10 月 23 日，应急管理部从中央救灾物资兰州、西宁和格尔木储备库，向西藏自治区追加调拨 3000 顶帐篷、3 万（床）件棉衣被、1.5 万张折叠床等中央救灾物资，保障受灾群众基本生活。

三、灾害救助

（一）高效有序开展灾害救助

针对各地雨情、汛情、震情和灾情，按照相关预案和方案要求，及时启动国家救灾预警响应 1 次和应急响应 17 次，协调派出 17 个救灾工作组、16 个灾害防范工作组紧急赶赴灾区，商财政部及时安排下拨中央财政自然灾害生活补助资金 71.26 亿元（含冬春救灾资金），组织调拨中央救灾物资，指导和支持地方做好受灾群众紧急转移安置、过渡期生活救助、倒损民房恢复重建和冬春救助等工作，保障受灾群众基本生活（图 5-5-2）。

图5-5-2　金沙江堰塞湖受灾群众安置点

有关重大灾害救助资金下拨情况如下：

1. 江西暴雨洪涝灾害

7月13日，财政部、应急管理部向江西省紧急下拨中央财政自然灾害生活补助资金7000万元，用于江西暴雨洪涝灾害受灾群众生活救助需要。

2. 1808号台风“玛莉亚”

7月13日，财政部、应急管理部向福建、浙江两省紧急下拨中央财政自然灾害生活补助资金1.1亿元（其中，浙江5000万元、福建6000万元），主要用于“玛莉亚”台风灾害受灾群众生活救助需要，支持帮助灾区政府做好抗灾救灾各项工作。

3. 川甘暴雨洪涝灾害

7月18日，财政部、应急管理部向四川、甘肃两省紧急下拨中央财政自然灾害生活补助资金1.7亿元（其中，四川1亿元、甘肃7000万元），主要用于两省严重暴雨洪涝灾害受灾群众生活救助需要。

8月7日，财政部、应急管理部向四川省追加补助2亿元中央财政自然灾害生活补助资金，全力支持帮助四川做好抗灾救灾各项工作。

4. 内蒙古暴雨洪涝灾害

8月7日，财政部、应急管理部向内蒙古自治区紧急下拨中央财政自然灾害生活补助资金5000万元，主要用于内蒙古部分地区严重暴雨洪涝灾害受灾群众生活救助需要。

5. 新疆哈密市暴雨洪涝灾害

9月7日，财政部、应急管理部向新疆维吾尔自治区和新疆生产建设兵团紧急下拨中央财政自然灾害生活补助资金5500万元（其中，新疆维吾尔自治区5000万元、新疆生产建设兵团500万元），主要用于新疆部分地区严重暴雨洪涝灾害受灾群众生活救助需要，确保受灾群众基本生活和灾区社会稳定。

6. 1818号台风“温比亚”

8月28日，财政部、应急管理部向山东紧急下拨中央财政自然灾害生活补助资金1.5亿元，并于9月12日向山东省追加下拨中央财政自然灾害生活补助资金1.5亿元，用于山东部分地区严重台风和暴雨洪涝灾害受灾群众生活救助需要，全力支持帮助灾区政府做好抗灾救灾和灾后恢复重建各项工作。

8月28日，财政部、应急管理部向安徽省紧急下拨中央财政自然灾害生活补助资金7000万元，用于安徽部分地区严重暴雨洪涝灾害受灾群众生活救助需要，确保受灾群众基本生活和灾区社会稳定。

7. 华南地区暴雨洪涝灾害

9月7日，财政部、应急管理部向广东省紧急下拨中央财政自然灾害生活补助资金5000万元，主要用于广东暴雨洪涝灾害受灾群众生活救助需要。

8. 云南洪涝泥石流灾害

9月7日，财政部、应急管理部向云南省紧急下拨中央财政自然灾害生活补助资金5000万元，主要用于云南洪涝泥石流灾害受灾群众生活救助需要。

9. 云南墨江5.9级地震

9月18日，财政部、应急管理部向

云南省紧急下拨中央财政自然灾害生活补助资金1.5亿元，主要用于云南墨江5.9级地震灾区受灾群众生活救助需要，确保受灾群众基本生活和灾区社会稳定。

10. 1822号台风“山竹”

9月30日，财政部、应急管理部分别向广东、广西两省（自治区）紧急下拨中央财政自然灾害生活补助资金1.5亿元和6000万元，主要用于台风“山竹”受灾群众生活救助需要。

11. 川藏交界金沙江堰塞湖灾害

10月23日，财政部、应急管理部向西藏、四川、云南3省（自治区）紧急下拨中央财政自然灾害生活补助资金1.35亿元（其中，西藏1亿元、四川2500万元、云南1000万元）。12月7日，财政部、应急管理部向西藏、四川、云南3省（自治区）下拨中央财政自然灾害生活补助资金2.6亿元（其中，西藏8500万元、四川5000万元、云南1.25亿元），主要用于金沙江山体滑坡堰塞湖灾害受灾群众生活救助需要，确保受灾群众安全温暖过冬和灾区社会稳定。

12. 四川兴文5.7级地震

12月26日，财政部、应急管理部向四川省紧急下拨中央财政自然灾害生活补助资金3000万元，主要用于支持四川省做好地震灾害受灾群众基本生活救助工作。

（二）扎实做好全国冬春救助工作

据各地统计上报，2018—2019年度全国冬春期间因灾生活困难需救助5705万人。2018年12月12日，财政部、应急管理部安排下拨2018—2019年度中央冬春救灾资金51.929亿元，用于帮助各地灾区统筹解决冬春受灾群众生活困难，妥善保障受灾群众冬春期间基本生活。同时，针对2018年发生重大灾害、频繁发生中小灾害等冬春救助任务较重的地区以及脱贫攻坚任务艰巨的深度贫困地区给予重点支持。12月17日，应急管理部、财政部联合召开2018—2019年度全国冬春救助工作电视电话会议，进一步部署安排全国冬春救助工作，确保冬春救灾资金规范、有序发放，切实保障受灾群众温暖、安全过冬。

（三）有序引导社会力量参与救灾工作

举办2018年社会力量参与救灾工作培训班和“协同—2018”社会力量参与救灾桌面演练。

四、灾后重建

（一）指导推进倒损民房恢复重建

每季度定期统计和通报各地2017年因灾倒损民房恢复重建工作进度，督促有关地区加快倒房重建工作进度，确保如期完成倒房重建任务。据各地上报统计，截至2018年12月，全国2017年因灾倒塌和严重损坏需重建住房8.26万户，已重建完成7.45万户，完成率超过90%；一般损坏需修缮住房21.49万户，已全部完成修缮，完成率达到100%。有重建、修缮任务的30个省份（含新疆生产建设兵团）中，24个省份已完成重建和修缮任务，四川、云南、甘肃、西藏4省（自治区）重建竣工率达93%以上。

（二）加强重特大灾害灾后重建政策制定

积极配合国家发展改革委等部门研究起草《关于做好特别重大自然灾害灾后恢复重建工作的指导意见》，进一步健全完善中央统筹指导、地方作为主体、灾区群众广泛参与的灾后恢复重建机制，确立了特别重大自然灾害灾后恢复重建总体要求、指导思想和基本原则，确定了中央统筹指导的程序和内容，明确了地方发挥主体作用的职责和任务以及保障措施。

第六篇

抢 险 救 援

综　述

2018年，应急管理部坚持边组建边应急，探索建立了应急响应专题会商机制，形成了救援扁平化组织指挥模式、防范救援救灾一体化运作模式、“一个窗口”对外信息发布模式、一套行之有效的抢险救援技战术打法和在抢险救灾救援一线加强党的领导的有效模式。积极推进完善应急预案体系，启动国家突发事件总体应急预案修订，加快专项、部门应急预案和地方应急预案修订。加强应急力量建设，组建国家综合性消防救援队伍，加强安全生产专业救援力量建设，强化地震灾害救援力量，支持发展社会应急力量，攻坚克难的应急能力显著提升。

一年来，应急管理部始终绷紧神经，保持应急状态，为党和人民当好“守夜人”，累计启动47次应急响应，召开102次视频调度会商会，派出60余个工作组赴地方指导开展防灾救援救灾和事故处置工作。成功应对了强台风“玛莉亚”“山竹”，内蒙古汗马森林火灾，山东寿光洪涝灾害，云南墨江5.9级地震，金沙江、雅鲁藏布江堰塞湖等一系列重大自然灾害，成功组织实施四川达州塔沱商贸城火灾、天津滨海油品仓库火灾等灭火救援行动，妥善处置重庆万州公交车坠江事故等，有效维护了人民群众生命财产安全。

第一章 应急指挥系统建设

一、建立应急指挥工作机制

应急管理部一组建就建立了部领导24小时带班值班和机关工作人员值班备勤制度，建立联合会商、调度指挥和应急处置工作机制。发生事故灾害后，应急管理部党组书记黄明等部领导第一时间到应急指挥中心与现场、各级应急管理机构、消防队伍、相关部委和单位进行视频连线，组织会商和应对处置（图6-1-1）。

图6-1-1　应急指挥联合会商研判

制定了《重特大突发事件（灾害）应急响应及处置流程》《突发事件信息办理规范》《应急指挥中心运行机制》等20余项工作规范，初步形成了应急管理部应急指挥制度体系。2018年11月，印发《国家应对特别重大灾害指挥部联络员工作机制》，建立了32个部委参加的联络员制度。12月，应急管理部与中央军委联合作战指挥中心建立了直接联系渠道。

二、启动应急管理部特别重大灾害应急响应手册制修订

启动应急管理部《特别重大灾害应急响应工作手册》总册修订工作，在先期“1+8+6”应急响应手册体系的基础上，拓展形成了“1个响应总册+15个分灾种手册+6个保障机制”新的手册体系，对响应分级、指挥编组、指挥协同、响应流程、措施要求等进行了全面规范，努力做到实战实用（表6-1-1）。研究制定了《应急管理部应对特别重大低温雨雪冰冻灾害工作方案》《应急管理部应对特别重大地震灾害工作方案》。

三、开展全国重点应急资源调查

收集18类2146支应急救援队伍、七大领域210家应急救援设备重点制造（销售）企业、769种应急救援设备，225名国家级安全生产应急救援专家、96家中央企业负责人的基本信息，汇编形成了10个分册、计40余万条信息的应急资源册。开发了应急资源信息服务系统和手机APP，系统上线试运行，基本实现了重点应急资源的汇集、查询功能，为救援协调工作提供了资源信息基础。

表6-1-1 特别重大灾害应急响应工作手册

类 型	名 称
总册	应急管理部特别重大灾害应急响应工作手册（总册）
灾种分册	应急管理部特别重大灾害应急响应工作手册（火灾分册）
	应急管理部特别重大灾害应急响应工作手册（森林草原火灾分册）
	应急管理部特别重大灾害应急响应工作手册（地震灾害分册）
	应急管理部特别重大灾害应急响应工作手册（地质灾害分册）
	应急管理部特别重大灾害应急响应工作手册（堰塞湖灾害分册）
	应急管理部特别重大灾害应急响应工作手册（洪涝灾害分册）
	应急管理部特别重大灾害应急响应工作手册（干旱分册）
	应急管理部特别重大灾害应急响应工作手册（台风分册）
	应急管理部特别重大灾害应急响应工作手册（低温雨雪冰冻灾害分册）
	应急管理部特别重大灾害应急响应工作手册（危险化学品事故分册）
	应急管理部特别重大灾害应急响应工作手册（非煤矿山事故分册）
	应急管理部特别重大灾害应急响应工作手册（煤矿事故分册）
	应急管理部特别重大灾害应急响应工作手册（工贸事故分册）
	应急管理部特别重大灾害应急响应工作手册（交通事故分册）
	应急管理部特别重大灾害应急响应工作手册（海洋石油天然气事故分册）

表6-1-1（续）

类 型	名 称
保障机制	应急管理部特别重大灾害应急响应工作手册（交通运输保障分册）
	应急管理部特别重大灾害应急响应工作手册（救灾物资保障分册）
	应急管理部特别重大灾害应急响应工作手册（现场战勤保障分册）
	应急管理部特别重大灾害应急响应工作手册（指挥通信保障分册）
	应急管理部特别重大灾害应急响应工作手册（应用平台保障分册）
	应急管理部特别重大灾害应急响应工作手册（新闻报道保障分册）

第二章 应急预案体系建设

一、开展国家总体应急预案修订工作

2018年6月，启动国家突发事件总体应急预案修订工作，明确总体应急预案修订的总体思路、基本原则、主要步骤、时间节点及工作要求。在深入调查研究的基础上，开展应急预案体系现状分析研究，总结总体应急预案在实践中暴露出的主要问题。梳理分析中央和国家机关机构改革后各类应急预案管理职能和应急响应职责等方面的调整情况，研究明确应急预案功能新定位新变化，并结合应急管理部组建以来的实践，起草形成《国家突发事件总体应急预案（修订初稿）》。

二、推进专项、部门应急预案和地方应急预案修订工作

按照有关法律法规规定对28件专项应急预案、80件部门应急预案，共108件国家层面预案进行评估，并结合新的应急管理体制机制，组织推进相关应急预案修订工作。一是组织国家层面安全生产类、自然灾害类专项应急预案修订。组织推动森林草原防火、水旱灾害、地震地质灾害、自然灾害救助、海洋石油天然气开采等专项应急预案、部门应急预案修订工作。与国家核应急委办公室做好沟通协调，指导做好核事故应急预案修订工作，从组织机构、响应程序及措施、相关工作保障等方面提出相关意见建议。二是指导公共卫生类应急预案修订工作。指导卫生健康、药品监管等部门做好相关应急预案修订前的调研、评估等基础性工作。三是配合做好《生产安全事故应急预案管理办法》《生产安全事故应急预案编制导则》等法规标准修订工作。推动提高安全生产类应急预案针对性、操作性、实用性。同时，积极推进地方应急预案修订工作，指导湖北、陕西等省份做好相关应急预案修订前的基础性工作，并就地方层面总体应急预案修订如何适应新体制新机制需要，从总体思路、修订原则、响应分级、保障措施等方面提出相关建议。

三、综合协调各级各类应急预案的衔接工作

据不完全统计，全国共有各级各类应急预案550余万件。为做好新体制新机制下各级各类应急预案协调衔接工作，组织对专项应急预案审核把关和部门应急预案备案管理工作机制进行研究，提出“下级服从上级，专项、部门服从总体，预案之间不得相互矛盾”原则。结合新的应急管理体制机制，就各级人民政府总体应急预案、专项应急预案、部门应急预案、基层组织和单位应急预案、中央企业总体应急预案的起草、审核、批准、备案等事项提出初步建议。加强与国家核应急委办公室等单位的沟通协调，就核事故应急预案的审核、报批、备案等工作交换意见和想法。

第三章　应急救援力量建设

一、消防救援力量

（一）国家消防救援队伍力量

消防救援队伍实行24小时执勤，是火灾扑救和应急救援的骨干力量。在地方层面，各省（自治区、直辖市）设有31个消防救援总队；各市（地、州、盟）和直辖市城区设有442个消防救援支队；县（市、区、旗）设有3379个消防救援大队、63个消防救援特勤大队。消防救援局和各消防救援总队、支队都建有指挥中心，大、中城市均建立了消防指挥通信系统，除受理火灾报警外，还具有编制出动方案、下达出动命令、力量调度、现场通信保障和消防救援信息处理等功能。截至2018年底，消防救援队伍共有编制165132人，实有约15.1万人；共配备消防车约4.5万辆，灭火抢险救援器材11大类、258万件（套），配备百米云梯车、登高车、高喷车、无人机等高精尖车辆装备。

1. 立足主力军国家队职能定位，加快转型升级

全国消防救援队伍主动对标、适应变革，着眼“全灾种、大应急”任务需要，加大救援理念、组织指挥、联动机制、专业训练、保障能力等方面改革创新，正规化、专业化、职业化水平不断提升。强化专业队伍建设，分区域在全国布点组建27支地震、山岳、水域、空勤专业队以及2个消防救援搜救犬培训基地，在各省组建了机动支队、抗洪抢险救援队，各地同步组建246支工程机械救援队、2800余支各类专业队，初步构建了全灾种、全领域、全覆盖的应急救援力量体系。强化专业技能训练，开展全员岗位练兵和比武竞赛，分阶段抓好夏训和冬训，练体能技能、练战术指挥、练协调保障，分专题开展危险化学品、高层灭火和绳索救援等培训，强化重大救援课题攻关，及时总结洪涝、地震、堰塞湖等典型战例，打一仗进一步，提升技战术水平。3.3万名一线骨干取得中高级灭火救援岗位执业资格。强化专业装备建设，推广应用20项装备革新成果，组织开展高层建筑灭火救援装备、堰塞体消融新技术装备等关键装备技术攻关。全年新增消防车3416辆、防火和灭火抢险救援器材233.9万件（套）。按照“全天候、全地域”应急通信保障需求，配齐关键通信装备，狠抓实战指挥平台等重点建设，初步构建覆盖全国、贯通各级、响应迅速的应急通信保障体系，承担应急管理部及消防救援局24小时应急通信保障任务，在历次重大灾害事故救援中发挥了支撑指挥、侦查灾情、辅助决策等重要作用。

2. 保持24小时执勤备战，主动适应全灾种、大应急救援新常态

转制后，消防救援队伍的职能由防火灭火、抢救人员生命为主的应急救援，向承担水灾、旱灾、台风、地震、泥石流等各类灾害事故的应对处置广泛延伸，职能任务大大拓展。面对全灾种、大应急的救援新常态，全国消防救援队伍坚持纪律部

队建设标准，做到政治建队不动摇、从严治队不放松，实行24小时执勤备战，时刻听从党和人民召唤，在人民群众最需要的时候冲锋在前，召之即来，战之必胜。2018年，全国消防救援队伍共接警出动117.3万起，共出动消防救援人员1286.9万人次、出动消防车辆221.7万辆次，共从灾害事故中营救遇险被困人员15.1万人、疏散人员53万人，抢救保护财产价值305亿元，一线消防救援指战员人均参加救援任务同比增加27.9%。

3. 加强城乡消防建设，不断夯实消防救援力量根基

抓住贯彻《关于实施乡村振兴战略的意见》《关于推进城市安全发展的意见》的契机，着力固本强基，提出消防救援事业改革发展的意见并推动实施。助推京津冀协同发展、建设雄安新区等重大战略实施，召开京津冀消防工作协同发展联席会议，审查雄安新区消防专项规划，统筹推进消防基础设施建设，全国新开工建设消防站900余个、投入执勤700余个，新建市政消火栓13万个。强化科技兴消，推进“智慧消防”建设，继续在火灾高风险场所推广安装远程监控、电气火灾监测等技防设施，运用物联网、云计算等技术，提升火灾防控智能化水平，尤其针对“小火亡人”问题，推广安装独立式火灾报警器300余万个。

（二）专职消防力量

专职消防队伍包括政府专职消防队、企业专职消防队两部分，是我国消防力量体系的重要组成部分，是国家综合性消防救援队伍的重要补充。

1. 政府专职消防队

政府专职消防队是由地方政府出资组建的消防队，独立或与当地消防救援队伍共同承担辖区内的火灾扑救和应急救援任务。截至2018年底全国共有政府专职消防队14287个，专职消防员228168人，配备消防车20399辆。

2. 企业专职消防队

企业专职消防队是由企业事业单位根据法律规定出资组建的消防队，主要负责维护单位自身的消防安全。截至2018年底，全国共有企业专职消防队2861个，队员76916人，配备消防车10070辆；志愿消防队44.3万个，队员325万人，配备消防车8646辆。

二、森林消防力量

（一）国家森林消防队伍力量

森林消防队伍编制员额24860人，原武警森林指挥部更名为应急管理部森林消防局，作为森林消防队伍的领导指挥机关。

队伍主要部署在北京、内蒙古、吉林、黑龙江、福建、四川、云南、西藏、甘肃、新疆、安徽、江西、湖北、湖南14个省（自治区、直辖市），分布在74%的国土面积和92.6%的边境线上，其中有6个国有重点林区、8个原始林区、18个世界自然文化遗产地、265个国家级野生动植物自然保护区，主要承担森林和草原火灾扑救、抢险救援等综合性应急救援任务。

1. 聚力改革强能优化力量结构调整

按照“一专多能、多能一体”总要求，加快推动队伍从理念、编成、能力、装备、机制等方面转型升级，细化完善森林草原灭火主战力量、综合救援拳头力量、重大灾害跨区增援力量、跨国（境）灭火力量“四大板块”力量体系。参照国际标准，依托驻防的9个省会城市和北京市现有驻防力量以及南北两个直升机基地，规划建设10支各260人的综合特种救援大队、2支各200人的空中突击救援

大队。区分中朝、中俄、中蒙、中哈、中缅5个主要方向，成立6支各200人的森林草原灭火跨国（境）救援队。着眼重大灾害跨区增援处置，研究制定《森林消防队伍跨区域应急救援机动力量建设规划》。按照应对灾害处置规模，将“10+2”特种救援力量3000人作为一线精干拳头力量，将防灭火任务相对较轻的非重点林区队伍整合编成5500人的二线快速处置力量。着眼处置特大灾害启动最高应急响应，抽组机动力量编成6500人的支援预备力量。充分发挥森林消防队伍人员驻防相对集中、区域救援优势明显、集团突击能力较强的特点，全面提升应对重特大灾害事故风险能力。

2. 围绕“两化两能”加强装备建设

以机械化、信息化、多能化、智能化为目标，制定《森林消防队伍装备编配标准》。持续推进灭火主战装备升级换代，淘汰老旧运兵车124辆，为内蒙古、黑龙江森林消防总队配备履带式特种车10辆，为四川、云南、福建森林消防总队增配冲锋舟、橡皮艇等抢险救援装备155件（套），为吉林森林消防总队调配2辆轮式远程输水管线车，为机动支队调拨21台灭火水泵，为全队伍采购补充灭火添加剂17吨、水龙带等消耗性物资6435件（套）。加大装备预研力度，利用军地优质资源，发展智能化、无人化新型灭火装备，加强远程间接灭火系统、大型机械装备、高效单兵携行装备、配套防护装备等“瓶颈”项目技术攻关。深入开展岗位大练兵，突出抓好装备操作使用、单人单装结合、班组多装结合训练和实战应用训练，发挥人装结合最大效能。

3. 突出解决瓶颈加强信息化建设

持续加强“四通”建设（夯实固定通、加强动中通、完善火场通、实现单兵通），大力推进吉林、新疆森林消防总队数字自主选频短波电台建设，实现数字短波通信网基本覆盖我国东北和西南重点林区，建成以固定短波电台为基站，车载短波电台为移动节点，背负式短波电台为末端的无线短波通信指挥数据链。推广应用4G云视频，实现4G公网条件下音视频快速传输。合理利用地方资源，以租赁服务的方式恢复宽带卫星通信。积极筹划构建浮空通信中继平台，完善一体化灭火指挥信息系统，研发智能化辅助决策模块，大幅度提升信息化保障效益。

4. 聚焦实战要求抓实空中力量建设

统筹推进直升机支队大庆和昆明“两个方向”力量建设。突出抓好飞行二大队（驻昆明大队）机场建设、装备接收、人才培养工作，完成2架直-8AWJS直升机和242类4223件（套）综合保障装备验收列装，昆明直升机场已具备独立保障飞行训练能力。扎实开展“灭火技能训练年”活动，将山区、水域、高原、城市飞行等应急救援课目纳入训练内容，突出空中灭火和空地立体灭火战法课题攻关，加强机群灭火、外挂货物、定位空投和野外吊篮救助、空中搜索营救、战地紧急救护等新课目训练，全年累计安全飞行1806小时，6000余架次。

（二）地方专业扑火队

全国地方专业森林草原扑火队伍3000多支、12万余人。地方专业扑火队伍主要承担日常巡护、扑救火灾、清理看守火场等任务，具有人数多、覆盖面广、熟悉当地情况、能够第一时间就近到达火场的优势，是我国森林草原火灾预防和扑救的重要力量，为实现森林草原火灾“打早打小打了”作出了重要贡献。

（三）航空救援力量

2018年，南方、北方航空护林总站共部署飞机268架次，其中，直升机234架次，固定翼飞机33架次，大型无人机1架。累计飞行7178架次、13496小时，空中发现和参与处置火灾267起。其中，吊桶洒水灭火飞行1093架次、1509小时，洒水约19086吨；机降飞行268架次、323小时，运送扑火队员9432人次；化灭飞行129架次、289小时，喷洒化灭药剂234吨；空运物资41吨；抛撒防火宣传单19万份。特别是在四川雅江恶古乡和八角楼乡两起重大森林火灾扑火过程中，紧急跨战区、跨省区、跨护区调动5架森林航空消防飞机赶赴火场，在平均海拔3800米的高山峡谷地区实施空中动态观察，报告火场即时态势为前指兵力部署提供依据；实施直升机吊桶洒水扑打火头火线，以遏制火场蔓延。整个扑灭过程中，累计飞行51架次、79小时，洒水186吨，为扑灭森林火灾发挥了不可替代的作用。

三、安全生产应急救援专业力量

全国已建成矿山、危险化学品、水上搜救等各类安全生产应急救援专业队伍共1000余支，7万余人。

（一）应急救援队伍结构不断完善

依托国有优势企业和相关单位，采取国家地方共建、政府企业合作的模式，建设了矿山、危险化学品、隧道施工、油气管道、水上搜救等国家级应急救援队伍85支，其中，矿山38支、危险化学品31支、油气管道6支、隧道施工3支、水上搜救2支、其他5支，共计1.94万人（表6-3-1至表6-3-3）。配备了卫星指挥车、大口径钻机、大功率潜水泵、举高喷射车、涡喷消防车、生命探测仪等主要救援装备74013台（件），应对重特大、复杂生产安全事故的救援能力显著提升。同时，铁路、民航、海上溢油应急处理等行业领域应急救援队伍建设稳步推进。2018年，在四川、天津、福建、陕西、黑龙江等地规划新建5个国家级隧道专业应急救援基地、4个国家级危险化学品应急救援基地，进一步完善国家安全生产应急救援基地布局，为国家经济社会发展提供服务保障。各地区结合本地安全生产实际，积极优化救援力量布局，推动完善应急救援体系。总体来看，我国安全生产应急救援已基本形成了以国家队为核心、行业队为支撑、企业队为基础和志愿者队伍为补充的多层次力量布局。

表6-3-1 国家级安全生产应急救援队伍总体情况表

地区	整体情况		矿山		隧道施工		危化		油气管道		水上及其他	
	（支）	（人）	（支）	（人）	（支）	（人）	（支）	（人）	（支）	（人）	（支）	（人）
北京	4	1298	1	81			1	228			2	989
天津	1	454					1	454				
河北	3	773	1	495			1	171	1	107		
山西	3	1329	2	1294	1	35						
内蒙古	3	399	2	350			1	49				

表6-3-1（续）

地区	整体情况		矿山		隧道施工		危化		油气管道		水上及其他	
	（支）	（人）	（支）	（人）	（支）	（人）	（支）	（人）	（支）	（人）	（支）	（人）
辽宁	6	1206	3	567			2	267	1	422		
吉林	3	595	2	102			1	493				
黑龙江	3	2676	1	231			2	2445				
上海												
江苏	4	609	1	189			1	22	1	165	1	35
浙江	2	390							2	390		
安徽	2	647	2	647								
福建	1	117							1	117		
江西	2	246	1	246							1	在建
山东	4	887	1	311			2	542			1	34
河南	3	726	2	272			1	454				
湖北	3	179	2	43			1	136				
湖南	1	167	1	167								
广东	3	262					2	232	1	30		
广西	2	178	1	48			1	130				
海南	1	50					1	50				
重庆市	3	276	1	113			1	98			1	65
四川	4	1296	1	901			2	346			1	49
贵州	4	270	3	227	1	43						
云南	3	396	1	176	1	71			1	149		
西藏												
陕西	4	2034	2	751			2	1283				
甘肃	2	315	1	241			1	74				
青海	2	190	1	95			1	95				
宁夏	2	557	1	359			1	198				
新疆	7	975	4	193			2	745	1	37		

表6-3-2 国家级安全生产应急救援队伍组成及车辆装备情况表

专业	队伍数量（支）	队伍人数（人）	文化程度（人）			职称（人）			车辆装备（台/件）	
			本科以上	大专	中专（高中）	高级	中级	初级	车辆	主要装备
矿山	38	8099	1363	2292	3061	618	638	841	692	71119
危化	31	9167	1558	2334	4128	350	1055	939	1191	1524
油气管道	6	910	346	328	143	66	173	158	77	1153
隧道施工	3	149	41	41	48	5	10	23	32	82
水上搜救	2	100	2	15	73	7	30	2	6	21
其他	5	1072	575	220	277	224	260	552	7	114
合计	85	19497	3895	5230	7730	1270	2166	2515	2005	74013

表6-3-3 国家级安全生产应急救援队伍依托单位及所在地情况

序号	规范名称	依托单位	所在地
矿山类38支			
1	国家矿山应急救援开滦队	开滦（集团）有限责任公司矿山救护大队	河北省唐山市
2	国家矿山应急救援大同队	大同煤矿集团有限责任公司矿山救护大队	山西省大同市
3	国家矿山应急救援鹤岗队	黑龙江龙煤集团鹤岗分公司救护大队	黑龙江省鹤岗市
4	国家矿山应急救援淮南队	淮南矿业（集团）有限责任公司救护大队	安徽省淮南市
5	国家矿山应急救援平顶山队（国家陆地搜寻与救护平顶山基地）	中国平煤神马能源化工集团有限责任公司救护大队	河南省平顶山市
6	国家矿山应急救援芙蓉队	四川芙蓉集团实业有限责任公司救护消防大队	四川省宜宾市
7	国家矿山应急救援靖远队	甘肃靖远煤业集团有限责任公司救护大队	甘肃省白银市
8	国家矿山应急救援汾西队	山西焦煤集团汾西矿业集团公司矿山救护大队	山西省吕梁市
9	国家矿山应急救援平庄队	内蒙古平庄煤业（集团）有限责任公司救护大队	内蒙古自治区赤峰市
10	国家矿山应急救援沈阳队	沈阳煤业（集团）有限责任公司矿山救护大队	辽宁省沈阳市

表6-3-3（续）

序号	规范名称	依托单位	所在地
11	国家矿山应急救援乐平队	江西省矿山救护总队乐平大队	江西省景德镇市
12	国家矿山应急救援兖州队	兖矿集团有限公司矿山救护大队	山东省济宁市
13	国家矿山应急救援郴州队	湖南省煤业集团有限公司资兴矿区安全生产管理局救护大队	湖南省郴州市
14	国家矿山应急救援华锡队	广西矿山抢险排水救灾中心有限公司	广西壮族自治区河池市
15	国家矿山应急救援天府队	重庆松藻煤电公司矿山救护大队	重庆市綦江区
16	国家矿山应急救援六枝队	六枝工矿（集团）有限责任公司矿山救护大队	贵州省六盘水市
17	国家矿山应急救援东源队	云南东源煤业集团有限公司东源大队	云南省曲靖市
18	国家矿山应急救援铜川队	陕西陕煤铜川矿业有限公司矿山救护大队	陕西省铜川市
19	国家矿山应急救援青海队	青海煤业集团有限责任公司矿山救护队	青海省西宁市
20	国家矿山应急救援新疆队	新疆维吾尔自治区煤炭运销公司矿山救护大队	新疆维吾尔自治区乌鲁木齐市
21	国家矿山应急救援兵团队	新疆生产建设兵团农二师金川矿业有限责任公司	新疆维吾尔自治区巴音郭楞蒙古自治州
22	国家矿山应急救援华能扎赉诺尔队	扎赉诺尔煤业有限责任公司矿山救护队	内蒙古自治区呼伦贝尔市
23	国家矿山应急救援白山队	华能白山煤矸石发电有限公司救护队	吉林省白山市
24	国家矿山应急救援神华宁煤队	神华宁煤集团应急救援中心	宁夏回族自治区石嘴山市
25	国家矿山应急救援神华新疆队	神华新疆能源有限责任公司救护队	新疆维吾尔自治区乌鲁木齐市
26	国家矿山应急救援武钢队	武钢资源集团有限公司矿山救护队	湖北省黄石市
27	国家矿山应急救援中煤大屯队	中煤集团大屯煤电有限公司救护队	江苏省徐州市
28	国家矿山应急救援中煤新集队	中煤新集能源股份有限公司救援大队	安徽省淮南市
29	国家矿山应急救援（中国有色）大冶队	大冶有色金属集团控股有限公司救护队	湖北省黄石市
30	国家矿山应急救援（中国有色）红透山队	中国有色抚顺红透山矿业有限公司救护队	辽宁省抚顺市

表6-3-3（续）

序号	规范名称	依托单位	所在地
31	国家矿山应急救援（中国黄金）朝阳队	辽宁二道沟黄金矿业有限责任公司救护队	辽宁省朝阳市
32	国家矿山应急救援（中国黄金）秦岭队	河南秦岭黄金矿业有限责任公司应急救护队	河南省三门峡市
33	国家矿山应急救援（中国黄金）延边队	吉林海沟黄金矿业有限责任公司救护队	吉林省延边朝鲜族自治州
34	国家矿山应急救援（中国黄金）黔西南队	贵州金兴黄金矿业有限责任公司救护队	贵州省黔西南布依族苗族自治州
35	国家矿山应急救援大地特勘队	中煤地质工程总公司北京大地特勘分公司	北京市石景山区
36	国家矿山应急救援华电安顺队	贵州华电安顺华荣投资有限公司救护队	贵州省安顺市
37	国家矿山应急救援新疆八钢队	新疆八一钢铁公司矿山救护队	新疆维吾尔自治区乌鲁木齐市
38	国家矿山应急救援神华神东队	神华集团神东安监局救护消防大队	内蒙古鄂尔多斯伊金霍洛旗
危险化学品类31支			
39	国家危险化学品应急救援大庆油田队（国家危险化学品应急救援实训演练大庆基地）	中国石油大庆油田有限责任公司消防支队（大庆油田有限责任公司天然气分公司）	黑龙江省大庆市
40	国家危险化学品应急救援长庆油田队	中国石油长庆油田消防支队	陕西省榆林市
41	国家危险化学品应急救援新疆油田队	中国石油新疆油田消防支队	新疆维吾尔自治区克拉玛依市
42	国家危险化学品应急救援大庆石化队	中国石油大庆石化消防支队	黑龙江省大庆市
43	国家危险化学品应急救援吉林石化队	中国石油吉林石化消防支队	吉林省吉林市
44	国家危险化学品应急救援抚顺石化队	中国石油抚顺石化消防支队	辽宁省抚顺市
45	国家危险化学品应急救援兰州石化队	中国石油兰州石化消防支队	甘肃省兰州市
46	国家危险化学品应急救援乌鲁木齐石化队	中国石油乌鲁木齐石化消防支队	新疆维吾尔自治区乌鲁木齐市

表6-3-3（续）

序号	规范名称	依托单位	所在地
47	国家危险化学品应急救援大连队	中国石油大连石化消防支队	辽宁省大连市
48	国家危险化学品应急救援广西石化队	中国石油广西石化消防队	广西壮族自治区钦州市
49	国家危险化学品应急救援四川石化队	中国石油四川石化消防支队	四川省成都市
50	国家危险化学品应急救援燕山石化队	中国石化燕山石化消防支队	北京市房山区
51	国家危险化学品应急救援齐鲁石化队	中国石化齐鲁石化消防支队	山东省淄博市
52	国家危险化学品应急救援天津石化队	中国石化天津石化消防支队	天津市滨海新区
53	国家危险化学品应急救援扬子石化队	中国石化扬子石化消防支队	江苏省南京市
54	国家危险化学品应急救援镇海炼化队	中国石化镇海炼化消防支队	浙江省宁波市
55	国家危险化学品应急救援广州石化队	中国石化广州石化消防支队	广东省广州市
56	国家危险化学品应急救援重庆川维队	中国石化重庆川维化工有限公司消防大队	重庆市长寿区
57	国家危险化学品应急救援石家庄炼化队	中国石化石家庄炼化消防支队	河北省石家庄市
58	国家危险化学品应急救援武汉石化队	中国石化武汉石化消防大队	湖北省武汉市
59	国家危险化学品应急救援海南炼化队	中国石化海南炼化消防队	海南省洋浦经济开发区
60	国家危险化学品应急救援青岛炼化队	中国石化青岛炼化消防队	山东省青岛市
61	国家危险化学品应急救援中原油田队（国家危险化学品应急救援实训演练濮阳基地）	中国石化中原油田消防支队	河南省濮阳市
62	国家危险化学品应急救援普光队	中国石化中原油田普光应急救援中心	四川省达州市

表6-3-3（续）

序号	规范名称	依托单位	所在地
63	国家危险化学品应急救援惠州队	中国海油惠州石化消防队	广东省惠州市
64	国家危险化学品应急救援神华鄂尔多斯队	神华集团鄂尔多斯煤制油分公司消防气防中心	内蒙古自治区鄂尔多斯市
65	国家危险化学品应急救援神华宁东队	神华集团宁夏煤业公司煤化工分公司消防队	宁夏回族自治区银川市
66	国家危险化学品应急救援泉州石化队	中国中化泉州石化消防队	福建省泉州市
67	国家危险化学品应急救援中化舟山队	中国中化舟山危化品应急救援基地有限公司	浙江省舟山市
68	国家危险化学品应急救援中煤榆林队	中煤能源陕西榆林能源化工公司消气防中心	陕西省榆林市
69	国家危险化学品应急救援青海盐湖队	青海盐湖工业股份有限公司救援中心	青海省海西蒙古族藏族自治州
油气管道类6支			
70	国家油气管道应急救援乌鲁木齐队	中国石油西部管道分公司乌鲁木齐输油气分公司	新疆维吾尔自治区乌鲁木齐市
71	国家油气管道应急救援昆明队	中国石油西南管道分公司昆明维抢修分公司	云南省昆明市
72	国家油气管道应急救援廊坊队	中国石油管道局工程有限公司维抢修分公司	河北省廊坊市
73	国家油气管道应急救援沈阳队	中国石油管道局工程有限公司东北石油管道有限公司	辽宁省沈阳市
74	国家油气管道应急救援徐州队	中国石化管道储运公司抢维修中心	江苏省徐州市
75	国家油气管道应急救援深圳队	深圳海油工程水下技术有限公司	广东省深圳市
隧道施工类3支			
76	国家隧道应急救援中铁二局昆明队	中铁二局昆明应急救援队	云南省昆明市
77	国家隧道应急救援中铁十七局太原队	中铁十七局隧道专业抢险救援队	山西省晋中市
78	国家隧道应急救援中铁五局贵阳队	中铁五局贵阳应急救援队	贵州省贵阳市

表6-3-3（续）

序号	规范名称	依托单位	所在地
水上救援类2支			
79	国家水上应急救援重庆长航队	重庆长航救助打捞工程有限公司	重庆市渝中区
80	国家水上应急救援南京油运队	南京长江油运有限公司水上搜救队	江苏省南京市
其他类5支			
81	国家安全生产应急救援勘测队	中国安全生产科学研究院	北京市朝阳区
82	国家安全生产医疗应急救援基地	矿山医疗救护中心	北京市朝阳区
83	国家油气田井控应急救援川庆队	中国石油川庆钻探工程有限公司（井控应急救援响应中心）	四川省德阳市
84	国家危险化学品应急救援技术指导中心	中国石化青岛安全工程研究院	山东省青岛市
85	国家安全生产应急救护（瑞金）体验中心	江西钨业集团有限公司	江西省南昌市

（二）应急救援装备水平明显提高

“十二五”期间，国家和地方累计投入73亿多元，为国家级安全生产应急救援队伍配备了先进、关键的应急救援装备6136套，包括大口径钻机、大型排水泵、消防灭火机器人、泡沫水罐车、破拆组合器、化学侦检器、高喷消防车、消防炮等大型关键救援装备。2016—2018年，投入专项资金38亿元，用于国家级危险化学品和油气管道应急救援等基地项目建设。同时，每年还投入近2亿元专项资金，用于国投应急救援装备的运行维护和保养。2018年，在山东、贵州、甘肃3省开展区域重特大事故现场指挥协调装备库项目试点，申请中央预算内投资2850万元用于采购侦检类、通信类、救援物资类等装备；申请国投资金9亿元，为20支国家级矿山、隧道应急救援队伍补充监测监控、轻型钻机、生命探测、快速排水等先进救援装备器材；建成了安全生产现场应急联动与智能决策系统、国家级安全生产应急救援队伍管理调度平台，实现了事故现场处置与后方指挥支持一体联动，事故现场信息实时传送，救援队伍管理调度更加快捷高效。地方政府在应急救援队伍装备配备方面给予了必要的政策和资金支持，依托企业在常规救援装备配备、基础设施配套等方面形成了常态化机制，全国安全生产应急救援队伍装备整体水平得到了大幅提升。

（三）应急救援专业能力不断提升

以救援实战需要为牵引，持续开展

应急救援专业知识和技能培训。2018年，组织2000余名专业救援队伍指挥员参加了全国危险化学品、矿山、隧道等专业救援指挥实训，组织召开了矿山救援技术装备“产学研用”暨队伍管理和典型案例研讨会，交流推广矿山救援先进技术。各地区按照分级培训的原则，组织开展岗位练兵、救援技能竞赛、技术比武等形式多样的专业培训，生产安全事故应急救援指挥和救援技能水平持续提升。2011—2018年，安全生产应急救援队伍共参加事故救援81954起，抢救遇险人员262617人，直接获救生还74043人，安全生产应急救援队伍已成为守护人民群众生命财产安全的中坚力量。国家矿山应急救援开滦队、阳泉煤业（集团）公司矿山救护大队代表中国参加2018年9月在俄罗斯举办的第十一届国际矿山救援技术竞赛，取得了呼吸器席位操作竞赛第一名和第二名的好成绩。

四、地震灾害救援力量

（一）国家地震灾害紧急救援队

国家地震灾害紧急救援队（对外称中国国际救援队，简称国家地震救援队）组建于2001年4月27日，由中国地震局管理人员和技术专家、中国人民解放军第38集团军工兵团官兵和武警总医院医务人员组成，共计480人。2009年11月，国家地震救援队通过了联合国重型救援队分级测评，成为亚洲第2支、全球第12支具有国际重型救援队资格的救援队。2014年8月，国家地震救援队再次通过联合国重型救援队能力测评复测，标志着队伍的国际化、专业化水准再一次得到了国际社会的认可。国家地震救援队自成立以来，先后执行了四川汶川、青海玉树、四川芦山、云南鲁甸等10次地震救援任务，实施了阿尔及利亚、伊朗、印度尼西亚等10次13批国际救援行动，共成功营救64名幸存者，医治4万余名伤病员，得到了灾区政府和人民群众的一致肯定，用实际行动赢得了受援国和国际社会的广泛赞誉。

2018年3月党和国家机构改革后，国家地震救援队由应急管理部管理人员和技术专家、中国人民解放军32141部队官兵和中国人民解放军总医院第三医学中心医护人员组成。

（二）省级地震灾害紧急救援队

我国31个省（自治区、直辖市）均已依托军队、消防、武警、矿山等力量组建省级地震灾害紧急救援队（简称省级地震救援队），共76支、1.2万余人，大都具备管理、搜索、营救、医疗、后勤5项基本功能，配备了各类搜救破拆、生命探测、救援防护、通信保障救援装备，装备了各类救援指挥车辆、保障车辆、运输车辆、通信车辆等特种车辆，基本达到国际上要求的重型救援队的标准。截至2018年底，甘肃和福建2支省级地震救援队通过了省级地震灾害重型救援队的能力测评，获得省级地震灾害重型救援队能力资格认证；此外，河北、内蒙古、辽宁、云南等省（自治区）的省级地震救援队也已提交申请，积极筹备重型救援队能力测评工作。

各省级地震救援队建立了省级地震灾害应急救援队联席会议工作机制，畅通队伍调动机制，完善队伍日常沟通联系，建立队伍行动预案。近年来，省级地震救援队执行了多次地震、滑坡等灾害和楼房坍塌、矿井透水等事故的紧急救援。

五、防汛抗旱救援力量

我国抗洪抢险专业应急救援队伍主要由两部分组成。一是抗洪抢险专业应急救援骨干队伍。主要由中国安能建设集团有限公司的9个分公司、19支军队抗洪抢险专业应急队伍和武警部队5个交通支队组成，配备了部分大型工程抢险救援装备。近年来，这几支队伍成功处置了长江中下游洪涝灾害、江西唱凯堤决口、甘肃舟曲白龙江泥石流、唐家山及金沙江白格堰塞湖等重大险情，在抗洪抢险救援中发挥了重要作用，充分发挥了专业优势，还参与了每年抗洪抢险，取得了一定的社会和经济效益。二是各级政府抗洪抢险队。目前，各省（自治区、直辖市）共建有100多支重点机动抢险队伍和1400多支地方抗洪抢险队伍，配备了部分常规装备器材。

六、社会救援力量

（一）社会应急力量

《中共中央　国务院关于推进防灾减灾救灾体制机制改革的意见》和《国家突发事件应急体系建设“十三五”规划》等文件明确提出，健全社会力量参与机制，支持引导社会应急力量发展。社会应急力量在地震、洪涝、山体滑坡、泥石流、生产安全事故，乃至国际应急救援行动中，充分展现了其贴近基层、组织灵活、反应迅速等优势，发挥着日益重要的作用。社会应急力量已逐步成长为应急救援力量体系的重要组成部分。

2018年，按照党中央关于深化党和国家机构改革部署，根据应急管理部和地方应急管理部门“三定”规定要求，指导社会应急救援力量建设正式成为全国应急管理部门的法定职责。应急管理部党组十分重视社会应急力量建设发展工作。8月8日，应急管理部党组书记黄明赴浙江绍兴调研社会救援力量参与应急工作，强调社会救援力量是我国应急体系的重要组成部分，要加强引导、强化服务，积极支持和规范队伍建设发展，推动社会救援力量发挥更大作用。11月5日，召开社会应急力量座谈会，听取各方意见，提出支持引导社会应急力量的具体要求。

据不完全统计，全国参与防灾减灾救灾的社会应急力量约1700家，救援队员共计约20万人，社会应急力量广泛分布在全国31个省份，从事城市搜救、高空绳索、山地救援、水上搜救、潜水救援、医疗救助等领域救援工作，参与处置了山东寿光洪涝、广东惠东洪涝、台风“山竹”以及重庆万州公交车坠江等多类灾害事故的救援工作；部分社会应急力量还积极走出去，参与了泰国少年足球队被困溶洞的国际营救行动，展示了较好的自身形象和救援技战术水平。

1. 我国社会应急力量基本情况

截至2018年底，全国各省（自治区、直辖市）在民政部门登记和红十字会等群团组织所属及各地政府部门管理的社会应急力量队伍共有1756支，专职人员10441人，队员共184584人。

2018年我国社会应急力量基本情况见表6-3-4，部分重点社会应急队伍情况见表6-3-5。

表6-3-4　2018年我国社会应急力量队伍基本情况表

行政区划	队伍基本情况		
	队伍数量（支）	专职人员（人）	队员（人）
北京	22	113	32868
天津	12	135	805

表6-3-4（续）

行政区划	队伍基本情况		
	队伍数量（支）	专职人员（人）	队员（人）
河北	64	416	3005
山西	67	710	4626
内蒙古	27	223	1421
辽宁	124	609	5253
吉林	33	166	1216
黑龙江	16	87	543
上海	10	67	325
江苏	122	454	4235
浙江	225	634	13626
安徽	97	597	4585
福建	112	628	5220
江西	136	752	9556
山东	88	775	13825
河南	96	1044	5781
湖北	45	345	2333
湖南	63	304	3295
广东	111	612	54738
广西	57	268	2309
海南	13	37	769
重庆	10	89	2086
四川	67	287	4395
贵州	15	138	1038
云南	48	475	2046
西藏	6	75	2160
陕西	7	112	377
甘肃	16	130	626
青海	14	41	465
宁夏	11	52	356
新疆	22	66	701
合计	1756	10441	184584

表6-3-5　2018年部分重点社会应急队伍情况

序号	名　　称	人员力量	特长救援领域
1	北京蓝天救援队	正式队员469人，预备队员654人，志愿者3844人	山地救援、水域救援、城市救援、自然灾害救援
2	辽宁省本溪市无线电运动协会	队员287人	通信救援、山地搜救、洞穴救援、赈济救援、汽车破拆
3	浙江省公羊会公益救援促进会	专职人员30余人，志愿者600余人	水域救援、城市搜救、山地救援
4	浙江省杭州市富阳区狼群应急救援服务中心	在册队员130人	水域救援、山地救援、森林火灾救援
5	浙江省仙居县红十字应急搜救队	队员219人，其中一线搜救队员40人	山地救援、犬搜救、洪水急流救援和地震救援
6	浙江省永康市红十字应急救援队	一线正式队员30人，二线预备队员50人，志愿者100多人	绳索技能救援、水域救援
7	安徽省户外运动协会		山地救援、医疗急救
8	福建省福鼎市蓝天救援队	正式队员33人，志愿者27人	水域救援
9	福建省红十字水上救援队	潜水教练5人，潜水员35人，民用无人机驾驶员5人，红十字水上救生高级教练11人，教练员66人、国家四级应急救援员10人	水上救援、潜水救援
10	江西省乐平市蓝天救援志愿者协会	在册队员51人，志愿者462人	水域救援
11	山东青岛红十字蓝天救援中心	队员179人，志愿者600余人	地震救援、水域救援、城市搜救、道路交通事故处置、车辆破拆、森林火灾救援
12	河南省洛阳市神龙水上义务搜救队		水域事故搜救
13	湖南省宁乡市阳光应急救援中心	指战人员21人，其中专职人员14人，兼职人员7人	
14	广东省红十字水上救援队	正式队员42人	水域救援
15	广东省深圳市登山户外运动协会	队员561人，志愿者1048人，搜救犬2头	山地救援、水域救援、赛事保障救援
16	广东省深圳市公益救援志愿者联合会	队员561人，志愿者1048人，搜救犬2头	山地救援、城市搜救、高空绳索救援、水域救援、医疗救援、应急通信救援

表6-3-5（续）

序号	名　　称	人员力量	特长救援领域
17	广东省深圳市盐田区民健社会公益服务发展中心	队员 561 人，志愿者 1048 人，搜救犬 2 头	城市搜救
18	广西红十字水上救援队	志愿者 900 多人	赈济、供水、医疗急救、水上救援、心理抚慰
19	重庆市沙坪坝区青年志愿者协会	在册志愿者 363 人，协会会员单位 7 家，协会在册会员 72 人	户外紧急救援、城市紧急救援、水域紧急救援、高空轨道救援、医疗维护性保障活动
20	重庆市沙坪坝应急救援协会	在册志愿者 183 人，协会会员单位 5 家，协会在册会员 53 人	山地救援、城市搜救、水域救援、高空救援、医疗急救
21	重庆市渝中区户外运动协会		高空绳索、洞穴救援、山地救援、医疗急救
22	四川省成都市公羊会公益服务中心	正式队员 75 人，预备队员 65 人，志愿者 326 人	绳索救援、洞穴救援、山地救援、高山救援、地震救援、水域救援
23	四川省红十字山地救援队	注册人员 500 余人，志愿者 3000 余人	各种海拔和复杂山地的救援，地震搜救、城市高空救援、水域救援、无人机及搜救犬搜救
24	四川省泸州市红十字山地救援队	队员 120 余人	高空救援、山地救援、破拆救援、水上救援、水下打捞
25	四川省南充市红十字志愿者协会	队员 543 人	水上救援、城市搜救
26	宁夏公羊会公益救助中心	日常备勤队员 15 人	建筑物破拆、车辆破拆
27	宁夏固原市蓝天救援队	志愿者 130 人，骨干力量 10 ~ 20 人	山地救援、地震救援和水域救援

2. 重大灾害中的社会应急力量参与情况

1）广东惠州市惠东县和汕头市潮阳、潮南区洪涝灾害社会应急力量参与情况

2018 年 8 月 30 日，受南海热带低压外围影响，广东惠州、汕尾、河源、揭阳、汕头 5 市突降特大暴雨，特别是特大暴雨导致惠东县白花镇大面积内涝，大部分交通、通信和电力中断，约 4 万人受灾，部分被淹区域水深超过 2 米。同时为应对白盆珠水库可能的泄洪影响，白花镇需要紧急转移上千人，形势严峻。

从 8 月 29 日起，惠州本地和周边的社会救援队伍陆续开始备勤。8 月 30 日晚，惠东县白花镇发生江水漫灌险情，惠州本地应急力量、省内其他队伍和外地数支队伍组成的一支联合救援队伍向惠东县公安部门报备，并接受在白花镇建立的临时协调工作站的协调调度，开展受困群众的紧急转移行动，协助当地救援力量共转移群众 2000 余人。

汕头市启动了“社会组织应对重大

自然灾害救灾救援综合服务平台”，协调本地 43 支社会组织、15 支外地社会应急力量和属地志愿者开展救援，出动骨干 500 余人，救援越野车 45 辆，物资运输船 38 台，携带冲锋舟和专业水上救援装备，深入街巷和偏远村庄，单支队伍最多转移群众 300 余人，共转移、救助受困群众 5000 余人，累计运输物资 38 吨，发放物资 3826 件约 29 万元，医疗药品 12 箱。厦门蓝天救援队在 4 小时内寻回 3 名失踪儿童（均不幸遇难）。广东省社会救援机构和卓明灾害信息服务中心共同建立的求助信息平台采集、核实了 215 条求助信息，将紧急信息转接一线救援团队。

深圳公益救援队指挥中心密切关注水雨情态势和灾情动态，于 8 月 30 日 17 时 30 分启动备勤，后根据省气象灾害分析研判，于 8 月 31 日 10 时 50 分启动粤东地区洪涝灾害救援行动，与惠东县政府联系，携带冲锋舟、救生衣、发电机、医药包等救援装备，先后两个梯队 23 名队员前往白花镇。建立政社协同前线指挥工作站，负责与陆续赶来的惠州公益救援队、广州蓝天救援队、江西雄鹰救援队、广东越野救援大队等社会力量建立联络和协调机制，协同开展行动。图 6-3-1、图 6-3-2 所示为深圳公益救援队转移受灾群众和深入灾区。

图6-3-1　深圳公益救援队转移受灾群众

图6-3-2　深圳公益救援队深入灾区

前线指挥工作站共派遣出动 29 个行动小组 89 人次，在长塘村等地参与协助紧急转移疏散 2100 余名受灾群众，协助抗洪救灾指挥中心开展灾情排查工作，向 43 个作业点的被困村民发放救灾物资 2260 箱。同时，后方信息指挥中心响应白花镇地区求助信息 41 起。

2）广东阳春市洪涝灾害社会应急力量参与情况

9 月 16 日，超强台风“山竹”在广东省台山市登陆，强风暴雨直接影响广东南部和西部。9 月 17 日，漠阳江上游局部突发超强降水，22 时漠阳江干流阳春站水位涨达峰值 16.56 米，超警戒水位 3.16 米（历史最高水位 16.74 米，1981 年）。由于水位涨势迅猛，数千居民因撤离时间过短未能安全及时转移。

广州、深圳、佛山等地社会应急力量均提前备勤，福建、河南、江西等十几支省外社会应急力量在台风登陆前一天即赶到广东佛山、信宜、深圳等地，协同本地队伍驻勤。17 日 17 时许，广东社会救援力量协同信息平台经研判，紧急发起对阳春市的救援动员通告，正在信宜、佛山、深圳、珠海等地参与当地救援善后工作的省内外社会应急力量立即整备出发，赶赴阳春。33 支社会应急力量向当地三防和民政部门报到后，分区域连夜开展人员转移，在天亮前转移群众数千人，其中江西雄鹰救援队转移深水区群众435人。

3. 应急管理部推动社会应急力量建设的相关工作

积极筹备全国首届社会应急力量技能竞赛。立足于组织凝聚一批优秀社会应急力量，营造全社会学应急知识、练应急本领、强应急技能的浓厚氛围，9月起正式启动全国首届社会应急力量技能竞赛筹备工作。竞赛以“提升能力、共筑平安”为主题，由应急管理部、民政部、共青团中央、重庆市人民政府共同主办；竞赛设置破拆技能、水域技能、绳索技能3个大类12个项目，采取“省级分片报名、区域分类选拔、全国集中竞赛”的形式进行，明确在区域分类选拔和全国集中竞赛中成绩优异的队伍，可在应急管理部门统一指挥下，参与相应范围内灾害事故应急救援工作。

组织开展社会应急力量参与抢险救灾公路通行保障制度研究。研究社会力量车辆跨省抢险救灾公路通行服务保障机制建设工作，会同交通运输部起草《关于做好社会力量车辆跨省抢险救灾公路通行服务保障工作的通知》，组织开发“社会力量参与抢险救灾网上申报系统”，研究设置网上登记备案和审核、灾情信息发布、抢险救援管理等功能模块，为社会应急力量参与抢险救灾提供公路通行便利。

强化社会应急力量能力建设。研究修订《应急救援员国家职业技能标准（2019版）》，从陆地搜索与救援、水域搜索与救援等4个专业方向对应急救援员的职业活动内容进行了规范，明确5个等级从业者的技能水平和理论知识水平要求。全年共培训应急救援员3300余人次，师资和考评人员200余人次，开展基层社区应急技能培训1300余人次，有效提升了参训社会应急力量的能力。

组织开展推进社会应急力量健康发展政策措施调研。为在政策制度层面进一步推进社会应急力量健康发展，会同民政部研究起草了《关于进一步推进社会应急力量健康发展的意见（框架稿）》，从自身管理、协调调用、政策保障、能力建设等几个方面作出具体要求和规定，为各级应急管理、民政部门规范引导社会应急力量提供指引。

（二）微型消防站建设

近年来，为提高社会单位和基层社区火灾自防自救能力，先后制定出台规范性文件，督促指导各地在消防安全重点单位和街道社区分别建立微型消防站，按照标准配备人员和站房器材，明确岗位职责，落实值班值守，加强管理训练，强化应急联动。微型消防站主要承担本单位和辖区的防火安全巡查、消防知识宣传和初起火灾扑救工作。各级消防部门将微型消防站建设管理工作纳入日常消防监督检查和督导考核的重要内容，推动基层地方政府和行业主管部门全力推进落实，加强对微型消防站的业务指导和培训，纳入各地支（大）队消防指挥中心统一调度，强化联勤联训联动，确保火灾“救早、救小、救初期”。

全国已建成微型消防站53.5万个，按照“三知四会一联通、3分钟到场处置”（知道消防设施和器材位置，知道疏散通道和出口，知道建筑布局和功能；会组织疏散人员，会扑救初期火灾，会穿戴防护装备，会操作消防器材；消防救援队与微型消防站、消防控制室与微型消防站保持通信畅通）的要求，进行管理、训练、执勤，特别在北京、上海、广州、深圳这类大城市和城乡接合部地区，在专业消防队一时难以及时到达起火现场，以及专业消防力量不足的情况下，微型消防站在扑救初起火灾中发挥了重要作用，有效防止小火酿成大灾。

第四章　重大抢险救援任务

一、自然灾害救援

（一）“6·1”内蒙古大兴安岭汗马自然保护区森林火灾扑救情况

2018 年 6 月 1 日 19 时 15 分，内蒙古自治区大兴安岭汗马国家级自然保护区，因雷击发生特别重大森林火灾，受干旱和高温大风等极端天候影响，火灾迅速蔓延，火场面积短时迅速扩大至 5100 余公顷，直接威胁内蒙古汗马自然保护区和黑龙江呼中区国家级自然保护区。

应急管理部党组书记黄明迅速与现场连线，调度指挥扑救情况。3 个总队、15 个支队共 7010 名兵力投入灭火，经过 6 个昼夜连续奋战，共扑灭火头 92 个，扑灭火线 88 公里，清理火线 86 公里，清理火点、烟点 1 万余处，开挖隔离带 45 公里，最大限度保护了北部原始林区生态资源。

1. 重兵投入，多路集结

6 月 1 日 23 时 20 分，内蒙古森林总队大兴安岭支队派出 360 名兵力（支队前指 5 人、根河大队 95 人、莫尔道嘎大队 60 人、加格达奇大队 100 人、库都尔大队 100 人），采取摩托化方式向汗马自然保护区开进。根据火情发展态势，3 日 13 时，内蒙古森林总队命令大兴安岭支队 500 名兵力（二大队 100 人、三大队 100 人、绰尔大队 100 人、大杨树大队 100 人、毕拉河大队 100 人）向根河航站摩托化开进，而后采取机降方式向火场投送。与此同时，内蒙古森林总队抽调 1230 名兵力（呼伦贝尔市支队 230 人、兴安盟支队 410 人、通辽市支队 220 人、赤峰市支队 220 人、锡林郭勒盟支队 150 人）实施跨区域增援。3 日 15 时 40 分，林火蔓延至黑龙江省大兴安岭呼中区境内，黑龙江森林总队根据大兴安岭地区行署兵力提报需求，迅速调集 430 名兵力（支队前指 20 人、二大队 160 人、塔河大队 130 人、十八站大队 120 人）向两省交界火场区域开进。6 月 4 日 10 时 30 分，根据中央军委和武警部队批复，黑龙江森林总队 2000 人（总队前指 40 人、哈尔滨支队 560 人、黑河支队 400 人、伊春支队 400 人、佳木斯支队 300 人、牡丹江支队 300 人）、吉林森林总队 1000 人（总队前指 40 人、吉林支队 230 人、白山支队 270 人、延边支队 340 人、直属净月大队 60 人、直属通化大队 60 人），异地同步向火场机动。各参战单位昼夜兼程，多点向心，短时间内形成重兵压境之势。截至 6 月 5 日 18 时，汗马火场共集结 2740 名兵力（图 6-4-1、图 6-4-2）。

图6-4-1　紧急驰援

图6-4-2 装甲车输送

2. 科学分兵，分段封控

6月2日3时20分，内蒙古森林总队大兴安岭支队前指5人、根河大队95人机降至火场东南线，采取“一线推进”战术，沿火线自西南向东北强行推进。3日8时，内蒙古森林总队第二批次260人机降至火场西线和北线，加格达奇大队在火场西线打开突破口，沿火线自南向北扑打，库都尔大队在火场北线打开突破口，沿火线由东向西扑打，莫尔道嘎大队分两组跟进清理。3日8时30分，第二批次500人在火场南线机降，在根河大队扑救火线前方加入战斗，沿火线由西南向东北扑打。3日15时40分，林火蔓延至黑龙江大兴安岭呼中区境内，根据黑龙江大兴安岭地区行署兵力提报需求，3日16时30分，黑龙江森林总队迅速调集430人前往呼中区域，阻击林火蔓延。4日18时30分，黑龙江森林总队430人切入火线，采取“一点两面”“一线推进”“递进超越”战法实施快速扑救。4日21时30分，联指根据夜间火场风力减弱、气温降低的有利条件，迅速调整兵力打歼灭战（图6-4-3）。一是内蒙古森林总队大兴安岭支队700人，将火场东线10公里明火全部扑灭，与黑龙江参战力量实现汇合；二是内蒙古森林总队呼伦贝尔支队230人、大兴安岭支队100人、兴安盟支队160人共490人，将火场西北线5公里明火全部扑灭；三是将待机降的内蒙古森林总队840人和由奇乾火场转场的大兴安岭支队440人共1280人，投入火场北线，力争在8时前与黑龙江境内灭火力量汇合。截至5日17时，火场西北线有2处较大烟点，东线（黑龙江境内）有1处较大烟点外，其余各线段无火、无烟点，灭火作战取得了阶段性胜利。

图6-4-3 研究战法

3. 严防死守，全线告捷

6月6日10时，经参战官兵100余小时连续奋战，火场实现全面合围，外围明火全面扑灭，部队转入清理看守阶段（图6-4-4、图6-4-5）。为防止发生复燃跑火，联指决定实施“分段包干、反复巡查”的方式，实施纵深清理。火场西北线由内蒙古森林总队840人，负责清理看守；火场南线由内蒙古森林总队600人，负责清理看守；火场北线由内蒙古森林总队370人，负责清理看守；火场东线由黑龙江森林总队905人，负责清理看守；增援的吉林森林总队1000人从内蒙古大兴安岭一侧投入汗马火场，加强清理看守；增援的黑龙江森林总队2000人从黑龙江大兴安岭地区一侧投入火场，加强清理看守。经过近两天的纵深清理，火场达到“三无”。7日6时，根据联指命令，参战队伍分批组织撤离，截至10日12时，参战部队全部安全归建。

图6-4-4　奋力扑救

图6-4-5　开挖隔离带

（二）1808号台风“玛莉亚”救援情况

2018年7月11日，第8号台风“玛莉亚”登陆我国，灾害造成浙江、福建、江西、湖南4省20市107个县（市、区）142.3万人受灾，1人死亡，54.2万人紧急转移安置，直接经济损失41.6亿元。

应急管理部党组书记黄明在部指挥中心组织多部门会商视频调度，安排前期派出的预警响应工作组就地转为国家救灾应急响应工作组。福建、广东两省各类应急救援队伍坚持以保障人民生命和财产安全为第一原则，区分不同时段，紧盯重点区域，创新灵活运用战术战法，提高抢险救援效能。7月11日台风“玛莉亚”登陆后，福建省累计停电135万户，晚间风雨渐歇，万余名供电应急支援抢修队伍迅速投入抗台风抢修电网作业，12日早晨就基本全部恢复。12日，武警福建总队机动支队派出200名官兵到出现严重内涝的宁德市霞浦县牙城镇，清理洪水退去后留下的淤泥和垃圾，帮助当地居民尽快恢复生活生产秩序。

（三）云南通海“8·13”“8·14”地震应急救援情况

2018年8月13日1时44分，云南省玉溪市通海县发生5.0级地震，8月14日3时50分，再次发生5.0级地震。地震造成玉溪江川区和通海县不同程度受灾，共造成5人重伤、17人轻伤，农房倒塌2992间、损坏2.2万余间，受灾人口6.5万余人。

地震发生后，应急管理部党组书记黄明在部指挥中心远程指挥救援行动，并派工作组赶赴现场。云南省消防总队玉溪市支队立即启动地震救援预案，先后调派全勤指挥部、重型搜救队、通信分队、战勤保障分队、搜救犬分队以及通海、江川、华宁消防大队救援分队共计164名指战员、18辆消防车、6头搜救犬和大量救援装备投入抗震救灾（图6-4-6）。

图6-4-6　救援现场

8月13日1时44分，第一次地震后，玉溪支队立即调派36名消防指战员、10辆消防车赶赴震中救援，对四街、纳古2个镇的6个村展开“地毯式”搜索，全力搜救被困人员，并协助县政府对新区广场、四街社区、通海六中3个临时避难点进行应急照明保障。

8月14日3时52分，第二次地震后，玉溪支队立即调派重型搜救队、应急通信分队及搜救犬分队，共59名消防指战员、13辆消防车、4头搜救犬赶赴灾区。按照通海县政府抗震救灾指挥部的安排，将参战指战员分成10个搜救组和4个排危除险组，重点深入受灾最重的四街镇、纳古镇逐户逐屋进行全面搜索清理，排查被困人员，处置紧急险情，疏散转移被困群众，帮助转移被埋压重要物资。

8月15日起，根据灾情和任务需要，派出3个巡查组深入者湾村和受灾群众临时安置点开展不间断消防巡查、排危除险、除湿降尘等工作。派出战勤保障分队为部分安置点提供应急照明、供电、饮食等服务保障。在3个较大灾民安置点成立帐篷消防队，每天派出30名监督干部，分3组开展防火巡查、消防宣传、重点安全隐患排查等工作。救援期间搭建帐篷5顶，配置灭火器600具，发现并督改火灾隐患132处，悬挂防火宣传标语84条，发放宣传资料2500余份，培训各类干部群众800余人。

8月16日，根据通海县政府抗震救灾指挥部统一安排，支队将参战力量编成5个排危除险组，分别派往四街、者湾、大营、四寨和十街5个村子协助政府相关部门对受灾危房进行大规模拆除，主要负责拆除过程中的现场警戒、疏散群众、物资搬运、排危除险、除湿降尘等工作。

共搜索房屋1000余户，转移群众1500余人，排除险情280余处，拆除严重毁损房屋491户，帮助群众转移被埋压物资3540件，拆除和除湿降尘面积近70000平方米。

（四）山东寿光抗洪抢险救灾情况

受台风“温比亚”影响，2018年8月18—19日，山东全境普降大暴雨，多地发生洪涝灾害，其中寿光市受灾最为严重，呈现出洪水急、范围广、涝点多、积水深、灾情重、损失大等特点（图6–4–7）。全市15个镇街全部受灾，受灾人口50.5万人，房屋近5000间，农作物面积3.5万公顷，大棚10.6万个，养殖棚2000多个，紧急疏散转移涉及89个行政村、群众6.2万人。

图6–4–7 寿光洪水

灾情发生后，应急管理部党组书记黄明立即赴部指挥中心指挥调度，启动国家救灾Ⅳ级响应机制，先后10余次召开视频调度会，研判灾情，统筹调度，确保了救援行动有序有力进行。迅速调集山东及周边省份消防和矿山救援力量，全力配合当地政府抢险救灾（图6–4–8）。参战救援队伍始终牢记使命、忠诚履职，夜以继日、连续奋战，在16个昼夜的战斗中，完成136个作业点排涝任务，累计排水1167万立方米，约相当于杭州西湖的水量，成功搜寻到2名失联人员，清理淤泥6.5万立方米、废弃物4302吨，抢救转运物资1724吨、牲畜856只，为维护人民群众生命财产安全作出了突出贡献，赢得了地方党委、政府和人民群众的高度赞扬（图6–4–9）。

图6–4–8　排水清淤

图6–4–9　寿光灾区群众欢送救灾队伍

这次抗洪抢险救灾是我国消防部队在改革转制关键期的一次重大遂行任务，是除汶川地震外消防部队和安全生产应急救援队伍调动力量最多的一次，充分体现了以民为本、以人为本的宗旨意识，展示了敢于担当、勇挑重担、攻坚克难、敢打必胜的优良作风，发挥了综合应急救援主力军、国家队作用。

1. 周密组织部署

一是紧急调派增援力量。8月21日，应急管理部命令山东总队调集济南等9个消防支队、233名官兵、12套远程供水系统赶赴增援。8月26日，应山东省请求，调集天津、河北、江苏3个省（直辖市）消防总队和14支矿山救援队力量紧急增援。24小时内，救援力量一次性调集到位，共计10837名消防指战员（消防官兵5570人、政府专职队消防员5267人）、352名安全生产应急救援队员，993辆消防车、60套远程供水系统、69艘冲锋舟、260余台工程机械，以及2万余件（套）的潜水泵、浮艇泵、机动泵等救援器材装备。二是实施统一指挥。8月25日，按照应急管理部党组部署，消防局、安全生产应急救援指挥中心分管领导赶赴灾区一线，与前方工作组合并成立前方指挥部，下设调度协调组、政工后勤组、宣传通信组、群众生活救助组和社会力量组。山东、天津、河北、江苏总队分别设立分指挥部，14支矿山救援队纳入4个消防分指挥部，实施统一管理、调度和保障，8家社会组织由前方指挥部对接指导，构建了较为顺畅的应急指挥体系和协调机制。三是加强灾情研判。加强与国家防汛抗旱总指挥部、国家气象中心等部门会商研判、信息通报和预警联动，跟进研判台风“温比亚”实时路径和洪涝灾情发展变化。建立前后方指挥机制，应急管理部领导每日与一线指挥员视频连线，加强救灾指导，研究解决难题，组织协调应急保障。前线指挥部主动与地方政府紧密对接，及时沟通灾情变化和救灾进度，分阶段、分区域、分队伍明确行动目标、部署战斗任务。

2. 创新救援战法技法

坚持“问计于民、因情施策”、边救灾边总结、边钻研边提高，在最短时间内摸索出一整套全新的应对重大洪涝灾害的战术战法，极大地提高了救灾效率。一是以抢救人员生命为重点，全力疏散转移被困群众和搜寻失联人员。灾情发生当天，当地消防部门共接到强降雨及衍生灾害事故救援警情34起，先后出动车辆68辆次、官兵408人次，抢救被困群众89人，疏散2000余人。同时，针对2名辅警失联的情况，组织61名官兵，携带无人机、冲锋舟、搜救犬等，分成2组开展地毯式全覆盖搜寻，成功完成搜救任务。二是以乡镇、村庄等居民住宅集中区域为重点，全力排水清淤。制定“筑堤防护确保道路畅通、远程供水系统抢排积水、救援队员跟进全力清淤”的救援措施，利用12套远程供水系统和排水泵，优先排除居民住宅集中区域积水，连续奋战5昼夜将87个村庄积水排尽，然后集中优势兵力在受灾最严重的南宅科村和李家洼村部署6套远程供水系统、1000余名官兵，全力排水并跟进清淤。8月27日上午，寿光市89个村庄积水全部排尽，群众得以重返家园。三是以大面积连片淹没区域为重点，昼夜奋战，集中优势兵力攻坚排涝。配合当地政府制定了纪台镇“四横六纵”和稻田镇“六横六纵”排水沟渠工程方案，明确了“开渠引流、排蓄结合、集中兵力、优化编成”的救援措施。在纪台镇、稻田镇和洛城街道的6个大面积水域，约16.5平方公里的重点区域设置57处排水点，部署60套远程供水系统和55台排水泵，协调18台大流量排涝车辆，指导当地政府调动260余台挖掘机、推土机等工程机械到场协助开挖明渠、疏通河道、排障清淤。四是以蔬菜大棚、生产田地为重点，进村入户，逐个抽排，帮助困难群众恢复生产。采取“小泵进棚抽水、大泵接力输转”的救援措施，在大棚、田地水位不断下降、工程排水效果逐渐减弱的情况下，前方指挥部发出了“进村入户、逐个抽排”的总攻命令，救援队员深入37个村庄，采取机械排水与工程排水相结合，大小泵优化组合，加快大棚、田地的排涝进度。主动帮助群众清淤除险、转移物资，尽快恢复生产，减少灾害造成的损失。截至9月5日，抢救9.8万个蔬菜大棚，为群众挽回损失约2.94亿元。

3. 落实救灾救助政策

与地方建立联动工作机制，切实做好救灾救助各项重点工作，督促指导灾区各项群众生活救助工作落实到位。一是向重灾区倾斜安排资金物资。在下拨中央救灾资金1.5亿元中，向潍坊市倾斜安排1.08亿元，其中寿光市3000万元。在调拨山东3000顶帐篷、3万床棉被、5000张折叠床等中央救灾物资基础上，再次向寿光专门调拨2万床棉被。二是推动落实各项救助工作。指导出台《受灾人员生活救助工作实施方案》，确定资金发放科目、对象、标准和进度安排，组织地方按标准及时下拨救助资金1873万元。做好救灾款物接收发放，接收社会捐赠资金10910万元、物资65万余件，已拨付2935万元、53万件。三是协调社会力量参与救灾。协调社会单位调派大功率排涝车辆等特种装备，会同山东省慈善总会和寿光市志愿者联合会，组织指导48个当地志愿组织、近5万名志愿者和24支外地救援队参与救灾物资发放、防疫消杀、垃圾清理搬运等工作。四是尽早部署灾后恢复重建。针对入冬前时间紧迫的实际，督促指导地方加紧部署因灾倒损房屋恢复重建工作，并制定《群众住房修复重建工作方案》，逐一走访考察4个易地重建村组及规划选址，明确重建内容和时间安排，帮助受灾群众早日重建家园。

4. 加强思想政治教育和宣传引导

积极探索救援过程中政治思想和宣传引导工作方式，确保救灾任务延伸到哪里，政治工作就跟进到哪里。一是健全组织体系。成立应急抢险救灾前方指挥部临时党委，指导山东、天津、河北、江苏参战队伍成立 4 个临时党委、153 个临时党支部，把消防、矿山救援队伍统一纳入党的组织。成立 7 个政治工作小组、45 个政治工作小分队，发挥组织优势，凝聚集体力量。二是开展教育引导。充分发挥政治工作“引擎”作用，制定印发“五个讲明白”战时教育宣讲提纲，向全体参战队伍发出慰问信，开展“不忘初心、牢记使命、心系灾民、奉献灾区”专题学习教育活动。深入各救灾作业点、队伍驻地慰问生病人员，开展谈心谈话、心理咨询，解决官兵实际困难，做深做细做实思想工作。三是强化典型激励。注重在救灾中考察干部、发现典型，评选“每日之星”，编写《寿光抢险救灾风采录》，大力宣扬救灾中的感人事迹，涌现出了“三过家门而不入”王佐军、“救灾尖兵”陈新宽、“不拿群众一针一线”楚志勇等众多典型，树立了参战队伍的良好形象。四是狠抓纪律作风。明确参战官兵要严格遵守政治纪律、工作纪律、群众纪律、执勤纪律和宣传纪律“五项纪律”，对各救灾作业点、队伍驻地开展暗访督导 106 次，发现整改问题 32 处，确保了队伍作风严整和安全稳定。

5. 强化协同保障

按照“救大灾、打大仗”标准，精心组织各项保障，现场救援队伍物资供应充足，通信渠道畅通，技术支持高效，较好地满足了应急抢险救灾任务的需要。一是紧急调拨装备物资。组建 12 支装备抢修保障分队，分组排班 24 小时作业，巡检远程供水系统 490 余辆次，其他车辆 890 余辆次。紧急拨付专项资金 500 万元，调拨装备物资 2.5 万件（套）连夜发放到一线救援人员手中，并协调当地政府为救援人员发放雨具、手套等物资 16.5 万件（套）。二是全力做好食宿保障。按照自我保障与地方保障相结合的原则，为救援人员提供饮食、副食品，保障矿泉水、野战食品、方便面、火腿肠等应急食品。协调当地政府利用大学、中学宿舍、教室，大型企业驻地及宾馆等，保障了 1 万余名救援人员的住宿问题。三是着力加强卫生防疫。联合当地医疗机构，组建 18 个医疗救护小组，为官兵诊疗 1600 余人次，发放药品 1.5 万余盒，住院治疗 15 人。对执勤点开展食品留样、水质检测、卫生清理和防疫消毒，发放免疫口罩 3.4 万余个，灭蚊除蝇药剂 9500 余件，消毒液 2400 余瓶，防疫消毒 11.4 万余平方米。四是充分发挥技术优势。组织山东和增援总队的应急通信保障分队，建立了“部指挥中心、前方指挥部、现场分指挥部、作战救援队伍”4 级可视化、扁平化指挥调度体系。首次将无人机遥感技术运用到排涝抢险工作中，每日航拍监测重点积水区域，快速生成二维快拼影像和三维重建模型，制作总体灾情图、总体排水分布图和分区域排水效果图等专题图件共 22 幅，及时掌握灾情变化，优化部署力量。

（五）云南文山麻栗坡县“9·2”特大山洪泥石流灾害抢险救援情况

2018 年 9 月 2 日 3 时许，云南省麻栗坡县猛硐瑶族自治乡受连日强降雨影响发生大面积山体滑坡，引发特大山洪泥石流灾害，造成麻栗坡全县 11 个乡镇 79 个村委会和 629 个村民小组 16568 户 5.95 万人不同程度受灾，造成全县经济损失 47.92 亿元。

应急管理部党组书记黄明在部指挥中心远程调度指挥，并先后派出 2 个工作组深入现场指导救援工作。云南省消防总队接到灾情报告后，在指导属地的文山州支队立即出动力量赶赴灾害现场救援的同时，调派总队全勤指挥部和昆明、玉溪、红河支队的130名消防指战员、22辆消防车、4头搜救犬前往增援。

9月2日11时20分，麻栗坡县消防大队救援力量到达猛硐乡政府，在向导的带领下，携带器材装备徒步挺进黄瓜坡，在途中帮助疏散转移撤离村民11人；15时38分到达人员被困点，对被困的10名群众实施疏散营救。9月3日8时，总队增援力量到场后，指挥部将参战力量分批部署到坝子桥、农贸市场、茶厂和黄瓜坡4个战区，投入人员搜救工作。9月3日14时30分，历经13个多小时救援，将被困21名工人和途中逃生的7名群众安全转移到猛硐乡政府（图6-4-10）。

图6-4-10　将被困人员背出灾区

9月4—6日，所有消防救援力量按照前方指挥部的部署，分批次分区域开展河道沿线搜寻、现场作业监护、设置拦截打捞、救助排危除险等作战行动（图6-4-11）。9月5日挖掘搜救出3具遇难者遗体，9月6日搜寻并及时正确处理1枚122毫米榴弹炮炮弹，坝子桥河道漂浮堆积物清理完成。

整个救援中，云南省消防总队共投入206名指战员、35辆消防车、10头搜救犬，连续奋战7天6夜152小时，共发现搜救8具遇难者遗体、营救7名受伤人员、疏散转移42名被困群众、搜寻处理1枚122毫米榴弹炮。

图6-4-11　全力搜索

（六）云南墨江5.9级地震救援情况

2018年9月8日10时31分，云南省普洱市墨江县（北纬23.28°，东经101.53°）发生5.9级地震，震源深度11公里。据统计，灾害造成普洱、玉溪2市7个县11.3万人受灾，28人受伤，1.6万人紧急转移安置；2000余间房屋倒塌，3.4万间房屋不同程度损坏；直接经济损失12.92亿元。

应急管理部党组书记黄明在部指挥中心组织多部门会商视频调度，指挥抗震救灾工作。应急管理部针对云南墨江5.9级地震灾害紧急启动抗震和救灾Ⅳ级响应，派出地震、救灾等单位组成的工作组赶赴现场，深入地震重灾区查看灾情，看望慰问受灾群众，指导协助地方做好抗震救灾各项工作。9月18日，财政部、应急管理部向云南省下拨中央财政自然灾害生活补助资金1.5亿元，主要用于云南墨江5.9级地震灾区受灾群众紧急转移安置、过渡期生活救助、倒损民房恢复重建等受灾群众生活救助需要，确保受灾群众基本生活和灾区社会稳定。

（七）1822号台风“山竹”救援情况

2018年第22号台风“山竹”于9月

16日17时前后在广东省江门市台山沿海登陆，是2018年最强登陆台风。据统计，灾害造成湖南、广东、广西、海南、贵州、云南6省（自治区）48市（州）186个县（市、区）471.3万人受灾，直接经济损失142.3亿元。

应急管理部党组书记黄明先后8次在部指挥中心组织多部门会商视频调度，连线防台风一线，指挥部署防汛防台风工作。9月17日8时，国家减灾委、应急管理部针对强台风“山竹”给广东省造成的严重影响，紧急启动国家Ⅳ级救灾应急响应，应急管理部前期派出的工作组就地转为国家救灾应急响应工作组，继续在受台风影响最为严重的广东江门、阳江等地实地查看灾情，全力指导和协助地方开展应急救灾各项工作。

广东省消防救援总队在台风可能正面登陆的珠海、阳江、江门、茂名4个地市、16个县（区）设置32个屯兵点，江门、珠海、阳江、茂名等15个单位进入一级战备，全省其他力量进入二级战备，全省前置救援队员5000人。在阳江东平核电站、江门台山核电站、深圳大亚湾核电站、茂石化乙烯分部等重点单位部位，提前预置236名核电及石化消防专业队员，指导加强布防；在容易发生洪涝灾害的汕头、中山、江门、阳江等地区提前调集350艘救援舟艇、36部抽排水设备、6000余套防护装具；在易发生建筑物、广告牌、树木倒塌的广州、深圳、珠海等地提前调集300套破拆装备和46辆牵引、吊臂、挖掘等重型机械；在易发生海水倒灌的珠海、汕尾等地区提前调集1.5万个沙袋、200组防水墙、10套远程供水泵组、65台手抬机动泵和浮艇泵等排水设备。

“山竹”台风登陆的江门台山海晏镇由于强降雨造成部分地区发生严重洪涝灾害，接报灾情后，广东省消防救援总队指挥部迅速移至台山消防大队，同步设置信息通信保障、勤务保障中心及社会救援力量报到点，在海晏镇附近设置观察哨，组织参战力量依托救援阵地开展救援工作，共开展各类救援行动326次，救助转移群众3300余人（图6-4-12）。9月17日晚，漠阳江水位猛涨，水流湍急，漠阳江两岸居民被围困于2~8米不等的深水中，春城朝阳路百余名居民被困。总队指挥部紧急调派238名水域救援人员、53艘冲锋舟艇前往救援，侦查编队开展水文勘测与住户人员定位，救援小分队对标记住户逐户搜寻，18小时内将2300余名受困群众转移至安全区域。此外，组建小型机动专业队，开展灾区巡查，应对各类突发情况。阳江绳索小分队利用绳索救援成功解救被困漠阳江西大桥底的6名渔民，深圳水域救援队使用水下破拆技术在水浸区域救出汽车内被困群众2名，广州舟艇巡逻队利用孤岛救援技术将15名被水围困在花木场的群众安全送出“水中孤岛”。受台风影响，深圳市主干道倒伏树木3.6万余株，罗湖、福田等主城区四成主干道处于瘫痪状态。前沿指挥部将广州、深圳、东莞860名救援力量划分为127个作战条块，实行编号分片作战，迅速清除各类路障，

图6-4-12　涉水转移被困群众

40小时打通受阻道路240余公里，确保灾后第二天城市道路基本恢复畅通（图6-4-13）。

图6-4-13 清理路障

广东消防救援队伍全力以赴，先后调集广州、佛山、东莞、中山、湛江、茂名等12个支队的7458名消防救援力量、536辆消防车、350艘冲锋舟艇，共处置台风警情3157起，出动车辆（舟艇）4517辆（艘）次、人员23429人次，营救群众2427人、疏散11746人。其中，扑灭因台风引起的火灾190起，清除广告牌526起，车辆事故救助424起，清理倒塌树木警情648起，处置房屋人员被困紧急救援176起，处置简易工棚倒塌43起，抽水排涝82起，其他类型社会救助1063起，把台风灾害的影响和损失降到最低，圆满完成了强台风“山竹”综合应急救援任务，为保护人民群众生命财产安全作出了重要贡献。

（八）金沙江白格段、雅鲁藏布江米林段四次堰塞湖救援情况

2018年10月11日、17日，西藏自治区昌都市江达县和四川省甘孜州白玉县交界处、西藏自治区林芝市米林县先后发生山体滑坡，分别造成金沙江、雅鲁藏布江断流并形成堰塞湖。10月29日、11月3日，雅鲁藏布江、金沙江原址分别再次滑坡，形成堰塞湖。

应急管理部党组书记黄明先后召开视频调度会10次，组织自然资源部、水利部、气象局、能源局、中国安能建设总公司等单位数次会商调度，与两省（自治区）党政主要负责同志多次沟通，向军委联合参谋部请求支援。组织地质、水利、冰川、爆破、气候、测量等方面专家，调集综合性消防救援队伍和救灾物资，全力以赴抢险救援，协助地方妥善转移安置群众，确保了群众生命安全，最大限度地减轻了灾害损失。

1. 金沙江白格段第一次堰塞湖

10月11日7时10分许，西藏自治区昌都市江达县与四川省甘孜州白玉县交界处发生山体滑坡，造成金沙江断流并形成堰塞湖（图6-4-14）。应急管理部立即启动应急响应，派出联合工作组前往现场，调动西藏昌都、四川甘孜两地消防和森林消防队伍120人15车，携带救援和通信装备赶赴灾区，全力协助指导地方抢险救援，做好转移安置避险群众、排查周边地质灾害隐患、排除堰塞湖险情等工作（图6-4-15）。10月13日凌晨堰塞坝逐步溃决。0时45分，堰塞湖上游水位开始回落，堰塞湖险情解除。

图6-4-14 堰塞湖情况

图6-4-15 勘察现场

2. 雅鲁藏布江米林段第一次堰塞湖

10月17日5时左右，西藏自治区林芝市米林县发生山体滑坡，导致雅鲁藏布江河道堵塞形成堰塞湖。应急管理部派出多部门联合工作组出发赶赴现场指导协助地方开展抢险救援处置工作。10月19日13时30分，堰塞体上游水位超过堰塞体，开始自然过流，险情解除。10月20日12时，雅鲁藏布江堰塞湖河段基本恢复至正常过流状态，下游墨脱河段基本恢复常态。

3. 雅鲁藏布江米林段第二次堰塞湖

10月29日，西藏自治区雅鲁藏布江米林县加拉村段再次发生山体滑坡形成堰塞湖。应急管理部派出多部门联合工作组立即赶赴现场，指导协助地方做好抢险救灾应急处置工作。10月30日11时，应急管理部牵头的联合工作组抵达堰塞湖抢险救援现场，与西藏自治区政府前线指挥部联合召开了专题会议，分析研判险情灾情，研究部署抢险救援救灾等工作。10月31日9时30分，雅鲁藏布江堰塞体出现自然过流。于11月2日，险情基本解除，应急处置工作取得阶段性胜利。

4. 金沙江白格段第二次堰塞湖

11月3日18时左右，该段山体再次发生垮塌造成堵江，形成堰塞湖，短时间内自然泄洪的可能性不大。应急管理部派出由19名业务司局负责同志和专家组成的现场工作组，于11月4日21时20分到达白玉县后，召开灾情研判分析会，推动建立应急联动机制。11月5日1时许，工作组上报了工程干预初步建议。7时50分，应急管理部召开视频调度会，部署人工干预措施。协调军委联合参谋部和西部战区，调动西藏军区某陆航旅、工化旅和陆军第77集团军某工兵旅舟桥部队计500余人，携带直升机5架、大型门桥3套、冲锋舟20余艘和相关爆破器材，千里驰援灾区。同时，协调中国安能公司从北京和成都抽调73名指挥员和挖掘机操作能手，现场指挥部从相关企业调集挖掘机、装载机、运输船、潜孔钻机、炸药等，展开施工准备。11月6日凌晨，现场工作组前往堰塞湖进行现场勘察。同时，应急管理部增派两位副部长率领有关人员前往灾区，加强现场工作组力量。应急管理部现场工作组牵头，成立了由国家部委、省区政府和军队相关负责同志参加的金沙江“11·3”白格堰塞湖应急处置联席会议。11月7日17时，现场工作组听取了地质、水利、气象、遥感、工程、爆破等专家意见建议，对各种人工干预措施的可行性进行分析研究，同四川、西藏两地有关负责同志，研究确定了“以机械开挖为主、爆破和水冲措施为辅，尽量减少对山体振动影响”的应急处置实施方案并组织报批。同时，对金沙江下游6座水电站实施12亿立方米的水库预泄腾库调度，组织四川、西藏、云南3省（自治区）对沿江两岸8.6万名群众实施转移安置。当日，现场工作组确定开辟陆路、水路、空中3条通道，将大型工程机械投送到堰塞湖坝体上。在原始森林和陡峭的峡谷中打通了陆路运输通道，组织昌都市改装旅游船。11 月 9 日，正式启动工程干预措施。历经 71 小时，成功开挖出一条梯形泄流槽。11 月 12 日 4 时，堰塞湖水体开始浸入泄流槽，10 时 50 分安全过流。11 月 13 日 18 时出现 31000 立方米 / 秒最大溃决流量。11 月 15 日 14 时堰塞湖入库和出库流量达到平衡。历时 14 天，应急处置取得决定性胜利，避免了堰塞湖自然漫溃风险，有效减小了上游淹没范围和下游洪水量级，较大限度地减轻了灾害损失，全程没有发现人员伤亡，创造了我国人工干预堰塞湖泄流的成功范例。

二、生产安全事故救援

（一）安徽滁州定远县“1 · 25”G281 次高铁列车火灾扑救情况

2018 年 1 月 25 日 10 时 54 分，由青岛开往杭州东的 G281 次列车从徐州东站发出，该列车车型为 CRH380BL，共 16 节车厢，定员 1005 人（实载乘客 963 人）。1 月 25 日 11 时许，列车监控系统显示多处故障，于 11 时 52 分停靠定远站检查，发现 2 号车厢中间底部冒出明火和浓烟，并有燃烧物滴落（图 6-4-16）。随后车站职工、民警使用灭火器扑救未果，遂于 12 时 8 分拨打 119 报警。

图6-4-16　事故列车内情况

安徽省消防总队滁州市支队接警后，立即调派 28 名消防指战员、6 辆消防车于 12 时 45 分到场处置，经过 40 分钟的奋力扑救，于 13 时 30 分左右将明火基本扑灭，成功排除险情（图 6-4-17）。火灾扑救中，共疏散旅客 960 余人，成功保护了列车其他 15 节车厢和站台各类电气设备，确保了京沪高铁线的畅通，最大限度地减少了火灾造成的损失和影响。

图6-4-17　救援现场情况

（二）神华宁夏煤业集团“2 · 28”乙烯管道爆炸火灾扑救情况

2018 年 2 月 28 日 22 时许，宁夏回族自治区宁东能源化工基地神华宁夏煤业集团烯烃二分公司乙烯出料管道发生爆炸火灾事故。接警后，宁夏回族自治区消防总队调集 3 个支队的 175 名消防指战员、41 辆消防车和 6 个企业专职队的 89 名消防员、18 辆消防车赶赴现场处置（图 6-4-18）。

1. 企业及辖区消防队伍处置

2 月 28 日 22 时 42 分 11 秒，烯烃二厂乙烯罐区 G 罐西侧管线发生泄漏，7 秒钟后发生爆炸，导致罐区西侧管廊和毗邻的烯烃转化反应器裂解炉起火。烯烃二分公司立即启动应急预案，采取消防喷淋对储罐进行降温抑爆，并通过控制室对罐区与装置进行远程隔离。22 时 49 分，宁煤

图6-4-18 救援现场情况

集团应急救援中心调派企业消防一中队、二中队的60名专职消防员、12辆消防车到场处置。分别在乙烯罐区南侧架设4门移动炮和1门车载炮、1门固定消防水炮对H罐、G罐及着火管线进行冷却降温，在西侧架设2门移动炮、1门固定消防水炮和1辆56米举高喷射消防车对E罐、G罐和着火管线西面冷却降温。

2. 当地消防支队处置

3月1日0时16分，银川市消防支队指挥中心接警后，调派宁东防化中队、新城中队的63名消防指战员、15辆消防车赶赴现场处置，并调集宁东地区5支企业专职队6辆消防车、29名专职消防员到场增援。消防力量到场后，立即安排人员进入DCS控制室实时监控收集信息，并进行现场侦查，确认泄漏爆炸点为H罐出料管线与乙烯气化器副线连接的三通弯管，罐区半冷冻球罐冰机动力线路被炸毁。根据侦察情况，在G罐西、南面各架设2门移动炮，对相邻架空管线进行冷却，并设置水幕水枪将着火区域与相邻管线隔离，铺设远程供水系统做好供水准备，安排侦检小组实施动态检测，并划定警戒区域，疏散现场无关人员。

3月1日2时15分，银川支队全勤指挥部到达现场，结合现场情况和部消防局灭火救援专家组石油化工专家的意见，及时采取工艺处置措施，对各装置与压力罐区、常压罐区相连接的73条管线采取双阀隔离，切断了整个罐区8个储罐的进出料阀和各储罐间的气液相旁通阀，采取乙烯进泵口管线火炬放空、罐体火炬管线放空，对乙烯罐区进行泄压，降低系统负荷风险。并部署到场力量利用移动炮对迎火面的储罐和架空管线进行冷却，同时设置水幕进行隔离。在距离事故现场1公里处设立集结点，组织银川支队特勤一中队、特勤二中队、特勤三中队、双渠中队13辆车、73名指战员全面做好战斗准备。

3. 总队跨区域增援处置

3月1日2时30分，增派石嘴山市消防支队、吴忠市消防支队的106名消防指战员、18辆消防车赶赴现场增援。经现场指挥部综合研判，确定按照裂解装置、丁二烯单元、汽油加氢单元、芳烃抽提单元、聚丙烯装置、合成氨装置的顺序，逐一进行单元、装置停车。根据压力和温度变化情况，组织消防指战员、企业技术人员，在水枪掩护下，登顶对H罐顶部开启放空阀门进行泄压，并在降至0.6兆帕后采取注氮保压措施，进行惰化处理，控制火势，减少对邻近储罐、框架及管线炙烤辐射。

现场指挥部组织厂方技术人员对H罐液相出料口第一道阀门、第二道阀门处加装盲板实施隔离，通过取样点监测管线压力和气体浓度，直至现场风险全部解除。10时50分，增援力量返回归建，辖区力量继续进行冷却监护。

经过近10小时的艰苦奋战，于3月1日9时45分成功排除险情，有效保护了爆炸管道所在乙烯罐区以及毗邻生产装置的安全。

（三）天津滨海新区“10·28”大港中外运久凌储运有限公司天津分公司润滑油存储仓库火灾扑救情况

2018 年 10 月 28 日 17 时 50 分，天津市滨海新区大港中外运久凌储运有限公司天津分公司润滑油存储仓库发生火灾，造成仓库建筑及库内存放的润滑油等物品被烧毁，过火面积为 2.3 万平方米，直接财产损失 8944.95 万元。

应急管理部党组书记黄明在部指挥中心进行远程调度指挥。天津市消防总队接警后，先后调派 62 辆消防车、6 辆战勤保障车辆、383 名消防员赶赴现场灭火。市、区两级政府迅速启动应急预案和联动机制，公安、安监、交通、气象、卫生、供水、供电、环保等部门第一时间响应，调集了环境检测车、120 救护车、工程机械等特种车辆 40 余辆，协同开展外围警戒、人员疏散、物资疏散、环境监测、医疗急救等工作。

天津市消防总队作战力量到达现场后，起火的 5 号仓库火势已突破外壳，仓库已整体坍塌，3、4 号仓库也已呈猛烈燃烧态势，并不断爆炸。根据现场风力较大，且库区充满流淌火，严重威胁着毗邻 1、2 号仓库和办公楼及周边单位的实际情况，指挥部坚持“先控制，后消灭”的战术原则，第一时间明确火场主要方面，重点部署力量采取“枪炮结合、包围控制、堵截围歼”的战法，全力保护库区 1、2 号仓库和办公楼以及周边克劳斯电梯公司、鼎亿机械制造有限公司。在着火的 3 个仓库周边，调整部署 5 辆大功率泡沫消防车、4 门移动炮、1 台机器人，抵近火场控制火势。充分利用库区消火栓和现场 2 套远程供水系统加强火场供水保障，确保前方供水不间断，并增调叉车和单位员工对 1、2 号仓库存储的润滑油进行转运，同时利用无人机不间断监控，实时观察火势发展变化，增设安全员密切关注风向变化。经过参战指战员共同努力，成功将火势堵截在着火仓库周围，防止了扩大蔓延，火势得到有效控制（图 6–4–19）。

图6–4–19 处理火场情况

应急管理部工作组到场后，深入火场内部侦查情况，并根据现场情况制定灭火对策措施，科学调整力量部署，明确细化灭火任务分工，将 3 个着火仓库划分为 3 个区域，实行分片包干，利用铲车开辟进攻通道，消灭仓库周边残火；组织人员将受威胁的 2 号仓库润滑油全部转移，防止火势扩大蔓延；同时调集泡沫等灭火剂，全面做好总攻准备。按照工作部署，天津市消防总队迅速调整各个作战区域力量，调集备足泡沫灭火剂。10 月 29 日 3 时 17 分，经过近 10 小时的扑救，将大火成功扑灭，保护了该单位其余 2 个润滑油存储仓库、1 栋办公楼以及周边天津克劳斯电梯公司、天津鼎亿机械制造有限公司等单位安全。

（四）四川达州“6·1”塔沱商贸城火灾扑救情况

2018 年 6 月 1 日 17 时 53 分，四川省达州市通川区好一新塔沱商贸城发生火灾。四川省达州市通川区好一新塔沱商贸城位于达州市通川区塔石路，是川东北最大的小商品批发市场，钢筋混凝土现浇结构，主体地上5层，地下1层，总高度23.9米，总面积约9.04万平方米。该建筑功能集商场、仓库、冻库、娱乐场所等为一体，通道错综复杂，内部被分隔为2492个独立商铺隔间，呈“蜂巢式”布局，内有大量纺织品、日化品、电器、家具等易燃商品。四川省消防总队先后调集17个支队的839名消防指战员、182辆消防车到场处置。消防局调动重庆市消防总队254名消防指战员、29辆消防车增援。经过66小时的扑救，成功扑灭大火，共疏散群众1100余人、营救1人，保护了520间商铺约1.1万平方米，避免了火势向毗邻建筑蔓延（图6-4-20）。

图6-4-20　现场救援情况

应急管理部党组书记黄明先后5次调度火场一线，派员赶赴现场指挥作战，并及时跨区域调集重庆总队精干力量增援。达州市委、市政府积极协调各部门力量及社会民间力量参与处置，整合5支社会救援力量，累计3400余人次协助开展物资搬运、火场清理和现场监护。

快速响应、加强调派。达州市消防支队迅速调集168名消防指战员、42辆消防车赶赴现场处置。17时59分，首战力量到场，立即组织全力疏散搜救被困人员，深入地下一层出水枪灭火驱烟。支队全勤指挥部及首批增援力量到场后，组织5个搜救组开展4轮搜救，3个攻坚组全力寻找隐蔽火点，并利用排烟车、机动排烟机排烟导流。市政府启动应急联动预案，组织环卫供水保障大队到场供水，组织安监部门清空冻库管道内液氨。18时44分，搜救出1名被困人员。随即，所有力量开展穿插控火，至20时40分，现场共部署12支水枪、3门水炮。由于冻库内实体墙夹层内泡沫隐蔽燃烧，附近商铺出现阴燃，不断产生大量高温浓烟并快速扩散沉降，相继“跳跃式”引发商铺区新的火点。

全省驰援、协同作战。根据火灾发展态势，四川省消防总队启动跨区域增援机制，从21时起，先后6批次调集16个支队的671名消防指战员、140辆消防车增援达州。6月2日凌晨，现场指挥部制定“穹顶破窗、凿洞导流，强攻近战、围堵合击，上层监护、防止蔓延”战术措施，组织8个攻坚队，分别进入地下一层强攻灭火，组织4支监护队对上层建筑冷却保护；由矿山救护支队对中庭玻璃穹顶实施破拆，在中庭一层南北两侧地板凿孔排烟，并布置开花水枪对导流烟气冷却降温。至2日23时，内攻组在地下一层采取机器人探路、水枪交替掩护、边拆边灭、梯次轮换的方式，设置21支水枪、6门移动炮、3台机器人，灭火战线纵深近百米，持续29小时的内攻近战，一度将火势压制在地下一层西北部。由于穹顶破拆难度大，始终没有达到中庭排烟的预期战术目的，内攻战线后方反复出现多点复燃，战斗行动处于僵持状态。

审时度势、战略转段。6月2日23时许，经过近30小时高温炙烤，一楼地板多处出现爆裂、钢筋裸露和局部烧穿迹象，高温烟气沿中庭、伸缩缝、商铺内落水管等向上蔓延，相继引发五层、二层、一层多处着火。23 时 20 分，根据消防局命令，内攻人员全部撤离，转为外攻防御。现场沿建筑四周布设 6 辆高喷车、5 门水炮射水，防止火势立体发展。同时，对受火势严重威胁的 4 吨液氨进行稀释排空，消除爆炸危险。设置枪、炮阵地阻止火势向南侧蔬果批发市场蔓延。3 日 7 时，重庆市消防总队增援力量到场，立即担负起运水供水任务，解决了外攻前期火场供水不足的主要矛盾。6 月 3 日 12 时许，消防局副局长魏捍东率队到场，深入火场侦察，作出“扩大警戒范围，尽快破拆散热、评估结构风险，保证现场供水，工程机械待命，积极应对舆情”的指示。政府紧急调度机械到场，现场利用工程机械等多种手段全力破窗、破墙，水炮射流抵近灭火，消灭外层商铺火势，当日 23 时，外圈火势基本消灭。

精准研判、决战决胜。6 月 4 日 5 时 30 分，经过建筑结构专家现场勘察评估、重型机械震动测试，基本排除建筑整体垮塌危险后，现场指挥部组织攻坚组从东南侧由专家带领进行试探性、示范性内攻，教授火场内部建筑坍塌危险识别和防范。6 时许，现场发起总攻，采取“穿插分割、逐片消灭、上下联动、精准打击、梯次掩护、整体推进”战术，将火场划分为 8 个作战区，组织 54 个内攻组，出 48 支水枪，在 19 名结构专家的全程指导下，由上至下逐间、逐片、逐层消灭火势。11 时许，大火被全部扑灭，现场转入清理监护阶段。至 6 月 6 日 10 时，历时 113 小时，所有增援力量撤离归建。

（五）京港澳高速公路衡阳段“6・29”重大道路交通事故处置情况

2018 年 6 月 29 日 20 时 41 分，京港澳高速公路湖南衡阳衡东段由南往北行驶牌号为豫 Q52298 的大型客车，因驾驶员疲劳驾驶导致行驶至 1602 公里处时，穿越中央隔离带与另一侧相向行驶牌号为豫 CS6852 的半挂环己酮罐车正面相撞，造成罐内环己酮泄漏，大量人员受伤被困。

应急管理部党组书记黄明在部指挥中心通过视频连线系统指导现场应急处置工作。20 时 48 分，衡东县消防大队接到报警后，立即调派 2 辆泡沫消防车、1 辆抢险救援消防车、22 名指战员赶赴现场救援。

21 时 43 分，首批力量到场，消防指战员立即对泄漏区域进行侦察检测，确定人员被困及泄漏情况，搜救大客车被甩出乘客，并疏散事故点周围人员，配合高速交警对高速公路实施双向封闭。经侦察发现，事故客车核载55人，实载人数30人。事故罐车为普通汽柴油半挂罐车，装载环己酮液体约 2500 千克，泄漏量约 1000 千克。当日气温约 28℃，北风 1~2 级。

21 时 49 分左右，支队全勤指挥部及增援力量到达现场，确立了“破拆、救人、稀释、降毒、抑爆”的战术措施（图 6–4–21）。一是扩大警戒区域。交警、路政负责在上风方向 150 米、下风方向 200 米处设置警戒线，严格控制人员出入。二

图6–4–21 湖南衡东京港澳高速段交通事故救援现场

是加强稀释降毒。出喷雾水枪对现场周边扩散气体进行驱散、稀释、降毒；出泡沫枪对罐车车体及流淌的环己酮进行泡沫覆盖。三是全力破拆救人。成立8个破拆救人组，按照“先重后轻、先易后难”的原则对被困者进行搜救。四是做好接应准备。安排人员在大客车旁待命，确保紧急情况下救援人员第一时间撤离现场。五是实施堵漏抑爆。成立堵漏小组对罐体实施堵漏，在排水渠两侧筑坝，将环己酮汇聚在堤坝内，并用泡沫覆盖。六是强化现场供水。安排现场的8辆大中型水罐车采取运水供水的方式，保障现场供水不间断。七是落实战勤保障。调集照明车、移动供气车为现场照明、供气提供保障。

23时35分，根据救援开展情况，调整作战部署：一是由现场医护人员对被困人员进行生命体征再确认；二是在喷雾水枪的掩护下，进入客车内部搜救遇难者遗体；三是协助环保部门做好现场环己酮洗消工作。

6月30日4时20分，大客车起吊后由平板拖车拖离现场。6时20分，总指挥部决定对罐体实施起吊和二次堵漏。6时35分，罐体堵漏成功。罐体、车头相继起吊拖离现场。9时许，现场救援结束，辖区中队对污染区域地面进行洗消并协助环保部门将流入筑堤内的环己酮残液进行再收集和处理。9时30分，事故路段清理完毕，交通恢复。

经过12小时救援，共营救被困群众6人，搜救遇难者遗体18具，防止次生灾害发生，确保南北交通大动脉在最短时间内恢复畅通。

（六）山东能源龙矿集团龙郓煤业有限公司“10·20”冲击地压事故救援情况

2018年10月20日22时37分，山东能源龙矿集团龙郓煤业有限公司1303泄水巷掘进工作面发生冲击地压事故，事故区域当班有33人作业，矿工自救升井11人，22人被困。经全力救援，有1人获救，事故共造成21人遇难。

应急管理部党组书记黄明先后多次在部指挥中心调度，安排工作组赶赴事故现场，指导抢险救援，处置相关事宜（图6-4-22）。7支矿山专业救护队共190名指战员赴现场参与救援，同消防应急通信保障人员40人、建制的井下工人1292余人，公安及武警队伍150人、医疗人员47人等多方面的应急力量参与救援。

图6-4-22　山东能源龙矿集团龙郓煤业有限公司冲击地压事故调度会

应急救援指挥部根据事故区域实际情况，本着“以人为本、科学救援”的原则，认真制定了救援方案和安全技术措施，在1303泄水巷、3号联络巷同时开展巷道支护、煤矸清理等工作。对1303泄水巷，从900米点开始由外向里进行巷道返修，总体原则是先加固顶板，再处理带式输送机侧浮煤；带式输送机侧浮煤清理完成后延伸至带式输送机运输系统，最后清理人行道侧浮煤和底板煤矸，滞后返修迎头4~6米。对1303泄水巷、3号联络巷，从100米点开始由外向里进行巷道返修，总体原则是先采用木垛及单体进行巷道临时加固，支护完成后人工清理出带式输送机安装空间，在3号联络巷及1303轨道巷（开切眼至3号联络巷门子口段）安装带式输送机，利用1303工作面运输系统进行煤矸外运。

顶板安全管理方面，严格执行“敲帮问顶”制度，并清理干净作业地点杂物，确保退路畅通；作业过程中，安排救援队员进行安全监护，发现隐患及时处理。在挑顶、扩帮等返修过程中，所有人员严禁进入返修位置以里，严禁空顶作业。

防冲安全管理方面，采用“敲帮问顶”、钻屑法监测等方式，排除安全隐患才能开始救援工作。若巷道宏观压力显现明显（顶板下沉、两帮内挤严重）或探煤粉过程中煤粉量超过对应取值范围内的临界值时，需加强对巷道观测，同时报告应急救援指挥部。当锚索（杆）施工完成后，必须对锚索（杆）外露部分防冲绑设。

通风安全管理方面，返修期间，两巷始终保持局部通风状态，防止返修地点漏顶堵塞风流通道导致风量不足。每班必须安排矿山救援队人员对迎头气体情况进行监测，坚决做到瓦斯超限不作业。

在统一指挥下，7支矿山救援队轮流进行了侦查巷道、支护顶板、清理浮煤、运送遇难人员、使用人体搜寻仪搜寻被困人员等工作，并在事故区域清理过程中不间断地进行气体和顶板监控、安全监护等工作，累计下井救援926人次。经过9天约209小时的紧张救援，截至10月29日15时30分，救援队运送最后1名遇难矿工升井，抢险救援工作顺利结束。

三、其他典型事故救援

其他典型事故救援有重庆万州“10·28”公交车坠江事故救援。

2018年10月28日10时8分，一辆大型客车（渝F27085）由重庆市万州区江南新区往北滨路行驶，当客车行驶至长江二桥距南桥头348米处时，与一辆由城区往江南新区行驶的小轿车（渝FNC776）相撞，造成客车失控冲破护栏坠入长江，小轿车受损、驾驶员受伤。经公安机关走访调查，初步核实失联人员15人。该公交车所有人为重庆万州汽车运输（集团）有限责任公司万州公交分公司。事故桥梁万州长江二桥位于万州区下游聚鱼沱河段，距离江面高50米，为特大型子母塔悬索桥，全桥长1148.86米，桥宽20.5米，双向4车道。事发当天天气多云，气温13~23℃。

应急管理部党组书记黄明立即到部指挥中心连线指导现场救援工作，协调核实车上人数，调集救援力量组织营救，同时派出由应急管理部牵头，请公安部、交通运输部等部门人员参加的联合工作组赶赴现场，指导协助地方党委和政府做好人员搜救等处置工作。

10时12分，重庆市消防救援总队及辖区万州区消防救援支队接警后，立即调派万州、涪陵、水上等6个支队和总队战勤保障大队1艘消防船、20艘冲锋舟

（艇）、6 辆战勤保障车、212 名指战员赶赴现场实施救援。14 时 46 分，重庆市消防总队全勤指挥部抵达事故现场，在市事故救援现场总指挥部的领导下，设立消防救援指挥部，下设救援行动、应急通信、政工宣传、战勤保障 4 个小组，迅速投入救援作战行动。同时，架设野外帐篷和通信组网作为部际联合工作组临时办公点和协调指挥点。

15 时 30 分起，消防救援指挥部组织到场参战力量，以公交车坠江点为中心，从初期上游 1 公里、下游 3 公里，后扩展至上游 2 公里、下游 5 公里，共出动冲锋舟（艇）86 艘次，在事故江面水域开展不间断搜救。同时，与重庆蓝天救援队、重庆长航救援队、公羊救援队、展宏图救援队 4 支社会力量共同研究制定打捞救援方案。

20 时 48 分，部际联合工作组到消防救援指挥部，听取了市事故救援现场总指挥部前期救援开展情况汇报，要求总队充分发挥主力军和国家队作用，继续扩大水域搜索范围，积极会同市有关部门和专业救援队伍实施救援行动。

部际联合工作组会同现场指挥部确定了尽量保证遇难者遗体和有关证物完好、尽量减少打捞对车体损伤的保守打捞方案，分为定位车辆位置、潜水打捞遗体证物和拴套固定车辆、吊装转运车辆 3 个阶段，组织公安、消防、海事、航道、卫生等各部门以及有关企业、社会组织 70 余艘船只参与救援，组织潜水 11 轮、接替吊装 4 轮，历时近 75 小时，先后打捞出 13 名遇难者遗体并确认身份，完成车辆整体打捞（图 6-4-23）。

图6-4-23　救援现场

在该事件应急处置中，国家水上应急救援重庆长航队在应急救援中主动担当、调度迅速，投入大型船只和救援装备，发挥了关键作用，为成功打捞坠江公交车作出主要贡献；蓝天救援队、浙江公羊救援队等社会应急力量反应迅速，携带专业装备赶赴现场参与救援工作，在快速收集现场信息、定位车辆位置等救援工作方面发挥了积极作用。救援结束后，应急管理部对国家水上应急救援重庆长航队及社会应急救援力量进行了费用补偿，为出台事故灾害抢险救援费用核算和补偿制度进行了有益探索。

第五章 国际医疗救援

2018年8月13日，组建了医疗保障团队建设工作小组，明确了重点任务和分工，承担国际应急保障任务。14日，医院跨国（境）救援医疗队员30人正式集结，并召开了第一次工作会议。2018年9月10日，医院先后派出10人参加中国救援队IEC测评培训工作，并建成了中国救援队（医疗）装备库。

医院跨国（境）救援医疗队人员名单见表6-5-1，应急救援医疗仪器装备清单见表6-5-2。

表6-5-1 医院跨国（境）救援医疗队人员名单

序号	科室	姓名	性别	职称	序号	科室	姓名	性别	职称
1	骨科	朱 伟	男	主任医师	16	ICU	王 冀	男	副主任医师
2	肿瘤内科	孔令煜	女	主管护师	17	骨科	杨 敬	男	副主任医师
3	护理	谢旖静	女	主管护师	18	心内科	范煜东	男	副主任医师
4	急诊	张 涛	男	急诊科主任	19	骨科	邵 楠	男	副主任医师
5	超声科	刘颖娴	女	主治医师	20	护理	王 涵	女	护师
6	超声科	张 伟	男	主治医师	21	护理	陈丽娟	女	主管护师
7	儿科	邵俊彦	女	主任医师	22	护理	段 莹	女	护师
8	妇产科	郭 凯	女	副主任医师	23	护理	李 杨	女	护师
9	护理部	刘 乐	女	主管护师	24	护理部	吴军玲	女	主任护师
10	急诊科	金长明	男	主治医师	25	药学部	李 维	男	主管药师
11	急诊科	李 杰	男	主治医师	26	院感办	范超云	女	副主任护师
12	检验科	王 青	男	主管技师	27	神经外科	刘 智	男	副主任医师
13	麻醉科	程庆好	男	副主任医师	28	肿瘤内科	马洪明	男	副主任医师
14	肾内科	万 芳	女	主管护师	29	妇产科	黄 蕊	女	副主任医师
15	体检中心	高 盛	男	主治医师	30	消化内科	贾志伟	男	主治医师

表6-5-2 应急救援医疗仪器装备清单

序号	名称	数量	单位	序号	名称	数量	单位
1	急救背囊	3	个	16	可视喉镜	3	把
2	常规诊疗包	6	个	17	骨髓穿刺枪	2	把
3	挤压综合征救治包	2	个	18	便携式心电监护	2	套
4	截肢包	2	个	19	折叠桌	2	张
5	摆据	2	套	20	折叠担架	4	个
6	开放性气胸包	2	个	21	折叠椅	6	副
7	检水检毒仪器	2	个	22	便携式消毒锅	1	个
8	电动吸引器	2	台	23	折叠病床	4	张
9	微量泵	2	台	24	折叠脊柱板	2	副
10	输液泵	2	台	25	头部固定器	2	个
11	便携 B 超机	1	台	26	便携式卫生防御洗消背囊	10	台
12	便携式心电图机	1	套	27	便携式冰箱	1	台
13	AED	2	台	28	加压输液袋	10	个
14	除颤监护仪	1	台	29	加压止血带（上肢）	10	个
15	血气分析仪	1	台	30	加压止血带（下肢）	10	个

第七篇

基 础 能 力

综 述

我国是世界上遭受自然灾害影响和威胁最严重的国家之一，安全生产仍然处于脆弱期、爬坡期、过坎期，防范化解重大安全风险形势严峻。“根深则叶茂，本固则枝荣”，新时代大国应急管理工作需要愈加重视基础能力建设。

在法律方面，面临着梳理归口各部门法规标准的现实要求，在综合运用立改废释顶层设计的同时适应新体制、新要求，加快创建新的制度，通过《应急管理标准化工作框架方案》规划未来三年我国应急管理标准化路线图，把习近平总书记关于应急管理重要论述和党中央、国务院决策部署转化为系统完备、科学规范、运行有效的法律体系。

在科技方面，牢固树立“围绕实战、贴近实际、服务实战”理念，成立由应急管理部党组书记黄明任组长的应急管理部科技信息化工作领导小组，站在时代潮头，制定《应急管理信息化发展战略规划框架》，把现代科技运用作为应急管理工作现代化的大引擎，集中系统力量和社会智慧，加快信息系统建设应用，统一建设大数据应用平台、视频会商、信息报送等系统，推进信息化建设与应急管理事业改革发展。

在诚信体制建设方面，作为全国社会信用体系建设部际联席会议成员，坚持目标导向、统筹扎实推动奖惩机制、制度规范和系统平台建设，印发《关于进一步加强安全生产诚信体系建设的通知》，加大2018年度省级政府安全生产年度考核指标中诚信建设内容权重，协调有关部门对“黑名单”企业落实惩戒措施，形成对违法失信行为合围之势。

在国际交流合作方面，紧紧围绕国家外交大局和应急管理中心工作，构建应急管理国际合作网络，健全国际应急救援体系，助力构建人类命运共同体。举办国际会议，务实推进多边合作，拓展深化双边合作，推进建立灾害防治“一带一路”区域合作机制，发出中国声音，贡献中国智慧，提升国际地位。积极参与突发国际应急救援，展现中国负责任大国形象和担当。

在新闻宣传方面，利用全媒体平台宣传阐释习近平总书记关于安全生产、防灾减灾救灾、应急救援等应急管理工作的重要论述，指导全系统新闻宣传战线在机构改革过渡期间做好各项工作。统一调配应急新闻宣传资源，形成“一个窗口”对外的工作模式，为改革发展营造良好舆论氛围。

第一章 法 治 建 设

2018 年，应急管理政策法规工作坚持以习近平新时代中国特色社会主义思想为指导，紧紧围绕中央深化党和国家机构改革决策部署和应急管理中心工作，大力推进科学立法、民主立法、依法立法，加快应急管理机构改革和安全生产急需的法律法规、规章标准制修订，加强应急管理重要政策措施研究，持续深化“放管服”改革，取得了显著成效，为顺利推进机构改革各项工作、实现新时代应急管理工作良好开局提供了法治保障。

一、按照立法工作计划和机构改革工作部署，统筹推进立法工作

按照立法适应改革、立法引领改革的要求，把抓当前和谋长远紧密结合起来，加强应急管理法律体系顶层设计，加快推进重要法律法规规章制修订工作。一是做好立法顶层设计。组织起草了《应急管理立法体系框架方案》，初步明确应急管理立法体系建设的主体结构、路线图和时间表。二是依职责做好消防部队转隶法制保障工作。推动出台《中华人民共和国消防救援衔条例》（图 7–1–1）和《中华人民共和国消防救援衔标志式样和佩带办法》，为消防部队及时改革转隶提供了重要法治保障。做好《政府专职消防队伍建设管理和执勤训练指导意见》公开征求意见及修

图7–1–1 《中华人民共和国消防救援衔条例》和《生产安全事故应急条例》

改完善相关工作，为政府专职消防队伍建设管理提供制度保障。三是加快推进《安全生产法》修改及其实施条例制定工作，推动安全生产领域改革发展意见措施落地生根。同时积极做好《生产安全事故应急条例》（图 7–1–1）提交国务院常务会议审议、修改、发布及宣传解读工作。四是推进机构改革相关法律法规修改清理工作。对《突发事件应对法》等 9 部法律、《自然灾害救助条例》等 10 部行政法规研究提出了原则性修改意见。为确保机构改革以后依法有效履行应急管理职责，组织专门力量对应急管理相关法律法规进行了专项清理，形成了《应急管理法规专项清理工作报告》和 6 个子报告。五是组织起草《应急救援队伍条例（草案）》，以便为应急救援队伍建设管理提供法律依据和保障。六是按照国务院加快推进全国一体化在线政务服务平台建设的有关部署，起草并审议通过《关于修改〈生产安全事故应急预案管理办法〉的决定》。七是统筹推进《危险化学品安全法》《安全生产事故隐患排查治理暂行规定》《安全评价检测检验机构管理办法》等重要安全生产法律法规规章的制定修改工作。八是组织起草《关于加强应急基础信息管理的通知》，推动构建一体化全覆盖的全国应急基础信息化综合平台。联合交通运输部出台了《关于做好社会力量车辆跨省抢险救灾公路通行服务保障工作的通知》，支持和鼓励社会力量参加抢险救灾，更好地保护人民群众生命财产安全。此外，遵照国务院领导批示要求，针对重庆万州公交车坠江事故，研究提出强化法治措施，向全国人大常委会法工委报送关于修改《刑法》有关条款建议的函，协调推动最高人民法院出台相关指导性文件和司法案例，加大对此类违法犯罪行为的惩处力度。

二、研究构建应急管理标准体系，推进标准制修订工作

（一）摸清应急管理标准工作底数，夯实基础工作

应急管理部成立后，应急管理标准工作急需加强优化融合，以适应大国应急工作需要。对部归口管理的 6 个全国性专业标准化委员会及其分标委会进行调查摸底，掌握各标委会标准体系与工作情况。对转隶到部的各项标准进行汇总统计，初步梳理出归口的应急管理标准（截至 2018 年 11 月底）包括安全生产、防灾减灾救灾、应急管理等各项标准 2454 项，其中，国家标准 815 项（强制性标准 265 项、推荐性标准 550 项），行业标准 1639 项（强制性标准 418 项，推荐性标准 1221 项），涵盖安全生产、消防救援、减灾救灾、个体防护以及地震和煤炭等多个行业领域。

（二）加强顶层设计，明确当前今后工作思路

拟定《应急管理标准化工作框架方案》，重点规划我国应急管理标准化工作未来三年工作路径，明确了工作路线图和时间表，确保到 2021 年，我国应急管理标准化工作制度基本建立，标准化工作机制和相关标准化技术委员会运转有序，适应大国应急的标准体系基本形成，标准重要基础研究取得预期成果，标准中期发展规划制定出台，标准化工作信息化平台建设完成，一批重要标准发布实施，标准化其他相关工作顺利开展，应急管理标准化工作以崭新的姿态迈入“十四五”。

（三）研究制定管理办法，统一规范标准化工作

初步草拟完成《应急管理标准化工作管理办法（征求意见稿）》，着力解决目前

标准化工作存在的程序繁杂、审批效率不高、公布实施不规范等突出问题，统一规范国家标准和行业标准的制修订、贯彻实施与监督管理等各项流程和程序，健全应急管理标准化工作机制，提高标准制修订效率，确保应急管理标准化工作能够更好地适应机构改革新形势新任务新要求，不折不扣地贯彻落实国家有关标准化法律法规的各项要求。

（四）研究解决改革后行业标准代码衔接问题，确保工作平稳延续

根据国务院机构改革方案和应急管理部“三定”规定有关要求，应急管理部负责组织编制安全生产、减灾救灾、地震和地质灾害救援、水旱灾害救援、消防、森林和草原防灭火，以及应急救援装备和信息化标准和其他应急救援标准。其中，多个领域需要制修订相应的行业标准，但其内容与现有行业标准代码和范围不匹配，亟须申请新的行业标准代码。向国家标准委申请防灾减灾与综合性应急救援“YJ”和消防救援“XF”两个行业标准代码，确保相关领域标准工作平稳有序推进。

（五）做好标准日常工作，履行归口管理职责

在标准制修订方面，组织下达了35项安全生产行业标准制修订计划，并以应急管理部2018年第3号公告发布了《安全生产检测检验机构能力的通用要求》等22项安全生产行业标准。向国家标准委申报了《个体防护装备配备规范（非煤矿山）》等23项安全生产国家标准制修订计划项目，并向国家标准委提请报批《危险化学品重大危险源辨识》等9项国家标准。

在标委会建设方面，按照《国家标准委办公室关于筹建全国个体防护装备标准化技术委员会头部防护装备分技术委员会等6个分技术委员会的函》（标委办综合函〔2017〕220号）的相关要求，指导全国个体防护装备标准化技术委员会完成了头部、呼吸、服装、手部、足部、坠落防护装备6个分技术委员会的组建和眼面部防护装备分技术委员会换届工作。

在标准宣贯方面，在“2018年世界标准日”“安全生产月”“第九届中国国际安全生产论坛”和“第十五届中国标准化论坛”期间，组织开展标准化相关宣传活动。组织编制了《安全生产标准汇编》（第十辑）（图7-1-2）。将有关标准文本及时在政府网站予以公布。

图7-1-2 《安全生产标准汇编》（第十辑）

2018年发布的应急管理国家标准和行业标准见表7-1-1、表7-1-2。

表7-1-1 2018年发布的应急管理国家标准

序号	标准编号	标 准 名 称	发布日期	实施日期
1	GB/T 36072—2018	活动断层探测	2018 年 3 月 15 日	2018 年 10 月 1 日
2	GB 18218—2018	危险化学品重大危险源辨识	2018 年 11 月 19 日	2019 年 3 月 1 日
3	GB 36894—2018	危险化学品生产装置和储存设施外部安全防护距离确定方法	2018 年 11 月 19 日	2019 年 3 月 1 日
4	GB 15577—2018	粉尘防爆安全规程	2018 年 11 月 19 日	2019 年 6 月 1 日
5	GB/T 37241—2018	惰化防爆指南	2018 年 12 月 28 日	2019 年 7 月 1 日
6	GB/T 16427—2018	粉尘层电阻率测定方法	2018 年 12 月 28 日	2019 年 7 月 1 日
7	GB/T 16430—2018	粉尘层最低着火温度测定方法	2018 年 12 月 28 日	2019 年 7 月 1 日
8	GB/T 16425—2018	粉尘云爆炸下限浓度测定方法	2018 年 12 月 28 日	2019 年 7 月 1 日

表7-1-2 2018年发布的应急管理行业标准

序号	标准编号	标准名称	发布日期	实施日期
1	AQ/T 8006—2018	安全生产检测检验机构能力的通用要求	2018 年 5 月 22 日	2018 年 12 月 1 日
2	AQ 2061—2018	金属非金属地下矿山防治水安全技术规范	2018 年 5 月 22 日	2018 年 12 月 1 日
3	AQ 2062—2018	超深竖井施工安全技术规范	2018 年 5 月 22 日	2018 年 12 月 1 日
4	AQ/T 2063—2018	金属非金属露天矿山高陡边坡安全监测技术规范	2018 年 5 月 22 日	2018 年 12 月 1 日
5	AQ/T 2064—2018	金属非金属矿产资源地质勘查单位安全生产标准化实施指南	2018 年 5 月 22 日	2018 年 12 月 1 日
6	AQ/T 2050.6—2018	金属非金属矿山安全标准化规范采掘施工企业实施指南	2018 年 5 月 22 日	2018 年 12 月 1 日
7	AQ 2065—2018	地下运矿车安全检验规范	2018 年 5 月 22 日	2018 年 12 月 1 日
8	AQ/T 2066—2018	陆上油气田安全生产标准化评审报告编写规则	2018 年 5 月 22 日	2018 年 12 月 1 日
9	AQ/T 2067—2018	国家级陆上油气田应急救援队伍装备配备要求	2018 年 5 月 22 日	2018 年 12 月 1 日
10	AQ 4126—2018	烟花爆竹工程设计安全审查规范	2018 年 5 月 22 日	2018 年 12 月 1 日
11	AQ/T 4127—2018	烟花爆竹工程竣工验收规范	2018 年 5 月 22 日	2018 年 12 月 1 日
12	AQ 2001—2018	炼钢安全规程	2018 年 5 月 22 日	2018 年 12 月 1 日

表7-1-2（续）

序号	标准编号	标准名称	发布日期	实施日期
13	AQ 2002—2018	炼铁安全规程	2018年5月22日	2018年12月1日
14	AQ 2003—2018	轧钢安全规程	2018年5月22日	2018年12月1日
15	AQ 7011—2018	高温熔融金属吊运安全规程	2018年5月22日	2018年12月1日
16	AQ 7012—2018	煤气排水器安全技术规程	2018年5月22日	2018年12月1日
17	AQ 7013—2018	干法熄焦安全规程	2018年5月22日	2018年12月1日
18	AQ 7014—2018	新型干法水泥生产安全规程	2018年5月22日	2018年12月1日
19	AQ 7015—2018	氨制冷企业安全规范	2018年5月22日	2018年12月1日
20	AQ 1049—2018	煤矿建设项目安全审核基本要求	2018年5月22日	2018年12月1日
21	AQ 1055—2018	煤矿建设项目安全设施设计审查和竣工验收规范	2018年5月22日	2018年12月1日
22	AQ 1115—2018	煤层气地面开发建设项目安全设施设计审查和竣工验收规范	2018年5月22日	2018年12月1日
23	DB/T 14—2018	原地应力测量 水压致裂法和套芯解除法技术规范（修订）	2018年6月25日	2019年1月1日
24	DB/T 17—2018	地震台站建设规范 强震动台站（修订）	2018年12月26日	2019年7月1日
25	DB/T 70—2018	地震观测异常现场核实报告编写地下流体	2018年12月26日	2019年3月1日
26	DB/T 71—2018	活动断层探察 断错地貌测量	2018年12月26日	2019年3月1日
27	DB/T 72—2018	活动断层探察 图形符号	2018年12月26日	2019年3月1日
28	DB/T 73—2018	活动断层探察 1∶250000 地震构造图编制	2018年12月26日	2019年3月1日
29	DB/T 74—2018	地震灾害遥感评估 地震地质灾害	2018年12月26日	2019年3月1日
30	DB/T 75—2018	地震灾害遥感评估 建筑物破坏	2018年12月26日	2019年3月1日
31	DB/T 76—2018	地震灾害遥感评估 公路震害	2018年12月26日	2019年3月1日
32	DB/T 77—2018	地震灾害遥感评估 地震烈度	2018年12月26日	2019年3月1日
33	DB/T 78—2018	地震灾害遥感评估 地震极灾区范围	2018年12月26日	2019年3月1日
34	DB/T 79—2018	地震灾害遥感评估 地震直接经济损失	2018年12月26日	2019年3月1日
35	DB/T 80—2018	地震灾害遥感评估 产品产出技术要求	2018年12月26日	2019年3月1日

（六）参与国际标准化活动，提升标准国际化水平

一是指导全国个体防护装备标准化技术委员会（SAC/TC112）向国际标准化组织个体防护技术委员会（ISO/TC94）成功申请到全体成员国2019年年会的承办权，这是亚洲国家首次承办该会议，对于促进我国个体防护装备领域健康发展具有重大意义。

二是国际标准化组织个体防护技术委员会足部防护分会（ISO/TC94/SC3）2018年年会在广东成功召开（图7-1-3）。我国专家代表中国提出了修订国际标准《足部防护防化学品鞋测试方法》的申请，得到了与会代表的一致支持。这是我国在该领域提出的第一项国际标准，是我国在国际标准化组织提高话语权的新突破。

图7-1-3　国际标准化组织个体防护技术委员会足部防护分会（ISO/TC94/SC3）2018年年会

三、严格执法监督，认真履行复议应诉职责

一是落实安全生产领域改革发展意见要求，推进《安全生产行政执法与刑事司法衔接工作办法》制定工作。二是推进安全生产监管执法人员依法履行法定职责相关规定的研究制定工作。三是研究建立安全生产民事和行政公益诉讼制度，完成了课题研究，商最高人民检察院、最高人民法院共同推进安全生产公益诉讼相关工作。四是严格执法监督，对安徽等5个省份开展了执法督查，着力解决安全生产只检查不执法、检查多执法少等执法宽松软问题，对福建等6个省份安全生产罚款收缴率低的问题进行实地调研，提出了进一步解决罚款执行难、执行不力的具体措施。五是切实提高行政复议办案质量，积极化解矛盾纠纷，保障申请人合法权益。2018年，共办理行政复议案件19件，办

结13件；办理行政应诉案件14件。

四、持续深化“放管服”改革，深入推进简政放权

（一）加强应急管理“放管服”顶层设计

制定《深化应急管理部“放管服”改革方案》，对六大类38项行政许可事项逐项提出具体改革意见：一是彻底取消，不再实施许可；二是保留许可事项但缩减许可范围；三是归并资质等级，不再划分甲乙级；四是下放审批层级，将有关事项交由地方安监部门实施；五是将煤矿行政许可移交地方；六是将部分许可事项随职能划转到其他部门。对保留事项，强化对地方落实属地责任的监管、对企业落实主体责任的监管、对保障企业公平竞争市场环境的监管和远程智慧监管。推出搭建服务平台、加强业务协作、精简申办材料、优化办事条件、压缩审批时限和规范业务流程6个方面便民服务措施，打通改革措施落地的“最后一公里”，持续提升企业和公众的获得感和满意度，真正“服到位”。

（二）扎实做好证明事项、文件、达标创建活动等清理规范工作

对相关法律、行政法规、部门规章、规范性文件设定的证明事项进行了全面清理，对没有法律法规依据，可以用法定证照、有效凭证代替的证明事项，坚决依程序取消。2018年12月，以应急管理部第12号公告公布取消45项由部门规章设定的证明事项、12项由规范性文件设定的证明事项。

按照《2017—2018年清理现行排除限制竞争政策措施的工作方案要求》，对照《反垄断法》和《国务院关于在市场体系建设中建立公平竞争审查制度的意见》要求，对86个部门规章、400余件规范性文件和其他政策措施中含有的地方保护、指定交易、市场壁垒等内容进行了系统梳理和清理，涉及消防、地震、煤矿、危险化学品、烟花爆竹、长输油气管道、工矿商贸等多个行业领域，并对相关部门规章和规范性文件及时作出调整。对原国家安全监管总局所属各单位及机构改革转隶各单位创建示范活动进行了全面清理规范，保留13项、撤销7项，对内容相近的其他10项合并为3项，全面摸底统计应急管理部各司局及所属事业单位涉企收费、中介机构收费情况，进行分类研究并提出清理建议。

（三）认真做好政务信息化和行政审批集中受理工作

起草《推进应急管理在线政务服务平台建设实施方案》，明确了新建政务服务事项管理系统、政务服务门户和移动端、政务服务数据资源共享系统、安全管理中心、应急管理部运维管理体系、统一身份认证系统等10个方面的工作任务，并对工作保障和任务分工提出了具体要求。按照国务院有关要求，在本部门官方网站及两微一端上添加政务服务小程序码，强化社会监督。认真做好行政许可集中受理工作，2018年共受理行政许可事项申请214件。

（四）加强政策措施研究，为重要决策和立法工作提供依据和参考

一是组织开展国内外应急管理体系研究。围绕我国应急管理机构改革目标，开展国内外应急管理体系研究，形成了《有关国家应急管理体制特点及对我国应急管理工作的启示》《完善我国应急管理法律体系研究》等多篇研究文章。二是组织开展港区、功能区安全生产监管研究。贯彻落实习近平总书记重要指示和安全生产领域改革发展意见要求，研究提出了一套切实可行的、科学的功能区安全生产监管模

式和监管方法，为《安全生产法》修改提供参考。三是开展地震灾害保险制度研究。形成《地震灾害保险制度研究》报告，推动救灾与风险防范紧密结合，充分调动社会资源，提高灾区恢复重建能力。四是组织开展“一带一路”沿线国家安全生产法律法规研究。落实辐射周边国家应急救援联动机制建设要求，对比研究“一带一路”沿线国家安全生产法律法规的异同点，为我国企业“走出去”提供更多的参考依据和借鉴。五是做好深化消防“放管服”改革暗访督查综合协调及相关工作。为贯彻落实中央领导重要指示精神，切实做好关于深化消防管理机制改革要求，扎实推进消防“放管服”改革工作，组织开展了对四川、山东、河南、广东等重点省区深化消防“放管服”改革暗访督查工作。

五、做好普法及法制审核等工作，大力推进依法行政

（一）深入开展法制宣传教育

一是推进落实“谁执法谁普法”普法责任制，制定应急管理部普法责任清单向司法部报送。二是落实中央部署，组织深入开展宪法学习宣传教育系列活动，积极推动宪法精神深入人心、落地生根。应急管理部党组书记黄明两次主持召开党组理论学习中心组（扩大）会议专题学习宪法（图 7–1–4），在“宪法宣传周”期间邀请

图7–1–4　应急管理部党组书记黄明主持召开党组理论学习中心组（扩大）学习宪法专题视频报告会

司法部党组书记袁曙宏向全系统作专题视频辅导；组织应急管理部机关全体党员干部开展了宪法知识测试，推动机关上下形成了以党组理论学习中心组学习为引领，党员领导干部为重点的多层次、多形式、广覆盖的全员学习、主动学习、深入学习的生动局面；在应急管理部网站开通了宪法学习宣传网页，在应急管理部机关组织宪法学习专题展览，在应急管理部网站和微信公众号组织开展面向社会的宪法知识网络有奖答题活动，推动社会广泛关注宪法并积极参与到宪法学习中来。三是利用全国“安全生产万里行”等大型宣教活动和网络新媒体等多种资源，组织开展应急管理普法宣传专题行，深入部分重点职业院校、企业、社区等单位开展普法宣讲交流，发放普法宣传资料，增强普法宣传工作针对性和实效性。

（二）做好执法资格培训及管理工作

一是为做好机构改革以后执法资格培训及管理工作，赴北京、辽宁等地开展专题调研。二是组织在大连、昆明举办了两期安全生产执法资格培训班，共培训学员 168 名。三是组织全系统 788 名学员参加安全生产执法证到期换证网络培训。

（三）做好规范性文件集中清理工作

组织对原国家安全监管总局 2006—2016 年期间印发的各类文件进行全面清理，经部长办公会议审议，向社会公布失效文件 1432 件。

第二章 科技信息化建设

一、完成应急管理信息化顶层设计

（一）完成信息化发展战略规划

应急管理部党组高度重视科技信息化工作，把科技信息化工作当作基础性、全局性、战略性的重大任务，与应急管理事业改革发展一体化推进。成立了应急管理部科技信息化工作领导小组，应急管理部党组书记黄明担任组长。编制完成了《应急管理信息化发展战略规划框架》，确立了“两网络”“四体系”“两机制”的“四横四纵”总体架构，即建设全域覆盖的感知网络和天地一体的应急通信网络，构建先进强大的大数据支撑体系、智慧协同的业务应用体系、安全可靠的运行保障体系和严谨全面的标准规范体系，形成统一完备的信息化工作机制和创新多元的科技力量汇集机制。着手布局感知网络、指挥信息网、卫星通信网、无线通信网、数据中心、云计算平台、数据治理、大数据应用平台、安全保障体系、智能运维体系等十大工程，为全国应急管理信息化规划和建设“一盘棋”奠定基础。

（二）统筹推进信息化规划落地

一是启动信息化工程立项。联合自然资源部、生态环境部、交通运输部、水利部等8个部委，深化方案设计，编制完成了《应急管理大数据工程框架方案》，报送国家发展改革委，推动工程立项。二是推动地方信息化发展。编制印发了《关于加快编制地方应急管理信息化发展规划的通知》，督促地方对标应急管理部《应急管理信息化发展战略规划框架》，加快编制本地区应急管理信息化规划，确保应急管理信息化目标落实、科学布局、有序推进。赴吉林、山西、四川等8个省级应急管理部门，宣贯《应急管理信息化发展战略规划框架》，指导各地区科学谋划应急管理信息化工作。

（三）规范信息化建设管理

一是编制《应急管理部本级信息化项目管理暂行办法》，建立健全项目管理工作机制。二是梳理国家和相关行业领域信息化标准，调研了26个标准框架体系、13个部委（行业）信息化标准规范建设情况和5个新技术领域标准化框架，初步完成应急管理信息化标准框架体系设计。三是印发《关于暂停在建和拟建信息化项目的通知》，要求各相关单位进一步分析梳理业务需求，统一审核后再行实施，避免资金浪费。完成了相关单位拟建和在建30多个信息化项目审核批复。

二、推进急用先行信息化建设

（一）打造部本级应急管理“一张网”

组织完成各转隶单位网络互联互通和系统接入，完成部本级与21号办公区及森林消防局、中国地震局等9家在京转隶单位和2家京外转隶单位视频会议系统改造等工作，在京转隶单位的办公终端接入国家电子政务外网，集成了20个政务外网系统和24个互联网系统，形成部本级应急管理“一张网”。

（二）推动应急指挥和日常办公信息化进程

完成了突发事件信息报送系统、语音调度系统、政务办公系统、政务外网门户、移动应用和即时通信等系统研发设计工作，为机构改革期间应急指挥和日常办公提供信息化支撑手段。

（三）启动应急管理信息化项目建设

启动了应急指挥骨干网、通信卫星网络融合、机房和数据中心、云平台、部应急会商指挥中心（21 号办公区）改造等项目建设，完成应急指挥信息网等 7 个项目招标采购工作，各项目年底前陆续启动实施。2018 年应急管理部 1000 万元以上信息化项目情况见表 7–2–1。

表7–2–1　2018年应急管理部1000万元以上信息化项目情况表

序号	项目名称	内容概述	批复单位	批复金额（万元）
1	应急信息资源管理平台（基础设施部分）	建设应急北京数据中心，开发部署应急管理云计算平台，形成 5PB 以上存储和计算能力	财政部	11420
2	应急指挥信息网	建设应急指挥高可靠骨干链路、应急管理部在京转隶单位和部门之间的高速光纤城域环网链路，为应急救援指挥业务提供安全可靠承载传输	财政部	16000
3	通信卫星网络融合	开展 VSAT 卫星应急通信系统融合改造、天通卫星应急通信系统建设、卫星应急通信综合平台建设、标准规范编制等，实现对现有各单位卫星资源的统一管理、远端站集中监控与卫星网络的互联互通，对应急指挥骨干网络形成有效补充，提升应急通信保障水平	财政部	6500
4	安全生产监管信息化工程（一期）	开发安全生产监管系统、煤矿监察系统和安全生产监管大数据系统，建设核心机房和视频会议系统，提升安全生产监管能力，为有效防范重大生产安全事故提供支撑	财政部	20250

三、布局科技创新体系

（一）加强科研攻关

聚焦重大灾害事故防治科技需求，布局多灾种、全链条、综合性重大科技攻关。组织开展国家重点研发计划项目申报，推荐 7 个项目获得国家重点研发计划立项，争取国拨经费 1.8 亿元，各项目已陆续启动研究攻关。引导社会资源投入科技创新，组织企业开展重大事故关键防治技术研究，征集重点科技计划项目 447 项，引导社会科技投入 26 亿元。

2018 年应急管理部 1000 万元以上科技项目情况见表 7–2–2。

（二）加强平台建设

凝聚优势科技力量，开展需求分析与方案论证，申请筹建国家级自然灾害防治研究机构。开展调研评价，统筹谋划应急管理领域重点实验室、工程技术创新中心、协同创新平台布局，组织创建 37 个安全生产领域科技支撑平台，经验收评审后，发布第一批科技支撑平台 12 个。

表7-2-2 2018年应急管理部1000万元以上科技项目情况表

序号	项目名称	内容概述	批复单位	批复金额（万元）	进展状态	预计结束时间
1	多灾种综合风险防范服务产品开发与集成平台建设示范	开展综合风险防范服务产品体系设计与开发技术、部门大数据业务协同机制与应急联动技术、网络大数据智能挖掘与融合分析技术、信息服务平台搭建技术4项关键技术研究，建成多灾种综合风险防范信息服务平台。针对灾害救助、灾害保险、社会力量参与综合减灾3个领域，研究综合风险防范信息服务的业务模式和标准规范。选择示范省份，开展应用示范	科技部	1487	2018年立项	2021年12月
2	高海拔高寒地区金属矿山开采安全技术研究与装备研发	建立冻融循环条件下岩土体灾变孕育及控制理论，开发环境友好型金属矿山安全开采及固废处置技术，研发矿山开采安全预警与通风、无轨运输安全保障技术及装备，建立矿山人机功效评价体系和标准。通过项目实施，建立高海拔寒区金属矿产资源安全高效开采及灾害防治理论体系，开发成套技术与装备，形成多个典型矿山工程示范，全面提升我国高海拔寒区金属矿山高效开采的安全水平	科技部	5961	2018年立项	2021年6月

（三）推进成果转化

应急管理部会同工业和信息化部等部门印发《关于加快安全产业发展的指导意见》《安全产业示范园区创建指南》，与广东等省份签订了部省共建合作机制，完善安全产业发展保障制度。会同工业和信息化部、科技部召开中国安全产业大会（图7-2-1），推动佛山、徐州等应急和安全产业

图7-2-1 中国安全产业大会

示范园区建设。联合科技部、工业和信息化部发布 88 项先进技术装备和 3 项落后技术装备，加快先进适用安全技术装备示范应用。

四、探索装备研发应用

（一）研究装备工作思路

建立需求对接机制，跟踪一线救援信息化和装备需求，组织专家和科研单位研究解决方案，形成装备研发应用工作思路。

（二）广泛开展装备调研

深入吉林、黑龙江、四川、贵州等地，调研应急救援一线队伍装备需求，开展先进无线通信设备实战通联测试。调研中国兵器、新兴际华等应急装备制造龙头企业，研究智能化、轻型化、标准化、模块化的装备体系建设思路。分灾种、分区域研究先进、特种、专用救援装备建设方案。

（三）加快煤矿等重点领域关键装备研发

继续推进“机械化换人、自动化减人”专项行动，严格执行淘汰落后和推广先进设备及工艺目录，加大矿山机械化、自动化改建力度，严格控制矿山现场生产作业人数，全国 48 处千人矿井全部减至千人以下。

（四）启动自然灾害防治装备现代化工程

贯彻落实中央财经委第三次会议精神，启动自然灾害防治现代化工程实施方案编制工作，初步提出具备应急救援、物资储备、先进装备创新、支撑保障能力的现代化工程项目。

第三章 诚 信 建 设

贯彻落实党中央、国务院和全国社会信用体系建设部际联席会议的工作部署，坚持目标导向、统筹扎实推动，安全生产各项工作取得突破性进展。从部际联席会议通报的工作情况看，应急管理部诚信建设工作走在了 47 个成员单位的前列。

一、诚信建设责任落实机制得到切实强化

一是强化业务指导。指导督促各地区和各相关单位建立专题会议、工作例会、会商会审和跟踪落实制度。同时，围绕部际联席会议和部门党组的相关工作部署，研究起草并及时印发《关于进一步加强安全生产诚信体系建设的通知》，为各地诚信体系建设年度工作提供具体要求和操作遵循。二是强化工作通报。针对一些地区和单位不敢担当负责，工作积极性、主动性不够等问题，建立定期通报制度，印发《国务院安委会办公室关于安全生产领域联合惩戒“黑名单”管理情况的通报》（安委办〔2018〕11 号），表扬先进、鞭策落后，推动责任落实。三是强化督促检查。针对一些地区诚信建设中存在的突出问题，按照应急管理部党组书记黄明的指示要求，6 月派出检查组对上海、山东、湖南、云南等省（直辖市）相关工作开展了专题实地检查，对全国各地区进行专题督导调研，督促责任落实。

二、安全诚信制度规范建设不断健全完善

一是坚持闭环管理，健全完善了从信息采集、报送、会审、报批、推送（公告）、成效反馈、异议处理到移出的全过程闭环管理机制。2018 年，共审核公告 3 批计 147 家企业。同时，按照守信联合激励实施办法规定，督促报送并会审了拟纳入首批“红名单”管理的企业 41 家，按程序公示、报批后进行了公告。二是坚持问题导向，针对《对安全生产领域失信行为开展联合惩戒的实施办法》实施过程中存在的一些共性问题，在全面调查研究基础上，就“黑名单”认定标准、名称表述、管理期限和有关程序性规定的修改完善，提出了具体建议；抓住组织修订《安全生产法》部分条款和制定《安全生产法实施条例》的时机，研究提出修改完善《安全生产法》相关条款和条例的相关内容的具体建议。三是坚持需求牵引，对 2018 年度省级政府安全生产年度考核指标中诚信建设内容进行调整，加大相应考核分值，突出诚信建设工作重要性。

三、安全生产领域联合惩戒威力日益凸显

失信联合惩戒机制正式启动一年多来，各有关部门对“黑名单”企业落实惩戒措施，形成对违法失信行为合围之势，联合惩戒威力初显（图 7-3-1）。一是从证监会反馈的情况看，证监部门已对 2 家

中华人民共和国应急管理部

公　告

2018年　第6号

根据《对安全生产领域失信行为开展联合惩戒的实施办法》（安监总办〔2017〕49号）的规定，经审核，将北京环能工程技术有限责任公司等59家生产经营单位及其有关人员纳入安全生产失信联合惩戒"黑名单"管理，现予公告。

附件：2018年第二批安全生产失信联合惩戒"黑名单"单位名单

图7-3-1　应急管理部网站公开联合惩戒"黑名单"

"黑名单"企业停止上市申报受理或融资审批，1家总部在京的上市企业旗下一全资子公司被纳入"黑名单"管理，7月30日开盘时，该企业股票便"一字跌停"，后续其他领域相应惩戒效果也正在不断显现。二是从银保监会反馈的情况看，截至2018年末，国内21家主要银行机构中有59家企业涉及安全生产违法违规且尚未完成整改，涉及贷款余额100.66亿元。相关银行机构对30家企业、66.56亿元贷款采取了督促整改措施，对10家企业、8.92亿元贷款采取了压缩退出措施，对7家企业、6.00亿元贷款采取了清收处置措施，对12家企业、19.18亿元贷款采取了其他措施。三是从对一些地区抽查的情况看，各地普遍反映，大部分"黑名单"企业因生产经营行为"处处受限"而举步维艰，大幅提高了企业违法失信成本，联合惩戒机制成为落实安全生产主体责任的有力抓手。

四、诚信信息化系统建设全面完成预期目标

安全生产诚信信息化系统自2017年9月11日开工建设以来，会同有关单位全面督促、协调推动系统建设各项工作。一是加强督促指导。指定专人全过程指导督促各子系统研发并定期组织召开系统建设推进会，相继建成了诚信归集、诚信管理、共享应用、数据交换4个系统的3个不同版本（国家端、地方端、企业端），研制了一套11项标准规范及移动端APP查询版，方便各类用户的使用。二是推动协调联动。在安全生产信息化系统尚未建成、无法提供基础数据的情况下，积极主动协调有关部门、疏通有关环节，打通网络通道、获取基础数据，配合国家信息中心完成了共享交换系统的升级，先后归集

接入安全标准化数据计35万余条及“黑名单”全量数据，分别完成了与国家信用平台、河北及湖南省安全生产监督管理局系统对接，接收数据1.64亿条。三是严格目标控制。严控工期、倒排工序，提前协调租用国信政务云平台搭建系统部署环境，精心组织落实初验评审和上线操作培训等工作。8月底完成了初验，9月中旬组织了全国各省局和应急管理部机关司局人员培训并开始上线试运行，项目建设进度走在了14个共建部委前列。图7-3-2所示为安全生产信用信息管理系统。

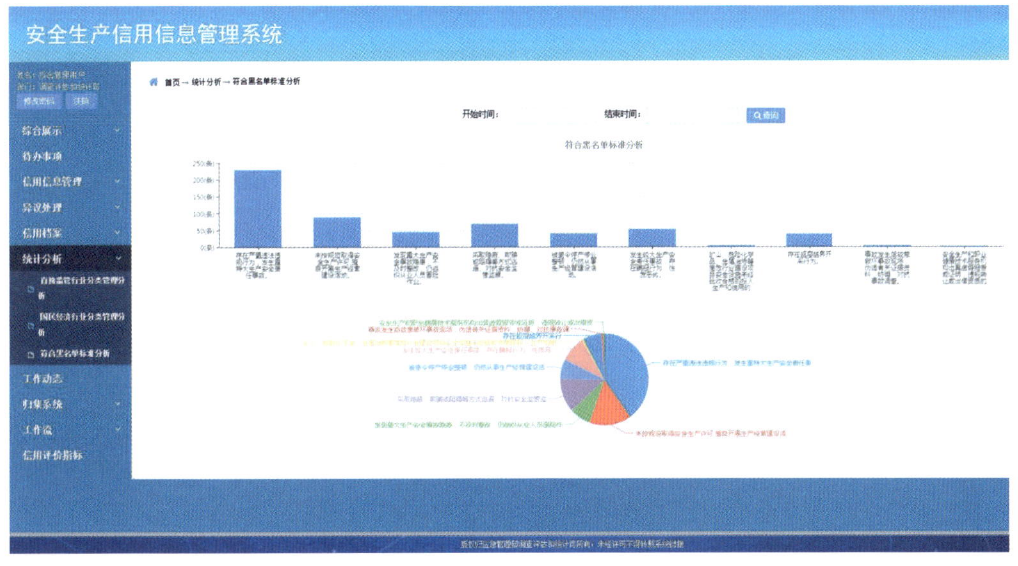

图7-3-2 安全生产信用信息管理系统

五、安全生产诚信文化建设在着力探索中不断推进

积极适应各类企业和社会公众日益增长的“查信、用信、守信”需求，切实强化安全诚信文化建设。认真指导和帮助基层研究解决安全生产诚信体系建设过程中遇到的问题。强化信用服务，为便于社会公众和各类企业集中查询安全生产信用信息，协调建立了部政府网站信用查询专栏，成为实施政策解读、舆情回应和诚信信息及规范性文件发布的快捷窗口和信息平台。协调推动在部政府网站“服务大厅”栏目设置安全生产诚信系统登录入口，保障各级各类用户快速、便捷登录系统，保障试运行工作的顺利进行，着力营造“一处失信、处处受限”和“守信有益、信用有价”的社会氛围。

第四章 国际交流与合作

应急管理部积极开展国际交流与合作，服务国家外交大局和应急管理事业改革发展，对外交流与合作开局良好。

一、举办重大外事活动，提升我国应急管理领域的国际影响力

（一）汶川地震十周年国际研讨会暨第四届大陆地震国际研讨会

2018年5月12—14日，应急管理部与四川省人民政府等共同主办的汶川地震十周年国际研讨会暨第四届大陆地震国际研讨会在四川成都成功举行。国家主席习近平向会议致信。国务委员王勇出席研讨会开幕式，宣读习近平主席的致信并致辞。应急管理部党组书记黄明主持开幕式。研讨会主题是“与地震风险共处”，下设透明地壳、解剖地震、韧性城乡、智慧服务、地区国际合作5个专题。来自40多个国家、地区和国际组织的1200多名代表和专家参加会议，交流最新成果，共商防灾减灾救灾对策。会议提出了推进“一带一路”地震安全领域的国际合作，减轻地震灾害风险的科学建议。

（二）第九届中国国际安全生产论坛

2018年10月16—17日，应急管理部和国际劳工组织、浙江省人民政府共同主办的第九届中国国际安全生产论坛在浙江省杭州市成功举行。国务委员王勇出席论坛开幕式并致辞，应急管理部党组书记黄明主持开幕式。本届论坛的主题是“强化事故预防，促进安全发展”，设主论坛和矿山事故预防、防范危险化学品事故、企业安全管理体系、安全生产应急救援、消防安全5个分论坛。来自30多个国家和地区、3个国际组织的近千名嘉宾代表参会，其中，近20位部级官员出席，90位嘉宾和专家发表演讲，交流分享国内外安全监管和事故预防经验，探讨安全生产工作新思路、新方法、新途径，宣传和展示党的十八大以来我国安全生产事业取得的新成就。

（三）积极开展重要外事交流，服务国家整体外交

应急管理部党组书记黄明分别会见红十字国际委员会主席莫雷尔、蒙古国副总理恩赫图布辛、阿富汗灾害管理国务部部长法辛等重要外宾，就加强灾害管理、应急救援领域合作进行交流，达成合作共识。有关部领导分别会见联合国人道主义事务助理秘书长兼紧急救济副协调员和加拿大就业及社会发展部、新加坡人力部、瑞士联邦经济事务署、白俄罗斯紧急情况部、老挝劳动与社会福利部、联合国减灾办、难民署、世界粮食计划署、国际移民组织高级官员、新加坡民防部队总监。有关部领导率团赴蒙古国出席2018年亚洲部长级减灾大会并访问日本、韩国、俄罗斯和白俄罗斯等。通过这些重大外事会见和出访活动，向国际社会有力地宣传了我国防灾减灾救灾工作取得的新成就，使国际社会对新组建的应急管理部工作和职能等情况有了进一步的了解，促进

了应急管理领域国际交流与合作。

二、积极开展应急管理国际交流与合作

（一）积极参加国际交流

组织赴国外参加了联合国国际搜索与救援咨询团亚太地区年会、亚太经济合作组织（APEC）灾害管理高官论坛、备灾工作组会议、二十国集团安全健康工作组会议、上合组织成员国城市地震搜救联合演练筹备会、中日韩灾害管理合作会议等重要国际会议，组织赴俄罗斯参加了国际矿山救援竞赛并取得优异成绩，不断提升应急管理领域国际影响力和话语权。

（二）举办国际会议活动

举办了第二届亚洲科技减灾大会、联合国利用天基技术进行灾害风险管理国际会议、第二届东盟地区论坛城市应急救援研讨班、伊斯坦布尔进程灾害管理研修班、中国—东盟减轻灾害风险研讨会、澜湄基金安全能力提升研讨班等一系列研讨交流活动，开展了中俄安全生产高层对话（图 7–4–1）和中欧安全生产对话，交流学习借鉴国际先进经验和做法。

（三）组织开展引智培训

全年共派出培训团组 12 批、260 人次，重点培训学习发达国家事故预防和风险管控、监管执法和重大事故应急救援等方面经验，促进应急管理队伍建设。

三、加强国际应急救援能力建设，积极做好参与国际救援准备工作

一是成立国际救援队伍建设小组，组织编制跨国（境）应急救援工作方案和工作手册，组建跨国（境）国际救援队伍。二是举办跨国（境）救援外事培训班，深入学习习近平新时代中国特色社会主义外交思想，把握新时期我国外交方针政策，了解和掌握联合国国际救援规则，提升救援队伍国际应急救援能力。三是组建国际救援工作专班，协调推进跨国（境）救援组织工作。建立国际救援外事服务团队，梳理国际救援行动的工作规程。四是做好境外灾害救援准备工作。7 月下旬老挝阿速坡溃坝事故和 9 月下旬印尼中苏拉威西省地震海啸发生后，组织救援队伍和力量，做好派出救援队参与救援有关准备和外事服务保障工作，使队伍得到了锻炼，积累了经验。

图7–4–1　2018年10月16日，应急管理部党组书记黄明出席第六届中俄安全生产高层对话活动

第五章　新　闻　宣　传

2018年，应急管理新闻宣传工作坚持以习近平新时代中国特色社会主义思想为指导，认真贯彻落实党中央、国务院关于应急管理工作的重大决策部署和应急管理部党组的总体工作要求，紧紧围绕机构改革这一重要任务，着力打基础、强能力，坚决打好应急管理新闻宣传的主动仗和突发事件应急报道的遭遇战，为应急管理事业改革发展营造良好舆论氛围。

一、深入宣传阐释习近平新时代中国特色社会主义思想和习近平总书记关于应急管理的重要论述

坚持把学习宣传贯彻习近平新时代中国特色社会主义思想作为首要政治任务，贯穿应急管理新闻宣传工作全过程。在应急管理部部属媒体开设“习近平新时代中国特色社会主义思想”专题专栏，及时更新发布习近平总书记的重要会议活动、讲话和指示精神，其中应急管理部政府网站共更新发布185条；持续宣传阐释习近平总书记关于安全生产、防灾减灾救灾、应急救援等应急管理工作的重要论述，精心做好习近平总书记向汶川地震十周年研讨会致信、在中央财经委员会第三次会议上的重要讲话以及向国家综合性消防救援队伍授旗致训词等宣传报道，积极反映全系统特别是基层干部职工和消防指战员的热烈反响，配发评论言论，推动习近平总书记重要讲话和训词精神入脑入心、落地生根。

二、全面加强应急管理新闻宣传工作顶层设计和系统谋划

制定了《机构改革过渡期间网站建设和应急宣传报道工作方案（试行）》《特别重大灾害新闻宣传专案》《突发事件新闻宣传与舆论引导应急响应手册》《重特大灾害发生伊始阶段新闻通稿模板》《特别重大灾害现场媒体服务管理和新闻发布工作方案》等，为机构改革过渡期间高效有序开展突发事件应急报道工作提供操作指南。制定了《国务院安委办2018年安全生产宣传教育工作要点》；完成《如何加强宣传教育和培训，增强全社会防灾减灾意识》课题报告。召开全国安全生产新闻宣传工作视频会和全国应急管理新闻宣传工作座谈会，指导全系统新闻宣传战线扎实做好机构改革过渡期间的应急管理新闻宣传工作。与中宣部、中央网信办等部门和中央主要媒体建立突发事件应急报道和重大舆情处置协同联动工作机制；与中央广播电视总台签署《战略合作备忘录》，围绕应急管理新闻宣传加强合作。强化对系统内新闻宣传工作的指导和归口管理，统筹策划安排各项工作宣传报道、统一调配应急新闻宣传资源和工作力量。协助应急管理部属单位办理更名、改版，主管主办单位变更和相关刊物转隶工作，协助应急管理部属相关单位办理更名、改版等工作，原《中国安全生产报》更名为《中国应急管理报》（图7–5–1），原煤炭工业出版社更名为应急管理出版社。同时，顺利

完成《中国应急管理》《消防周刊》等杂志转录工作。

中国应急管理报
CHINA EMERGENCY MANAGEMENT NEWS
中华人民共和国应急管理部主管
《习近平关于总体国家安全观论述摘编》出版发行
应急管理部挂牌
韩正出席挂牌仪式
中华人民共和国应急管理部
中华人民共和国应急管理部指挥中心
责在肩上 路在脚下
——应急管理部挂牌仪式侧记
一季度全国安全生产形势开局良好
构建中国特色应急管理体制的里程碑
国家安全 你我共同来努力
应急管理部主要职责
切实发挥好党的集中统一领导优势
忠诚 奉献 高效 专业
改革大潮中，每一个“我”都该大步向前

图7-5-1 《中国应急管理报》第1期

三、组织做好重大会议、重大活动、重要事项宣传报道

组织做好应急管理部挂牌仪式、第九届中国国际安全生产论坛宣传报道和现场媒体组织管理工作。做好国务院安委会全体会、国务院安全生产电视电话会、全国应急管理工作会议、应急管理部机构改革阶段性总结暨推进应急管理事业改革发展动员部署会、抗洪抢险救灾报告会、首次革命烈士公祭活动（具体内容详见二维码）、第四届119全国消防奖表彰会、应急管理部司处级干部宪法宣誓仪式等重要会议活动的宣传报道。精心做好《中华人民共和国消防救援衔条例》和《中华人民共和国消防救援衔标志式样和佩带办法》颁布实施（具体内容详见二维码）、国家综合性消防救援队伍授衔换装、集中整训教育、消防救援车辆悬挂应急救援专用号牌、《消防救援队员招录办法》（具体内容详见二维码）发布等重要改革节点的宣传报道。积极筹备参加改革开放40周年大型成就展，策划组织应急管理系统改革开放40周年成就宣传。在中央广播电视总台和新华网推出采访专题，在《人民日报》刊发《当好党和人民的“守夜人”——专访应急管理部党组书记黄明》；会同中央电视台《焦点访谈》以“机构改革正当时”为题制作播出专题节目，对应急管理部机构改革进展情况进行深入报道（具体内容详见二维码）。针对美国加州森林大火，开展中外应急救援体制对比报道，直观展现中国特色社会主义制度优势。

四、全力做好突发事件应急报道、舆情应对、科普宣传和警示教育

按照“一个窗口”对外的原则，及时组织做好灾害事故信息发布，有力有序开展了辽宁本溪重大炸药爆炸、四川宜宾化工厂爆炸火灾、台风“玛莉亚”“安比”“温比亚”“山竹”和“百里嘉”来袭、贵州六盘水煤与瓦斯突出、川藏边界4次山体滑坡堰塞湖、重庆万州公交车坠江、山东龙郓煤矿冲击地压、张家口危化品爆燃等灾害事故的应急报道。同时，紧密结合突发事件和季节行业等，做好预警信息发布、科普宣传和安全提示，开展“公益报时”，推出安全专题节目“今日我值班”；安排有关司局负责人参加新华网“新华访谈”节目，面向公众开展安全和应急科普

宣传；制作一批公益宣传画、挂图等向全国各省级应急管理部门免费发放；策划制作一批应急和安全生产科普微视频、公益广告等新媒体产品，通过网络平台广泛推送。组织邀请媒体记者参加明查暗访、专项整治和“回头看”，对发现的重大风险隐患和典型非法违法行为进行曝光，对地方政府安全生产约谈进行报道，强化警示教育。加强对应急管理领域相关舆情监测和分析研判，及时组织发布权威信息，正面引导社会舆论。

五、组织开展宣教活动和典型人物宣传

2018 年 5 月，结合纪念汶川地震十周年，做好全国“防灾减灾周”活动宣传报道，通过组织记者参会、配发评论员文章、专题策划等方式，充分展现了近年来我国防灾减灾救灾工作取得的显著成效。以“生命至上、安全发展”为主题，在全国深入组织开展第 17 届全国“安全生产月”和“安全生产万里行”活动，并在江苏省江阴市华西村举办启动仪式，会同北京市政府举办“全国宣传咨询日”活动。与全国总工会、共青团中央分别联合组织开展了全国“安康杯”竞赛和“青年安全生产示范岗”活动。邀请著名作曲家印青、词作家朱海以习近平总书记重要训词精神为内核，联合创作歌曲《生命至上》，在基层消防救援队伍传唱（图 7–5–2）。配合消防救援局、森林消防局做好“119”消防宣传月活动，与中央广播电视总台共

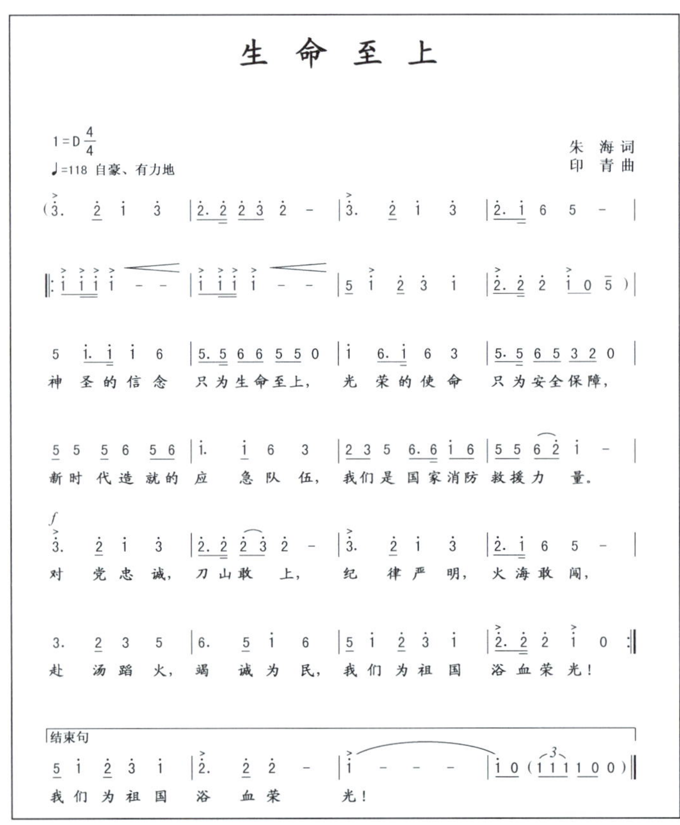

图7–5–2　以习近平总书记重要训词精神为内核创作的歌曲《生命至上》

同主办特别节目《中国骄傲 2018》在中央电视台综合频道播出（具体内容详见二维码）。与文化和旅游部共同策划、联合推出《致敬! 消防救援英雄》慰问演出，春节前后向基层和边远地区消防救援指战员举办系列巡演。以“逆行英雄”为主题，策划推出系列典型人物宣传。

六、着力加强网站和新媒体平台建设

建设中国应急信息网，立足打造综合性防灾减灾救灾信息发布平台、社会动员平台、专业服务平台和互动引导平台。加快推进应急管理部政府网站改版升级工作。加强与新华社新媒体中心、新浪、腾讯、今日头条等新媒体平台的合作，在重大活动、重要节点、节庆假期等策划推出系列图说、动漫、微视频等刷屏产品。启动新媒体矩阵建设，对系统各省级单位新媒体开设情况进行摸底调查。2018年，应急管理部官方新媒体粉丝数达到549万人，累计发布各类信息1700余条。

第八篇

党的建设

综 述

2018年，是全面贯彻落实党的十九大精神的开局之年，也是应急管理部组建和应急管理事业起步之年。应急管理部党组认真贯彻落实党中央关于党和国家机构改革的决策部署，带领部系统各级党组织深入学习贯彻习近平新时代中国特色社会主义思想和党的十九大精神，认真履行党要管党、全面从严治党政治责任，始终坚持以党的政治建设为统领，以服务机构改革为目标，以发挥基层党组织战斗堡垒作用为重点，以做好党员干部的思想政治工作为抓手，围绕中心、服务大局、建设队伍，积极作为、强化担当，为顺利推进应急管理事业改革发展、忠实履行应急管理职责使命提供坚强有力的保证。

第一章 政 治 建 设

一、坚决做到“两个维护”

应急管理部党组始终把党的政治建设作为建部之基、立部之本、兴部之要，坚持党对应急管理工作的绝对领导、全面领导，制定了与党组成员、工作人员有关的具体规定，从部党组同志做起，充分发挥部党组领导核心作用，着力从思想上统一认识，从政治上严明规矩，从组织上强化保障，牢固树立“四个意识”，坚决做到“两个维护”，始终同以习近平同志为核心的党中央保持高度一致。对习近平总书记关于应急管理工作的重要指示批示，应急管理部党组书记黄明都第一时间组织传达学习，深刻领会精神实质，逐一制定工作方案，明确责任分工，以强烈的政治担当、创造性的措施、严实的作风抓好落实，始终做到党中央提倡的坚决响应、党中央决定的坚决照办、党中央禁止的坚决不做，不打任何折扣，确保党中央政令畅通、令行禁止。

二、贯彻落实中央决策部署，谋划推动应急管理工作

组织全系统深入学习习近平总书记关于党的建设、机构改革、巡视工作、应急管理，特别是中央财经委员会第三次会议、对国家综合性消防救援队伍授旗训词等一系列重要讲话精神，部党组书记黄明为全系统干部上了题为“学习贯彻习近平总书记重要指示精神”的专题党课，着眼构建具有中国特色的大国应急体系，自觉把应急管理工作置于党和国家事业发展大局中思考谋划，引导党员干部以高度的政治责任感、使命感履行党和人民赋予的神圣职责。认真贯彻落实习近平总书记视察长江时的重要指示，配合中央财办开展6个自然灾害防治重大课题研究；围绕习近平总书记在中央财经委员会第三次会议上提出的“六个坚持”“九大工程”，研究起草了加强自然灾害防治工作意见，谋划2019年重点工作和三年工作计划，切实把习近平总书记重要指示精神转化为具体思路和工作措施，不断深化应急管理事业改革发展。组织召开应急管理部党组会议，专题学习贯彻习近平总书记对中央和国家机关推进党的政治建设重要指示以及中央和国家机关党的建设工作会议精神，提出了要抓好学习贯彻、制定加强党的政治建设意见、加强督促检查等5项举措，坚决落实“一个带头、三个表率”要求，切实建设好让党中央放心、让人民群众满意的模范机关。围绕贯彻落实习近平总书记重要指示精神，应急管理部党组印发部党组成员履行加强党的政治建设责任的规定和部党组履行全面从严治党主体责任清单，部署召开直属机关党组织书记等会议，对推进党的政治建设提出了具体要求；扎实开展党性教育，坚持把党的政治建设的要求落实到机关业务工作各方面、全过程，自觉把思想和行动统一到党中央关于加强党的政治建设的决策部署上来，不断增强政治自觉、思想自觉、行动自觉，以新时代新担当新作为努力创造应急

管理事业新业绩。

三、强化跟踪督办，确保中央决策部署落地见效

把确保习近平总书记重要指示和党中央决策部署贯彻落实作为严肃的政治纪律，纳入中央巡视问题整改和应急管理部党组内部巡视的重要内容。应急管理部党组专题研究明确，凡涉及应急管理工作的所有重要事项、重大突发事件及处置情况、综合性消防救援队伍建设的重大工作、贯彻落实习近平总书记和党中央重要指示精神情况及阶段性重要工作进展情况和全年工作总结等5个方面的重大事项，都要及时向党中央、国务院报告。建立完善督办制度，对党中央、国务院领导同志批示逐项跟踪，明确责任单位和办理时限，抓好落实，多次及时向党中央、国务院和中央领导同志专题报告，确保事事有着落、件件有回音。

第二章 思想建设

一、注重发挥各级党组织理论学习中心组示范引领作用

认真贯彻落实中央关于党委（党组）理论学习中心组学习的有关规定，制定了《中共应急管理部党组理论学习中心组2018年度学习计划》，应急管理部党组全年共组织开展集中学习研讨活动、专家辅导报告、观看警示教育片共16次。加强对各级党组织理论学习中心组学习的督导，认真审核学习研讨方案，各单位党组织理论学习中心组集中学习研讨普遍在12次以上，并且较好地发挥了示范引领作用。消防救援局、森林消防局党委结合学习贯彻习近平总书记授旗训词精神，组织开展“学训词、铸忠诚、创新业、立新功”主题教育活动，分级举办领导干部政治轮训，开展“当好扛旗人、跑好第一棒”大讨论活动，做到主题教育与经常性思想教育相互渗透、融合推进。

二、大力加强党员干部学习教育培训

研究制定了《学习宣传贯彻党的十九大精神工作方案》，组织开展了处级以上党员干部贯彻党的十九大精神集中轮训工作，采取网络培训、分级分训、以干代训、集中轮训等方式强化党员干部教育培训，着力提高党员干部理论素养和业务素质。开设了十九大精神主题网络学习班，举办了2期网上专题班，组织2275名党员干部参加了学习培训。组织司局级干部313人次参加了中国干部网络学院“学习贯彻党的十九大精神”和“深入学习贯彻习近平新时代中国特色社会主义思想”2个网上专题班学习。举办了直属机关“两委”书记学习贯彻党的十九大精神专题培训班，组织司局级以上领导干部19人参加中央党校（国家行政学院）培训，参加其他调训班23人次，参加专题研修班47人次。面对应急管理事业改革发展的深刻变革，广大党员干部始终保持强烈的本领恐慌的危机感、能力短板的紧迫感，自觉用科学理论和先进思想文化武装头脑，改进工作。大力加强教育培训，协调中组部，将安全生产监督管理知识培训纳入2018年全国干部教育培训年度工作要点。举办1期安全生产监管与突发事件处置专题培训班和1期省部级干部提升防灾减灾救灾能力专题研讨班。举办12期煤矿安全监察干部业务培训班和1期执法资格培训班，共培训895人。制定《应急管理部2018年度业务培训班补充计划》，指导督促培训计划执行。开展了4期420人次中央企业主要负责人和管理人员安全生产知识和管理能力考核工作。

三、创新方式方法增强学习实效

坚持以考促学，组织全系统50岁以下司、处级党员干部1765人进行了学习贯彻习近平新时代中国特色社会主义思想和党的十九大精神理论考试。坚持以查促学，机关党委每月对机关司局、在京直属单位的学习提出重点内容和讨论题，定期对各单位理论学习情况进行

抽查检查，加强面对面督促指导。坚持以讲促学，大力开展党员领导干部讲党课和带头宣讲十九大精神活动，广泛开展大学习、大调研、大比武，持续推进《习近平谈治国理政》等著作的学习使用，有力促进了党员干部对习近平新时代中国特色社会主义思想和党的十九大精神的理解和把握。

四、大力营造党建宣传氛围

全年编印《应急管理部党建工作简报》13 期，及时刊发部党组关于党建工作的重要部署和会议情况、直属机关党建工作动态、基层党组织党建工作经验做法等内容；及时改版直属机关党建信息管理网，坚持动态更新，及时反映基层党建工作典型经验做法；鼓励党员干部利用好“学习强国”“支部工作”等学习平台；发挥好《中国应急管理报》、部属期刊等作用，不断加强机关党建宣传工作，逐步扩大党建宣传影响力。

第三章 干部队伍建设

一、树立正确的选人用人导向

鲜明提出用干部是为了干好事业，强调用什么人、用在什么岗位，一定要从工作需要出发，以事择人。鲜明提出建设高素质应急管理干部队伍，为敢于担当的干部担当，为敢于负责的干部负责，改进干部考察考核工作，健全选人用人机制，着力解决干部选拔任用、业绩考核等关键环节的突出问题，营造公开公平公正的选人用人氛围。鲜明提出用人上的不正之风和腐败现象对政治生活危害最烈，强调坚决纠正选人用人上的“四唯”问题，大力整治选人用人上的不正之风，使用人风气更加清朗，以用人环境的风清气正促进政治生态的山清水秀。依照《党政领导干部选拔任用工作条例》，研究起草了部党组《选拔任用干部工作办法》《领导干部组织考察工作暂行办法》等相关制度。全年共补充调整领导班子 54 个、领导干部 203 名。提拔干部的考察测评“总体评价”满意度达到 96%。向中组部报送了优秀年轻干部初步人选，组织 180 名机关司、处级干部进行了宪法宣誓（图 8-3-1）。

二、强化干部日常教育管理监督

坚持严管与厚爱结合，信任与监督并重。发挥好党员教育的积极作用，大力开

图 8-3-1 2018 年 12 月 27 日，应急管理部党组书记黄明出席应急管理部机关司处级国家工作人员宪法宣誓仪式

展党章党规教育、理想信念教育、纪律宣传教育，改进教育形式，增强党员干部教育管理的影响力、感染力、渗透力，促使各级党组织和广大党员不断增强以身许党许国、当好党和人民“守夜人”的思想自觉和行动自觉，把好世界观、人生观、价值观这个“总开关”。注重加强平时考核，更好地发挥全面考核评价作用。开展了2018年度部机关司局和直属事业单位领导班子和领导干部考核工作。认真落实组织人事部门《干部提醒、函询、诫勉实施细则》，全年共提醒1751人次、函询101人次、诫勉212人次。认真执行《领导干部报告个人有关事项规定》，严谨细致开展查核，认真审慎做好比对认定工作。全年完成3941名处级以上干部个人有关事项报告汇总分析，重点查核170人次，其中函询32人、诫勉1人。持续开展“三超两乱”专项整治，建立定期零报告制度，严防违规超职数配备干部等问题反弹。坚持有信必核、有问题必查，全年查核有关选人用人信访举报17件。关心援疆、援藏、援青、双向交流挂职干部和扶贫干部的工作生活，积极落实相关待遇。

三、加快人才队伍建设

结合机构改革，建立健全各项人才政策措施，集聚培养高层次急需人才，努力建设一支忠诚干净担当的高素质专业化应急管理人才队伍。组织开展享受政府特殊津贴专家、“万人计划”、创新人才推进计划等高层次人才选拔推荐工作，3人入选2018年享受政府特殊津贴人员，1人入选“万人计划”科技创新领军人才。加强博士后科研工作站建设，中国安全生产科学研究院博士后科研工作站在站人员增加到7名，通信信息中心、地震预测研究所2家单位申报新设立博士后科研工作站获批。筹备组建中国消防救援学院，指导华北科技学院完成2018年本科、硕士招生工作，其中本科生录取4276人，硕士生录取63人。完成安全科学与工程类专业教学指导委员会委员换届推选工作，指导安全职业教育教学指导委员会完成职业技能比赛，组织制定《安全科学与工程类专业教学质量国家标准》。制定《注册安全工程师职业资格制度规定》和《注册安全工程师职业资格考试实施办法》，注册安全工程师等专业化服务人才队伍不断壮大，截至2018年底，取得注册安全工程师职业资格证书的有30万人。

四、重视离退休干部工作

充分发挥老年大学、老干部活动中心（站）的主阵地作用，采取多种形式，组织老同志深入学习领会习近平新时代中国特色社会主义思想和习近平总书记关于老干部工作的重要论述，通过理论武装增进情感认同。组织70余名老同志到北京三元食品股份有限公司进行实地参观考察，亲身感受新时代国家经济建设新发展新变化。为全体离退休党员订阅、发放学习资料1300余册（套），参与政治学习活动的老党员达1700多人次。坚持用心用情服务老同志，认真落实离退休干部政策待遇，按时按规发放离退休费及津贴补贴，及时审核报销结算医药费。组织536名离退休人员进行年度健康体检，开展医疗讲座25场次，编印发放健康宣传材料3000份。坚持走访慰问制度，春节、国庆等重大节日走访慰问老同志2000余人，走访探视住院老同志238人次。建立老干部健康档案和动态管理机制，为21名年满75周岁的老同志安装了直呼医院的“一键通”，为26名老同志接入“康复护理进家庭”服务。精心办好老年大学，共开设书法、绘画等 7 类 23 个教学班，招收学员 600 余人次；录制声乐、舞蹈、电子琴学员学习成果视频 30 部，整理、翻拍学员书画、摄影作品 260 幅；推送老年大学微信公众号信息 39 条，阅读量达 3 万余人次。组织 748 名老同志开展春、秋游活动，举办了 2018 年机关老干部迎新春团拜会，组织老年体协健步走分会、乒乓球分会、棋牌分会举办年度友谊赛和切磋交流活动，参与人数超过 2000 人次。图 8-3-2 所示为 2018 年 12 月 28 日应急管理部党组书记黄明出席应急管理部迎新年老干部座谈会。

图 8-3-2　2018 年 12 月 28 日，应急管理部党组书记黄明出席应急管理部迎新年老干部座谈会

第四章 组 织 建 设

一、全面加强基层党组织建设

机构改革期间，为了确保党员干部思想不乱、工作不断、队伍不散、干劲不减，经中央和国家机关工委批准，成立了应急管理部机关临时党委，统筹做好机关党的工作，确保机关党建工作有序衔接，确保党员干部组织生活不“挂空挡”。做到党员在哪里，党的组织就覆盖到哪里、党员的教育管理就延伸到哪里，在抢险救灾一线设立临时党组织 157 个，做到抢险救灾任务与党建工作同向发力、联动支撑，为抢险救灾任务的完成提供了坚强的组织和思想保证。应急管理部“三定”规定和细化方案出台后，及时制定印发了《关于认真做好部机关党的基层组织设置工作的通知》，结合部内设机构“三定”规定实施情况，对基层党组织的设置原则、程序、要求进行明确，指导机关司局及时成立党组织，切实发挥好党支部的战斗堡垒作用。

截至 2018 年底，应急管理部机关司局和在京单位（含中国地震局直属机关、国家煤矿安全监察局机关、消防救援局机关和森林消防队伍）共有党员 21491 人；党组织 1721 个，其中，党委 326 个、党总支 44 个、党支部 1351 个。严把党员入口关，全年发展党员 2806 人。2018 年应急管理部机关司局和在京单位党员分布如图 8-4-1 所示，党组织数量分布如图 8-4-2 所示。

二、着力提升基层组织政治功能

把加强基层组织建设与推进中心工作、队伍建设、服务群众结合起来，始终坚持从政治上来考虑问题，善于把党中央要求、应急管理部党组及本级党组织意图转变成党员干部自觉参与和积极践行的有效举措。加强对党员干部的教育管理监督，推动“两学一做”学习教育制度化常态化，围绕建设一支“四讲四有”的合格党员队伍精准发力，坚决破除“灯下黑”问题。认真贯彻落实《中国共产党党内关怀帮扶办法》，加强人文关怀和帮扶激励，充分调动广大党员干事创业的积极性、主动性、创造性。应急管理部党组印发了《关于认真贯彻落实〈关于进一步激励广大干部新时代新担当新作为的意见〉的通知》，并指导基层党组织制定细化措施，着力树立重实干重实绩的导向，激发党员

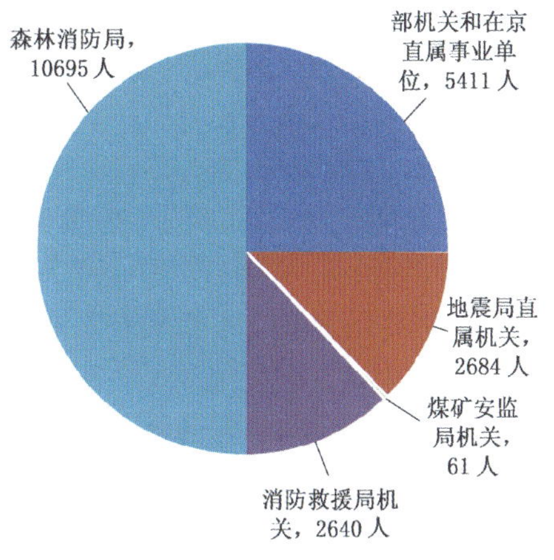

图 8-4-1 2018 年应急管理部机关司局和在京单位党员分布

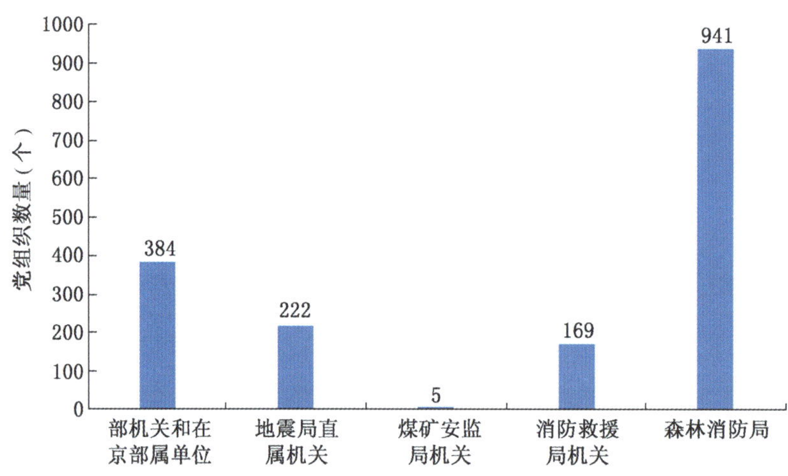

图 8-4-2　2018 年应急管理部机关司局和在京单位党组织数量分布图

干部活力。

三、强化一切工作到支部的鲜明导向

认真贯彻落实《中国共产党支部工作条例（试行）》，强化一切工作到支部的鲜明导向，研究建立党支部建设标准化指标体系，进一步细化基层党支部建设的标准、要求、内容等，对支部工作进行精细化管理，努力实现基层党组织全面进步、全面过硬。消防救援局、森林消防局党委按照“支部建在队站上”的要求，规范国家综合性消防救援队伍的基层党支部设置、理顺领导关系，提升组织力。建立健全党支部日常学习、党日活动、党员发展、工作台账等管理制度以及“三会一课”、组织生活会、谈心谈话、民主评议党员等党内生活制度，不断提升基层党建科学化、规范化、制度化水平。应急管理部党组书记黄明带头以普通党员身份参加所在支部组织生活会，党组其他同志也都分别以普通党员身份参加了所在支部的组织生活。以贯彻落实《中国共产党支部工作条例（试行）》为契机，举办了直属机关专兼职党务干部培训班，着力提升党务干部“应知会做”能力。

四、支持群团组织创造性开展工作

督促指导应急管理部机关工会、团委、妇工委等按照上级要求，及时推选出席中国工会十七大、共青团十八大、中国妇女十二大等会议代表，并抓好相关会议精神的学习宣传贯彻。以庆祝建党 97 周年和纪念改革开放 40 周年为契机，认真组织开展了“创先争优”评选表彰、“不忘初心、重温入党志愿书”主题党日活动、“学习十九大，基层在行动”主题党课宣讲等形式灵活、内容丰富的系列活动，组织党员干部 5000 余人次参观了“真理的力量——纪念马克思诞辰 200 周年”和“伟大的变革——庆祝改革开放 40 周年大型展览”等主题展览，进一步坚定“四个自信”，强化使命担当。认真贯彻党中央关于落实功勋荣誉表彰奖励获得者相关待遇的部署，7 月下旬至 9 月上旬组织全系统劳模和烈士家属近 500 人，分 5 批赴应急管理部北戴河、大连、昆明康复院（中心）进行了疗养。春节、“七一”前夕开展走访慰问活动，做好生活困难党员群众的帮扶工作。进一步做好统战工作，引导党外干部拥护党的领导、认同党的路线方针政策，积极建言献策、参与民主监督。加强新形势下的归侨侨眷工作，凝聚侨心侨力，充分发挥直属机关归侨侨眷的智慧和作用。

五、认真做好机构改革期间干部职工思想政治工作

坚持把确保机构改革顺利进行作为重大政治任务，研究印发了《关于机构改革期间深入细致做好干部职工思想政治工作的通知》。应急管理部党组书记黄明主持召开转隶干部、年轻干部座谈会和消防救援队伍教育动员会，征求有关干部职工意见建议。建立了机关干部职工思想动态分析研判碰头会和重要信息及时通报制度，把思想政治工作贯穿机构改革全过程，开展了 18 轮研判，及时掌握干部职工思想动态，协调解决有关问题。主动对接转隶司局，看望慰问转隶人员，及时掌握转隶单位党组织和党员状况。

第五章　党风廉政建设

一、扎实抓好中央八项规定精神贯彻落实

组织深入学习贯彻习近平总书记关于纠正“四风”、加强作风建设的重要指示精神，研究制定贯彻落实中央八项规定精神，切实加强新时代应急管理系统作风建设的意见，驰而不息纠正“四风”，对享乐主义、奢靡之风等歪风陋习露头就打，对隐形变异新动向时刻防范。制定印发了《部党组关于贯彻落实习近平总书记重要指示精神集中整治形式主义、官僚主义的通知》，应急管理部党组专门召开落实全面从严治党主体责任严格执行中央八项规定精神专题会议，坚决破除形式主义、官僚主义歪风邪气，持续推进集中整治形式主义、官僚主义突出问题，开展落实中央八项规定精神突出问题和领导干部利用名贵特产类特殊资源谋取私利问题专项治理工作，定期调度各单位工作开展情况，对工作质量不高、进度慢的单位点名道姓通报。紧盯春节、端午、中秋等重要时间节点，通过下发文件、召开会议、短信提醒、谈心谈话、通报曝光典型案例等方式，强化监督执纪问责，严防“四风”反弹回潮、隐形变异。严肃查处、通报有关典型事件，严肃追究有关领导干部的责任，不断释放越往后对“四风”问题盯得越紧、执纪越严的强烈信号。

二、抓好经常性纪律教育

应急管理部党组召开了全系统党风廉政建设工作视频会议，认真传达学习党的十九大和十九届中央纪委二次全会、国务院第一次廉政工作会议精神，对加强应急管理部系统党风廉政建设和反腐败工作作出部署、提出明确要求。按照中央和国家机关工委统一部署，应急管理部党组召开了全系统警示教育大会，深入学习贯彻习近平总书记重要批示精神，通报党的十八大以来本系统违纪违法典型案例，深入开展警示教育（图 8–5–1）。认真学习贯彻新修订的《中国共产党纪律处分条例》，邀请中央纪委国家监委有关单位负责人作了专题辅导报告，向全系统传导从严治党持续深入的强烈信号。加强经常性纪律教育，将开展经常性纪律教育作为部系统党的建设、深入推进党风廉政建设和反腐败斗争的重要内容，紧盯不放、常抓不懈。10 月中下旬，组织全系统各级党组织和党员干部集中时间、集中人员，开展了形式多样、覆盖全员的警示教育活动，认真汲取本系统本部门本单位党员干部违纪违法典型案例的深刻教训，用身边事教育身边人，教育引导各级党组织和广大党员干部不断强化党规党纪意识。

三、抓好机构改革期间党风廉政建设工作

应急管理部党组坚持以规范权力运行制约为重点，大力开展廉政风险排查工作，形成廉政风险防控长效机制。始终坚持聚焦“关键少数”，特别是一把手，紧

图 8-5-1 2018 年 10 月 29 日，应急管理部召开警示教育大会

盯干部人事、审批许可、招标采购、行政执法、资产划转、脱贫攻坚等关键环节，完善权力监督制约机制，划出"硬杠杠"，切实管好"钱袋子""印把子""官帽子"。针对机构改革期间牵扯面广、涉及利益复杂，存在诸多廉政风险的问题，应急管理部党组专题研究，全面掌握安监、煤监、地震、消防等领域单位党风廉政建设情况，分析梳理权力清单、防控廉政风险点，及时完善廉政档案库。召开全系统审计通报会，通报 2017 年财务审计情况，公开曝光个别省级煤矿安全监察局套取国有资金等违纪违规案件，直面审计中存在的问题和不足，要求严格制度执行，坚决禁止突击花钱、虚列支出、未批先支、不按规定招投标、违规处置国有资产等问题发生，切实守住机构改革期间的纪律防线。

四、充分发挥巡视利剑作用

进一步巩固中央巡视"政治体检"的成果，印发了《关于深入推进十八届中央专项巡视反馈意见整改工作的通知》，紧盯中央巡视整改未彻底完成及未到位的问题，制定了《深入推进中央专项巡视反馈意见整改清单》，明确任务清单、责任清单、责任人和完成时限，利用 6—8 月 3 个月的时间开展深入推进巡视整改工作。扎实开展内部巡视，按照应急管理部党组《2018 年巡视工作计划》，突出"六个围绕、一个加强"巡视监督重点，先后组织两轮对 3 家省级煤矿安全监察局和 7 家部属事业单位开展了内部巡视工作。建立健全长效机制，应急管理部党组认真学习习近平总书记关于巡视工作重要论述精神，结合实际，印发了《应急管理部巡视工作规划（2018—2022 年）》，起草了《应急管理部党组巡视工作领导小组工作规则》《应急管理部党组巡视工作领导小组办公室工作规则》和《应急管理部党组巡视组工作规则》等 8 项巡视工作有关的配套规章制度，对加强巡视工作进行规范和要求。加强巡视队伍建设，派员参加中央巡视工作专题培训、全国巡察干部培训班等，依托系统内煤监、地震、消防救援、森林消防等单位，抽调优秀干部组建部党组巡视组组长库和巡视人才库，加强巡视工作力量储备和培养。

五、深入贯彻落实中央纪委国家监委派驻机构改革意见要求

传达贯彻中央纪委国家监委派驻机构改革动员部署会精神，研究提出了贯彻落实的有关责任分工，着力健全完善全面从严治党工作机制。认真贯彻落实《中国共产党党内监督条例》和《关于深化中央纪委国家监委派驻机构改革的意见》，研究制定《部党组与驻部纪检监察组定期专题研究全面从严治党、党风廉政建设和反腐败工作制度》，细化工作措施，形成定期沟通机制，推动全系统全面从严治党各项工作落实。制定了《部党组与驻部纪检监察组决定处分党员工作协调机制》，进一步理顺党员处分事项工作程序；研究制定了《部党组关于建立健全领导干部插手干预重大事项记录报告制度的规定》，对领导干部利用职权便利插手和干预重大事项具体情形的记录和报告形式予以规范。在总结前期工作的基础上，逐步健全全面从严治党工作“部署—督促—通报—总结”的闭环管理机制。

六、严肃监督执纪问责

严肃查办案件，把握力度节奏，保持惩治腐败高压态势，认真受理、及时处理信访举报问题线索，认真践行监督执纪“四种形态”，综合运用约谈提醒、谈话函询、审查调查等方式，做到有信必核、有案必查，对违纪违法行为，发现一起查处一起，发现多少查处多少，绝不姑息迁就。突出监督执纪重点，紧盯事关应急管理事业改革发展全局的重大工程、重点领域、关键岗位，着力查处党员领导干部利用手中权力谋取私利、腐化堕落、失职渎职、侵犯群众利益等问题；紧盯安全生产、地震、消防三大领域的行政审批、监管执法、事故调查、安全评价等与群众密切相关、违规违纪违法问题突出的情况，严肃查处问责。

全年共计受理信访举报1111件，初核问题线索416件，立案54件，给予党纪政纪处分59人次，始终保持了惩治腐败的高压态势（图8-5-2）。

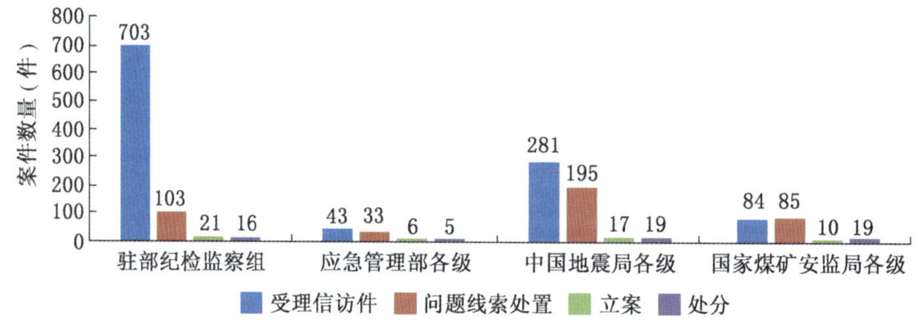

（注：本数据来自中央纪委国家监委驻应急管理部纪检监察组关于2018年监督执纪审查情况的通报）

图8-5-2　2018年应急管理系统监督执纪审查情况

第六章 全面从严治党

一、压实全面从严治党主体责任

及时建立健全了应急管理部党建工作领导小组、党风廉政建设和反腐败工作领导小组、党组巡视工作领导小组，进一步健全机制、强化责任。应急管理部党组先后8次专题研究全面从严治党工作，先后两次听取机关党委党建工作汇报，研究推进机关党建工作的措施办法。印发了《应急管理部党组2018年党建工作要点》，对落实党建工作重点任务进行部署安排，细化责任分工。建立联系基层党组织工作机制，定期深入联系单位了解和掌握党建工作开展情况，共同分析问题，推进工作。建立健全党建工作考核评价制度，认真开展党组织书记党建工作述职评议考核工作，坚持问题导向，强化评议考核结果运用，督促党建责任落实。及时健全完善机关党建工作制度、会议制度、学习制度、党员处分办法等制度规定。强化创新探索，积极运用信息化、数字化手段开展党建工作。坚持有责必问、失责必究、问责必严，强化追责问责，以追责问责倒逼责任落实。

二、发挥以上率下的“头雁效应”

应急管理部党组带头落实党建工作责任，应急管理部党组书记黄明带头认真履行第一责任人责任，自觉把主体责任扛在肩上、抓在手上、落实到行动上；应急管理部领导班子成员认真落实“一岗双责”，根据分工抓好职责范围内党的建设工作，建立健全了党组成员定期听取分管单位党建和党风廉政建设工作情况汇报制度，推动党建工作与各项业务工作同步推进。各级党组织书记作为本单位党建工作带头人，坚持在讲政治上作表率，带头牢固树立“四个意识”，坚定“四个自信”，坚决做到“两个维护”，确保贯彻落实中央决策部署不跑偏、不走样。在提高能力素质上作表率，注重理论学习，带头调查研究，增强做好党建工作的本领，成为开展党建工作的行家里手。在自觉接受监督上作表率，牢固树立纪律和规矩意识，主动接受组织监督和班子成员监督，主动接受党员和群众监督，清清白白做人、干干净净做事，真正体现“关键少数”的境界和担当。

三、努力建设高素质的党务干部队伍

坚持“选、育、管”并重，配齐配强党务干部。严格按照干部选拔有关规定，择优选拔党务干部；通过集中培训、轮岗交流、实践锻炼等途径，加强党务干部教育培训，提高政治素质和业务能力；加强党务干部管理，坚持严管和厚爱相结合，以提高素质能力为重点，努力建设一支政治坚定、结构合理、精干高效、充满活力的机关专兼职党务干部队伍。组织开展“两优一先”评选表彰工作，充分调动各级党员干部关心党建、关注党建、参与党建的积极性。加强党务干部队伍建设，及时补充调整党务干部，11月组织举办了基层党务干部专题培训班，着力提高做好党建工作的本领和能力。

第九篇

英 雄 模 范

第一章 英 雄 烈 士

2018年，消防救援队伍共9名战士在执行抢险救援任务时英勇牺牲，先后被公安部、应急管理部批准为烈士。

吴俊寰，男，四川广元人，1986年11月出生，2003年入伍，2010年入党，生前系内江市消防支队威远县大队凉风路中队四级警士长。2018年1月，被公安部批准为烈士，并颁发献身国防金质纪念章；先后被四川省公安厅追记个人一等功，被中共四川省公安消防总队委员会追授为“优秀共产党员”；被追评为“四川好人”“四川道德模范”“中国好人”等荣誉称号，被授予“德耀甜城”特别奖和“四川青年五四奖章”。

服役期间，吴俊寰同志被威远县人民政府荣记个人三等功一次，被四川省公安消防总队荣记个人嘉奖一次，多次被表彰为“优秀士兵”“优秀共产党员”和“先进个人”。

2018年1月20日，威远县镇西镇中心村12组一民房发生火灾，吴俊寰同志率队前往救援。扑救中，他毫不畏惧、英勇果敢、冲锋在前，在深入着火房屋搜救群众时，不幸被屋内突然坍塌的墙体埋压，经医院全力抢救无效壮烈牺牲，年仅31岁。

崔维涛，男，汉族，山东日照人，1989年4月出生，2008年12月入伍，中共党员，大专学历，武警上士警衔，生前系尤溪县消防大队沈城中队装备技师兼驾驶员。2018年2月，被公安部批准为烈士，并颁发献身国防金质纪念章；被福建省公安厅追记一等功；被中共福建省公安消防总队委员会追授为“优秀共产党员”。

服役期间，崔维涛同志履职尽责、奋勇争先，共参加500余次火灾扑救和抢险救援，营救百余名群众，为群众挽回价值近亿元的经济损失。2009年11月，被三明市消防支队表彰为“优秀士兵”；2014年12月、2016年12月，两次被三明市消防支队表彰为“红旗车驾驶员”；2017年11月17日，因厦门金砖国家峰会安保表现突出，被记嘉奖一次。

2018年2月13日，福建省三明市尤溪县新阳镇一民房发生火灾。该县沈城消防中队接到报警后，迅速出动1辆消防车、7名官兵赶往火场灭火救援，中队装备技师兼驾驶员崔维涛同志主动请缨参战。在前往火场途中，消防车突然发生侧翻坠入悬崖，紧急时刻崔维涛同志果断采取避险措施保护战友，自己却因外力冲击身受重伤，经抢救无效壮烈牺牲，年仅29岁。

陈毅夫，男，汉族，湖南益阳人，1996年2月出生，2014年9月入伍，共青团员，武警下士警衔，生前系尤溪县消

防大队沈城中队战斗班副班长。2018年2月，被公安部批准为烈士，并颁发献身国防金质纪念章；被福建省公安厅追记一等功；被中共福建省公安消防总队委员会追认为中共党员。

服役期间，陈毅夫同志凭着对党和人民的一片忠心，对消防事业的无限热爱，脚踏实地、刻苦训练，时刻牢记消防官兵的神圣使命，扎根警营、恪尽职守，在本职岗位上兢兢业业、默默奉献。他始终坚持冲锋在前的顽强作风，把战士牢记心间，将消防卫士的责任扛在肩上；他恪守着忠诚卫士的神圣誓言，让美好的青春年华，在烈火熊焰中闪耀光芒。

2018年2月13日，福建省三明市尤溪县新阳镇一民房发生火灾。该县沈城消防中队接到报警后，迅速出动1辆消防车、7名官兵赶往火场灭火救援，中队战斗班副班长陈毅夫同志主动请缨参战。在前往火场途中，消防车突然发生侧翻坠入悬崖，紧急时刻陈毅夫同志果断采取避险措施保护战友，自己却因外力冲击身受重伤，经抢救无效牺牲，年仅22岁。

邢骏，男，汉族，安徽马鞍山人，1995年11月出生，2014年9月入伍，生前系浙江省绍兴市消防支队柯桥中队副班长，武警下士警衔。2018年3月，被公安部批准为烈士，并颁发献身国防金质纪念章；被浙江省公安厅追记一等功、追认为中共党员；被共青团绍兴市委追授“绍兴青年五四奖章”。

服役期间，邢骏同志始终坚持高标准、严要求，爱岗敬业，恪尽职守，刻苦训练，英勇顽强，先后多次获得嘉奖。他用短暂的二十三载年华抒写了壮丽人生，用热血青春践行了“人民消防为人民”的铮铮誓言。

2018年3月13日18时许，绍兴市柯桥区欧华汽车电器有限公司厂房发生火灾。接警后，柯桥大队立即调派柯桥中队、滨海中队、柯南中队10辆消防车45人及安昌、齐贤2个专职队赶赴现场。邢骏同志作为柯桥中队4号车1号员随车出动。到场后，2号厂房1层南面成品布堆垛火势已处于猛烈燃烧阶段，并突破窗户向上方和北侧蔓延。根据现场指挥员命令，邢骏同志作为攻坚组成员，采取枪炮协同进攻的战术，在水枪的掩护下从着火厂房北侧入口深入内部架设遥控炮，堵截火势。在撤离更换空气呼吸器途中，因火场内部堆垛坍塌阻断撤离路线被困，在耗尽空气呼吸器余气后吸入大量有毒气体，经抢救无效光荣牺牲，年仅23岁。

谢勇，男，汉族，湖南衡阳人，1997年12月出生，2014年9月入伍，生前系江苏省消防总队淮安市支队城南中队副班长，武警下士警衔。2018年5月，被公安部批准为烈士，并颁发献身国防金质纪念章；被江苏省公安厅追记一等功；被淮安市人民政府追授“灭火救援勇士”荣誉称号；被共青团淮安市委、淮安市青年联合会追授“淮安青年五四奖章”。

2018年5月12日，淮安市清江浦区恒大名都19号楼1单元电缆井发生火灾。

接到报警后，辖区城南中队率先到达火灾现场，中队4名官兵组成内攻小组，佩戴空气呼吸器进入楼内进行火情侦察。侦察发现整个单元有毒浓烟高度聚集，充斥楼梯间、合用前室和走廊，能见度几乎为零。当内攻小组到达18层搜救灭火时，通讯员谢业楠佩戴的空气呼吸器在连续使用约25分钟后压力明显不足，感到身体不适、呼吸困难，向副班长谢勇求救。命悬一线的紧要关头，谢勇同志毫不迟疑地卸下自己的空气呼吸器，给战友佩戴，并要求他们立即撤退。现场浓烟滚滚，谢勇同志已经没有任何防毒防烟保护措施，呼吸极度困难。在确定沿外墙滑绳自救是唯一的逃生方式后，他迅速靠近楼梯前室外窗，利用个人安全绳实施滑绳自救，在下滑过程中不慎坠落，经抢救无效壮烈牺牲，年仅21岁。

张利鹏，男，汉族，辽宁阜新人，1988年12月出生，2006年12月入伍，生前系北京市消防总队通州支队商务园中队战斗二班班长，武警上士警衔。2018年8月，被公安部批准为烈士，并颁发献身国防金质纪念章；被北京市公安局追记一等功。

服役期间，张利鹏同志始终牢记宗旨，爱岗敬业，无私奉献，刻苦训练业务技能，努力掌握过硬本领，累计参加灭火抢险救援1300余次，营救遇险群众60余人，为抢救人民群众生命财产安全作出了突出贡献。

2018年8月2日14时许，张利鹏同志在回乡探亲休假期间，陪同父母到辽宁省朝阳市北票市白石水库风景区游览时，突遇3名游客落水，情况万分危急。他奋不顾身跳入水中营救被困群众，先后将两名游客营救上岸，当拼尽全力把第三名游客成功推上救生筏后，因体力透支被湍急的水流卷入深水区域，经现场群众和医护人员抢救无效英勇牺牲，年仅30岁。

吕文鑫，男，汉族，新疆阿勒泰人，1998年2月出生，2015年9月入伍，中共党员，生前系新疆维吾尔自治区消防总队昌吉州支队五家渠市长安街中队战斗一班副班长，武警下士警衔。2018年9月，被公安部批准为烈士。

服役期间，吕文鑫同志始终牢记党和人民赋予的神圣使命，服从命令，听从指挥，苦练业务技能，争当训练标兵，在历次灭火救援中，冲锋在前，不畏艰难，展示了新时代消防官兵不畏艰险、不怕牺牲的优秀品质，用实际行动忠实践行了“人民消防为人民”的铮铮誓言。

2018年9月19日16时许，新疆五家渠市枣园西街园艺场保鲜库发生火灾，接到报警后，昌吉州公安消防支队立即调派五家渠市长安街中队3车、13人前往处置。在灭火战斗中，吕文鑫同志与副中队长李小鹏、士官闫高峰先后多次深入火场救援，成功救出1名被困群众。16时40分，火灾现场突然发生轰燃，吕文鑫同志为保护战友，自己被困火场，经抢救无效壮烈牺牲，年仅20岁。

闫亚隆，男，汉族，河南洛阳人，1996年3月出生，2014年9月入伍，中共党员，生前系河南省周口市消防支队郸城县大队交通路中队综合班班长，武警下士警衔。2018年12月，被应急管理部政治部

批准为烈士。

服役期间，闫亚隆同志始终严格要求自己，政治上坚定可靠、工作中勤奋敬业、作风上踏实严谨，训练中积极刻苦，勇于在各项急难险重任务面前挑重担、扛大梁、当先锋、打头阵，先后参加灭火战斗 260 余次，参加抢险救援 640 余次，抢救被困人员 100 余人次，先后被评为优秀士兵、优秀团员。

2018 年 12 月 6 日，闫亚隆同志在周口市郸城县一污水管道疏通作业现场营救被埋压群众的行动中，因管道周围土方突然坍塌，不幸被埋压坑道底部，经送医院抢救无效壮烈牺牲，年仅 22 岁。

李铁，男，汉族，辽宁沈阳人，1996 年 4 月 4 日出生，2015 年 9 月入伍，团员，中专学历，生前系鞍山市消防支队铁东大队直属中队二班副班长，武警下士警衔。2018 年 12 月，被应急管理部政治部批准为烈士。

服役期间，李铁同志思想积极进步，政治坚定可靠，工作勤奋敬业，业务素质突出，作风踏实严谨，先后参加灭火救援战斗 280 余次，营救被困人员 30 余名，并先后在总队、支队比武中取得优异成绩。

2018 年 12 月 7 日，李铁同志在鞍山市铁东区二一九公园劳动湖营救一名落水群众中，因冰面突发大面积塌陷，不幸落入冰水中，经抢救无效壮烈牺牲，年仅 22 岁。

第二章 先进单位和个人

2018年，国家综合性消防救援队伍忠诚践行习近平总书记重要指示批示精神，在山东寿光洪涝灾害，金沙江白格段、雅鲁藏布江米林段4次堰塞湖灾害，内蒙古汗马森林火灾，重庆万州公交车坠江事故等抢险救援任务中不怕牺牲、英勇顽强，在精武强能、抓好队伍全面建设中立足岗位、默默奉献，多个单位和个人受到记功表彰。其中，谢勇等15人被记个人一等功；山东省消防救援总队潍坊支队寿光大队银海路中队等15个单位被记集体二等功，蔡瑞等156人被记个人二等功；内蒙古森林总队大兴安岭支队根河大队十中队等3个单位被记集体二等功，王兴坤等15人被记个人二等功。

2018年，应急管理部消防救援局表彰第四届“十大杰出消防卫士”（名单详见二维码）。张大鹏等10名同志当选本届“十大杰出消防卫士”，张利鹏（烈士）同志荣获特别奖（1名），陈念念等10名同志荣获提名奖。

2018年，应急管理部森林消防局表彰了第五届森林部队“绿色卫士”，张旭等10名同志当选，并分别被记个人二等功（具体内容详见二维码）。

2018年，原国家安全生产监督管理总局、国家煤矿安全监察局发布《关于表彰安全生产监管监察先进单位和先进个人的决定》（安监总人事〔2018〕21号），授予北京市安全生产监督管理局安全监管二处等199个单位“安全生产监管监察先进单位”荣誉称号，授予靳玉光等1970名同志“安全生产监管监察先进个人”荣誉称号（名单详见二维码）。

第十篇

地方应急管理

第一章　北京市应急管理工作

2018年，北京市应急管理部门认真贯彻落实党中央、国务院和市委、市政府关于应急管理、防灾减灾救灾、安全生产等各项工作的决策部署，大力推进应急管理机构改革，统筹推进防灾减灾救灾工作，牢牢守住安全生产基本盘、基本面，全市综合防灾减灾救灾能力明显提升，火灾起数、死亡人数和各类生产安全事故起数、死亡人数同比年均实现“双下降”。

一、耕好“责任田”，全力压紧压实安全生产责任

一是强化党政领导干部安全生产责任。贯彻落实《地方党政领导干部安全生产责任制规定》，组织各区、各行业部门进行集中宣贯，结合实际研究制定《北京市党政领导干部安全生产责任制实施细则》，对党政领导干部安全生产职责、问责情形、问责举措等进行细化补充，建立党委和政府安全生产督察、考核、党政领导干部安全生产责任考核制度，明确问责机关权限切分。

二是强化安全生产督察工作。建立具有首都特色的安全生产巡查督察机制，以市委、市政府名义开展全覆盖安全生产督察。截至2018年底，完成对全市16个区及开发区的“全覆盖”督察和对9个市级行业部门的督察，建立七大类1100余条问题清单，督促整改落实。机构改革后市应急管理局继续保留督查处和安全生产督查事务中心，负责安全生产督察总体统筹和具体实施。

三是强化安全生产“督考合一”工作机制。继续注重发挥市安委会作用，落实“一会一文一书”制度。研究制定《2018年度安全生产目标责任书》，建立目标责任书重点指标统计分析制度，定期对各区安全生产重点工作指标完成情况进行通报。市安全生产先进单位和先进个人表彰项目由市安委会办公室、市人力社保局表彰提升为市委、市政府表彰，每三年组织一次，激发先进典型的示范带动作用。

二、下好“先手棋”，全力加强安全风险防控

一是全面推进城市安全隐患治理。聚焦十大重点行业领域，全面启动城市安全隐患治理三年行动。市、区两级安委会办公室成立工作专班统一调度，建立信息管理、台账管理等各项工作制度。开发隐患治理三年行动信息系统，实现市、区、乡镇（街道）三级隐患如实记录和自动统计。截至2018年底，累计出动检查人员29.8万人次，组织检查各类企业和单位11.4万家次，挂账隐患4486项，其中已整改4480项，整改率为99.9%。

二是城市安全风险评估取得阶段性成效。以水、电、气、热城市安全运行和公共交通等13家国有企业、11家市属公园、6个区7个行业领域为试点，完成安全风险评估、应急资源评估和应急资源调查。截至2018年底，全市9911家生产经营单位共排查确认各类安全风险源16万余项，汇总登记专兼职应急救护队伍16809支、

应急专家5635人、应急装备276万余件、救援物资211万余件。

三是高质量完成高危行业隐患整改与企业退出。紧密结合“疏解整治促提升”专项行动，推动重点行业领域隐患整改，疏解退出不符合首都定位和安全生产条件的企业。推动燕山石化、沙河油库、二商集团3项市级挂账隐患全面完成隐患治理。190家加油站完成贯标改造，累计完成改造加油站达到917家。全面摸排检查非经营性加油站350座，关停加油站50座，拆除加油站11座。全市12家有储存设施的危险化学品经营企业疏解退出。完成了1家非煤矿山退出，4家尾矿库和排土场销库治理工作。

三、注重“多元化”，全力推动安全生产社会共治

一是改进安全监管服务模式。持续开展百名安全监管干部对话万家企业、百名专家服务万家企业活动（“双百”工程）。自“双百”工程开展以来，全市各级安全监管干部与近2万家企业主要负责人开展对话谈心，专家为1.8万余家小微企业进行现场技术服务。扎实开展安全生产大培训工作，累计培训企业主要负责人和安全生产管理人员12.3万余人次，指标完成率114.4%。

二是发挥市场机制作用。加强信用联合奖惩制度机制建设，制定安全生产领域守信行为联合激励实施办法等制度，明确联合激励对象条件、激励措施和工作流程。建立安全生产责任保险费率浮动机制，提高事故预防费提取比例，进一步发挥事前预防和事后赔偿功能。全市保险有效期内的参保企业达到50281家，投保企业得到超过3317亿元的风险保障。截至2018年底，3360家企业获得安全生产责任保险的保险赔付，赔付金额2854.77万元。

三是增强安全生产科技支撑。联合清华大学等高校，成功申报“科技冬奥”和“公共安全风险防控与应急技术装备”两项国家级重点研发专项。推进安全生产实训基地建设，完成30余个行业场景，1万余条隐患梳理。召开北京市安全生产科技人才大会，表彰安全生产领域优秀青年工程师、学科带头人以及科技新星。组织本市10期高危行业生产经营单位主要负责人和安全生产管理人员安全知识和管理能力考试和10期特种作业人员安全技术考试。

四、守好“基本盘”，全力夯实安全生产工作基础

一是健全安全生产法规标准。将安全生产立法与地方标准制定同步推进，完善本市安全生产法规规章和标准体系。推进《北京市安全生产条例》修订工作，形成条例立项论证报告。开展《北京市生产经营单位安全生产主体责任规定》政府规章立法工作。实施“安全生产百部地标”工程。89项安全生产百部地标已经正式发布53项，11项标准正在进行报批，25项标准处于送审阶段，2019年内全部发布。

二是不断加强行政执法工作。建设首都特色的安全生产“四位一体”执法体系，全面建设推广新版行政执法系统，实现执法数据共享。不断提高执法装备建设水平，全市乡镇街道安全生产检查队装备配备率达到95%。截至2018年底，全市各区共实施执法检查39259件，人均检查量60.40件，同比上升36.8%；共实施行政处罚6385件，人均处罚量9.82件，同比上升64.5%；触发行政处罚职权数量122条，行政处罚职权履行率为27.73%。

三是不断提升安全生产检查队规范化建设水平。根据《关于建立乡镇、街

道（园区）安全生产专职安全员队伍的意见》，全市351个乡镇、街道（园区）和涉及23个行业领域的308个区职能部门均配备安全生产专职安全员，截至2018年底，在岗6319人，共排查生产经营单位21万余家，检查覆盖率达到99.42%，发现隐患63万余项。探索建立区分初级、中级、高级的专职安全员梯次培训体系。全年共组织专职安全员业务培训23期，培训3680人次。

四是加强安全生产宣传教育。全力推进安全生产"大宣教"工作格局。打造"安全生产宣传咨询日""安监之星·北京榜样"等特色品牌，选树出100名周星、30名月星、10名年星。组织新闻发布20余次，媒体采访40余次；在北京电视台播出新闻103条；在《中国应急管理报》等媒体平台刊发专版80余期。以安全社区和安全文化示范企业创建为抓手，提升居民安全意识。截至2018年底，北京市共建成国际安全社区27家、市级安全社区108家。

五、绘就"新蓝图"，全力推动应急管理改革发展

一是全力推进应急管理机构改革。市委、市政府对应急管理机构改革给予大力支持，实现全市第一个印发局"三定"规定，第一个一次配齐局领导班子成员、内设机构领导干部并按新职责运行。积极稳妥做好职能划转、人员转隶，逐步厘清与消防、民政、园林绿化等部门在"防"与"救"方面的职责切分，实现职能和人员优化整合。

二是全力优化应急管理体制机制。强化20支市级应急救援力量和社会救援队伍指挥指导，统筹做好救灾物资和队伍装备配备。以信息化融合为突破口，投资近1.3亿元，建设市应急指挥中心，重要业务系统全部实行"云部署"。全面梳理法律规章，研究制定未来五年立法规划，加快应急管理法制化进程。

三是全力妥善应对各类突发事件。建立首都特色应急管理机制，保留市突发事件应急委，由市应急管理局承担日常工作，使用市政府总值班室牌子，对各类突发事件统一领导、集中指挥。调整优化值班值守机制，调配34名在编干部，实行"五班三运转"，专司应急值守。快速进入应急状态，有效应对非洲猪瘟、北交大实验室爆燃、宣师一附小伤人等突发事件。

第二章　天津市应急管理工作

2018年，天津市坚持以习近平新时代中国特色社会主义思想为指导，深入学习贯彻党的十九大精神，以习近平总书记对天津工作提出的“三个着力”重要指示为元为纲，紧紧围绕扎实推进“五位一体”总体布局、“四个全面”战略布局在天津的实施，坚守发展决不能以牺牲安全为代价这条不可逾越的红线，以防范化解重大安全风险为重点，统筹推进应急管理机构改革、安全生产和防灾减灾救灾各项工作，有力维护了全市社会和谐稳定。

一、提高政治站位，坚持人民利益至上

天津市委、市政府始终高度重视应急管理工作，以对党和人民高度负责的政治态度，认真落实习近平总书记关于应急管理的一系列重要指示批示精神，将应急管理工作摆在更加突出的位置，狠抓各项工作落实。市委书记李鸿忠多次对应急管理工作作出批示指示，指出要以习近平新时代中国特色社会主义思想为指引，深入学习贯彻习近平总书记关于应急管理的重要指示批示精神，牢固树立安全发展理念，坚持“隐患就是事故，事故就要处理”，从基层基础工作抓起，加强安全风险防控和隐患排查治理，严格落实安全生产责任，以“铁面、铁规、铁腕、铁心”，坚决遏制重特大事故，确保人民群众生命财产安全，努力建设安全生产示范城市。市委副书记、市长张国清逢会必讲安全，强调要深入贯彻习近平总书记关于安全生产的一系列重要指示精神，突出问题导向，强化底线思维，深刻汲取“8·12”等事故沉痛教训，狠抓责任落实，切实将安全生产责任落实到基层，落实到岗、到人。要坚持源头防范，系统治理，坚决做到发现问题，扭住不放，解决问题，形成闭环。市委常委会和市政府常务会议定期听取全市安全生产工作汇报，研究部署全市安全生产工作任务，市长张国清等先后5次召开全市安全生产工作会议，分析全市安全生产形势，部署防控措施，组织推动隐患排查治理集中行动。全市各级、各部门牢固树立“四个意识”、努力践行“两个维护”，把应急管理工作提升到事关落实党的宗旨、事关人民生命安全、事关改革大局、事关全面建成高质量小康社会的战略高度上，敢于担当、勇于负责，紧密结合天津实际，强力推动各项工作措施落实。

二、落实改革任务，建立应急管理体制

天津市认真落实党中央关于机构改革工作的决策部署，按时完成了天津市应急管理局组建工作，于2018年11月30日挂牌。根据天津市机构改革方案，市应急管理局将市政府办公厅的应急管理职责、市公安局的消防管理职责、市民政局的救灾职责等10项职责划转后，主要负责全市应急管理工作，指导各区各部门应对安全生产类、自然灾害类等突发事件和综合防灾减灾救灾工作。负责督查、评估全市应急管理工作的落实情况。负责安全生产综合

监督管理和工矿商贸行业安全生产监督管理等工作。依据“三定”规定，设置办公室、政策法规处（执法监督处）、规划发展处（研究室）、应急指挥中心等18个内设机构，设置市安全生产执法总队、市危险化学品应急处置中心、市森林防火预警检测中心等7个直属事业单位，局机关行政编制125名，其中，设局长1名，副局长4名，政治部主任（副局级）1名，处级领导职数44名。12月28日，召开机构改革干部调整任职大会，宣布了新的内设机构和干部调整任职决定，正式按照新“三定”规定履行职责。

三、强化红线意识，切实做好安全生产工作

天津市坚守发展决不能以牺牲安全为代价这条不可逾越的红线，严格落实“隐患就是事故，事故就要处理”和“铁面、铁规、铁腕、铁心”要求，持续开展安全生产隐患大排查大整治和重点行业领域专项治理，有力维护了全市安全生产形势基本稳定。2018年，全市共发生各类（工矿商贸、道路运输、铁路交通、农业机械、生产经营性火灾）死亡事故543起、死亡594人；事故起数同比减少55起、下降9.2%，死亡人数同比减少77人、下降11.48%。

一是进一步压实安全生产责任。深入学习贯彻《地方党政领导干部安全生产责任制规定》，坚持党政同责、一岗双责、齐抓共管、失职追责，坚持管行业必须管安全、管业务必须管安全、管生产经营必须管安全。市政府与16个区和20个重点市级政府部门逐一签订安全生产责任书，明确年度安全生产重点工作和考核指标，压实安全生产责任。市、区两级领导同志常态化开展对相关重点区域和重点企业的暗查暗访，着力推动企业主体责任、属地监管责任和相关部门行业监管责任落实。

二是完善法规标准，推进依法治理。制定实施《天津市烟花爆竹安全管理办法》《天津市特种设备安全条例》等法规、规章，制定实施了《危险化学品重大危险源安全评估导则》《危险化学品在线监测平台运行规范》等地方标准。健全完善行政执法和刑事司法衔接制度，落实“双随机一公开”检查措施，进一步规范了执法行为，提升了依法治理能力。

三是开展专项治理，完善安全预防体系。组织全市各区、各部门、各单位围绕危险化学品、建设施工、交通运输、人员密集场所、城市公共设施、油气输送管道等重点行业领域以及仓储和物流企业（场所），查事故苗头，整治安全隐患。持续推进危险化学品重大危险源在线监控及事故预警系统的建设与完善，利用“天津市安全生产防控网”平台的信息资源，对重大危险源预警参数进行24小时在线监控；全市16个区均完成本区域安全风险评估工作，为建立全市风险分布图，落实安全风险分级管控提供了有力支撑。

四是夯实安全基础，提升保障能力。取消企业风险抵押金制度，印发实施《关于在高危行业领域推行安全生产责任保险的实施意见》《天津市安全生产责任保险市级财政补助金实施细则》，创新社会管理，提高政府公共服务供给效率和质量。将安全生产专业技术服务纳入《天津市贯彻落实服务企业创新发展大纲（2017—2025）实施意见》，大力培育多元化服务主体；着力加强基层监管执法力量建设，16个区建立了安全生产执法大队，各街镇建立了安全监管检查队伍，形成了市、区、街镇三级安全监管体系；组织全市深入开展安全生产和职业健康宣传教育进企

业、进校园、进机关等“七进”活动，严密组织“安全生产月”“安康杯”等活动，大力提升全社会安全意识，营造安全第一、生命至上的良好氛围。

四、防患于未然，扎实做好防灾减灾各项工作

召开天津市减灾委员会全体会议，进一步学习贯彻习近平总书记关于防灾减灾救灾工作的重要指示精神。研究制定天津市家庭应急物资储备建议清单。通过天津广播电台、天津日报等向社会公布，并设计编制和发放清单宣传折页11.2万份，发放到每个社区，向居民进行广泛宣传教育，取得良好效果。新增1万人救灾物资储备量，使天津市救灾物资总量达到保障6万人基本生活规模。组织开展全市“5·12”防灾减灾宣传活动，活动期间，全市累计发放防灾减灾科普读物和宣传挂图20.5万余份，举办各类现场宣传活动近1000场，组织各类应急演练500余场，营造了浓厚的活动氛围。组织开展了自然灾害救助应急预案演练。通过桌面推演和实战演练等方式演练了决策指挥、物资调运、疏散转移和生活保障等科目。扎实开展全国减灾示范社区创建活动。2018年，创建全国综合减灾示范社区11个，天津市创建的全国综合减灾示范社区总数达150个。

第三章 河北省应急管理工作

一、应急管理机构改革

2018年11月4日，河北省应急管理厅挂牌成立。为切实做好全省应急管理机构改革工作，省应急管理厅制定了《机构改革组织实施方案》和七大项47小项重点任务的责任清单，建立日报告、日汇总、日调度、挂账销号制度，完成了8个部门单位和5个议事协调机构的职责整合工作，各市、县应急管理机构也已全部组建到位。

二、安全生产工作

2018年，全省共发生各类生产安全事故1457起、死亡1172人，同比减少63起、38人，分别下降4.1%和3.1%。发生重大事故1起、死亡24人，同比减少1起、2人，分别下降50.0%和7.7%。发生较大事故17起、死亡71人，同比减少4起、22人，分别下降19.0%和23.7%。未发生特别重大事故。

（一）落实安全生产责任

制定出台了《河北省党政领导干部安全生产责任制实施细则》，各市、县安委会全部由党委书记担任第一主任，省、市、县、乡领导干部逐级包联重点地区和企业安全生产工作。省安委会对19个省直部门开展巡查，共巡查发现问题隐患1282项，均已整改到位。省政府与各省、市有关单位签订《安全生产目标管理责任书》，把安全生产纳入全省综合考核评价指标体系。

（二）开展大排查大整治攻坚行动

建立和完善了安全生产领导包联、“一个台账、四个清单”制度，推动了攻坚行动的深入开展。全年共排查一般事故隐患49.5万项，整改48.4万项；排查重大事故隐患406项，整改374项。关闭取缔非法违法生产经营单位1115家，停产整顿1165家，暂扣吊销证照44家，联合惩戒失信企业49家，行政处罚1.46亿元，追究刑事责任34人。

（三）深化重点行业领域专项整治

检查煤矿2234矿次，逐矿形成《重大风险分析研判报告》，查处重大隐患33项，实施处罚5019.9万元，退出产能1401万吨。检查非煤矿山3472座次，关闭金属非金属矿山136座，关闭尾矿库54座，完成治理采空区58处。检查危险化学品企业2774家，责令整改问题和隐患1.3万项，经济处罚1749.9万元。推进烟花爆竹生产企业机械化自动化改造，建立钢铁企业重大事故隐患排查治理台账。

（四）强化安全生产执法

深入开展“安全生产执法年”活动，组织编制《河北省安全生产执法监察手册》。全年共执法检查企业10.59万家次，查处隐患18.59万条，责令停产停业停工435家，关闭取缔156家，暂扣或吊销证照41家，立案1.38万起、经济处罚2.21亿元，立案数和经济处罚数同比增加3979起、8938万元，分别上升40.1%和68.1%。

（五）推进双重预防控制体系建设

出台了《河北省安全生产风险管控与

隐患治理规定》（省政府令第2号），制定印发了煤矿、非煤矿山、危险化学品等行业分级分类监督管理办法，组织22个省有关部门制定发布了分管行业领域风险分级管控和隐患排查治理工作指引。

（六）夯实安全生产基础

出台省地方标准16个、京津冀协同标准10个，安全生产标准化达标企业1.2万家，培训“三项岗位人员”405万人次，组织各类应急演练9528场次，发布联合惩戒“黑名单”企业9家、联合激励“红名单”企业14家，对7起影响较大的事故实行挂牌督办和提级调查，对52起一般事故开展跟踪督办。

三、防灾减灾救灾工作

（一）灾害救助

2018年，全省累计受灾人口540.21万人次，因灾死亡4人，紧急转移安置4652人；因灾造成农作物受灾面积578.8千公顷，绝收面积80.77千公顷；倒塌房屋515间、严重损坏房屋2057间、一般损坏房屋10189间，部分交通、电力、通信及水利设施遭受不同程度破坏，因灾造成直接经济损失42.02亿元。

全省更新注册5万余名灾害信息员数据，救灾物资储备库和储备点达167个，储备救灾物资20余类近60万件。省级7次启动灾害救助预警，派出救灾工作组11个，深入全省11个市的46个重灾县（市）查看灾情。省级下拨救灾资金2365万元，临时救助群众131万人次，完成了302户倒塌农房重建和3592户损坏农房修缮工作。争取国家支持中央资金1.0344亿元，协调省财政配套省级资金1235万元。张家口、唐山、廊坊、保定市分别与北京市、天津市相关地区签署《毗邻市区救灾协同互助协议》。全省开展农房保险的县（市、区）达到117个，参保农户937万户，保险公司累计承保农户2982.80万户次，提供灾害风险保障金额6187.72亿元。

（二）防汛抗旱

2018年，全省平均降水量522毫米，比常年同期偏少1%。汛期（6月1日至9月30日）全省平均降水量379.5毫米，与常年同期基本持平。

全省各级严格落实以行政首长负责制为核心的“五种防汛责任制”，1002座小型水库、487个河道内村庄、2923个蓄滞洪区内村庄、566处险工险段全部落实了县、乡、村三级防汛责任人。开展了为期3个月的防汛大检查，修订了《河北省防汛抗旱应急预案》，编印了“防汛明白纸”。全省共建成专业抢险队伍163支、1.02万人，群众性抢险队伍2368支、87万人，组织全省66个山区县开展了山洪灾害预警信息发布演练；全省防汛物资储备规模达到3.38亿元；为1002座小型水库和2584个受洪水威胁的山区村配发了防汛应急卫星电话。全省共投入抗旱人力448万人，累计抗旱浇地1.05亿亩次，协调向上游河道及白洋淀补水6.0亿立方米。

（三）森林防灭火

2018年，全省共发生森林火灾25起，过火面积295.37公顷，受害森林面积66.88公顷，同比火灾起数减少13起，下降34.2%；过火面积减少861.33公顷，下降74.5%；受害森林面积减少252.34公顷，下降79.0%；没有发生重大以上火灾，没有发生重大人员伤亡。

各地印发封山命令，全省9万多名护林员、1300多个防火检查站、4200多支巡逻队全员上岗到位。开展野外违法用火严打行动，查处野外违法用火741起，拘留396人，罚款48.5万元。10余部森林防火宣传作品参加“首届中国森林防火公益微视频大赛”，4部作品分获二、三等奖和优秀奖。

（四）地震灾害

2018年，河北省及京津地区共发生地震4089次，其中M1.0级以下地震3851次、M1.0~M1.9级地震206次、M2.0~M2.9级地震29次、M3.0~M3.9级地震2次、M4.0级以上地震1次，无M5.0级以上地震发生。最大地震为2018年2月12日18时31分河北永清M4.3级地震。与2017年相比，地震活动强度有所上升。

2018年，共完成省内2级以上地震应急处置工作13次。在全国地震监测预报工作质量评比中，河北省共获得前三名50项，获奖数位于各省前列。完成了40余个地震台站观测仪器和观测环境升级改造。国家地震烈度速报与预警工程（河北子项目）顺利实施。《人民防空工程兼作地震应急避难场所技术标准》于3月1日正式实施，全省利用人防工程开辟地震应急避难场所1229个，总面积716万平方米，可安置191万人就近掩蔽。印发《河北省防震减灾科普示范学校认定管理办法》，保定师范附属学校被中国地震局评为国家防震减灾科普示范学校。创建80个综合减灾示范社区，“中国·唐山防震减灾示范中心”项目建设扎实推进。

（五）地质灾害

2018年，全省共查出各类地质灾害隐患点4211处，其中，崩塌1280处、滑坡717处、泥石流1482处、地面塌陷630处、地裂缝102处，威胁人口约15万人、财产约37亿元。共发生地质灾害10起，其中崩塌6起、滑坡4起，1人受伤，直接经济损失9.51万元。共成功预报2起地质灾害，避免人员伤亡25人。

各级成立了地质灾害防治工作领导小组，明确了相关部门的地质灾害防治职责。印发了《2018年河北省地质灾害防治方案》，对全省地质灾害隐患点进行了拉网式排查，共查出各类地质灾害隐患点4211处，全部纳入群测群防体系。组织重点地区开展地质灾害避险演练18次，发布地质灾害气象风险预警63次。

第四章　山西省应急管理工作

2018年，山西省坚持以习近平新时代中国特色社会主义思想为指导，深入贯彻习近平总书记视察山西重要讲话精神，全面贯彻党的十九大和十九届二中、三中全会精神，牢固树立以人民为中心的思想和安全发展理念，认真落实党中央、国务院及省委、省政府关于应急管理工作的决策部署，坚守不发生重特大生产安全事故的底线，以铁的担当尽责，以铁的手腕治患，以铁的心肠问责，以铁的办法治本，多措并举、科学施策，狠抓落实、扎实推进，积极响应、有效应对，各项工作取得了积极进展和明显成效。

一、总体工作情况

2018年，全省安全生产形势持续稳定好转，呈现出“两降两无一好”的态势：“两降”，即生产安全亡人事故起数和死亡人数“双下降”，共发生事故954起、死亡1068人，同比分别下降12.72%和12.39%；部分重点行业领域事故起数和死亡人数“双下降”，煤矿、化工、道路运输和铁路运输等行业亡人事故起数和死亡人数“双下降”；“两无”，即全年无重大以上事故，煤矿无较大以上事故；“一好”，即全省安全生产形势好于全国平均水平。

全年自然灾害应对有序，2018年山西省先后出现低温冷冻、洪涝、风雹、干旱、山体崩塌等自然灾害，各类自然灾害共造成11市109个县（市、区）618.3万人次受灾，因灾死亡11人，紧急转移安置3511人；农作物受灾面积842.4千公顷，其中绝收面积188.8千公顷；2245间房屋倒塌，1.2万间房屋不同程度损坏；直接经济损失110.2亿元。山西省共投入救灾资金2.48亿元，救助受灾群众207.01万人，圆满完成了救助任务。

二、重点工作

（一）机构改革工作

山西省应急管理厅整合了原省安全生产监督管理局、省政府办公厅、省民政厅、省国土资源厅、省水利厅、省煤炭厅、省公安厅、省农业厅、省林业厅9个部门的安全监督管理、灾害防治救助、应急救援处置的相关职责和省防汛抗旱、减灾、抗震救灾、森林防火指挥部（委员会）职责，于2018年10月25日挂牌，并加挂省地方煤矿安全监督管理局牌子。省应急管理厅内设25个处室，行政编制130名，设厅长1名、副厅长4名、政治部主任1名。所属事业单位12个，总编制数291名。

（二）安全生产工作

一是健全落实安全生产责任制，层层压实安全责任。2018年，省委召开了2次常委会听取安全生产工作汇报，分析形势，部署任务，于2018年6月15日公开发布《山西省贯彻落实〈地方党政领导干部安全生产责任制规定〉实施细则》。山西省政府召开4次安委会会议，以1号文件安排部署安全生产工作，出台了安全生产巡查等制度。全面推行安全生产挂牌责任制，挂牌企业达 104 万家，重点行业企业基本实现挂牌全覆盖。

二是严厉打击非法违法行为，不断强化依法治安。严格实行“四个一律”，即对企业非法生产经营建设和经停产整顿仍未达到要求的，一律依法关闭取缔；对非法违法生产经营建设的有关单位和责任人，一律按法律规定的上限予以处罚；对存在违法生产经营建设行为的单位，一律依法责令停产整顿；对触犯法律的有关单位和人员，一律依法严肃追究法律责任。组织开展了废弃矿井专项整治行动，查处了浮山县信亿矿业集团公司瞒报事故案件。开展了打击取缔黑加油（气）站点专项行动，取缔黑加油（气）站点 819 个，查扣黑加油（气）车 107 辆。查处超能力生产煤矿 17 座。

严格规范执法，制定并落实重大行政执法法制审核、行政执法全过程记录、行政执法公示制度，监督检查单位 6.1 万次，发现隐患 28 万多条，整改率 99.19%，其中重大隐患 223 项，已整改 208 项，责令停产整顿 305 家，行政罚款 4.8 亿元。同时，在全省安监系统组织开展了首届安全生产执法比武竞赛。

三是重点行业领域持续深化专项整治。深化煤矿、非煤矿山专项整治，完成煤矿瓦斯抽采量 64.5 亿立方米，治理尾矿库“头顶库”106 座；开展消防安全专项整治，整改火灾隐患 41 万处；建设公路安全生命防护工程 5242 公里，改造危桥 203 座。

四是扎实推进安全风险管控和隐患排查治理双重预防工作，健全完善风险防控机制。在 15 个县进行试点，制定出台了各行业领域安全风险评估分级标准 70 个、重大事故隐患判定标准 51 个，全省 4 万多家重点单位开展了风险分级管控和隐患排查治理工作。部分地市试点开发电脑端和手机 APP 端，建立线上线下监管制度，推行双重预防机制和综合监管平台试点运行；试点出台了“1+4”双重预防机制建设地方标准，组织开展了“双防控”体系建设比武活动等，都取得良好效果。

五是加强综合督查，扎实开展安全生产大检查。省政府安委会组织 5 个综合督查组在全省范围开展了为期两个月的安全生产大检查综合督查。在规定检查内容的基础上，围绕安全生产大检查组织部署情况、组织开展自查自改情况、严格安全监管执法情况、深入开展专项治理情况、严肃事故查处和责任追究情况 5 个方面制定了 18 项打分细则，对督查的市和省直有关部门开展大检查情况进行排队。

（三）应急救援工作

一是初步整合提升应急管理能力。完成了全省应急机构、队伍、装备、专家、物资、预案、重大危险源等相关电子数据采集，初步建立了省级安全生产应急平台数据库。

二是实战演练提升应急救援能力。首次开展了全省危险化学品应急救援技术竞赛，举办了全省危险化学品道路运输车辆泄漏应急演练。全省消防队伍开展了跨区域地震救援实战拉动演练和 4 次综合性跨区域灭火救援演练。全年共接警出动 9400 余起，出动消防车 1.7 万辆次、消防指战员 9.6 万人次，抢救疏散被困人员 1.7 万余人次，抢救财产价值 1.86 亿元。成功处置了太原呼延蓄水坝漏水等突发事件。

（四）防灾减灾救灾工作

一是深入推进防灾减灾救灾体制机制改革。5 个市出台了市级防灾减灾救灾体制机制改革实施意见和市级综合防灾减灾规划。积极探索推进精准救灾，出台了关于在全省推行精准化救灾工作的指导意见，全省 84 个县（市、区）制定了冬春救助标准。

二是妥善安排受灾群众冬春基本生活。会同省财政厅下拨中央和省级冬春救灾资金和物资等救助受灾群众，人均救助金额约为 130 元。其中，现金救助 109.45 万人，物资救助 97.56 万人，口粮救助 135.24 万人，衣被救助 35.79 万人，取暖救助 10.16 万人。及时下拨因灾倒损住房恢复重建救灾资金，全省共重建 1099 户房屋、修复 3371 户房屋。

三是稳步推进救灾物资储备体系建设。截至 2018 年底，2016 年、2017 年中央支持的 1 个市级、8 个县级救灾物资储备库建设主体已建成，省民政厅 2017 年使用省级福彩公益金支持的隰县、永济市救灾物资储备库已建成。积极筹备运城、临汾市级救灾物资储备库。新建省级救灾物资储备库，总建筑面积 11775 平方米。

四是进一步提升灾情管理水平。完成了全省 3.1 万名灾害信息员信息登记与更新，实现了动态化、信息化管理。组织了灾害信息员培训，有效提升了灾害信息员业务能力。向应急管理部报送各类灾情 1932 次，平均每次灾害过程续报 3 次，核报率 100%，为开展应急救灾工作提供了有力支撑。

五是积极开展防灾减灾宣传教育。省减灾委、太原市政府联合举办了 2018 年“全国防灾减灾日”宣传活动，20 多个省减灾委成员单位参加活动，展出展板 50 余块，发放宣传资料、应急手册 2.3 万份，进行了自救互救现场教学演示和装备展示，进一步提升了全民防灾减灾意识和自救互救能力。

六是深入推进综合减灾示范社区创建工作。省、市、县三级民政、地震、气象部门通过组织培训、现场指导、提供支持等方式，积极开展了创建工作，并对各市申报的省级综合减灾示范社区进行了检查验收。

第五章 内蒙古自治区应急管理工作

2018年，在内蒙古自治区党委、政府坚强领导下，在应急管理部全力指导支持下，全区上下深入学习贯彻习近平总书记关于应急管理的重要论述，认真贯彻落实习近平总书记关于内蒙古工作重要讲话和重要指示精神，提高政治站位、强化责任担当、狠抓工作落实，确保了机构改革顺利推进，确保了安全生产形势稳定，实现了新时代应急管理工作的良好开局。

一、应急管理厅组建成立

2018年11月12日，内蒙古自治区应急管理厅挂牌成立。坚持把加强党的领导贯彻机构改革全过程，深入学习贯彻习近平总书记关于深化党和国家机构改革的重要论述，坚决贯彻落实党中央和自治区党委关于深化机构改革决策部署，成立了以厅党组书记任组长的工作领导小组，制定方案、倒排时间、细化措施，蹄疾步稳、紧凑有序推进机构改革各项任务。迅即完成了厅机关全面集中办公，如期完成了机构和人员转隶、“三定”规定（草案）编制、各处室人员配备。多次召开党组会、厅务会和厅长办公会，传达学习习近平总书记关于应急管理的重要指示批示精神等，加强干部队伍思想建设，实现了思想不乱、工作不断、队伍不散、干劲不减。黄河防凌、森林草原防灭火、冬春救助等各项划转职能平稳过渡、有序衔接。从组建成立当天起，就迅速进入“大应急”状态，制定《厅值班运行规范》，建立了24小时值班值守制度和平时、战时应急处置制度，成立了分行业分类别的4个应急处置救援领导小组，初步构建应急值班值守和救援处置工作机制。

二、安全生产总体形势保持稳定

2018年，内蒙古自治区安全生产形势稳定向好，全区安全生产呈现“三下降两好转”的良好态势，是全国16个未发生重特大事故的省份之一。事故总量、较大事故、重特大事故保持“三下降”。全年共发生生产安全事故586起、死亡573人，同比分别下降27.56%和17.67%。发生较大生产安全事故12起、死亡50人，同比分别下降25%和10.71%，较大事故起数和死亡人数创历史新低。未发生重大以上生产安全事故，同比减少1起、12人。重点行业领域和大部分地区安全状况稳定好转。非煤矿山、化工及危险化学品、烟花爆竹、水上交通、铁路运输、民航飞行、农业机械、渔业船舶8个行业领域未发生较大生产安全事故。全区5个盟市未发生较大生产安全事故，12个盟市事故死亡人数同比“11降1持平”。

（一）持续强化安全生产责任落实

制定《内蒙古自治区党政领导干部安全生产责任制实施细则》，形成了各级党委、政府领导班子成员、部门主要负责人安全生产职责清单。所有地区均由担任本级党委常委的政府领导干部分管安全生产工作。自治区党委、政府对安全生产工作单独考核，考核结果作为党政领导班子和领导干部评先评优、选拔任用、履职评定的重要依据。机构改革中将重点厅局安全生产职责纳入部门“三定”规定。制定《内蒙古自治区落实生产经营单位安全生产主体责任规定》，围绕责任、投入、培训、管理、应急“五到位”，对企业落实主体责任提出更严更细更高的要求。自治区安委办不断改进和加强综合监管工作，健全巡查考核、定期例会、典型事故即时警示建议等工作机制，加强对各地区各部门履职尽责情况的督促检查，推动了各方责任有效落实。

（二）持续强化隐患排查治理和安全专项整治

印发《关于常态化推进安全生产事故隐患排查治理等五项重点工作的指导意见》。在春节、全国“两会”、汛期等重要时段，先后组织开展了3次全区性安全生产检查、督查，督促整改问题和隐患3万余项。持续深化重点行业领域安全专项整治，非煤矿山治理完成24个单个规模在100万立方米以上的地下采空区和25座尾矿库“头顶库”；危险化学品安全综合治理积极推进，现有生产存储企业全部完成安全风险评估诊断分级，6796家企业基础信息录入“一图一库”系统；362家粉尘防爆企业完成10项重大事故隐患整改；1418家涉及有限空间作业单位完善了监管台账；督促整改火灾隐患48.7万处，临时查封3128处，责令“三停”单位2852家；退出煤矿22处、产能1110万吨，提前超额完成“十三五”任务；“两客一危”车辆联网联控入网率达到99.86%；完成乡道以上危桥安全改造140座，生命安全防护工程2518公里，治理完成775处高速公路隔离栅栏安全隐患，重点行业领域事故防控能力得到进一步提升。

（三）持续强化严管重罚的执法高压态势

认真落实自治区政府批准的年度监督检查计划，对违法违规企业严格落实法定处罚措施。据不完全统计，2018年全区安监部门行政处罚次数、罚款数额、停产整顿户数同比分别上升了19.1%、11.2%和21%，从严监管执法氛围得到进一步巩固。制定安全生产行政执法文书使用和案卷制作规范，组织盟市执法队伍互检互学，提升了监管执法规范化水平。严肃事故查处和责任追究，对5起较大事故实施了挂牌督办，将4家企业纳入第三批安全生产失信联合惩戒“黑名单”实施惩戒，对非煤矿山、危险化学品事故企业均依法责令停产整顿，推动形成不敢违法、不能违法的高压态势。

（四）持续强化安全生产基础能力建设

制定《内蒙古自治区安全生产宣传教育“七进”活动基本规范》，广泛开展了以“生命至上、安全发展”为主题的第17个“安全生产月”等活动，已形成主流媒体公益宣传常态化机制，重要时段安全生产实现天天有声有影。联合党委宣传部、网信办建立舆情发布与应对处置工作机制，制定《内蒙古自治区安全生产网络舆情应对预案》，对发生的所有较大事故进行全程监测监控。正常生产的煤矿、非煤矿山、危险化学品企业全部达标评级。印发《内蒙古自治区安全生产应急救援体系建设指导意见》，建有地方专业应急救援队伍331支，其中非煤矿山9支、煤矿39支、危险化学品69支、森林草原210支、社会力量4支。完成了重点行业领域应急预案优化，高危企业重点岗位、重点人员实现了应急处置卡全覆盖。

三、防灾减灾救灾工作有力有序有效

内蒙古现有森林3.92亿亩、草原13.2亿亩，均居全国首位。黄河内蒙古段长度843.5公里，占黄河总长度的1/6，流经自治区6个盟市、20个旗县区。森林草原火灾、洪涝干旱等自然灾害防治工作十分繁重。坚决扛起统筹防、组织救的主要责任，迅即对机构改革期间冬春森林草原防灭火、黄河封河防凌作出安排部署，派出多个工作组深入重点区域、重点部位开展督导检查。全年共发生森林草原火灾121起、过火面积8336公顷、受害面积7961公顷，同比分别下降39.5%、69.3%和59.5%；当日灭火率98.3%，蒙古国、俄罗斯27起境外火全部堵截成功。联合水利、气象等部门密切关注黄河封河动态，提前部署准备，制定应急预案，成功应对了首场检验，确保了封河期间形势安全平稳，两岸无灾害发生。全年共发生Ms1.0级以上地震302次，未形成地震灾害。安排下拨中央及自治区相关洪涝干旱救灾、冬春救助资金5.26亿元，累计向灾区调拨帐篷、棉被褥等救灾物资41万余件（套），有力保障了受灾群众生产生活和灾区社会安全稳定。

第六章　辽宁省应急管理工作

2018年，辽宁省委、省政府认真贯彻落实习近平新时代中国特色社会主义思想和党的十九大精神以及党中央、国务院关于加强应急管理工作的各项决策部署，紧紧围绕辽宁振兴发展大局，牢固树立安全发展理念，深入推进安全生产领域改革发展，持续强化安全生产依法治理，不断完善安全生产责任体系，狠抓各项重点工作落实，保持了全省安全生产形势总体稳定。全省共发生各类生产安全亡人事故927起、死亡1086人，同比分别下降8.7%和5.6%。其中，采矿业同比分别下降22.9%和43.1%，商贸制造业同比分别下降4.5%和1.7%。发生森林火灾40起，其中，一般森林火灾17起，较大森林火灾23起，过火面积750.41公顷，受害面积370.5公顷，森林火灾受害率为0.064‰，未发生重特大森林火灾和人员伤亡事故。

一、机构改革情况

根据《中共中央办公厅、国务院办公厅关于印发〈辽宁省机构改革方案〉的通知》，经省委同意，组建辽宁省应急管理厅，厅机关行政编制112名（不含两委人员编制）。下辖辽宁省地方煤矿安全监管局和辽宁省安全生产服务中心（事业单位）。2018年11月6日，辽宁省应急管理厅举行挂牌仪式。

辽宁省应急管理机构改革涉及10个部门的13项职能。其中，划入原省安全生产监督管理局的职责、省政府办公厅的应急管理职责、省公安厅的消防管理职责、省民政厅的救灾职责和省减灾委员会办公室的职责、原省国土资源厅的地质灾害防治相关职责、省水利厅的水旱灾害防治相关职责和省防汛抗旱指挥部办公室的职责、原省林业厅的森林防火相关职责和省森林草原防灾指挥部办公室的职责、原省牲畜局的草原防火职责、省地震局的震灾应急救援职责和省抗震救灾指挥部办公室的职责。划出职业安全健康职责到省卫生健康委员会。

省应急管理厅组织编制全省总体预案，组织指导协调安全生产类、自然灾害类专项预案编制工作，综合协调应急预案衔接工作，组织开展预案演练。按照分级负责的原则，指导自然灾害类应急救援；组织协调重大灾害应急救援工作，并按权限作出决定；协助省委、省政府指定的负责同志组织重大灾害应急处置工作。组织编制综合防灾减灾规划，指导协调相关部门森林和草原火灾、水旱灾害、地震和地质灾害等防治工作；会同省自然资源厅、省水利厅、省气象局、省林业和草原局等有关部门建立统一的应急管理信息平台，建立监测预警和灾情报告制度，健全自然灾害信息资源获取和共享机制，依法统一发布灾情。开展多灾种和灾害链综合监测预警，指导开展自然灾害综合风险评估。组织指导森林和草原火情监测预警工作，发布森林和草原火险、火灾信息。

二、安全生产工作

（一）强化安全生产工作部署

组织召开 10 次全省性安全生产综合或专题会议，对全年工作及重点时段安全生产工作作出安排部署。组织制定了《省安委会 2018 年工作要点》，印发了《省政府“重实干、强执行、抓落实”专项行动第 180 项目标任务具体行动方案》，提出了具体目标任务和时间节点，跟踪督促各市和各部门狠抓落实；在元旦、春节、“两会”、汛期、机构改革期间等重要节日和重点时段，及时印发文件对安全生产工作进行再部署再要求。

（二）完善落实安全生产责任制

组织制定了《辽宁省党政领导干部安全生产责任制实施细则》，以省委、省政府文件印发，对县级以上地方各级党委和政府领导班子成员的安全生产职责、考核考察、表彰奖励、责任追究进行明确具体规定，切实加强党委、政府对安全生产工作的领导。组织制定了《关于进一步强化落实安全生产监管责任的意见》和《关于进一步强化落实企业安全生产主体责任的意见》，以省委办公厅、省政府办公厅文件印发；以省政府名义组织召开了全省安全生产网格化建设现场会、安全生产“四项机制”建设经验交流现场会，组织对各市开展安全生产目标管理考核，进一步压实属地及部门监管责任，强化落实企业主体责任。

（三）推动安全生产领域改革发展

组织制定了《关于推进城市安全发展的实施意见》，督促全省 14 个市印发《推进安全生产领域改革发展的实施意见》。组织制定了《辽宁省安全生产责任保险实施办法》，在矿山等 8 个重点行业领域强制实施。与省财政厅共同发文，明确取消企业安全生产风险抵押金。省安委办每月调度、每季度通报各地、各部门改革进展情况，并将改革任务落实情况纳入 2018 年度考核指标。

（四）着力推进双重预防机制建设

组织编制了 33 个通用标准和重点行业领域隐患排查治理标准，组织完成本溪钢铁（集团）矿业公司歪头山铁矿等 3 家非煤矿山国家级双重预防机制建设试点单位验收，指导各地区完成 41 家省级试点单位建设工作。重新制定了《全省危险化学品和烟花爆竹企业安全风险分级监管指导意见》，建立健全全省危险化学品安全风险“一张图一张表”，完成 4558 家企业分级工作。推动各地按照省安委会部署积极推进试点地区和试点企业双重预防机制建设。

（五）加强重点行业领域整治和重点时段督查

在全省组织开展矿山开采、危险化学品、交通运输等重点行业领域专项整治行动，全省共排查检查企业 31 万余家，发现并整改隐患 62 万余项。组织开展了依法打击和重点整治煤矿安全生产违法违规行为专项行动、非煤矿山整顿提升综合治理、尾矿库隐患综合治理、危险化学品安全综合治理、烟花爆竹行业专项整治、钢铁企业专项整治等工作，有效提升了相关行业领域安全保障水平。组织开展了全国“两会”、中秋和国庆期间等 4 次安全生产综合督查，发现各类隐患和问题 3700 余项，持续跟踪整改落实情况。制定印发《全省重点行业领域安全生产“百日攻坚战”工作方案》，组织召开了动员部署会议，省长唐一军出席并作重要讲话。

（六）进一步夯实安全生产基础

争取国家资金 1540 余万元，统筹推进全省安全生产“一张图”建设工程，开发了“安全生产综合信息平台”，整合了风险分级管控和隐患排查治理信息系统、“一张网”综合展现系统以及执法检查管理系统等16个业务信息系统功能，实现了一次登录对接各类业务信息系统的目标要求，全省信息系统上线企业29.7万户。组织举办了“安全生产月”、安全生产“七进”等宣传教育活动，摄制了《安全生产幸福篇》《生命不能重来》《拒做低头族》《加强应急管理提高救援能力》4部公益广告，宣传成效显著。印发《全省集中开展企业安全生产专题培训工作方案》；集中组织开展了全省企业法人安全生产知识与管理能力考试工作，共考核企业法人9.6万人，进一步促进企业法人知责、明责、尽责。组织启动了基层安全监管执法能力提升工程，针对14个县（区）联系点，指导加强安全监管执法能力建设。组建了省、市、县（市、区）三级政府“一专多能”的综合性应急救援队伍。组织开展了非煤矿山、港口危险货物生产安全事故应急救援演练，不断提升应急处置能力。

三、防灾减灾救灾工作

出台了《辽宁省坚持以防为主方针全面提升防灾减灾救灾能力的实施方案》（辽减发〔2018〕1号）和《辽宁省受灾人员生活救助指导标准》，修订了《辽宁省民政厅应对突发自然灾害预案》。全年共下拨冬春期间受灾人员生活补助资金9200万元，救助生活困难群众81万人。农房保险在保农户139万户，新续保农户40万户，出险农户1185户，保险赔付632多万元。实现了全省易灾地区农房保险全覆盖。创建省级综合减灾示范社区47个，全国综合减灾示范社区39个。完成了沈阳中央级救灾物资储备库、辽东和辽西2个省级区域性储备库、14个市级储备库和44个县级储备库建设。按照救灾物资储备有关要求，全省各级物资储备单位加大对帐篷、棉被、棉大衣、毛巾被等基本生活救灾物资的储备。每年安排600万元资金用于省级储备库救灾物资采购，救灾物资储备种类与数量不断增多，省级救灾储备库基本救灾物资目前储量达30余万件（套）。建立了全省救灾物资储备网络体系和紧急运输机制。

2018年，省防汛抗旱指挥部调度省直水库累计为水田灌溉补水5.25亿立方米。各地累计投入抗旱人力62.55万人、抗旱资金1.46亿元，开动机电井6.84万眼、泵站455处、机动抗旱设备12.60万台（套）、机动送水车4.62万辆，投入抗旱用电6949万千瓦时、用油7619吨，抗旱浇地480万亩，解决了1.30万人饮水困难。

第七章　吉林省应急管理工作

吉林省应急管理厅认真贯彻落实应急管理部和省委、省政府决策部署，强化"高站位统筹、高起点开局、高标准运行"，坚持"边改革、边应急"，各项重点工作全线推进。

一、机构改革

2018年10月18日至10月底，完成了省政府应急办、安全生产监督管理局、民政厅、林草局、自然资源厅、卫健委6个部门职能、机构及人员编制转隶工作。印发了《省应急管理厅职能配置、内设机构和人员编制规定》。本着与应急管理部内设机构对口、工作职责对应的原则，从应急管理和安全监管、防灾减灾救灾等实际工作出发，在原来省编办核定20个内设机构的基础上，增设5个处室，厅内设机构增至25个；在核定转隶新划行政编制26名，厅机关行政编制总数130名的基础上，核增参公编制34名。

二、应急救援体系建设

（一）组建应急指挥中心

吉林省应急管理厅应急指挥中心启动运行以来，统一接入安全生产、防汛抗旱、地质灾害、森林草原防火应急指挥系统，初步搭建形成接报、会商、调度、处置于一体的应急指挥调度模式，快速反应、有力有效处置了白山、松原地震和东风"11・23"、公主岭"11・24"爆燃事故等突发应急任务。

（二）建立健全应急联动机制

编制《安全生产类、自然灾害类突发事件应急处置工作手册》，制定地震和冰冻暴雪灾害应急处置联动预案，与地震、气象、林草、水利、卫健委等部门建立应急联动机制，建立完善信息共享、预警响应、应急联动、舆情应对等协同作战机制。与军队和武警部队建立了抢险救灾联动机制，不断强化军地间预报预警、信息通报、资源调配等工作。组织实施松原市抗震救灾实战化应急演练、长白山冰冻暴雪救援演练等省级应急演练。

（三）强化应急救援队伍建设

立足"综合性、全灾种、大应急"救援救灾需要，全面开展练兵备战，积极争取应急装备建设专项资金，初步完成各类应急救援队伍调查摸底。全省16类社会救援力量、448支专职消防队、1.1万个微型消防站全部纳入应急体系。森林消防总队组建200人的跨国境救援队和260人的特种救援队伍。强化对4支省级矿山、危险化学品等应急专业队的业务指导，推动形成以国家级消防救援综合队为主、专业队为辅、自救队为补充的"应急救援力量网格"。

三、安全生产监督管理

（一）安全生产形势

2018年，全省发生各类亡人生产安全事故616起、死亡699人，同比分别下降19.9%和20.4%。其中，较大事故13起、死亡53人，同比分别下降23.5%和15.9%，未发生重大及以上生产安全事故。

（二）安全生产责任落实

省委常委会和省政府常务会议先后12次研究部署安全生产工作，省委书记巴音朝鲁、省长景俊海25次作出指示批示。省委、省政府出台了《吉林省地方党政领导干部安全生产责任制实施细则》，省安委会实行“双主任”制，省委书记、省长均担任省安委会主任，省、市、县均由担任常委的政府领导分管安全生产工作。制定出台《吉林省城市安全发展实施意见》。制定《吉林省安全生产约谈实施办法》。组织21个省直部门完善了安全生产权力和责任“两张”清单。

（三）安全生产法制建设

2018年3月1日，正式实施《吉林省安全生产条例》。省政府出台了《吉林省加强安全生产监管工作实施办法》，研究建立13项工作机制，推动安全生产监管工作制度化、标准化、规范化。制定完成非煤矿山、石油、化工和危险化学品、烟花爆竹、油气管道、金属冶炼等重点行业领域安全生产地方标准10部。

（四）安全生产领域改革

省委、省政府出台了《安全生产治理年实施意见》等规范性文件，全面加强安全生产领域改革的顶层主导、高位推动。2018年确定的遏制重特大事故工作机制、行业部门安全生产权力和责任两张“清单”、全过程责任追溯等41项改革任务全面完成。

（五）安全生产隐患治理

推进煤矿、非煤矿山、危险化学品、“两客一危”重点车辆等行业领域“十大专项治理工程”。龙家堡、八连城、营城等煤矿完成15个灾害治理项目。第二批21处煤矿专家“会诊”已经结束。危险化学品三年综合治理完成涉及6986户企业的安全风险“一张图一张表”。会同省工信厅完成涉及搬迁改造的20户企业实地踏查，初步完成“一企一方案”制定工作。完成非煤矿山尾矿库、采空区调查摸底。研究起草《吉林省危险化学品禁限控目录（第一批）》，筛选94种禁止生产、储存的危险化学品。出台《液氨制冷企业安全隐患整治指南》，推动企业开展专项治理。

（六）冬春安全整治大会战

针对冬春季节事故易发多发等实际情况，从11月10日起，在全省组织开展了为期半年的冬春安全整治大会战，落实了19个省直部门的工作职责，明确12个重点领域治理内容，建立“七查七治”的会战模式，与市、县两级144名党政主要领导或分管领导开展“全覆盖”专题谈话。聚焦事故易发多发重点领域，启动实施城市燃气管道、爆炸物品、成品油市场、危险化学品运输、户外大型广告牌匾、人员密集场所、煤矿瓦斯、载重货车、油气长输管道等十大领域专项战役。

（七）安全生产宣传教育

精心组织第17个“安全生产月”宣传教育活动，开展了一汽启动仪式、吉化千人安全宣誓、“6·16”咨询日、“白山松水安全行”等系列活动，邀请国内知名专家作专题辅导。在电视台每天黄金时段滚动播出安全提示字幕，主流媒体刊发安全新闻稿件800余篇（条），大力营造安全发展浓厚氛围。扎实推进安全生产宣传教育“七进”工作。

四、自然灾害防治

2018年，吉林省有54个县（市、区、开发区）514个乡（镇、街）不同程度遭受雪灾、干旱、龙卷风、洪涝、地震、风雹、台风等自然灾害。全年受灾人口385.8万人次，紧急转移安置30484人次；

倒塌和严重损坏房屋 3057 户 7593 间，一般损坏房屋 5083 户 17272 间，直接经济损失约 89.3 亿元。其中尤以 5 月 28 日松原市宁江区 5.7 级地震灾害和 8 月下旬白山市浑江区、江源区洪涝灾害最为严重。松原市宁江区 5.7 级地震灾害发生后，省减灾委紧急启动吉林省自然灾害Ⅳ级救助应急响应，紧急调拨救灾帐篷、棉衣被、折叠床等救灾物资，紧急转移安置受灾群众，紧急下拨 11480.83 万元救灾资金，妥善做好受灾群众紧急转移安置、过渡期生活救助和倒损民房恢复重建工作，使受灾群众有饭吃、有水喝、有衣穿、有住所。

五、森林草原防灭火

（一）火灾统计

2018 年，全省共发生森林火灾 83 起。其中，一般森林火灾 62 起，较大森林火灾 21 起，过火总面积 265.24 公顷，总受害森林面积 95.93 公顷。森林火灾控制率为 3.31 公顷 / 次，森林火灾受害率 0.012‰；2 小时扑灭率 86.25%，24 小时扑灭率 100%，火灾案件查处率 100%。全省共发生一般草原火灾 5 起，受害草原面积 145 公顷。实现连续 38 年无重大森林草原火灾目标。

（二）航空护林

租用直升机 8 架，累计飞行 119 架次 210 小时 16 分钟，上传航线检查照片 274 张，上传火场照片 8 张。发本场气象观测实况 656 份，气象观测 656 次，接收中心航站预报 325 份，航路预报 325 份。安全卸油 43.4 吨，油料员安全加油 56.116 吨，电源车机务员安全启动 60 次。成功处置通化县西江镇突发森林火灾，调集直升机 2 架，累计飞行 7 架次，共计飞行 14 小时 44 分钟，累计洒水作业 92 桶，总洒水量 340 吨，扑打火头 7 个，火线长度 1 公里，航油补给 5.834 吨。

第八章 黑龙江省应急管理工作

一、机构改革

2018年10月25日，黑龙江省应急管理厅举行揭牌仪式。按照黑龙江省机构改革方案要求，将原省安全生产监督管理局的职责，以及省政府办公厅的应急管理职责，省公安厅的消防管理职责，省民政厅的救灾职责，原省国土资源厅的地质灾害防治、省水利厅的水旱灾害防治、省畜牧兽医局的草原防火、省林业厅的森林防火相关职责，防汛抗旱、减灾、森林草原防火等指挥部（委员会）的职责等整合，组建省应急管理厅。

11月19日，省委书记张庆伟、省长王文涛到应急管理厅和省消防总队调研指导应急管理工作。12月5日，应急管理厅与省林草局对接森林防火指挥部转隶。

二、安全生产工作

2018年，黑龙江省发生各类生产安全事故835起、死亡631人，同比减少115起、47人，分别下降12.1%和6.9%。

健全安全生产责任体系。5月7日，制定黑龙江省贯彻落实《地方党政领导干部安全生产责任制规定》实施细则。10月23日，省政府第16次常务会议讨论通过。10月25日，省委全面深化改革委员会第一次会议审议通过。12月20日，黑龙江省人民政府印发《黑龙江省人民政府安全生产主体责任规定》（黑政规〔2018〕21号）。

举行“安全生产月”启动仪式。6月1日，2018年全省“安全生产月”和“安全生产龙江行”活动启动仪式暨省、市政企联动应急演练在哈尔滨市举行。

开展重点行业领域专项整治。从6月至年底，开展重点行业领域安全生产专项整治。6月14日，召开全省重点行业领域安全生产专项整治行动动员部署电视电话会议，对专项整治行动作出具体安排。

开展全省安全生产大培训活动。省政府安委会决定从6月开始至12月底，对政府领导干部、安全监管执法人员及企业主要负责人、安全管理人员和其他从业人员进行培训。全省共组织各类培训班20511个，培训各类人员146万人。

举办县级分管安全工作领导干部培训班。7月24日，全省县（市、区）分管安全生产工作领导干部安全生产专题培训班在省委党校开班，进行为期2天的专题培训，提高领导干部依法行政意识和抓安全生产工作的能力和水平。

召开全省安全生产电视电话会议。7月27日，省政府召开全省安全生产电视电话会议，贯彻落实全国安全生产电视电话会议精神，省委副书记、省长王文涛提出安全发展理念要树立到位、安全生产责任要落实到位、重点领域要管控到位、安全生产隐患要排查到位、追责问责要执行到位、监管监察要覆盖到位的“六个到位”要求。

调整省政府安委会。8月11日，省政府决定将黑龙江省人民政府安全生产委员会更名为黑龙江省安全生产委员会，新增省编办、省高级人民法院、省人民检察院为成员单位。省长担任主任，各副省长、省政府副秘书长和应急管理厅主要负责人担任副主任。省委宣传部、省编办等49个单位为成员。

召开全省安全生产紧急电话会议。8月25日晚，省政府召开全省安全生产工作紧急电视电话会议，通报哈尔滨市松北区“8·25”重大火灾事故情况，副省长聂云凌安排部署以消防安全为重点的安全生产工作。

组织开展安全生产综合督查。从8月28日至9月4日，省安委会成立7个综合督查组开展安全生产综合督查。共抽查检查30个县（市、区）政府、38个市级部门、72个县级部门和180户生产经营单位，公开曝光存在重大隐患和严重违法违规行为的企业26户。

召开全省安全生产暨冬春火灾防控工作视频会议。11月2日，省政府召开全省安全生产暨冬春火灾防控工作视频会议，省委常委、副省长贾玉梅安排部署当前全省安全生产及冬春火灾防控工作。

召开双重预防机制建设现场会。11月9日，在华电集团哈尔滨第三发电厂召开全省防范遏制重特大事故构建风险分级管控和隐患排查治理双重预防机制现场会。省委常委、副省长贾玉梅出席会议并讲话。在全省22个部门确定43家不同类型的省级试点单位，明确创建时间表和路线图，形成成型经验后在全省复制推广。

三、防灾减灾救灾工作

开展“全国防灾减灾日”宣传活动。5月11日，黑龙江省减灾委员会在哈尔滨市香坊区林大社区举行了社区特色减灾、消防救援和蓝天救援队救援演练为内容的“行动起来，减轻身边的灾害风险”第10个“全国防灾减灾日”主题宣传活动。省政府副省长、省减灾委主任程志明出席活动。

加强汛前救灾准备督导。6月4日至7月7日，派出5个工作组对13个市（地）的21个县（市、区）防灾减灾救灾工作进行了专项督导检查，指导当地全面做好汛期救助准备。

现场指导救灾工作。7月19—30日，派出12个工作组赴21个县（市、区）核查灾情，指导受灾市、县转移安置5.67万名受灾群众，设立51个安置点，集中安置8717名受灾群众。根据灾区需要，15次向11个市、县快速调拨2.32万件生活类物资，及时下拨1000万元自然灾害应急救助资金，帮助解决灾区实际困难。

验收综合减灾示范社区。8月21日至9月7日，组织5个验收工作组，对13个市（地）推荐的87个全国和全省综合减灾示范社区命名对象进行检查验收，并确定推荐40个全国、44个全省命名对象。

参加全国冬春救助工作电视电话会议。12月17日，应急管理部召开2018—2019年度全国冬春救助工作电视电话会议，黑龙江省应急管理厅作了“坚持‘五个结合’综合施救全面提高冬春救助工作精准性和实效性”的典型发言。

下达自然灾害生活救助资金。12月28日，下达2018年自然灾害生活补助资金1.76亿元，保障受灾困难群众冬春期间基本生活。

第九章　上海市应急管理工作

一、蹄疾步稳推进机构改革

按照上海市委、市政府工作部署，成立局机构改革工作专班，加强机构改革工作领导，确保机构改革期间思想不乱、工作不断、队伍不散、干劲不减，确保新成立的市应急管理局平稳有序、高效运行。注重理顺工作关系，坚持上下贯通，对部分职责进行调整优化，形成局“三定”规定草案，确保各项职能落实到位。强化值守应急，严格执行24小时值班和领导带班，建立非工作时间应急响应制度。加强救援力量，新增中国石化上海石油化工股份有限公司消防队为本市危化品应急救援队伍，指导应急救援队伍开展群众性技能比武和体能竞赛活动。

二、着力强化安全生产工作

2018年，上海市安全生产形势总体平稳，未发生重特大生产安全事故，发生4起较大生产安全事故；发生一般生产安全死亡事故206起、死亡220人，同比分别上升13.81%和14.58%。

（一）压实安全生产责任

健全安全生产责任体系。市委、市政府印发《上海市地方党政领导干部安全生产责任制实施细则》，继续推进与29家安委会成员单位和16个区实施安全生产责任签约和承诺，建立45个市级部门安全生产责任清单、权力清单、监管清单和任务清单。加强安全生产责任考核。印发《市安委会成员单位安全生产绩效考核办法》，制定区级政府、市安委会成员单位和中央在沪及地方国有企业等单位安全生产绩效考核评分细则，邀请第三方对市交通委等4个部门进行了考核试点，对行业集团公司全面实行党委、行政负责人“双签约、双承诺”，组织对各区人民政府、行业集团公司开展安全生产工作履职考核。落实安全生产各方责任。市政府召开全市安全生产工作会议等重要会议18次，会同市相关部门，开展安全生产督导检查，督促重点行业领域做好面上安全生产风险管控。

（二）提升安全生产治理能力

深入推进安全生产领域改革。牵头统筹推进落实本市深化安全生产领域改革发展的实施意见，推动落实安全生产责任保险制度，抓紧“三个一批”改革，完成与“一网通办”对接。全面加强安全生产监督执法。各级安全监管部门检查生产经营单位14.4万余家，实施行政处罚2415次，罚没款金额8294.37万元。启动职业健康执法年活动，检查企业4110家，立案102起，罚款183.7万元，责令停止作业1家，关闭3家，纳入联合惩戒1家。依法依规查处生产安全事故。对受理的10起一般事故和4起较大事故展开调查。对事故责任人和事故责任单位严肃处理，对11名事故单位主要负责人，10家事故单位进行行政处罚；对4名事故直接责任者追究刑事责任；建议相关部门及相关单位对92名事故责任人员进行经济、行政处分。

（三）强化安全生产重点管控

开展涉氨制冷、有限空间作业专项治理，对全市 77 家涉氨制冷企业、1579 家涉及有限空间工贸企业，建立和完善“一企一档”监管台账。开展涉爆粉尘专项整治，排查出 566 家涉及可燃爆粉尘企业，邀请第三方专业机构对 89 家涉粉作业 30 人以上企业整治情况开展督导核查，消除重大事故隐患 184 项。开展钢铁企业重大生产安全事故隐患排查治理，督促相关钢铁企业查出 128 项隐患，完成整改 127 项。开展电动自行车消防安全综合治理，督促整改电动自行车消防安全问题隐患 15875 处，清理违规停放充电问题 11495 处。开展大型商业综合体消防安全专项整治，督促整改火灾隐患 2113 处，临时查封 15 处，责令“三停”57 家，罚款 241.6 万元。统筹协调开展空中坠物安全隐患专项整治，排查空中坠物安全隐患总数 94993 处。组织开展轨道交通行业迎“进口博览会”安全督查百日行动，发现问题隐患 45 处。

（四）着力强化安全生产基础保障

不断加强安全生产法治保障。全面启动《上海市安全生产条例》修订，形成《上海市安全生产条例（修订草案建议稿）》和立项论证报告，申报 2019 年正式立法项目。起草并提请市政府印发了《上海市实施〈生产安全事故报告和调查处理条例〉的若干规定》，制发《上海市安全生产监督管理局重大行政执法决定法制审核办法》，修订《安全生产违法行为行政处罚程序规范指引（试行）》。系统推进安全生产科技支撑。“危险化学品全过程监管信息系统”被列入市委课题总报告确定的社会治理智能化实事项目。根据全国安全生产“一张图”建设目标总要求，初步实现“上海市危险化学品地理信息系统”与“上海市安全生产基础信息共享平台”数据对接和定期推送。牵头组织开展《上海市安全生产“十三五”规划》实施情况中期评估。加快标准制定步伐，推荐《粉尘爆炸防隔系统应用指南》等 4 个项目申请列入 2018 年度地方标准制定项目。大力推进安全文化培育。组织开展“建功新时代 安全在一线”主题宣传，深入开展“安全生产月”活动，组织、协调推动开展“生命至上、安全发展——上海市安全生产共建共治共享暨安全文化建设观摩交流会”等重点活动项目 10 项、特色活动项目 16 项。深入广泛开展安全生产宣传教育“七进”，指导开展“安全知识进课堂”“安全体验馆开放周”等活动，制作“生命至上 安全第一”公益宣传片。

（五）全面落实首届进博会专项保障工作

切实发挥综合监管职能。牵头组成 6 个专项督查组，对 16 个区开展专项督查，推进各项保障工作落到实处。强化场馆安全保障，成立展台搭建与拆除安全保障现场督导组，对国家会展中心（上海）以及展台特装搭建开展专项督导。全面落实专项保障工作。印发《2018 年中国国际进口博览会安全生产专项保障工作方案》，制定了迎进博会安全生产保障倒计时 100 天、60 天、30 天和实战阶段每日工作任务书，层层传导把工作任务分解到人、责任落实到人。有效提升安全管控能力。督促指导重点领域、重点区域、重点单位，全面梳理分析本区域、本单位内可能存在的安全风险和事故隐患。

三、积极防灾减灾救灾

（一）做好自然灾害防御应对

2018 年，受副热带高压北抬影响，上海市接连遭受到 5 次台风的影响，在登陆次数、间隔影响方面，都创下了全市有气象历史以来的新纪录。在市委、市政府的坚强领导下，在国家防汛抗旱总指挥部工作组有力指导下，上海各区、各部门、各单位众志成城、勠力同心，成功抵御台风考验，确保上海城市安全平稳有序运行。组织转移规模达 42.17 万人次、避风进港船只 1.02 万艘次，1.6 万人次上岸；洋山深水港完成 7735 人次撤离；滩涂整治项目完成 3231 人次撤离。台风影响期间，全市 10 万余名防汛干部按照要求进岗到位、全天候应急值守，围绕重点部位和薄弱环节组织开展拉网式排查，全市 100 台移动排水泵车和 120 支排水突击队枕戈待旦，做好抢排准备。市、区各有关部门各司其职、密切配合。解放军和武警部队派员进驻市防汛指挥部，7000 余名官兵整装待命。相关媒体滚动播发台风预警信息和安全提示，通过召开防汛新闻通气会等方式，介绍台风最新动向和全市防御情况，积极回应社会关切。

（二）做好城市减灾救灾工作

启动市减灾委员会筹建。牵头开展本市年度灾情趋势分析，有针对性地做好灾情预防工作。会同相关部门举办“全国防灾减灾日”宣传周活动，共发放各类防灾减灾知识宣传资料近 130 万份，近 80 万人参与了各级各类应急疏散救护演练 2000 余次，近 28 万人接受了 1600 余场次的各类防灾减灾培训、讲座和知识竞赛。开展全国综合减灾示范社区创建工作，34 家街镇（村居）被命名为全国综合减灾示范社区，完成 18 批次 2821 名灾害信息员培训工作。

第十章　江苏省应急管理工作

一、稳妥有序推进机构改革

2018年10月26日，江苏省应急管理厅挂牌组建。坚决落实习近平总书记关于“负责安全生产、应急救援的部门，一定要始终绷紧神经，不能有丝毫懈怠、半点马虎”的重要指示和省委、省政府关于机构改革期间确保安全生产、应急救援工作不出现任何差错和空档的要求，坚持边组建边应急、严守安全底线，一手抓机构改革，干部大会、转隶组建会、应急管理厅挂牌组建一体推进，一手抓安全生产、防灾减灾救灾、应急救援，把安全生产作为应急管理的基本盘基本面，紧紧抓在手中，紧盯危化品、煤矿、冶金工贸等重点行业领域，开展专项治理，加大事前执法力度，保持监管执法高压态势，严格值班值守、强化应急处置，前置监管救援力量，保持应急响应状态，有力有序有效处置突发事故灾害，扎实推进防灾减灾救灾重点工作。

改革启动后，按照“先立后破、不立不破”原则，成立工作专班，制定实施方案，细化任务书、倒排时间表，挂图作战、逐项推进，在规定时间内完成了职责、人员、工作的划转交接。加强同水利、自然资源、林业、物资储备等部门的沟通协调，界定好“防”与“救”、处理好“统”与“分”的关系，积极推进相关议事协调机构调整工作，探索建立职责明确、分工协作、协调联动的工作机制。在此基础上，按照“优化、协同、高效”原则，对接应急管理部、结合江苏实际、借鉴其他省份做法，深入研究、集思广益、反复讨论，精心编制“三定”规定。

二、安全生产工作

2018年，江苏省聚焦问题抓治理，突出重点抓落实，全力以赴防范遏制重特大事故，全省安全生产形势总体平稳，呈现“一杜绝、两下降”的态势。全省共发生各类生产安全事故7076起、死亡3909人，同比减少584起、483人，分别下降7.6%和11.0%；13个设区市全部实现事故起数、死亡人数“双下降”。全年没有发生有重大社会影响的事故，没有发生重特大生产安全事故。绝大多数重点行业领域保持平稳。烟花爆竹没有发生事故，化工、冶金机械事故起数、死亡人数实现较大幅度下降，煤矿、非煤矿山安全形势平稳，道路运输、建筑施工、农业机械、特种设备事故起数和死亡人数同比均实现下降。

（一）压紧压实安全生产责任

一是强化制度引领，出台《党政领导干部安全生产责任制规定实施细则》，细化五类党政领导干部的责任清单、工作任务。严格落实地方党政领导干部安全生产责任制，13个设区市全部由政府常委领导分管安全生产。抓住机构改革契机，积极推动将安全生产职责纳入负有安全监管职责部门的“三定”规定。二是严格安全生产责任考核，将安全生产纳入设区市高质量发展年度考核指标体系和《党政领导干部能上能下办法》，推动领导干部切实扛起“促一方发展、保一方平安”的政治责任。三是因地制宜制定实施《江苏省安全生产约谈办法》，对隐患突出、事故多发行业、地区和企业的负责人严肃约谈，倒逼责任落实；完善事故挂牌督办制度程序，依法依规对13起较大生产安全事故实施挂牌督办，严肃责任追究。

（二）保持监管执法高压态势

开展安全生产“执法提升年”活动，强化事前执法。在全面分析全省安全生产重点难点问题基础上，集中开展爆炸危险性化工装置专项执法、煤矿和非煤矿山“零点执法”、冶金钢铁专项执法和粉尘涉爆企业“回头看”4个专项执法行动，实施“四个一律”。全年共检查企业79065家，立案23378件、处罚8亿元，同比分别增长47.4%和50.9%；事前立案22201件、处罚5.5亿元，同比分别增长51.7%和108.4%。同时，进一步规范执法行为，提升执法效能，修订完善《江苏省安全生产行政处罚自由裁量适用细则》，举办执法人员业务培训班和技能比武竞赛，推广应用移动执法管理系统。

（三）强化重点行业领域安全防控

一是工作机制上，充分发挥省安委会（安委办）指导协调、监督检查、巡查考核作用，每季度突出一个主题，由省政府领导主持召开化工、道路交通、“两节”期间等现场推进会和电视电话会。完善部门会商协调机制，做到省、市、县联动，分行业治理。加快双重预防机制建设，强化重大项目安全风险管控。二是重点领域上，危险化学品、烟花爆竹方面，深入开展“263”“四个一批”专项行动，出台《江苏省化工企业提升安全生产能力的实施标准》，共关闭不符合产业政策、不具备安全生产条件、安全环保风险隐患突出的化工企业987家；深化危险化学品综合治理，启动为期两年半的重点化工企业本质安全诊断治理专项行动；开展爆炸危险性化工装置深度检查；开展危险化学品安全生产大检查和烟花爆竹经营专项治理。煤矿方面，依法打击和重点整治煤矿安全生产违法违规行为，扎实开展煤矿安全监察执法。非煤矿山、冶金工贸方面，专项检查金属非金属地下矿山、尾矿库企业，落实防火灾、防中毒窒息、防坍塌、防溃坝等重点防控措施；专项治理冶金煤气和高温融熔金属、粉尘涉爆、涉氨制冷、有限空间作业4个重点行业领域的突出问题，强化企业复工复产、设备检维修、动火等高风险作业和外委项目4个重点关键环节的安全管理。三是重点时段上，督查督导各地落实安全防控责任措施情况，实行领导干部分片挂钩和包干负责制、高危行业重点企业驻点监管、生产企业和作业单位负责人在岗带班值班、严格管控危险作业行为等措施。

（四）坚持不懈推进安全基础建设

一是构建安全生产大宣传工作格局。建立与宣传部门、主流媒体联动机制，扎实开展安全应急主题公益宣传。新华日报、江苏卫视、江苏人民广播电台、社会公共场所大屏等全方位、立体式刊播公益短片、滚动字幕；省通信管理局协调电信、移动、联通三大运营商发布提示警示信息，营造了浓厚的安全生产氛围。二是重抓安全基础建设，推进企业安全生产标准化，创立全国标准化建设示范区。深化信息化建设，高危岗位推广设置应急处置卡，强化应急救援实战演练。集中轮训化工、钢铁煤气、粉尘涉爆企业主要负责人及安全管理人员，提高“关键人”安全意识和技能。三是强化智能化管控，推动新建化工企业实现全流程自动化，大力推进化工企业“二道门”智能化升级改造，逐步实现进入生产区域员工身份识别的唯一性、人员定位的可跟踪性、一键求救等功能。四是大力开展全省县级以上冶金等工贸、化工监管人员业务能力培训，培训监管干部 910 人，全面提升监管人员执法水平。突出全省化工、钢铁煤气、粉尘涉爆企业主要负责人及安全管理人员，组织开展 66 期培训班，共培训 7180 人，有效提升安全生产重点关键人员的安全管理能力和技能。

三、防灾减灾救灾工作

（一）全力做好防汛防旱防台风工作

一是抗御春汛保麦收。为应对淮河罕见春汛，综合施策保全滩地小麦，挖掘工程潜力排泄淮河洪水，加强巡堤查险保安全。二是科学应对保安全。针对汛期局地强降雨及强台风降雨，加强会商研判，加密预测预报，兼顾地区用水、工程建设和防洪安全，科学调度工程，及时启动应急响应，派出工作组和排涝泵车，全力做好防汛抗洪。2018 年全省共启动防台风Ⅳ级应急响应 4 次，提升防台风Ⅲ级应急响应 1 次。

（二）全力做好森林火灾预防

推进森林防火现代化体系建设。修订了《江苏省森林防火现代化体系建设规划（2016—2025 年）》。全年各级财政投入森林防火建设的资金约有 3 亿元，南京、苏州等地财政投入多达数千万元。部分市、县森林防火指挥中心相继建成并投入使用；灭火机、灭火枪、消防水车和水泵等扑火设备得以提高，防火通道、生物防火带和工程阻隔带建设逐年突破。全省各级政府共组织近 220 多次防火检查，3.5 万余人巡山护林和看守重要部位，增设临时森林防火检查站和卡点 400 余个。加大森林防火公益宣传，因地制宜采用手机短信、微信、车载电视和户外屏显等信息化手段，强化森林防火安全提示。全省共张贴、悬挂森林防火宣传标语、横幅 1.5 万余条，出动宣传车 1600 余辆次，发放《森林防火宣传手册》2.1 万余册。各地与电台、电视台、气象部门加强协作，强化森林火险天气预测预报与发布工作。

（三）全力提升灾害防范应对能力

一是优化整合省级综合防灾减灾机构。2018 年 10 月，在省委统一部署下，组建成立了省应急管理厅，整合安监、民政、水利、国土、农委、森林防火、海洋等与防灾减灾救灾有关的职能和力量，对省减灾委、省防灭火指挥部、抗震救灾指挥部、防汛防旱指挥部等专业防灾减灾救灾议事工作机构的单位组成及职责分工进行调整完善，各项防灾减灾工作全面开展、稳步推进。二是健全完善综合协调组织机构。省级层面、13 个设区市及多灾易灾县（市、区）均建立了减灾委或相应机构，确立了省委、省政府统一领导，省减灾委综合协调，省有关部门分工负责，各级减灾委上下联动的综合减灾协调机制。三是加快构建监测预警体系。加强水雨情观测、地震观测、海洋观测、气象灾害监测、地质灾害监测等站网建设，建立 24 小时应急值班制度，完善监测预警和应急响应等机制，优化预警信息发布流程和权限。四是稳步推进基础设施建设。加大防汛抗旱、地质灾害防治、农村危旧房改造、学校抗震加固、卫生应急决策指挥、高铁灾害监测系统等基础设施和重点工程建设力度；积极推进救灾物资储备库建设，已建成各类救灾物资储备库 100 多个，基本构建了布局合理、规模适度、品种齐全的防汛、救灾物资储备体系；推进“互联网 +”、大数据等现代科技手段的运用，为省、市、县、乡级配发专用报灾设备，充分发挥现代科技在防灾减灾救灾中的支撑作用。五是高度重视城乡基层综合减灾能力建设，深入开展综合减灾、防震减灾、气象灾害预防等示范社区建设，截至2018年底，共创建714个全国综合减灾示范社区；加强应急救援救助队伍建设，统筹各方资源，建立和发展救灾抢险专业队伍，推动建立覆盖省、市、县、乡、社区的灾害信息员队伍，在灾情报送、灾害救助等工作中发挥重要作用。

第十一章　浙江省应急管理工作

一、机构改革工作

浙江省应急管理厅于2018年10月25日挂牌，是浙江省机构改革中整合部门职责最多的部门，整合了原省安全生产监督管理局的职责以及省政府办公厅的应急管理职责、省公安厅的消防管理职责、省民政厅的救灾减灾职责、原省国土资源厅的地质灾害防治相关职责、省水利厅的水旱灾害防治相关职责、原省林业厅的森林防火相关职责等多个部门的13项职责，承担省安全生产委员会、省消防安全委员会、省政府防汛防台抗旱指挥部、省森林防灭火指挥部、省抗震救灾指挥部、省减灾委员会6个议事协调机构职责，全面负责全省应急管理工作，指导全省各级各部门应对安全生产类、自然灾害类等突发事件和综合防灾减灾救灾工作；负责安全生产综合监督管理和工矿商贸行业安全生产监督管理工作。

根据“三定”规定，浙江省应急管理厅内设15个处室和1个直属机关党委，下属省安全生产科学研究院、省应急管理宣传教育中心、省应急管理数字和技术中心、省航空护林管理站4个事业单位。共有行政编制100名，后勤服务人员编制2名。

二、安全生产工作

坚持改革创新、标本兼治，健全责任体系，强化隐患整治，严格执法监管，圆满完成了首届中国国际进口博览会、第五届世界互联网大会、“枫桥经验”纪念活动和首届联合国地理信息大会等重大活动期间的安全生产保障任务。2018年全省各类生产安全事故、死亡人数、受伤人数同比分别下降33.0%、28.0%和45.1%，其中，较大事故13起，同比减少2起；实现了全省安全生产形势持续稳定向好。

（一）国务院考核组考核省政府安全生产工作

1月8—11日，国务院安委会2017年省级政府安全生产工作考核组第十一组，对浙江2017年度安全生产工作情况进行了考核。省长袁家军会见考核组一行，并就进一步加强和改进浙江安全生产工作交换了意见。浙江省政府2017年度安全生产工作考核结果为优秀。

（二）深入推进安全生产领域改革发展

在完善监管执法体系方面，修订了《浙江省交通建设工程质量和安全生产管理条例》，成为全国首部“公水铁”综合交通建设质量安全管理省级法规。在遏制重特大事故方面，实施危险化学品企业安全风险研判和承诺公告制度，建立覆盖企业生产全员、全过程的风险研判工作流程，得到了应急管理部肯定，并作为样本发文在全国推广实施。省应急管理厅出台《推动支持民营企业安全发展八条措施》，获得中央、国家部委的广泛关注。

（三）加大安全生产责任落实力度

出台《浙江省地方党政领导干部安全生产责任制规定实施细则》和贯彻落实消

防安全责任制实施办法的若干意见，在全国率先实现县以上政府常务副职分管安全全覆盖。建立省安委会层面和建设、道路交通等行业部门层面的安全生产通报、警示、约谈和形势分析研判等责任落实制度，组织开展首轮安全生产巡查，对渔船事故频发的市、县以及火灾形势突出的4个市、5个行业（系统）和77个乡镇实施约谈。省安委会第一时间将省自然资源厅、生态环境厅等9个新组建部门明确为省安委会成员单位，确保行业安全生产工作无缝衔接，无盲区、不断档。实现市、县安委会“1+X”组织全覆盖，向乡镇普及推广“1+X”安全监管模式，突出重点行业安全监管责任。

（四）严格规范安全生产监管执法

省应急管理厅、经信厅、公安厅等6个省级部门联合制定了《浙江省安全生产领域跨部门联合“双随机”抽查监管工作实施细则（试行）》，全省各地共实施“双随机”抽查监管6196次，检查结果记录全部公示。加大执法力度，2018年，全省安监系统实施行政处罚15316次，同比增长98.7%；公安部门查处交通违法行为5682万起，查处量居全国第3位。深化严格执法内容，省建设厅对虽未发生事故但存在危大工程违规行为的3家企业实施暂扣安全生产许可证处罚，在全国首开严格执法纪录；台州市农业农村部门出台全国首个渔业安全生产行刑衔接规范；海事部门推广实施“两船”整治宁波“五维治理”经验和台州“3+1”执法模式。

三、防灾减灾救灾工作

（一）防汛防台抗旱工作

强化监测预报预警，省水利、气象、海洋、自然资源、建设等部门共发布预警短信7160万条、台风信息158次、海浪警报73期、风暴潮警报39期、地质灾害预警短信61万多条，开展水文预报824站次。针对台风路径复杂多变情况，省防汛抗旱指挥部密切跟踪，准确研判，针对海上防风、沿海防潮、陆上防雨，及时动态部署。19号台风（苏力）、24号台风（潭美）、25号台风（康妮）主要影响沿海海域，省防汛抗旱指挥部打破常规，实施海上防台风应急响应。突出抓高风险区域人员的疏散、转移避险，及时关闭涉海、涉水旅游景区，组织渔船回港或驶入安全水域避风，全省共转移危险区域人员116.47万人次，组织船只进港避风或前往安全水域12.9万艘次。科学调度水利工程，12号台风影响前，嘉兴、宁波、绍兴分别启用南排工程、姚江大闸、曹娥江大闸预排，为应对可能的强降雨腾出调蓄容量；强降雨致使嘉兴市河网水位迅速上涨后，省防汛抗旱指挥部积极协调，太湖流域防汛抗旱总指挥部暂时关闭太浦闸，减轻了嘉兴防洪压力。

2018年，全省共投入抢险人员8.63万人次，消耗防汛袋24.71万条、沙石料36.05万立方米，用油69.41吨、用电35.23万千瓦时，减少受淹耕地面积10.07千公顷，减少受灾人口18.30万人，避免可能造成的伤亡事件392起7186人次。

（二）森林防灭火

2018年，全省共发生森林火灾45起，同比减少25起，下降35.71%；受害森林面积117.18公顷，同比减少133.39公顷，下降53.23%；没有发生重特大森林火灾、人员伤亡事故；森林火灾发生率和受害率继续维持在低位水平，取得了历史同期最好成绩。

（三）减灾救灾

2018年，浙江先后遭受雪灾、风雹、洪涝和台风等灾害，全省共有139.8万人受灾，因灾死亡 2 人，农作物受灾面积 168.7 千公顷，倒损房屋 1.1 万间，直接经济损失 36.8 亿元。省减灾委先后启动自然灾害救助预警响应 5 次、Ⅲ级应急响应 1 次，紧急转移安置 67.6 万人，省级财政（含中央）共下拨救灾补助资金 7300 万元。发布《避灾安置场所建设与管理规范》和《避灾安置场所内救灾物资储备和管理规范》省级地方标准，完成 4000 余个避灾安置场所的规范化建设，规范化率突破 20%。

（四）消防救援

2018 年，全省消防救援队伍坚持“建优秀领导班子、带人民满意队伍、创一流工作业绩”。国务委员王勇等专程视察浙江消防救援队伍。全省共发生火灾 13932 起、死亡 60 人、受伤 58 人（含轻微伤 47 人）、直接经济损失 2.6 亿元，同比分别下降 32.5%、37.5%、20.5% 和 15.4%。全省共接警出动 10.3 万次，抢救疏散群众 1.9 万人，抢救财产价值 39 亿元。舟山市消防支队特勤中队中队长助理方瑜被评为第四届全国“十大杰出消防卫士”，绍兴市消防支队柯桥中队副班长邢骏被公安部批准为烈士。

第十二章　安徽省应急管理工作

2018年，安徽省坚持以习近平新时代中国特色社会主义思想为指导，深入学习贯彻习近平总书记关于安全生产、防灾减灾救灾、应急救援等应急管理工作的重要论述精神，认真贯彻落实党中央、国务院关于应急管理重大决策部署，推进安全生产“铸安”行动和风险管控“六项机制”建设，着力防范化解重大安全风险，全省生产安全事故起数、死亡人数同比分别下降25.8%和13.7%，较大事故起数同比下降35.7%，未发生重大以上事故；发生洪涝、风雹、雪灾等各类自然灾害16起，累计受灾人口727.3万人次，因灾死亡35人，紧急转移安置12.4万人次，农作物受灾面积861.6千公顷，倒塌、损坏房屋5.7万间，直接经济损失138.1亿元。

一、蹄疾步稳推进机构改革

安徽省应急管理厅于2018年11月27日挂牌成立。2018年12月29日，安徽省委办公厅、省政府办公厅印发《安徽省应急管理厅职能配置、内设机构和人员编制规定》（厅发〔2018〕101号），安徽省应急管理厅设18个内设处室（含机关党委），机关行政编制117名，省纪委监委驻厅纪检监察组6人。安徽省全面落实改革任务，着力理顺应急管理工作关系，加快形成统一领导、权责一致、权威高效的应急能力体系。

一是正确处理“统”与“分”的关系。厘清应急管理、水利、自然资源、粮食和物资储备等部门在防汛抗旱、地质灾害防救、救灾物资管理以及防灾减灾救灾等工作中的职责分工，既做到分兵把守、守土有责，又突出统筹协调、综合防范，实现责任全覆盖、防治无死角。

二是正确处理“破”与“立”的关系。坚持“不立不破、先立后破”，成熟一个、划转一个，有序完成职能划转，确保工作稳步衔接、有机融合。

三是正确处理“合编”与“合力”的关系。坚持政治标准，鲜明树立正确选人用人导向，对所有人员一视同仁，推动由“物理相加”到起“化学反应”、由“板块整合”走向“有机融合”，促进合心合力合拍。

二、全力稳控安全生产形势

安徽省委、省政府高度重视安全生产工作，省委书记李锦斌提出开展以“严执法、排隐患、强管理”为主要内容的安全生产“铸安”行动。省长李国英提出构建风险查找、研判、预警、防范、处置、责任“六项机制”。2018年5月，省政府办公厅印发《关于进一步推进安全生产“铸安”行动常态化实效化和风险管控“六项机制”制度化规范化的通知》。全省各地各部门各单位以安全生产“铸安”行动常态化实效化和风险管控“六项机制”制度化规范化为抓手，以遏制重大以上事故、防范较大事故、事故起数和死亡人数下降的“一遏制、一防范、两下降”为目标，强化责任、措施、制度落实，稳控安全生产形势。

一是压紧压实责任。省委、省政府主要负责同志多次对安全生产工作作出指示批示。省委十届七次全体会议、深改组会议专门研究部署安全生产工作，省政府常务会议7次听取工作汇报或研究部署相关议题。出台《党政领导干部安全生产责任制实施细则》,16个市、105个县（市、区）全部由担任常委的政府负责同志分管安全生产工作，省政府与各地和省直部门签订安全生产目标管理责任书，开展安全生产考核和重点工作督查。严格事故调查处理和责任追究，2018年全省查处生产安全事故441起，罚款4647万元，给予政纪党纪处分60人，移送司法机关追究刑事责任15人。

二是推动改革发展。开展安全生产领域改革任务落实情况督查，选定7个市、9个开发区、20个县、22个乡镇、26家企业作为改革联系点，制定重点任务推进方案，对党的十八大以来涉及安全生产改革任务及改革试点推进情况进行“回头看”。16个市全部出台安全生产领域改革实施意见。

三是强化风险管控。对重大安全隐患实行“清零”行动，省政府连续11年挂牌督办50处重大火灾隐患，省道路交通安全工作联席会议制度化、常态化推进公路交通安全隐患路段整治，2018年整治隐患路段158处。以合肥、马鞍山、芜湖等地为试点，开展“安全发展示范城市”创建活动。组织开展煤矿、非煤矿山、危险化学品、建筑施工、道路交通等重点行业领域专项整治，部署开展大型商业综合体、电动自行车、电气火灾、博物馆和文物建筑等消防安全综合治理。投资1.2亿元建设全省危险化学品安全防控监测信息系统，投资3.2亿元的全省高速公路全程视频监控管理系统、恶劣天气条件监测预警系统建成并投入使用。

四是加强监管执法。推进“双随机一公开”监管，2018年度共随机抽取41家企业开展执法检查，发现各类隐患问题165条，对其中2项违法违规行为进行立案查处。推进全系统运用信息化手段开展企业日常安全监管、现场执法检查、隐患排查治理和应急管理等，截至2018年底，信息化平台共采集各类应用数据156万多条。严格落实诚信管理和联合惩戒制度，截至2018年底，对安全生产领域8家失信企业及其主要负责人实施联合惩戒措施，其中2家失信企业联合惩戒期限届满，按规定及时移出联合惩戒名单。

2018年，全省应急管理部门共开展安全监管检查45450次，查出各类事故隐患60602次，实施行政处罚3645次，责令停产停业整顿生产经营单位235个，提请关闭非法违法生产经营单位42个，累计行政罚款7265.59万元。

三、着力强化防灾减灾救灾

深入贯彻习近平总书记关于防灾减灾救灾“两个坚持、三个转变”的重要论述精神，推进防灾减灾救灾体制机制改革，加强防灾减灾救灾能力建设。

一是健全完善体制机制。省委、省政府将防灾减灾救灾体制机制改革纳入省委常委会工作要点部署推动，省政府召开会议专题研究减灾救灾工作，推动构建政府统一领导、部门分工负责、社会共同参与、属地管理为主的防灾减灾管理体制和协调机制。

二是加强救灾物资保障。加快建设省救灾减灾中心，启动救灾物资储备库一期库房改造项目，完成救灾物资储备库二期工程建设。落实项目资金3650万元，圆满完成2017年国家发展改革委确定安徽省的9个救灾物资储备库建设项目，新增库房面积7683平方米。全省各地积极安排专项资金采购救灾物资，完善协议储备机制，构建救灾物资保障网络。

三是强化灾害防范应对。2018年先后4次启动省级救灾应急响应，派出12个工作组赶赴灾区指导救灾，紧急下拨应急救灾资金8000万元，向灾区调拨各类物资11万件（床），及时下拨2018—2019年冬春救助资金3.2亿元。开展因灾倒损农村住房恢复重建，按期完成重建609户1665间、维修加固1376户3602间的任务。

四是增强应急救援能力。实施安全生产应急救援基地和队伍共建项目，省级财政预算安排130万元用于全省骨干专业应急队伍装备建设。采取政企共建、企业联合等模式，依托大型骨干企业，强化6支省级危化（金属冶炼）应急救援队和5支非煤矿山重点区域（重点企业）矿山救护队建设。引导社会力量参与防灾减灾救灾，培训、孵化防灾减灾救灾领域各专业类型和服务特长的社会组织。组织社会组织参与救援演练，委托第三方机构举办全省社会力量参与防灾减灾救灾培训班。引入社会力量参与自然灾害救助应急预案桌面推演。

四、构建共建共治共享格局

推动社会各方力量共同参与安全生产和自然灾害防治，构建齐心协力做好安全生产和自然灾害防治工作的局面，提升全社会的综合防范能力。

一是加强社会化宣传教育。广泛宣传安全生产方针政策、法律法规，以及防灾避险、应急处置等科普知识。以“生命至上、安全发展”为主题，开展“安全生产月”活动，举办“七进”活动5.6万多场次、应急演练活动170多场次、警示教育活动3000多场次、志愿者服务队宣讲活动200多场、演讲比赛和文艺演出等活动达450场次，全省参与全国应急和安全知识竞赛人数158万人次。以“行动起来，减轻身边的灾害风险”为主题，开展“全国防灾减灾日”宣传周活动，举办防灾减灾科普知识问答、科普讲座、应急疏散演练、逃生技能培训等活动3000余场，20万人次参加；开展百名志愿者走进百个社区开展百场宣讲的“三百活动”，8338名志愿者深入3493个社区开展3500余场活动。

二是增强基层灾害防范能力。深入推进综合减灾示范单位创建，55个社区获评全国综合减灾示范社区，103个社区被命名为全省综合减灾示范社区。淮北市相山区、铜陵市铜官区被命名为首批全省综合减灾示范县（区）。

三是强化安全生产社会化监督。认真贯彻落实《安徽省安全生产举报奖励办法》，鼓励发动全社会特别是生产一线从业人员举报重大生产安全事故隐患和非法违法行为。2018年，应急管理、公安部门受理举报事项30090项，发放奖励资金143.02万元。

四是充分发挥市场作用。开展安全生产责任保险调研，出台安全生产责任保险实施办法，将山区库区农村住房保险试点纳入民生工作，279.5万户农户参保，筹集保费4472.3万元，强化市场机制在风险评估管控、事故预防、损失补偿、恢复重建等方面的作用。

第十三章　福建省应急管理工作

2018年,福建省坚持以习近平新时代中国特色社会主义思想为指导，牢固树立“四个意识”，坚定“四个自信”，坚决做到“两个维护”，深入贯彻落实习近平总书记关于应急管理工作的重要论述，全面践行习近平总书记向国家综合性消防救援队伍授旗时的重要训词精神，全面落实党中央、国务院各项决策部署，按照国务院安委会、国务院安委会办公室和应急管理部要求，坚持以人民为中心，坚持严字当头，保持警钟长鸣，严格落实责任，强化隐患排查治理和安全风险管控，统筹加强自然灾害防治工作，全省应急管理职责划转过渡平稳，安全生产形势持续稳定，防灾减灾救灾工作有力有效。在国务院安委会开展的2018年度省级政府安全生产和消防工作考核巡查中，福建省政府考核结果优秀。

一、扎实推进应急管理机构改革

福建省坚决执行党中央、国务院的决策部署，省委、省政府主要领导和各级党委、政府对应急管理部门给予支持和倾斜，机构改革中核定全省应急管理系统的行政编制1160名，比原安监系统增加40%；核定省应急管理厅编制104名，比原省安全生产监督管理局增加92.6%；防汛抗旱、森林防火职能划转分别设立了过渡期。福建省应急管理厅于2018年11月6日挂牌，全省各市、县（区）全部成立应急管理部门。省应急管理厅按照“坚决执行、平稳过渡”“配合好过渡、准备好交接”的要求，搭平台、建机制、求精准、重创新，加强应急管理干部队伍建设，探索应急管理工作体系和机制体制。省消防救援总队、森林消防总队按照国家综合性消防救援队伍的标准，开展练兵比武、战备拉动演练，制定地震、化工、高层、地下、大跨度空间5类专业队建设标准，建设了28支灾害处置队。各级各有关部门加强沟通协调、衔接运转，推动全省安全生产、防灾减灾救灾、应急管理工作取得新的进展，做到了平稳过渡、有序衔接。

二、认真抓好安全生产工作

2018年，福建省发生各类生产安全事故1726起、死亡939人，同比分别下降3.1%和8.0%，其中，较大事故12起、死亡46人，分别下降42.9%和43.2%；没有发生重特大事故。亿元地区生产总值生产安全事故死亡人数0.026人，同比下降18.7%。

（一）坚持党委、政府统筹推动

坚持“党政同责、一岗双责、齐抓共管、失职追责”，各级党政“一把手”带头抓安全生产，推动安全生产与社会经济发展同规划、同部署、同检查、同落实。省委常委会和省政府常务会议、专题会议10多次研究部署安全生产工作。省委书记、省长带头履职尽责、带头担当作为，多次就贯彻落实习近平总书记重要指示批示精神作出批示，提出明确要求，并多次深入一线督促指导，推动工作落实。省委将安全生产纳入对省直单位和地方领导定期考核、设区市综治责任考评指标、文明城市（城区、县城）评比指标。省政府将安全生产工作和国务院安委会 2017 年度考核组指出的 4 个方面不足整改落实工作写入《政府工作报告》。各级安委会主任由政府主要领导担任，各级政府由担任本级党委常委的政府领导分管安全生产，其他领导按照“党政同责、一岗双责”要求抓好分管行业领域安全生产工作，各相关单位“一把手”担任安委会成员。

（二）推进安全生产领域改革发展

明确省、市、县三级安监部门为行政执法机构，明确在各有关部门“三定”规定中的安全生产职责。出台了《福建省党政领导干部安全生产责任制实施细则》《福建省消防安全责任制实施办法》《福建省电动自行车停车充电场所防火导则（试行）》等一系列政策制度，推动改革创新、依法治安。

（三）开展大检查和执法专项行动

2018 年 5—12 月，在全省组织开展安全生产大检查和执法专项行动，共执法检查 220821 家单位、场所，督促完成整改安全隐患 221092 项，实施行政处罚 40361 次，责令 841 家企业停产停业整顿，曝光典型违法违规企业 231 家。

（四）开展重点领域安全专项整治

紧盯道路交通、危险化学品、矿山、建筑施工、消防和海上安全等高危行业领域，开展重点行业领域安全专项整治，深入排查治理安全风险隐患。推行农村公路“路长制”和“乡村道专管员”制度，建成农村交通安全劝导站 10158 个。采取尾砂综合利用、销库、搬迁移民等措施完成 29 座尾矿库“头顶库”事故隐患治理任务。

（五）推进城市安全发展和农业农村安全监管

出台福建省《关于推进城市安全发展的实施意见》，加强城市建设运行风险管控，推进城市安全风险分级管控体系建设。全省乡镇、村居出台了“党政同责、一岗双责”的具体规定和工作机制，建成 16 个全国“平安农机”示范县、12 个全国“平安渔业”示范县。

（六）加强安全基础能力建设

建成危险化学品重大危险源监管平台、客渡船安全管理信息化系统，对危险化学品重大危险源和煤矿进行在线监测。开展全国“安全生产月”“海西安全发展行”和“安康杯”竞赛等系列活动，运用微信、微博等新媒体宣传安全生产法律法规和安全常识。全省 3.58 万家企业参加“安康杯”竞赛，11.8 万名“三项岗位人员”参加安全知识考核。

三、统筹推进防灾减灾救灾工作

2018 年，福建省主要经历了暴雨洪涝、风雹、台风等 23 次灾害过程。特别是第 8 号台风“玛莉亚”正面登陆福建，对全省造成严重影响。据各级民政部门上报统计，全省 9 个设区市和平潭综合实验区 84 个县（市、区）115.16 万人受灾，因灾死亡 5 人，紧急转移安置 24.59 万人，倒塌房屋 863 间，严重损坏房屋 2271 间，一般损坏房屋 36631 间，农作物受灾面积 80.26 千公顷，绝收面积 3.66 千公顷，直接经济损失 38.12 亿元。

（一）加强应急准备

出台了《福建省突发事件应对办法》《福建省救灾物资储备管理办法》，修订了 1.5 万多个行政村的防汛应急预案。开展防汛安全大检查，检查工程 1.90 万处，完成水毁修复工程 2560 处。落实省、市、县三级防汛抢险队伍 9630 支、26.42 万人，在 11029 个行政村开展危险区域群众转移演练，培训乡镇党政主官、村居主干以及各级防汛指挥长 2.05 万人。

（二）加强能力建设

全省 1 万多个行政村、7 万多户、23.8 万多人的乡村危险区域转移人员已完成建档立卡并实现动态管理，建成乡镇高清视频会商系统。推进地质灾害综合治理和避险移民搬迁工程，“十三五”以来，综合治理重大地质灾害隐患点共 122 处、近 8000 户，避险移民搬迁 9971 户。建成 204 个自然灾害避灾示范点，70 个市、县救灾物资储备库，58 个全国综合减灾示范社区，完成 145.6 公里的国省道灾防工程建设，气象部门建成“3 公里 ×3 公里”智能网格预报业务系统。

（三）救援及时有效

省防汛抗旱指挥部共启动应急响应 20 次，累计协调驻闽部队预置出动抢险兵力 2.15 万人次，调集抢险队伍 2.56 万人次、机械设备 0.68 万台（套），共转移群众 46.13 万人次、海上船只 3.27 万艘次。成功防御了第 8 号超强台风“玛莉亚”的正面袭击，全省实现了“不死人、少损失”。启动省级Ⅲ级自然灾害救助应急响应 1 次。下拨救灾资金 2000 万元，下达 2017—2018 年冬春救助资金 6000 万元，市、县两级配套安排冬春救助资金 1269.64 万元，救助受灾困难群众 26.43 万人。

第十四章　江西省应急管理工作

2018年，在江西省委、省政府坚强领导和应急管理部精心指导下，江西省坚持以习近平新时代中国特色社会主义思想为指引，深入学习贯彻习近平总书记关于应急管理重要论述，深化机构改革，狠抓安全防范，聚力减灾救灾，全省安全形势保持平稳。

一、机构改革工作

一是顺利组建挂牌。2018年11月3日，江西省应急管理厅挂牌成立。省委、省政府高度重视，省委书记刘奇专程赴应急管理部走访，对接机构改革事宜；省长易炼红走访省级新组建单位，第一站到省应急管理厅调研。

二是稳步推进转隶。从原省安监、应急、民政、林业、水利、国土等部门转入94人、转出4人，人员转隶全部到位。12月31日，省委“三定”规定印发，明确应急管理厅主要职责19项，内设机构21个，行政编制115名。

三是推动职能整合。初步理顺与自然资源、水利、林业、粮食和物资储备等部门的职责分工，省消防救援总队一名班子成员定期列席厅长办公会。强化职能融合和重塑，初步构建起防灾减灾救灾、指挥、救援、监管、保障等分工明晰的职能体系。

四是加快人员融合。坚持用党建引领融合，深入学习贯彻习近平总书记重要训词精神，扎实开展“大学习、大调研、大落实、大融合”活动；用制度促进融合，出台厅党组议事规则、厅工作规则等基础性制度；以实战推动融合，每次重大灾害应对，各处室（单位）整体联动、立体响应、并肩作战。

二、安全生产工作

2018年，全省发生各类生产安全事故2160起、死亡1333人，同比减少566起、298人，分别下降20.76%和18.27%。

一是强化责任落实。强化省安委会组成，省长任主任，所有副省长担任副主任；首次按行业领域设立12个安全专业委员会，分管副省长任第一主任。首次对全省各地开展巡查督导，首次对市、县两级政府开展年中综合考评。推广企业安全生产履职情况“一报告、双签字”制度。

二是强化依法治安。出台《江西省生产安全事故隐患排查治理办法》《关于推进城市安全发展的实施意见》等法规文件，金属非金属矿山有关安全标准获应急管理部批准发布。严格“四个一律”“五个一批”措施，取缔关闭非法企业515家，罚款1.77亿元，追究责任3191人。

三是强化专项整治。分“扫雷”“清零”和巩固提升3个阶段，在煤矿、非煤矿山、烟花爆竹、危化品、城市运行、交通运输、建设工程施工、消防、冶金、特种设备等行业领域，扎实开展“十大专项整治”，共辨识管控风险点39万余处，排查治理隐患134万余条。

四是强化安全防控。加强“双千示范工程”建设，确定标准化示范企业1487家、安全风险管控示范企业1533家；加强隐患排查治理体系建设，江西省安全生产监管信息系统线上注册企业1.24万家，企业自查登记隐患20万条；大力淘汰落后产能，煤矿关闭退出84处、退出产能423万吨；137家烟花爆竹生产企业签订退出协议。

五是强化基础工作。成立江西省安科院，启动省生产安全事故防范工程科技研发中心和安全风险监测预警管控中心建设；精心组织“安全生产月”、安全生产“七进”等活动，组织“三项岗位人员”考试9万余人次。

三、防灾减灾救灾工作

（一）加强防汛抗旱

全年平均降雨量1441毫米，比多年均值偏少12%，强降雨过程7次，导致195.3万人受灾，死亡4人，直接经济损失29.9亿元；干旱情况偏重，最严重时19.4万人、1.4万头大牲畜出现饮水困难，直接经济损失20亿元。一是坚持防汛抗旱两手抓。汛前完善预案方案，完成水毁修复，补充抢险物资，开展培训演练，全面排查隐患，以“一市一单”督促落实。结合汛旱形势，召开8次趋势会商，调度万安等水库30余次，及时发布枯水预警，先后启动防汛Ⅳ级、Ⅲ级应急响应，7个应急工作组和有关成员单位24小时集中办公，派出50个工作组，全力保障抗洪抢险和抗旱救灾。二是坚持群众提前转移。探索建立防御暴雨山洪提前转移联动机制，当预报未来24小时全省范围有区域性暴雨，结合气象部门逐6小时降雨落区预报，共发出提前转移群众警示信息12次。三是坚持常态化巡查。制定水库安全管理和度汛措施落实情况巡查督导方案，要求县级每年、市级每三年核查全覆盖，省级每年5%以上不定期督查。四是坚持规范化建设。先后修订、出台、印发《江西省实施〈中华人民共和国防洪法〉办法》《江西省入汛日期确定办法》《应急预案和度汛方案编制指南》等法规和文件，防汛抗旱工作更加规范。

（二）加强森林防灭火

全年发生森林火灾58起，过火面积896.37公顷，同比分别下降13%和48%，未发生重特大森林火灾。一是狠抓隐患排查。从12月起，集中5个月时间，开展森林火灾隐患排查整治“十查十看”活动。二是狠抓宣传培训。连续10年开展全省森林防火“平安春季行动”，扎实开展“森林防火宣传月”活动，累计发放宣传资料1.3万余份，开展宣讲60余场。三是狠抓基础设施。抚河流域东部和南昌市森林火灾高风险区综合治理等2个国家项目批复立项；2016年以来，下达省级生物防火林带补助资金建设任务9.64万亩，通过验收8.66万亩。四是狠抓队伍建设。印发《关于推进全省市县防火办规范化建设的实施意见》，22支专业森林消防队正规化建设通过省级考核验收。靖安航空护林直升机机场项目获得国家立项批复。

（三）加强地质和地震灾害防治

接到地质灾情险情报告161起，直接经济损失555万元，同比分别减少58.6%和70.3%。一是强化隐患排查。各地开展专业排查5450人次，排查地质灾害隐患点6.75万点次。二是强化预警响应。发布省、市、县三级地质灾害气象风险预警1554次，19人成功避灾。启动Ⅳ级应急响应48次，派出应急专家组346批次，对重要突发地质灾险情开展应急调查。三是强化灾害治理。争取中央特大型地质灾害防治专项补助资金2000万元，治理重要隐患点4处。地方投入治理资金16558.79万元，治理隐患点198处。四是强化培训演练。开展地质灾害防治科普宣传552次，组织专业培训2.5万人、应急演练139次。同时，从修订预案、责任考核、项目建设、工程防御等入手，不断提升震灾防治水平，有效应对寻乌3.0级、浮梁3.6级等有感地震事件，350个应急避难场所实现网上实时查询。

（四）加强减灾救灾

在全国率先将防灾减灾救灾工作及体制机制改革情况纳入市、县高质量发展考评体系。全年启动救灾应急响应5次，特别是针对7月上旬赣北赣东北严重洪涝灾情，争取应急管理部成立后首次启动国家救灾Ⅳ级应急响应。争取中央冬春救助资金3.99亿元，创历史新高。修订《江西省自然灾害生活救助资金管理办法》，大幅提高自然灾害救助标准。完成1059户因灾倒房重建工作，铺开农村住房保险工作。推荐命名全国综合减灾示范社区56个，命名全省示范社区110个、示范乡镇10个、示范县2个。

四、应急能力建设工作

一是健全应急指挥体系。初步整合省级综合应急指挥平台和森林防火、防汛抗旱、防灾减灾、地质灾害、地震、安全生产“1+6”应急指挥平台。严格执行领导干部带班、双线24小时值班制度，始终保持应急状态。

二是壮大应急力量体系。全省有综合性消防救援队伍1.2万余人；省级矿山、危化品、油气输送管道等专业救援队伍16支670余人，兼职隧道施工应急救援队19支；县级专业森林消防队108支；社会救援队伍100余支。

三是完善应急预案体系。累计制修订应急预案17万余个，横向到边、纵向到底的应急预案体系基本形成。地方开展各类演练300余次，省直部门开展专项演练30多次。

四是夯实基础保障体系。统筹推进省、市、县三级应急管理信息化建设；稳步建设航空应急救援体系“两个基地、一个实验室”；加强新闻宣传和舆情应对。经过努力，向统一领导、权责一致、权威高效的应急能力体系建设迈出坚实步伐。

第十五章 山东省应急管理工作

一、统筹推进机构改革

2018年10月30日，山东省应急管理厅挂牌成立，整合了13个方面的职能，涉及6个部门的转隶人员全部到位并开展工作。根据《山东省省级机构改革的实施意见》，整合山东省安全生产监督管理局的职责，有关部门的应急管理、消防管理、救灾、地质灾害防治、水旱灾害防治、森林防火、海洋灾害预警报、防灾减灾、草原（地）防火相关职责，以及山东省政府防汛抗旱总指挥部、省减灾委员会、省抗震救灾指挥部、省政府森林防火与林业有害生物防控总指挥部的有关职责，组建山东省应急管理厅，作为山东省政府组成部门。

二、扎实做好安全生产工作

2018年，全省实现事故总量和较大事故“双下降”。一是事故总量继续下降，全省共发生各类生产安全事故950起、死亡1113人，同比分别下降14.9%和14.8%。二是较大事故继续下降，发生较大事故20起、死亡100人，同比分别下降37.5%和29.1%。发生重大事故1起、死亡21人。

（一）深化安全生产领域改革

省委、省政府制定出台了《关于深入推进安全生产领域改革发展的实施意见》《山东省实施〈地方党政领导干部安全生产责任制规定〉细则》《中央驻鲁单位安全生产责任规定》，进一步明确了各级党政领导干部、中央驻鲁单位和属地、部门、企业的安全生产责任。充实加强了省政府安委会力量，省委副书记、政法委书记、宣传部部长、秘书长等省委常委担任副主任，各副省长担任副主任。同时，省政府安委会在公路水路运输、煤矿等重点行业领域设立了16个专业委员会。完成了17个市政府安全生产巡查工作。2017年度安全生产工作考核将8个县级政府纳入重点关注对象，并约谈了县政府负责人。对发生的每起较大事故全部挂牌督办，督促当地政府依法依规严肃追究相关责任人的责任。

（二）全力做好重要时期和重点行业领域安全生产专项整治

全力做好上合组织青岛峰会等重要时期安全生产工作。建立了安全生产重点管控企业、重点监控风险点、重大事故隐患、暂时停产企业“四个清单”，向企业派驻部门和属地监管人员及安全专家。各行业领域按照一行业一办法、一领域一重点，全面排查整治各类安全隐患。2018年，共组织检查组55万个，出动人员258.3万人次，排查企业178万家，排查整改一般隐患221.5万项、重大隐患435项。深入推进危险化学品安全综合治理和化工产业安全生产转型升级。6094家化工生产企业和860家危险化学品仓储、经营企业全部完成评级评价，718家危险化学品运输企业完成评级。完成85家化工园区和专业化工园区认定工作，确定危险化学品搬迁企业37家，加快搬迁改造。

深入推进非煤矿山转型升级。全省625家生产矿山全部完成了四评级工作，252家总评级为“中”和“差”的矿山整改完毕。56家存在采空区的地下矿山和49座尾矿库“头顶库”完成治理任务。深刻吸取龙郓煤业有限公司“10·20”重大冲击地压事故教训，迅速开展煤矿、非煤矿山等行业领域安全生产专项整治。在烟花爆竹、危险化学品、矿山、建筑等8个领域开展了“打非”工作。

（三）强力推进依法治安，倒逼企业落实安全生产主体责任

配合省人大常委会组织开展了《安全生产法》《山东省安全生产条例》落实情况执法检查和专题询问。持续深入开展安全生产隐患大排查、快整治、严执法集中行动，组织开展了全国“两会”期间驻市执法检查、护城河城市异地执法检查和全省风险隐患双重预防体系集中执法检查。2018年，全省共开展企业安全生产执法检查97.6万家次，停业整顿停止建设5350家，暂扣吊销证照或证书5782次，提请关闭140家，拘留1086人，罚款5.97亿元。

（四）大力推进安全风险分级管控和隐患排查治理双重预防体系建设

制定出台了164个地方标准，建立10个行业71个门类的标准体系。选树了6800余家省、市、县三级标杆企业先行先试，开展了153期现场观摩培训活动，培训骨干23517人次。初步开发建成省级风险隐患信息平台，已有2.93万家企业纳入平台管理，实施企业体系建设情况网上信息巡查和监管。全省有6165家高危企业和14326家规模以上企业初步建设并运行了风险隐患双重预防体系，共排查各类风险点202.2万个，消除隐患33.5万处。

（五）强化安全生产基础工作

建立了企业全员培训信息平台，2018年，培训考核企业主要负责人、安全管理人员、特种作业人员37.7余万人。举办了全省加强生产安全事故预防、应急处置、舆情应对专题研讨培训班。深入开展“机械化换人、自动化减人”科技行动。省级专业救援中心投入4000余万元，加强救援装备建设。举办了全省首届安全生产应急救援技能竞赛。组织开展“平安校园”“查身边隐患、保职工安全、促企业发展”“家人叮咛促安全”“青年安全生产示范岗”等群众性安全生产共建共享活动。开展高危行业强制实施安全生产责任保险试点，3.4万余家高危行业企业参保。

三、全方位推进防灾减灾救灾工作

（一）防灾减灾

出台了《关于推进防灾减灾救灾体制机制改革的实施意见》，要求各级政府建立健全统一的防灾减灾救灾领导机构，确定了分级负责，属地管理为主的灾害管理体制。研究起草了关于加强自然灾害防治工作的实施意见。持续推进全省综合减灾示范创建工作，初步形成了国家级、省级、市级综合减灾示范社区和综合减灾示范县“3+1”联创联建工作模式，青岛、烟台、潍坊等市建立了综合减灾示范社区奖励补贴制度。正式命名第一批12个“山东省综合减灾示范县（市、区）”。积极组织开展“全国防灾减灾日”宣传教育活动。全省各级各部门组织开展了多层次、多形式的防灾减灾宣传教育和应急演练活动。组织各地开展以防灾减灾为主题的科普宣传、普法宣传、图片展览、避险自救互救技能、应急队伍和装备展示等省级层面主场宣传教育活动。通过防灾减灾“五进”活动、政府购买服务、开展“请

进来、走出去”活动，将防灾减灾作为安全教育纳入地方中小学课程等灵活多样的宣教活动，将宣传教育融入日常，提升公众的防灾减灾意识和避险技能。开发建设了“山东减灾网”，同时充分利用新媒体技术，搭建防灾减灾宣传教育平台，及时发送预警信息，持续宣传普及防灾减灾知识。全省已建设综合防灾减灾宣传教育基地150多处，并通过在各类民生服务大厅、各村（居）委会、学校等场所设置固定宣传栏等方式开展日常防灾减灾知识宣传。

（二）应急救灾

完善救灾捐赠工作机制，由各级党委、政府主导向党委、政府领导、社会组织主导转变。扎实推进受灾困难群众冬春救助工作，完成受灾群众过渡期生活救助1.8万人，发放救助资金1978万元、棉被3.9万床、棉衣2.7万件。争取中央救灾资金1亿元，及时做好受灾群众保障工作。做好5个区域性综合应急救援中心规划建设工作。规划建设省应急救援指挥中心和应急管理信息化系统，列入基本建设重点项目。与上海金汇通用航空股份公司山东分公司签订了应急救援协议，在济南市选定了10个直升机起降点，确定济青高速北线济南零点服务区为专用乘机起降点。对各市、县和重点化工园区建设停机坪作出安排。在济南、淄博市开展了城市消防、危险化学品事故综合应急演练。

（三）地质灾害防治

注重基层地质灾害防御能力建设，严格落实地质灾害防治任务，连续12年维持零伤亡、财产低损失，地质灾害防治成效显著。2018年，全省共发生地质灾害7起，其中崩塌3起、滑坡3起、采空塌陷1起；1起规模为中型，其他均为小型，灾害共造成直接经济损失272万元，未出现重大地质灾害事件。汛期，全省7000余人参与群测群防工作。在临沂、潍坊、莱芜等地新布设省级地质灾害专业监测点9处，累计建立省级专业监测点83处，对高风险隐患点实施自动化监测预警，打造“人防＋技防”保障体系。治理和搬迁避让工作稳步推进，投入省级专项资金1000万元，选取39处危险性大、威胁人口众多的隐患点进行详细勘察，为后续开展地质灾害防治工程做好前期准备。泰安、济南将地质灾害治理与“泰山区域山水林田湖草生态保护修复试点工程”结合；烟台市先后补助搬迁避让资金1100万元，各相关县（市、区）配套资金5亿余元，用于搬迁避让主体房屋建设。汛期应急措施落实到位。自6月1日起，在省地质环境监测总站设立总值班室，实行24小时值班制度，实施双人双岗、领导带班、灾情每日零报告制度。积极做好地质灾害防治工作。17号台风“温比亚”过境对山东省形成灾害后，组织各市对隐患点进行再排查，组织对济南、青岛、淄博等11个重点市、27个县（市、区）、80余处地质灾害隐患点开展检查督导，向受灾最严重的潍坊市派驻专家组，驻点提供地质灾害防治技术服务，协助潍坊市对安丘、临朐、青州、高密等县（市）开展地质灾害隐患点再排查。全省共排查地质灾害隐患点2161处，对排查出的灾情险情采取了紧急避让等应急处理措施。

（四）水旱灾害防治

全省范围发生5场强降雨过程，4次台风影响山东省，部分流域发生较大洪水，局部地区出现了较为严重的洪涝灾害。汛前结合全面推行河长制和湖长制，调整充实省、市、县、乡各级防汛抗旱行政责任人和防汛抗旱指挥部成员，全面落实大型及重点中型水库、骨干河道及湖泊、主要蓄滞洪区、重点防洪城市等3958名防汛抗旱责任人。及时会商研判，适时发布预警响应，汛期省防汛抗旱总指挥部多次下发通知，对台风防御、强降雨防范、工程运行、山洪灾害防御等工作超前部署，要求各级防汛工作关口前移，做好抗洪抢险准备。局部地区发生春旱和夏旱，部分地区出现因旱临时性饮水困难。加强了对地表水、地下水、外调水和非常规水源实行统一调度，合理调配现有水资源。加大资金投入，因地制宜推进应急水源工程建设，全省累计完成投资278亿元，开展应急打井、渠道维修、修建引水、调水、提水设施，为抗旱工作提供供水保障。

（五）森林防火

省政府先后与全省17市政府签订森林防火目标责任状，明确目标要求和工作责任。制定了《森林防火工作约谈制度》，组织开展“打击违法用火，严控野外火源”专项行动，开发了齐鲁风云、智慧天眼软件，利用风云2号卫星和葵花8号卫星每10分钟一次不间断扫描定位山东省全域森林火灾热点信息。

第十六章　河南省应急管理工作

一、机构改革情况

河南省应急管理厅于2018年11月29日挂牌成立，由原省安全生产监督管理局、省政府应急办、民政厅救灾、原国土资源厅地质灾害防治、省水利厅水旱灾害防治、省农业厅草原防灭火、省林业厅森林防火等单位的人员整合组建而成。内设17个处室和政治部、机关党委。厅机关行政编制223名，实有人数168人，下属5个二级事业单位人数103人，全厅含事业单位人数共计271人。

二、重点工作情况

河南省按照应急管理部和省委、省政府工作部署要求，抓住应急管理机构改革机遇，全面对标对表高质量发展要求，坚持边应急、边建设、边工作，各项工作取得了积极进展。2018年，发生各类生产经营性伤亡事故1074起、死亡735人，同比分别下降18.88%和17.51%，事故总量从全国第15位降到全国第20位，降幅分别比全国平均水平高12.38个百分点和8.91个百分点。其中，较大事故19起、死亡79人，同比减少7起、18人，分别下降26.92%和18.56%；重大事故1起、死亡11人，同比减少1起、13人，分别下降50.00%和54.17%。

（一）提高政治站位，推进全面从严治党

一是强化党章党规党纪意识。狠抓《中国共产党章程》《中国共产党纪律处分条例》学习贯彻，组织开展“主题党日”，通过领导班子领学、党员干部自学、支部集中学习、专家专题辅导等形式，不断提高党员干部党章党规党纪意识，切实以实际行动尊崇党章、遵守党章、维护党章。二是认真落实巡视整改任务。对照中央巡视组反馈的问题主动对号入座，对48项整改措施建立台账，持续用力抓整改，并组织开展支部政治巡查，推动形成工作长效机制。三是加强意识形态阵地管理。全面落实意识形态工作责任制，组织制定了《中央意识形态工作责任制巡视检查反馈意见整改工作方案》，切实抓好意识形态领域工作和巡视反馈意见整改落实，牢牢把握意识形态领域主动权。

（二）强化建章立制，严肃党内政治生活

一是健全各项制度。制定完善《党组议事规则》《党组中心组学习制度》等8项制度规定，修订完善依法行政、党风廉政等9个方面54项内部管理制度。二是落实民主集中制。进一步完善党组内部议事和决策机制，重要情况在党组会议上通报，重要会议精神在党组会议上及时传达，“三重一大”事项在党组会议上研究决定。三是加强支部建设。严格贯彻《中国共产党支部条例（试行）》，加强党支部书记、支部委员教育培训，推进党支部规范化、标准化建设，切实强化党支部的政治功能。四是规范组织生活。严格落实《关于新形势下党内政治生活的若干准则》，认真执行“三会一课”和领导干部

双重组织生活制度，开好党组民主生活会和支部组织生活会，年中和年末两次对支部落实组织生活制度情况进行专项督查。党组书记全年讲党课2次，党组成员均以普通党员身份积极参加所在支部组织生活。五是做好统战工作。将统一战线工作纳入党组工作要点，最大限度调动党外人士工作的积极性、主动性、创造性。落实宗教工作主体责任，严查党员干部参加宗教等行为。同时，加强工会、共青团、妇联建设，充分发挥群众组织的作用。

（三）加强党员教育，发挥先锋模范作用

一是强化党员干部队伍建设。把从严治党要求贯穿到党员发展、教育、管理、监督的各个环节，建立健全激励引导和关怀帮扶机制，建设忠诚干净担当的党员干部队伍。不断完善选人用人机制，在全厅全系统形成大家齐心协力，人人干事创业的良好局面。二是开展精神文明创建。开展“文明处室、文明家庭、文明个人”推荐评选活动，组建了足球、篮球、乒乓球等运动团队，开展义务植树、义务献血、学雷锋党员志愿服务等系列活动，积极参加省直各项活动竞赛，丰富干部职工文化生活，培育和践行社会主义核心价值观。三是助力推进脱贫攻坚。坚持每月一名厅级干部驻村入户，定期组织处级干部、支部书记结对帮扶，组织女性党员为贫困户儿童当“爱心妈妈”，协调资金为对口扶贫点解决集体产业项目、吃水困难等实际问题。

（四）贯彻中央规定，党政领导安全责任得到压实

深入学习贯彻中央《地方党政领导干部安全生产责任制规定》及本省实施细则，组织开展两轮安全生产对话谈心，18个省辖市和158个县（市、区），全部由党政主要领导担任安委会主任，常务副市（县）长分管安全，洛阳市、许昌市、周口市、信阳市和济源市实行市委书记和市长安委会“双主任”制，各级党政领导干部安全生产责任进一步压实，党政同责、一岗双责、齐抓共管的格局全面形成。

（五）深化源头治理，风险隐患双重预防全面启动

在全国率先以地方标准形式出台《企业安全风险辨识评估规范》《区域安全风险辨识评估规范》等标准规范，以省政府名义下发双重预防体系建设行动方案，建立周调度、月推进、季讲评推进机制，将风险隐患录入省综合监管平台，着力构建线上线下相结合的智能化监管新模式。25个行业领域双重预防全面启动，全省危险化学品企业双重预防开展率97%，284处非煤矿山全部完成双重预防体系建设任务。

（六）加快转型执法，安全监管执法力度明显加大

积极推进“放管服”“三级十同”改革，组织修订《河南省安全生产条例》，研究出台城市安全发展实施意见。坚持运用法治思维和法治方式推动工作，强力推进执法机关转型，组织对省、市、县执法计划三级对接，对执法情况实行半月调度、月度通报，全面实施照单检查，对问题隐患整改实施跟踪问效，全系统执法数量、覆盖率和行政处罚量明显提高。

（七）实施综合治理，重点领域整治取得积极进展

将防范遏制重特大事故作为重中之重，聚焦重点行业领域实施综合治理。对需搬迁改造的73家城区化工企业分类施策，明确就地改造企业3家、异地迁建45家、关闭退出25家。完成了36个矿山系统、76座尾矿库安全评估；建立豫

晋陕跨省联合执法机制，小秦岭地区累计取缔封闭非法坑口 1419 个，临时封堵坑口 64 个，矿业秩序极大改善。指导协同相关部门做好煤矿、建筑施工、交通运输等专项整治，各相关领域事故多发苗头得到及时遏制。

（八）推进机构改革，确保改革期间工作平稳有序

将保障机构改革期间安全稳定、确保机构改革期间安全稳定作为政治任务，4 月开始调研谋划应急管理体制改革问题，成立调整职能机构编制人员、过渡磨合期工作研究、资产后勤保障 3 个专业组，及时与组织、编办等部门对接。11 月 29 日，省应急管理厅挂牌组建后，立即全面进入应急状态，健全完善 8 类灾害三级响应方案，建立健全消防救援属地调度、地震灾害会商、军地抢险联动等工作机制，各项工作无缝衔接，职能划转和人员转隶平稳有序，确保改革期间思想不乱、队伍不散、工作不断、力度不减。

第十七章　湖北省应急管理工作

2018 年，湖北省各级党委、政府认真贯彻落实习近平总书记关于安全生产工作的重要指示批示精神，从组织领导、责任体系、监管体制、执法环境方面充分保障安全生产，践行党政同责。省委首次将安全生产改革纳入学习习近平总书记视察湖北重要讲话精神，推动习近平总书记重要指示批示贯彻落实情况专项督查内容，推动安全生产重要改革举措落地。公路安全生命防护“455 工程”多次得到国家主管部门肯定。企业重大风险辨识评估技术与管控体系研究成果填补国内空白。湖北省在省级人民政府安全生产工作责任目标考核中获得“优秀”等次。全年安全生产形势总体平稳，全省共发生生产安全亡人事故 1465 起、死亡 1590 人，同比分别下降 12.7% 和 12.5%；发生较大生产安全事故 20 起、死亡 71 人，同比分别下降 16.7% 和 22%。非煤矿山、道路运输、铁路运输以及农业机械事故起数及死亡人数“双下降”。渔业船舶领域零事故。化工行业（危险化学品）全年无重特大事故、较大事故发生，事故起数和死亡人数“双下降”，烟花爆竹领域继续保持零事故。

一、稳步推进机构改革

根据湖北省机构改革方案，省应急管理厅于 2018 年 11 月 13 日挂牌，并作为省政府组成部门。省应急管理厅整合了原省安全生产监督管理局的职责，省政府办公厅的应急管理职责，省公安厅的消防管理职责，省民政厅的救灾职责，相关部门的地质灾害防治、水旱灾害防治、草原防火、森林防火、震灾应急救援相关职责，以及防汛抗旱、减灾、抗震救灾、森林防火指挥部的职责。根据省“两办”印发的“三定”规定，省应急管理厅设厅长 1 名、副厅长 4 名，政治部主任 1 名，总工程师 1 名，核定内设机构 21 个，核定厅机关行政编制 138 名。

二、安全生产责任体系建设

省委、省政府率先践行党政同责，主要领导多次作出批示，主持会议研究部署安全生产工作。省直机构改革后，省长王晓东第一站就到省应急管理厅调研指导。省委组织部、原省安全生产监督管理局联合发文部署《地方党政领导干部安全生产责任制规定》宣传贯彻工作。省“两办”印发《湖北省地方党政领导干部安全生产责任制细则》。省政府办公厅发文调整了省安委会及其专业委员会和省长、副省长等 8 名领导同志安全生产联系点。11 个市（州）、近半数县（市、区）明确由常委分管安全生产工作，宜昌、黄冈、黄石、荆州、随州市“两办”制定印发安全生产“一票否决”实施办法。武汉、十堰等 8 个市（州）制定了专委会运行规则，咸宁市制定了专委会考核办法。化工企业、烟花爆竹生产经营企业在全国率先全面实行“一责双卡”（岗位安全生产责任制、岗位安全操作规程卡、岗位应急处置卡）管理。按照一个企业一个监管责任主体的原则，对 1662 家非煤矿山企业逐一明确安全监管部门。对煤矿安全实行政企包联责任制，对尾矿库安全监管实行“库长制”，三等以上尾矿库和“头顶库”由县、市、区政府分管领导担任“库长”。开展安全生产大约谈行动，省、市、县三级政府、安委会及相关执法执纪部门对1707家企业（单位）进行了约谈。

三、安全生产体制机制建设

把安全生产领域改革纳入对市（州）和相关部门年度安全生产责任目标考核内容，明确了23项重点改革任务及责任分工，选取乡镇（街道）安全生产监管规范化建设等6个重点项目，明确5个市（州）、4个县（市、区）、13家企业作为省级联系点，推动先行先试。安全生产专业委员会运行体制逐步完善，省级专委会由18个增加到19个，新增军工行业专委会，基本覆盖相关重点行业。全省17个市（州）均出台了安全生产领域改革发展实施意见。市、县监管执法体制进一步完善，大部分市（州）编制部门制定出台政策措施，全省安全生产监管执法力量净增150人以上。开展乡镇安全生产监管规范化建设，全省大部分地区在乡镇（街道）设立或明确了安全监管机构，落实了专兼职人员，荆州、咸宁、宜昌等基本实现全覆盖。

四、安全生产依法治理

省人大常委会组织开展《湖北省安全生产条例》实施一周年执法检查。省政府印发《湖北省铁路安全管理办法》《关于加强电梯质量安全工作的实施意见》。省安委办印发《关于建立与完善石油天然气管道保护长效机制的指导意见》。10项安全生产标准已通过立项或正在制定，其中《生产安全事故隐患排查治理标准编制与使用规范》《生产安全事故隐患排查治理体系建设与运行规范》两个地方标准正式发布，金属非金属矿产资源地质勘查单位安全生产标准化实施指南项目作为国家标准发布实施。

五、安全生产打非治违

对12个重点行业领域、5类非法行为、18类严重违法违规行为，开展为期一年的打击整治，全省共监督检查15.1万家次，责令4978家单位停产停业整顿，曝光或联合惩戒企业870家，关闭企业2442家，处罚罚款9849万余元，移送追究责任1106人。省安委会对42处重大隐患实行挂牌督办，开展4次打非治违督查。强化油气管道安全风险管控，对全省央企663处高后果区实行清单式管理。省安委会对大冶凌志碎石加工厂“5·29”事故等3起典型事故挂牌督办。强化事故警示教育，全省先后对118起典型事故开展警示教育，做到“一家出事故，万家受警示”。

六、重点行业领域专项治理

全面停止审批各类煤矿开采、烟花爆竹生产项目，停止审批长江、汉江、清江沿线一公里范围内所有新建重化工项目，全面启动化工园区和集中区安全风险定量评估。开展非煤矿山风险分级管控与隐患排查治理双重预防机制建设试点工作，督促指导28家试点企业。开展全省煤矿安全再“体检”，对未开工煤矿制定“一矿一策”监管方案。积极推动落后产能关停退出，全年关闭煤矿101家，全省煤矿数量压减到29家。关闭不具备安全生产条件金属与非金属矿山162家，实现了全省非煤矿山总数下降5%的目标。9家烟花爆竹生产企业实现退出，全省生产企业总数由52家下降到20家。推进尾矿库综合治理、城镇人口密集区和沿江危险化学品生产企业搬迁改造工作，全省尾矿库由2017年底的271座减少到2018年底的203座，其中“头顶库”由71座减少到55座，确定148家搬迁改造危险化学品生产企业名单，其中39家企业在年内实施搬迁改造。公路安全生命防护“455工程”建设向农村推进，全年完成公路安防工程2.7万公里。“两客一危”车辆4G动态视频监控系统建设延伸到农村客运车辆，全省2万余台农村客运车辆可实现4G动态视频监控全覆盖。道路交通第三方监测服务平台建成运行。

七、安全生产基础建设

积极争取国家财政支持，按每个县（市、区）38万元的标准，为99个县（市、区）应急管理部门配备了监管执法基础装备。争取省级专项资金6000万元，采取以奖代补方式，对25个科技项目和23个隐患排查治理项目给予支持。制定实施《安全生产信息化三年规划（2018—2020年）》，构建全省安全生产“一张图一张网”，湖北省安全生产综合信息平台及蓝信APP已上线试运行。完成危险化学品重大危险源在线抽查系统建设试点，实现对全省部分化工园区及企业实时监控。武汉市成立全国交警系统首个道路交通安全风险防控中心。典型爆炸性粉尘在线监测系统等3个项目通过国家专家评审。民爆物品管理信息系统按照“一张图一张表”要求，对716座储存库实行动态管理。国家危险化学品应急救援武汉基地项目正式开工建设。963333电梯应急处置平台正式运行，建成省移动式承压罐车、大型游乐设施、客运索道应急救援基地。全省推进安全生产标准化建设工作，在有效期内的达标企业4560家，其中一级企业7家，二级企业524家。创建国家级“平安农机”示范县30个，“平安渔业示范县”6个。省安委办每月在《湖北日报》分别刊发安全生产和职业卫生宣传专版，在湖北电视台《聚焦安监》栏目先后播出70期专题报道，频率超过历年。

第十八章　湖南省应急管理工作

2018年，湖南省坚持以习近平新时代中国特色社会主义思想为指导，深入贯彻落实党中央、国务院关于应急管理决策部署，在省委、省政府的坚强领导和应急管理部的精心指导下，各项工作取得了新成效。安全生产方面，全年全省发生各类生产经营性安全事故639起（含受伤事故112起）、死亡649人、受伤359人，同比分别下降38.8%、25.1%和61.4%，直接经济损失30733.11万元，同比上升2.7%。除发生“6·29”省外过境车辆重大道路交通事故外，全省安全生产形势稳定趋好。自然灾害方面，全年各类自然灾害共造成700.5万人受灾，因灾死亡25人，紧急转移安置和需紧急生活救助1.44万人，倒塌和严重损坏房屋2889户7117间，直接经济损失64.8亿元。

一、蹄疾步稳推进机构改革

按照“对标中央、上下贯通”的原则，完成了“三定”规定草案，向省委机构改革领导小组报审。多次向省领导、省委深化改革领导小组办公室汇报机构改革进展，致力于构建统一、权威、高效的应急管理体制机制，扛起“救民于水火、助民于危难”重大职责，请求足额核定人员编制、配齐配强领导职数。省委书记杜家毫、省长许达哲专门就省应急管理厅改革作出批示，分管省领导3次就改革工作开展调研。截至年底，已完成原省安全生产监督管理局、省煤炭管理局、省民政厅、省林业厅等部门183名人员转隶及相关职责职能承接，完成原省安全生产监督管理局职安处5名人员编制成建制转隶省卫健委。湖南省应急管理厅始终秉持政治建厅原则，深入动员广大干部职工在统一思想、提高认识、达成共识上下功夫，确定了“12345”工作思路，即保持“一种应急状态”，坚持机构改革和安全生产“两手抓、两促进”，紧盯“三大目标”，做到“四个始终坚持”，抓好“五项重点工作”，以此统一大家思想、凝聚共识和力量，确保各项工作有力有序有效推进。

二、牢牢守住安全生产基本盘

一是推动责任落实。颁布实施《湖南省党政领导干部安全生产责任制实施细则》和责任清单，组建9个安全生产专业委员会，制定安委会工作规则，紧抓各级党政领导干部和部门监管责任落实。贯彻落实《湖南省生产经营单位安全生产主体责任制规定》，借鉴党风廉政建设“抓关键少数”等经验做法，组织对企业主要负责人知识抽考。同时，强化督查督办和责任追究，全省因事故先期问责30人，司法机关立案追究刑事责任21人，监察机关立案追究党纪政纪和组织处理140人。二是严格监管执法。持续开展“落实企业主体责任年”活动、“强执法防事故”行动，坚持月调度、月通报、月排名，推动全省上下形成高压严管态势。截至年底，市、县两级应急管理部门累计实施行政处罚29182件，同比增长857.33%，处罚金额17095.58万元，同比增长114.79%。

三是全力治本攻坚。全年关闭退出煤矿87处，提前两年超额完成煤炭去产能目标任务。全面完成烟花爆竹生产企业关闭退出任务。关闭退出与煤共（伴）生矿山，开展尾矿库专项治理，实现全省危、险、病库清零。强力推进危险化学品综合治理和烟花爆竹整顿治理，建立危险化学品登记档案和安全风险分级、分布档案。开展危险化学品企业“全面诊断”，出台城镇人口密集区危险化学品企业搬迁改造方案。四是加强基层基础。会同省委宣传部、工会、妇联、团委等建立了应急管理大宣传格局，形成了省级电视、广播、网络、自媒体联动的大宣传机制。着力提升应急管理干部队伍业务素质能力，年内举办1期市（州）、县（市、区）安监局局长专题培训班，13期安监干部业务培训班。积极推动烟花爆竹“自动化换人、机械化减人”，投入7000余万元研发推广机械化、自动化生产设备，12条组合烟花自动化生产线建成投产，30余种新设备推广应用。4个县（区）、39个乡镇（街道）经考核验收为省级安全生产示范县（区），全省累计创建安全生产示范县（区）18个、安全生产示范乡镇（街道）585个。

三、高效有序应对自然灾害

一是积极应对雨雪冰冻灾害。2018年12月底严重雨雪冰冻灾害期间，迅即启动省级Ⅳ级救灾应急响应，实行厅领导和总值班室24小时不间断值班制度，加强值班备勤力量、每日调度会商，有力保障了岁末年初灾区群众基本生活和社会稳定，交出了首张“大考”合格答卷。二是扎实开展冬春救助工作。指派3个工作组到6个市（州）、18个县（市、区）开展冬春救助需求核查，进一步摸清底数现状。争取国家下拨湖南省冬春救助资金2.242亿元，协调安排省本级配套资金1343.8万元，专项支出300万元用于受灾困难群众生活慰问，同时采购1000万元的御寒棉被和棉大衣，下拨救灾棉被2.7万床，棉大衣2.5万件，确保受灾困难群众温暖过冬。三是严格规范灾害救助工作。出台《湖南省实施〈自然灾害救助条例〉办法》，印发《湖南省防灾减灾救灾年度重点工作任务及目标责任安排（2018—2020）》《关于受灾地区临时集中安置点规范化建设的指导意见》《湖南省自然灾害灾情统计、会商及发布办法（修订）》等文件，明确防灾减灾救灾工作重点任务，提升灾害救助规范化水平，健全完善灾情统计、发布会商机制。

四、稳步提升应急保障能力

一是坚持问题导向抓组建。厅领导带队分赴职能划转部门进行走访座谈，并抽调精干力量组成改革办开展全面梳理，摸清相关涉改部门职能职责和目前的工作现状，有针对性制定相关职责承接方案和措施。二是坚持目标导向搞调研。组织“强管理、能应急”大调研活动，聚焦应急管理工作热点、难点问题设置调研课题12个，共梳理出问题102个，找出问题原因106个，提出解决措施196条。三是坚持预案先行抓演练。开展《湖南省安全生产事故应急预案》等重点预案的修订工作，推动中央在湘、省直企业以及高危企业预案编制及备案。在岳阳市开展化工产业园区危险化学品事故综合应急演练，示范引领推动全省各地各领域各层次应急预案演练。四是坚持科技引领建平台。制定出台《湖南省安全生产应急平台体系总体规划方案》和《湖南省安全生产应急平台建设指导意见》，完成平台建设顶层设计。初步建成覆盖全省的应急指挥调度信息化平台，实现了多项信息数据互联互通。

五、应急队伍建设成效明显

一是深入学习习近平总书记关于应急管理重要论述。全年召开12次党组会议，7次安排了习近平总书记重要论述和训词精神的学习。同时，提请省委、省政府将此项学习纳入各级党政领导干部安全生产培训、党委（党组）中心组学习重要内容，并把各地学习贯彻情况纳入安全生产年度考核内容。二是深入开展“两学一做”学习教育。厅党组理论学习中心组全年开展14次集体学习和专题研讨，着力加强思想武装。深入开展支部标准化建设，打造应急管理战斗堡垒，“三会一课”实现常态化，厅领导班子成员坚持以普通党员身份参加支部各项活动。全年副处级以上干部讲党课40余次，各党支部组织党员开展学习讨论160余次。三是深入开展作风纪律建设。扎实开展违反中央八项规定精神突出问题专项治理工作和纠“四风”治陋习树新风专项活动，层层签订从严治党责任书，加强执纪监督检查，对违纪违规行为零容忍，对失职失责行为严追究，全年有4名干部被给予党内警告处分或严重警告处分，8名干部被诫勉谈话。

第十九章　广东省应急管理工作

一、机构改革

根据《广东省机构改革方案》，整合原省安全生产监督管理局的职责，省政府办公厅的应急管理职责，省民政厅的救灾职责，原省国土资源厅的地质灾害防治相关职责，原省林业厅的森林防火职责，原省安全生产应急指挥中心的应急救援相关职责，省公安厅的消防管理职责，以及省防汛防旱防风总指挥部办公室、省减灾委员会、省抗震救灾指挥部、省森林防火指挥部等相关职责，组建广东省应急管理厅，为省政府组成部门。省应急管理厅于 2018 年 10 月 27 日挂牌成立，标志着全省应急管理工作进入了一个全新的时期。

二、安全生产监督管理

（一）安全生产概况

2018 年，广东省安全生产形势进一步稳定好转，全省共发生生产安全事故 6153 起、死亡 3345 人，同比分别下降 13.5% 和 10.2%，事故总量和死亡人数连续 17 年下降，较大事故起数和死亡人数同比分别下降 25% 和 16.5%。

（二）安全生产责任制

2018 年，持续推动落实安全生产责任，率先实现省、市、县、镇四级由政府常务副职分管安全生产工作，负有安全监管职责部门由领导班子副职中排名首位的分管安全生产工作，全省 21 个地市和省大部分单位落实到位。强化安全生产考核和问责，通报 2017 年度省安全生产责任制考核结果，分管副省长约谈考核排名靠后的 3 个地市和 1 个省直部门；制定印发《安全生产约谈办法》，6 次组织约谈事故多发、隐患问题突出的地市和部门。加强重大事故隐患整治，省安委会直接挂牌督办重大事故隐患 25 个，省教育、国土、公安交管、消防等部门挂牌督办各自行业领域重大隐患 13 个，各地市挂牌督办 145 个，合力治理重大事故隐患。推进重点行业领域安全生产专项整治行动。

（三）安全监管执法能力建设

加强基层监管力量建设，推动珠三角地区镇（街）和粤东西北地区的中心镇（街）单独设立安全生产监管所（局），在全省建立了一支 1.6 万余人的镇（街）、园区专职安全生产监督检查员队伍，在广州、深圳、佛山、东莞等地推进建立村（居）安全生产巡查员队伍。

（四）安全生产法治建设

2018 年，广东省应急管理厅牵头组织制定了《广东省铁路安全管理条例》，依法加强铁路安全管理。制定出台地方性标准《安全生产检查督查规范》和《广东省安全生产监督管理局关于全面落实工矿企业全员安全生产责任制的指导意见》等系列规范性文件。编制《安全生产执法监察标准化建设基本规范》，推动全省 20 个地级以上市和 82 个县（市、区）安全监管局通过了执法监察标准化达标验收。创新法治宣传教育，开展独具区域特色的“粤港澳安全知识竞赛”“安全生产月”等活动。

（五）安全风险管控

全面开展城市安全风险点、危险源排查整治专项行动，通过深入排查、辨识、评估，分类分级建立起全省各行业领域风险点危险源“一张图”信息系统。截至2018年底，全省排查出各类安全风险约4.5万个，其中，红色风险约660个，橙色风险约3600个；强化重大安全风险管控，对一些可能引发高风险的重大隐患采取一切可行措施攻坚解决，对一些整改无望或者风险难以降低的落实关闭取缔等措施。省安委会及省教育、自然资源、公安交管、消防等部门（单位）直接挂牌督办的重大事故隐患38个，各地市挂牌督办的重大事故隐患145个，合力治理了一批重大事故隐患。

（六）安全生产基础保障能力建设

2018年，省政府投入省级专项资金1.1亿元专用于支持安全生产基础工作，引导各地和企业自筹资金投入安全生产技术改造、风险管控和隐患整改等。持续完善省、市两级安全生产专家库，在珠三角部分地区探索建立安全生产顾问等制度，鼓励和引导企业购买运用安全生产管理和技术。将企业安全生产纳入“广东信用网”，对发生事故的企业降低信用评级、限制市场准入。加强“12350”安全生产投诉举报平台建设，在省主流媒体连续播放安全生产宣传片，持续开展“粤港澳安全知识竞赛”，大力推行安全生产责任保险，营造全社会积极参与、共建共享的良好氛围。

三、森林防灭火

（一）森林火灾概况

2018年，全省发生森林火灾266起，过火面积1895公顷，其中火灾受害森林面积386公顷，森林火灾受害率0.04‰，火灾起数、火灾受害森林面积同比分别下降12%和47%，全年没有发生重大以上森林火灾和人员伤亡事故。

（二）森林防灭火能力建设

省应急管理厅在广州花都区成功举行森林消防“双盲”实战演习，全省大部分市、县（区）举办处置森林火灾演练，不断提高应急实战能力。2018年，共编制申报了5个森林火灾高风险区综合治理工程建设项目和广东省原中央苏区森林防火通信系统项目。抓好东西两翼森林防火通信系统项目建设，建成广东省森林防火综合指挥调度平台和护林员网格化信息管理平台，截至2018年底，全省已建成监控中心126个，前端视频监控点1490个。抓好广东省航空护林站、广东省广州省级森林防火物资储备库项目工程收尾和验收工作。推动惠州惠东、清远森林航空消防中心基地建设。2018年，共购置了520万元的森林防火装备，不断完善广东森林防火应急物资储备保障体系。

（三）森林防灭火应急处置

广东省各地严格实行全天24小时防火值班和领导带班制度。森林航空消防直升机和各地森林消防队伍靠前驻防，严阵以待，充分做好扑火救灾各项准备。10月30日，省应急管理厅首次跨市指挥调度直升机、专业队伍，成功协助珠海市扑灭板嶂山森林火灾。2018年，全省累计租用森林航空消防直升机16架（春季8架、秋冬季8架），主要以梅县机场、罗定机场、河源市公安局临江基地、韶关基地为作业点在全省范围内开展森林航空消防工作。全年累计飞行369架次737小时8分（其中，吊桶训练飞行128架次237小时55分钟，洒水1705桶；吊桶灭火飞行85架次157小时9分钟），安全高效扑救森林火灾41起，洒水554桶。

四、防灾减灾救灾

（一）自然灾情概况

2018年，全省遭受暴雨洪涝、风雹、台风、低温冷冻等自然灾害袭击，全省累计受灾人口675.77万人次，因灾死亡26人，失踪5人，紧急转移安置161.03万人次；倒塌房屋0.36万间，严重损坏房屋0.28万间，一般损坏房屋0.42万间；累计农作物受灾面积54.90万公顷，其中，绝收面积2.72万公顷；直接经济损失258.61亿元。全省成功预报地质灾害21起，避免人员伤亡533人。

（二）减灾救灾

全年共启动省级救灾预警响应9次、救灾应急响应8次，强化应急值守，及时收集、统计和上报灾情和救灾工作情况。国家减灾委、应急管理部针对广东灾情启动Ⅳ级救灾应急响应2次。深入一线指导救灾，全年组织安排47个工作组深入灾区靠前指挥，指导救灾工作。及时下拨救灾款物，全年下拨中央和省级自然灾害生活救助资金4.2亿元（其中，中央资金2.3亿，省级资金1.9亿），调拨衣被等折款约1400万元的省级救灾物资一批，帮助受灾地区做好灾害救助工作。组织各地开展查灾核灾、因灾倒损住房恢复重建、冬春生活救助等工作。实行重建进度通报制度，全省因灾"全倒户"1331户和因灾"严损户"1987户重建家园工作全面完成。

（三）防灾减灾救灾能力建设

省委、省政府于2018年1月22日出台《关于推进防灾减灾救灾体制机制改革的实施意见》，进一步健全防灾减灾救灾体制机制，提升防御自然灾害综合防范能力。完善自然灾害监测预警预报系统建设，初步建成由天、空、地相结合覆盖全省的综合气象观测系统和极端天气气候事件监测系统，建成省、市、县三级突发事件预警信息发布平台等系统。加强自然灾害工程防御能力，乐昌峡水利枢纽、北江大堤加固达标工程、珠三角地区五大堤围加固达标工程等重大防洪工程相继建成，实现了"珠三角地区地质灾害隐患点搬迁和治理每年比例不低于15%、粤东西北地区每年不低于10%"的目标要求。建立自然灾害应急处置机制，推行"省市互动、以市为主"的重特大突发事件处置机制和统一高效的现场指挥官制度。提升基层防灾减灾能力，截至2018年底，全省共创建1031个全国综合减灾示范社区，成功创建深圳、阳江2个首批国家级防震减灾示范城市，创建102个国家级防震减灾示范社区、221个省级防震减灾示范社区、28个市级防震减灾示范社区。建成281个救灾物资储备仓库，仓储总面积达6.74万平方米，实现灾情发生后5~8小时内将救灾物资运送至灾区。积极开展"全国防灾减灾日"和"国际减灾日"等主题活动。全省政策性农房保险基本实现全覆盖，累计为1100余万农民提供1200余亿元风险保障（户均1.1万元）。

第二十章　广西壮族自治区应急管理工作

一、应急管理机构成立

根据广西壮族自治区党委、政府机构改革的要求，广西壮族自治区应急管理厅于 2018 年 11 月 13 日挂牌成立，11 月下旬完成机构职责划转和人员转隶工作并实现集中办公。广西壮族自治区应急管理厅将原自治区安全生产监督管理局的职责，自治区政府办公厅的应急管理职责，自治区民政厅的救灾职责，自治区国土资源厅的地质灾害防治、自治区水利厅的水旱灾害防治、自治区林业厅的森林防火等相关职责，自治区防汛抗旱防风、减灾、抗震救灾、森林防火等指挥部（委员会）的职责等整合，作为自治区政府组成部门。

自治区应急管理厅内设 19 个处室，有行政人员 84 人、事业人员 18 人。厅下属事业单位有广西安全工程职业技术学院、广西第一工业学校、广西动力技工学校、广西工业设计院、广西煤炭质量检测检验站、广西安全生产工程技术职业培训中心等。

二、安全生产工作

2018 年，全区事故直报系统报送各类生产安全事故 4105 起、死亡 2314 人、受伤 3606 人，其中，较大事故 26 起、死亡 102 人、受伤 116 人。没有发生重大和特别重大事故。实现了“三个平稳”，即重大节假日、重大活动等特殊时段安全生产形势平稳，工矿商贸领域安全生产形势平稳，各地市安全生产形势平稳。自 2014 年以来，没有发生重特大事故。

（一）严格落实安全生产责任，深化安全监管体制机制改革

一是严格落实党政领导干部安全生产责任制。印发实施了《广西壮族自治区党政领导干部安全生产责任制实施细则》。9 月底前，全区 14 个市、111 个县（市、区）全部调整由担任本级党委常委的政府领导分管安全生产工作。二是层层压实安全生产责任。2 月底前自治区政府与各市政府签订了 2018 年度安全生产责任书，年底组织对 14 个市党委、政府，25 个自治区重点部门、24 家中区直重点企业进行年度安全生产考核，严格落实“一票否决”制度。三是持续推进安全生产领域改革发展，进一步完善安全生产监管体制。印发了《推进安全生产领域改革发展重点任务分工方案》，截至 2018 年底，全区 13 个国家级、23 个省级开发（园）区、79 个其他开发（园）区均建立了安全监管机构或明确了安全生产监管责任单位。

（二）提高突发事件应对能力

一是提高应急处置规范化、科学化，科学制定《领导同志赴现场处置突发事件 ABC》，并参与处置“3・9”玉林师范学院 28 名学生因毒鼠强中毒事件、“4・21”桂林桃花江龙舟侧翻致 17 人死亡事件等一批备受关注的突发事件。二是健全应急

预案演练机制。联合有关部门积极开展桌面、实战应急演练。2018 年，下拨 60 万元应急演练指导经费，与有关市、部门联合开展应急演练，提高与各市、各有关部门间的应急协作能力。三是强化应急值守，构建“大值班”工作格局。向自治区领导和国务院总值班室报送的重要敏感突发事件信息，首报率做到 100%。

（三）全面加强安全生产检查执法

一是自治区政府下文明确将自治区、市、县三级安全监管部门确定为行政执法机构。二是开展“强监管、严执法”等一系列安全生产专项行动。2018 年，全区各级安全监管部门实施安全生产行政处罚 1.1 亿多元，同比上升 150% 以上，彻底改变了以往全区“只检查、不处罚”或“检查多、处罚少”情况。三是强化事故调查处理。对 2018 年 6 起一次死亡 5 人以上道路交通较大事故和 3 起工矿商贸较大事故进行挂牌督办，加大责任追究力度。

（四）深化重点行业领域安全整治

每季度针对性开展安全专项行动和专项治理，显著提升了企业本质安全水平。一季度部署开展了防范一氧化碳中毒攻坚战，二季度部署开展了落实企业安全生产主体责任专项巡查、水上安全专项治理、道路交通安全隐患大检查大排查大整治和其他重点行业领域安全隐患大检查大排查大整治四大专项行动，三季度部署开展了安全生产“强监管、严执法”、防范矿山生产安全事故、加强重点行业领域企业安全管理三大专项行动，四季度部署开展了全区安全生产巡查、重点行业领域落实企业安全生产主体责任“回头看”两大专项行动。同时，深化危险化学品安全综合治理，初步建成了全区危险化学品安全风险“一张图一张表”信息系统，完成了危险化学品港口、化工园区等功能区定量风险评估，加快推进城镇人口密集区危险化学品生产企业 26 家搬迁改造，组织专家对 16 家重点危险化学品企业进行了安全“体检”。

三、防灾减灾救灾工作

（一）扎实做好森林防火各项工作

一是森林火灾防控实现“三降三无”。2018 年，全区共发生森林火灾 574 起，同比下降 10.9%；过火总面积 4125.5 公顷，同比下降 5.8%；受害森林面积 1229.99 公顷，同比下降 8.9%。森林火灾当日扑灭率达 97% 以上，无重特大森林火灾，无群死群伤事故，无火烧连营现象。二是基础设施设备建设实现新突破。建设专业森林消防队营房 48 座、森林消防物资储备库 65 座；购置森林消防指挥车 59 台、运兵车 86 台、水车 32 台、宣传车 16 台；建成林火视频监控系统 89 套；建成大型宣传标语牌 519 块，与广西铁塔合作在 10 座 50 米以上铁塔上制作森林防火 LED 宣传标语；全年采购扑火物资超 2000 多万元。三是“三化合一”管理模式得到国家认可。坚持“精细化管理、制度化规范、信息化支撑”，持续加强和改进森林防火管理，得到国家认可，在 2018 年 11 月举行的“第六届全国林业学术大会”森林防火分会场作《“三化合一”是森林防火管理现代化的重要路径》的特邀报告。

（二）科学开展防汛抗旱工作

2018 年，广西先后发生 9 次洪涝灾害和 2 次干旱灾害。全年累计减少洪涝灾害受灾人口 13.82 万人，解救洪水围困群众 6600 人，避免人员伤亡 210 起总计 2812 人，减淹耕地 6.13 千公顷，避免粮食损失 9500 吨，防洪减灾经济效益 9.56

亿元；投入抗旱人数 25.69 万人，累计抗旱浇灌面积 34.34 千公顷、64.0 千公顷次，挽回粮食和经济作物损失共 2 亿元，累计解决了 6865 人和 2649 头大牲畜的临时饮水困难问题，最大限度减轻了水旱灾害损失。

1. 党政同责，高位推进，强化责任落实

广西继续强化重要信息报告党政主要负责人等 7 项防汛重要工作制度，进一步完善党政主要负责人接到报告后研究部署应对和靠前指挥的工作机制。

2. 夯实基础，抓好备汛，强化汛期保障

持续强化防汛抗旱工作制度建设与应用。修订和完善各类应急预案。组织修订和完善各类预案共 9000 多个，全区防汛部门各类演练达 1800 场次。认真开展部署和检查督查工作。全年累计开展全区范围的防汛备汛工作检查、督查 8 次，其中暗访 2 次。对水库和市、县防汛抗旱指挥部办公室的值班抽查常态化，全区累计抽查水库 1200 余座次。

3. 及时会商，超前部署，加强分析研判，强化预警，迅速响应

在台风、强降雨影响前、影响中，全区召开 16 次视频会商会，分析和研究防御重点区域、部位和工作要求，精心组织、周密部署。自治区防汛抗旱指挥部累计发布防御通知、防御警报 100 多次，先后启动应急响应 10 次，其中，洪涝灾害Ⅳ级响应 3 次，防御台风Ⅱ级应急响应 1 次，Ⅲ级应急响应 1 次，Ⅳ级应急响应 5 次，累计响应时间 616.5 小时。

（三）全力开展防灾减灾救灾工作

一是大力加强防灾减灾能力建设。完成 311 个地震台站建设和 288 个台站的设备安装，在建森林防火基础设施项目 23 个。二是扎实开展灾害救助工作。中央和自治区下拨救灾资金 1 亿元，应急救助 15.8 万人，支持 983 户因灾倒房户重建住房；下拨冬春救助资金 1.79 亿元，冬春期间救助 96.04 万人次；下拨水毁修复资金 1.83 亿元。三是完善救灾物资储备体系建设。完成厅本级 600 万元的救灾储备物资采购工作。新建 4 个县级救灾物资储备库和 17 座森林防火物资储备库，为 16 个市、县级救灾物资储备库添置设施设备。积极做好防汛抗旱物资的更新补充，全区储备防汛抗旱物资超过 1 亿元。

第二十一章　海南省应急管理工作

一、应急管理机构成立

2018 年 9 月 29 日，根据海南省机构改革实施方案，海南省应急管理厅成立，是主管全省应急管理工作的省政府组成部门，融合原省安全生产监督管理局的职责，省政府办公厅的应急管理、省公安厅的消防管理、省民政厅的救灾、省国土资源厅的地质灾害防治、省林业厅的森林防火、省水务厅的防汛防风防旱管理、省海洋与渔业厅的海洋预报减灾 8 个部门的职责。省应急管理厅成立后专题研究机构改革，成立机构改革领导小组，并赴省林业、水务、消防等部门调研，结合厅“三定”规定完成 8 个单位人员的转隶；根据省委批复的机构框架，组建 14 个工作小组，并明确负责人和成员，省应急管理厅机构组建基本成型，人员编制 80 名，直属事业单位 4 个，分别为安全生产稽查总队、防汛物资储备管理中心、海洋监测预报中心、突发事件预警信息发布中心；对原海南省民政厅救灾中心依法依规改造，完成海南省三防、民政、消防、森林防火、公安等部门专项信息系统的物理接入及调试，指挥大厅具备信息归集、集中显示、视频会商、调度指挥等功能。12 月 30 日，实现全厅集中统一办公。

二、安全生产工作

2018 年，海南省出台《关于推进城市安全发展的实施意见》《地方党政领导干部安全生产责任制规定实施细则》，构建严密的安全生产责任体系。继续开展安全生产监管和安全专项整治，针对问题实施安全整改和责任追究。省应急管理厅坚持以防为主，抓住安全生产基本底线，安全生产形势持续稳定。2018 年，全省共发生各类生产安全事故 244 起、死亡 177 人，其中，工矿商贸 64 起、死亡 69 人，道路交通 178 起、死亡 106 人；事故起数、死亡人数同比减少 118 起、73 人，分别下降 32.6% 和 29.2%，连续 84 个月没有发生重特大事故。

海南省多措并举强化安全监管，做好重要节假日和重要活动安全保障。不断强化红线意识，加强应急值守，狠抓责任和措施落实，开展春节期间重点行业、敏感区域的安全检查和值班值守，公安、交通、旅游、工商、应急等部门协作开展对旅游景区景点及重点场所部位“全覆盖、零死角”的安全大检查。抓好全国、全省“两会”期间的安全生产工作，组织安全生产专项检查组，深入督导三亚、琼海等市、县，指导企业制定复产开工方案，加强设备设施的可靠性检查和维护保养，针对国务院安委办第三督导组对省专项督导发现的 34 项问题，各相关单位落实整改方案、措施和责任，全部问题按时完成整改。制定《博鳌亚洲论坛 2018 年年会安全生产保障工作方案》，成立 14 个成员单位领导组成的保障领导小组，召开动员部署会，现场调研 2 次，召开协调会 3 次，现场联合检查 3 次，检查涉会场所和有关企业 105 家，整改问题和隐患 240 余项，完成博鳌亚洲论坛年会安全保障。

省安委办继续统筹公安、交通、农业等部门，打响全省道路交通安全专项整治三年攻坚战，召开电视电话调度会、专题会议，开展专项督查，出动执法人员7万多人次，进行专项执法检查1500多次，查处各类交通违法行为36万余起，排查公路安全隐患4800多处，实施生命安全防护工程项目108个，开展农机安全宣传教育活动180多场次，接受教育农机手等群众2.9万多人次；全年发生道路交通事故178起、死亡106人，同比减少97起、51人，分别下降35.3%和32.5%。

海南省分批次对10个市、县政府开展安全生产巡查，围绕安全生产领域改革发展、法治建设、责任体系、监管体制、专项整治、应急管理等情况，查找存在的突出问题和薄弱环节，发现问题1009项。开展2018年安全生产专项督查行动，组织4个督查组，分东、南、西、北4个片区对全省各市、县开展大排查大整治综合督查，整改问题隐患426项。截至2018年12月25日，1009项隐患和问题已完成整改973项，正在整改36项，整改完成率为96.4%。

海南省深化安全生产“放管服”改革，建立安全生产监管执法权力和责任清单，海南省应急管理厅全部八大类46项行政审批项目推行“不见面审批”，累计办件3万多件。推行分级分类监管，实施分类指导、动态监管，以“双随机一公开”、交叉检查等方式，分批次对非煤矿山、危险化学品等企业开展监管执法检查，检查企业1.24万家次，查处隐患8461项，出动执法人员8632人次，行政处罚118次起，罚款748.80万元。组织开展事故调查处理并落实责任追究，省住房城乡建设厅、公安厅等单位成立事故调查组，完成五指山市“5·17”塔吊坍塌较大事故调查，分别对5家企业、11名企业人员，2家政府单位、7名政府工作人员作出相应处理。完成临高“6·29”较大道路运输事故调查处理，移送司法机关3人，给予党纪政纪处分12人。省安委办负责跟踪事故调查报告的处理意见落实，对处理意见和整改措施不落实的单位实施问责。

海南省将安全生产监督管理纳入各级党政领导干部培训内容，开展2018年全省领导干部安全生产专题培训班，培训100多名市、县（区）党委、政府分管安全生产的领导、安委会成员和重点企业负责人；举办2期危险化学品、烟花爆竹专题业务培训班，1期非煤矿山风险管控和隐患排查治理双重预防机制培训班，受训企业负责人和从业人员300多人次；举办全省监管执法人员业务培训班1期，培训180余人次；培训考核“三项岗位人员”1万多人次。开展“安全生产月”活动和《安全生产法》宣传周活动，设置展板8500余块、咨询台2860个，出动宣传车4010辆次，发放各类宣传材料300多万份，直接受教育群众350多万人次。开展“百家企业安全行”活动，在《海南日报》、海南电视台等主流媒体开设专栏，报道企业落实安全生产主体责任和全员安全生产责任制情况，以及道路交通专项整治三年攻坚战开展情况，宣传好经验好做法，曝光安全责任不落实和落实不到位企业和单位，通过媒体采访报道企业127家，公开曝光存在问题的企业9家，下发整改通知15份。

2018年7月，省安委办联合澄迈县政府举办危险货物码头船舶及储罐火灾事故应急救援综合演练，32家单位260余人参演，动用消防车、安全应急车等车辆15辆，动用船舶5艘，取得预期效果，检验了政府相关部门与危险化学品企业联合处置生产安全事故的协调联动机制。2018年12月，海南省应急管理厅、省消防总队和定安县人民政府在定安县富文镇金鸡岭农场举行2018年森林火灾应急救援联合演练。这是海南省应急管理厅成立后的首场应急救援演练，也是对海南省森林火灾应急救援管理水平的一次检验。省消防总队等单位共150人参加演练。

三、防灾减灾救灾工作

2018年，海南省受到台风“山神”“贝碧嘉”“山竹”和“百里嘉”影响，受灾人口60.19万人次，紧急转移安置人口27.73万人次，农作物受灾面积32.35千公顷，倒塌房屋66间，严重损坏房屋14间，一般损坏房屋64间，直接经济损失5.95亿元。省减灾委办公室、民政厅积极主动与三防、气象等部门加强会商，分析灾害发展趋势，督促市、县民政部门严格落实值班值守制度，指导做好危旧房屋、低洼危险地段、山洪易发区等受灾害威胁群众及时安全转移安置和救灾物资准备与发放等工作，保障了受灾群众基本生活。

第二十二章　重庆市应急管理工作

2018 年，在应急管理部和重庆市委、市政府的坚强领导下，重庆市应急管理工作以习近平新时代中国特色社会主义思想为指导，以习近平总书记“对党忠诚、纪律严明、赴汤蹈火、竭诚为民”训词精神为根本遵循，突出预防，强化责任，严格监管，全力推进安全生产与自然灾害防治各项工作。

一、机构改革工作

一是机构顺利挂牌，班子基本到位。2018 年 10 月 25 日，重庆市应急管理局挂牌。明确 1 正 7 副的领导班子格局（含纪检组长、政治部主任）。

二是转隶有序开展，人员整合到位。人员全部转隶到位，核定市应急管理局及其下属单位总编制 507 名，其中行政编制 118 名、事业编制 381 名、工勤编制 8 名。局机关设 19 个内设机构，及机关党委、离退休人员工作处、长寿经开区分局 3 个单位，局机关共 22 个处级单位、50 名处级领导职数。

三是职能有序承接，“三定”规定基本完成。基本完成相关部门划转职责的承接和整合工作。按照对标对表和应急部门管“救”、相关职能部门管“防”“治”的原则，与相关部门达成了灾前相关职能部门各自分工负责、灾后应急部门统筹救援的“三定”规定划分思路。年底，“三定”规定编制工作基本完成，待市委、市政府正式批复。全市各区县已启动机构改革，区县应急管理部门陆续挂牌成立。

二、安全生产工作

2018 年，重庆市深入学习贯彻落实党的十九大精神，以防控重特大事故为核心目标，以推进安全生产领域改革为动力，以“执法强化年”为主题，以大排查大整治大执法为主线，推进重庆安全生产在新阶段再上新台阶。全年发生各类生产安全事故 995 起、死亡 1081 人，同比分别下降 5.9% 和 4.7%，实现连续 16 年“双下降”；发生较大事故 15 起，连续 3 年无重特大事故发生。全市安全生产在历经了事故高发、持续下降、基本稳定 3 个阶段后，当前正跨入持续向好的新阶段。

（一）领导干部责任意识进一步提升

重庆市委、市政府出台《重庆市党政领导干部安全生产责任制实施细则》，市委 9 次研究安全稳定工作，市委书记陈敏尔 26 次作出批示，市长唐良智 37 次作出要求。各级党政领导干部安全生产职责履行更加主动、更加务实、更加深入，安全生产“党政同责”“一岗双责”“三个必须”、齐抓共管的工作格局进一步构建完善。

（二）安委会的统筹力进一步提升

一是加强目标任务统筹。市政府坚持每年以 1 号文件安排部署年度安全生产工作，坚持安全生产专项考核、奖励，严格落实安全生产“一票否决”。二是面上工作推动有力。紧紧围绕责任落实、严格执法，对区县分行业领域“执法清零”情况和执法检查强度、问题查找强度、执法处罚强度的情况每月通报排名；对区县党政领导履职、部门执法情况、事故调查处理情况开展印证式、解剖式深度督查。三是各阶段调度有序。春节、“两会”、高温汛期等重要时间节点，上下联动、严防死守，做到了厅长在片区、处长在区县、干部在岗位、交警在路上、老板在企业。

（三）工作水平进一步提升

一是创新监管执法方式。推进重庆“百部”安全生产地标建设；在危险化学品、非煤矿山、工贸行业探索推进标准化评审与执法检查“一体化”工作方式，防止标准化创建走形式；推行企业“总工程师”制度、检查执法“三步曲”等。二是做实企业安全生产全员责任制。突出企业主要负责人关键作用，深入推进双重预防体系建设，深化落实班组日排查、部门周排查、经理月排查的“日周月”工作制度。三是推动社会共建共治。加强基层网格化管理，延伸监管触角；出台安全生产举报奖励办法，广泛发动群众举报安全生产违法行为和隐患；严格企业诚信管理，强化失信惩戒。

（四）基层基础进一步提升

一是推进产业结构调整。严格落实供给侧结构性改革，大力推动“四小”企业依法关闭、危险化学品生产企业搬迁入园等重点工作。二是夯实基础保障。新安装“生命工程”防撞护栏1000公里，累计安装防护栏2.5万公里，改造危桥75座、危隧8座，渡改桥9座；强弱项、补短板，大力实施安全民生工程，改造主城区1635栋老旧居住建筑消防设施；加快长江船舶改造，拆解老旧船舶1240艘。三是推进科技兴安。推进信息化在各行业领域安全管理中的运用，推动应用危化自动连锁、建设施工在线视频监控、道路运输企业风险管理系统等科技装备和手段。

（五）专项整治效果进一步提升

抓住事故多发易发的主要问题，针对突出违法行为，以集中执法行动为抓手，持续推动道路交通严重违法行为、建设“两防”、煤矿“六害”等专项整治，促进了一大批问题、隐患的消除。

三、防灾减灾救灾工作

深入学习贯彻落实党的十九大精神，习近平总书记在中央财经委员会第三次会议关于大力提高自然灾害防治能力的重要讲话精神，以及习近平总书记关于防灾减灾救灾的重要论述，全面落实全国防灾减灾救灾工作会议精神，完善制度、强化责任、规范管理、狠抓落实，防灾减灾救灾能力得到全面提升，受灾人员基本生活得到有效保障。2018年，重庆市启动Ⅳ级救灾应急响应4次，成功应对自然灾害39起；累计下拨救灾资金1.38亿元，调拨帐篷170顶、棉被3.5万床、大衣1.5万件等救灾物资，恢复重建住房1228户3635间，维修一般损坏房屋17337户37038间，累计救助受灾群众81.8万人。

（一）进入应急状态

挂牌伊始就制发《重庆市应急管理局组建期间部门应急处置简明预案》，明确机构改革过渡期内部各处室（单位）应急处置职责、任务、流程，努力做到应急应战无缝承接。逐一到涉及应急管理职能整合的部门沟通对接，明确机构改革过渡期协作机制，与电力、通信、卫生等应急保障部门建立响应联动机制。

（二）畅通信息渠道

将“第一时间”获得信息作为首要任务。依托原市政府应急办、林业、地质灾害监测等信息化平台，采用复制相关单位平台使用终端的方式，接入公安、交通、水利、环保、旅游等10个部门的视频近

17 万路。与 110、120、119 等平台，及市委、市政府值班室、网信办等建立信息沟通共享机制，丰富和畅通信息渠道。

（三）加强应急准备

组建值班中心，实行局领导、处级干部、一般干部和值班室干部在岗值班制度，采用抽调、聘用等多种形式配强值班值守队伍。整合应急资源，除水利部门外（水利部门保留了水工程应急救援职能），相关部门所有应急救援方面的物资全部划转至市应急管理局。圆满完成了冬春救助、年度重点应急演练、区域性应急中心建设等各项工作。

（四）强化救援协调

地质灾害防治方面，落实 1.65 万名“四重”网格员巡查排查，对 33 个重大隐患实施工程治理，对 8 处重大隐患点实施专业监测，对 612 处高位山体地质灾害实施精细化调查，对 2000 个地质灾害隐患点开展自动简易监测预警预报。防汛抗旱方面，建立防汛抗旱“三个责任人”责任，强化会商研判、预警预报、沟通协调，成功应对 10 场区域性暴雨天气，实现水库堤防“零损失”和人员“零死亡”。森林防灭火方面，严格森林火灾责任制，建立防火联动机制，强化巡查管控力度，森林火灾发生起数、过火面积、受害森林面积比 2013—2017 年平均数分别下降 16%、27% 和 57%。

（五）经受实战考验

重庆市应急管理局挂牌以来，先后应对处置了重庆万州“10·28”公交车坠江、重庆“11·16”火车北站南广场长途汽车站内加气站燃气泄漏等突发事件。在重庆市委、市政府的坚强领导下，及时响应、有效处置，在现场救援、支持保障、舆情引导等方面积累了可贵经验，应对效果得到各方肯定，经受住了“第一波”考验。

第二十三章　四川省应急管理工作

2018 年，四川省应急管理系统直面机构改革新考验、新挑战、新机遇，坚持以习近平新时代中国特色社会主义思想为指导，坚决贯彻落实党中央、国务院和省委、省政府及应急管理部关于应急管理的系列决策部署，狠抓各项工作落实，全省应急管理工作有序推进，安全生产形势总体稳定，生产安全事故起数和死亡人数均保持“双下降”。全省共发生各类生产安全事故 1802 起、死亡 1675 人、受伤 1167 人，同比分别下降 14.9%、11.1% 和 6.3%。其中，发生各类较大生产安全事故 29 起、死亡 114 人，同比分别下降 9.4% 和 12.3%；发生重大生产安全事故 2 起、死亡 20 人，同比增加 2 起、20 人；全省煤矿连续 66 个月没有发生重特大生产安全事故。

一、机构改革工作

2018 年 11 月 7 日，四川省应急管理厅挂牌。根据全省机构改革方案，新组建的应急管理厅整合了原省安全监管局职责，省政府办公厅的应急管理职责，公安厅的消防管理职责，民政厅的救灾职责，原国土资源厅的地质灾害防治、水利厅的水旱灾害应急救援、原林业厅的森林防火、农业厅的草原防火、省地震局的震灾应急救援职责，以及防汛抗旱、减灾、抗震救灾、森林草原防火指挥部等 13 项职责，设立 22 个内设机构。构建了全省统一领导、权责一致、权威高效的应急能力体系，对全面提升应急救援的协同性、整体性、专业性，提高防灾减灾救灾能力，推进治理体系和治理能力现代化，提高人民群众安全感具有重要意义。

二、安全生产工作

一是全面落实安全生产责任。始终坚持把建立健全制度体系作为重要抓手，制定印发《四川省党政领导干部安全生产责任制规定实施细则》《省级相关部门安全生产和职业卫生工作职责分工》《四川省企业安全生产诚信承诺和诚信报告制度（试行）》等制度规定，进一步明确相关职责。印发《2018 年度安全生产党政同责工作目标任务及考评细则》，省政府与市（州）及省直有关部门签订安全生产工作目标和任务责任书，约谈 2017 年党政同责考核排位靠后的市（州）和省直部门，推动领导干部责任落实。

二是全力防范化解重大风险。印发防范化解安全生产重大风险专项工作具体方案，将防范化解安全风险作为安全生产检查、督查的重要内容，纳入年度安全生产工作考核。组织 11 个巡查组对 11 个市（州）开展第二轮安全生产巡查，并延伸检查政府部门、下级政府、乡镇（街道）和产业园区以及生产经营单位，实现安全生产巡查两年“全覆盖”。严密推进“红名单”“黑名单”制度落实，对 6 家纳入安全生产联合激励管理对象企业给予各项激励措施，对 12 家安全生产失信企业采取联合惩戒措施。开展安全生产大检查和专项整治，组织检查组 9.69 万个（次），检查生产经营单位41.33万家（次），排查隐患40.79万项，依法关闭取缔960家，停产整顿965家，暂扣吊销证照1329个，问责曝光工作不力的单位和人员287家（人）。深化隐患排查治理体系建设全国示范试点工作，自查上报隐患企业9.19万家，排查上报隐患168.8万条，按期整改率100%。煤矿、非煤矿山、危险化学品及烟花爆竹4个行业领域企业建立了安全风险“一张图一张表”，严格实施风险管控。深入开展“打非治违”行动，全省各级安全监管部门共监督检查生产经营单位33293个，实施行政处罚12795次，查处生产安全事故718起，按期结案率93.2%。

三是狠抓重点行业领域安全监管。持续推进化解煤炭过剩产能工作，全省关闭煤矿21处，退出产能228万吨；组织开展两轮煤炭去产能指标交易工作，成功交易指标量160万吨、总金额2.24亿元。联合省发展改革委等14个部门印发《关于开展煤矿机械化改造三年攻坚行动的实施意见》，完成243处矿井机械化改造，占全省煤矿的58.5%，超额完成目标任务。编制《四川省采煤沉陷区综合治理规划（2018—2025）》，确定11个煤矿安全生产重点监控县。强力推进非煤矿山尾矿库“头顶库”综合治理，38座“头顶库”全部完成治理任务。积极推进安全生产标准化工作，在生产运行非煤矿山企业安全标准化达标率为100%。深刻汲取宜宾恒达科技有限公司“7·12”重大爆炸着火事故教训，认真开展全省化工及危险化学品企业安全生产隐患排查治理专项行动。加快对处于人口密集区危险化学品生产企业的搬迁改造进度，确定35家搬迁改造企业名单。对长江流域1公里范围内的94家危险化学品生产企业进行全覆盖检查，进一步完善危险化学品安全管理长效机制。继续推进烟花爆竹生产企业“三库”建设，完成69家企业“三库”改造。以防泄漏、防火灾爆炸为重点，对17家烟花爆竹重点企业开展安全专项检查，强化汛期“四防”工作措施落实。持续加强烟花爆竹经营环节专项治理，基本完成烟花爆竹零售经营“两关闭”任务。进一步推进春夏、冬春火灾防控，电动自行车、大型商业城市综合体、文物建筑和博物馆等消防安全综合治理，共检查单位场所41.57万家，整改火灾隐患76.01万处，完成了54家重大火灾隐患和15处区域性火灾隐患整改销案。组织开展森林（草原）防火督查，派出森林消防队伍深入国家原始林区、自然保护区、高火险区靠前驻防。

三、防灾减灾救灾工作

全面梳理四川省各类应急救援基地情况，在力量整合、资源共享、功能互补等方面进行统筹研究。强力推动提高自然灾害防治能力“9项重点工程”在四川省落实落地，特别是积极争取国家区域应急救援（西南）中心项目在成都落地。梳理整合全省综合应急救援队伍人员、装备、布局情况，将应急指挥平台与消防调度平台对接，迅速搭建统一高效的应急指挥系统，建立24小时值班备勤和每日调度机制，全省应急力量指挥体系初步建立。牢固树立“大应急、大安全、全灾种”理念，坚持边组建边应急，在实战中磨合机制、锻炼队伍、提升能力。高效有序应对“7·7”全省大范围洪涝灾害、金沙江白格堰塞湖、“12·16”兴文县5.7级地震等各类自然灾害，紧急转移安置53万人。全年紧急启动四川省自然灾害Ⅲ级救灾应急响应4次，共下拨中央和省级自然灾害生活救助资金9.52亿元，调拨救灾帐篷8500顶、棉被69000床、棉大衣22000件、折叠床4000张等生活物资，全力保障了受灾群众基本生活和灾后农房重建资金需求。同时，根据全省受灾困难群众生产生活状况，组织11万床棉被、5万件棉大衣、2.1万套棉衣裤和7700床电热毯等价值2000万元、共计80车的御寒物资，发送到全省受灾困难群众手中，保障了全省受灾困难群众温暖过冬。大力推广应用高分卫星遥感、三维激光扫描、北斗实时监测等技术，实现了对非煤矿山、危险化学品、水电等领域重大危险源全生命周期安全监控和预警管理，并在全国非煤矿山安全监管中推广。目前已建立数字化安全健康档案矿山114座，73座矿山进入安全监管防控系统。

第二十四章　贵州省应急管理工作

2018年，贵州省坚持以习近平新时代中国特色社会主义思想为指导，认真贯彻落实党的十九大精神和习近平总书记关于深化党和国家机构改革和应急管理重要指示，大力培育和弘扬新时代贵州精神，为维护全省社会大局稳定作出了积极贡献。全省安全生产形势持续稳定好转，实现了三个“双下降”。一是事故总量实现“双下降”。共发生生产安全事故1355起、死亡1118人，同比分别下降14.8%和13.9%。二是重大事故实现“双下降”。全省发生重大事故1起、死亡13人，较“十二五”期间平均数分别下降73.7%和76.1%。三是重点行业领域事故实现“双下降”。道路运输、建筑业等重点行业领域事故起数和死亡人数继续实现“双下降”，烟花爆竹、农业机械、渔业船舶和航空运输等领域保持了“零死亡”。全省灾情较常年偏轻，因灾死亡失踪人口、紧急转移安置人数、因灾倒损住房、直接经济损失等主要灾情指标与近年同期均值相比大幅减少。各类自然灾害共造成85个县（市、区）114个乡镇不同程度受灾，累计581.92万人次受灾，因灾死亡失踪11人，紧急转移安置5.84万人次；灾害造成部分住房倒损、农作物减产绝收；因灾直接经济损失45.81亿元。省级共下拨救助资金4.99亿元，其中，中央补助3.45亿元，省级安排1.45亿元。

一、坚持和加强党对机构改革工作的领导，抓好省应急管理厅组建工作

成立了机构改革工作领导小组，制定厅机构改革实施方案，建立党委书记负总责、分管领导具体抓、各小组和处（办）具体抓落实的责任体系，明确责任人和时间表、路线图。2018年11月9日，省委宣布贵州省应急管理厅班子任命，于11月20日挂牌并正式对外办公。12月21日，厅职能配置、内设机构和人员编制规定正式印发，机构改革第二阶段工作全面完成。

二、坚持抓好安全生产、防灾减灾救灾工作

按照优化协同高效的要求，扎实推进“1+6+X”应急响应预案体系建设，组织召开全省应急管理和安全生产、自然灾害防治工作视频会议以及危险化学品、工贸行业、道路交通等重点行业领域专项部署视频会议，在全省部署开展今冬明春安全生产、自然灾害防治大排查大整治行动。

（一）安全生产工作情况

坚持以深化安全生产领域改革为抓手，固本强基扎实抓好安全生产基本盘。一是健全安全生产责任体系。出台《贵州省党政领导干部安全生产责任制实施细则》，制定一系列政策文件，明确了党委、政府、安全监管部门、行业主管部门、其他有关部门以及生产经营单位的安全生产

责任。二是完善安全生产标准体系。制定一系列规范性文件，安全生产标准体系进一步健全完善。三是建立“双控”体系。制定印发了一系列指导性文件，建立“省安全生产双重预防控制系统”，“双控”信息系统共纳入了1.39万余家企业，全省开展风险辨识管控清单报备企业数3900余家、风险管控清单报备总数4.7万余个，辨识“红橙黄蓝”四级风险点31万余个（处），累计开展风险巡查553万余次。四是健全安全宣传教育体系。严格落实企业安全教育培训制度，培训60382人次。做好“12350”特服电话管理使用工作，广泛接受社会监督，全年接报75起，办结率100%。五是抓好安全生产排查整治。抓好全省应急管理和安全生产、自然灾害防治大排查大整治工作，重点跟踪监督抓好重大隐患“五落实”和非法违法行为“四个一律”的执行等，形成高度重视、上下联动、齐心合力抓排查整治的良好工作格局。

（二）防灾减灾救灾工作情况

坚持高效有序应对各类自然灾害，全面提升防灾减灾救灾能力。一是推进防灾减灾救灾改革。完成了省减灾委调整升格和组成人员调整工作，省减灾委主任由省长担任，各地按照要求研究制订推进防灾减灾救灾体制机制改革实施方案，大部分市、县完成减灾委调整升格。市（州）、县完成地质灾害防治指挥部及技术指导中心建设，实现“人员、装备、技术”三到位。二是增强综合防灾减灾救灾能力。完成国家和省“十三五”综合防灾减灾规划中期评估工作，建成1个省级救灾物资储备库、6个市（州）级库、40个县级库和240个多灾易灾乡镇救灾物资储备点，以省级库为中心、市级库为骨干支撑、县级片区库和乡镇储备点为补充的储备体系基本形成，日常储备救灾应急物资价值超过1亿元。三是强化防灾减灾救灾意识。围绕第10个“全国防灾减灾日”，设置集中宣传点1300余个，发放防灾减灾宣传图册130万余份，免费发放宣传用品28万余套；发布公益信息1100余万条；接受现场咨询37万余人次；开展防灾减灾、应急疏散、消防逃生演练2万余场次，全覆盖开展地质灾害应急演练，参演群众达70余万人，开展防灾知识培训1800余场次。四是开展防灾减灾救灾救援救助。启动省级救灾预警响应2次，省Ⅳ级救灾应急响应1次。成功避让地质灾害15起，避免887人伤亡，全年实现地质灾害“零伤亡”。2017—2018年度救助受灾困难群众97.42万户267.07万人。组织开展2018—2019年度冬春受灾人员生活救助，解决34.88万人、9.85万头大牲畜临时性饮水困难。五是扎实开展因灾倒损住房恢复重建工作。完成2017年恢复重建2755户、严重损坏住房修复3163户。2018年已完成恢复重建2733户。

第二十五章　云南省应急管理工作

2018 年，云南省应急管理工作稳步推进，安全生产形势持续稳定好转，全年共发生各类生产安全事故 1155 起、死亡 1134 人，同比分别下降 19.74% 和 22.22%；其中，较大事故 30 起、死亡 117 人，同比分别下降 34.78% 和 32.76%。首次实现全年无重大以上事故，为全省经济社会发展创造了安全稳定的良好环境。

一、积极推进机构改革

2018 年 10 月 25 日，根据党和国家机关机构改革方案，云南省应急管理厅挂牌。省应急管理厅将原省安全生产监督管理局的职责，省政府办公厅的应急管理职责，省公安厅的消防管理职责，省民政厅的救灾职责，相关机构的地质灾害防治、水旱灾害防治、草原防火、森林防火等相关职责，防汛抗旱、减灾、森林防火、抗震救灾等指挥部(委员会)的应急救援职责整合，旨在进一步提升防灾减灾救灾能力，完善应急管理体制，健全公共安全体系。挂牌后，班子成员迅速到位履职，各涉改部门抽调人员集中办公。厅党组及时研究确定机构改革期间班子成员临时工作分工；明确涉改职能职责的责任单位和责任人；抽调精干力量专门负责值班值守和应急处置工作；制定了机构改革期间厅党组工作规则、政务运行规则、人事管理规定等 7 项工作规则；明确了机构改革期间“十个严禁”纪律要求。及时研究审定机构改革实施方案，成立了厅机构改革领导小组，积极配合省委、省政府抓紧推进职能划转、“三定”规定制定、人员转隶、资产划拨等工作。

二、边改革边应急

坚持边改革边应急，积极履行应急管理职责，加强与各涉改部门协调对接，强化信息通报和应急联动，积极指导地方做好应急处置工作。组建伊始，云南省应急管理厅就遇到了多年未遇的特大洪水——“11・3”金沙江白格堰塞湖洪灾。这次洪水量级大；防洪战线长，影响云南省河段长达 1500 多公里；抗洪范围广，严重威胁 6 个州（市）20 个县（区）；转移人员多，共计 41294 人；洪灾损失重。在党中央、国务院的关怀下，在应急管理部的有力指挥和支持下，云南省各级党委、政府及省应急管理厅、水利厅、防汛抗旱指挥部成员单位充分发挥了较强的决策执行能力、政治动员能力、组织指挥能力和资源整合能力。一是高效有序的组织指挥体系为应急处置提供了强有力的组织保障。二是准确及时的情报体系为抗洪避灾提供了关键的技术支撑。三是从最坏处着眼、实现人员“零伤亡”的要求，为这次防御工作确立了明确的工作目标。四是各级党委、政府层层压实责任发挥主体作用，为应急处置工作奠定了坚实的基础。五是省级督导组卓有成效的工作是这次应急处置工作成功的关键因素之一。六是部门联动形成的抗洪救灾强大合力为这次应急处置工作提供了强大力量。七是基础设施抢修等灾后重建工作有序开展。上下齐心，共同创造了特大洪水无人伤亡的佳绩，取得了“11·3”金沙江白格堰塞湖洪灾应急处置的胜利。

三、强化安全生产工作

为加强完善安全生产责任体系建设，根据《地方党政领导干部安全生产责任制规定》，省委、省政府出台了《党政领导干部安全生产责任制实施细则》，进一步明确党政领导干部履行安全生产职责的基本要求和工作规范，并将安全生产纳入对州（市）政府综合考核内容。围绕重点行业、重点领域安全生产保障能力提升，持续开展重点行业领域安全生产“1+7”专项整治行动，采取列出清单、跟踪督办、定期通报、警示约谈等方式督促整改落实，国务院安委会大检查督查反馈的274个问题和隐患全部整改完毕。组织对2017年以来各类督查检查查出的隐患和问题整改落实情况进行“回头看”，全面复核整改情况。针对岁末年初、春节、“两会”、五一、“南博会”、汛期、中秋、国庆等重要时段，省安委办先后召开7次视频会议、2次专题会议进行安排部署。集中开展宣传曝光、隐患“清零”、联合执法、专项检查、综合督查、企业自查等6个专项行动，20余个省级部门组成90余个督查组开展检查，8个综合督查组按月督查。重点时段各类事故同比均下降。针对云南省安全生产基础薄弱、高危行业领域安全隐患多、道路交通事故多发频发等突出问题，全面部署实施安全工程三年行动计划。普通国省干线和农村公路安全生命防护工程、煤矿去产能、非煤矿山整顿关闭和转型升级、尾矿库病库和“头顶库”治理、城镇人口密集区危险化学品生产企业搬迁改造、危险化学品企业整治改造等重点工作有序推进。

持续推动安全生产责任制落实，在新华网云南频道开展“云南党政领导干部谈安全责任”专题访谈，昆明市等8个州（市）常务副州（市）长做客新华网云南频道接受集中访谈；在云南卫视新闻频道开展了“云南省党政主要领导干部谈安全责任落实”专题访谈，曲靖市等8个州（市）的州（市）长接受云南广播电视台记者专访。扎实开展“安全生产月”和“安全生产边境行”活动，在省级层面重点开展了6项活动，分别是“安全生产月”启动仪式和咨询日活动、州（市）政府分管领导专题访谈、时代前沿讲座、网络安全生产知识竞赛、“安全生产边境行”活动和科技活动周活动。全面传递安全生产正能量，紧紧围绕安全生产工作的开展情况，及时在主流媒体和新媒体平台上对岁末年初、春节、“两会”等重要时段，开展问题曝光、隐患“清零”、联合执法、专项检查、综合督查、企业自查等6个安全生产专项行动，道路交通和人员密集场所两个群死群伤事故易发领域集中整治，全省烟花爆竹生产、批发和零售企业联合执法检查，全省汛期和“南博会”安全生产专项督查检查和隐患整治等重点工作进行宣传报道。据不完全统计，累计在省级及以上媒体宣传报道3224篇稿件。通过开展打击假冒特种作业操作证和培训机构、考试机构专项治理行动，不断规范全省“三项岗位人员”安全培训考核发证管理工作，截至2018年底，全省共培训考核高危行业生产经营单位主要负责人2630人次、安全管理人员7625人次、特种作业人员39337人次。

全年累计召开 3 次新闻发布会，分别是：5 月 29 日召开的“1—4 月安全生产形势与安全生产月”新闻发布会；9 月 14 日召开的“云南省安全生产三年行动计划”新闻发布会；10 月 24 日召开的“云南省《党政领导干部安全生产责任制实施细则》”新闻发布会。

第二十六章　西藏自治区应急管理工作

一、总体工作情况

2018年，西藏自治区以习近平新时代中国特色社会主义思想为指导，坚决贯彻党中央关于深化党和国家机构改革部署，积极适应新体制新要求，以创新的思路、改革的办法和有力的举措奋力破解难题，切实加强安全生产、自然灾害防治工作落实，实现了西藏应急管理工作的良好开局。全年全区发生各类安全事故317起、死亡148人、受伤310人，直接经济损失2004万元，同比事故起数减少59起，下降15.7%，死亡人数减少39人，下降20.9%，受伤人数减少87人，下降21.9%，经济损失减少736万元，下降26.9%。较大事故10起、死亡42人，与2017年同期11起、死亡40人相比，事故起数减少1起，下降9.1%，死亡人数增加2人，上升5.0%。未发生重大及以上事故。同时，不断完善应急体系，不断提升应急能力，积极参与西藏昌都市江达县金沙江白格山体滑坡、林芝市米林县雅鲁藏布江山体滑坡抢险救灾工作，有力维护了人民群众生命财产安全和社会稳定。

二、重点工作

（一）加强机构改革和安全生产领域改革工作

认真贯彻落实《中共中央关于深化党和国家机构改革的决定》《关于地方机构改革有关问题的指导意见》《西藏自治区机构改革方案》《关于西藏自治区机构改革的实施意见》，将西藏自治区安全生产监督管理局等8个部门，西藏自治区防汛抗旱等6个指挥部（委员会）全部或部分职责整合，组建西藏自治区应急管理厅，作为西藏自治区政府组成部门，内设机构15个，行政编制62个。西藏自治区应急管理厅2018年11月18日挂牌，承担西藏自治区应对重大灾害指挥部工作，组织编制西藏自治区应急总体预案和规划编制等职责。西藏自治区坚持“编随事走、人随编走”的原则，从西藏自治区政府应急办、民政厅、农业农村厅、自然资源厅、水利厅、工商局、质监局、食品药品监管局转隶17名同志到西藏自治区应急管理厅工作。同时，继续抓好《中共中央 国务院关于推进安全生产领域改革发展的意见》《中共西藏自治区委员会 西藏自治区人民政府关于推进安全生产领域改革发展的实施意见》，107项改革任务完成了98项，安全监管综合能力得到了进一步提升。

（二）进一步建立健全安全生产责任体系

认真贯彻落实中共中央办公厅、国务院办公厅印发的《地方党政领导干部安全生产责任制规定》，研究制定了《西藏自治区地方党政领导干部安全生产责任制规定实施细则》，明确了党委、政府及其部门和负责同志安全监管责任。深入贯彻落实西藏自治区安全生产党政同责实施办法，按照“党政同责、一岗双责、齐抓共管、失职追责”的要求，积极推进行政“一把手”担任安委会主任、常务副职分管安全生产、分管领导具体抓落实，并延伸到县级人民政府，实现了全覆盖。西藏自治区人民政府与7地（市）行署（人民政府）和23家负有安全监管职责的部门签订了安全生产目标责任书，明确任务，严格考核。研究制定了《2018年市（地）级政府安全生产和消防工作考核评分细则》《2018年自治区安委会成员单位安全生产工作考核评分办法》，按照《西藏自治区人民政府办公厅关于开展2018年度安全生产和消防考核工作的通知》要求，成立了考核领导小组，组成7个考核组，对7地（市）和自治区相关安委会成员单位履行安全生产领导责任、部门监管责任、企业主体责任和安全准入等方面进行考核。同时，按照“三个必须”和“谁主管谁负责”的原则，结合“放管服”要求，进一步厘清安全生产综合监管与行业监管的职责界限。

（三）不断加强安全监管工作

严格非煤矿山、危险化学品、道路交通、建筑施工等行业领域安全监管，严防发生生产安全事故。非煤矿山领域：加强停产停工后复产复工的验收，积极开展专家“会诊”和双重预防机制建设试点和推广，全面提升非煤矿山的管理和装备水平。危险化学品领域：西藏自治区政府办公厅、发展改革委、公安厅、住建厅、应急管理厅等部门主要负责人组成危险化学品联席会议领导小组，编制印发《西藏自治区危险化学品安全专项规划（2017—2020）》，从体制机制、源头准入、重点工程、保障措施等方面对危险化学品行业安全发展进行了系统性规划，制作完成全区危险化学品储存经营企业安全风险和重大危险源分布“一张图一张表”，初步实现了对危险化学品差异化、动态化、精准化监管。道路交通领域：大力实施道路生命防护工程，研究制定全区道路运输安全生产计划（2018—2020）。消防领域：重点对寺庙、大型商业综合体、旅游景区、医院、学校、公共娱乐等人员密集场所违章用火、用电、用气、用油的排查整治。西藏自治区安委会办公室印发《推广使用智慧式用电安全管理系统的方案》，对全区重点行业领域智慧式用电安全管理系统建设工作进行了安排部署，实现了“零伤亡”，保持了连续16年无重特大火灾事故发生的良好态势。2018年，全区开展安全生产督查检查3次，检查企业6940多家（次），排查各类隐患问题18960多处，下发整改通知书等执法文书1900余份，整治隐患问题11.8万余处，整改率达到98.5%。

（四）不断夯实安全监管基层基础工作

严格企业安全生产标准化创建、自评、现场评估、审查环节标准，16家手续完备的非煤矿山企业、8家工贸企业、116家危险化学品企业实现了达标。同时，完成了中国石油天然气股份有限公司西藏销售分公司、中国石油化工股份有限公司西藏分公司所属加油站安全生产标准化建设工作。编制全区安全生产监管信息化指导意见、“十三五”发展规划和总体建设方案，为统筹规划和推进全区安全生产信息化工作提供了框架思路。安全生产综合云视频会议会商系统进入试运行阶段，西藏自治区应急管理厅子网站群系统完成第一轮应用培训。组织开展第17个“安全生产月”“安全生产西藏行”活动，结合“1・10”“1・20”“6・16”“11・9”“12・4”等宣传日，充分发挥电视、广播、报纸、微信、短信、手机报等平台作用，持续深入开展《安全生产法》等法律法规以及应急救助逃生知识、公共安全知识宣传教育，进一步提高广大群众应急防范能力。全年举办安全生产法律法规和应急救援专项培训班次7个，培训人员590人（次），印发宣传资料12.34万份，受众达4.09万人（次），组织培训企业负责人、应急管理人员1146人（次），大大提高了全社会安全防范和应急意识。

（五）有力有序有效推动抢险救援救灾工作

针对自治区境内洪涝灾害多，各类险情灾情频发、多发，灾害损失大的特点，应急管理部门始终绷紧神经，迅速进入并始终保持应急状态，为党和人民当好“守夜人”。2018年，西藏自治区全区投入抢险救援力量约9万人次，投入编织袋280多万条及钢材、砂石料等防汛应急物资，出动运输等抢险设备6000余台次。西藏自治区水利厅、自然资源厅、应急管理厅、地震局、气象局等单位召开防汛抗旱会商会13次，分析研判防汛抗旱形势，密切关注天气情况，及时发布预警信息。先后启动防汛应急响应Ⅰ级1次、Ⅱ级2次、Ⅲ级2次、Ⅳ级2次。组织应急水文监测组在金沙江、雅鲁藏布江增设波罗站、加拉湖区站等6处站点，监测水情变化，并制定组织实施水文应急监测方案和水情预测方案。全年完成救援任务292起，抢救疏散被困人员2010人，抢救财产价值3360余万元。自治区消防救援总队6个支队、9个大中队、12名个人受到省部级单位表彰；5名个人荣记二等功，201名个人荣记三等功。

第二十七章　陕西省应急管理工作

2018年11月13日，陕西省应急管理厅挂牌成立。按照陕西省委关于机构改革的总体安排，截至2018年底，陕西省应急管理厅共接收转隶人员121名（不含厅级干部）；原由林业、农业、水利、民政、国土等相关部门承担的职责，根据机构改革要求，逐步划转至省应急管理厅。

2018年，全省安全生产实现了“双下降、双平稳”。一是事故起数和死亡人数“双下降”。全省共发生各类生产安全事故1017起、死亡682人，同比分别下降24.6%和17.7%。二是多数行业保持平稳。建筑施工、交通运输、化工、冶金机械事故总量和死亡人数“双下降”，渔业船舶、航空运输未发生事故，烟花爆竹实现了全年零事故、零伤亡。三是大部分地区安全生产形势稳定。全省12市、区中，11个未发生重大事故，宝鸡、铜川、渭南、延安、榆林、汉中、安康、商洛8个市事故起数和死亡人数“双下降”，咸阳、韩城未发生较大以上事故；全省未发生特别重大事故。

一、安全生产责任体系逐步完善

坚持把“党政同责、一岗双责、齐抓共管、失职追责”和“管行业必须管安全、管业务必须管安全、管生产经营必须管安全”贯穿于工作全过程，逐步压实党政领导责任、部门监管责任和企业主体责任。以落实中央出台的《地方党政领导干部安全生产责任制规定》和省委、省政府印发的《陕西省实施〈地方党政领导干部安全生产责任制规定〉细则》为契机，推动落实党政领导干部责任制，西安、咸阳、宝鸡、延安、榆林、汉中、安康、商洛、杨凌9个市、区和94个县级单位率先落实政府常务副职分管安全生产工作。省自然资源厅、省交通运输厅、省农业农村厅、省人力资源和社会保障厅、省司法厅、省商务厅、省林业局、省体育局、省国防科工办、省农机局等省级部门由单位主要负责人任安全生产领导小组组长，制定了《“党政同责、一岗双责”实施办法》等文件，形成了“岗岗有责、人人负责”“行权留痕、签字背书”的安全监管责任体系。出台安全生产约谈实施办法，对事故多发、问题突出的榆林、延安、渭南、商洛4市及32家企业进行约谈，督促落实安全生产责任。

二、“三项攻坚行动”取得实效

2018年3—12月，全省开展了为期10个月的交通、煤矿、危险化学品安全攻坚行动。攻坚行动贯穿全年，目标明确、行动有力，攻克了一些长期困扰基层和企业的难点问题，取得了明显进展。攻坚期间，省安委会成立5个督查组，对各市开展了不少于20天的专项督查。西安、咸阳、宝鸡、渭南、延安、铜川等市主要领导多次召开政府专题会议、安委会扩大会议、工作推进会，研究推动攻坚行动。省公安厅、省交通运输厅、原省安全生产监督管理局、陕西煤矿安全监察局、省煤炭管理局分别成立专项小组，印发具体方案，加强与相关部门联动协作，全力组织开展“三项攻坚行动”。全省市级以上领导带队检查1197次，检查企业3.43万家，排查重大隐患3715项，打击违法违规行为12.9万余起，关闭取缔违法违规生产企业172家，停产停业整顿292家，暂扣吊销许可证273家，行政罚款2.6亿余元，追究刑事责任3761人，问责曝光工作不力的单位和个人1132家、1660人。在“三项攻坚行动”的带动下，非煤矿山、建筑、工贸、烟花爆竹等行业领域积极开展专项治理，排查问题隐患，遏制各类事故发生。中央环保督察的31座尾矿库全部整改到位，烟化爆竹实现了全年零事故、零伤亡。

三、集中执法力度不断加大

2018年8—12月，按照“全覆盖、零容忍、严执法、重实效”的总体要求，在全省范围内开展了安全生产集中执法行动。各市、区和各部门结合本地区、本行业的实际，组织制定实施方案，明确任务、分工、措施和要求，推进集中执法行动有序开展。省安委办成立4个由省应急管理厅厅级领导干部任组长的暗查暗访组，抽查7个市52户企业，查处问题隐患160余项，对5家企业公开曝光。省国土、司法、质监、煤管等部门主要领导召开会议研究部署。公安、交通、自然资源行政罚款居重点行业部门前三位，西安、榆林、延安行政罚款位于各市、区前三位。据统计，执法行动期间，惩治典型违法行为24.8万起，立案查处违法行为15.5万起，移送司法机关1054人，停产停业整顿2878家，关闭企业453家，取缔企业438家，曝光重大隐患和典型案例393起，行政处罚1.13亿元。

四、大培训活动初见成效

2018年下半年，集中3个月时间，采取专家集中讲授、现场岗位演练、安全比武竞赛等方式，分层级、分行业、有重点、有针对性地组织3.2万场次安全生产培训活动，培训55万人，有效提升人员安全意识和事故防范能力。大培训着眼系统性、前瞻性、针对性，突出企业主要负责人、安全管理人员、企业从业人员等“三级”重点人员，强化“夯实安全生产责任、提升管理能力、普及应知应会”重点内容，严把“学、考、用”培训环节，保证了安全培训主方向、主目标不偏移。省公安厅、交通运输厅、住房城乡建设厅、应急管理厅、煤炭管理局和中国铁路西安局等部门（单位），在相关行业领域积极开展了安全大培训工作。省安委办指导建立了3家体验式安全培训基地，38家模拟考试环境，2家便携式培训管理平台，并对133家企业入户指导，在大中型企业形成主动抓培训、自觉讲安全的良好氛围，活动初见成效。

五、双重预防机制不断建立健全

2018年是全省构建双重预防机制取得明显进展的一年，重点行业领域企业开展风险辨识、风险等级确认、制定“一图两清单”、健全隐患排查治理体系。全省12个市、区共有6980家企业开展了双重预防机制建设，延安市、铜川市、商洛市开展双重预防机制建设企业数分别占本市企业总数的67%、57%、49%。煤矿、非煤矿山、危险化学品、烟花爆竹、工贸等行业领域先后制定了安全风险分级标准、重大生产安全事故隐患判定标准，标志着重点行业标准规范基本确立。省公安、交通、工信、住建等部门结合行业特点制定了相应的分级管理办法。省应急管理厅确定的40多家试点企业、省住建厅确定的5家建筑企业分别在煤矿、非煤矿山、建筑施工、危险化学品、烟花爆竹等重点行业形成111个典型案例，为构建双重预防机制打开了局面。

六、安全生产宣传教育明显加强

组织开展“安全生产月”活动，突出“三项攻坚行动”、集中执法行动、落实党政领导干部安全生产责任制等重点工作，开设专题专栏、深入基层宣传等活动，组织策划3期政策吹风会，在陕西电视台对“三项攻坚行动”方案进行解读。在人民网等主流媒体刊稿3986篇。开展事故警示教育，结合2018年以来发生的较大以上事故制作了1部警示片，编印了1册警示录。征集公益广告作品113部，组织演讲407场次，10万人次参加网络知识竞赛。

第二十八章　甘肃省应急管理工作

一、机构改革

根据甘肃省委、省政府机构改革的部署，将原省安全生产监督管理局的职责，省政府办公厅的应急管理职责，省公安厅的消防管理职责，省民政厅的救灾职责、原省国土资源厅的地质灾害防治、省水利厅的水旱灾害防治、原省农牧厅的草原防火、原省林业厅的森林防火相关职责，省防汛抗旱指挥部、省减灾委员会、省抗震救灾指挥部、省森林防火指挥部的职责等整合，组建甘肃省应急管理厅，于2018年10月30日挂牌成立。

二、重点工作

2018年，全省共发生各类生产安全事故948起、死亡767人、受伤710人，直接经济损失16193.11万元。其中：亡人事故663起，同比下降14.23%；死亡767人，同比下降13.92%；受伤296人，同比下降8.92%；直接经济损失15471.26万元，同比上升26.24%。发生较大事故10起，同比下降44.44%；死亡35人，同比下降50%；受伤22人，同比下降4.35%；直接经济损失1450.35万元，同比上升1.24倍。全省有10个市（州）亡人事故起数和死亡人数“双下降”。

（一）安全生产责任体系建设

省委、省政府主要领导共同出席全省安全生产工作会议，分别召开5次省委常委会、11次省政府常务会议，传达学习中央领导指示批示精神，专题研究部署安全生产工作。省政府与14个市（州）政府、33个行业部门签订安全生产目标责任书；省安委会修订发布《省安委会成员单位安全生产责任清单》，明确各行业部门的安全生产工作职责，会同省编办将安全生产工作职责列入部门“三定”规定。省安委会深入开展“企业主体责任落实年”活动，大力推广兰州石化公司建立岗位责任清单的经验做法，督促企业层层落实安全责任。

（二）安全生产法治建设

省委办公厅、省政府办公厅印发《党政领导干部安全生产责任制实施细则》《关于推进城市安全发展的实施意见》。修订印发了《安全生产“党政同责、一岗双责”实施细则》《安全生产工作考核办法》，结合甘肃实际，制定了《甘肃省金属非金属矿山地面生产生活设施安全建设指南（试行）》，出台了《消防安全责任制实施办法》和《消防诚信行为信息管理规定》，进一步厘清了各级政府责任清单，确保了安全生产工作落到实处。

（三）教育培训

狠抓党政领导安全生产培训，在省委党校举办为期半个月的全省党政领导安全发展第一责任落实专题培训班4期，培训市、县党政领导，省安委会成员单位分管领导、安监系统人员400余人。持续开展监管人员正规化培训，依托兰州资源环境职业技术学院等省内外高校，举办应急管理、事故直报、统计、煤矿、非煤矿山、执法能力监管等各类培训班12期，培训学员1705人；举办为期半个月的乡镇（街道）安监员培训班5期，培训1183人。对重点企业主要负责人进行专题培训，邀请国家级安全培训讲师送教上门培训2万多人，培训“三项岗位人员”3万多人次。

（四）应急管理能力建设

2018年，购买通信车、宿营车、炊事车、运兵车12辆，应急救援装备物资11325台（套），解决了各救援基地装备老化、缺乏等问题。开展大规模拉动式、实景式、无脚本演练。6月，省安委办在张掖市肃南县西沟矿组织省内7支省级矿山应急救援队伍，开展了省级应急救援综合演练，省长唐仁健等领导进行了远程观摩指导。7月、10月，分别组织了两阶段实战拉动演练，出动队伍13支（次），开展演练和实地救援10余场。第一阶段突出防汛救援，第二阶段突出事故灾难和灾害应急救援，检验了各层级组织指挥、协调联动、应急处置、抢险救援综合能力。8月，主办了全省第二届危险化学品救援技术竞赛，7支应急救援队伍代表队的81名指战员完成3天的应急比武竞赛，达到互学互帮、共同提高的目的。

（五）防汛抗旱

省安委办和安监、水利、民政、气象等部门提早安排部署，对安全生产领域防汛减灾工作提出具体要求。各级安监部门召开会议、发布信息，层层传导责任，织密防范网络。汛期中，层层落实领导带班制、24小时在岗值班制度和值守情况随机抽查制度。省安委办加强与相关部门的沟通联系，及时进行工作指导调度。各级安全监管人员、乡镇（街道）安监站携带移动执法终端，坚守防汛和安全生产一线，随时上传防汛应急和安全生产情况，全省18支安全生产专业应急救援队伍全面进入战备状态。7月14日起，组织有关应急队伍赶赴定西、天水等市（州）开展灾后抢险救援，并派出11个督查组，突出矿山采空区、废弃矿井、尾矿库、排洪设施、排土场和石油天然气储运管线等重点部位，开展汛期安全生产督导检查。

（六）执法监察

围绕节日假期等重点时段和敦煌文博会、陇西药博会等重大活动，组织进行督查检查，确保节假日安全稳定和活动顺利召开。金川集团热电公司“10·5”中毒窒息事故发生后，省安委办组织在全省范围内开展安全生产督导检查，组织专家督导组对金川集团公司安全管理体系建设进行会审，对金昌市安全生产工作开展巡查，共查出整改问题281条。分3批次对酒钢集团、白银公司、金川公司、靖煤集团等44户省属大中型骨干企业和重点工业园区，开展“解剖麻雀会诊”式检查，并对张掖、天水等5个市和兰州市永登县的146家生产经营单位进行“会诊”检查，进一步细化落实安全生产责任。

（七）安全生产信息化建设

抢抓甘肃省被确定为国家安全生产信息化建设试点省的机遇，以安全生产信息化建设为突破口，转变监管方式，全省“一张网、一张表、一张图、一盘棋”格局初步形成，实施三期工程建设，进一步完善全省安全生产监管综合平台和风险防控、隐患排查治理系统。为全省所有市（州）、县（区）、乡镇（街道）和30个工业园区配备执法终端3181台，在防汛抗洪抢险的过程中，发挥了现场图像传输、信息迅速上报的作用。

（八）专项治理

分类制定重点行业风险管控和遏制重

特大事故的实施细则，支持兰州市遏制重特大事故试点工作。扎实推动全省道路生命防护工程建设，极大地改善了国省道特别是农村公路的安全通行条件。协调有关行业主管部门，组织开展了道路交通领域系列专项整治行动，查处道路交通违法行为571万起。开展建筑施工安全专项治理行动和全省建设领域质量安全隐患大排查大整治专项行动。

（九）矿山监管

在全省推广非煤矿山“五化”建设，确定22家非煤矿山企业先行试点，指导全省非煤矿山企业向煤矿行业学习。两次召开全省非煤矿山安全生产工作现场会，推广甘肃金徽矿业有限责任公司、华亭煤业集团公司等矿山企业建设管理的典型经验。全面完成全省91座病库和46座尾矿库“头顶库”安全隐患综合治理，消除了危、险、病库安全隐患。开展煤矿领域打击“六假六超”专项行动，召开全省煤矿安全基础建设推进会，组织全省煤矿管理人员赴外地开展观摩学习，推进“人人都是班组长”等先进理念。

（十）危险化学品监管

开展城镇人员密集区危险化学品生产企业安全风险评估，摸排确定了21家企业开展搬迁工作。

（十一）宣传教育

坚持“把农民工培养成合格的产业工人”和“小手拉大手，以学生安全意识提高带动全社会安全意识提高”两大理念，开展群众性宣传教育。充分利用冬春两季农闲、农民工返乡及企业生产淡季，在全省开展安全生产“百日宣教”活动。通过微信群、微信公众号等新媒体，宣传安全生产法律法规，推送安全常识、安全提示、预警信息，增强群众的安全意识和防范技能。省安委办制作6部全省典型事故案例警示片，发到市、县、乡和重点企业巡回播放；编印了《生命之殇——典型生产安全事故案例选编》，及时向全省企业发放，用身边事教育警示身边人。大力推进全省2018年“安全生产月”和“安全生产陇原行”活动，在全国应急和安全知识竞赛活动中，动员组织监管干部、企业职工和社会公众积极参加。

第二十九章　青海省应急管理工作

2018年11月29日，青海省应急管理厅正式挂牌成立。组建青海省应急管理厅是青海省委、省政府贯彻落实习近平总书记关于深化党和国家机构改革的重要论述，深入推进应急管理体制改革的重要举措。青海省应急管理厅深入学习贯彻党的十九大精神和习近平总书记关于应急管理工作的重要指示批示精神，认真贯彻落实党中央、国务院的重大决策部署和省委、省政府统一部署要求，牢固树立安全发展理念，深化应急管理机构改革，大力弘扬"生命至上、安全第一"的思想，以"防范化解重大安全风险、坚决遏制重特大事故"为重点，扎实抓好重点时段、重点地区各类自然灾害监控防控工作，着力在控大风险、除大隐患、防大事故上下功夫，应急管理各项工作取得显著成效。2018年，全省共发生各类生产经营性事故380起、死亡241人，同比分别下降10.59%和23.97%；发生较大事故4起、死亡16人，同比分别下降33.33%和27.27%；商贸制造业、建筑业、交通运输和仓储业3个行业事故起数、死亡人数同比分别下降34.62%、5%、10.41%和34.48%、21.74%、24.60%。连续8年未发生重大及以上生产安全事故。全省受灾人口、农作物绝收面积和因灾死亡牲畜数量减少6成以上，受灾人口同比下降62.5%，洪涝灾害经济损失同比下降16.7%，死亡（含失踪）人口同比下降61.5%，地质灾害死亡人数同比下降66.7%，防控风险成效显著。

一、提高政治站位，全面加强安全生产责任体系建设

宣贯《地方党政领导干部安全生产责任制规定》，研究制定《青海省贯彻落实〈地方党政领导干部安全生产责任制规定〉实施细则》，督促各级党委、政府和行业主管部门落实安全生产责任。印发《关于推进全省城镇人口密集区危险化学品生产企业搬迁改造工作的方案》，确定搬迁改造企业名单，明确各级政府和有关部门的责任。以国务院安委会考核组、全国"两会"安全生产督查组及各专项互查组反馈意见为导向，强化督促整改落实，进一步落实安全生产责任。

二、聚焦重点领域，扎实开展安全生产专项整治

紧盯"两会"、复产复工、生产经营和旅游旺季、汛期等重点时段和重大节庆活动，突出道路交通、建筑施工、矿山、危险化学品等重点行业领域，先后围绕"百日攻坚"安全生产隐患排查治理、"会战黄金季"系列安全检查和"四个奔着去"大抓落实活动、冬季"收好官、开好局"活动等督查检查。印发《全省安全生产大检查工作实施方案》，从7月至12月底，在全省范围内持续深入开展安全生产大检查工作。全省共检查各类企业、单位及场所23901家(处)，排查隐患24998项，整改24515项，整改率98.06%；依法打击违法违规行为15.87万起，责令停

产停业35家，处罚违规企业37家，临时查封34家，行政罚款185.75万元，依法行政拘留25人。稳步推进危险化学品综合治理工作，完成全省90%危险化学品企业安全风险摸排工作，持续推进人口密集区危险化学品生产企业搬迁工程。强化煤矿安全基础建设，推进煤矿瓦斯水害防治，深入开展煤矿安全生产分片联系指导工作。全面部署开展非煤矿山安全生产风险分级管控和隐患排查治理双重预防机制建设，建立双重预防机制试点机制，组织开展淘汰落后设备及工艺专项整治。

三、强化法治引领，不断夯实应急管理工作基础

深入开展《青海省安全生产条例》立法工作，组织开展“十三五”安全生产规划中期评估，进一步修订完善规划。制定《关于推进城市安全发展的实施意见》，进一步加强城市安全工作，深入开展创建全国综合减灾示范社区工作。联合印发《关于对青海省安全生产领域守信生产经营单位及其有关人员开展联合激励的合作备忘录》，并迎接第三方评估机构对文件执行情况进行评估，推动安全生产诚信建设。深入推进高危企业安全生产责任险，累计为738家企业提供近260亿元风险保障。为全省105个已成立安全监管站（所）的乡镇配发基础装备840台（套），为省、市（州）配发流动宣传车10辆。组织完成全省安全生产信息化“一张图”初步设计，深入开展全省应急视频调度平台、全省油气输送管道电子分布图及在线监控系统、防灾救灾减灾信息化平台建设项目，有序推进全省危险化学品安全风险“一张图一张表”信息系统建设，建成全省煤矿事故风险平台和全省地质灾害防治综合管理系统（一期）建设。推行“不见面”审批、“最多跑一次”服务试点，持续推动行政许可事项网上办理，共受理行政审批及公共服务事项563项，按时办结率100%，受理咨询服务617件，服务满意度100%，实现全年无投诉。

四、加强综合协调，着力形成防灾减灾救灾工作合力

针对干旱、洪涝、山体滑坡、雪灾、森林草原火灾等自然灾害，加强统筹协调，及时召开灾情会商会议，研判灾情发展形势，安排部署各项防灾救灾工作，协调有关部门积极做好监测预警、应急保障、抢险救援、医疗防疫、恢复重建等工作，做到信息互通、资源共享，互相配合，形成合力，受灾群众基本生活得到妥善安置。全年有效应对雪灾、风雹、洪涝、山体滑坡等大小灾情86起，组织灾情会商会4次，上报灾情信息107条，紧急转移安置12642人。持续深入推进农房保险工作，多次召开农房保险工作推进会，加大宣传力度，全省农房保险保额共计48.84亿元，保费488.49万元，承保户数18.65万户，累计赔款111笔，赔款金额77.77万元。

五、强化应急演练，有效提升应急救援处置能力

组织开展危险化学品、矿山、金属冶炼、城镇燃气、建筑施工、交通运输、地质勘探、燃气管道、消防、气象、地震等方面综合应急演练，督促落实应急准备和应急措施，提升应急处置能力，全年共开展应急演练300余场(次)。持续推进青海盐湖工业股份公司危险化学品应急救援基地建设，争取到5000余万元国家建设资金。第一时间做好乐都西城铁路“4·26”地质勘查井喷事件应急救援处

置，第一时间协调指导 4 起较大事故现场救援处置。逢重要节假日、重点时段和重大改革阶段提前分析研判，明确责任，强化值班值守和信息报送，有效锤炼和提升了各级应急处置能力。

六、深入宣传教育，切实增强安全防范意识

全方位全领域组织开展全省“安全生产月”和“万里行”宣传系列活动，通过全省安全生产知识竞赛、精品文艺节目展示、主题征文、安全生产应急演练和警示教育、安全生产“七进”等多项活动，广泛传播安全常识，营造浓厚的安全生产宣传氛围。举办全省领导干部安全生产与应急管理专题培训班。举办工贸、职业健康、行政执法统计、非煤矿山双重预防机制、省政府“710”政务督办系统、学习宣传贯彻习近平新时代中国特色社会主义思想和党的十九大精神全省领导干部安全生产与应急管理专题培训班等 6 期专题培训。指导各级培训机构举办企业“三项岗位人员”培训班 300 余期，培训 1 万余人次。组织开展全省安全生产宣传培训专项检查，对全省安全培训机构和考试点进行全面检查整治，规范和净化了安全教育宣传培训市场秩序。

七、坚持改革创新，稳步推进机构改革各项重点任务落实

坚持把机构改革作为头等大事摆上突出位置，把加强党的领导和思想作风建设贯穿机构改革全过程，有序完成职能调整、人员转隶、机构整合和消防部队转制等各项工作。人员转隶到位后特举办为期近一个月的“大学习、大融合、大提升”集中学习活动。通过厅党组书记带头、全体党组成员集中讲党课以及各处室、各转隶部门负责人专题讲授业务知识的方式，集中学习应急管理工作的方针政策、法律法规和专业知识，熟悉应急管理工作职责、程序、方法及好的经验，进一步加强来自不同部门之间应急管理干部之间的思想、职责、情感的融合，消除了转隶干部对新单位、新工作的陌生感，切实增强了转隶干部对新集体的认同感、归属感和荣誉感。

第三十章　宁夏回族自治区应急管理工作

2018年，在习近平新时代中国特色社会主义思想指引下，在应急管理部有力指导下，全区上下深入贯彻习近平总书记关于应急管理的重要论述，全面落实自治区党委和政府决策部署，坚持以人民为中心的发展思想，把维护人民生命财产安全作为工作的出发点和落脚点，边组建、边整合、边应急，高站位推进机构改革，高起点构建大应急体系，高标准打造应急管理铁军，高强度防范化解重大安全风险，高频次排查治理安全隐患，实现了生产安全事故起数、死亡人数、较大事故继续下降，重特大事故零发生。自然灾害受灾人数、经济损失、次生灾害大幅减少。全系统自身建设不断加强，机构改革有序推进，全区应急管理工作在改革中取得新突破。

一、讲政治、高站位，机构改革蹄疾步稳

坚持把加强党的全面领导贯穿机构改革的全过程，牢固树立“四个意识”，坚定“四个自信”，做到“两个维护”，从讲政治的高度，统一思想，步调一致，有序推进机构改革。按照“转理念、调职责、优结构”的思路，本着“优化、协同、高效”的原则，如期完成机构挂牌、人员转隶、“三定”规定制定等工作。自治区应急管理厅于2018年11月14日挂牌成立，全区5个地级市和22个县（区）均挂牌成立了应急管理局。科学界定“防”与“救”的职责，积极处理“统”与“分”的关系，致力于起“化学反应”，调整了自治区安委会，整合自治区减灾委员会、防汛抗旱指挥部、森林草原防灭火指挥部职能，成立了自治区应急管理指挥部，初步构建起统一指挥、分工清晰、互为衔接的应急管理指挥体系。

二、严监管、优服务，安全形势稳定向好

坚持把安全生产作为重大政治任务，紧盯高风险领域和薄弱环节，高频次督查，形成常态，高强度处罚，形成震慑，高标准巡查，形成机制，全力维护经济社会发展大局稳定。出台了《宁夏回族自治区党政领导干部安全生产责任制实施细则》，修订了《宁夏回族自治区安全生产行政责任规定》，促进了安全生产责任到底到边。组织开展了“除隐患、保安全”专项行动、“除隐患、保安全”问题隐患整改销号行动、重点行业领域十大专项整治行动和百日安全生产专项整治行动。自治区安委办采取“领导带队、专家参与、现场记录、清单管理”的方式，划片包干、驻地督导、设立台账、一盯到底，对各地各部门落实安全生产责任和防范措施情况进行不间断督查，督促消除了一大批安全隐患，打击治理了一大批非法违法行为。贯彻落实新发展理念，着力优

化营商环境，确定了143项“不见面”办理事项，实现了“清单之外无权力，窗口之外无审批”目标。拓展延伸风险预防控制和隐患排查治理系统运用，全区工矿企业全部上线运行，实现了信息化管控。扎实推进危险化学品综合治理，对11个化工集聚区进行了定量风险评估，完成了危险化学品重大危险源数据库建设。分层级分领域分岗位开展大培训，累计培训2万余人，安全监管的针对性、科学性不断增强。在各方面的共同努力下，全年共发生各类生产安全事故242起，同比下降8.3%；死亡188人，同比下降4.6%。发生较大生产安全事故3起，同比下降50%；死亡12人，同比下降47.8%。未发生重大及以上生产安全事故。

三、抓统筹、促协调，灾害防治有力有效

始终站在防范和化解重大安全风险的高度，坚守主阵地，当好“守夜人”。制定《自治区应急管理厅应急值班值守制度》，建立了厅领导到岗带班，值班长、主副值班员和驾驶员24小时值班值守，全员分批备勤的“1+5+N”应急值班模式，做到信息畅通、反应迅速、应对有效，时刻保持临战状态。加强事故灾害应急响应，成功处置了宁东镇圆疙瘩湖溃口险情，最大限度减少了灾害损失，得到了应急管理部工作组的充分肯定。积极争取中央冬春救助资金3816万元，有效保障受灾困难群众基本生活。实地走访贺兰山、罗山等国家自然保护区，摸清了森林草原防火工作现状，建立了森林火险气象预警信息报送机制。联合水利厅召开了黄河防凌工作会议，3次对黄河防凌进行检查，统筹抓好极端灾害天气应对工作。

四、转作风、树形象，党的建设全面加强

全面履行从严治党责任，围绕巡视整改、违反中央八项规定精神突出问题治理和“灯下黑”专项整治，把加强政治理论学习作为看家本领，高质量、高要求抓好机关党的建设。围绕“三强九严”工程落实，制定出台了《关于加强和改进新时代安监系统党建工作的意见》，有效促进了思想教育经常化、责任落实清单化、工作部署精准化、检查指导常态化、制度建设系统化、基础工作规范化。在全系统创新开展“学习贯彻习近平安全生产重要论述 提升安全监管工作质量”主题研讨实践活动，教育引导干部职工政治上固本、思想上铸魂、党建上强基、工作上破题，收到了以学习更新理念，以理念理清思路，以思路引领出路的初步效果。紧紧抓住正风肃纪这个关键，深入开展“强化纪律执行”教育活动，实施“勤政廉政监督卡”制度，严纠早治“三不为”，党员干部政治意识、思想觉悟明显提升，党支部的政治功能和战斗堡垒作用显著增强，干部职工纪律作风持续改进。

第三十一章 新疆维吾尔自治区应急管理工作

在自治区党委、政府正确领导下，在应急管理部的大力支持和关心下，新疆应急管理工作坚持以习近平新时代中国特色社会主义思想为指引，深入学习贯彻党的十九大、十九届二中、三中全会及习近平总书记关于应急管理重要指示精神，坚持以人民为中心的发展思想，紧紧围绕新疆社会稳定和长治久安总目标，牢固树立安全发展理念，采取了一系列行之有效的措施，全区应急管理和安全生产形势持续稳定好转。2018 年，自治区共发生各类生产安全事故 889 起、死亡 472 人，同比分别下降 19.26% 和 22.75%。截至 2018 年 12 月 31 日，已连续 1003 天没有发生一次死亡 10 人以上重特大生产安全事故。发生森林火灾 42 起，受害森林面积 13.22 公顷，同比分别下降 27.6% 和 56.1%。发生地质灾害 28 起、失踪 1 人，同比分别下降 54% 和 50%。未发生草原火灾。

一、机构改革工作情况

（一）组建成立应急管理厅

新疆维吾尔自治区应急管理厅于 2018 年 11 月 30 日挂牌成立，整合了安全生产、消防、救灾减灾、地质灾害防治、森林草原防火、防汛抗旱、抗震救灾等相关职能。内设机构 20 个，下设 8 个直属事业单位，其中，转隶 5 个、更名 2 个、新增 1 个。全厅机关、事业单位共有编制 196 名，其中，行政 90 名、参公 15 名、工勤 10 名、事业 81 名。厅级领导职数 5 名，实际配备 8 名。处级领导职数 62 名，实际配备 56 人。

（二）做好人员转隶工作

积极做好人员转隶衔接工作，截至 12 月 10 日，自治区应急办 5 人、民政厅 6 人、水利厅 5 人、原国土厅 1 人、原畜牧厅 4 人、原林业厅 2 人共 23 人转隶到位。人员转隶到岗后，按照“思想不乱、工作不断、队伍不散、干劲不减”要求，及时统筹应急管理部门职能，确保了防灾减灾救灾、安全生产各项工作有序推进。

（三）统一思想认识、提升能力

应急管理厅成立后，立即召开全体干部职工大会认真学习贯彻习近平总书记关于应急救援、防灾减灾救灾和安全生产的重要指示精神，动员全体干部职工聚焦社会稳定和长治久安总目标，切实增强做好应急管理工作，落实好当前任务的紧迫感、责任感，以新标准、新状态迎接自治区党委赋予的新任务、新要求。针对转隶人员来自不同行业和领域，业务知识互有不足的情况，制定“大学习大提高”方案，组织干部职工开展防灾减灾、安全生产专业知识学习和技能培训，提升全体干部理论业务水平和履职能力。

（四）做好改革期间应急处置工作

11 月以来，克州阿图什市发生 5.1 级地震、呼图壁县发生 4.5 级地震，阿克陶县发生 5.2 级地震、阿克苏地区发生大风沙尘灾害、乌鲁木齐县发生山体崩塌等灾情后，及时组织有关部门赶赴灾区，实地查看受灾情况，指导地、县做好救灾工作。组织对地震活跃区危险化学品、非煤矿山、工贸等重点行业领域进行专项安全检查，加强与气象、地震、林业、水利等部门联动，及时发布预警信息，切实做好自然灾害引发生产安全事故灾难的应对防范工作。

二、重点工作

（一）深入开展安全生产专项行动

针对安全生产领域突出问题，2018年在事故高发、问题突出的重点行业领域集中开展了“两客一危”重点车辆、危险化学品企业检维修作业、煤矿瓦斯、建筑施工防范高处坠落事故等16项贯穿全年的安全生产专项治理行动。自治区应急管理厅在承担自治区16项专项治理中的4项以外，又针对薄弱环节开展了非煤矿山外包工程、危险化学品企业罐区、自动化控制系统、涉氨制冷、粉尘防爆等9项专项治理。通过专项治理，有力规范了重点行业领域的安全生产秩序，有效解决了一批易引发生产安全事故的突出问题和事故隐患，特别是道路交通、非煤矿山、化工等重点行业领域实现了事故起数、死亡人数大幅度下降，专项治理工作取得了明显成效。积极开展去产能工作，全面防止“地条钢”死灰复燃。提请自治区人民政府、自治区安委会分别对28项重大事故隐患、149项重点问题隐患进行挂牌督办、严督实改。截至2018年底，24项重大隐患、139项重点问题隐患已完成整改，其他重大隐患、重点问题隐患按计划整改。

（二）持续开展安全生产检查

突出加强全国“两会”、春节、五一、中秋、十一和企业春季复产复工等重要时段安全生产工作，采取明查暗访、突击检查、专家助查等方式，组织各地各部门对全区所有行业领域持续开展安全生产执法检查，依法严厉查处安全生产非法违法行为。全年全区共依法打击各类非法违法行为220万余起，停产整顿企业2267家，关闭取缔3131家，罚款1.98亿元，行政拘留2.1万余人，追究刑事责任6182人，问责曝光工作不力的单位1184家、2.7万余人。

（三）严格安全生产巡查、考核、事故调查

将安全生产巡查作为强化安全生产责任落实、解决安全生产突出问题的有效手段，组织对4个地（州、市）、6个自治区部门进行安全生产巡查，从安全生产体制机制建设到安全生产工作责任措施落实，全面系统查隐患、找问题、促整改，既注重发现显性的问题隐患和深层次的矛盾根源，更注重督促指导各地各部门明确靶向、精准治理，共查找责任单位问题隐患788项，将巡查情况通报全区，指导督促各地、各部门举一反三、整改提高。组织对全部14个地（州、市）、53个自治区重点行业领域部门、18家重点企业实施安全生产考核，将安全生产纳入自治区党委绩效考核，有效推动落实安全生产“党政同责”和“三个必须”要求，强化了企业安全生产主体责任。严格事故调查处理，全年共查处事故103起，处罚3038万元，党政纪处分20人，追究刑事责任30人。将3家事故单位纳入安全生产失信联合惩戒“黑名单”，实施多部门联合惩戒。

（四）积极推动安全生产领域改革发展

出台《自治区实施〈地方党政领导干部安全生产责任制规定〉细则》，明确了

县级以上党委、政府领导及51个负有安全监管职责部门、行业部门、群团组织主要负责人的安全生产职责，为各级党政领导干部尤其是主要领导明安全生产职责、守安全生产红线提供了明晰的标准，对落实“促一方发展、保一方平安”的政治责任作出了制度性安排。认真贯彻中共中央办公厅、国务院办公厅《关于推进城市安全发展的意见》精神，组织起草了《关于推进城市安全发展的实施意见》，选定乌鲁木齐市、克拉玛依市、库尔勒市为试点城市，积极探索和提升城市安全治理能力和水平。

（五）夯实安全生产基础工作

积极推进《自治区安全生产条例》和推动《自治区安全生产举报奖励办法》修订工作，自治区安全生产法规制度建设迈出坚实步伐。着力优化营商环境，制定了《推进审批服务便民化优化准入服务实施办法》《自治区安全监管系统审批服务事项目录》，督促抓好27项审批服务便民化措施的落实。在全区组织开展了以“生命至上、安全发展”为主题的全国第17个“安全生产月”“安全生产天山行”宣传教育活动。组织开展全区119个安全监管部门专网建设，形成全区安全生产“一张网”体系。组织开展大型原油罐区火灾爆炸和原油管道泄漏事故应急演练活动和自治区第二届危险化学品救援技术竞赛，各级安全生产应急和处置能力得到有效检验。

（六）扎实做好防灾减灾救灾工作

一是出台《新疆维吾尔自治区森林防火规划（2016—2025年）》，明确全区森林火灾预防、扑救、保障工作的思路和方向。投入2180万元建设3个草原防火站、1025公里边境草原防火隔离带，有效提升了草原防火能力。指导完成了裕民县、阿拉山口市等8个县（市、区）高标准“十有县”创建和验收。申请自治区财政资金2471万元，组织实施14个地质灾害防治项目，有效地减轻地质灾害威胁，有力地保护了受威胁人员生命财产安全。投入2.7亿元开展防洪治理工程17项，已完工12项；投入1000万元完成3个深度贫困县应急防洪工程项目建设。投入3500万元在73个山洪灾害防治县实施灾害防治项目。二是及时下拨救灾资金6500万元（中央5000万元、自治区1500万元），紧急调拨帐篷2840顶、棉被11858床、发电机230台等价值1300余万元的救灾物资。积极争取2017—2018年度、2018—2019年度中央冬春扶助资金3.896亿元和4.592亿元，救助受灾困难群众509万人（次），切实解决受灾群众冬春期间口粮、衣被、取暖等生活困难。三是积极应对哈密市伊州区重大洪涝，喀什地区、克州、塔城托里县洪涝灾害，伽师县5.5级地震等自然灾害，有力保障了受灾群众有饭吃、有干净水喝、有衣穿、有临时住所住，确保了灾区群众情绪和社会秩序稳定。四是围绕“全国防灾减灾日”和“国际减灾日”宣传主题，广泛开展科普宣教活动，进一步强化公众减灾意识，普及避险自救互救技能。以创建全国综合减灾示范社区为抓手，全面提升社区综合减灾能力，截至2018年底，全区累计已有215个社区创建成功。

（七）加强应急救援有效应对突发灾害

一是针对洪涝、风雹、地震、雪灾、低温冷冻等频发多发灾害，先后紧急启动应急响应4次（Ⅲ级1次、Ⅳ级3次），第一时间派出18批（次）救灾、核灾督导工作组赶赴灾区核查上报灾情，了解灾区实际困难，指导地县做好救灾救助工作，协助灾区转移安置受灾群众，妥善安排困难群众基本生产生活。二是修订完善《新疆突发地质灾害应急预案》《自治区防汛抗旱应急预案》《自治区草原火灾应急预案》等防范自然灾害预案，组织开展防范地质灾害、森林火灾、草原火灾、洪水、地震等各类灾害应急演练1000余次，大力提升了应对灾害应急处置能力。三是加强应急救援，及时采取有力措施，有效应对了伊犁州“4·15”边境森林火灾和“8·10”叶尔羌河冰川堰塞湖溃坝洪水灾害，未造成灾害损失和人员伤亡。全年投入防洪抢险人员13.1万人次，减淹5.45万人次，解救洪水围困人员805人，紧急转移安置1.08万人，减淹耕地96.32千公顷，减灾效益达9.25亿元。

第三十二章 新疆生产建设兵团应急管理工作

一、生产安全事故及自然灾害总体情况

2018年，兵团工矿商贸行业领域共发生生产安全事故19起、死亡19人，同比减少5起、7人，分别下降20.8%和26.9%，实现事故起数、死亡人数“双下降”，未发生较大及以上生产安全事故。

2018年，全兵团农作物受灾面积31.35万公顷，其中，绝收1.1万公顷。全年因灾造成直接经济损失13.04亿元，其中，因洪涝灾害造成直接经济损失1.11亿元，因旱灾造成直接经济损失2555万元，因风雹灾害造成直接经济损失10.06亿元，因地震灾害造成经济损失176万元。2018年新疆共发生5.0级以上地震4次，对兵团造成较大影响的2次，造成直接经济损失176万元。

二、全面统筹推进安全生产工作

兵团党委、兵团将安全生产工作纳入党政重要议事日程，兵团党委常委会2次、行政常务会议4次，安委会全体会议4次传达学习习近平总书记关于安全生产工作重要批示、安全生产重要法规制度，研究部署安全生产工作。根据兵团安全生产工作特点，以兵团办公厅、兵团安委会、兵团安委会办公室名义下发各类生产安全事故通报、专项行动通知、紧急通知30余份，在兵团范围内开展全行业领域安全检查5次，确保了兵团“两节”“两会”五一、十一、“三秋”等重点时段安全生产形势稳定。

三、不断健全完善安全生产责任体系

一是认真贯彻落实《地方党政领导干部安全生产责任制规定》。制定印发了《新疆生产建设兵团党政领导干部安全生产责任制实施细则》，不断加大细则的宣传贯彻力度，累计举办各类专题学习、辅导、培训班20余期，培训各级党政领导干部3000余人；各级党委、行政自觉将细则纳入党委（党组）、行政会议学习内容，进一步增强了“促一方发展、保一方平安”的政治责任。

二是强化安全生产责任落实。签订安全生产责任书，由兵团司令员与14个师市、27个部门、3个直属单位签订了安全生产责任书。兵团所有师市、团场、连队、社区、工业园区和经济技术开发区全部逐级签订安全生产责任书，安全生产责任通过层层签订、逐级传导得到进一步落实；强化安全生产考核，根据《兵团安全生产委员会2018年工作要点责任分工方案》《2018年度兵团安全生产目标管理考核细则》要求，按照分级考核要求，对所有师团、部门进行严格的过程考核，将考核结果纳入干部考核、综合治理、精神文明考核中，并占据一定分值，严格实施安全生产“一票否决”；落实分片包干责任

制，对事故多发、易发的一师阿拉尔市、四师可克达拉市、六师五家渠市、八师石河子市及煤矿、危险化学品、烟花爆竹、冶金建材等行业领域采取领导分片包干责任制，采取督查指导、巡查暗访、驻点蹲守等方式加大对重点师市、重点行业的安全监管。

三是安全生产工作体制机制进一步完善。兵团各师市、团场行政主要领导担任安委会主任，分管党委常委任安委会副主任，所有安委会成员单位主要领导担任安委会委员的工作机制初步形成，安委会领导作用明显加强，“党政同责、一岗双责、齐抓共管”得到有效落实。八师石河子市落实安委会“双主任”制度，师市党委书记、政委和师长共同担任安委会主任，在安委会全面领导师市安全生产工作的基础上，成立了建筑施工、消防、道路交通等7个安全生产专业领导小组；三师图木舒克市将安全生产工作作为维护社会稳定和社会长治久安的重要组成部分，与维稳工作同安排、同部署、同检查、同考核。

四、依法行政意识明显增强，安全生产监管执法成效显著

一是自治区授予兵团行政执法权2190项，明确了兵团依法行政的主体地位。兵团、师市依法行政、依法治安意识得到明显增强，有力推动了兵团安全生产法制建设。2018年，兵团、师市依法开展安全生产检查，累计下达各类行政执法文书3500余份、行政处罚210余起，同比分别上升210%和320%。

二是安全生产行政执法进一步规范。加大对安全生产行政执法人员培训力度，共举办培训班13期，培训执法人员200余人次，执法人员素质得到明显提升；严格落实《安全生产行政执法手册》各项要求，制定兵团行政执法相关制度、规定，开展师市安全生产行政执法卷宗评比，行政执法水平明显得到提升；落实服务式、“体检式”执法检查，帮助企业坚决制约安全发展的深层次问题，杜绝出现一罚了之、一关了之的倾向。

三是严格事故调查处理。兵团发生的生产安全事故18起，已结案14起，共计处罚事故单位34家，经济处罚884.38万元，处理相关责任人员152人（其中移交司法10人），对性质恶劣的事故单位及责任人严格依法依规予以顶格处罚。加大事故警示教育，严格按照《新疆生产建设兵团安全生产委员会安全生产约谈实施办法（试行）》规定，对连续发生事故的一师阿拉尔市、八师石河子市相关政府、部门、企业负责人进行约谈，督促事故发生师市、企业严格落实相关安全生产责任。

五、组织开展安全生产巡查暗访工作

坚持问题导向，根据兵团近年来事故特点，加大重点行业、重要节点、关键部位安全监管力度，制定了《2018年度兵团安全生产巡查暗访工作实施方案》，组织兵团14个重点行业部门每月对兵团14个师市、3个直属单位开展持续不间断的巡查暗访。截至目前，兵团各行业主管部门共派出巡查暗访组42个，检查生产经营单位556家，发现问题隐患1618项，带动师市、团场及所属行业监管部门开展各类安全检查1500余次，发现整改隐患2.2万余条，覆盖了兵团所有师市、团场、园区，所有行业领域，所有企业。落实隐患闭环管理，按照“谁检查谁负责”要求，督促行业主管部门加大事故隐患整改跟踪落实。对检查发现的重大事故隐患，严格按照《兵团生产安全事故重大隐患挂牌督办暂行办法》规定实施挂牌督办，督

促相关师市、企业加强隐患问题整改，采取“回头看”等方式进行复查、复核，确保隐患问题及时得到整改。

六、加大重点行业领域专项整治力度

一是扎实开展“依法打击整治煤矿安全生产违法违规行为专项行动”和“一通三防”等5个专项监察。二是按照《兵团危险化学品安全综合治理工作实施方案》要求，制定了《兵团危险化学品企业安全风险评估分级分类标准和管理办法》，全面摸排风险，分别用“红橙黄蓝”四色标示高风险企业15家、较高风险企业34家、中风险企业49家、一般风险企业258家，实现了利用兵团安全监管远程监察信息化平台差异化管控目标。三是进一步规范建筑市场，加强建筑施工质量安全建设，积极构建安全分级管控和隐患排查治理双重预防机制，不断推动标准化建设，共有6个工程项目获全国安全标准化工程荣誉称号，120个项目工程申报兵团安全文明工地；加大对违法违规行为惩处力度，累计排查各类隐患3850余条，经济处罚560余万元，限制企业进入市场4家，限制个人从业24人，有效解决了一批突出问题和突出隐患。四是全年对道路运输企业、城市公交站点和客货运场站等重点部位开展专项督导检查5次，检查各类运输企业和站点230余家（次），发现安全隐患172处，整改率达到100%；加强“两客一危”车辆管理，建立兵团道路危险货物车辆安全风险档案，强化安全风险源头防范；开展生命防护工程隐患排查，发现安全隐患3509处，跟踪维护公路路面、桥梁、涵洞隐患，保障公路安全畅通。

七、不断夯实安全生产工作基础

一是继续推进安全生产标准化和双重预防机制建设。积极引导安全基础相对较好的企业开展安全生产标准化建设，推动企业用标准化创建规范内部管理，降低生产作业风险。组织考评3家危险化学品生产企业、4家工贸企业开展二级标准化评审，并发放了二级安全生产标准化证书；推动煤矿、危险化学品、非煤矿山风险分级管控和隐患排查双重预防机制建设，出台了《兵团企业双重预防机制建设评估标准》，进一步夯实了企业基层安全基础。

二是加大安全生产宣传教育。扎实开展以“生命至上、安全发展”为主题的第17个“安全生产月”活动，兵团14个师市和相关部门、单位深入开展安全发展主题巡讲、安全宣传咨询日、应急演练等活动，工会、团委、妇联等部门继续开展“安康杯”竞赛、青年安全示范岗、“五好”文明家庭等群众性安全生产共建共享活动。全兵团累计发放安全生产宣教资料2.5万余份、组织安全生产主体宣讲和事故警示教育300余场，悬挂宣教电子展板、横幅、板报1.5万余条（块）。

第十一篇

典型事故案例

案例一　上海“1·2”“长平”轮与“鑫旺138”轮碰撞事故

2018年1月2日23时30分许，山东省烟台市长岛县乐通轮驳有限责任公司所属散货船“长平”轮在上海吴淞口8号锚地起锚驶出锚地过程中，与锚泊的泰州市长鑫运输有限公司所属干货船“鑫旺138”轮发生碰撞。事故造成“长平”轮沉没，船上3名船员获救，10名船员死亡，“鑫旺138”轮基本无损，构成重大等级水上交通事故。

一、事故经过

（一）“长平”轮（散货船）

2017年12月30日约12时30分，“长平”轮从辽宁营口鲅鱼圈港开航，装载钢材5043吨，拟驶往上海港黄浦江农药厂码头。开航前，船首吃水5.6米，船尾吃水5.9米。2018年1月2日约11时，驶抵长江上海段南槽航道下段S0灯浮，沿南槽航道进口航行。约21时，抵达62号灯浮。约21时2分，接吴淞VTS安全提醒，黄浦江入口船舶流量大，实施临时交通管制，需要就近前往吴淞口锚地锚泊。约21时54分，抵达吴淞口8号锚地抛锚，与“鑫旺138”轮锚泊位置距离约480米。约23时25分，船舶起锚完毕，航行灯开启，准备驶往黄浦江方向。约23时28分，与“鑫旺138”轮相距约250米，真方位约261°。约23时29分，航向263°，航速约4.4节。与“鑫旺138”轮本相距约100米，真方位约263°。约23时29分45秒时，“长平”轮右舷NO2货舱后部与“鑫旺138”轮船首发生碰撞。碰撞后，“长平”轮船体右舷贴着“鑫旺138”轮船首慢慢划过，驾驶台右翼与“鑫旺138”轮艏楼甲板贴在一起。约23时31分，“鑫旺138”轮船首贴着“长平”轮右舷船体划向船尾，右舷主甲板接近水面；两船分开后不久，“长平”轮二层甲板没入水中。约23时33分，“长平”轮漂浮到吴淞口8号锚地西南角处沉没。约24时，大副和大管轮被过境船“骏宇28”轮救起。

（二）“鑫旺138”轮（干货船）

2017年12月24日，“鑫旺138”轮从广东湛江港开航，装载钢材4294吨，拟驶往上海港黄浦江吴淞船厂码头。开航前，船首吃水5.35米，船尾吃水5.7米。12月30日约19时22分，抵达吴淞口8号锚地抛锚，等待泊位。2018年1月2日约19时，船舶开启锚灯，驾驶台开启左舷小型雷达，两台VHF在6和71频道值守，AIS设备开启。约23时7分，通过VHF听到“长平”轮向吴淞VTS申请起锚划江。约23时28分30秒，三副看到“长平”轮在本船船首左前方，距离约170米，可见绿色舷灯和桅灯，航速很慢，船身明显向本船船首压过来。约23时29分30秒，三副拉响全船警铃。此时，两船相距约50米。听到全船警铃后，船长立即从房间赶到驾驶台指挥操纵；机舱开始备车；三副带领值班水手去船首松锚链。约23时30分，本船左锚链被“长平”轮船体压住，船首与“长平”轮右舷NO2货舱后部发生碰撞，碰撞角度约78°。碰撞后，船首贴着“长平”轮右舷船体划向船尾。随后，大副和2名水手过来帮忙，锚链松至7节。两船碰撞后船体贴在一起时，船员呼叫对方驾驶台的2人跳过来，1名水手跳了过来，另1人没有跳。“长平”轮很快沉没。约23时32分，船长向吴淞VTS报告了事故情况，同时用12395报告上海海上搜救中心；组织全船人员开始搜救，打开探照灯搜寻对方船舶落水人员。

1月3日约0时30分，“鑫旺138”轮起锚，起锚至约2节锚链时，因担心本船触碰“长平”轮沉船，船员割断锚链弃锚。随后，该轮在吴淞口7号锚地抛锚。

二、搜救情况

2018年1月2日23时32分，吴淞海事局指挥中心接吴淞口8号锚地锚泊船“鑫旺138”轮报，其船首方向有船沉没，正在搜救落水人员。经核实，沉没船舶为“长平”轮，13人落水。吴淞海事局指挥中心立即启动沉船应急预案，指派巡逻艇前往现场搜救。同时发布航行安全信息，提醒周围船舶注意避让，协调附近船舶协助搜寻落水人员，指派打捞船和清污船前往现场。上海海事局指挥中心协调海警、东海救助局、崇明海事局、浦东海事局、宝山海事局派艇参与搜救，协调东海海洋预报台推算落水人员的漂移轨迹。23时46分，“鑫旺138”轮报救起1名船员。24时，过境船“骏宇28”轮救起2名落水人员。1月3日0时46分，打捞船到达沉船现场，潜水员下水开展探摸和搜寻。12时33分，沉船水域布设沉船应急示位标结束。1月4日下午，潜水员在沉船生活区三层过道发现一具遗体。1月5日下午，潜水员在四层过道发现一具遗体。1月6日8时30分，大规模搜救时间持续近81小时，上海海上搜救中心终止大规模搜救行动。1月12日夜间，潜水员在二层船员房间内发现一具遗体。1月14日中午，潜水员在三层船员房间内发现一具遗体。2月10日，沉船卸货3921吨，满足起浮条件。2月13日上午，沉船完成10根起吊钢丝的穿引。21时，沉船货舱围墙露出水面，开始进行抽水作业。14日上午，在沉船机舱和驾驶台海图间各发现一具遗体；下午在机舱内发现两具遗体。14—21日，打捞作业单位继续对沉船进行卸货作业，同时对货舱破损部位进行封堵修补作业，并对货舱和机舱进行抽水作业。22日，沉船破口完成临时封堵，船体处于自由正浮状态。23日，起重船脱钩，打捞作业完成。截至2月25日，共发现8具遗体，仍有2人失踪。

三、事故原因分析

（一）直接原因

“长平”轮起锚驶出锚地过程中，瞭望疏忽、对风流压估计不足，违背海员通常做法、操纵失误，“鑫旺138”轮锚泊值班期间疏忽瞭望是造成本起事故的直接原因。

（二）间接原因

1.“长平”轮驾驶团队缺乏协作，未能感知外界环境

“长平”轮在驶出锚地过程中船体受到风流压的综合影响，当时船长负责指挥航行操纵，二副操舵，值班水手协助瞭望。按照“长平”轮驾驶台团队的航海经历，值班船员应当有能力按照海员的通常做法妥善应对船位漂移，并及时采取适当

行动切断事故链。但是，由于驾驶团队缺乏协作，值班人员未能感知本船所处的水文环境对航行安全造成的不利影响，忽视了船舶因受到横风横流影响船位正在发生漂移。

2.“长平”轮没有按照公司体系要求落实安全航行要求

“长平”轮没有按照公司体系要求对航行水域的水文气象、导航标志及锚地内船舶锚泊状况进行认真分析研究，拟定驶出锚地的安全航线；未备妥双锚并保证随时可用。

3.“鑫旺138”轮未能按照公司体系要求落实锚泊值班要求

“鑫旺138”轮值班水手史××于23时7分左右通过VHF听到“长平”轮向吴淞VTS申请起锚划江，但是未按照公司体系要求将这一情况报告值班驾驶员，在锚泊交接班时也没有将这一情况进行交接；值班三副和水手在锚泊值班时未能按照公司体系要求保持正规瞭望。

四、事故责任判定

本起事故为双方均有过失的水上交通事故。“长平”轮违反了《1972年国际海上避碰规则》第五条、第七条、第八条的有关规定，“鑫旺138”轮违反了《1972年国际海上避碰规则》第五条的有关规定。

根据《中华人民共和国海上交通安全法》第四十三条规定，“长平”轮在本起事故中负主要责任，“鑫旺138”轮在本起事故中负次要责任。

五、公司管理存在的问题

（一）“长平”轮

（1）船舶管理公司安全体系管理文件将“锚泊操作”列入临界操作，“锚泊操作”有关要求散落在公司体系“船舶进出港安全须知”“锚泊值班须知”文件中，缺少与之对应的“锚泊操作须知”文件；安全体系管理文件的船员职责中规定了三副“在抛起锚时在驾驶台协助瞭望”，在该轮未设置三副岗位的情况下，未将此职责进行重新划分。

（2）船舶管理公司对船舶的修理（航修、坞修）、物料和油料申请未按体系要求执行，年度维护保养计划签字不是船长和公司主管本人签字；没有掌握“长平”轮的船舶配载计划。

（3）公司对船员的任职资格审核以及高级船员上岗前SMS培训，仅通过电话问询方式进行；公司保存的“长平”轮船员培训记录本人签名与船员劳务合同本人签名不一致；《开航前指令》是船长到船后自己签字后再邮寄公司，与文件规定流程不符合。

（4）根据“长平”轮《船舶委托管理协议》，甲方为长岛县乐通轮驳有限责任公司，乙方为营口蓬维国际船舶管理有限公司。经调查核实，实际履行《船舶委托管理协议》的甲方为荣成海润船务有限公司。

（二）“鑫旺138”轮

（1）船舶管理公司泰州市长鑫运输有限公司体系运行的相关台账记录不健全；公司未按时间间隔对船实施登轮检查，检查发现问题仅通过口头进行交流，没有记录。

（2）“鑫旺138”轮所有人、经营人和管理人均为泰州市长鑫运输有限公司，其实际船东为郑×（该轮船长），双方以签署“船舶权属证明”的方式进行产权、债权债务及风险的约定。

六、处理意见

（1）“长平”轮违反《1972年国际海

上避碰规则》的相关规定发生水上交通事故，在本起事故中负主要责任。“长平”轮船长刘 ×× 是事故的主要责任人，鉴于船长本人在本起事故中死亡，免于行政处罚。

（2）营口蓬维国际船舶管理有限公司未严格落实船舶安全和防污染管理职责，所管理船舶发生重大事故，公司对事故的发生负有管理责任，依据《中华人民共和国航运公司安全与防污染管理规定》第二十六条，对营口蓬维国际船舶管理有限公司体系进行附加审核。

（3）营口蓬维国际船舶管理有限公司未严格落实船舶安全和防污染管理制度，依据《中华人民共和国航运公司安全与防污染管理规定》第三十六条进行行政处罚。

（4）将长岛县乐通轮驳有限责任公司、营口蓬维国际船舶管理有限公司在落实安全和防污染管理体系（制度）方面存在的相关问题，通报所在地海事管理部门。

七、事故防范和整改措施建议

（一）营口蓬维国际船舶管理有限公司

一是完善公司体系文件，制定“船舶进出锚地安全操作须知”。二是加强船员教育培训。三是加强公司体系运行。

（二）泰州市长鑫运输有限公司

加强安全与防污染知识的培训，健全安全管理体系运行管理台账记录，定期对公司所属船舶开展登轮检查，督促船员遵守《驾驶台值班规则》，严格锚泊值班制度。

案例二　广东省佛山市轨道交通2号线一期工程“2·7”透水坍塌重大事故

2018年2月7日20时40分许，由中交二航局组织施工的广东省佛山市轨道交通2号线一期工程土建一标段湖涌站至绿岛湖站盾构区间右线工地突发透水，引发隧道及路面坍塌，造成11人死亡、1人失踪、8人受伤，直接经济损失约5323.8万元。

一、事故发生经过及应急处置情况

（一）事故发生经过

2018年2月7日晚事发前，右线盾构机完成905环掘进后，位于隧道底埋深约30.5米的淤泥质粉土、粉砂、中砂交界处且具有承压水的复杂地质环境中，在进行管片拼装作业时，突遇土仓压力上升，盾尾下沉，盾尾间隙变大，盾尾透水涌砂。经现场施工人员抢险堵漏未果，透水涌砂继续扩大，下部砂层被掏空，使盾构机和成型管片结构向下位移、变形。隧道结构破坏后，巨量泥沙突然涌入隧道，猛烈冲断了盾构机后配套台车连接件，使盾构机台车在泥沙流的裹挟下突然被冲出700余米，并在隧道有限空间内引发了迅猛的冲击气浪，隧道内正在向外逃生的部分人员被撞击、挤压、掩埋，造成重大人员伤亡。

（二）事故应急处置情况

接到施工单位路面可能塌陷的报告后，佛山市和禅城区公安、燃气、供水、供电等单位及施工单位先期处置人员快速到达事故现场，开展交通管制，采取关闭事发地段气阀、水阀、供电保护等措施。同时在隧道坍塌事故发生后，施工单位进行了自救，先后救出7名被困人员。佛山市各级政府及各有关部门及时响应，消防队伍先后搜救出12名被困人员，其中2人有生命体征（1人送医院经抢救无效死亡）。施工单位对隧道内的险情处置不当，冒险组织堵漏，扩大了人员伤亡损失。施工单位虽然编制了应急预案，但是预案对涌水涌泥涌砂抢险时在何种情况下应当立即撤离没有明确的指引，完全依赖现场指挥人员个人经验判断，对抢险救援的指导性不强。

二、事故原因及性质

事故主要原因是盾尾密封承压性能下降、遭遇特殊地质环境等因素叠加，引发隧道透水坍塌。

（一）事故直接原因

（1）事故发生段存在深厚富水粉砂层且临近强透水的中粗砂层，地下水具有承压性，盾构机穿越该地段时发生透水涌砂涌泥坍塌的风险高。

（2）盾尾密封装置在使用过程密封性能下降，盾尾密封被外部水土压力击穿，产生透水涌砂通道。

（3）涌泥涌砂严重情况下在隧道内继续进行抢险作业，撤离不及时。

（4）隧道结构破坏后，大量泥沙迅猛

涌入隧道，在狭窄空间范围内形成强烈泥沙流和气浪向洞口方向冲击，导致部分人员逃生失败，造成了人员伤亡的严重后果。

（二）事故间接原因

中交二航局装备分公司安全生产主体责任不落实。中交二航局三公司安全生产主体责任不落实。中交二航局安全生产责任制落实不力。中交佛投公司对发包项目安全监督管理工作不力。广州轨道监理公司安全生产监理责任落实不到位。佛山铁投公司监管不力。华禹劳务公司安全生产管理不到位。佛山市、禅城区落实安全生产责任制不到位。佛山市交通运输局对城市轨道交通工程项目安全监管不力。佛山市国土和规划局（市轨道办）对城市轨道交通工程项目行政许可审批不严、综合协调督促不力。佛山市禅城区轨道办对城市轨道交通工程项目属地安全监管不严。佛山市消防局未严格履行有关法定监管职责。佛山市禅城区人力资源和社会保障局对用人单位日常巡视检查不力。佛山市安全生产监督管理局履职不到位，工作存在不足。

（三）事故性质

经调查认定，广东省佛山市轨道交通2号线一期工程“2·7”透水坍塌重大事故是一起责任事故。

三、责任认定及处理建议

司法机关已对项目部盾构分部总工程师和副总工程师采取措施，对事故中已死亡人员免于追究责任，建议对涉事央企相关人员、涉事地方企业相关人员和相关部门公职人员共29人给予党纪政务处分和问责处理，建议对中交二航局装备分公司及其负责人和三公司及其法人代表给予行政处罚。

四、事故防范和整改措施建议

一是加强复杂地质条件下盾构施工安全风险防范，有效防范遏制重特大安全事故。二是加强盾构施工过程中关键指标的监测监控，有效提高重大险情的应急救援处置能力。三是加强轨道交通工程建设管理，提高风险管控能力。四是全面落实中央驻粤建筑企业安全生产主体责任，自觉接受属地政府部门安全监管。五是切实履行轨道交通工程建设安全监管职责，严查严处工程建设领域各类非法违法行为。六是合理安排工作时间，依法保护员工的合法权益。

案例三 湖北阳新枫林镇 G351 国道“2·10”重大道路交通事故

2018 年 2 月 10 日 13 时 30 分许，湖北省阳新县枫林镇 K2+211 处发生一起重大道路交通事故，造成 10 人死亡、1 人受伤，直接经济损失 350 万元。

一、事故经过

2 月 10 日，柯 ×× 邀请江西瑞昌市徐 ×× 等多名亲戚到阳新县参加其新房落成喜宴。当日宴后，徐 ×× 驾驶赣 G8C579 小型面包车载 10 名赴宴亲友返回江西省瑞昌市。13 时 30 分，当车行至阳新县境内 351 国道距省界 2 公里 +211 米的弯道处，面包车驶入对向车道，与车号为鄂 J0C813/ 鄂 J3667 挂重型半挂大货车正面相撞，造成面包车上 10 人死亡、1 人受伤，面包车损毁。

二、事故直接原因

徐 ×× 驾驶赣 G8C579 面包车在行经急弯、视线不良且路面湿滑的高风险路段时，超速行驶，驶入对向车道，与王 ×× 驾驶的鄂 J0C813/ 鄂 J3667 挂重型半挂大货车正面相撞，是导致此次事故的直接原因。

徐 ×× 违反规定超员载客，核载 7 人的小型面包车乘载 11 人，加大了事故损害后果。

三、责任划分

赣 G8C579 面包车驾驶人徐 ×× 的驾驶行为违反了《中华人民共和国道路交通法》第三十五条“机动车、非机动车实行右侧行驶”、第四十二条第一款“机动车上路行驶，不得超过限速标志标明的最高时速。在没有限速标志的路段，应当保持安全时速”、第四十九条“机动车载人不得超过核定人数，客运货车不得违反规定载货”之规定，徐 ×× 负此次道路交通事故的全部责任，其他当事人不负此次交通事故的责任。

四、事故性质的分析认定

经综合分析认定，湖北阳新枫林镇 G351国道“2·10”重大道路交通事故是一起普通道路交通事故，不是一起生产安全责任事故。事故涉及鄂J0C813/鄂J3667挂重型半挂大货车，但该车不负事故责任，且没有违反安全生产法律的情形，货车所在企业与事故没有因果联系，因此此次事故也不宜认定为生产安全事故。

五、调查中发现的问题及处理建议

（一）调查中发现的问题

1. 道路建设不达标，维护保养不到位，交通管理缺失

事故发生在 G351 国道（原省道 S316 界浮线）枫林街道至江西界首段。该道路系国道二级公路，1997—1999 年，由阳新县交通局对枫林镇至江西界首段路段按

照二级公路标准进行改建；2008年，黄石市公路局对该段路面进行了第一次大修；2015年，由阳新县公路局对该路面进行了第二次大修，投资2386万元，工程未招投标。阳新县公路局委托阳新县路兴机械工程有限公司施工，湖北省通鑫监理咨询有限公司监理。2015年10月31日，经黄石市阳新县公路局组织交工验收后，交付阳新县公路局养护中心运营。经鉴定，该公路没有达到建设标准。

2. 道路运输企业安全管理不规范

鄂J0C813/鄂J3667挂重型半挂大货车所属企业为湖北省黄冈市如峰汽车咨询服务有限公司。该公司2014年7月23日取得道路运输经营许可资格，现有875台挂靠经营的普通货物运输车辆。2017年8月3日，公司与鄂J0C813/鄂J3667挂重型半挂大货车的实际车主王××签订机动车辆挂靠经营合同，并收取王××每年2000元管理费。王××将车辆挂靠在黄冈市如峰汽车咨询服务有限公司开展经营运输活动。

该企业存在以下安全主体责任不落实的问题：一是没有严格落实营运车辆动态监控制度，公司的动态监控平台对超速、疲劳驾驶等违法行为无自动提示功能，监控平台对部分车辆未设置超速报警限值，台账不完整，监控人员未及时提醒驾驶员纠正违法行为，监管流于形式。二是安全教育培训落实不到位。事故驾驶人王××连续5个月未参加公司月度学习培训，公司亦未对其进行实质性安全管理。

3. 政府和相关部门管理上存在的问题

（1）阳新县交通运输局对公路大修建设工程项目未招标问题失察，对工程质量监督管理不力，对道路隐患整治不力。截至事故发生，事发路段隐患未纳入公路安全生命防护工程建设工程计划。

（2）阳新县公路局建设主体责任不落实，不经招标直接委托有隶属关系的阳新县路兴机械工程有限公司施工，没有依规申请公路大修工程竣工验收；没有发现并整改路段交通标线施划错误、交通标志缺失的问题。

（3）阳新县路兴机械工程有限公司施工质量主体责任不落实，未按设计文件要求施工，造成事发路段路面宽度、超高等指标不符合设计文件规定，道路中央实线施划错误，警告标志前置距离过大、警示效果变弱，进而导致道路整体安全性能下降。

（4）阳新县交通工程质量监督站对事发路段大修工程质量监督不到位，未及时发现公路大修工程违反设计文件施工的问题。

（5）湖北通鑫公路工程监理咨询有限公司未严格落实工程建设监理职能，未发现工程质量问题。

（6）阳新县公安局交警大队省际卡口交通安全执法服务站工作针对性不强，对车辆超员等严重交通违法行为查处不力。

（7）枫林镇政府落实农村交通安全社会化管理体系建设不力，枫林镇、下庄村等基层组织未履行交通安全管理责任，未有效开展“两站两员”（交管站、劝告导站，管理员、劝导员）相关工作。

（8）阳新县人民政府未按照有关规定要求，认真履行农村交通安全主体责任，对辖区内公路工程建设违法违规行为失察失管。

（二）处理建议

（1）由公安部门按照交通法规对事故进行深度调查。建议省公安厅交管局加大工作力度，尽快形成深度调查报告并结案。

（2）建议将联合调查中发现的问题移

交监察委和相关职能部门处理。一是对阳新县有关部门和单位工作不力的问题，由省公安厅交管部门“深度调查组”进一步调查核实后，移交阳新县监察委处理。二是对湖北省黄冈市如峰汽车咨询服务有限公司存在的问题，由省安全生产监督管理局移交黄冈市政府处理。

（3）建议有关部门对道路建设、维护保养、交通管理上存在的问题立即整改。责令阳新县人民政府负责整改，请省交通厅、省公安厅交管局限定整改时限并督促落实完成。

六、事故防范和整改措施建议

一是明确各县（市、区）、乡镇人民政府农村交通安全主体责任，建立县、乡、村、组四级农村交通安全责任体系。强化乡镇党委、政府和村民委员会的交通安全属地管理责任，落实政府有关部门行业监管责任，加强农村交通安全工作统筹协调，健全完善农村交通安全管理队伍，强化交通安全监督检查，切实履行好农村交通安全管理职责。

二是进一步严格公路建管养监督管理。县级以上人民政府交通运输主管部门，要履行好公路建设市场监督管理职责，严格实施全流程管理，严格工程质量监督检查，确保严格按照设计文件施工。阳新县人民政府及有关部门要迅速对该路段进行安全性评估，研究制定综合治理方案并认真予以落实，确保全线工程达到规范标准要求，全线竣工验收。

三是进一步加强路面交通秩序执法管控。公安交管部门要加强农村交通安全管理，加大缉查布控系统、动态监管平台等科技建设应用，加强农村面包车等重点车辆拦截检查，健全联合执法机制，严把出站、出城、上高速、过境等关键节点，提高路面见警率和现场查处率。

四是定期组织开展急弯陡坡、临水临崖、事故多发等路段的安全隐患排查，严格落实交通安全设施与道路建设主体同时设计、同时施工、同时投入使用的“三同时”制度，健全公路建设运营全过程的安全评价和风险评估制度，积极推进“生命防护工程”建设。

五是针对面包车内部空间大、载客载货多、安全性能差、肇事肇祸较多的实际情况，要强化对面包车的重点监管。积极研究本地区面包车运输规律特点，分析事故多发的原因，开展针对性工作部署。加强对面包车驾驶人群体的针对性警示教育，始终保持严管高压态势。

案例四　赣州市宁都县“2·20”重大道路交通事故

2018 年 2 月 20 日 10 时 12 分许，江西省赣州市宁都县境内 319 国道发生一起重大道路交通事故，造成 11 人死亡、20 人受伤。

一、事故发生经过及应急处置情况

（一）事故发生经过

2018 年 2 月 20 日 9 时 17 分许，驾驶人钟 ×× 驾驶赣 B44296 中型普通客车从瑞金市城西停车场发车，按班线线路前往瑞林镇。出站时车辆实载 21 人（其中，驾驶员 1 人；乘务员 1 人；乘客 19 人，含 1.2 米以下儿童 3 人），在瑞金市境内沿途上客 9 次共 15 人，下客 3 次共 5 人。

10 时 12 分许（此时车辆实载 31 人），当车由南向北行驶至 319 国道 428 公里 +918 米附近（赣州市宁都县对坊乡葛藤圳路段）弯道下坡路段时，车辆失控导致向左驶出路外，仰翻在道路西侧路坎下（高差 6.8 米），造成赣 B44296 车内 9 人当场死亡、2 人经抢救无效死亡、20 人受伤，车辆严重受损。

（二）事故应急处置情况

事故发生后，尾随赣 B44296 客车的闽 CZ876E 商务车乘客立即下车第一时间开展救援，救出部分受伤乘客，并于 10 时 15 分报警。

宁都县公安局 110 指挥中心接到报警后，迅速调度 120 急救、消防、交警、对坊乡派出所和对坊乡政府派员前往事故现场核查、开展救援，同时向上级报告接警情况。11 时，宁都县启动应急响应，成立应急救援指挥部，设立现场处置组、医疗救治组、事故调查组、舆情引导组、善后处置组 5 个工作组，开展处置工作。11 时 35 分，车内人员全部救出，伤者全部送入医院救治。13 时 58 分，事故路段恢复通车。

二、事故直接原因分析

（一）车辆失控原因认定

（1）事故车辆严重超载。经查，赣 B44296 客车核载 19 人，事发时载有 31 人（其中 1.2 米以下免票儿童 3 名），超载 53%。

（2）事故车辆超速行驶。经鉴定，该车在 10 时 12 分 23—45 秒时段内，行驶速度由 58 公里 / 小时提速至 70 公里 / 小时，45 秒时（即车速 70 公里 / 小时）制动 1 秒；在 10 时 12 分 46—49 秒时段内，行驶速度由 63 公里 / 小时上升至 68 公里 / 小时，49 秒时（即车速 68 公里 / 小时）又制动 1 秒；在 10 时 12 分 50—59 秒时段内，行驶速度由 63 公里 / 小时下降至 0 公里 / 小时，此过程 10 时 12 分 55—57 秒实施了持续 3 秒的制动。而事故路段（G319 国道宁都县对坊乡 428 公里 +900 米 ~ 429 公里 +120 米）为弯道，限速为 40 公里 / 小时。

（3）驾驶员操作不当。据车载行车监控视频显示，车辆在事故前出现行驶方向大幅摆动的异常情况，系因驾驶人操作不当造成。

（二）人员重大伤亡原因

（1）车厢内站立乘客且乘员未系安全带。为了最大化载客，禄祥公司在购买事故车辆时，要求生产厂商在车厢内顶部安装了扶手拉杆，为站立乘客创造条件。事故发生时，车厢内大量乘客站立，且驾驶员和乘客均未系安全带，车辆失控后，人员互相挤压或被甩出车外，造成重大人员伤亡。

（2）事发路段缺少防护设施。事故路段未安装能够拦阻车辆冲出路外的防护设施，致使事故车辆失控后驶出路外，仰翻在道路西侧高差 6.8 米的路坎下，加重了事故损失。

综上所述，经现场勘验、检测鉴定和综合分析，认定赣 B44296 客车严重超载、雨天行经弯道下坡限速路段超速行驶、驾驶员操作不当是导致事故发生的直接原因。

三、事故相关责任单位存在的问题

（一）相关道路运输企业

（1）“吉祥客运班线”。作为禄祥公司下属独立经营体，安全管理薄弱，片面追求经济利益，忽视安全管理。日常经营中，采取司乘人员收入与营业收入挂钩的模式，鼓励并要求司乘人员超员营运，且对于驾驶员超员罚款一律予以报销；不按许可的起讫点营运，沿途揽客，违法违规问题突出。

（2）禄祥公司。安全生产主体责任不落实，安全生产管理机构及制度规章形同虚设，对“吉祥客运班线”未尽到安全管理责任，对“吉祥客运班线”司乘人员收入与营业收入挂钩、鼓励并要求司乘人员超员营运、报销驾驶员超员罚款等违法行为失察，未采取有力措施纠正和制止。未按规定召开安全会议、对从业人员进行安全教育培训，相关记录存在造假现象。

（3）瑞祥公司。安全生产主体责任不落实，安全管理机构不健全，安全管理人员配备不足，未按规定召开安全会议、安全检查等，相关记录存在造假现象；对合作经营的车辆疏于安全管理，未尽到安全管理责任，对客车超员现象未采取有力措施纠正和制止；对瑞金市道路运输管理局下达的整改指令不及时整改落实；使用不具备安全条件、未经许可的城西停车场作为客运站场发班，长期违法违规经营。

（二）相关职能部门

（1）瑞金市道路运输管理局。对瑞祥公司长期将不具备发车条件的城西停车场改变为农村客运班线发车发班的行为，没有采取有效措施督促整改到位且未进行重点监管；春运期间对实际作为客运站使用的城西停车场，监管力度不够；春运期间 4 次查获禄祥公司、瑞祥公司超员违法行为，未将问题线索移送公安交管部门进一步处理，也未对企业下达整改指令；对瑞祥公司存在的安全隐患问题未及时督促整改，且约谈记录造假；对禄祥公司安全管理机构形同虚设等违法行为查处不力，未严格按有关规定加强对客运企业的安全监督检查，督促整改不力；行政许可程序不规范；未对道路运输经营许可证延期换证需要提供的材料、许可程序进行规范。

（2）瑞金市交通运输局。未依照有关规定加强对道路运输管理工作的指导监督。对瑞祥公司长期使用不具备发车条件的场所进行客运发班，未督促瑞金市道路运输管理局加强监管。对交通综合行政执法过程中存在的问题失察。2018年春运期间查获禄祥公司、瑞祥公司多次超员违法行为，只是进行了现场分流转运，没有将问题线索移送公安交管部门进一步处理，也没有对企业下达整改指令。未督促瑞金市道路运输管理局对道路运输经营许可证延期换证所需要提供的材料、许可程序进行规范。

（3）赣州市公路局宁都县公路分局。2017年12月27日，赣州市公路管理局印发文件要求“各分局接通知后，严格按照施工图设计及有关施工技术规范要求精心组织实施，确保工程质量，并于春运开始前（2018年2月1日前）全面完成下达任务”，并下达了设立波形钢梁护栏和交通标志的工程量，但截至事故发生时事故路段的安全生命防护工程仍未动工。

（4）赣州市公路局。2017年5月省公路局正式下达了省级追加安防工程计划（事发路段的防护栏安装列入该项目），6月资金拨付至赣州市公路局，但赣州市公路局2017年12月27日才正式将计划任务下达给各任务分局，要求2018年2月1日春运开始前全面完成。对已下达的安全生命防护工程任务，赣州市公路局虽然调度了各分局进展情况，但在获悉宁都县公路分局未开工后未采取措施督促落实任务的完成。

（5）瑞金市公安局交通管理大队。春运期间路面管控方案制定不合理；对农村客运班线的执法检查和路面执法管控存在薄弱环节，“吉祥客运班线”28辆客车在辖区内经常性违规停放上下客和超员，2月1—20日未查处一起，安排开展统一整治超员统一行动执勤时间不合理，对出站关、出城关客车把控不严。

（6）宁都县公安局交通管理大队。对入境车辆把控不严，重点路段巡查不力，临时设置的执勤服务点未按《宁都县交管大队2018年全县春运道路交通安全管理工作方案》要求做到“三客一危”车辆检查全覆盖。4个临时执勤点分布不合理，瑞金方向过境车辆卡口昌厦公路南服务点设在319国道长胜镇法沙路段距宁都瑞金交界处约30公里，无法有效按《宁都县交管大队2018年全县春运道路交通安全管理工作方案》要求，严把过境关，无法形成有效的全覆盖、强有力的路面检查网络。巡逻一中队2月18日“春运期间七座以上客车检查登记表”检查记录为造假记录。

（三）瑞金市人民政府

对长期存在的不具备条件、未经许可的城西客运站，既未督促有关部门落实有效措施予以整改，也未采取有效的管控措施；未建立有效的对客运车辆、企业违法违规行为的部门联合执法机制；未按规定加强对道路运输安全生产工作的领导，未有效督促交通运输、公安交管部门依法履行监督管理职责；对长期存在的客运市场混乱现象未组织深入调查研究，予以治理。

四、责任划分及处理建议

司法机关已对禄祥公司“吉祥客运班线”总负责人等5人采取强制措施，鉴于驾驶人在事故中已死亡，建议免于追究责任。建议对瑞金市道路运输管理局副局长等15人给予党纪政纪处分，给予宁都县交管大队一中队协警和瑞祥公司安稽科科长其他处理措施。

建议由瑞金市道路运输管理局吊销禄祥公司的瑞金至瑞林、瑞金至下坝农村客运班线的《道路客运班线经营许可证明》，收缴其客运线路标志牌，责令禄祥公司限期整改。

由瑞金市道路运输管理局吊销瑞祥公司的瑞金至瑞林、瑞金至下坝农村客运班线的《道路客运班线经营许可证明》，收缴其客运线路标志牌，责令限期整改。由瑞金市道路运输管理局吊销赣B44296客车的车辆营运证和驾驶员钟××的从业资格证（发生重大道路交通事故）。由瑞金市道路运输管理局责令城西停车场停止运营，并对其未取得客运站经营许可、擅自从事客运站经营行为进行行政处罚。

五、事故性质认定

经调查认定，赣州市宁都县“2·20”重大道路交通事故是一起生产安全责任事故。

六、事故防范和整改措施建议

一是瑞金市人民政府要从“2·20”事故重大损失中汲取教训，迅速采取措施整治和规范道路客运市场。二是赣州市各级、各有关部门要进一步牢固树立安全发展理念，加快完善农村客运发展的体制机制和政策措施，不断推进农村客运发展。三是各级地方政府要进一步加强公路基础设施排查整治，进一步提升安全防护水平。四是进一步落实道路运输企业主体责任，提升运输企业安全运营水平。五是各地要切实加强对农村客运的监督管理，公安交管、交通运管等部门以及乡镇政府要认真履行在农村客运方面的监管职责，切实构建“权责一致、分工负责、齐抓共管、综合治理”的协调联动机制。

案例五　营口“4·14”“辽营渔 25242”船倾覆事故

2018 年 4 月 14 日 7 时许，“辽营渔 25242”船（简称事故船）被发现在山东成山头以北约 30 海里海域倾覆，船上 10 人全部失踪。

一、事故经过

2018 年 2 月 24 日，事故船与“辽营渔 25777、25163、25499、25685”船（此 5 艘渔船为同一个编组）从大连龙王塘转港到山东威海老渔港。该编组近几年春季均到威海地区转港生产。事故船与编组船于 3 月 3 日首次从威海老渔港出海作业，作业区域一般在威海附近海域，收港地一般为威海新泰源渔港。

4 月 13 日 8 时 30 分许，事故船与编组船从威海新泰源渔港出海作业，作业海域在威海以北约 30 海里。14 时许，事故船与编组船陆续开始下网，15 时许先后下完网，20 时许陆续起网。此后，“辽营渔 25499、25685”两船因产量情况不佳，起完网后返航回港。21—22 时，事故船与编组剩余 2 艘渔船（“辽营渔 25163、25777”船）陆续下锚锚泊。据“辽营渔 25163”船船长王 ×× 称，事故船锚泊位置为 N37° 51′ 779、E122° 53′ 995。“辽营渔 25429”船（非编组船）船船长车 ×× 称，当日 22 时 39 分、22 时 40 分、22 时 43 分，事故船船主刘 ×× 安排其船员用手机先后 3 次给车 ×× 打电话，第 3 次通话中刘 ×× 让车 ×× 将船上对讲机调频至“456600”。刘 ×× 在对讲机里询问车 ×× 作业海域产量情况，车 ×× 将其船位（“辽营渔 25429”船当时位于威海龙须岛正东约 27 海里）告知刘 ××，但刘 ×× 未明确回复是否前去“辽营渔 25429”船的所在海域，刘、车二人通过对讲机通话 7~8 分钟。王 ×× 在对讲机里听到了刘、车之间的通话。

4 月 14 日 7 时许，“辽丹渔 25128”船在山东成山头以北约 30 海里海域发现 1 艘倾覆的船舶和漂浮的鱼箱，鱼箱上标有“6569”字样（事故船旧船号）。该船在沉船周围进行搜寻，并通过对讲机呼叫“有艘船沉了”。“辽营渔 25777、25163”两船闻讯后赶往沉船现场。据天津海事局（AIS 中心）提供的信息，“辽营渔 25163”船于 9 时 30 分许到达沉船位置（N37° 53′ 002、E122° 47′ 104）。“辽营渔 25777”船船长王 ×× 到达该海域后辨认出倾覆船只为事故船，其安排船员对现场情况进行了手机录像。现场情况为：事故船左舷朝下，右舷平露在海面，附近海面无漂浮物和人员。因该海域手机信号不佳，王 ×× 立即安排“辽营渔 25163”船船长王 ×× 驾船往陆地方向行驶，待手机有信号后报案。此后，“辽营渔 25777”船留在该海域搜寻；王 ×× 待手机信号恢复后给已经收港新泰源渔港的“辽营渔 25499”船船长刘 ×× 打电话，让其给

事故船的代理人郭 ×× 打电话告知事故情况。郭 ×× 接到刘 ×× 电话后，于 9 时 42 分拨打“12395”向海上搜救部门报案，并通知事故船船主刘 ×× 的家属。经调查，船讯网显示事故船最后 AIS 报位时间为 4 月 13 日 23 时 19 分，位置为 N37° 51′ 984、E122° 53′ 840；天津海事局（AIS 中心）提供的事故船最后 AIS 报位时间为 4 月 13 日 23 时 48 分，位置为 N37° 51′ 58.8″、E122° 53′ 50.4″。

二、搜救经过

4 月 14 日上午，山东省海上搜救部门接到事故报案后，派出专业救助船只和飞机前往搜救，并协调过往商船、组织渔船参与搜救。当日中午，专业救助直升机赶到沉船现场，“北海救 111 轮”、海警船等船只也先后赶到。4 月 14 日和 15 日，辽宁省委、省政府领导多次作出批示，要求省海洋与渔业厅、营口市政府协调山东有关方面全力开展搜救。14 日下午，辽宁省及营口市海洋渔业等部门成立联合事故处置工作组赶赴山东威海核实了解事故情况、协调组织搜救工作。15 日上午，工作组参加了威海市经济技术开发区管委会组织召开的事故搜救工作协调会议，威海海事局在会上通报：一是 14 日中午救助直升机到达沉船现场后投放潜水员开展搜救，但因事故船周围有网具，潜水员未能靠近事故船，也未能确认事故船内有无人员；二是目前在海上已目测不到事故船。会后，工作组联系渔船和潜水员欲出海搜寻，但因天气海况不佳未能成行，当日下午工作组确认了事故船上 10 人的名单。16 日，工作组连同潜水员乘渔船前往沉船海域，通过彩色探鱼仪和瞭望等手段搜寻事故船及船上人员。搜寻期间，辽宁省海洋与渔业厅向省内沿海各市及山东、河北等地的海洋渔业部门发出协查通知和协查函，要求和请求相关部门协查事故船及船上人员，未收到相关信息的回复。事发后，工作组多次协调威海市政府及海事、渔业等部门组织开展搜救工作，组织多艘渔船出海搜寻，并通过渔船船位监控系统向事发海域附近渔船发布协助搜寻通告。据山东海搜部门通报，共组织专业救助船 5 艘次、专业救助直升机 6 架次、公务船艇 11 艘次，协调过往商船 250 余艘次及附近水域渔船在 170 平方海里的区域开展搜寻。

三、事故原因分析

（一）排除自然灾害的原因

根据国家海洋环境预报中心等有关部门提供的信息和对“辽营渔 25777、25163”等事发海域附近渔船相关人员的调查，事发时段（4 月 13 日 22 时至 4 月 14 日 9 时）在事发海域无灾害性天气海况出现，故排除事故船因自然灾害导致倾覆。

（二）排除自沉的原因

船舶自沉的原因主要是船体漏水或配载不合理。船舶船体漏水后，当达到一定进水量时会导致船舶倾覆，但这需要一个时间过程，通常不会导致船舶尤其是木质船舶瞬间倾覆。据调查，事发前事故船曾与其他渔船联络，未提及该船发生漏水等异常情况；事发时附近渔船及搜救部门未收到事故船发出的求救信号；事故船被发现倾覆时露出海面的右侧船体上无待救人员。通过上述迹象分析，事故船应为瞬间倾覆，导致船上人员反应不及，无法发出求救信号或采取自救措施，故排除因船体漏水导致自沉。

据调查，事故船 4 月 13 日生产作业产量情况不佳，船上基本无渔获物，船舶配载情况也基本未发生变化，故排除因配载不合理导致自沉。

（三）不排除外力导致倾覆的原因

经前面分析，事故船应为瞬间倾覆。据调查，事发时段在事发海域时有船舶航经，事故船存在被其他船舶碰撞导致瞬间倾覆的可能。碰撞的可能情形一是其他船舶与事故船直接发生船体接触，撞翻事故船；二是其他船舶的船体拖拽到事故船的锚链，拽翻事故船；三是其他船舶航行产生的浪涌翻事故船。

4 月 14 日，事故船被发现倾覆的位置在锚泊位置西北约 5 海里，事故船发生了漂移，表明该船在外力的作用下锚链已发生断裂。（事发海域水深 60 余米；事故船下锚锚链长度约 100 米，锚链与锚连接的为 10 余米长的铁链，其余为缆绳。）

综合分析，事故船是在外力的作用下导致瞬间倾覆。

渔船排查情况：事故调查组通过辽宁省渔船船位监控系统及设在北京的北斗星通系统后台，调取了事发时段航经事发海域的国内渔船航行轨迹信息，并对相关渔船进行了排查。经排查，未发现有渔船与事故船发生碰撞的证据。

商船排查情况：根据威海市海上搜救中心复函，该中心只对 AIS 信息服务平台显示的事故船最后船位为圆心、以 2 海里为半径，对前后 2 小时经过的商船进行了排查，未发现商船经过的证据。经调查，事发前数日内，事故船曾发生 AIS 信号中断的情况。因此，事故调查组认为，事故船 AIS 信号消失的时间不能视为事发时间，排查时段应从事故船最后一次通话结束至被发现倾覆。事故调查组通过天津海事局（AIS 中心）调取事发时段事发海域内的商船航行轨迹发现，4 月 14 日 2 时 30 分前后有两艘大型商船经过事故船锚泊海域，具有与事故船发生碰撞的可能。

四、责任认定及处理意见

鉴于事故船船主刘 ×× 在事故中失踪，建议免于处理。

盖州市团山办事处在落实渔业安全生产属地管理责任上，存在重视不够、职责不清、工作主动性不强的问题。营口市海洋与渔业行政执法支队二大队在渔船年审方面存在记录不完全的问题，在 2017 年的年审中，未在事故船的“渔业船舶航行签证簿”中记录该船的船员名单。建议营口市政府针对上述问题进行认真整改，并对相关责任部门和人员给予严肃处理。

五、事故防范和整改措施建议

一是营口市各级政府要认真吸取事故教训，举一反三，牢固树立安全发展理念，严格贯彻“党政同责、一岗双责、失职追责”要求，加强组织领导，强化责任落实，确保安全生产属地管理责任全面落实到位。二是营口市各级渔业主管部门要切实强化安全生产行业监管责任，落实渔业安全管理制度，进一步加大渔业安全执法检查工作力度，开展专项整治行动，严厉查处渔船职务船员配备不齐、人为关闭救助信息系统等违法违规行为。三是营口市相关部门要进一步加大安全生产宣传教育培训工作力度，针对性开展防范渔船碰撞、渔船占航道锚泊作业、值班瞭望等方面的安全教育培训，提高渔业从业人员尤其是渔船船主、船长的安全意识和法制意识，促进渔船船主渔业安全生产主体责任落实。

案例六 四川省达州市通川区塔沱市场“6·1”重大火灾事故

2018年6月1日17时52分许，四川省达州市通川区西外镇塔沱市场好一新商贸城发生一起火灾事故，过火面积约5.1万平方米，造成1人死亡，直接经济损失9210余万元。

一、事故发生经过及救援情况

（一）事故发生经过

2018年6月1日17时49分许，朱××（好一新商贸城地下一层冷库3号库租户）到3号库取货，打开3号库门后，朱××看到库内有明火并有大量的烟气，于是跑到起火部位（离门口2/3左右的位置），对该部位香蕉堆垛顶部正在燃烧的香蕉包装纸箱进行处置，先后两次在库外接水进入3号库提水灭火。大约17时52分17秒，3号库门口开始有烟气喷出；17时52分21秒，朱××跑离3号库；17时52分28秒，3号库门口冒出大量浓烟，随后喷出火焰。现场工作人员陈×在办公室看到3号库有烟雾冒出，有火窜出，随后开始报警。

（二）救援情况

6月1日17时53分至18时4分，达州市119消防指挥中心先后接到74通报警电话。达州市消防支队按照四级火警力量调派程序立即调派9个消防中队、1个小型消防站、1个企业专职消防队、42辆消防车、168名消防官兵到场处置。同时报请达州市政府启动重大灾害事故应急处置预案，调动公安、安监、环卫、医疗及矿山、普光、达竹等救援队伍到现场协助开展灭火救援。救援力量到达事故现场后，组织5个内攻搜救组深入现场内部逐层、逐间搜救疏散被困人员；组织10余个灭火攻坚组，攻入高温浓烟下的地下一层开展内攻灭火、控制蔓延。

四川省消防总队接报后立即启动跨区域增援机制，先后调集17个支队、182辆消防车、839名消防官兵赶赴现场处置，部消防局调集重庆市消防总队29辆消防车、254名消防官兵赶赴现场支援。增援力量到场后，现场指挥部组织80余个灭火攻坚组深入建筑内部强攻灭火，通过强攻近战、冷却降温等战术手段阻止火势向建筑周边蔓延。

6月2日深夜，为保证救援人员人身安全，现场救援指挥部及时调整作战部署，灭火行动由内攻转为内攻加外攻，在外围设置水枪阵地和车炮阵地，阻止火势向周围建筑蔓延。6月4日5时许，经现场多次勘察评估，已具备总攻条件，现场指挥部部署各救援队伍于6时许发起总攻，采取“穿插分割、逐片消灭、上下联动、精准打击、梯次掩护、整体推进”战术，分8个内攻区域在建筑结构专家的全程指导下，逐间、逐片、逐层消灭火势。6月4日11时许，明火被扑灭，现场转入清理余火及监护阶段，救援队伍实行分片包干地毯式清理，不间断对每个楼层进行全面清理监护，直至余火被彻底扑灭。6月6日10时，经多批次余火清理，灭火工作彻底结束。此次灭火行动共疏散群众1157人，抢救出1名被困人员，保护了约1.1万平方米建筑面积，520间商铺和毗邻批发市场。

二、事故原因及性质

（一）直接原因

1. 火灾发生原因

好一新商贸城地下一层冷库3号库内租户朱××自行拉接的自西向东第三根铁丝上的照明电源线短路引燃下方的香蕉外包装纸箱。

2. 火灾蔓延扩大原因

（1）建筑体量大，商品种类繁多。好一新商贸城建筑面积9.1万平方米，分为地下1层、地上5层，建筑内呈“回”字形结构。建筑内储存大量的服装、塑料、电器、家具、摩丝、发胶、杀虫剂、化妆品等易可燃物。

（2）火灾荷载大，内部结构复杂。地下一层建筑面积约1.9万平方米，隔间多、内部通道杂乱，且每个隔间均设置了夹层存储货物，货物成垛堆积、种类繁多，使隔间长时间处于阴燃状态，且每个隔间都设置了防盗卷帘门，部分火点隐蔽不易被发现，由阴燃变成明火后向四周蔓延，呈焖窑式燃烧。高温烟气严重影响救援人员视线，水枪射流难以进入货物堆垛内部，加之地下一层排水管网较多，射入的水流通过地下一层排水设施排出，无法集水阻燃。

（3）火势发展多变，形成多点蔓延。监控录像显示，17时52分许，3号冷库发生猛烈燃烧时，高温烟气及火焰呈“喷射状”迅速向外扩散并引燃周边商铺，在高温和浓烟作用下，火势呈跳跃式发展蔓延，高温烟火快速通过连通的吊顶、内设排水塑料管、伸缩缝等途径横向、竖向蔓延，并相继引发地下一层和楼上多个店铺、仓库着火，呈多点燃烧发展之势，形成立体燃烧，同时产生大量高温、有毒烟气，逐渐充满整个建筑物。

（4）消防通道、疏散通道堵塞，未设置防火分隔装置。部分消防通道违规改建为商铺，地面一层部分疏散通道违规改建为商铺，地下一层冷库与地上商铺未进行防火分隔。

（二）间接原因

1. 好一新集团

好一新集团违法建设问题突出，事故隐患长期存在，主体责任不落实，安全管理混乱。

（1）超规划红线建设。在建设过程中，未按照原达州市规建局批准的规划和相关设计文件施工。将好一新商贸城东侧向东延伸10.5米进行施工。

（2）超规模建设。违法超建筑红线建设，增加建筑面积7445平方米，并增加中庭面积3177平方米（规划时未计算面积），合计增加面积10622平方米。

（3）随意更改设计，违法违规占用消防通道改建商铺。将地面一层部分疏散通道违规改建为商铺，共242间，面积2480余平方米。擅自占用消防通道，取消东侧消防车道。

（4）违法先建后批。在没有取得相关许可的情况下开工建设，后违法补办手续。以塔沱市场二期扩建保鲜库工程（新增地下冷库）名义，向原达州市规建局申请补办有关手续，增加建筑面积10622平方米。

（5）违法将改建地下冷库工程的工艺设计、安装承包给无制冷工艺设计和安装资质的达州市杰欣安装有限公司实施。

（6）在市场功能变更后（由农副产品批发变更为小商品批发市场），未对建筑设计、消防设计作相应变更。改建地下冷库工程一直未进行建筑工程防火设计审核和验收，也未办理施工图审查、工程质量安全监督备案和竣工验收。地下一层东侧原设计为水果交易区（现为冷库）的位置，新增 1489 平方米，没有重新核算防火分区（原防火分区为 1953 平方米和 1900 平方米，均为设计上限）、疏散宽度。竣工图中在相同区域的消防防排烟图、消防报警图、消火栓布置图均为空白图纸。地下室在每个防火分区都应有直通室外的楼梯，东侧建筑沿外墙没有直通室外的疏散楼梯，消防人员难以进入东侧地下室进行灭火。防火设计的缺失成为该区域的事故隐患。

（7）安全生产主体责任落实不到位。集团有员工 400 多人，外包服务人员 200 多人，共计超过 600 人，没有设立专业的安全管理机构（设立安保部，负责安全和保卫工作）。好一新商贸城公司（包含商贸城、塔沱市场）从业人员众多，含租户等超过 3000 人，也没有设立专门的安全管理机构；无安全生产责任制、事故隐患排查整改制度等规章制度；安全教育培训、应急演练等工作不到位；安全检查流于形式，对长期存在的事故隐患排查整治不力。

（8）安全管理混乱，隐患排查治理不到位。该集团对省政府第 85 期工作通报中涉及的好一新商贸片区物流仓储集中区域火灾隐患置若罔闻，致使通报的隐患长期未得到整改。商贸城租户朱 ×× 安全意识淡薄，违规在冷库内私拉乱接电线，安全检查人员虽有发现但没有采取有效措施进行制止，未从根本上彻底消除长期存在的火灾隐患。

2. 政府相关部门

政府相关部门对违法建设、消防安全等监管责任落实不到位。

（1）规划建设部门。原达州市规建局未认真履行工作职责，违规办理相关手续。好一新集团为解决好一新商贸城违法超面积建设的问题，以塔沱市场二期扩建保鲜库（新增地下冷库）工程名义，向原达州市规建局申请补办“建设工程规划许可证”和“建筑工程施工许可证”，原达州市规建局没有严格按照相关规定予以审核，没有到施工现场进行查勘便补办了“建设工程规划许可证”和“建筑工程施工许可证”；明知好一新商贸城存在违规超面积建设、虚构扩建保鲜库项目、违规改建消防（疏散）通道为商铺等违法行为，未经审核便同意并发放“竣工规划验收合格证”；对好一新商贸城进行现场综合性验收时，未认真对该商贸城建设工程现场逐项检查验收，便同意通过验收并备案。

原达州市城市规划建设管理监察支队履职尽责不到位，巡查不到位，未及时发现并纠正好一新商贸城在建设过程中的违法行为。在好一新商贸城建设过程中，原达州市城市规划建设管理监察支队未发现好一新集团违规超面积建设、违规将消防通道、疏散通道等改建为商铺、违规将地下一层改建冷库等问题。

（2）消防部门。达州市消防支队对好一新商贸城消防安全失管失察，处罚卷宗弄虚作假，审核把关不严。在消防设计审核时对消防设计图纸等资料未认真进行资料审查，在申报资料不齐全的情况下受理了消防验收申请，验收时未发现并指出建筑申报验收面积 90458 平方米与审核 79352 平方米面积不一致，未对好一新商贸城申报消防设计与验收面积不一致和将部分消防通道、疏散通道违规改建为商铺等问题提出质疑并予以纠正，违规通过消防验收。没有按照有关规定对好一新商贸城进行开业前消防安全检查，经办人员未到现场检查；对好一新商贸城消防监督执法不到位，指导隐患整改不力。在消防监督检查中没有对该冷库进行认真检查，没有对违规改建冷库的问题提出质疑并纠正，没有及时发现冷库租户私拉乱接电线的重大消防安全隐患并督促整治。通川区消防大队对好一新商贸城消防监督执法不到位，督促隐患整改不力，日常监督抽查流于形式，对该商城及冷库存在的重大消防安全隐患没有及时发现；未对消防违法行为依法予以查处，致使该商贸城消防安全隐患长期存在，未得到整改。

（3）商务部门。达州市及通川区商务部门未按照“三个必须”的原则认真履行安全生产行业监管职责，安全监管工作流于形式，发文件多、检查督查少，对辖区内商贸企业存在的火灾隐患整治工作督促指导、检查落实不力。

（4）公安部门。通川区公安分局朝阳派出所未认真履行消防安全监督管理职责，对好一新商贸城消防安全检查不到位，检查流于形式，对好一新商贸城存在的区域性火灾隐患督促整改不力。通川区公安分局对辖区内消防安全工作领导不力，对好一新商贸城存在的区域性火灾隐患督促整改不到位。达州市公安局对辖区内存在的区域性火灾隐患整治重视不够，督促检查不力。

（5）安全监管部门。原通川区安全监管局未严格履行属地综合监管职责，对辖区内相关部门和企业消防安全综合监管督促指导不力。

3. 属地政府监管责任落实不到位

（1）通川区朝阳街道办事处履行安全生产“属地管理”责任落实不到位，对辖区内存在的区域性火灾隐患重视不够，督促整改不力；对辖区安全网格员履职情况监督不到位，没有定期开展安全检查，安全检查流于形式，不深入、不细致。

（2）通川区政府履行安全生产领导责任和“属地管理”责任不到位，对辖区内存在的区域性火灾隐患重视不够、督促整改不力；开展消防安全宣传教育广度、深度不够，对政府相关部门消防安全工作履职情况督促不到位。

（3）达州市政府落实安全生产领导责任和属地管理责任不到位，对好一新商贸城长期存在的区域性火灾隐患整治重视不够，安排部署不及时，督促整改不力。

（三）事故性质

经调查认定，达州市通川区塔沱市场“6·1”事故是一起重大火灾责任事故。

三、处理建议

建议对好一新商贸城公司塔沱市场冷库租户朱××、好一新商贸城公司法定代表人及塔沱市场冷库经理等15人追究刑事责任。建议对达州市政府副市长、市公安局局长等33人给予党纪、政务和组织处理。建议对好一新商贸城公司总经理等4人给予行政处罚。建议对好一新集团、好一新商贸城公司等单位给予行政处罚。

四、事故防范和整改措施建议

一是进一步提高对安全生产的认识，正确处理招商引资与安全生产的关系，把安全生产工作摆在更加突出的位置。二是强化安全生产责任体系建设，按照“党政同责、一岗双责、齐抓共管、失职追责”的要求，层层压紧压实安全生产责任。三是通川区政府要进一步加强对消防安全工作的领导，积极组织开展以批发市场、城市综合体、大型商场、餐饮娱乐等人员密集场所为重点的消防安全隐患排查，严格落实消防安全责任制，全面提升本区域消防安全水平。四是消防部门要在全市范围内开展消防安全隐患大清查行动，住建和规划部门要严把工程规划许可和竣工验收关，加强部门联动，强力整治违法建设、违规施工、擅自改变规划、擅自改变消防通道等威胁房屋建筑安全和人员生命安全的行为，商务和应急管理部门要认真落实消防安全监管责任，切实履行行业主管和综合监管职责。五是对事故责任单位进行安全生产大整顿，由通川区政府牵头，住建、消防、商务等有关部门参加，向好一新集团派出安全工作督查组。六是大力开展消防安全隐患排查整治工作。七是加强全员消防安全宣传教育，普及安全用电常识。推进科技兴安，提升企业本质安全水平。

案例七　本溪龙新矿业有限公司思山岭铁矿“6·5”重大炸药爆炸事故

2018 年 6 月 5 日 16 时 9 分 46 秒，北京华夏建龙矿业科技有限公司（隶属于北京建龙重工集团有限公司）投资建设的本溪龙新矿业有限公司思山岭铁矿基建期间，措施井井口发生炸药爆炸事故，造成 12 人死亡、2 人失踪（后已确认死亡）、10 人受伤（含井下受伤 1 人），直接经济损失 4723 万元。

一、事故基本情况

2018 年 6 月 5 日 13 时 30 分，爆破作业单位同鑫公司从辽宁省本溪市溪湖区火连寨高程村民用爆炸物品库房领取 23 箱乳化炸药（522 千克）、385 发导爆管雷管。该公司驾驶员何 × 驾驶辽 E18189 民用爆炸物品运输车辆，押运员霍 ××（具有押运员和保管员资格证）随车押运，于 15 时 15 分运送至位于南芬区思山岭办事处思山岭村的龙新公司措施井井口。到达现场后，霍 ×× 先后找到华煤集团现场负责人王 ××（项目部专职安全员）、爆破员高 ××（具有同鑫公司爆破员资格证）、爆破员南 ××（具有同鑫公司爆破员资格证）和安全员张 ××（具有同鑫公司安全员资格证）在交接单上签字确认。

16 时 3 分，民用爆炸物品运输车停靠在措施井井口主提升吊桶附近，在现场未设置警戒线、未将无关人员清出现场的情况下，张 ×× 喊来华煤集团员工穆 ××、李 ××、李 ××3 人（均无爆破作业人员资质）将 14 箱炸药（336 千克）先后从民用爆炸物品运输车搬运装入吊桶内，至 16 时 6 分，搬运结束。16 时 6—7 分，开始向井下转运炸药，提升吊桶、打开井盖门、下放吊桶、关闭井盖门，按照同鑫公司要求，霍 ×× 用手机录制了吊桶入井的视频。16 时 8 分 18 秒，霍 ×× 把 250 发导爆管雷管交给张 ×× 后，民用爆炸物品运输车驶离。王 ×× 给华煤集团工人宋 ××（无爆破作业人员资质）打电话让他来领取雷管。此时，张 ×× 将 250 发雷管分成 3 袋，将其中 2 袋分别交给华煤集团接班的井下工人孙 ×× 和李 ××（均无爆破作业人员资质）准备带入井下，将另 1 袋（50 发）交给宋 ××。宋 ×× 将雷管放到井口东北角的工具间存放，然后回到副提升信号室给井下 -1010 米中段的掘进人员打电话，让他们准备接收主提吊桶中的 3 箱炸药（其余 11 箱张 ×× 安排由 -960 米中段作业人员接收），然后去卫生间。16 时 8 分 42 秒，张 ×× 让华煤集团的主提升信号工董 ×× 给主提升操作室发信号，让华煤集团的主提升操作工王 ×× 提升正在下降的主提升吊桶。王 ×× 按信号指示将装有炸药的主提升吊桶提升到井口，停落在井盖门上。16 时 9 分 43 秒，孙 ×× 手提 1 袋雷管走到主提吊桶旁边，李 ×× 手提 1 袋雷管紧随其后，孙 ××

将雷管抛入装有14箱炸药的吊桶内，随即做出欲爬上吊桶动作。16时9分46秒，雷管爆炸，引爆吊桶内的336千克乳化炸药。爆炸产生的强烈冲击波使事故现场井口附近地面方圆约150米范围内建（构）筑物和设施不同程度损毁，吊桶瞬间被击碎，夹带金属碎片的冲击波将井筒内多条钢丝绳、电缆切断，副提升吊桶连带钢丝绳、电缆向井下坠落。造成井口地面12人死亡、9人受伤；井下–480米中段6人，–960米中段5人，–1010米中段12人，共计23人被困，经全力救援全部获救生还，其中1人受轻伤；井筒–1010米处的吊盘被砸落至井底，吊盘上2名作业人员失踪（后已确认死亡）。

二、事故原因及性质

（一）直接原因

在思山岭项目部措施井地面井口处，准备用主提升吊桶向井下转运炸药时，华煤集团接班工人孙××将一塑料袋雷管扔进装有炸药的吊桶内，雷管与吊桶内壁发生碰撞，产生的机械能超过了雷管的机械感度，导致雷管爆炸，进而引发炸药爆炸。

（二）间接原因

（1）同鑫公司未履行法定职责，未按规定设置安全管理机构和配备安全管理人员，对从业人员的安全培训教育不到位，公司人员岗位职责不清，安全生产主体责任不落实。未执行《民用爆炸物品安全管理条例》（国务院令第466号）、《爆破安全规程》（GB 6722—2014）相关规定和签订的《提供民用爆炸物品爆破服务协议书》实施“一体化”爆破作业服务，爆破作业过程管理混乱。一是违反规定在上下班和人员集中的时间内运输爆破器材，未在民用爆炸物品装卸现场设置警戒，导致民用爆炸物品装卸现场人员聚集，现场管理混乱，是造成事故群死群伤的主要原因。二是未按《爆破安全规程》要求将雷管和炸药分别放在专用背包（木箱）内，而是违规用塑料袋装雷管运输。三是人工搬运爆破器材时，起爆体、起爆药包没有由爆破员携带、运送，没有遵守“装卸爆破器材应轻拿轻放，码平、卡牢、捆紧，不得摩擦、撞击、抛掷、翻滚”的规定。四是同鑫公司没有按法律规定和协议约定实施爆破作业“一体化”服务。在实际操作过程中私自约定由同鑫公司负责将民用爆炸物品运送至井口，向井下运输民用爆炸物品和井下爆破作业由华煤集团实施，致使民用爆炸物品管理失控，导致无爆破作业资质的华煤集团人员接触和私存民用爆炸物品的现象发生。五是伪造身份，骗取合法资质。同鑫公司与华煤集团私自约定，将华煤集团员工高××、南××和门××3人以同鑫公司名义考取爆破员资格证，张××考取爆破安全员资格证，上述4名爆破作业人员资质注册在同鑫公司，实际上同鑫公司未对其进行管理。

（2）华煤集团对思山岭项目部管理不到位，安全生产职责不清，项目部主要负责人未履行项目经理职责，对现场交叉作业管理不到位，致使施工现场管理混乱，特别是对爆破作业过程非法违法行为纵容、放任。一是华煤集团思山岭项目部项目经理赵××只是名义经理，实际并未对该项目实施管理，现场实际负责人付××没有相应资质。二是在明知本单位没有爆破作业资质的情况下，违法组织非爆破作业人员搬运和携带民用爆炸物品、雷管与炸药混装运输、野蛮装卸和井下爆破作业。三是爆破作业后，未将剩余的民用爆炸物品清退回库，导致现场私存民用爆炸物品，事故发生后，在现场发现炸药 70.5 千克、雷管 167 发（含当天运送的 39 发）。四是伪造身份，骗取合法资质。华煤集团思山岭项目部指派高 ××、南 ×× 和门 ××3 人以同鑫公司名义考取爆破员资格证，张 ×× 考取爆破安全员资格证，上述 4 名爆破作业人员资质注册在同鑫公司，实际上是华煤集团的员工，只负责以爆破作业人员的身份签字领取炸药。

（3）龙新公司主体责任落实不到位，安全生产工作责任分工不明确，安全处及部门负责人未严格落实安全生产责任制和安全监管职责，对施工单位的安全生产工作统一协调、管理不力。一是在井建用爆破材料及服务采购招标过程中，违规约定爆破施工由华煤集团项目部组织实施，华煤集团项目部爆破人员资质放入同鑫公司管理。二是龙新公司作为建设项目发包单位对思山岭建设项目以包代管。主要负责人及分管安全生产工作的负责人对施工现场安全生产重视程度不够，对施工单位的施工作业情况尤其是炸药运输、爆破作业情况监督检查不到位。

（4）华夏建龙公司对龙新公司的安全生产工作疏于管理，未建立健全安全方面的相关规定，公司安环部只负责政策宣传和技术服务，没有对下属企业实施安全生产监督管理。未指派相关人员对龙新公司进行检查指导，安全生产工作由龙新公司全权管理，对建设项目施工现场管理混乱问题监督检查不到位。

（5）本溪市公安局南芬分局在对民用爆炸物品日常监管工作中，未有效履行职责，对井下民用爆炸物品监管缺失，未发现同鑫公司、华煤公司思山岭项目部长期以来违法爆破作业行为，对相关单位非法储存民用爆炸物品、由无爆破资质的人员向井下运送民用爆炸物品等问题监督检查不到位。

（6）本溪市公安局对爆破作业单位监督检查及其相关人员资质审查不到位，对井下民用爆炸物品监管缺失，未发现同鑫公司、华煤公司思山岭项目部长期以来违法爆破作业行为；对南芬分局民用爆炸物品日常监管工作及市公安局治安支队监督、指导南芬分局民用爆炸物品日常监管工作不力。

（7）本溪市南芬区安全生产监管局在安全生产监管中，履行职责不力，未发现华煤集团思山岭项目部项目经理挂名、安全生产现场管理混乱等问题。

（8）本溪市安全生产监管局组织开展非煤矿山安全生产抽查检查工作不到位，对南芬区安全生产监管局安全生产监督检查工作督促指导不力。

（9）南芬区人民政府对全区安全生产工作负全面责任。安全生产监督管理职责落实不到位，对相关职能部门开展安全生产监督检查工作督促指导不力。

（10）本溪市人民政府对全市安全生产工作负全面责任。对负有安全生产监督管理职责的部门责任落实监督不到位，对南芬区安全生产工作指导不力。

（三）事故性质

经调查认定，这是一起由于违章指挥、违章操作引发的炸药爆炸重大生产安全责任事故。

三、对有关责任人员和责任单位的处理建议

对在事故中死亡的 3 人免予追究责任。建议对同鑫公司董事长、华煤集团思山岭项目部实际负责人、龙新公司原董事长兼总经理等 6 人追究刑事责任。对同鑫公司爆破分公司押运员、华煤集团思山岭项目部相关人员等 6 人公安机关已采取强

制措施。建议对事故相关责任人员 21 人给予党纪、政务处分。建议对华煤集团董事长、总经理等 6 人给予行政处罚。

建议对同鑫公司、华煤集团、龙新公司、华夏建龙公司进行不同程度的罚款或吊销相应许可证等行政处罚。建议南芬区政府向本溪市政府作出书面检查。建议本溪市政府向省政府作出书面检查。

四、事故防范和整改措施建议

一是建设单位、施工单位、爆破作业单位等要切实加强安全生产主体责任落实。二是爆破作业单位要强化对民用爆炸物品的购买、装卸、运输、清退和爆破作业过程的管理，严格执行《民用爆炸物品安全管理条例》《爆破安全规程》的要求。三是严格爆破作业过程的管理。四是强化施工单位作业的管理，加强对施工现场的管理，确保安全生产。五是非煤矿山建设单位应当认真履行建设单位的主体责任，加强对外包工程的监督和管理。六是公安机关要严格按照《民用爆炸物品安全管理条例》等相关法律法规的规定，严格履行职责。七是安全生产监督管理部门要按照《建设项目安全设施“三同时”监督管理办法》（国家安全监管总局令第 36 号）的有关规定，加强对基建矿山建设项目和采掘施工企业的安全监管。八是本溪市、南芬区人民政府要认真吸取“6·5”事故教训，举一反三，防止此类事故再次发生。

案例八　京港澳高速公路衡阳段“6·29”重大道路交通事故

2018 年 6 月 29 日，京港澳高速公路湖南省衡阳段发生一起豫 Q52298 大型普通客车与豫 CS6852（豫 CU315 挂）重型罐车相撞的重大道路交通事故，造成 18 人死亡、14 人受伤，危化品泄漏，直接经济损失 2632.8 万元。

一、事故经过

2018 年 6 月 29 日 7 时 43 分许，河南省驻马店市汝南县驾驶人李 × 驾驶驻马店市汽车运输有限公司的豫 Q52298 宇通牌大型普通客车，从广东省中山市港口镇维也纳酒店停车场搭载 12 名乘客出发，先后在中山市东升镇搭载 1 名乘客、中山市东凤镇搭载 1 名乘客、佛山市石湾车站搭载 10 名乘客（含副驾驶人王 × ×），进入沈海高速转京港澳高速，从长平收费站下高速到广州市黄埔区广汕公路搭载 5 名乘客。中途轮换王 × × 驾驶该车沿广乐高速、京港澳高速北上，17 时 25 分许，驶入京港澳高速湖南宜章服务区。17 时 54 分许，由李 × 驾驶该车从宜章服务区出发（核载 55 人，实载 30 人）。20 时 27 分许，行驶至京港澳高速湖南省衡阳段 1602 公里处，车辆与右侧护栏刮擦后，向左冲过中央分隔带，驶入对向车道与由河南省洛阳市孟津县驾驶人范 × × 驾驶的洛阳新红运输有限公司的豫 CS6852（豫 CU315 挂）重型罐车（核载 34 吨，实载 32.94 吨环已酮）相撞，造成 18 人死亡（其中 1 人抢救无效死亡）、14 人受伤，环已酮大量泄漏，车辆、道路受损，周边农作物、土地受污染的重大道路交通事故。

二、事故原因及分析

（一）直接原因

大客车驾驶人过度疲劳仍继续驾驶机动车、操作不当的违法行为，是造成此次事故的直接原因，承担事故全部责任。

（二）间接原因

1. 有关运输企业安全生产主体责任不落实

（1）驻马店市汽车运输有限公司平舆县分公司（驻马店市宏业道路客运站务有限公司平舆汽车站）。作为大客车具体管理公司和批准的发车车站，对所属营运客车依照审批的站点、线路经营等相关经营行为管理缺失，未按规定对所属营运客车进站、报班、安全例检等进行管理；对动态监控平台发现的客运车辆多次超速、疲劳驾驶等报警信息未及时按规定纠正并报告公安交通管理和道路运输管理部门，未按规定处罚公安交警部门抄告的事故车辆及驾驶人交通违法行为；未按规定组织监控人员开展岗位培训即上岗工作，未了解驻马店汽车运输有限公司对本单位监控人员的培训和考核情况；驾驶员日常安全教育流于形式，未按规定对培训教育效果进行考核。

（2）驻马店市汽车运输有限公司。对所属平舆分公司安全工作管理监督不力，对所属营运客车进站、报班、安全例检、线路经营、安全教育等行为管理缺失；对公安交警部门通报的所属车辆违法违规情况未严格按照相关规定处理，未将处理情况报公安交警部门和运输管理部门；未严格按照规定履行营运客车动态监控相关工作职责，对公司监控人员的培训流于形式，未严格对监控人员的培训进行考核，对分公司监控人员的上岗情况疏于管理。

（3）平舆县运蓬客货运场站有限公司。作为事故大客车实际发车车站，由车主自行组织客源，未在运蓬客运站售票窗口正式售票，未严格落实车票实名制管理（实名售票、实名验票）；未全面落实车辆安全检查等规定，仅对旅客进行了三品检查，对旅客的安全例检等场站管理把关不严。

（4）中山市港口镇美景配客站。在未核实大客车始发站的情况下，允许其进站配客；未严格履行协议相关职责；对大客车长期未进站配客的情况，未向当地交通运输主管部门报告。

（5）佛山市汽车运输集团有限公司石湾客运站。事故大客车在该站进站配客10人，上车乘客未实名购票、验票乘车，也未按规定进行出站检查，该站没有严格落实“三不进站，六不出站”相关管理制度。

2. 有关监管部门履职不到位

（1）驻马店市平舆县道路运输管理局。未严格落实道路运输安全监管职责，督促辖区客运企业落实安全主体责任不力；未严格监管事故车辆在线路起讫点、审批线路规范经营，事故大客车多年未进平舆汽车站发班，运管局驻站室却在载明有始发站平舆汽车站的《道路营运客车年度审验表》上签名、盖章，致使通过年审；联网联控监管平台长期不能有效使用。

（2）驻马店市道路运输管理局。未严格履行运输企业监督检查职责，对驻马店市汽车运输有限公司落实主体责任及履职情况监管不力，未发现驻马店市汽车运输有限公司动态监控、驾驶员教育和不按规定落实车辆抄告处罚制度等安全隐患；对所属县（区）运管局联网联控工作现场监督检查指导缺失，未发现平舆县道路运输管理局联网联控系统长期不能有效使用问题。

（3）驻马店市平舆县公安局交警大队。未严格履行交通安全管理职责，对驻马店市汽车运输有限公司平舆分公司相关车辆违法行为抄告后未及时督促整改到位；对事故大客车违法行为进行不记分处理监管不力，处理非现场交通违法行为时，在未确定违法地点的情况下，违规将事故车辆的交通违法行为录入公安交通违法信息处理系统。

（4）驻马店市公安局交警支队。大客车非现场处罚时未严格执行河南省交警总队《关于进一步规范非现场违法处理有关问题的通知》（豫公交〔2017〕70号）的报批规定，违规给予不记分处理。

（5）中山市交通运输局港口分局。对为事故客车发放美景配客站“进站识别卡”把关不严，打击站外揽客不够到位，对美景配客站监督检查不够到位。

（6）佛山市禅城区交通运输局。对石湾客运站监管不够到位。

（7）广州市黄埔区交通运输局。整治大客车站外揽客行为不够彻底。

三、事故处理结果

事故发生后，公安机关对13人立案

侦查，其中 9 人以涉嫌重大责任事故罪移送起诉，4 人以危险驾驶罪被判决。对 9 个单位的 19 名责任人员给予党纪政务处分和组织处理。

对大客车驾驶人和危货车驾驶人不追究刑事责任；对驻马店市汽车运输有限公司董事长、法人代表等 13 人，司法机关已采取措施，进一步审查；建议对驻马店市平舆县道路运输管理局局长等 19 人给予党纪政务处分和组织处理。

建议给予驻马店市汽车运输有限公司及其法人、驻马店市汽车运输有限公司、平舆县运蓬客货运场站有限公司、美景配客站、佛山市汽车运输集团有限公司石湾客运站不同程度的行政处罚。

案例九　宜宾恒达科技有限公司“7·12”重大爆炸着火事故

2018 年 7 月 12 日 18 时 42 分 33 秒，位于四川省宜宾市江安县阳春工业园区内的宜宾恒达科技有限公司发生重大爆炸着火事故，造成 19 人死亡、12 人受伤，直接经济损失 4142 余万元。

一、事故发生经过

2018 年 7 月 12 日 11 时 13 分，宜宾恒达公司副总经理陈 ×× 接到四川金桥物流有限公司江安县营业部送货员的电话，告知其有一批货物已送达。11 时 14 分，陈 ×× 电话通知公司生产部部长刘 ×× 来了一批货，让刘 ×× 找公司污水处理站杨 ×× 安排两个工人卸货。刘 ×× 随即给公司库管员宋 ×× 打电话，宋 ×× 未接电话。11 时 16 分左右，宋 ×× 刚好到了刘 ×× 办公室，刘 ×× 当面告知宋 ×× 到了一批生产原料丁酰胺，并安排宋 ×× 到厂门口接车。11 时 30 分左右，宜宾江安壹米滴答金桥物流公司吴 × 将 2 吨标注为原料的 COD 去除剂（实为氯酸钠）送至宜宾恒达公司仓库。随后，宋 ×× 请三车间副主任安排 3 名工人完成了卸货。入库时，宋 ×× 未对入库原料进行认真核实，将其作为原料丁酰胺进行了入库处理。14 时左右，二车间副主任罗 ×× 开具 20 袋丁酰胺领料单到库房领取咪草烟生产原料丁酰胺，宋 ×× 签字同意并发给罗 ××33 袋“丁酰胺”（实为氯酸钠），并要求罗 ×× 补开 13 袋丁酰胺领料单。14 时 30 分左右，叉车工把库房发出的 33 袋“丁酰胺”运至二车间一楼升降机旁。15 时 30 分左右，二车间咪草烟生产岗位的当班人员 4 人（均已在事故中死亡）通过升降机（物料升降机由车间当班工人自行操作）将生产原料“丁酰胺”提升到二车间三楼，而后用人工液压叉车转运至三楼 2R302 釜与北侧栏杆之间堆放。16 时左右，用于丁酰胺脱水的 2R301 釜完成转料处于空釜状态。17 时 20 分前，2R301 釜完成投料。17 时 20 分左右，2R301 釜夹套开始通蒸汽进行升温脱水作业。18 时 42 分 33 秒，正值现场交接班时间，二车间三楼 2R301 釜发生化学爆炸。爆炸导致 2R301 釜严重解体，随釜体解体过程冲出的高温甲苯蒸气，迅速与外部空气形成爆炸性混合物并产生二次爆炸，同时引起车间现场存放的氯酸钠、甲苯与甲醇等物料殉爆殉燃，二车间、三车间着火燃烧，造成重大人员伤亡和财产损失。

二、应急处置情况

事故发生后，宜宾恒达公司员工立即拨打 119、120 报警。江安县政府第一时间启动了应急响应，成立了事故应急救援指挥部，组织开展救援工作，紧急对园区实施了停电、停气，组织开展灭火救援、危险源查找、环境监测、下水道排险和交通管制、人员疏散等工作。

江安县消防大队竹都大道中队接警后，18时50分出动4车21人到达现场，立即划定警戒区域，并出动1门移动炮和2支灭火枪控制外围火势。20时5分，宜宾市消防支队9个中队、33辆消防车、150名消防官兵、54.8吨泡沫灭火剂，宜宾五粮液集团公司消防队3台大功率水炮、1台高喷消防车、3台移动水炮，海丰和锐公司救援队等应急救援队伍及装备陆续到达现场，在指挥部统一指挥下，参加了现场应急救援处置和搜救工作，对爆炸、着火区域进行降温灭火。20时30分，搜救组完成办公楼及仓库的搜救。21时10分，现场明火被扑灭。22时45分，经持续冷却在初步具备搜救条件后，救援队伍立即组织开展现场清理搜救工作，先后组织16个搜救小组对爆炸着火现场进行了6次搜救。7月13日2时30分，车间内搜救工作结束，开始在厂区车间外开展地毯式搜索。7月13日6时20分，经搜索确认无遗漏，一、二、三车间现场共发现18具遇难者遗体，相邻的宜宾万翔建材有限公司发现1具遗体，现场搜救结束。搜救工作结束后，事故应急救援指挥部迅速组织有关专家认真分析、研判事故现场，研究制定了《厂区危险化学品处置方案》，指派专家并委托专业机构对事故企业尚存的危险化学品进行妥善处置，未发生次生事故和引发次生灾害。

本次事故应急救援处置共调集消防车45辆、移动水炮10台、洒水车2辆、其他应急工具车共10余辆，出动消防、交巡、治安等警力530余名（其中，消防官兵230名），政府及街道和社区干部90余名，未发生其他人员伤亡。

三、事故原因及性质

（一）直接原因

宜宾恒达公司在生产咪草烟的过程中，操作人员将无包装标识的氯酸钠当作2-氨基-2，3-二甲基丁酰胺（以下简称丁酰胺），补充投入到2R301釜中进行脱水操作。在搅拌状态下，丁酰胺-氯酸钠混合物形成具有迅速爆燃能力的爆炸体系，开启蒸汽加热后，丁酰胺-氯酸钠混合物的BAM摩擦及撞击感度随着釜内温度升高而升高，在物料之间、物料与釜内附件和内壁相互撞击、摩擦下，引起釜内的丁酰胺-氯酸钠混合物发生化学爆炸，爆炸导致釜体解体；随釜体解体过程冲出的高温甲苯蒸气，迅速与外部空气形成爆炸性混合物并产生二次爆炸，同时引起车间现场存放的氯酸钠、甲苯与甲醇等物料殉爆殉燃，二车间、三车间着火燃烧，进一步扩大了事故后果，造成重大人员伤亡和财产损失。

（二）间接原因

（1）宜宾恒达公司未批先建、违法建设，非法生产，未严格落实企业安全生产主体责任，是事故发生的主要原因，对事故的发生负主要责任。

（2）常州道恩公司等相关合作企业违法违规，未落实安全生产主体责任，是事故发生的重要原因。

（3）设计、施工、监理、评价、设备安装等技术服务单位未依法履行职责，违法违规进行设计、施工、监理、评价、设备安装和竣工验收，是事故发生的重要原因。

（4）氯酸钠产供销相关单位违法违规生产、经营、储存和运输，是事故发生的重要原因。

（5）江安县工业园区管委会和江安县委、县政府坚持“发展决不能以牺牲安全为代价”的红线意识不强，没有始终绷紧安全生产这根弦，没有坚持把安全生产摆在首要位置，对安全生产工作重视不够，属地监管责任落实不力，是事故发生的重要原因。

（6）负有安全生产监管、建设项目管理、易制爆危化品监管和招商引资职能的相关部门未认真履职，审批把关不严，监督检查不到位，是事故发生的重要原因。

（三）事故性质

经调查认定，宜宾恒达科技有限公司“7·12”重大爆炸着火事故是一起生产安全责任事故。

四、责任认定及处理建议

司法机关已对宜宾恒达公司法定代表人等 15 名企业人员采取措施；对事故中已死亡人员免于追究责任；江安县 4 名相关公务人员因涉嫌严重违纪违法，已接受纪律审查和监察调查；建议给予宜宾市和江安县 44 名相关公务人员党纪政务处分和组织处理；建议给予 15 家相关企业行政处罚。

五、事故防范和整改措施建议

一是各地区特别是宜宾市委、市政府，江安县委、县政府要深刻吸取事故教训，进一步强化安全生产红线意识，认真贯彻落实《四川省党政领导干部安全生产责任制实施细则》规定，建立健全“党政同责、一岗双责、齐抓共管、失职追责”的安全生产责任体系。二是进一步优化布局推动化工产业转型升级，要结合产业基础、资源配置、安全生产等因素，加强产业引导，严把化工项目准入关，招商引资、引进项目时要首先考虑安全、环保风险，科学论证，慎重选择。三是进一步建立完善“政府统一领导、部门依法打击、企业自查自纠、社会广泛参与”的安全生产领域打非治违常态化工作机制，加大打非治违工作力度，开展部门联合执法，建立举报奖励制度，严厉打击各类非法违法建设行为，规范安全生产法治秩序。四是进一步加强安全风险管控，推动化工企业加快构建安全风险分级管控和隐患排查治理双重预防工作机制。五是进一步深化精细化工安全专项整治，针对事故暴露出的问题，各地区特别是宜宾市要结合本地区实际，进一步提高精细化工项目准入门槛，把人员素质、安全管理能力、装备水平等作为安全准入的必要条件，对涉及硝化等重点监管危险化工工艺的项目要慎重立项，从严审批。2019 年底前，全省要完成精细化工企业的反应安全风险评估和分级管控工作；从 2020 年开始，凡列入评估范围，但未进行反应安全风险评估的精细化工生产装置，不得投入运行。六是严格化工行业从业人员准入门槛，加强安全生产培训教育，进一步提升化工行业从业人员专业素质。七是深入推进危险化学品安全综合治理，全面彻底摸排监管行业领域危险化学品安全风险，按区域、按行业加快建立危险化学品安全风险、重大危险源分布“一张图一张表”，全面启动实施城镇人口密集区危险化学品生产企业搬迁改造工程，加快全省危险化学品监管信息共享平台建设，切实加强对危险化学品运输安全管控，健全完善长效机制。

案例十　上海"7·15""顺强2"轮与"永安轮"轮碰撞事故

2018年7月15日约1时39分，江苏全强海运有限公司所经营的干货船"顺强2"轮与广西钦州市钦州港威龙船务有限公司所经营的干货船"永安轮"轮在上海吴淞口警戒区64号灯浮附近水域发生碰撞。事故造成"顺强2"轮沉没，10名船员死亡，"永安轮"轮球鼻艏和艏尖舱破损，构成重大水上交通事故。

一、事故经过

由于"顺强2"轮驾驶台值班人员均在事故中死亡，本事故根据"永安轮"轮驾驶台值班人员、"顺强2"轮获救人员询问笔录，VTS监控数据、船舶AIS数据信息综合分析得出。

（一）"顺强2"轮

2018年7月14日5时37分，"顺强2"轮在梅山钢铁厂码头装载卷钢359件（计重3247.65吨）开航，目的港广州番禺。14日6时33分，"顺强2"轮向南京VTS报告，过长江144号浮，准备过长江大桥。16时14分，"顺强2"轮向张家港VTS报告，过江阴大桥。19时6分，"顺强2"轮向南通VTS报告，过长江32号浮。15日约1时14分，"顺强2"轮由宝山航道内长江口深水航道延伸段南侧顺船舶交通总流向进入吴淞口警戒区。此时，"永安轮"轮位于51号浮南侧，沿外高桥航道进口通航分道航行，两船相距约6.2海里。约1时31分，"顺强2"轮航向121°，速度5.8节，船位位于吴淞口警戒区内64号浮东南0.33海里处。此时，"永安轮"轮由外高桥航道内长江深水航道延伸段沿船舶交通总流向进入吴淞口警戒区，两船相距约1.9海里，DCPA0.27海里、TCPA7.6分钟。约1时32分，"顺强2"轮航向122°，航速5.8节，船位位于64号浮东南0.43海里。此时，与"永安轮"轮相距约1.6海里，两船DCPA0.32海里、TCPA6.7分钟。约1时34分，"顺强2"轮航向120°，航速5.6节。此时，"永安轮"轮开始向左转向拟穿越吴淞口警戒区，两船相距约1.2海里，DCPA0.28海里、TCPA4.7分钟。约1时35分，"顺强2"轮航向121°，航速5.9节。此时，与"永安轮"轮相距约0.94海里，DCPA0.16海里、TCPA4分钟。约1时37分，"顺强2"轮航向119°，航速6节。此时，与"永安轮"轮相距约0.49海里，DCPA0.09海里、TCPA2分钟。约1时37分30秒，"顺强2"轮航向119°，航速6节。此时，与"永安轮"轮相距约0.4海里，DCPA0.32海里、TCPA2.0分钟，"永安轮"轮在CH6连续呼叫"顺强2"轮。约1时38分，"顺强2"轮航向119°，航速6.3节。此时，与"永安轮"轮相距约0.29海里，DCPA0.02海里、TCPA1.6分钟。约1时39分12秒，"顺强2"轮左舷NO.2舱后部与"永安轮"轮船首左侧碰撞，碰撞角度约64°。约1时41分，"顺强2"轮沉没，人员全部落水。

（二）“永安轮”轮

2018年7月8日晚，“永安轮”轮在广东揭阳南澳外50海里水域过驳装载海砂约5000吨后开航，目的港上海港。开航时船首吃水5.6米，船尾吃水6.1米。7月14日22时16分，“永安轮”轮过S26号浮上线经南槽航道进口，由船长在驾驶台操纵船舶，水手操舵。当时东南风4～5级，能见度良好；船上两台雷达开启，设置为真运动、偏心、北向上，量程分别为1.5海里和3海里；开启了两台高频电话，分别设置在CH06和CH71，工况均正常。15日约0时40分，“永安轮”轮过圆圆沙灯船进口。此时北槽进口船较多，出口船船速较慢。航行中船长接码头电话通知，要求15日凌晨3时靠泊，船长决定直接进黄浦江靠码头。约1时27分，船长向吴淞VTS报告其航行计划。约1时31分，“永安轮”轮由外高桥航道内长江深水航道延伸段沿船舶交通总流向进入吴淞口警戒区，航向295°，航速约8.9节，在CH06通报动态，告知周围其他船舶本船即将穿越吴淞口警戒区进入黄浦江。此时，“顺强2”轮位于吴淞口警戒区内64号灯浮东南0.33海里处，航向12°，航速5.8节，两船相距约1.9海里，DCPA0.27海里、TCPA7.6分钟。约1时32分，“永安轮”轮航向296°，航速8.8节。此时，“顺强2”轮航向、航速无明显变化，两船相距1.6海里，DCPA0.32海里。约1时34分，“永安轮”轮航向294°，航速8.7节，开始向左转向穿越警戒区。约1时35分，“永安轮”轮航向284°，航速8.3节。此时，“顺强2”轮航向、航速无明显变化，两船相距约0.94海里，DCPA0.16海里、TCPA4分钟。约1时37分，“永安轮”轮航向271°，航速7.7节。此时，“顺强2”轮航向、航速无明显变化，两船DCPA0.09海里、TCPA2分钟。约1时37分30秒，“永安轮”轮航向255°，航速6.5节，船长发现“顺强2”轮，立即通过VHF06连续呼叫“顺强2”轮，但无回应。此时，“顺强2”轮航向119°，航速6节，两船相距0.4海里。约1时38分，船长立即命令减速和右满舵。此时，两船相距0.29海里，DCPA0.02海里、TCPA1.6分钟。约1时39分12秒，“永安轮”轮船首左侧碰撞“顺强2”轮左舷NO.2舱后部，碰撞角度约53°。约1时41分，“顺强2”轮沉没。“永安轮”轮报告吴淞VTS事故信息，开启照明灯，对“顺强2”轮落水人员开展施救，并救起3名落水人员。

二、事故救援情况

接报后，吴淞海事局指挥中心立即启动沉船应急预案，发布航行安全信息，提醒周围船舶注意避让，指派巡逻艇前往现场搜救，调派打捞船、清污船赶赴现场处置。上海海事局指挥中心发航警，协调东海救助局、上海海警、中国海警局东海分局、上海渔政等单位派力量搜救，通知海洋预报台推算落水人员漂流轨迹。7月15日5时23分，直升机前往现场搜救；5时30分，现场设置AIS虚拟航标；9时55分，潜水员分别对沉船驾驶台和沉船整体探摸；10时45分，设置W194、W195应急沉船示位标灯浮，并发布航行警告；15时40分，潜水员再次开展现场探摸。7月16日凌晨，潜水员下水对沉船整体、驾驶台和部分生活区进行探摸，共发现左右两舷第二舱前舱壁处船体断裂，打捞起5块舱盖板、1卷钢材，未发现失踪人员；7时38分，直升机再次起飞前往现场搜救。7月30日12时2分，沉船后半部分船体打捞出水，被拖至附近岸边披滩。截至16时50分，10名失踪人员尸体全部找到。8月21日，沉船以及货物打捞清除完毕，撤除沉船标，现场水域恢复正常通航。

三、事故损失情况

（一）“顺强2”轮

“顺强2”轮左舷FR50舷侧板被完全撕开，破口从底边舱延伸至顶边舱，直径约3.5米；顶边舱严重凹陷变形。船舶沉没全损。舱内322件卷钢被打捞出水，合计2871.0吨。

（二）“永安轮”轮

“永安轮”轮球鼻艏吃水线5.9米处明显凹陷变形且内部骨架相应变形，艏尖舱吃水线6.2米，艏柱板偏右出现50毫米×10毫米裂缝。

四、事故原因和两船过失

（一）事故原因分析

事故发生在长江上海段吴淞口警戒区内，进出长江的船舶与进出黄浦江的船舶在该水域内交汇。“永安轮”轮与“顺强2”轮均为小于3000总吨的船舶。事故发生前，“永安轮”轮在外高桥航道内长江深水航道延伸段沿船舶交通总流向进入吴淞口警戒区，拟驶入黄浦江；“顺强2”轮在宝山航道内长江口深水航道延伸段南侧顺船舶交通总流向进入吴淞口警戒区，拟驶往长江口方向。“永安轮”轮在距离“顺强2”轮约1海里时左转，导致两船形成紧迫局面，且避碰措施不当是造成本起事故发生的主要原因；两船瞭望疏忽，“永安轮”轮在警戒区内没有保持谨慎驾驶，“顺强2”轮没有采取避碰行动是造成本起事故发生的次要原因。

（二）两船过失分析

1.“永安轮”轮

（1）疏忽瞭望。“永安轮”轮在吴淞口警戒区内实施进黄浦江左转向操作前，未使用适合当时环境和情况的一切有效手段保持正规瞭望，直至碰撞前约2分钟本船左转后才发现“顺强2”轮，其行为违反了《1972年国际海上避碰规则》第五条的规定。

（2）未谨慎驾驶，导致紧迫局面形成。事故发生前，“顺强2”轮在吴淞口警戒区内顺着长江口深水航道延伸段船舶交通总流向正常出口行驶。约1时31分，“永安轮”轮进入吴淞口警戒区；约1时35分，“永安轮”轮距离“顺强2”轮约1海里时，大幅度向左转向拟驶入黄浦江，并与“顺强2”轮形成紧迫局面。“永安轮”轮的行为违反了《长江上海段船舶定线制规定》第十四条的规定。

（3）避免碰撞的措施不当。“永安轮”轮在近距离发现“顺强2”轮并判断与其存在碰撞危险后，通过VHF持续呼叫“顺强2”轮，但未立即采取减速、停车或倒转推进器把船停住等有效措施，直到碰撞前约1分钟才采取了减速和右满舵措施，其行为违反了《1972年国际海上避碰规则》第八条的有关规定。

2.“顺强2”轮

“顺强2”轮驾驶台值班人员在本起事故中死亡。通过现有证据证明，“顺强2”轮存在以下过失。

（1）疏忽瞭望。“永安轮”轮进入吴淞口警戒区时，在CH06通报动态本船即将穿越吴淞口警戒区进入黄浦江；事故发生前约2分钟，“永安轮”轮通过VHF06频道呼叫“顺强2”轮，但未听到应答。“顺强2”轮的行为违反了《1972年国际海上避碰规则》第五条的规定。

（2）“顺强2”轮在吴淞口警戒区航行时，直至碰撞事故发生一直保速保向航行，未采取避碰行动，其行为违反了《1972 年国际海上避碰规则》第八条的有关规定。

五、责任认定

本起事故为互有过失的水上交通责任事故。“永安轮”轮违反了《长江上海段船舶定线制规定》第十四条、《1972 年国际海上避碰规则》第五条和第八条的有关规定，“顺强 2”轮违反了《1972 年国际海上避碰规则》第五条和第八条的有关规定。根据《中华人民共和国海上交通安全法》第四十三条规定，本起事故责任判定为“永安轮”轮承担本起事故的主要责任，“顺强 2”轮承担本起事故的次要责任。

六、调查发现

（一）“顺强 2”轮货仓破损进水后快速沉没

“顺强 2”轮系双底单舷侧一般干货船，总长 84.00 米，2002 年安放龙骨，相应的《国内航行海船法定检验技术规则》对此类船舶无分舱和破舱稳性要求。事故发生时，该轮满载钢材，货舱破损后在短时间内大量进水，船舶很快沉没，留给船员自救的时间不足，造成重大人员死亡。

在搜寻失踪船员过程中，现场应急人员发现，除了该轮水手施 ××、大管轮林 ×× 外，其他 8 名失踪人员 (包括船长、大副、二副等 3 名负责航行值班的船员) 的尸体均在船舱内寻获。

（二）疲劳因素

7 月 14 日 5 时 21 分，“顺强 2”轮从南京梅山码头开航，船上只有船长和大副适任证书有“海进江”签注。据获救水手陈述，长江江苏段航行时船长和大副 2 人轮流值航行班。在 18—24 时段航行值班过程中，船舶进入长江上海段水域，根据《中华人民共和国船员条例》第二十二条及公司体系文件要求，在狭水道、通航密集水域，船长应当在驾驶台值班。据此推算，事故发生前，该轮船长在长江江苏段和长江上海段水域连续夜间航行值班超过 7 小时。船长年龄 63 岁，在船工作已超过 13 个月。

（三）“永安轮”轮对 VTS 的安全提醒未关注

“永安轮”轮向吴淞 VTS 申请穿越警戒区进黄浦江时，VTS 曾提醒其等出口船过后再穿越，但该轮仍继续穿越；吴淞 VTS 值班员在发现“永安轮”轮和“顺强 2”轮两船存在碰撞危险时，又提醒“永安轮”轮注意与出口船舶保持安全距离，但该轮未回应。

（四）公司管理存在的问题

1. 钦州市钦州港威龙船务有限公司

（1）未履行安全生产管理职责。公司总经理 (法人代表) 对自己在公司安全生产中的职责不清楚、不掌握；对公司的隐患排查治理情况不知情；没有履行应急领导小组组长职责，参加公司安全管理会议的记录作假。

（2）未认真落实安全生产管理制度。聘用未取得相应有效证书的人员在船上工作。“永安轮”轮没有完全执行交通运输部海事局《关于实施国内航行海船进出港报告制度有关事项的通知》，部分航次（在海上作业点装运海砂）未办理进出港报告。公司对船舶动态掌握不全面，对报港情况未实施有效监控，也未采取相应管理措施。

（3）公司体系运行不规范。“永安轮”轮以光船租赁方式登记在公司名下，名义上由公司实施体系管理，但实际经营和管理均由原船东负责，并通过签订“委托管理协议书”的方式约定双方的权利和义务，约定的内容违背了NSM规则中“公司的责任和权力”的有关要求，不符合《中华人民共和国航运公司安全与防污染管理规定》中第十四条的相关要求。公司对新纳入体系文件的《长江上海段船舶定线制规定》是否已在“永安轮”轮上开展培训并不掌握。

2. 南京全强海运有限公司

（1）公司体系运行不规范。公司未将新修订的《长江上海段船舶定线制规定》纳入公司体系外来文件中，不掌握“顺强2”轮驾驶人员对规定的熟悉情况；公司也不掌握船上船员航行值班安排及休息时间安排。

（2）未认真落实安全生产管理制度。“顺强2”轮航次计划由江苏南京梅山钢铁厂码头驶往广州番禺，连续航行将超过24小时。公司没有按照该轮航行计划和“船舶最低安全配员证书”要求，为该船增配1名二管轮。公司聘用未取得相应有效证书的人员在船上工作。

（五）水路运输经营者涉嫌以欺骗手段接受船舶挂靠

按照《国内水路运输管理规定》，水路运输经营者申请经营沿海水路运输业务需要具备企业法人资格、自有船舶运力等有关条件。主管机关对符合条件的申请人颁发“国内水路运输经营许可证”，并向其投入运营的船舶配发“船舶营业运输证”。《交通运输部关于实施国内水路运输及辅助业管理规定有关事项的通知》中规定，限期内未转为成立水路运输企业经营的沿海普通货船，需光租给水路运输经营者经营，并严禁水路运输经营者以欺骗手段接受船舶挂靠。

调查发现，以光船租赁方式登记在钦州市钦州港威龙船务有限公司的名下船舶13艘（包括“永安轮”轮），其实际经营由原船东负责；以光船租赁方式登记在江苏全强海运有限公司名下的船舶12艘，其实际经营由原船东负责。钦州市钦州港威龙船务有限公司和江苏全强海运有限公司涉嫌以欺骗手段接受船舶挂靠。

七、处理意见

（1）“永安轮”轮违反交通运输管理法律法规，与“顺强2”轮发生碰撞事故，导致“顺强2”轮沉没、10人死亡，且在事故中负主要责任。船长疏忽瞭望、未谨慎驾驶船舶、避免碰撞的措施不当，是本起事故的主要责任人，建议对其予以行政处罚并吊销其适任证书。船长涉嫌交通肇事犯罪，建议将其移送司法机关调查处理，追究其刑事责任。

（2）“顺强2”轮缺少二管轮1名，船舶配员情况不符合最低安全配员要求；江苏全强海运有限公司聘用1名未取得相应有效证书的人员上船工作。针对上述违法行为，建议对江苏全强海运有限公司予以行政处罚。

（3）钦州市钦州港威龙船务有限公司聘用2名未取得相应有效证书的人员上船工作，建议对其予以行政处罚。

（4）钦州市钦州港威龙船务有限公司未履行安全生产管理职责、未认真落实安全生产管理制度、公司体系运行不规范，通报公司所在地海事管理机构，建议对其实施附加审核，并将公司体系内管理所有船舶列入重点跟踪船舶。

（5）江苏全强海运有限公司体系运行不规范、未认真落实安全生产管理制度，建议通报公司注册所在地海事管理机构。

（6）钦州市钦州港威龙船务有限公司、江苏全强海运有限公司未按要求对通过光船租赁方式登记在其下的船舶进行经营管理，涉嫌以欺骗手段接受船舶挂靠，建议通报公司注册所在地水路运输管理部门并抄送其上级管理单位。

八、安全管理建议

近年来，上海港发生数起船舶碰撞后货舱在短时间内大量进水，船舶很快沉没的事故，由于留给船员自救的时间不足，造成大量人员死亡。“顺强 2”轮等沉船均于 2011 年 7 月 1 日以前安放龙骨，3000 总吨以下，船长 80~100 米，装载钢材，积载因数较小并处于满载航行状态。2011 年 7 月 1 日以前安放龙骨的双底单舷侧货船，其相应的《国内航行海船法定检验技术规则》对其分舱和破舱稳性不作要求。建议航运公司充分考虑船舶的抗沉性，在装载积载因数较小货物时，采取“少装货、慎压载，货舱填充轻泡货”等方法增加船舶的储备浮力。

按照《国内水路运输管理规定》《交通运输部关于实施国内水路运输及辅助业管理规定有关事项的通知》中规定，在限期内未转成水路运输企业经营的沿海普通货船需光船租赁给水路运输经营者经营。调查发现，以光船租赁方式登记在钦州市钦州港威龙船务有限公司和江苏全强海运有限公司的名下船舶，其实际经营由原船东负责。建议水路运输管理部门强化水路运输市场准入管理，加强对水路运输经营者事中的监督管理，及早发现、杜绝安全隐患，严厉打击水路运输经营者以欺骗手段接受船舶挂靠。

航运公司应加强安全文化建设，增强和提高船员的安全意识和遵章守纪意识，确保安全保障措施落实到位，并组织有效的考核，从上至下形成安全氛围；加强对船舶关键性操作的监控和指导，切实关注所属船舶的航次计划、货物配载、航行值班等安全运营情况；加强船员对港口和通航法规的熟悉培训，并监督其遵守情况。

按照《中华人民共和国船舶最低安全配员规则》，500 总吨及以上至未满 3000 总吨海船（一般船舶），甲板部需配置船长、大副、三副各 1 人，值班水手 3 人（连续航行时间不超过 36 小时，可减免值班水手 1 人；连续航行时间不超过 8 小时，可再减免三副 1 人）。

此类船舶，驾驶台除了船长以外配置了 2 名驾驶员，在通常情况下，船长需要值航行班。同时，按照有关规定和要求，在狭水道、通航密集水域，船长应当在驾驶台值班。船长在履行船舶安全管理职责的同时，还需参加长时间连续航行值班，易造成疲劳。建议主管机关对航行于长江、珠江等狭水道的 500~3000 总吨的海船，甲板部驾驶员配员政策进行重新评估。

案例十一　贵州省六盘水市盘州市梓木戛煤矿“8·6”重大煤与瓦斯突出事故

2018 年 8 月 6 日 21 时 10 分，贵州省六盘水市盘州市梓木戛煤矿发生一起重大煤与瓦斯突出事故，造成 13 人死亡、7 人受伤，直接经济损失 1749.5 万元。

一、事故基本情况

（一）事故发生经过

2018 年 8 月 6 日，梓木戛煤矿井下中班由矿总工程师付 × 带班。15 时左右各队组织召开班前会，15 时 40 分工人陆续入井。当班共入井 59 人，其中，8 人在 110102 开切眼掘进，2 人在 110102 运输巷打钻，1 人在 110102 运输巷开带式输送机，5 人在 110106 联络巷掘进，9 人在 1856 回风石门巷，其余人员分别安排在 1800 运输石门等地点作业。

21 时 10 分，在井下带班的付 × 发现 +1856 米回风石门风流无风，就到 +1850 米北翼集中运输巷查看，听到随身携带的便携式瓦斯检测仪发出警报，显示瓦斯浓度达 2.8%，巷道内有大量粉尘，随即打电话向矿调度室询问。矿调度室回复，21 时 10 分煤矿安全监控系统显示 110102 开切眼 T2 甲烷传感器异常，21 时 22 分瓦斯浓度最高为 38.9%，21 时 20 分总回风巷甲烷传感器瓦斯浓度为 14.64%。付 × 立即到 110102 运输巷外段查看，发现有人遇险被困。

经调查分析，16 时 43 分，110102 开切眼掘进工作面进行了爆破作业。事故发生时，工人正在施工顶板的锚杆眼。事故突出煤量 549 吨，突出瓦斯量 13900 立方米。

（二）事故信息上报情况

8 月 6 日 21 时 15 分，盘州市安全监管局瓦斯联网监控中心发现梓木戛煤矿 110102 掘进工作面 T2 风流瓦斯浓度达 38.9%；总回风瓦斯浓度为 1.13%，随后达到最大值 14.64%。电话向煤矿询问情况后，立即电话报告局长及局、站相关人员。21 时 30 分，煤矿确定井下发生突出事故后，电话召请盘州市救护队到矿救援。22 时 10 分左右，盘州市相关领导和部门人员陆续到达。23 时 30 分左右，在初步核实清楚事故情况后，盘州市安全监管局先电话向六盘水市安全监管局和贵州煤矿安全监察局水城监察分局报告；8 月 7 日 1 时 10 分向市政府和有关部门进行了书面报告。1 时 18 分，六盘水市安全监管局向贵州煤矿安全监察局、省安全监管局报告；1 时 20 分，贵州煤矿安全监察局、省安全监管局向应急管理部报告。

（三）事故应急处置情况

事故发生后，当班入井的 59 人中有 39 人安全升井，矿长和总工程师立即组织人员救出了 7 名受伤人员。接到召请的盘州市矿山救护队、盘江救护大队先后赶到事故现场，多批次开展现场勘查和井下抢险救援工作。6 日 22 时 26 分至 8 日 23 时 1 分，救援人员陆续搜寻到 13 名遇难人员。9 日 1 时 30 分，将遇难人员遗体全部运送出井，事故应急处置工作结束，事故共造成 13 人死亡、7 人受伤。

二、事故原因及性质

（一）直接原因

110102 开切眼掘进工作面位于 3 号煤层突出危险区域，煤矿造假瓦斯参数，没有采取区域瓦斯治理措施，施工的顺层瓦斯抽放钻孔未能消除突出危险性；工作面沿 31° 上山施工，前方煤体在瓦斯压力、集中应力和自重的共同作用下，受风动锚杆机打顶板锚杆眼扰动影响失稳，发生煤与瓦斯突出。

（二）有关单位存在的主要问题

1. 梓木戛煤矿主体责任不落实

（1）煤矿安全意识不强、法治意识淡薄。未认真吸取 110102 运输巷钻场 2014 年 11 月 20 日发生突出的事故教训，未采取针对性的防范措施。没有把 2013 年 7 月河南理工大学测定 3 号煤层最小坚固性系数 0.2372 作为制定区域防突措施的依据，没有按照《煤矿安全规程》的要求开展防突工作。

（2）“四位一体”防突措施不落实。煤矿瓦斯地质工作不到位，110102 开切眼掘进工作面专项防突设计存在缺陷，违规进行突出危险性区域预测并造假，钻孔施工验收和抽采计量工作不规范，工作面区域验证结果不可靠。110102 开切眼掘进工作面沿本煤层顺层布置的 15 个抽采钻孔控制范围不够，抽采时间短，未消除突出危险。

（3）煤矿通风系统不合理、不可靠。110102 开切眼掘进工作面与 110106 联络巷掘进工作面未实现独立回风；1850 集中运输石门安设 8 台（4 台备用）局部通风机，分别向 4 个掘进工作面供风，巷道供风量小于局部通风机吸风量，通风机与防突风门之间巷道风流紊乱。

（4）采掘失调，违规布置掘进工作面。井下布置了 5 个煤巷掘进工作面、2 个岩巷掘进工作面，煤巷掘进工作面数量超出规定。

（5）煤矿安全管理混乱。鸿锦泰公司作为梓木戛煤矿的实际管控者，未认真管理好梓木戛煤矿正常安全生产秩序。对煤矿的安全投入不足，安全管理人员、技术人员及特种作业人员配备不足，安全培训不到位；矿井地质、瓦斯地质、废弃井巷资料严重缺失；煤矿防突机构不健全，矿长未担任防突领导小组组长，未定期召开防突工作会议；对防突工作过程管理失控，区域突出危险性预测、验证等关键环节无人监督。

2. 中耀公司对煤矿管理缺失

对梓木戛煤矿开展检查次数不足，对煤矿防突工作监督审查不到位。在不能对梓木戛煤矿进行实际管控的情况下，为配合梓木戛煤矿组织生产，下达了五职矿长任命文件，帮助煤矿应付检查。

3. 中介公司出具虚假报告

创诚贵州分公司未按规定程序和规范测定瓦斯基本参数，出具虚假的瓦斯基本参数测试报告。

4. 盘州市政府及相关部门监管不到位

（1）盘州市政府对相关部门工作督促、检查不严，对安全生产齐抓共管督促不到位，未督促相关部门建立健全联合执法机制；对能源局（煤炭局）专业人员配备不合理，现有人员不能满足对辖区内煤炭行业管理工作的需要。

（2）盘州市能源局对煤矿行业监管工作不细、不实、不严，未按制定的计划开展煤炭行业安全生产检查，现场检查工作流于形式，下达执法文书后未认真督促整改和验收。

（3）盘州市安全监管局及安监站对驻矿安监员管理不到位；安全监管执法不严谨，检查重点不明确，随意停止和恢复掘进，对梓木戛煤矿通风系统存在的安全隐患督促整改不到位。

（三）事故性质

经调查认定，贵州省六盘水市梓木戛煤矿“8·6”重大煤与瓦斯突出事故是一起生产安全责任事故。

三、处理建议

建议对梓木戛煤矿副总工程师等6人由司法机关立案调查，对梓木戛煤矿瓦斯实验室化验员等相关企业人员7人提出处理建议，建议对盘州市安全监管局相关人员8人、盘州市能源局（煤炭局）相关人员4人和盘州市委和市人民政府相关人员2人等相关公职人员进行行政处罚，对梓木戛煤矿等相关责任单位提出处理建议。移送司法机关立案调查人员待司法机关作出处理后，属中共党员的，由当地纪检机关或负管辖权的单位及时给予相应的党纪政纪处分。

四、事故防范和整改措施建议

一是严格落实煤矿企业主体责任，提升安全生产基础管理水平。二是强化煤矿地质基础管理，做好瓦斯治理基础工作。三是充分发挥集团效应，切实加强煤矿企业集团公司的管理。四是严格落实安全生产责任制，切实增强安全生产监管工作。五是深刻吸取事故教训，精准检查突出重点。

案例十二　哈尔滨北龙汤泉休闲酒店有限公司“8·25”重大火灾事故

2018年8月25日4时12分许，黑龙江省哈尔滨市松北区哈尔滨北龙汤泉休闲酒店有限公司发生重大火灾事故，过火面积约400平方米，造成20人死亡、23人受伤，直接经济损失2504.8万元。

一、事故发生经过

8月24日晚，共有115名客人入住北龙汤泉酒店。8月25日4时20分左右，北龙汤泉酒店锅炉工陈××给室外汤泉加完水，走出E区北门便闻到烧焦气味，观察发现二期温泉二楼平台有火光后立即进行呼救，并电话向工程部经理巩××报告。保安员宋××听到陈××呼喊后，电话通知了保安队队长张××。张××接到电话后，先跑到E区北门观察，确认发生火情后，到消控室通知消控员吕××。4时27分51秒，哈尔滨市公安局110指挥中心接到住宿旅客报警，称太阳岛北龙汤泉酒店起火。4时29分10秒，哈尔滨市消防指挥中心接到北龙汤泉酒店厨师关于酒店发生火灾的报警电话。6时40分开始，哈尔滨市政府政务值班室相继接到市110指挥中心、市安全监管局、松北区政府关于北龙汤泉酒店火灾事故报告后，立即向市政府相关领导报告，并通过黑龙江省政府应急平台向省政府总值班室报告了事故信息。

二、应急救援及善后情况

（一）自救互救情况

火灾发生后，消控员吕××试图启动消防水系统实施自动灭火，但由于消防控制室主机存在总线故障，与消防水泵无法联动，无法实施自动灭火。吕××又到水泵房试图手动启动灭火系统，但喷淋系统和消火栓内均无水，消防灭火系统完全处于瘫痪状态，使得初期火灾未得到有效控制。当班保安员利用灭火器进行灭火，因火场内部烟雾较大、火势猛烈，未能抵近起火点，灭火自救未能成功。

（二）应急响应情况

4时29分10秒，哈尔滨市消防指挥中心接到报警后，于4时29分48秒，调派太阳岛消防中队赶赴现场实施救援，并陆续增派邻近的世贸、爱建、利民、道外消防中队增援。4时27分51秒，市公安局110指挥中心接到报警后，于4时30分15秒将火警通报给市消防指挥中心，4时31分26秒向太阳岛派出所下达出警指令，并陆续增派松北公安分局、松北交警大队迅速赶赴现场维持秩序，保障应急救援工作有序开展。

4时54分，哈尔滨市120急救中心调派松北分中心救护车赶赴火灾现场开展医疗急救。随着伤员人数增加，又相继调派市第一医院、市红十字中心医院分中心和应急小分队救护车，赶赴现场抢救和转运伤员。5 时 53 分，太阳岛风景区管理局调集人员赶赴现场开展协助救援，共疏散安置被救出人员 63 名。

事发后，哈尔滨市政府立即启动《哈尔滨市火灾事故应急预案》，成立了火灾事故处置工作领导小组，由哈尔滨市委书记、市长担任组长，市委、市政府副职担任医疗救治、现场清理、新闻发布、事故调查、善后处置和综合保障 6 个工作小组组长。调集各方力量，全力开展现场灭火和人员搜救，松北区政府积极配合市政府各工作小组开展工作。

（三）消防救援情况

4 时 56 分，太阳岛消防中队第一个到达火灾事故现场，并组织攻坚组深入楼内强行内攻，疏散、搜救被困人员，并及时向消防支队全勤指挥部反馈火场形势。5 时 13 分，世贸、爱建中队增援力量相继到达现场，展开灭火搜救。5 时 25 分，消防支队全勤指挥部及道外、利民中队也到达火灾现场。经全力扑救，火势于 25 日 6 时 30 分得到有效控制，7 时 50 分大火被彻底扑灭，共抢救疏散遇险群众 80 余人，搜救被困人员 20 人、遇难人员 19 人。在火灾扑救中，消防部门共出动 8 个中队、1 个战勤保障大队，40 辆消防车，148 名指战员，6 头搜救犬到场实施救援。

三、事故原因及性质

（一）事故直接原因

1. 起火原因

经过现场勘验、调查询问、现场指认、视频分析及现场实验等工作，认定起火原因是二期温泉区二层平台靠近西墙北侧顶棚悬挂的风机盘管机组电气线路短路，形成高温电弧，引燃周围塑料绿植装饰材料并蔓延成灾。

2. 火灾蔓延扩大原因

（1）火灾发生前一日，北龙汤泉酒店三层客房领班使用灭火器箱挡住 E 区三层常闭式防火门，使其始终处于敞开状态。起火后，塑料绿植装饰材料燃烧产生的大量含有二氯乙烷、丙烯酸甲酯、苯系物等有毒有害物质的浓烟，迅速通过敞开的防火门进入 E 区三层客房走廊，短时间内充满整个走廊并渗入房间，封死逃生路线，导致楼内大量人员被有毒有害气体侵袭，很快中毒眩晕并丧失逃生能力和机会。

（2）酒店室内外消火栓系统控制阀处于关闭状态，消火栓系统管网无压力水，自动灭火系统处于瘫痪状态。

（3）起火后，北龙汤泉酒店员工陈 ×× 便第一时间发现火情，随后工程部经理巩 ××、保安员宋 ××、保安队长张 ××、消控员吕 ×× 等均确认火情，但酒店工作人员仅层层上报领导，均未在第一时间拨打报警电话。厨师报警时，已是酒店发现火情 9 分钟后，延误了最佳灭火救援时间。

（二）事故间接原因

1. 北龙汤泉酒店

北龙汤泉酒店消防安全管理混乱，消防安全主体责任不落实。法律意识缺失、安全意识淡漠，自酒店开始建设直至投入使用，始终存在违法违规行为，消防安全管理极为混乱，最终导致事故发生。

（1）消防安全责任和制度不落实。北龙汤泉酒店未明确消防安全管理人、消防安全责任人及管理人员法律意识淡薄，在违法投入使用后，未履行消防安全职责，消防安全管理制度不健全。北龙汤泉酒店规定的巡查内容不符合防火巡查要求，且每天后半夜只有保安在凌晨 3 时巡查一次，不符合国家关于公众聚集场所在营业期间应当至少每两小时进行一次防火巡查要求。消控室值班工作不符合《建筑自动消防设施及消防控制室规范化管理标准》规定，不能满足每班至少设置 2 名值班员的要求。该酒店只有 2 名消控室值班员，每班仅设 1 人，连续值守 24 小时，且承担巡查任务，巡查时消防控制室处于无人值守状态。火灾发生时，值班员吕 ×× 在消控室睡觉。

（2）未制定应急预案和开展应急演练，未对员工进行消防安全教育培训。北龙汤泉酒店未制定灭火和应急疏散预案，未开展应急演练。未开展员工消防安全教育培训，员工不具备引导顾客逃生疏散和扑救初期火灾能力。火灾发生后，现场人员没有第一时间报警，没能及时疏散顾客。虽然设立了微型消防站，但现场人员不懂得消防器材使用方法，未能成功扑救初期火灾。

（3）消防设施管理不到位，消防管网无压力水、自动灭火系统瘫痪。北龙汤泉酒店消防水池储水量不足，补水控制阀被关闭，消防水池被挪作他用。消防增压泵组电气控制柜处于“停止”模式。增压罐一个被挪作他用，一个无压力。室内外消火栓系统控制阀处于关闭状态，消火栓系统管网无压力水。自动灭火系统压力开关输出线未接入喷淋泵组电气控制柜和火灾自动报警系统。连接延时器、压力开关、水力警铃的管路控制阀被关闭。过火区域大多数洒水喷头感温元件动作，但无水喷出。

（4）未及时整改火灾隐患，未定期对消防设施进行检测、维护、保养。北龙汤泉酒店消防控制柜、电气线路、消防管网等存在诸多隐患，大量使用易燃可燃材料进行装饰装修，虽然消防监管部门多次下达行政整改指令，但该单位拒不整改，且未对消防设施定期进行检测维修。

（5）酒店违法建筑结构不符合消防安全要求。北龙汤泉酒店建筑违建部分属于违法工程，没有通过相关部门批准、验收。其建筑结构不符合人员密集场所的安全需要，内部格局复杂，疏散通道混乱，各功能区间未设置有效防火分隔，存在重大消防隐患。

2. 燕达宾馆

燕达宾馆违法组织改扩建和装修施工。燕达宾馆租赁房屋后，未经批准违法组织改扩建和装修施工，未将消防设计报公安机关消防机构审核。在原始建筑基础上，用彩钢板进行加高接层，并将各单体建筑采用钢结构进行连接，违建面积 11136.56 平方米。同时，将改扩建和装修工程分解，发包给不具备施工资质的个人。燕达宾馆违规建设过程中大量使用易燃可燃材料进行装饰装修，电路敷设和电气设备选型不符合规范要求，电气线路没有穿管保护，起火过程中电气线路发生多次短路，设置的短路保护装置未有效动作。

3. 吉林建银实业有限责任公司

吉林建银实业有限责任公司对产权房屋安全管理职责落实不到位。吉林建银实业有限责任公司受建银置业有限责任公司委托管理其位于哈尔滨市太阳岛风景区房产。未依法依规履行产权方安全管理责任，对产权房屋安全管理缺失。在发现燕达宾馆对房屋进行改扩建未能提供改造方案和审批手续后，既未制止也未向有关部门进行报告。

4. 太阳岛风景区资产经营有限公司

太阳岛风景区资产经营有限公司对产权房屋安全管理职责落实不到位。未依法依规履行产权方安全管理责任，对产权房屋安全管理缺失。未与燕达宾馆签订专门的安全生产管理协议明确安全管理职责。发现燕达宾馆违法建设行为，既未制止也未向有关部门进行报告，且违反规定为燕达宾馆违法建设提供便利。

5. 属地政府及相关部门

属地政府及相关部门监管责任不落实。

（1）松北区行政执法局在违法建设初期发现燕达宾馆违法建设行为，虽多次进行制止，但未取得实质成效，未依法履行强制拆除程序。虽经太阳岛风景区管理局多次督办，仍未采取有效措施，直至项目落成并投入使用，造成严重后果。

（2）哈尔滨市城市管理局对松北区行政执法局查处燕达宾馆违法建设工作指导、监督不力。

（3）太阳岛风景区管理局对太阳岛风景区管委会相关成员单位组织协调不到位，对太阳岛风景名胜区进行统一管理不到位。发现燕达宾馆持续进行违法建设，多次向松北区行政执法局进行督办无果，未向太阳岛风景区管委会报告，直至项目落成并投入使用，造成严重后果。

（4）松北区安监局对城市安全风险管控工作落实不到位，对安全生产网格化管理工作落实不到位。

（5）哈尔滨市公安局松北分局在办理北龙汤泉酒店“特种行业许可证”时，审查把关不严，在北龙汤泉酒店申报面积与实际经营面积和房产证面积不相符的情况下违规发放“特种行业许可证”；未告知北龙汤泉酒店在投入使用、营业前应按照《消防法》规定及时到消防部门申请办理消防安全检查合格证。

（6）哈尔滨市公安局松北分局太阳岛派出所在办理北龙汤泉酒店“特种行业许可证”时，未对北龙汤泉酒店提供的申请材料进行认真审核，在北龙汤泉酒店申报面积与实际经营面积和房产证面积不相符的情况下违规发放“特种行业许可证”。

（7）哈尔滨市消防支队松北区大队对北龙汤泉酒店消防监督执法不到位，发现北龙汤泉酒店未经消防安全检查，擅自投入使用、营业等问题，责令停产停业、罚款、临时查封后，未再进行过消防安全检查，对执法中发现的重大火灾隐患以罚代管，未严格执行临时查封、停止使用等强制措施，处罚卷宗弄虚作假。

（8）哈尔滨市消防支队监督、检查、指导哈尔滨市消防支队松北区大队工作不到位。在审核松北消防大队对北龙汤泉酒店的处罚案件时，未发现该酒店曾多次被处罚及处罚卷宗弄虚作假问题，对北龙汤泉酒店行政处罚卷宗审核把关不严。

（9）松北区人民政府对辖区消防安全隐患排查和违建工程排查工作督促指导不到位，对辖区消防隐患和违法建设失管失察。对松北区行政执法局查处燕达宾馆的违法建设工作疏于监督管理，监管部门执法执纪不严。

（10）哈尔滨市人民政府落实安全生产“一岗双责”不到位，对太阳岛风景区安全工作领导不力，对太阳岛风景区管理局缺乏有效监管，对太阳岛风景区存在的安全隐患和违法建设行为失管失察。

（三）事故性质

经调查认定，哈尔滨北龙汤泉酒店“8·25”重大火灾事故是一起责任事故。

四、对事故有关责任单位和责任人员的处理建议

对北龙汤泉酒店实际控制人李××、法定代表人张××、原法定代表人王××、燕达宾馆副总经理张××、松北区消防大队大队长杨××等20人追究刑事责任。对哈尔滨市政府副市长

王 ××、松北区委书记高 ××、原松北区区长李 ××、原松北区委常委李 ×× 等 20 人给予党纪政纪处分。对松北区副区长孙 ×× 等 5 人给予其诫勉谈话处理。对北龙汤泉酒店等 4 家单位予以行政处罚。

五、事故防范和整改措施建议

一是进一步强化安全发展理念，健全安全生产和消防安全管理责任体系。要严格按照国务院《消防安全责任制实施办法》要求，进一步明晰各行业部门和地方政府，特别是各类功能区、风景区的消防安全管理职责。二是进一步强化企业主体责任落实，通过自下而上安全承诺抓实“最后一公里”。三是进一步强化消防安全整治，切实消除消防安全重大风险隐患。四是进一步加大执法力度，集中排查整治违法建设突出问题。对全市违法建设情况开展全面排查，建立管理台账和违章违建排查、移交、整治机制。五是进一步强化宣传教育，提高全民消防安全意识和自防自救能力。六是进一步加强基础设施建设，科学布局消防道路、供水、通信等规划，着力构建覆盖城乡的灭火救援力量体系，持续提升公共消防“硬实力”。

案例十三　山东能源龙矿集团龙郓煤业有限公司“10·20”重大冲击地压事故

2018 年 10 月 20 日 22 时 37 分 51.79 秒，山东能源龙矿集团龙郓煤业有限公司 1303 工作面泄水巷及 3 号联络巷发生重大冲击地压事故，造成 21 人死亡、4 人受伤，直接经济损失 5639.8 万元。

一、事故经过

事故当班，综掘队和防冲项目部在 1303 工作面泄水巷及 3 号联络巷施工。10 月 20 日中班 14 时，综掘队党支部书记张 ××、副队长王 ×× 组织召开班前会，安排当班工作，当班出勤 28 人（含 3 名管理人员），井下分成两队施工。掘一队 16 人，负责 3 号联络巷正常掘进，其中，掘进工 12 人（含掘进机司机 1 人）、电工 1 人、带式输送机司机 3 人；掘二队 7 人，负责距离拐点 155 米以外砌筑水沟；机电班 2 名机电工负责外围机电设备维护；跟班副队长王 ××、技术副队长迟 ××、验收员夏 ×× 等 3 名管理人员负责当班安全管理、技术指导、工程验收等工作。16 时，班长张 ×× 带领掘一队全班人员到达 3 号联络巷，开始综掘施工。21 时 40 分，区队值班人员张 ×× 接到迟 ×× 汇报，本班掘一队截割完第三排顶部，随后进行顶部支护。

事故发生时，掘一队已完成顶部支护，开始准备帮部支护，为方便帮部支护，掘进机司机正在调整机头位置。班长张 ×× 在掘进机后整理风筒，听到“轰”的一声，感觉被冲击一下就失去知觉，后被救援人员救出。掘二队 7 人正在距离拐点 155 米以外砌筑水沟，当班验收员夏 ×× 也在这个位置，冲击气浪将其安全帽冲掉。发生事故后，夏 ×× 和其他 7 人一起往外撤。

二、现场应急响应及处置

事故发生后，山东省成立了龙郓煤矿“10·20”冲击地压应急救援指挥部，下设现场救援、医疗救护、善后处理等 9 个工作组，调集龙矿集团、临矿集团、肥矿集团、新矿集团、兖矿集团、淄矿集团、枣矿集团救护大队赶到事故现场，参加救援处置工作。至 29 日 15 时 30 分，救援人员陆续找到 22 名被困矿工并运送至地面，救援工作结束，其中 1 人生还，21 人遇难。救援过程中，共出动 7 支专职矿山救护大队 192 人，井下救援施工人员、公安、武警、消防、医疗等近 2000 人参加抢险救援。

三、事故原因及性质

（一）事故直接原因

龙郓煤矿 3 号煤层及其顶底板具有冲击倾向性；事故区域埋深 1027 ~ 1067 米，煤岩体自重应力高；采掘及疏放释水、3 号煤层分岔合并及构造影响、巷道临近贯通等，形成高应力集中区；采用的防冲措施没有有效消除冲击危险，在当班掘进、施工卸压钻孔扰动和田桥断层带滑移影响下，诱发冲击地压事故发生。

（1）事故区域具有冲击危险。龙郓煤矿1303工作面泄水巷及3号联络巷埋藏深度为1027～1067米，自重应力高；事故区域具备冲击地压发生的应力条件与冲击倾向性条件。

（2）构造与高应力共同作用。郓城井田处于郓城断裂、巨野断裂、曹县断裂和汶泗断裂的“井”字形中间区内，井田的典型构造特征为断块型，开采区位于八里庄断层与田桥断层控制的地垒构造内，该区域构造应力集中，断裂构造活动频繁。事故区域处于3号煤层分岔合并线及构造应力区附近。一采区实测最大水平地应力34.5兆帕，是垂直应力的1.40～2.20倍。

（3）巷道临近贯通，围岩处于应力调整期。事故发生于巷道贯通期间，剩余3米煤柱，煤柱减小使其周边应力调整加剧。

（4）掘进和帮部卸压钻孔施工的扰动作用。掘进和帮部卸压钻孔施工对处于应力调整状态的临近贯通巷道围岩具有扰动作用。

（5）田桥断层带滑移动载作用。山东地震台网测定，10月20日22时37分51秒在山东省菏泽市郓城县（北纬35.61°，东经116.02°）发生1.5级近地表、非天然地震动事件，震源位于田桥断层带，为本次事故提供了外部动载作用。

（二）事故间接原因

（1）采掘活动对覆岩结构的影响。由于该区域厚表土薄基岩的特殊结构，1300、1301工作面开采后地表最大下沉3.1米，影响范围波及事故区域上部，使事故区域的应力状态受到影响。

（2）顶板疏放水对地层区域应力分布的影响。龙郓煤矿顶板岩层富含水，2013年3月至2018年9月期间，开采采区顶板疏放水总量达1464万立方米，顶板砂岩水水位降低30米。顶板砂岩水疏放释水及前期采掘活动会导致地层区域性应力调整和重新分布，改变了本区域内构造的稳定状态，并可能造成覆岩大范围的结构性改变。

（3）巷道支护系统没有承受住强动载冲击。事故巷道沿底板托顶煤掘进，上部为顶煤和泥岩组成的复合顶板，节理发育，受到冲击后易碎胀破坏。从事故现场情况看，矿井按照《煤巷锚杆支护技术规范》设计的巷道支护，但这次冲击载荷超过现支护的承载能力，造成事故区域巷道破坏。

（4）龙郓煤矿对卸压钻孔施工时发生的卡钻现象重视不够。10月1—17日，现场施工卸压钻孔曾发生卡钻现象，施工区队、防冲办公室分析认为只是风压不足的原因，未进行深入分析。

（5）龙郓煤矿劳动组织不合理。3号联络巷综掘队施工与防冲卸压孔施工，没有研究优化施工的工序和时间；《1303工作面泄水巷掘进工作面作业规程》中循环图表未明确卸压钻孔施工工序，冲击地压发生时，冲击区域内作业人员数量较多。

（6）龙郓煤矿对个体防护措施落实不严格。1303泄水巷2号联络巷有100米长度区域评价为强冲击危险区域，现场配备了10套防冲服，作业人员进入该区域时未穿防冲服。

（7）龙郓煤矿防冲制度修改不及时。冲击地压防治管理制度没有根据《防治煤矿冲击地压细则》及时修改完善。

（8）龙郓煤矿防冲安全教育培训效果差。防冲培训内容少、针对性差，考试组织不严格、不认真，防冲作业人员不掌握基本的岗位防冲知识。

（9）龙郓煤矿对大采深、复杂条件

下实体煤掘进巷道冲击地压复杂性和危险性认识不足、重视不够。没有针对疏放释水、3号煤层分岔合并影响形成的高应力集中进行深入分析，防冲技术措施针对性差。

（10）龙矿集团对龙郓煤矿采深大、地垒构造、3号煤层分岔合并等产生的高应力集中认识不足，未及时督促龙郓煤矿对顶板疏放水与地层区域应力调整的影响进行分析研究；防冲技术监督管理工作不严格，对龙郓煤矿存在的劳动组织不合理、防冲个体防护措施落实不严格、防冲技术措施针对性差、防冲制度修改不及时等监督检查不到位。

（11）菏泽市煤炭管理局对冲击地压防治安全监管重视不够，对龙郓煤矿冲击地压防治工作监管不力。负责监管的煤矿均为冲击地压矿井，2018年度执法工作计划中没有冲击地压专项检查内容；落实山东省煤炭工业局关于开展冲击地压防治专项监督检查的文件要求不到位；对龙郓煤矿冲击地压防治专项监督检查不严不细；对龙郓煤矿违法违规行为处理处罚不严格、不规范。

此外，事故还暴露出龙郓煤矿微震监测信息分析研判能力差的问题。矿井微震监测系统自10月20日22时37分36秒至22时37分51.79秒记录了两次震动事件，由于两次震动事件时间间隔小于监测系统原始设定的一次事件的间隔，监测分析人员将第一次事件（能量值为1.2×10^2焦耳）作为本次冲击地压的事件进行了能量计算，而没有发现处于窗口尾部的第二次事件（能量值为2.2×10^6焦耳）。

（三）事故性质

经调查分析认定，本起事故为冲击地压引发的生产安全事故。

四、处理建议

建议移送纪委监委责任追究24人，建议给予龙郓煤矿和龙郓煤矿执行董事、党委委员、法定代表人、总经理李×行政处罚，建议责成龙矿集团向山东能源作出深刻检查，山东能源向山东省人民政府作出深刻检查。

五、事故防范和整改措施建议

一是严格落实企业主体责任。煤矿企业要严格落实冲击地压防治工作主体责任，要以冲击地压防治安全为前提，科学制定生产经营指标，凡经冲击地压危险性评价不能保证安全开采的区域，严禁安排组织开拓开采。二是加强和改进冲击地压防治工作。矿井要严格限制开采深度，遵守国家有关规定，深度超过1000米的工作面开采前应当组织专家进行安全性论证，不能保证安全开采的，不得开采。三是加强地质构造及疏放水对冲击地压影响的研究。四是加强巷道防冲支护。五是优化矿井开拓布局。六是强化防冲监测预警能力建设，提升预测、预判、预警水平。七是加强防冲安全教育培训，建立并严格落实冲击地压防治培训制度。八是强化复产措施落实。矿井恢复生产前，要制定恢复生产方案，通过专家论证，落实综合防冲措施，消除冲击危险后，方可恢复生产。九是切实加强安全监管监察。认真开展煤矿安全"体检"工作，查找存在的安全隐患和薄弱环节，提高监管监察的针对性和实效性。

案例十四　滨海新区中塘镇中外运久凌储运仓“10·28”重大火灾事故

2018 年 10 月 28 日 17 时 25 分左右，位于天津市滨海新区大港经济开发区安和路的中外运久凌储运有限公司天津分公司大港仓库发生火灾，过火面积 23487.53 平方米，事故未造成人员伤亡，直接经济损失（不含事故罚款）约 8944.95 万元。

一、基本情况

久凌储运天津分公司成立于 2006 年 12 月 7 日，是中外运久凌储运有限公司在天津市设立的分公司，下设仓配一体化中心、安全监管部等。该单位总占地面积 4.2 万平方米，库区南门常年锁闭，北门作进出使用。北门正对库区主通道，通道东侧由北向南依次为门卫室（消防控制室）、消防水泵房、充电间、厕所、柴油发电机房、库区总配电柜、4 号仓库和 5 号仓库；通道西侧由北向南依次为办公楼、1 号仓库、2 号仓库和 3 号仓库。5 个仓库均为轻钢结构，1 号、2 号、3 号仓库完全相同，每个仓库长 108.48 米、宽 72.48 米、屋檐高度 9.5 米，屋脊高度 11.4 米，建筑面积 7862.63 平方米，划分 4 个防火分区，外墙均为 1.2 米实体墙加彩钢板结构，屋面采用坡屋顶结构。4 号、5 号仓库的各项建筑参数相同，每个仓库长 97.68 米、宽 79.98 米、屋檐高度 9.5 米，屋脊高度 11.4 米，建筑面积 7812.45 平方米，划分 4 个防火分区，防火分区之间采用防火墙分隔，连通部位采用防火卷帘，外墙均为 1.2 米实体墙加彩钢板结构，屋面采用坡屋顶结构，与西侧的 1 号、2 号、3 号仓库东西向水平距离为 22 米，其中最先起火的 5 号仓库划分的 4 个防火分区由西向东分别编号为 501、502、503、504，每个防火分区南北墙各有一个安全出口，共有 8 处安全出口。该仓库由中朗恒运（天津）实业有限公司投资建设，2012 年 6 月租赁给久凌储运天津分公司使用。仓库内设置有室内外消火栓系统、自动喷水灭火系统、火灾自动报警系统、机械排烟系统、视频监控系统、照明系统、应急照明灯、疏散指示标志和干粉灭火器。

二、事故经过及灭火救援情况

2018 年 10 月 28 日 17 时 29 分，位于门卫室内的火灾自动报警联动控制柜发出火灾报警信号，显示 5 号库 1 区编号为 015003 的感烟探测器报警。当值保安于 ×× 和杜 ×× 听到报警后未作任何处置，调度室的工作人员张 × 听到火灾自动报警联动控制柜持续报警，便跑到门卫室让于 ×× 去报警区域查看。17 时 49 分，于 ×× 进入仓库查看后，电话通知杜 ××5 号仓库起火，张 × 立即拨打 119 电话报警。17 时 53 分，张 × 等人使用灭火器和消火栓进行扑救，但火势未能得到有效控制。

天津市消防总队于 17 时 50 分接到报

警后，先后调派总队和10个支队全勤指挥部、26个消防中队、战勤保障大队以及2个企业专职消防支队、1个企业专职消防中队，62辆消防车、6辆战勤保障车辆，383名消防人员赶赴现场处置，火灾于10月29日3时17分被扑灭。

三、事故原因及性质

（一）直接原因

经调查，该起火灾起火原因为久凌储运天津分公司大港仓库项目5号仓库501仓间西墙北数第3根与第4根立柱之间上方的视频监控系统电气线路发生故障，产生的高温电弧引燃线路绝缘材料，燃烧的绝缘材料掉落并引燃下方存放的润滑油纸箱和塑料薄膜包装物，随后蔓延成灾。

（二）火灾蔓延扩大原因

1. 发现火灾及报警延误，前期处置不力

从17时29分火灾自动报警联动控制器发出火灾报警信号至17时50分向119指挥中心报警的21分钟内，该单位未在第一时间采取有效措施扑救初期火灾，致使火势扩大。

2. 自动消防设施未启动，初期火灾未得到控制

经查，火灾发生时自动消防设施设置在手动模式上，消防控制室值班人员未将手动模式转换为自动模式，导致自动喷水灭火系统和防火卷帘未启动，致使火势从501仓间蔓延至5号仓库的其他防火分区。

3. 润滑油燃烧后形成流淌火，蔓延迅速

火灾发生后，在持续高温作用下，润滑油桶破裂，引发润滑油燃烧，形成液体流淌火向四周蔓延。第一出动力量消防西环路中队到场时火势已突破5号仓库外壳，燃烧流淌的润滑油沿5号仓库北门外溢，蔓延至4号仓库及3号仓库。

4. 风力大，燃烧猛烈

火灾发生时，现场平均风力为3级，瞬时最大风力达6级，火势突破5号库外壳后，燃烧流淌的润滑油在风力作用下向4号、3号库蔓延，形成猛烈的立体式燃烧。

（三）事故性质

经调查认定，久凌天津公司大港仓库“10·28”重大火灾事故是一起责任事故。

四、对事故有关责任单位及人员的处理建议

对中外运久凌储运有限公司天津分公司、招商局物流（天津）有限公司、天津市滨海新区精英保安服务有限公司、中朗恒运（天津）实业有限公司、天津君安消防工程有限公司17人给予刑事处罚；对中外运物流（筹）有限公司、滨海新区消防支队大港大队、大港经济开发区管委会、原大港区建设工程质量监督站15人给予党纪政纪处分；对中外运久凌储运有限公司天津分公司、中朗恒运（天津）实业有限公司、天津君安消防工程有限公司和天津市滨海新区精英保安服务有限公司给予行政处罚。

五、事故防范和整改措施建议

一是强化安全发展，健全消防安全管理责任体系。二是严格责任落实，深入排查消防安全隐患问题，在全市范围内开展消防安全隐患大排查大整治。三是紧盯薄弱环节，开展仓储物流行业专项检查，逐库开展风险辨识。四是深刻吸取事故教训，相关企业严格落实消防安全主体责任，全面加强隐患排查治理。五是强化维保检测，落实各方维保、检测责任，切实提升服务质量和水平。六是加强宣传教育，提升全民消防安全意识，形成“人人参与消防安全”的良好氛围。

案例十五 G75 兰海高速兰临段“11 · 3”重大道路交通事故

2018 年 11 月 3 日 19 时 21 分许，G75 兰海高速兰临段兰州南收费站发生一起重大道路交通事故，造成 15 人死亡、45 人受伤，33 辆机动车受损，直接经济损失 2355 余万元。

一、事故发生经过及应急处置情况

（一）事故发生经过

2018 年 10 月 30 日 16 时，肇事车辆车主李 ×× 同驾驶人李 × 驾驶辽 AK4481 重型半挂牵引车，牵引吉 B2870 挂重型低平板半挂车载运轮胎从沈阳出发，11 月 1 日到达西宁市卸货后，于 11 月 2 日 6 时 46 分到达甘肃省临夏州广河县。当日在广河县与海南鑫捷通物流有限公司长沙分公司昆山项目部装货现场员翟 ×× 签订运输合同，装载 SCC4000 型履带起重机部分配件运往辽宁省盘锦市。11 月 3 日上午，在广河县体育场建设工地装载 SCC4000 型履带起重机副臂上节臂 1 节、后配重块 2 块、吊钩 2 个、货物搬运小车 1 辆，总重 28.06 吨。翟 ×× 在现场监督车辆装载和捆绑，中午 11 时左右装载完毕，翟 ×× 将车辆装载及捆绑情况拍照传回公司审核备案。当日 18 时 5 分，驾驶人李 × 驾驶肇事车辆驶入康临高速广河收费站，18 时 27 分许由康临高速驶入 G75 兰海高速。该车进入新七道梁隧道后按限速行驶（限速 60 公里 / 小时），出隧道后升挡加速，在通过“重型货车 70 公里 / 小时限速牌”和出隧道 1.2 公里处“长下坡路段低挡行驶”的安全提示牌后，未低挡低速方式行驶，而是继续加油提速至 10 挡行驶。在出隧道口 2.3 公里后车速超过该路段 70 公里 / 小时限速，随后车速继续增加，在通过距隧道口约 5 公里的第二个避险车道时车速达到 98 公里 / 小时。随后驾驶人连续制动 6 秒，车速降至 89 公里 / 小时。松开制动后，车辆经过距隧道口 6.6 公里的第三个避险车道时车速又升至 98 公里 / 小时。之后 26 秒，驾驶人未制动，当车速达到 100 公里 / 小时后驾驶人连续制动 9 秒，车速降至 94 公里 / 小时。此时驾驶人发现制动气压不足，降速不明显，车辆制动处于失灵状态。4 秒后车速升至 97 公里 / 小时，驾驶人又连续 7 秒制动后，经过距隧道口 8 公里的第四个避险车道时，车速上升至 103 公里 / 小时，驾驶人发现车辆制动彻底失效，车辆处于失控状态。车辆继续前行 1.5 公里左右后，驾驶人开启双闪警示灯（此时车速 112 公里 / 小时），继续行驶 1.3 公里，通过距隧道口 10.8 公里的第五个避险车道时车速达到 114 公里 / 小时，车辆再继续行驶 1.2 公里后，于 19 时 21 分 37 秒以 116 公里 / 小时的时速与兰州南收费广场内正在行进的甘 N25856 重型仓栅式货车发生碰撞，随后连续与 13 辆车直接碰撞，并导致周围 18 辆车相互碰撞。事故发生时，肇事车辆装载的货物全部用出，其中起重机副臂上节臂直接砸中甘NX7151五菱牌小型普通客车，造成小型普通客车内10人全部当场死亡（该车核载7人），在其他散落物和车辆碰撞的共同作用下，造成4辆小轿车内5人当场死亡。此次事故共造成15人死亡，45人不同程度受伤。

（二）应急处置情况

事故发生后，正在兰州南收费站外广场执勤的兰州市公安局交通警察支队韩家河高速公路交警大队民警立即开展现场救援，并紧急通知消防救援、120急救等部门，迅速上报了事故情况。兰州市消防支队紧急调派全勤化指挥组1个大队、3个中队携带破拆装备赶赴现场，兰州市120急救中心紧急派出救护车和医护人员赶赴现场开展医疗救治工作。

接报后，省领导带领公安、应急管理、交通运输、医疗卫生等部门和兰州市委、市政府主要负责同志迅速赶赴事故现场和救治医院，指挥应急处置和医疗救治工作。11月3日23时30分许，医疗部门对现场受伤及被困人员抢救转移完毕，消防部门排除了事故车辆油料泄漏危险，交警部门事故现场勘验工作结束。11月4日3时20分，高速公路兰州清障救援一大队现场清障作业结束。11月4日11时许，事发路段交通恢复正常。

二、事故原因及性质

（一）直接原因

驾驶人李×驾驶制动系统不符合安全技术标准且制动储气筒接头处有漏气隐患的半挂车驶入事发长下坡路段，未按交通标志提示采用低挡低速行驶，而是超速行驶且频繁使用制动，致使牵引车及挂车制动器发热，整车制动距离加大，制动效能减弱，失灵直至失效，并且驾驶人临危处置不当，从发现制动失灵至事故发生行驶约10公里，经过4处避险车道均未驶入避险，也未采取报警求助等其他应急处置措施。

（二）间接原因

（1）有关企业安全生产主体责任不落实。沈阳建华新物流有限责任公司和吉林市意通物流有限责任公司安全管理工作流于形式，对挂靠车辆长期挂而不管。海南鑫捷通物流有限公司安全管理相关规定不落实，导致肇事车辆超载运输，装载捆绑不符合规定，致使事故伤亡和损失扩大。

（2）地方交通运输、公安交管等部门安全监管责任落实不到位。辽宁省沈阳市浑南区、吉林省吉林市交通运输部门履行日常监管职责不到位，对运输企业未认真履行安全生产主体责任的问题执法不严，对企业存在的安全隐患和问题督促整改不力。辽宁省鞍山市、吉林省吉林市公安交管部门履职尽责不到位，对非法改装车辆审验数据审核把关不严。甘肃省兰州市、临夏州公安交管部门工作监管职责落实不力，工作存在纰漏。

（3）地方政府工作职责落实不力。临夏州东乡县达板镇人民政府落实道路运输安全监管不到位，未认真落实上级政府对“三类车辆”安全管理的部署。

（三）事故性质

经调查认定，G75兰海高速兰临段“11·3”重大道路交通事故是一起道路交通生产安全责任事故。

三、事故暴露出来的问题

一是沈阳建华新物流有限责任公司未认真履行企业安全生产主体责任，未严格落实安全管理职责，对挂靠车辆长期挂而不管，安全教育培训管理缺失，导致挂靠车辆车主及驾驶人安全意识淡薄。

二是吉林市意通物流有限责任公司未认真履行企业安全生产主体责任，未严格落实企业安全管理职责，公司安全管理流于形式，驾驶人安全教育培训缺失，对挂靠车辆只收取管理费，挂车管理严重失管失控，无挂车管理制度，无挂车安全检查等相关记录，在明知挂靠车辆（吉 B2870 挂）注册登记手续被肇事挂车使用的情况下，为其出具车辆办理年度检测所需手续，特别是在其挂靠车辆（吉 B2870 挂）先后 4 次变更实际所有人的过程中，对挂靠经营者不进行实车交易，只买卖车辆号牌和行驶证、道路运输证等手续的违法行为放任不管，不掌握注册登记的原始车辆去向。

三是海南鑫捷通物流有限公司未履行运输合同约定的安全责任，未按照承载货物的重量选择承运车辆；对员工安全教育管理不严，该公司选派装货现场员前往发货地监督承运货物装载捆绑情况，装货现场员未严格审查车辆核定载荷，导致超重装载，装货现场员未按照该公司《装货现场员岗位职责》监督货物捆绑，违规采用棕绳捆绑，装货现场员将捆绑完成的承运货物照片发回公司审核，该公司长沙分公司在收到货物照片后未履行职责，未对货物捆绑情况进行审核把关，导致在事故发生时，肇事车辆未倾倒的情况下，捆绑棕绳断裂，所载货物甩出砸中甘 NX7151 五菱牌小型普通客车和甘 AF5Q17 小轿车，造成 12 人当场死亡。

四是车辆检测机构检测把关不严。

（1）吉林市翔鹿机动车检测有限公司。该公司机动车安全检测把关不严，出具不符合实际情况的检验合格报告，并上传至吉林省吉林市交警支队车管所审核。2017 年 6 月 16 日，该公司对肇事半挂车进行年检时，外检员未严格按照《机动车安全技术检验项目和方法（GB 21861—2014）》要求认真比对查验车辆，未发现肇事半挂车车身悬挂“徐州易达交通运输设备有限公司”标牌与登记的“陕西牌”车辆不一致的明显问题，未对肇事半挂车留存大架号与车身大架号进行比对，未发现被检车辆系不符合安全标准的非法拼装车辆。

（2）辽宁省鞍山市台安东方机动车检测有限责任公司。该公司对机动车安全检测把关不严，出具不符合实际情况的检验合格报告，并上传至吉林省吉林市交警支队车管所审核。2018 年 8 月 27 日，该公司对肇事半挂车年检时，外检员未严格按照《机动车安全技术检验项目和方法（GB 21861—2014）》要求认真比对查验车辆，未发现肇事半挂车车身明显悬挂“徐州易达交通运输设备有限公司”标牌与登记的“陕西牌”车辆不一致的明显问题，未对肇事半挂车留存大架号与车身大架号进行比对，未发现被检车辆系不符合安全标准的非法拼装车辆。

五是相关部门监管责任落实不到位。

（1）辽宁省沈阳市浑南区交通运输事务服务与行政执法中心。该中心履行日常监管职责不到位，未认真按照安全教育培训的相关要求对企业主要负责人和安全管理人员进行教育培训。

（2）辽宁省鞍山市公安交警支队车辆管理所。该车管所对车辆检测机构上传的信息审核工作把关不严，致使非法拼装车辆审验合格。

（3）吉林省吉林市运输管理处。该运输管理处履行日常监管职责不到位，对相关企业买卖道路运输证等手续、不掌握注册登记原始车辆去向等违法违规行为查处不力，且在发现涉事企业存在隐患问题，责令企业停产整顿期间，执法不严，致使企业仍在经营。

（4）吉林省吉林市公安局交通警察支队车辆管理所。该车管所对车辆检测机构上传的信息审核工作把关不严，致使非法拼装车辆审验合格。

（5）海南省海口市运输管理处。该运输管理处履行日常监管职责不到位，对企业落实安全生产主体责任不到位、安全教育培训流于形式、内部安全管理制度不落实等问题监管查处不力。

（6）兰州市公安局交通警察支队韩家河高速公路大队七道梁执法服务站。该大队执行9时至17时8小时定点勤务工作不到位，对过往的“两客一危”及重载货车进行登记检查和安全提示时存在工作遗漏。

（7）兰临高速公路收费管理所。该收费管理所制定的兰州南收费站“一站一案”应急处置预案不完善，事故防范措施针对性不强。

（8）临夏州东乡县达板镇交警中队。该中队未按照交警大队下达的勤务计划，落实辖区内路段的日常巡逻任务；未按东乡县道路交通安全委员会办公室《关于印发东乡县农村面包车三轮车汽车摩托车交通安全专项治理工作方案》要求开展农村道路执法行动。

（9）临夏州东乡县达板镇人民政府。达板镇人民政府未认真履行道路交通监管职责，未按照东乡县道路交通安全委员会办公室《关于印发东乡县农村面包车三轮车汽车摩托车交通安全专项治理工作方案》要求组织开展专项治理工作，对辖区“三类车”底数不清，未将涉事车辆纳入监管范围。

四、处理建议

司法机关已对肇事车辆驾驶人、肇事车辆实际所有人、海南鑫捷通物流有限公司长沙分公司经理和法定代表人等4人采取措施；对事故中已死亡的人员免于追究责任；建议对海南鑫捷通物流有限公司长沙分公司昆山项目部装货现场员、沈阳建华新物流有限责任公司法定代表人等4人追究刑事责任；建议给予吉林市翔鹿机动车检测有限公司经理等2人行政处罚；建议对辽宁省鞍山市公安交警支队车辆管理所主管等14人给予政务处分；建议对沈阳建华新物流有限责任公司等6家单位给予行政处罚等。

五、事故防范和整改措施建议

一是严格落实道路运输企业安全生产主体责任，积极推动道路货运企业建立安全风险管控和隐患排查治理双重预防机制，认真梳理货运车辆装载、捆绑、维修等关键环节的安全风险，及时排查整改安全隐患问题。二是强化大型货车安全源头管控，严厉打击非法改装拼装、非法买卖货运车辆相关手续等违法行为。三是加大对机动车安全技术检验机构的管理，督促其认真履行机动车安全检测职责，规范检验行为，做到应检尽检。四是加强路面管控和巡逻执法检查。强化路面交通秩序管控，依法严惩机动车违法违规行为。五是深入开展公路安全隐患排查治理，加大风险管控力度，加强兰海高速兰临段公路养护管理和通行保障能力建设工作，逐步解决该长下坡路段坡陡线长的问题。

案例十六 西安“11·13”重大道路交通事故

2018年11月13日，陕西省西安市国际港务区境内发生一起重大道路交通事故，造成10人死亡、2人受伤，直接经济损失635万元。

一、事故发生经过及应急处置情况

（一）事故发生经过

2018年11月13日20时32分，驾驶人张××驾驶陕A76FA5小客车（核载7人，实载12人）沿纺渭路由南向北行驶至“新农村400V05南04”号电线杆（基准点）以南18.1米处，遇坑槽向左避让，驶入对向车道，与相对方向驾驶人裴××驾驶的陕AN7200货车正面相撞，造成陕A76FA5小客车上9人当场死亡、1人经抢救无效死亡、2人受伤，2车受损。

（二）应急处置情况

接到事故报告后，灞桥区公安交警、消防等部门人员立即行动，于21时5分赶到现场，迅速组织人员施救，并对陕AN7200货车驾驶人裴××实施控制。西安市及国际港务区党委、政府迅速启动应急预案，有关领导赴一线组织开展事故救援和前期勘察工作，并成立西安市政府“11·13”重大道路交通事故处置工作领导小组，下设6个组分头开展工作。省委、省政府相关负责同志带领省直机关有关部门人员赶赴现场，指导事故处置和伤亡人员救治、善后等工作。23时5分，事故现场清理完毕，事故道路恢复通行。

二、事故原因及性质

（一）直接原因

经调查认定，事故直接原因是：张××驾驶小客车行经事故地点坑槽障碍处前，驶入对向车道，遇对向裴××驾驶的混凝土搅拌运输车时处置不当，导致小客车正面与混凝土搅拌运输车左前部相撞。具体分析如下：

一是陕A76FA5五菱牌小型普通客车驾驶人张××驾驶车辆行驶至坑槽障碍处，处置不当，驶入对向车道，是导致事故发生的主要原因，其违法超员行为（超员70%）加重了事故损害后果。

二是陕AN7200重型特殊结构货车（混凝土搅拌运输车）驾驶人裴××非法加装LED前照灯，夜间行驶会车时开启远光灯，影响对向车辆行车安全；货车制动不符合规定（经鉴定，该车制动系统第三轴右轮铆钉凸出），致遇危险情况制动距离延长。

另经技术鉴定，排除了驾驶人身体疾病、酒驾、毒驾以及驾驶过程中接打电话、上网等因素导致事故发生的嫌疑。

（二）间接原因

一是隐患排查治理不及时。事故点坑槽出现于2018年11月3日夜间，经车辆不断碾压逐渐扩大，道路养护部门发现道路安全隐患后，未按规定设置警示防护标志，未在现场监视直至应急处置人员到场，履行职责不到位。事发地点道路中心车道分隔黄虚线及两侧机非分隔白实线因磨损显示不清，地面标线缺失。

二是有关企业安全生产主体责任不落实。泰成公司未按规定设置安全管理机构，无专职安全管理人员，安全管理缺失。市政配套公司安全管理制度不健全，道路安全隐患排查、维护制度缺失，道路隐患排查、治理、验收、销号等环节把关不严、监管不力。

三是地方公安交管、市政建设、交通运输等部门安全监管不到位。西安市公安局交通警察支队灞桥大队路面管控不严，对车辆超员、非法改装等严重违法行为查处不力；港务区建设局对市政配套公司安全管理制度不健全，道路安全隐患排查治理监管不到位等问题，监督检查不力；未央区交通运输局未严格加强道路运输企业安全监督检查，对道路货运经营许可把关不严。

（三）有关责任单位存在的主要问题

1. 泰成公司

安全生产主体责任不落实，未按规定设置安全管理机构、配备专职的安全管理人员；未建立安全培训教育档案，安全管理制度缺失。企业主要负责人未经考核合格上岗；对车队非法加装 LED 前灯及侧腰灯的行为失察失管。

2. 市政配套公司

安全生产主体责任不落实，公司管理不到位，作为事故发生地道路设施养护维护单位，未建立道路安全隐患巡查、维护制度，对巡查工作落实情况监管不力；未建立路面坑槽应急处理措施，公司收到建设局转办的“12345”关于纺渭路事故坑槽的举报投诉后，未及时采取有效防范措施，导致该安全隐患至事故发生时未能消除。

3. 港务区建设局

作为港务区道路基础设施养护维护行业监管部门，对行业安全监管职责履行不到位，督促市政配套公司等单位落实“纺渭路交通安全隐患整治工作”不力；对“12345”投诉热线举报问题督促落实不力；对市政配套公司未建立道路安全隐患巡查、维护制度和巡查工作落实情况监管失察；未按照西安国际港务区管委会《道路交通安全攻坚行动实施方案》（西港发〔2018〕24 号）要求部署开展道路交通安全隐患排查治理工作。

4. 西安市公安局交通警察支队灞桥大队

未能结合辖区实际有效落实《关于加强道路交通安全工作的意见》有关规定，对省、市安排部署的“三项攻坚行动”“三年行动方案”工作落实不到位，对纺渭路等重点路段的路面勤务安排研判不够；对纺渭路等道路隐患路段的治超、夜查相关工作安排部署不力，对纺渭路小客车超员、车辆非法加装车灯打击力度不够；巡查制度不完善，道路管控力度不足；对商品混凝土企业车辆、驾驶员的源头管理存在漏洞，对企业违法加装车灯的问题，打击力度不够，未按规定进行处罚。

5. 未央区交通运输局

未央区交通运输局运管站对泰成公司道路货物运输经营许可跨区县受理把关不严，未按照“谁许可、谁监管、谁负责”的原则，对泰成公司等普通货运企业日常监管不到位，未严格执行“三项攻坚行动”中“每月开展一次运输企业落实安全主体责任大检查”工作要求，执法检查未做到全覆盖，对泰成公司未按规定设置安全管理机构、配备专职的安全管理人员等问题失察失管。

（四）事故性质

调查认定，西安“11·13”重大道路交通事故是一起生产安全责任事故。

三、处理意见

建议对货车驾驶人和泰成公司相关人员移送司法机关进一步调查处理，对事故中已死亡人员免于追究责任，建议对港务区管委会副主任等 13 人给予党政纪处分，建议 2 人由市政配套公司企业内部问责处理，建议对泰成公司等单位和货车驾驶人给予行政处罚。

四、事故防范和整改措施建议

一是西安市政府强化道路交通安全工作领导，加强对道路交通安全工作的统筹协调和监督指导，将道路交通安全工作纳入西安市经济和社会发展规划，与经济建设和社会发展同部署、同落实、同考核。建立健全道路交通安全责任体系，切实提升各类开发区管委会依法履行道路交通管理职责的能力。二是强化道路运输企业安全生产主体责任落实，严格执行道路运输企业退出制度。三是进一步深化道路交通安全隐患排查治理，全面摸排城乡接合部道路安全隐患，摸清道路安全隐患底数和道路性质、监管主体，建立隐患基础台账，确定治理方案，落实治理资金，加快道路隐患治理。四是进一步深化道路交通安全专项整治，加强重要节假日、农村赶集、上下班高峰等重点时段和建设工程任务较重区域、劳动力市场周边、城乡接合部、山区公路、县乡道路以及事故多发点段的管控，加强城市主干道、城市出入口、易堵路段的交通管理。五是深化道路交通“打非治违”工作，保持高压态势，推动强化部门合力，全面理顺市交通运输部门与区（县）交通运输部门在普货运输企业安全监管、道路运输许可等方面的职责和权限，进一步完善体制机制，强化运输市场“打非治违”工作成效。

案例十七　河北张家口中国化工集团盛华化工公司“11·28”重大爆燃事故

2018 年 11 月 28 日 0 时 40 分 55 秒，位于河北省张家口市望山循环经济示范园区的中国化工集团河北盛华化工有限公司氯乙烯泄漏扩散至厂外区域，遇火源发生爆燃，造成 24 人死亡（其中 1 人后期医治无效死亡）、21 人受伤（4 名轻伤人员康复出院），38 辆大货车和 12 辆小型车损毁，截至 2018 年 12 月 24 日直接经济损失 4148.8606 万元，其他损失尚需最终核定。

一、事故发生经过

2018 年 11 月 27 日 23 时，盛华化工公司聚氯乙烯车间氯乙烯工段丙班接班。转化岗 DCS（自动化控制技术中的集散控制系统）操作员孟 ×× 上岗。当班调度为侯 ××、冯 ×，车间值班领导为副主任刘 ××。接班后，精馏 DCS 操作员袁 ×× 在中控室盯岗操作，在中控室查看转化及精馏数据，未见异常。从生产记录、DCS 运行数据记录、监控录像及询问交接班人员等情况综合分析，接班时生产无异常。

27 日 23 时 20 分左右，精馏巡检工郭 × 和张 ×× 从中控室出来，直接到巡检室。27 日 23 时 40 分左右，班长李 ×× 到冷冻机房检查未见异常，之后在冷冻机房用手机看视频。28 日 0 时 36 分 53 秒，DCS 运行数据记录显示，压缩机入口压力降至 0.05 千帕。中控室视频显示，袁 ×× 在之后 3 分钟内进行了操作；DCS 运行数据记录显示，回流阀开度在约 3 分钟时间内由 30% 调整至 80%。28 日 0 时 39 分 19 秒，DCS 运行数据记录显示，气柜高度快速下降，袁 ×× 用对讲机呼叫郭 ×，汇报气柜波动，通知其去检查。随后，袁 ×× 用手机向李 ×× 汇报气柜波动大。

李 ×× 在 0 时 41 分左右，听见爆炸声，看见厂区南面起火，立即赶往中控室通知调度。调度电话请示生产运行总监后，通知转化岗 DCS 操作员孟 ×× 启动紧急停车程序，孟 ×× 使用固定电话通知乙炔、烧碱和合成工段紧急停车，停止输气。同时，李 ××、郭 ×、张 ×× 一起打开球罐区喷淋水，随后对氯乙烯打料泵房及周围进行灭火，在灭掉氯乙烯打料泵房及周围残火后，返回中控室。

调取气柜东北角的监控视频（视频时间比北京时间慢 7 分 2 秒），显示 1 号氯乙烯气柜发生过大量泄漏；0 时 40 分 55 秒观察到气柜南侧厂区外火光映入视频画面。

二、应急处置情况

事故发生后，盛华化工公司启动紧急停车操作，打开氯乙烯球罐喷淋水，同时对氯乙烯打料泵房及周围着火区域进行扑救灭火。

11 月 28 日 0 时 41 分 38 秒，张家口

市消防支队指挥中心接到报警后，调动7个执勤中队、21部执勤车、120余名指战员参与处置。消防支队全勤指挥部到达现场后全力扑救火灾、全面搜救伤员。救援人员在事故现场及方圆1公里、3公里、5公里范围内同步开展搜救，同时在盛华化工公司氯乙烯气柜和球罐区附近实行重点处置，防止发生爆炸，对现场展开全面勘查，处置火险隐患，持续派出力量对现场实施监护，防止发生次生事故。2时48分，明火基本扑灭。张家口市120急救中心第一时间派出5辆救护车和46名医务人员赶赴现场，全力救治受伤人员，积极对接协作医院，转送危重伤者，将22名受伤人员紧急送往河北北方学院附属第二医院、第81集团军医院、张家口市第一医院救治。张家口市委、市政府迅速启动应急预案，成立指挥部，调集公安、卫计、安监、环保等部门开展事故救援和现场处置工作。公安部门调集交警、巡警、特警在事故现场设置警戒区，加强现场管控，维护现场秩序，疏散周边群众，切断社会车辆和人员进入。环保部门立即对事故现场及周边的大气、水、土壤质量布点监测，密切关注环境变化。指挥部责令盛华化工公司采取紧急停产措施，由市安全监管局牵头，公安、消防部门配合，与专家共同组成隐患排查组，进入盛华化工公司逐线逐点排查，防止次生事故发生。张家口市在微信公众号和微博上及时发布权威信息，回应社会关切，加强舆论引导。

省委、省政府全面指挥事故处置，根据重大突发事件应急管理相关规定，省委、省政府成立了“11·28”重大爆燃事故处置现场指挥部，下设综合协调、事故调查现场处置、医疗救助、善后处理、舆情引导和社会稳定6个工作组，迅速开展工作。张家口市政府成立了剩余危险物料处置领导小组，对盛华化工公司制定的处置方案进行论证，对剩余危险物料逐项逐类处置，全过程监督指导，确保安全。

事故发生后，盛华化工公司未按规定向政府有关部门报告，瞒报事故，误导事故调查。

三、事故原因及性质

（一）直接原因

盛华化工公司违反《气柜维护检修规程》（SHS 01036—2004）第2.1条和《盛华化工公司低压湿式气柜维护检修规程》的规定，聚氯乙烯车间的1号氯乙烯气柜长期未按规定检修，事发前氯乙烯气柜卡顿、倾斜，开始泄漏，压缩机入口压力降低，操作人员没有及时发现气柜卡顿，仍然按照常规操作方式调大压缩机回流，进入气柜的气量加大，加之调大过快，氯乙烯冲破环形水封泄漏，向厂区外扩散，遇火源发生爆燃。

（二）间接原因

1. 企业层面

（1）企业不重视安全生产。中国化工集团有限公司未设置负责安全生产监督管理工作的独立职能部门，对下属企业长期存在的安全生产问题管理指导不力。新材料公司未设置负责安全生产监督管理工作的独立职能部门，对下属盛华化工公司主要负责人及部分重要部门负责人长期不在盛华化工公司，安全生产管理混乱、隐患排查治理不到位、安全管理缺失等问题失察失管。

（2）盛华化工公司安全管理混乱。主要负责人及重要部门负责人长期不在公司，劳动纪律涣散，员工在上班时间玩手机、脱岗、睡岗现象普遍存在，不能对生产装置实施有效监控；工艺管理形同虚设，操作规程过于简单，没有详细的操作步骤和调控要求，不具有操作性；操作记录流于形式，装置参数记录简单；设备设施管理缺失，违反《气柜维护检修规程》（SHS 01036—2004）第2.1条和《盛华化工公司低压湿式气柜维护检修规程》的规定，气柜应1~2年中修，5~6年大修，至事故发生，投用6年未检修；安全仪表管理不规范，中控室经常关闭可燃、有毒气体报警声音，对各项报警习以为常，无法及时应对。

（3）盛华化工公司安全投入不足。安全专项资金不能保证专款专用，检修需用的材料不能及时到位，腐蚀、渗漏的装置不能及时维修；安全防护装置、检测仪器、连锁装置等购置和维护资金得不到保障。

（4）盛华化工公司教育培训不到位。安全教育培训走过场，生产操作技能培训不深入，部分操作人员岗位技能差，不了解工艺指标设定的意义，不清楚岗位安全风险，处理异常情况能力差。

（5）盛华化工公司风险管控能力不足。对高风险装置设施重视不够，风险管控措施不足，多数人员不了解氯乙烯气柜泄漏的应急救援预案，对环境改变带来的安全风险认识不够，意识淡薄，管控能力差。

（6）盛华化工公司应急处置能力差。应急预案如同虚设，应急演练流于形式，操作人员对装置异常工况处置不当，泄漏发生后，企业应对不及时、不科学，没有相应的应急响应能力。

（7）盛华化工公司生产组织机构设置不合理。盛华化工公司撤销了专门的生产技术部门、设备管理部门，相关管理职责不明确，职能弱化，专业技术管理差。

（8）盛华化工公司隐患排查治理不到位。未认真落实隐患排查治理制度，工作开展不到位、不彻底，同类型、重复性隐患长期存在，大排查大整治攻坚行动落实不到位，致使上述问题不能及时被发现并消除。

2. 部门层面

（1）张家口市安全监管局贯彻落实上级文件部署要求不到位。2017年以来，上级有关部门下发危险化学品领域安全隐患排查治理相关文件16份，张家口市安全监管局贯彻落实上级文件要求流于形式，存在以文件落实文件的问题，疏于对盛华化工公司的有效监管。疏于管理，日常监督检查不深不细，监督检查频次低。对盛华化工公司安全生产风险分级管控和隐患排查治理体系建设、应急救援体系建设、安全生产大排查大整治、安全教育培训等工作不深入、不扎实等问题监管失察。对本单位队伍建设重视不够，监管能力、工作作风弱化，不能有效履行安全生产监管职责。

（2）张家口市公安局交警支队宣化二大队未正确履职尽责，对310省道盛华化工公司所在路段路面交通秩序管控不到位，勤务安排不合理，对车辆长期违规停车情况失察，致使事发路段长期违规停车问题未得到及时解决。

（3）非法停车场涉及的部门对2014年10月原宣化县国土资源局移送的张××承包的集体用地改变用途、非法修建停车场申请强制执行一案，原宣化区人民法院未依法采取强制执行措施，导致非法停车场存在4年之久，事故造成停车场内3人死亡，7辆大货车、5辆小型车损毁。

（4）张家口市交通运输局。在对张小线养护改造工程路线方案组织论证、设计和评审中，未考虑盛华化工公司重大危险源（氯乙烯气柜、球罐）对该路段构成的安全风险，致使该路段的安全风险不可控。

3. 党委、政府层面

张家口市委、市政府对上级安全生产工作的部署和要求贯彻落实不到位，对有关部门落实安全生产监管责任组织领导不力。

（三）事故性质

经调查认定，河北张家口中国化工集团盛华化工公司“11·28”重大爆燃事故是一起重大危险化学品爆燃责任事故。

四、责任认定及处理建议

（1）企业层面。公安机关已对盛华化工公司党委书记、董事长、法定代表人等12名企业人员依法立案侦查并采取刑事强制措施，建议对中国化工集团有限公司副总经理等15人给予党纪政纪处分。

（2）地方政府及相关监管部门层面。建议对张家口市委、市政府、市安全监管局、市公安局交警支队宣化二大队、市交通运输局等13人给予党政纪处分。

（3）对盛华化工公司的行政处罚建议。给予盛华化工公司500万元罚款。事故发生后，盛华化工公司未按规定报告，瞒报事故，误导事故调查。给予盛华化工公司449万元罚款，两项合并，建议由张家口市安全监管局给予盛华化工公司949万元罚款。建议暂扣盛华化工公司“安全生产许可证”。

（4）对河北安科工程技术有限公司的行政处罚建议。建议由河北省应急管理厅对河北安科工程技术有限公司给予警告，并处1万元罚款。由相关部门依法吊销该项目技术负责人、项目负责人的安全评价师国家职业资格证。

五、事故防范和整改措施建议

一是各级党委、政府要严格按照“党政同责、一岗双责、齐抓共管、失职追责”要求，压实各级安全生产责任，落实企业主体责任，地方党委、政府属地责任以及部门监管责任。张家口市要加快调整产业结构，把安全生产与“转方式、调结构、促发展”紧密结合起来，加快退出一批安全基础差、危险性大的企业，提升安全生产整体水平。二是持续开展大排查大整治攻坚行动，突出矿山、危化品、道路交通、建筑施工、油气管道、城乡燃气、消防、人员密集场所等行业领域，加强对大型企业集团的安全监管，把企业主要负责人履行安全生产法定职责作为重点检查内容，坚决查处无规划、土地、环评、安评等法定手续或手续不全的非法企业，严厉打击“先上车后买票”的违法行为。三是加强源头风险管控，全面清理整治危险化学品企业，严格规范危险化学品产业布局，加强城市建设与危险化学品产业发展的规划衔接，严禁在化工园区外新建、扩建危险化学品生产项目。四是加强企业设备、工艺、生产、变更管理，完善相关管理制度，广泛开展HAZOP分析，对生产装置中潜在的风险进行全面辨识、分析和评价，提高装置的自动化水平。五是因地制宜确定本地区化工产业发展定位，科学规划化工园区，优化产业布局，通过依法依规整顿规范企业、推动化工企业退城入园、化工园区集约集聚发展等方式方法，对市场前景好、有能力实施工艺技术升级改造的企业重点帮扶，将规模小、安全水平低、经济效益差且提升难度大的企业有序淘汰，为化工产业提质升级腾出空间。六是加强企业主要负责人和安全生产管理人员和职工安全教育培训，加大培训考核力度，强化培训效果，加强事故警示教育。七是加强外来运输车辆安全生产风险辨识管控，强化外来运输车辆停放区域和厂内运输车辆安全管理，科学合理安排危险物料装卸时间，避免夜间集中装卸。八是加强对安全评价机构的监管，强化行业自律，对存在严重疏漏、弄虚作假的报告，依法暂停或吊销资质并在媒体公开曝光。九是完善应急管理标准和规章制度，健全指挥协调、快速响应、应急联动机制，加快省、市、县应急信息指挥平台建设，建立应急管理专家库，保障物资储备，加强应急救援队伍建设，有效应对突发事件。十是推动市、县政府落实属地监管责任，加强危险化学品安全监管力量建设，健全完善危险化学品安全监管机构，调优配强危险化学品监管力量，推动全省化工园区健全安全生产管理机构，确保 75% 以上监管人员具备专业能力。

案例十八 河南省华航现代农牧产业集团有限公司“12·17”重大火灾事故

2018年12月17日11时许，河南省商丘市城乡一体化示范区河南省华航现代农牧产业集团有限公司南厂区一栋闲置厂房，在违规气割作业过程中引发火灾，造成11人死亡、1人受伤，建筑物过火面积3630平方米，直接经济损失1467万元。

一、事故发生经过

12月14日，经翟××介绍，张××与葛××达成口头协议，拟租赁华航农牧公司南厂区5号闲置厂房。随后翟××指派张×安、张×路、翟×鹏3人到华航农牧公司安装相关设备。

12月15日，翟××、张×安、张×路、翟×鹏到达华航农牧公司。12月16日，张××的剥皮机设备从徐州市睢宁县发货并抵达华航农牧公司。张×安、张×路、翟×鹏在5号闲置厂房拆除楼梯，安装剥皮机设备。其间，在焊割方形钢过程中发生火情，张×路用灭火器喷灭，并用水浇湿。

12月17日，张×安、张×路、翟×鹏3人进入起火建筑施工作业，其中，张×路、翟×鹏在5号闲置厂房继续施工作业，张×安先后在餐厅和6号闲置厂房焊割金属管道。此时，千盛公司11名员工在毗邻的2号闲置厂房和千盛公司加工厂房进行猪蹄分割包装加工作业。

张×安在餐厅焊割金属管道过程中再次引发火情，随后自然熄灭。随后，张×安推着载有焊割工具（包括气割枪、液化气钢瓶、氧气钢瓶等，其中液化气钢瓶和氧气钢瓶并排固定）和灭火器（12月16日张×路使用过的）的手推车，从10号通道进入6号闲置厂房，按照从北向南、从东向西的顺序依次焊割东墙、南墙空气冷却机上方的金属管道。其间，张×安独自实施作业，无人员对动火作业过程实施监护。

11时许，张×安在切割东南角区域上方的金属管道时，发现其所在位置东侧刚切割过的部位下方有火，就立即到起火区域使用灭火器进行扑救，发现灭火器不能正常使用，随后取用其作业部位北侧地面堆放的沙土进行灭火，亦未能有效控制火势。张×安立即赶到5号闲置厂房呼喊张×路、翟×鹏。3人发现起火厂房浓烟已经封闭入口，无法进入，即逃离现场，并拨打报警电话。此时，火灾继续蔓延扩大，高温有毒烟气迅速蔓延进入5号闲置厂房、餐厅，1号、2号闲置厂房，随后进入千盛公司加工厂房等区域，导致千盛公司11名员工被困。

事故中，生活办公楼二层有5人陆续通过东侧楼梯逃生；厨房内3名华航农牧公司厨师正在做饭，发现火情后，2名厨师第一时间逃离现场，1名厨师在浓烟中关闭了3个液化气罐阀门后，受伤逃离现场。

二、事故原因

（一）直接原因

该起事故的直接原因为：气焊切割作业人员在不具备特种作业资质、未履行动火审批手续、未落实现场监护措施、未配备有效灭火器材的情况下，违规进行气焊切割作业，在切割金属管道时，引燃墙面保温材料并蔓延扩大，燃烧产生的高温有毒烟气导致 11 人死亡。

导致火灾蔓延扩大并造成人员伤亡的原因为：事故建筑墙体、顶板大量使用聚苯乙烯、聚氨酯等易燃可燃建筑保温材料。此类材料热解快、燃点低，被气焊作业引燃后，蔓延速度极快，同时产生大量高温、有毒烟气（一氧化碳、氰化氢等），导致被困人员死亡。

（二）间接原因

（1）河南省华航现代农牧产业集团有限公司起火建筑不符合相关规范要求，企业主体责任不落实，违法违规出租。

（2）河南千盛食品有限公司未建立安全生产管理制度，未开展日常安全检查和隐患排查；未对员工进行安全生产教育培训；未制定应急预案并开展应急疏散演练。

（3）漯河市日昇鑫贸易有限公司介绍无资质人员进行气割作业活动，未对作业人员进行安全教育。

（4）商丘市城乡一体化示范区公安消防部门履行消防监督管理职责不力。

（5）商丘市城乡一体化示范区安全监管局履行工贸企业安全监管职责不力。

（6）商丘市城乡一体化示范区社会事务局履行行业监督管理职责不力。

（7）商丘市城乡一体化示范区平安街道办事处未认真履行属地安全生产和消防安全管理责任。

（8）商丘市城乡一体化示范区督导检查安全、消防工作不力。

三、责任认定和处理建议

（一）司法机关已采取措施人员

商丘市公安局开发区分局已对 12 名犯罪嫌疑人采取刑事拘留措施，其中施工人员 3 人，企业管理人员 9 人。

（二）建议给予党纪政务处分人员

建议对 6 个单位的 19 名责任人员给予相应处理，其中给予党纪政务处分 14 人，诫勉谈话 3 人、批评教育 2 人。建议商丘市城乡一体化示范区党工委、管委会分别向商丘市委、市政府写出检查。建议商丘市委、市政府分别向河南省委、省政府写出检查。

（三）行政处罚建议

（1）华航农牧公司未认真履行安全主体责任，对事故发生负有责任，建议商丘市应急管理局对华航农牧公司及实际控制人葛 ×× 予以处罚。

（2）华航农牧公司出借、转让生猪定点屠宰证书，建议由商丘市畜牧部门没收其违法所得，并提请商丘市人民政府取消其生猪定点屠宰资格。

（3）千盛公司未认真履行安全主体责任，未依法取得“食品生产许可证”从事食品生产活动，对事故发生负有责任，建议由商丘市市场监督管理部门依法予以取缔。

（4）漯河市日昇鑫贸易有限公司未按规定开展安全教育，对事故发生负有责任，建议漯河市市场监督管理部门吊销其营业执照。

附录

大　事　记

2018 年 大 事 记

2 月

2 月 26—28 日 中共十九届三中全会举行。全会通过《关于深化党和国家机构改革的决定》和《深化党和国家机构改革方案》。

3 月

3 月 17 日 十三届全国人大一次会议审议批准国务院机构改革方案，设立中华人民共和国应急管理部，作为国务院组成部门。中国地震局、国家煤矿安全监察局由应急管理部管理。公安消防部队、武警森林部队转制后，与安全生产等应急救援队伍一并作为综合性常备应急骨干力量，由应急管理部管理。不再保留国家安全生产监督管理总局。

3 月 19 日 经十三届全国人大一次会议第七次全体会议投票表决，决定王玉普为应急管理部部长。习近平签署国家主席令，任命王玉普为应急管理部部长。

3 月 22 日 应急管理部召开干部大会。中央组织部有关负责人宣布了中央关于应急管理部领导班子任命的决定。应急管理部党组书记黄明、部长王玉普出席会议并讲话。部党组成员孙华山、郑国光、黄玉治、叶建春、尚勇、艾俊涛、王浩水出席会议。

同日 应急管理部党组书记黄明主持召开应急管理部党组首次会议，学习贯彻中央文件精神和中组部领导同志有关讲话要求，决定成立应急管理部机构改革工作小组，研究部署重点工作。

3 月 24 日 国务院任命黄明、付建华、孙华山、郑国光、黄玉治为应急管理部副部长，叶建春兼任应急管理部副部长，任命尚勇为应急管理部副部长（正部长级）。

3 月 27 日 国务委员王勇出席应急管理部机构改革工作小组第一次会议，要求有组织、有步骤、有纪律地推动各项改革任务落实，统筹抓好机构改革与安全生产、应急管理重点工作。应急管理部党组书记、副部长黄明主持会议。

3 月 28 日 应急管理部召开老干部会议，向老同志们传达党中央深化党和国家机构改革的决策部署，通报机构改革情况。应急管理部党组书记、副部长黄明出席会议并讲话，副部长付建华、孙华山出席会议。

3 月 29 日 国务院安委会办公室召开加强安全生产防范重特大事故视频会议，应急管理部党组书记、副部长黄明就全力抓好安全生产工作、坚决防范遏制重特大事故，为推进机构改革工作顺利进行营造良好的安全生产环境，作出全面部署。在京应急管理部党组成员出席会议。

3 月 30 日 应急管理部召开机关干部会议，传达学习贯彻中央深化党和国家机构改革有关精神，通报机构改革进展情况，部署做好机构改革各项工作。应急管理部党组书记黄明出席会议并讲话，要求全系统干部职工坚决服从改革大局，凝心聚力投身改革，不折不扣地把中央关于组建应急管理部的决策部署落实到位。在京应急管理部党组成员出席会议。

4月

4月2日 应急管理部党组书记黄明主持召开部党组（扩大）会议，传达学习贯彻习近平总书记在中央全面深化改革委员会第一次全体会议上的重要讲话和国务院机构改革推进会议精神，听取部机构改革工作小组办公室情况汇报，研究部署机构改革等重点工作。

4月8日 国务委员、公安部部长赵克志到海南博鳌消防安保指挥部，检查指导博鳌亚洲论坛（2018年）消防安保工作，并看望慰问执勤消防官兵。

同日 《地方党政领导干部安全生产责任制规定》正式实施。

4月9日 国务院办公厅将国务院应急办应急管理方面职责以及《中国应急管理》杂志及相关编制、人员，一并划转至应急管理部。

4月10日 中国地震局将震灾应急救援职责划转至应急管理部，相应将相关编制、人员一并划转。

同日 民政部将救灾职责划转至应急管理部，相应将相关编制、人员一并划转；将国家减灾中心（卫星减灾应用中心）及相关编制、人员划转至应急管理部。

4月12日 应急管理部党组成员及原国家安全生产监督管理总局综合司局和原国务院应急办、原中国地震局震灾应急救援司等搬入应急管理部（北京市西城区广安门南街70号），实现集中办公。

4月15日 应急管理部党组书记黄明主持召开部党组会议，审议部“三定”规定草案送审稿等文件。

4月16日 应急管理部举行挂牌仪式，中央政治局常委、国务院副总理韩正，国务委员王勇出席仪式并为应急管理部揭牌。应急管理部党组书记黄明致辞，部长王玉普主持挂牌仪式。挂牌仪式结束后，国务院副总理韩正和国务委员王勇视察应急管理部指挥大厅，听取指挥中心主要系统功能的介绍，与基层值班执勤单位现场视频连线，了解有关情况，并提出明确要求。

同日 应急管理部利用专线将转隶单位视频会议系统全部融合，并将安全生产应急指挥系统、消防实战化指挥平台、国家自然灾害灾情管理系统等10个应急指挥系统和8个单位视频会商系统接入应急管理部指挥中心。

同日 应急管理部印发《应急管理部特别重大灾害应急响应工作方案（试行）》，明确了应对特别重大灾害的应急响应工作流程。

4月17日 原国家安全生产监督管理总局职业安全健康监督管理职责及相关编制、人员划转至国家卫生健康委员会。

同日 《中国应急管理报》创刊发行。

同日 国家减灾委员会专家委、民政部、应急管理部、北京师范大学和联合国减灾办联合举办的第二届亚洲科技减灾大会在北京开幕。应急管理部副部长郑国光出席会议。

4月18日 应急管理部党组书记、副部长黄明接受人民日报专访，指出应急管理部的职责定位：防范化解重特大安全风险的主管部门，健全公共安全体系的牵头部门，整合优化应急力量和资源的组织部门，推动形成中国特色应急管理体制的支撑部门，承担提高国家应急管理水平、提高防灾减灾救灾能力、确保人民群众生命财产安全和社会稳定的重大任务。

4月19日 应急管理信息网络规划

建设工作交流会在北京召开，正式启动应急管理信息化规划编制工作。应急管理部党组书记、副部长黄明出席会议并讲话，副部长郑国光、尚勇出席会议。

4月20日 应急管理部党组召开挂牌后第一次理论学习中心组学习会，应急管理部党组书记黄明主持会议。专题学习习近平总书记关于党的建设和全面从严治党的重要讲话精神。会议强调要把深入学习习近平总书记关于党建工作的重要论述作为头等大事，贯彻落实到应急管理部全面从严治党工作中，努力建设一支适应新时代要求和事业需要的应急管理干部队伍。

4月21日 应急管理部党组书记黄明主持召开部党组会议，审议应急管理部“三定”规定草案送审稿等文件。

4月23日 应急管理部召开挂牌后第一次部长办公会议，应急管理部党组书记、副部长黄明主持会议，强调要把安全生产始终放在突出位置，作为应急管理工作的基本盘和基本面，始终作为丝毫不能放松的基本任务和基本保障，狠抓安全防范责任措施落实。会议决定每周召开一次部长办公会议专题研究部署安全生产工作，形成常抓严管的长效机制。

4月24日 应急管理部党组书记黄明会见中央纪委副书记、国家监委副主任陈小江一行。中央纪委驻应急管理部纪检组组长艾俊涛参加会见。

4月25日 消防部队改革教育动员部署会在北京召开。应急管理部党组书记黄明出席会议并讲话，强调要提高政治站位、强化“四个意识”，自觉听从指挥、坚定维护核心，坚定消防改革信心，增强投身改革动力。

4月26日 应急管理部党组书记、副部长黄明主持召开应急救援专家座谈会并讲话，中国工程院院士、清华大学公共安全研究院院长范维澄等来自不同领域的9位专家参加座谈。应急管理部副部长孙华山出席会议。

同日 “世界安全生产与健康日（2018）”纪念活动在北京城市副中心工程安全体验培训中心举行。应急管理部副部长孙华山、国际劳工组织中国和蒙古局局长柯凯琳出席活动并致辞。

4月29日 应急管理部党组书记、副部长黄明主持召开专题会议，听取有关单位和专家关于编制重特大灾害应急响应工作手册的意见建议。

4月30日 应急管理部党组书记、副部长黄明到信息研究院和中国安全生产科学研究院调研。

5月

5月2日 应急管理部党组书记黄明主持召开党组理论学习中心组（扩大）学习会。国务院应急管理专家组组长、国家减灾委专家委员会副主任、原国务院参事闪淳昌应邀作应急管理专题辅导报告。

同日 应急管理部发布《应急管理部安全科技支撑平台（第一批）名单》，公布科技研发等5类12个安全科技支撑平台。

同日 国家煤矿安全监察局印发《防治煤矿冲击地压细则》，自2018年8月1日起实施。

5月10日 国务委员王勇到四川成都、眉山、乐山，深入基层消防中队、安全生产监测预警中心、救灾物资储备库以及机械、化工、煤矿企业生产一线，调研检查应急管理和安全生产工作。应急管理部党组书记、副部长黄明等陪同调研。

同日 第九届国家综合防灾减灾与可持续发展论坛在成都开幕，应急管理部副部长郑国光出席并致辞。

同日 《特别重大事故灾害应急响应“1+8”工作手册》在应急管理部机关试行。

同日 应急管理部印发《危险化学品生产储存企业安全风险评估诊断分级指南（试行）》，全面启动危险化学品生产储存企业安全风险评估诊断分级工作。

5 月 11 日 国务院抗震救灾指挥部在四川绵阳召开汶川地震十周年暨防震减灾救灾能力建设总结研讨会，应急管理部副部长、中国地震局局长郑国光出席会议并讲话，指挥部成员单位参加会议。

5 月 12—14 日 由应急管理部、四川省人民政府等共同主办的汶川地震十周年国际研讨会暨第四届大陆地震国际研讨会在四川成都举行。国家主席习近平向会议致信。国务院总理李克强作出批示。国务委员王勇出席会议并讲话。应急管理部党组书记黄明主持会议。本届研讨会主题为“与地震风险共处”，分设透明地壳、解剖地震、韧性城乡、智慧服务、区域国际合作 5 个专题。在主会场之外设立了 11 个分论坛，邀请了 18 名院士和 9 名国外知名专家对研讨会进行学术指导，来自 40 多个国家和地区、有关国际组织的 1000 多名嘉宾和代表参加。

5 月 15 日 国务院安委会办公室印发《关于开展电动自行车消防安全综合治理工作的通知》。

5 月 17 日 应急管理部公告《2018 年第二批安全生产失信联合惩戒“黑名单”单位名单》和《移出安全生产失信联合惩戒“黑名单”单位名单》。

5 月 18 日 国务院安委会办公室召开电动自行车消防安全综合治理工作视频会议，对全面开展电动自行车消防安全综合治理工作进行动员部署。国务院安委会办公室副主任、应急管理部副部长孙华山出席会议并讲话。

5 月 21 日 应急管理部党组书记黄明主持召开应急管理部党组理论学习中心组（扩大）学习会，学习贯彻习近平总书记考察长江时关于防灾减灾救灾工作的重要指示精神，强调要聚焦规律认识、能力建设、制度建设等方面的不足，围绕自然灾害防治重大课题，组织专业力量深入开展专题战略研究，研究制定切实可行有效的对策措施。

5 月 21—25 日 中央组织部、应急管理部、中央党校（国家行政学院）联合举办省部级干部提升防灾减灾救灾能力专题研讨班，深入学习贯彻习近平新时代中国特色社会主义思想和党中央、国务院关于防灾减灾救灾体制机制改革重大部署，交流研讨地方经验做法。国务委员王勇出席专题研讨班座谈会并讲话。应急管理部党组书记、副部长黄明出席开班式并作辅导报告。

5 月 24 日 应急管理部召开全国安全生产新闻宣传工作视频会，应急管理部副部长尚勇出席会议并讲话。

同日 原国家安全生产监督管理总局职业安全卫生研究中心（煤炭工业职业医学研究中心）及相关编制、人员划转至国家卫生健康委员会。

5 月 28 日 吉林省松原市发生 5.7 级地震。应急管理部党组书记、副部长黄明立即到部指挥中心调度了解震情灾情，指挥部署开展应急处置相关工作。副部长孙华山、郑国光参加调度。

5 月 29 日 应急管理部党组书记、副部长黄明在北京会见红十字国际委员会主席莫雷尔一行，双方就加强应急救援合作进行了交流。副部长郑国光参加会见。

同日 应急管理部党组书记、副部长黄明到煤炭总医院和通信信息中心调研。副部长付建华、尚勇参加调研。

同日 应急管理部在北京召开化工和危险化学品安全生产视频会，部署夏季汛期化工和危险化学品安全生产重点工作。应急管理部党组成员、总工程师王浩水出席会议并讲话。

5月31日 国务院安委会召开贯彻落实《地方党政领导干部安全生产责任制规定》电视电话会议。国务院总理李克强作出批示。国务委员王勇出席会议并讲话。应急管理部党组书记、副部长黄明主持会议并就贯彻会议精神提出要求。在京部党组成员出席会议。

6月

6月1日 四川省达州市通川区好一新商贸城发生火灾。应急管理部立即派出工作组指导处置，应急管理部党组书记、副部长黄明在部指挥中心全程指导协调，先后调集四川、重庆总队1093名官兵、211辆消防车驰援火灾现场，及时扑灭明火。

同日 内蒙古自治区汗马国家级自然保护区和北部原始林区发生两起森林火灾。应急管理部党组书记、副部长黄明迅速与现场连线，全程调度指挥。武警森林部队先后调动7010名官兵进行扑救。副部长付建华参加调度。截至6日，外线明火全部扑灭。

同日 应急管理部党组书记、副部长黄明赴国家减灾中心、中国地震应急搜救中心调研。副部长郑国光参加调研。

同日 由国务院安委会办公室、应急管理部、江苏省人民政府共同主办的2018年“全国安全生产月”和“安全生产万里行”活动启动仪式在江苏省江阴市华西村举行，此次活动的主题为“生命至上、安全发展”。应急管理部副部长尚勇出席仪式并致辞。

6月5日 自然资源部将地质灾害应急职能及相关编制、人员划转至应急管理部。

同日 辽宁省本溪市龙新矿业有限公司思山岭铁矿发生炸药爆炸事故，造成14人死亡、10人受伤。事故发生后，应急管理部党组书记、副部长黄明第一时间到部指挥中心调度连线，指导现场救援工作。国务院安委会对这起事故查处实行挂牌督办并通报全国。付建华、王浩水等部领导参加调度。

6月6—7日 应急管理部在上海召开全国冶金有色行业安全监管工作会议，部署强化各项责任措施落实。应急管理部副部长孙华山出席会议并讲话。

6月8日 应急管理部召开党风廉政建设工作视频会议，应急管理部党组书记黄明出席会议并讲话。在京部党组成员出席会议。

6月9日 工业和信息化部、应急管理部、财政部、科技部联合发布《关于加快安全产业发展的指导意见》。

6月12日 自然灾害防治重大课题研究专家座谈会在北京召开，应急管理部党组书记、副部长黄明主持会议并讲话。副部长郑国光、叶建春出席会议。

6月13日 应急管理部党组召开理论学习中心组（扩大）学习视频报告会，应急管理部党组书记黄明主持会议，学习习近平总书记在纪念马克思诞辰200周年大会上的重要讲话精神。中央党史和文献研究院研究员王学东应邀作专题辅导报告。

同日 中国地震局印发《地震信息化顶层设计》和《地震信息化行动方案

（2018—2020年）》。

6月14日 针对辽宁本溪龙新矿业有限公司思山岭铁矿“6·5”重大炸药爆炸事故及近年来矿山重大事故，国务院安委会办公室对辽宁省政府进行安全生产约谈。

6月15日 教育部办公厅、应急管理部办公厅联合印发《关于开展消防安全教育暑期专项行动的通知》，决定自6月25日至9月25日在全国中小学校、幼儿园开展消防安全教育暑期专项行动。

6月16日 全国“安全宣传咨询日”活动在北京安全生产管理学院举办。国务委员王勇，国务院副秘书长孟扬，应急管理部党组书记黄明、副部长尚勇，北京市市长陈吉宁等出席活动。

6月17日 应急管理部党组书记、副部长黄明等到北京市朝阳区消防支队左家庄特勤中队，看望慰问端午节期间坚守岗位的一线消防官兵。

6月19日 国务院印发《关于中国地震局等机构设置的通知》，中国地震局由国务院直属事业单位改为应急管理部管理的事业单位（副部级）。

6月20日 应急管理部党组书记、副部长黄明出席消防救援工作座谈会并讲话。

6月22日 2018年危险化学品事故应急演练在浙江舟山国家石油储备基地举行。

6月24—27日 “担当——2018”地震救援实战演练在云南大理举行，这是应急管理部成立后开展的首次跨区域地震救援实战演练。应急管理部党组书记、副部长黄明在部指挥中心与现场视频连线，对演练进行远程调度指挥。副部长孙华山、郑国光、尚勇参加调度。

6月28日 在中国共产党成立97周年之际，应急管理部党组书记黄明以普通党员身份参加办公厅第一党支部专题组织生活会，与大家重温习近平总书记重要讲话精神，交流学习体会。

6月29日 国务院安委会办公室召开大型商业综合体消防安全专项整治工作视频会议。国务院安委会办公室副主任、应急管理部副部长孙华山出席会议并讲话。

同日 京港澳高速衡东段1602公里处发生一辆大客车与一辆危险化学品运输车相撞的重大交通事故，事故造成18人死亡、14人受伤。事故发生后，应急管理部党组书记、副部长黄明立即在部指挥中心连线指导现场救援工作，并派出工作组赶赴现场，指导救援处置工作。副部长付建华参加调度。

7月

7月2日 国家林业和草原局将森林防火、国家森林防火指挥部办公室相关职责及相关编制、人员划入应急管理部，相应划入原国家林业局森林防火预警监测信息中心、原国家林业局北方航空护林总站和南方航空护林总站及相关编制、人员。农业农村部将原农业部草原监理中心及相关编制、人员划入应急管理部。

同日 国家煤矿安全监察局印发《关于煤矿分类监管监察工作的指导意见》，就规范和推进煤矿分类监管监察工作提出17条具体意见。

7月3日 应急管理部党组书记、副部长黄明会见广东省省长马兴瑞一行。副部长孙华山参加会见。

同日 国务院安委会办公室印发《大型商业综合体消防安全专项整治工作方案》，从7月至10月在全国范围内集中开展大型商业综合体消防安全专项整治。

7月3—6日 2018年亚洲部长级减

灾大会在蒙古国乌兰巴托召开。应急管理部副部长郑国光率团出席会议。

7 月 4 日 国务院召开动员部署会启动 2017 年度省级政府消防安全考核工作。国务委员王勇出席动员部署会并讲话。应急管理部党组书记、副部长黄明主持会议，国务院副秘书长孟扬和中央政法委副秘书长陈训秋等出席会议。应急管理部副部长付建华、孙华山出席会议。

7 月 5 日 应急管理部党组印发《应急管理部工作人员“八个必须”行为规范》，明确部机关工作人员必须遵守底线：坚定政治立场，保持应急状态，认真值班值守，坚决服从命令，掌握基本业务，发扬优良作风，严格请示报告，严守各项纪律。

同日 应急管理部在湖南醴陵召开全国烟花爆竹生产机械化工作推进现场会。应急管理部党组成员、总工程师王浩水出席会议并讲话。

7 月 6 日 应急管理部党组书记黄明主持召开专题会议，学习贯彻习近平总书记对泰国普吉游船倾覆事故的重要指示和李克强总理批示精神，研究如何适应重大事故灾害应急救援的需要，加快推进国家综合应急救援力量建设。副部长付建华、孙华山、尚勇出席会议。

同日 国务院安委会办公室召开专题视频会议，动员部署打击假冒特种作业操作证专项治理行动。国务院安委会办公室副主任、应急管理部副部长孙华山出席会议并作动员部署。

7 月 6—31 日 按照国务院 2017 年度省级政府消防工作考核总体安排，中央政法委副秘书长陈训秋等分别带领考核组对 31 个省级政府 2017 年度消防工作进行实地考核。

7 月 8 日 国家减灾委、应急管理部针对江西省南昌、景德镇、九江等地严重暴雨洪涝灾害，紧急启动国家Ⅳ级救灾应急响应，派出工作组赶赴灾区指导地方开展应急救灾工作。

7 月 10 日 应急管理部党组召开 2018 年第一轮巡视动员部署会议，这是应急管理部党组成立以来开展的首次内部巡视。应急管理部党组书记、巡视工作领导小组组长黄明出席会议并讲话，付建华、艾俊涛等部领导出席会议。

同日 甘肃省甘南州舟曲县南峪乡江顶崖滑坡前缘发生局部崩塌。13 日，白龙江堵塞形成堰塞湖。应急管理部派出工作组赶赴现场，指导滑坡险情的应急处置工作。

7 月 11 日 国家减灾委、应急管理部针对 2018 年第 8 号台风“玛莉亚”给福建、浙江两省造成的严重灾害影响，紧急启动国家Ⅳ级救灾应急响应。应急管理部党组书记、副部长黄明在部指挥中心组织多部门会商视频调度，安排前期派出的预警响应工作组就地转为国家救灾应急响应工作组，指导地方开展应急救灾工作。13 日，财政部、应急管理部向两省下拨中央财政自然灾害生活补助资金 1.1 亿元。

7 月 12 日 四川省宜宾市江安县阳春镇工业园恒达科技有限公司发生重大爆炸着火事故，造成 19 人死亡、12 人受伤。应急管理部党组书记、副部长黄明第一时间调度指导现场抢险救援工作，并派部党组成员、总工程师王浩水率工作组赶赴现场，指导做好应急救援、伤员救治、善后处置、事故调查等工作。

同日 国家减灾委、应急管理部针对四川、甘肃两省严重暴雨洪涝灾害，紧急启动国家Ⅳ级救灾应急响应，向两省组织调拨中央救灾物资。18 日，财政部、应急管理部向两省紧急下拨中央财政自然灾害生活补助资金 1.7 亿元。

7 月 12—13 日 全国煤矿安全基础建设推进大会在山西潞安矿业（集团）有限责任公司召开。应急管理部副部长、国家煤矿安全监察局局长黄玉治出席会议并讲话。

7 月 13 日 财政部、应急管理部向江西省紧急下拨中央财政自然灾害生活补助资金 7000 万元，主要用于江西暴雨洪涝灾害救灾工作。

7 月 15 日 江苏籍干货船"顺强 2"轮航行至上海吴淞口 64 号灯浮附近水域时与广西籍干货船"永安轮"发生碰撞，导致"顺强 2"轮沉没，造成 6 人死亡、4 人失踪。应急管理部党组书记、副部长黄明等立即到部指挥中心调度指挥救援工作。

7 月 17 日 全国人大常委会防震减灾法执法检查组第一次全体会议在北京召开，学习传达栗战书委员长批示，部署执法检查工作，全国人大常委会副委员长张春贤和艾力更·依明巴海出席会议。应急管理部副部长、中国地震局局长郑国光出席会议并汇报。

同日 国务院办公厅下发关于调整国务院安委会组成人员的通知。国务院副总理刘鹤任安委会主任，国务委员王勇、赵克志，应急管理部党组书记、副部长黄明和部长王玉普，国务院副秘书长孟扬任安委会副主任，安委会成员包括中央和国家部委有关负责人。安委会办公室设在应急管理部，应急管理部部长王玉普兼任办公室主任，应急管理部副部长付建华、孙华山、黄玉治，党组成员、总工程师王浩水任办公室副主任。

同日 国务院安委会发出通知，对四川省宜宾市恒达科技有限公司"7·12"重大爆炸着火事故查处实施挂牌督办。

7 月 18 日 应急管理部、国家煤矿安全监察局部署在全国开展打击整治煤矿违法违规行为专项行动。

同日 应急管理部在北京召开尾矿库安全生产工作视频会议，部署安排全国尾矿库特别是"头顶库"汛期安全风险防范和综合治理工作。应急管理部副部长付建华出席会议并讲话。

7 月 20 日 应急管理部党组书记、副部长黄明主持召开全国应急管理系统视频会议，贯彻落实习近平总书记重要指示精神，同时派出 5 个工作组，赴江苏、内蒙古等省（自治区）开展抢险救灾和安全防范工作检查。在京部党组成员出席会议。

同日 应急管理部党组书记、副部长黄明会见甘肃省省长唐仁健一行。副部长付建华参加会见。

7 月 22 日 应急管理部党组书记、副部长黄明主持召开视频调度会，与中国气象局和上海、江苏、浙江等省（自治区、直辖市）消防总队以及部前方工作组连线，分析 2018 年第 10 号台风"安比"发展趋势，督促各地落实防汛抢险救灾措施。副部长付建华、郑国光、尚勇参加调度。

7 月 23 日 老挝南部阿速坡省桑片—桑南内水电站发生溃坝事故。应急管理部党组书记、副部长黄明要求相关司局同外交部沟通对接，做好国际救援准备。

7 月 23—24 日 中美地震和火山科技合作协调人会晤在北京召开，应急管理部副部长、中国地震局局长郑国光出席会议。

7 月 24 日 财政部、应急管理部向甘肃省下拨中央财政特大型地质灾害救灾资金 9600 万元，用于甘肃省 7 月群发性地质灾害的应急救灾工作，重点支持舟曲县江顶崖滑坡抢险工作。

同日 国家防汛抗旱总指挥部全体会议在北京召开，国务院副总理、国家防汛抗旱总指挥部总指挥胡春华出席会议并讲话。国务委员、国家防汛抗旱总指挥部副总指挥王勇主持会议。应急管理部党组书记、副部长黄明，副部长叶建春参加会议。

7月25日 应急管理部、教育部、科技部、中国科协、中国地震局联合印发《加强新时代防震减灾科普工作的意见》。

7月26日 国务院安委会全体会议在北京召开，国务院副总理、国务院安委会主任刘鹤出席会议并讲话，国务委员、国务院安委会副主任王勇、赵克志，国务院安委会副主任、应急管理部党组书记黄明，付建华、孙华山、黄玉治、王浩水等部领导出席会议。

7月27日 国务院召开全国安全生产电视电话会议，贯彻党中央、国务院决策部署，总结2018年上半年工作，分析面临的形势任务，对下半年重点任务和汛期安全生产工作作出安排部署。国务院总理李克强作出批示。国务院副总理刘鹤，国务委员王勇、赵克志出席会议。应急管理部党组书记、副部长黄明通报全国安全生产情况。付建华、孙华山、黄玉治、王浩水等部领导出席会议。

同日 国家减灾委、应急管理部针对内蒙古自治区包头、巴彦淖尔等地严重暴雨洪涝灾害，紧急启动国家Ⅳ级救灾应急响应，派出工作组赶赴灾区，指导地方开展救灾工作。

7月27—30日 全国人大常委会副委员长蔡达峰率检查组赴吉林省开展防震减灾法执法检查。

7月28日 由应急管理部、教育部、科学技术部、中国科学技术协会、河北省人民政府和中国地震局联合主办的全国首届地震科普大会在唐山召开。国务委员王勇作出批示。应急管理部副部长、中国地震局局长郑国光出席会议。

7月30日 应急管理部党组书记黄明主持召开部党组会议，传达深化党和国家机构改革第二次推进会精神，研究审议部机构改革有关工作事项。

同日 应急管理部职能配置、内设机构和人员编制规定正式实施。

同日 国务院安委会办公室印发《关于加强烟花爆竹生产机械化自动化工作提升本质安全水平的通知》。

7月31日 应急管理部党组书记、副部长黄明主持召开跨国应急救援能力建设专题会议，副部长付建华、孙华山、郑国光、尚勇出席会议。

8月

8月1日 国家减灾委、应急管理部针对新疆维吾尔自治区严重暴雨洪涝灾情紧急启动国家Ⅳ级救灾应急响应，派出工作组赶赴灾区，实地查看灾情，指导和协助地方全力做好抢险救灾、人员搜救和受灾群众生活保障等工作，紧急组织调拨中央救灾物资，支持地方做好受灾群众紧急转移安置和过渡期生活救助等工作。

8月1—4日 应急管理部党组书记、副部长黄明赴黑龙江省调研森林草原防灭火工作，听取基层一线干部职工和官兵的意见建议，并与黑龙江省委、省政府主要负责人就应急管理和森林防火等工作交换意见。

8月2日 《国务院安全生产委员会工作规则》和《国务院安全生产委员会办公室工作细则》印发。

8月3日 2018年第12号台风“云雀”在上海南汇到浙江嘉兴一带沿海登

陆。应急管理部提前部署救灾准备，指导地方加强防御应对工作。

8月4日 应急管理部将中国煤矿文工团（中国安全生产艺术团）及相关编制、人员划转至文化和旅游部。

8月6日 贵州省六盘水市盘州市梓木戛煤矿发生重大煤与瓦斯突出事故，造成13人死亡、7人受伤。事故发生后，应急管理部党组书记、副部长黄明等到部指挥中心调度、指挥抢险救援工作。国务院安委会按程序对事故查处挂牌督办。

8月7日 财政部、应急管理部向内蒙古自治区紧急下拨中央财政自然灾害生活补助资金5000万元，主要用于内蒙古部分地区严重暴雨洪涝灾害救灾工作。

8月8日 应急管理部党组书记、副部长黄明在浙江绍兴调研社会救援力量参与应急管理工作。

8月9日 应急管理部党组书记、副部长黄明到上海市虹桥交通枢纽应急响应中心、中国国际进口博览会安保指挥部等调研城市应急管理工作。

8月12日 2018年第14号台风“摩羯”在浙江瑞安到象山一带沿海登陆。应急管理部党组书记、副部长黄明要求加强应急值守，全面落实责任，细化预案措施，确保出现灾情能够快速高效处置。

8月13日 应急管理部党组书记黄明主持召开部党组会议，研究进一步贯彻落实《中共中央 国务院关于推进安全生产领域改革发展的意见》等文件。

8月13—14日 云南省玉溪市通海县连续发生两次5.0级地震。应急管理部党组书记、副部长黄明等到部指挥中心指挥调度，与现场连线，了解震情灾情，派出工作组赴灾区指导抗震救灾工作。

8月15日 2018年第16号台风“贝碧嘉”在广东省雷州市沿海登陆。台风登陆之前，应急管理部党组书记、副部长黄明作出部署，要求加强应急值守，全面落实责任，细化预案措施，确保出现灾情能够快速高效处置。

8月18—20日 受台风“温比亚”影响，山东寿光持续暴雨，当地多个水库水位超限，河水倒灌进入弥河沿岸的多个村庄，引发重大洪涝灾害。灾情发生后，党中央、国务院高度重视，应急管理部党组书记、副部长黄明等连续在部指挥中心指挥救援工作。国家减灾委、应急管理部针对山东寿光灾情紧急启动国家Ⅳ级救灾应急响应，派出工作组紧急赶赴灾区，指导支持地方做好抢险救灾和人员搜救工作。

8月19—24日 全国人大常委会副委员长张春贤、艾力更·依明巴海、蔡达峰分别率检查组赴四川、新疆、甘肃等省（自治区）开展防震减灾法执法检查。

8月20日 应急管理部党组书记黄明主持召开部党组专题会议，研究减灾卫星及卫星减灾应用和有关急用先行信息化建设项目等工作。

同日 应急管理部党组书记、副部长黄明会见江西省委书记刘奇一行。副部长孙华山参加会见。

8月20日至9月30日 国家煤矿安全监察局派出6个组对山西等12个产煤省（自治区、直辖市）开展煤矿安全生产督查。

8月21日 中国地震应急搜救中心及相关编制、人员划转至应急管理部管理。

8月22日 应急管理部按照组建国家综合性消防救援队伍框架方案要求开展相关工作。

同日 国家减灾委、应急管理部针对安徽省严重洪涝灾情紧急启动国家Ⅳ级救灾应急响应，派出工作组紧急赶赴灾区，实地查看灾情，指导支持地方做好抢险救灾工作。

8 月 23 日 应急管理部党组书记、副部长黄明等到北京市安全生产监督管理局（北京煤矿安全监察局）调研。

同日 应急管理部先后分两批次从中央救灾物资武汉、郑州储备库向山东省暴雨洪涝灾害重灾区紧急组织调拨中央救灾物资；从中央救灾物资合肥储备库，向安徽省暴雨洪涝灾区紧急组织调拨中央救灾物资，用于支持地方做好受灾群众紧急转移安置和过渡期生活救助等工作。

8 月 23—24 日 国务院安委会办公室召开贵州六盘水盘州梓木戛煤矿“8・6”重大煤与瓦斯突出事故警示教育现场会。

8 月 24 日 应急管理部党组书记、巡视工作领导小组组长黄明主持召开会议，听取 2018 年第一轮巡视工作情况汇报，审议巡视报告和巡视反馈意见，并研究整改工作。部长、巡视工作领导小组副组长王玉普等部领导出席会议。

同日 应急管理部党组书记、副部长黄明到军事科学院系统工程研究院军需工程技术研究所审看国家综合性消防救援队伍制式服装服饰实物。副部长付建华参加。

8 月 25 日 应急管理部党组书记黄明主持召开党组专题会议，传达学习习近平总书记重要指示精神，部署进一步做好防汛抢险救灾各项工作。在山东寿光灾情加重的情况下，部党组果断采取措施，增派力量开展抢险救灾工作，从山东等 5 省紧急调集消防官兵 5800 余名、16 支安全生产应急救援队共 352 人驰援灾区，全力开展排涝救灾工作，最大限度减少灾害造成的损失。28 日，应急管理部党组书记、副部长黄明主持召开部长办公会进一步贯彻落实习近平总书记重要指示和李克强总理批示精神，研究指导山东寿光洪涝灾害救援救灾工作。

同日 黑龙江省哈尔滨市松北区北龙汤泉休闲酒店有限公司发生火灾，造成 20 人死亡、23 人受伤。应急管理部党组书记、副部长黄明到部指挥中心调度指挥、指导救援。副部长付建华参加调度。

8 月 27 日 十三届全国人大五次会议在北京人民大会堂举行。受国务院委托，应急管理部党组书记、副部长黄明作关于综合性消防救援队伍消防救援衔条例草案的说明。

同日 应急管理部党组书记、副部长黄明会见香港特别行政区消防处处长李建日一行。

8 月 28 日 应急管理部召开防汛抢险救灾工作视频会议。应急管理部党组书记、副部长黄明主持会议并讲话，部长王玉普等部领导出席会议。

同日 武警森林部队正式整体移交应急管理部。其中，警种学院移交后作为应急管理部所属院校。

同日 财政部、应急管理部向安徽省紧急下拨中央财政自然灾害生活补助资金 7000 万元；向山东省紧急下拨中央财政自然灾害生活补助资金 1.5 亿元，并于 9 月 12 日向山东省追加下拨中央财政自然灾害生活补助资金 1.5 亿元，用于灾区严重台风和暴雨洪涝灾害救灾工作。

同日 财政部、应急管理部向四川省下拨中央财政特大型地质灾害救灾资金 3.3 亿元，用于支持四川省凉山州盐源县等地地质灾害救灾工作。

9 月

9 月 2 日 云南省文山州麻栗坡县发生严重洪涝泥石流灾害，应急管理部立即派出工作组赶赴灾区。国家减灾委、应急管理部紧急启动国家Ⅳ级救灾应急响应，增派人员赶赴灾区，指导和协助地方政府做好抢险救灾、人员搜救和受灾群众生活安排等工作。

同日 国家减灾委、应急管理部针对广东省严重暴雨洪涝灾情紧急启动国家Ⅳ级救灾应急响应。应急管理部党组书记、副部长黄明在部指挥中心组织多部门会商视频调度，并派出工作组紧急赶赴灾区，实地查看灾情，指导支持地方做好抢险救灾和人员搜救工作，妥善安排好受灾群众生活。应急管理部党组成员、总工程师王浩水参加调度。

同日 应急管理部党组书记、副部长黄明主持召开部长办公会议，分析巴西国家博物馆火灾事故教训，研究部署进一步加强文物建筑博物馆火灾防控工作，狠抓各项安全防范责任措施落实，坚决杜绝类似悲剧发生。

9月2—6日 全国人大常委会副委员长张春贤率检查组赴湖北省开展防震减灾法执法检查。应急管理部副部长、中国地震局局长郑国光参加检查。

9月3日 部消防局印发通知，要求各地结合火灾特点和正在开展的消防安全大检查工作，督促文物建筑、博物馆等单位严格落实消防安全管理责任。

同日 应急管理部党组书记、副部长黄明会见山东省省长龚正一行。副部长郑国光参加会见。

9月4日 新疆喀什地区伽师县发生5.5级地震，震源深度8公里，未造成人员伤亡。地震发生后，应急管理部党组书记、副部长黄明在部指挥中心紧急视频连线听取汇报，了解震情灾情，指导部署工作。郑国光、王浩水等部领导参加调度。

同日 应急管理部印发《关于全面实施危险化学品企业安全风险研判与承诺公告制度的通知》，全面推广实施危险化学品企业安全风险研判与承诺公告制度。

9月7日 财政部、应急管理部分别向云南省、广东省紧急下拨中央财政自然灾害生活补助资金5000万元，用于云南省泥石流灾害、广东省暴雨洪涝灾害救灾工作；向新疆维吾尔自治区和新疆生产建设兵团紧急下拨中央财政自然灾害生活补助资金5500万元，用于部分地区严重暴雨洪涝灾害救灾工作。

9月10—11日 应急管理部党组书记、副部长黄明就学习贯彻习近平总书记等中央领导同志的批示精神，接连召开专题会议，提出针对性措施要求。13日，应急管理部联合文化和旅游部、国家文物局召开博物馆和文物建筑消防安全大检查工作电视电话会议，动员各地区、各部门和各单位集中开展博物馆、文物建筑消防安全大检查工作。

同日 云南省普洱市墨江县发生5.9级地震，随后发生两次4.0级以上余震。国务委员王勇作出批示。应急管理部党组书记、副部长黄明在部指挥中心组织多部门会商视频调度，传达国务委员王勇批示精神，指挥调度抗震救灾工作，副部长叶建春参加调度。应急管理部启动国家救灾Ⅳ级应急响应，派出工作组赶赴震区；从中央救灾物资昆明储备库，向地震灾区紧急组织调拨中央救灾物资。

9月12日 应急管理部召开组建国家综合性消防救援队伍框架方案宣贯会议，应急管理部党组书记、副部长黄明出席会议并讲话。副部长孙华山出席会议。

9月13日 国家煤矿安全监察局职责机构编制调整，煤矿职业安全健康监督管理职责划入国家卫生健康委员会，原国家安全生产监督管理总局综合监督管理煤矿安全监察职责划入国家煤矿安全监察局。

同日 中国地震局在北京召开电磁监测卫星工程启动会。应急管理部副部长、中国地震局局长郑国光出席会议并讲话。

9 月 16 日 2018 年第 22 号台风“山竹”登陆广东省，造成广东、广西等省（自治区）严重受灾。国务院总理李克强等领导同志作出批示。13—17 日，应急管理部党组书记、副部长黄明先后 8 次在部指挥中心组织多部门会商视频调度，连线防台风一线，指挥部署防汛防台风工作。应急管理部副部长叶建春率工作组到广东省防台风一线指导救灾工作。

9 月 17 日 应急管理部党组书记、副部长黄明会见蒙古国副总理恩赫图布辛。副部长郑国光参加会见。

9 月 18 日 财政部、应急管理部向云南省下拨中央财政自然灾害生活补助资金 1.5 亿元，用于墨江 5.9 级地震救灾工作。

9 月 19 日 应急管理部印发部内设机构主要职责、处室设置和人员编制规定。

9 月 19—29 日 应急管理部会同文化和旅游部、国家文物局组织开展博物馆和文物建筑消防安全大检查工作集中督查行动。

9 月 20 日 应急管理部召开抗洪抢险救灾工作视频报告会。应急管理部党组书记、副部长黄明，部长王玉普等部领导出席。会上总结山东寿光等地抗洪抢险救灾经验，就加快推进国家综合性消防救援队伍建设提出要求。

9 月 24—28 日 由国际矿山救援组织主办、俄罗斯紧急状态部承办的第十一届国际矿山救援技术竞赛在俄罗斯叶卡捷琳堡市举办，来自 12 个国家的 25 支代表队进行了矿井救灾、消防灭火等 7 个项目的比赛。应急管理部代表中国参赛并获佳绩。

9 月 25 日 全国人大常委会防震减灾法执法检查组第二次全体会议在北京召开，总结执法检查工作，讨论执法检查报告（稿）。全国人大常委会副委员长张春贤和艾力更·依明巴海出席会议并讲话。应急管理部副部长、中国地震局局长郑国光在会上发言。

同日 国务院办公厅印发《关于调整成立国家森林草原防灭火指挥部的通知》，明确国家森林防火指挥部调整为国家森林草原防灭火指挥部，国务委员王勇任总指挥，应急管理部党组书记、副部长黄明和部长王玉普、国务院副秘书长孟扬、国家林业和草原局局长张建龙、中央军委联合参谋部作战局副局长蔡军任副总指挥。

9 月 27 日 应急管理部党组书记、副部长黄明会见阿富汗灾害管理和人道主义事务部国务部长法辛一行。副部长郑国光参加会见。

同日 应急管理部党组书记黄明主持召开部党组会议，决定王浩水、吴鑫任应急管理部总工程师，欧广任办公厅主任，李晓东任应急指挥中心主任，杨玉洲任人事司司长，李尚余、刘克辉任教育训练司副司长，殷本杰任风险监测和综合减灾司司长，郭治武任救援协调和预案管理局局长（试用期一年），崔洪浩任火灾防治管理司副司长，赵明任地震和地质灾害救援司司长（试用期一年），孙广宇任危险化学品安全监督管理司司长，裴文田任安全生产基础司（海洋石油安全生产监督管理办公室）司长（主任），马锐任安全生产执法局局长，苏洁任安全生产综合协调司司长，庞陈敏任救灾司司长，王宛生任政策法规司司长（试用期一年），唐琮沅任规划财务司司长，罗音宇任调查评估和统计司司长，申展利任新闻宣传司司长（试用期一年），魏平岩任科技和信息化司司长（试用期一年），贾科任政治部副主任，林冰任机关党委常务副书记，刘向东任机关党委副书记、纪委书记（正司局级），付伟任离退休干部局党委书记，王广湖任离退休干部局局长，以上有关同志原任职务随机构改革自然免除。会议同意，申展利、李晓东、苏洁为应急管理部新闻发言人。

9 月 28 日 国家森林草原防灭火指挥部、应急管理部召开全国森林草原防灭火工作电视电话会议，传达贯彻李克强总理有关批示精神。国务委员、国家森林草原防灭火指挥部总指挥王勇出席会议并讲话。国家森林草原防灭火指挥部副总指挥、应急管理部党组书记黄明主持会议。国家森林草原防灭火指挥部成员单位有关负责人出席会议。付建华、郑国光、黄玉治、艾俊涛、王浩水等部领导出席会议。

同日 应急管理部党组书记、副部长黄明主持召开部长专题会议，研究部署国庆节期间应急值守、安全防范和新闻宣传工作。副部长孙华山、郑国光出席会议。

9 月 29 日 武警森林部队和警种学院移交应急管理部交接仪式在武警森林指挥部举行。应急管理部党组书记、副部长黄明出席仪式并讲话。副部长尚勇出席仪式。

同日 海南省应急管理厅正式挂牌，成为全国首个挂牌成立的省级应急管理厅（局）。

9 月 30 日 应急管理部首次举行革命英烈公祭仪式。应急管理部党组书记、副部长黄明，部长王玉普，在京部党组成员，部机关司局负责人以及中国地震局、国家煤矿安全监察局和消防局、森林消防局机关干部和北京市消防总队官兵代表400 余人参加公祭仪式。

同日 科技部发布公共安全领域国家重点研发计划 2018 年度项目立项的通知，应急管理部推荐的“国家危险化学品风险预警与信息共享服务关键技术研究与示范”等 7 个项目获得立项。

同日 财政部、应急管理部向广东、广西两省（自治区）下拨中央财政自然灾害生活补助资金 2.1 亿元，主要用于“山竹”台风受灾群众紧急转移安置、过渡期生活救助、倒损民房恢复重建等群众生活救助需要。

10 月

10 月 1—7 日 应急管理部党组书记、副部长黄明每日在部指挥中心召开视频调度会议，调度国庆节期间全国应急值守和安全防范工作。7 日，应急管理部党组书记、副部长黄明在部指挥中心调度小结国庆假期值班值守和督导检查工作情况，在京部党组成员参加。

10 月 2 日 应急管理部党组书记、副部长黄明带队到故宫博物院检查消防安全工作。

10 月 8 日 应急管理部发出公告，自 2018 年 10 月 10 日零时起，至国家综合性消防救援队伍制式服装配发前，原公安消防部队、武警森林部队和警种学院人员停止使用武警部队制式服装和标识服饰，统一穿着无武警标识的作训服，并在作训服左兜盖上方佩戴消防救援队伍身份标识牌。

10 月 9 日 公安消防部队整体移交应急管理部，交接仪式在公安部举行。国务委员、公安部党委书记、部长赵克志出席仪式并讲话，应急管理部党组书记、副部长黄明，副部长付建华、尚勇出席交接仪式。

10 月 10 日 习近平总书记主持召开中央财经委员会第三次会议，研究提高我国自然灾害防治能力等问题。习近平总书记在会上发表重要讲话。应急管理部党组书记、副部长黄明出席会议并汇报。

10 月 11 日 应急管理部党组书记黄明主持召开部党组会议，传达学习习近平总书记在中央财经委员会第三次会议上的重要讲话精神，强调要把思想和行动统一到习近平总书记重要讲话精神上来，坚决扛起政治责任，主动担当作为，确保将习近平总书记重要指示落到实处。

同日 西藏自治区昌都市江达县波罗乡境内金沙江右岸（四川省甘孜州白玉县绒盖乡隔江相望）发生山体滑坡，堵塞金沙江并形成堰塞湖。国务院总理李克强，副总理韩正、胡春华、刘鹤，国务委员王勇分别作出批示。应急管理部党组书记、副部长黄明连夜召开由自然资源部、水利部、气象局等部门负责同志参加的会议，建立部门应急联动机制，并派副部长叶建春率联合工作组赴现场指导抢险救灾工作。13 日 14 时 30 分，堰塞湖入库和出库流量达到平衡，堰塞湖险情对下游地区的安全威胁基本解除。

10 月 13 日 应急管理部党组书记黄明主持召开部党组会议，深入学习贯彻习近平总书记在中央财经委员会第三次会议上的重要讲话精神，围绕推进自然灾害防治重大任务和“九项重点工程”建设，具体研究贯彻落实措施。

10 月 16 日 第 6 届中俄安全生产高层对话在浙江杭州举行，应急管理部党组书记、副部长黄明，俄罗斯联邦环境、技术与原子能监察署署长阿列克谢·阿廖申出席对话活动。

10 月 16—17 日 由应急管理部、国际劳工组织、浙江省人民政府共同主办的第九届中国国际安全生产论坛在浙江杭州举行。国务委员王勇出席开幕式并致辞。应急管理部党组书记、副部长黄明主持开幕式。副部长孙华山出席论坛。

10 月 17 日 距西藏自治区林芝市米林县派镇加拉村约 7 公里处发生重大山体滑坡，造成雅鲁藏布江河道堵塞后形成堰塞湖。应急管理部党组书记、副部长黄明先后多次组织多部门会商视频调度，连线前方指挥部并听取分析研判意见，部署抢险救灾和应急处置工作，派副部长郑国光率多部门联合工作组赶赴现场指导抢险救灾工作。

同日 国务委员王勇到浙江省消防救援总队机关及杭州市消防支队特勤大队视察，看望慰问基层一线消防救援指战员。应急管理部党组书记、副部长黄明和浙江省有关负责人等参加。

同日 水利部将水旱灾害防治相关职责及编制、人员划转至应急管理部。29 日，应急管理部党组书记、副部长黄明主持召开转隶人员交接座谈会。

同日 全国应急管理新闻宣传座谈会在安徽六安召开。应急管理部副部长尚勇出席会议并讲话。

10 月 18 日 应急管理部副部长、国家煤矿安全监察局局长黄玉治在北京会见波兰国家矿山局局长亚当·米瑞克一行。

同日 工业和信息化部、应急管理部联合印发《国家安全产业示范园区创建指南（试行）》。

10 月 20 日 山东能源龙口矿业集团龙郓煤业有限公司发生冲击地压事故，造成 21 人死亡。应急管理部党组书记、副部长黄明先后多次在部指挥中心调度指挥，指导救援工作，并派出副部长、国家煤矿安全监察局局长黄玉治率工作组赶赴现场指导抢险救援工作；副部长付建华、尚勇参加调度。国务院安委会对事故调查处理实行挂牌督办。

10月22—26日 十三届全国人大常委会召开第六次会议，审议了《全国人大常委会执法检查组关于检查防震减灾法实施情况的报告》等文件。全国人大常委会委员长栗战书出席会议。

10月25日 国务院安委会办公室召开今冬明春火灾防控工作专题视频会议，动员部署冬春火灾防控工作。国务院安委会办公室副主任、应急管理部副部长孙华山作动员部署讲话。

10月26日 国家主席习近平签署第14号中华人民共和国主席令，《中华人民共和国消防救援衔条例》自2018年10月27日起施行。

10月28日 重庆市22路公交线路的一辆客车行驶到万州区长江二桥时，因乘客动手撕打驾驶员等原因，致使客车撞坏桥栏杆、坠入江中，造成司机、乘客15人死亡（其中2人失踪）。应急管理部党组书记、副部长黄明迅速作出部署，并派出副部长孙华山率多部门联合工作组，连夜赶到事发现场指导地方做好搜救打捞、现场勘查、事故调查、善后处置等工作。

同日 天津市滨海新区大港中外远久凌有限公司油品仓库发生火灾，应急管理部党组书记、副部长黄明在部指挥中心调度指挥。消防救援局赴现场指导火灾扑救，天津市消防总队调派400余名消防指战员赶赴现场参与火灾扑救工作。付建华、王浩水等部领导参加调度。

10月29日 国务院办公厅印发《关于调整国务院抗震救灾指挥部组成人员的通知》。国务委员王勇任指挥长，应急管理部党组书记、副部长黄明和部长王玉普、国务院副秘书长孟扬等任副指挥长，应急管理部副部长郑国光、叶建春等为成员。

同日 应急管理部召开警示教育大会，传达学习习近平总书记重要指示精神，通报近年来查出的全系统党员领导干部违纪违法典型案例。应急管理部党组书记黄明出席会议并讲话，部长王玉普等部领导出席会议。

同日 国家科学技术奖励工作办公室公示2018年度国家科学技术进步奖获奖项目。应急管理部上海消防研究所牵头负责的“十二五”国家科技支撑计划项目《数字化消防单兵装备与成套化便携应急装备研究》获二等奖。

同日 西藏自治区林芝市米林县原“10·17”山体滑坡原址，发生二次山体滑坡再次形成堰塞湖。险情发生后，应急管理部党组书记、副部长黄明组织多部门会商视频调度，与前方联合工作组、消防救援队伍连线，部署应急救援救灾工作。

10月31日 国务院安委会办公室、应急管理部召开全国安全生产工作视频会议，深入贯彻落实习近平总书记关于安全生产工作的重要指示精神，通报事故情况，分析形势任务，作出安排部署。国务院安委会副主任、应急管理部党组书记黄明出席会议并讲话。付建华、黄玉治、王浩水等部领导出席会议。

同日 全国煤矿安全监管监察执法工作座谈会在云南昆明召开，应急管理部副部长、国家煤矿安全监察局局长黄玉治出席会议并讲话。

11月

11月3日 甘肃省兰州市兰海高速公路兰州南收费站1辆重型半挂货车（装

载塔吊）通过连续长下坡路段失控后，与等待缴费的 31 辆车连续相撞，造成 15 人死亡。应急管理部党组书记、副部长黄明到部指挥中心调度指导救援工作，派出联合工作组赴现场进行督导，副部长郑国光参加调度。国务院安委会对事故查处进行挂牌督办。

同日 四川省甘孜州白玉县与西藏自治区昌都市江达县交界处的金沙江白格段山体再次发生垮塌，形成堰塞湖。应急管理部党组书记、副部长黄明在部指挥中心组织多部门会商研判、视频调度、指挥抢险救援工作，并派副部长郑国光、叶建春率工作组赶赴现场指导抢险救灾工作。

11 月 5 日 应急管理部召开全系统机构改革阶段性总结暨推进应急管理事业改革发展动员部署视频会。应急管理部党组书记、部机构改革工作小组组长黄明出席会议并讲话。部长王玉普等部领导出席会议。

11 月 6 日 国务院总理李克强签署第 705 号国务院令，公布《中华人民共和国消防救援衔标志式样和佩带办法》。

11 月 7 日 第四届全国 119 消防奖表彰会在北京召开。41 个先进集体、44 名先进个人受到表彰。应急管理部党组书记、副部长黄明出席会议并讲话。付建华、许尔锋等部领导出席会议。

11 月 8 日 国务院总理李克强签署命令，授予黄明、王玉普等 15 人消防救援衔。

同日 应急管理部印发《关于国家综合性消防救援队伍换发消防救援制式服装和标志服饰的通知》和《关于印发〈国家综合性消防救援队伍制式服装穿着和标志服饰缀钉规范〉的通知》。

11 月 9 日 国家综合性消防救援队伍授旗仪式在北京人民大会堂举行。中共中央总书记、国家主席、中央军委主席习近平向国家综合性消防救援队伍授旗并致训词。中共中央政治局常委、中央书记处书记王沪宁宣读《中共中央 国务院关于授予国家综合性消防救援队伍“中国消防救援队”队旗的决定》。中共中央政治局常委、国务院副总理韩正主持授旗仪式。应急管理部党组书记、消防救援总监黄明从习近平手中接过中国消防救援队队旗。丁薛祥、张又侠、陈希、郭声琨、王勇等领导同志出席活动。中央和国家机关有关部门负责同志参加授旗仪式。

同日 应急管理部召开学习贯彻习近平总书记授旗训词动员大会，传达学习习近平总书记重要训词精神，部署深入学习宣贯工作。应急管理部党组书记、消防救援总监黄明宣读了向消防救援局、森林消防局、警种学院授旗决定并向他们分别授旗。付建华、许尔锋、尚勇、艾俊涛等部领导出席会议。

11 月 12 日 应急管理部党组书记黄明主持召开部党组会议，传达学习贯彻习近平总书记重要训词，部署学习宣贯等工作。强调学习贯彻习近平总书记重要训词精神，要把“对党忠诚、纪律严明、赴汤蹈火、竭诚为民”的“四句话方针”作为全体应急管理干部的根本遵循。

11 月 15 日 中央编办印发《关于应急管理部所属事业单位机构编制的批复》，明确应急管理部所属事业单位 35 个。

11 月 16 日 应急管理部部长王玉普主持召开危险化学品安全生产监管部际联席（扩大）会议。危险化学品安全生产监管部际联席会议成员单位和危险化学品安全综合治理有关单位负责人、联络员参加会议。应急管理部党组成员、总工程师王浩水出席会议。

11 月 17 日 由应急管理部和中央广

播电视总台首次共同主办的“119”消防宣传月特别节目《中国骄傲2018》在北京大兴星光影视基地完成录制。应急管理部政治部主任许尔锋和中央广播电视总台有关领导出席活动。

11月20日 应急管理部党组书记、巡视工作领导小组组长黄明出席部党组2018年第二轮巡视动员部署会。应急管理部部长、巡视工作领导小组副组长王玉普等部领导出席会议。

11月22日 应急管理部印发《公安消防部队、武警森林部队和警种学院集体转制人员身份转改的实施意见》。

同日 应急管理部党组印发《关于深入学习贯彻习近平总书记训词精神加强国家综合性消防救援队伍建设的意见》等系列文件，对学习宣传贯彻习近平总书记训词精神作出全面部署。

11月23日 应急管理部党组书记、副部长黄明主持会议，专题研究推进航空应急救援体系建设有关工作。副部长孙华山出席会议。

11月27—28日 应急管理部党组书记、副部长黄明赴云南省调研森林防灭火工作。先后到南方航空护林总站、昆明市消防支队、森林消防局直升机支队飞行二大队，看望慰问一线工作人员和消防指战员。副部长孙华山参加调研。

11月28日 位于河北省张家口市望山循环经济示范园区的中国化工集团河北盛华化工有限公司氯乙烯泄漏扩散至厂外区域，遇火源发生爆燃，造成24人死亡、21人受伤。按照应急管理部党组书记、副部长黄明安排，副部长付建华和党组成员、总工程师王浩水带队赴现场指导应急救援处置工作。

同日 应急管理部部长王玉普等部领导参观“伟大的变革——庆祝改革开放40周年”大型展览。

11月29日至12月1日 应急管理部党组书记、副部长黄明在广东省调研考察应急救援队伍建设和消防、防汛防台风等工作。

11月30日 财政部、应急管理部向四川、云南、西藏、陕西等省（自治区）下拨中央财政特大型地质灾害救灾资金5.19亿元，用于有关地质灾害应急救灾工作。

同日 新疆维吾尔自治区应急管理厅正式挂牌。至此，全国31个省级应急管理厅（局）全部挂牌成立。

12月

12月2日 国务院安委会办公室、应急管理部召开危险化学品安全生产专题视频会议。国务院安委会副主任、应急管理部党组书记黄明出席会议并讲话，付建华、孙华山、黄玉治、王浩水等部领导出席会议。

12月3日 应急管理部跨国（境）救援外事培训班在北京开班，应急管理部副部长尚勇出席开班式并讲话。

12月4日 国务院办公厅印发《关于国家综合性消防救援车辆悬挂应急救援专用号牌有关事项的通知》。

12月5日 国务院总理李克强主持召开国务院常务会议，审议通过《生产安全事故应急条例（草案）》等文件。

同日 应急管理部党组召开落实全面从严治党主体责任、严格执行中央八项规定专题会议，部署在全系统开展违反中央八项规定精神突出问题和领导干部利用名贵特产类特殊资源谋取私利问题专项整治。应急管理部党组书记黄明出席会议并讲话，部党组副书记、部长王玉普等出席会议。

同日 应急管理部党组书记、副部长黄明会见宁夏回族自治区主席咸辉一行。副部长郑国光、黄玉治参加会见。

同日 应急管理部发布《关于落实国务院“证照分离”改革精神做好危险化学品和烟花爆竹安全许可审批工作的通知》。

同日 应急管理部在河北张家口召开“11·28”重大爆燃事故现场警示会，强化化工和危化品安全生产监管重点工作落实。应急管理部党组成员、总工程师王浩水出席会议并讲话。

12 月 6 日 经党中央批准，应急管理部印发《关于转制过渡期间国家综合性消防救援力量调动审批有关事项的通知》。

12 月 7 日 应急管理部党组书记黄明主持召开党组理论学习中心组（扩大）学习视频报告会。司法部党组书记袁曙宏应邀作宪法专题辅导报告。

同日 深化党和国家机构改革协调小组办公室第二调研组一行 5 人到应急管理部开展机构改革组织实施情况验收调研。应急管理部党组书记、部机构改革工作小组组长黄明主持汇报会，政治部主任许尔锋通报部机构改革组织实施情况。

同日 国务院安委会办公室会同国务院国资委，就河北张家口“11·28”重大爆燃事故对中国化工集团有限公司进行约谈。

同日 财政部、应急管理部向西藏、四川、云南 3 省（自治区）下拨中央财政自然灾害生活补助资金 2.6 亿元，主要用于“11·3”金沙江山体滑坡堰塞湖灾害救灾工作。

同日 国家煤矿安全监察局召开山东能源龙矿集团龙郓煤业有限公司“10·20”重大冲击地压事故警示教育视频会议。

12 月 8 日 应急管理部政治部批准闫亚隆、李铁为烈士。这是应急管理部首次履行烈士审批职能。

12 月 11 日 应急管理部与中央广播电视总台签订战略合作协议。应急管理部党组书记、副部长黄明，中央宣传部副部长、中央广播电视总台台长慎海雄出席签约仪式并致辞。应急管理部政治部主任许尔锋等出席签约仪式。

同日 应急管理部党组印发《国家综合性消防救援队伍领导干部选拔任用工作规定（试行）》。

同日 应急管理部印发《关于开展全国首届社会救援力量技能竞赛的通知》。

12 月 12 日 在中国国家主席习近平和厄瓜多尔总统莫雷诺见证下，中国地震局与厄瓜多尔外交及移民部在北京签署备忘录。应急管理部副部长、中国地震局局长郑国光参加签约仪式。

同日 应急管理部成立保密委员会，应急管理部副部长孙华山任主任。

同日 财政部、应急管理部安排下拨 2018—2019 年度中央冬春救灾资金 51.92 亿元，妥善保障受灾群众冬春期间基本生活。17 日，两部联合召开 2018—2019 年度全国冬春救助工作电视电话会议，部署全国冬春救助工作，应急管理部副部长郑国光出席会议并讲话。

12 月 13 日 国务院安委会办公室召开全国道路交通安全专题视频会议，贯彻落实国务院安委会《关于加强公交车行驶安全和桥梁防护工作的意见》，部署开展桥梁防撞护栏排查治理。国务院安委会副主任、应急管理部党组书记黄明出席会议并讲话。副部长孙华山出席会议。

同日 人力资源社会保障部和应急管理部联合印发《国家综合性消防救援队伍消防员招录办法（试行）》。

12 月 16 日 四川省宜宾市兴文县发

生 5.7 级地震，震源深度 12 公里。应急管理部启动Ⅳ级应急响应，部党组书记、副部长黄明等部领导到部指挥中心调度，部署抢险救灾工作，并派出工作组赶赴震区指导救援救灾工作。26 日，财政部、应急管理部向四川省下拨中央财政自然灾害生活补助资金 3000 万元用于救灾工作。

12 月 17 日　应急管理部党组书记、副部长黄明主持召开部党组会议和部长办公会议，传达贯彻习近平总书记关于做好岁末年初安全生产等工作的重要指示精神，分析全国安全生产和自然灾害形势，部署做好各项工作。

同日　河南省商丘市华航现代农牧产业集团有限公司厂区发生火灾，造成 11 人死亡，应急管理部派工作组赴事故现场指导协助地方做好应急救援和调查处理工作。

12 月 18 日　庆祝改革开放 40 周年大会在北京人民大会堂隆重举行，中共中央总书记、国家主席、中央军委主席习近平发表重要讲话。应急管理部党组书记黄明和部长王玉普等部领导参加会议。部机关干部集体收看大会实况，学习习近平总书记重要讲话。

12 月 20 日　国务院安委会办公室召开国务院安委会联络员会议，研讨国务院安委会重点工作任务。国务院安委会办公室副主任、应急管理部副部长孙华山出席会议并讲话。

12 月 23 日　应急管理部党组书记黄明主持召开部党组会议，传达学习贯彻中央经济工作会议精神。

12 月 27 日　应急管理部党组书记、副部长黄明组织召开专题会议，研究贯彻落实国务院领导同志批示精神、切实落实学校和科研单位安全管理责任的措施办法。

同日　应急管理部首次任命的机关内设机构司处级国家工作人员举行集体宪法宣誓仪式。应急管理部党组书记、副部长黄明监誓，在京部党组成员参加宣誓仪式。

12 月 28 日　应急管理部党组书记黄明等部领导元旦前夕看望慰问老干部代表，并与大家座谈交流。

同日　应急管理部党组书记、副部长黄明前往中国应急管理报社调研，政治部主任许尔锋参加。

12 月 29 日　中国消防救援学院揭牌仪式在北京举行。应急管理部党组书记、副部长黄明为中国消防救援学院揭牌并讲话，付建华、许尔锋、尚勇等部领导出席揭牌仪式。

图书在版编目（CIP）数据

中国应急管理年鉴. 2018/中华人民共和国应急管理部编.
--北京：应急管理出版社，2020
ISBN 978-7-5020-7981-9

Ⅰ. ①中… Ⅱ. ①中… Ⅲ. ①突发事件—公共管理—中国—2018—年鉴 Ⅳ. ①D63-54

中国版本图书馆 CIP 数据核字（2020）第 010273 号

中国应急管理年鉴（2018）

编　　者　中华人民共和国应急管理部

出版发行　应急管理出版社（北京市朝阳区芍药居 35 号　100029）
电　　话　010-84657898（总编室）　010-84657880（读者服务部）
网　　址　www.cciph.com.cn
印　　刷　北京盛通印刷股份有限公司
经　　销　全国新华书店

开　　本　787mm×1092mm 1/16　**印张**　30 1/4　**插页**　4　**字数**　705 千字
版　　次　2020 年 1 月第 1 版　2020 年 1 月第 1 次印刷
书　　号　ISBN 978-7-5020-7981-9
社内编号　20193493　　**定价**　298.00 元